utb 5561

Eine Arbeitsgemeinschaft der Verlage

Brill | Schöningh – Fink · Paderborn
Brill | Vandenhoeck & Ruprecht · Göttingen – Böhlau · Wien · Köln
Verlag Barbara Budrich · Opladen · Toronto
facultas · Wien
Haupt Verlag · Bern
Verlag Julius Klinkhardt · Bad Heilbrunn
Mohr Siebeck · Tübingen
Narr Francke Attempto Verlag – expert verlag · Tübingen
Psychiatrie Verlag · Köln
Ernst Reinhardt Verlag · München
transcript Verlag · Bielefeld
Verlag Eugen Ulmer · Stuttgart
UVK Verlag · München
Waxmann · Münster · New York
wbv Publikation · Bielefeld
Wochenschau Verlag · Frankfurt am Main

Matthias Haudel

Theologie und Naturwissenschaft

Zur Überwindung von Vorurteilen und zu ganzheitlicher Wirklichkeitserkenntnis

2., aktualisierte Auflage

Mit einem Geleitwort zur 2. Auflage
von Harald Lesch

Vandenhoeck & Ruprecht

Dr. theol. Matthias Haudel lehrt als Professor für Systematische Theologie an der Evangelisch-Theologischen Fakultät der Universität Münster und hat einen Lehrauftrag für Systematische Theologie an der Universität Bielefeld. Für sein Werk „Die Selbsterschließung des dreieinigen Gottes" erhielt er als erster Theologe zum zweiten Mal den Theologie- und Ökumenepreis der Katholisch-Theologischen Fakultät der Universität Regensburg. Der Preis für hervorragende wissenschaftliche Arbeit auf dem Gebiet der Ökumenischen Theologie wurde ihm 1993 bereits für seine Dissertation „Die Bibel und die Einheit der Kirchen" verliehen. In seiner alle Bereiche der Theologie umgreifenden „Gotteslehre" findet sich auch eine knappe Verhältnisbestimmung zu den Naturwissenschaften, die jetzt in aktueller und umfassender Form in seinem Buch „Theologie und Naturwissenschaft" entfaltet wird.

Online-Angebote oder elektronische Ausgaben sind erhältlich unter **www.utb-shop.de**

Bibliografische Information der Deutschen Nationalbibliothek:
Die Deutsche Nationalbibliothek verzeichnet diese Publikation in der Deutschen Nationalbibliografie; detaillierte bibliografische Daten sind im Internet über https://dnb.de abrufbar.

Umschlaggestaltung: Atelier Reichert, Stuttgart
Satz: SchwabScantechnik, Göttingen
Druck und Bindung: GrafikMediaProduktionsmanagement, Köln
Printed in the EU

Vandenhoeck & Ruprecht Verlage | www.vandenhoeck-ruprecht-verlage.com

UTB-Nr. 5561
ISBN 978-3-8252-6142-9

Meinen Eltern
Adelheid (1927–2020) und Otto (1927–2020)
und meinem Bruder
Reinhard

Inhalt

Vorwort

Theologie und Naturwissenschaft sind für eine ganzheitlichere Wirklichkeitserkenntnis jeweils auf den Dialog untereinander verwiesen. Zudem drängt sich der Dialog sowohl angesichts gesellschaftlicher und globaler Herausforderungen als auch durch das menschliche Fragen nach sinnvoller Ganzheit der Wirklichkeit auf. Entsprechend erweist sich der *Dialog* von Theologie und Naturwissenschaft *in mehrfacher Hinsicht als dringend notwendig*. Das gilt auf Seiten der Theologie für den Aufweis der Relevanz des Glaubens für die gesamte Wirklichkeit und auf Seiten der Naturwissenschaft für die ganzheitliche Einbindung naturwissenschaftlicher Einsichten. Darüber hinaus verlangen gesamtgesellschaftliche – auch ethische – Anforderungen im Horizont der naturwissenschaftlich-technischen Entwicklungen nicht zuletzt nach dem gegenseitigen Austausch von Theologie und Naturwissenschaft, der jedoch besonders in der universitären Ausbildung große Defizite erkennen lässt, speziell hinsichtlich derjenigen, die Theologie und ein naturwissenschaftliches Fach studieren. Die angemessene Vermittlung beider Perspektiven in einem ganzheitlichen Horizont ist aber nicht nur für Studierende bedeutsam, sondern der Dialog kann insgesamt dem menschlichen Grundbedürfnis nach *ganzheitlichem Wirklichkeitsverständnis* dienen, indem er Antworten auf die existenzielle Suche nach sinnvoller Ganzheit aller lebensweltlichen Zusammenhänge eröffnet.

Denn der Dialog vermag die verschiedenen Perspektiven von Theologie und Naturwissenschaft, die sich auf die *eine* Wirklichkeit richten, im Kontext menschlicher Gesamterfahrung aufeinander zu beziehen und so *ganzheitliche Wirklichkeitserkenntnis* zu fördern. In ihrer gemeinsamen Einbindung in den lebensweltlichen Gesamtkontext sind Theologie und Naturwissenschaft letztlich aufeinander verwiesen. Für die *Theologie* ist der Dialog wesensmäßig von Bedeutung, weil sie Gott als Schöpfer, Erlöser und Vollender der gesamten Wirklichkeit bekennt und durch die heils*geschichtliche* Selbsterschließung des dreieinigen Gottes in der Erfahrungswirklichkeit der Welt verortet ist. Deshalb bedarf es zur Übereinstimmung von Glaubens- und Wirklichkeitserfahrung des Nachweises der *Relevanz des Glaubens für die gesamte Wirklichkeit*. Dazu gehört auch die Plausibilisierung des Glaubens im Kontext naturwissenschaftlicher Erkenntnisse, zumal das heutige Selbst- und Weltverständnis weitreichend naturwissenschaftlich geprägt ist. Insofern bieten die Naturwissenschaften der Theologie die Möglichkeit, die Wirklichkeitsrelevanz des Glaubens immer wieder im Horizont aktueller naturwissenschaftlicher Einsichten darzulegen. Umgekehrt sind die *Naturwissenschaften* aufgrund ihrer methodischen und weltanschaulichen Grenzen, ihrer weltanschaulich-kulturellen Eingebundenheit und des dynamischen sowie offenen Charakters heutiger naturwissenschaftlicher Grundlagen auf den Dialog verwiesen, wenn sie zu einer *ganzheitlichen Einbindung, Vermittlung und Sinndeutung* ihrer Einsichten gelangen wollen. Diese Möglichkeit bietet besonders die Theologie mit ihrer ganzheitlichen Sicht auf die vieldimensionale Wirklichkeit. Das gilt auch für die ethische Orientierung und lebensdienliche Verortung von Naturwissenschaft und Technik, was die gesamtgesellschaftliche Bedeutung des Dialogs unterstreicht.

Voraussetzung eines *gelingenden Dialogs* ist neben der Überwindung gegenseitiger und weitreichender *Vorurteile* unter anderem die *Kenntnis der Methoden und Inhalte* des jeweiligen Dialogpartners. Diese Kenntnis soll in dem vorliegenden Band verständlich vermittelt werden, als Bedingung tragfähiger Dialogperspektiven. Zunächst bedarf es jedoch der Erörterung *konstitutiver Grundlagen* des Dialogs wie dem Verständnis von *Natur* in Theologie, Naturwissenschaft und Philosophie. Weil sich theologische und naturwissenschaftliche Reflexionen vielfach im philosophischen Kontext vollziehen, kann die *Philosophie* häufig als begriffliche Vermittlungsebene dienen. Entsprechend wird die Frage nach dem Naturverständnis und der damit verbundenen Transzendenz von Kosmos und Mensch mit ihren Implikationen für die *Frage nach Gott* im Horizont aller drei Disziplinen erörtert. Das betrifft etwa auch das Verhältnis von *Glaube und Vernunft* oder die Einschätzung der Möglichkeit von *Gottesbeweisen.* Um die *Entwicklung naturwissenschaftlicher Erkenntnis im Rahmen des philosophischen und theologischen Lebenskontextes* angemessen wahrnehmen zu können, wird diese Entwicklung von der Antike bis in die Gegenwart dargelegt. Erst so erschließt sich die Entstehung der gegenseitigen Vorurteile und die daraus resultierende Trennung, die sich besonders im 19. Jahrhundert vollzog und bis heute in weiten Teilen anhält. Dass es dennoch zu erneuten Dialogbemühungen und -erfolgen kam, liegt maßgeblich an den *revolutionären mathematischen und naturwissenschaftlichen Umbrüchen zu Beginn des 20. Jahrhunderts* (u. a. Relativitätstheorie, Quantentheorie, Thermodynamik), die ein neues naturwissenschaftliches Weltbild nach sich zogen. Gegenüber dem statischen und geschlossenen naturwissenschaftlichen Weltbild des 19. Jahrhunderts ist es durch Dynamik und Offenheit geprägt, woraus auch eine *neue Offenheit für die philosophischen und theologischen Dimensionen* entstand. Diese Grundlagen heutiger Naturwissenschaft werden bis zu den *aktuellsten Entwicklungen* in ihren unvorstellbaren Dimensionen im Bereich der Teilchenphysik, der Kosmologie (Kap. VI–VII) oder der Hirnforschung (Kap. XI) – mit ihren Implikationen für den Dialog – verständlich dargestellt. Aufs Ganze gesehen lässt sich so auch das *Wesen von Naturwissenschaft und Theologie* angemessen in seiner Bedeutung für den Dialog erläutern. Ferner kommen neben Beispielen für den *Neubeginn des Dialogs* auch erneute *materialistisch-atheistische naturwissenschaftliche Totalitätsansprüche* zur Sprache.

Vor dem aufgezeigten Hintergrund kann das *theologische Schöpfungsverständnis im Licht aktueller Naturwissenschaft* ausführlich entfaltet werden, und zwar sowohl im Blick auf den Kosmos als auch hinsichtlich des Menschen (u. a. Evolution, Neurowissenschaften). Dabei geht es um das gesamte schöpferische, begleitende, erlösende und vollendende Handeln des dreieinigen Gottes. Hier werden erstaunliche inhaltliche Kompatibilitäten, Konvergenzen und Konsonanzen zwischen Theologie und Naturwissenschaft erkennbar. Schließlich erfolgt noch die Darlegung von drei wirkungsgeschichtlich bedeutenden *Dialog-Konzeptionen,* bevor die gemeinsamen *ethischen Herausforderungen* von Theologie und Naturwissenschaft erörtert werden, die bis zur Infragestellung des traditionellen Menschenbildes und zur Gefährdung des globalen Überlebens reichen.

Insgesamt soll der Band *Studierenden der Theologie (in ökumenischer Weite), der Philosophie und der Naturwissenschaften sowie angrenzender Fächer* neben Examenswissen die Grundlagen für einen angemessenen Dialog und eigene Urteilsbildung liefern, was die Überwindung gegenseitiger Vorurteile sowie ganzheitliche Wirklichkeitserkenntnis ermöglicht. Weil die Frage nach ganzheitlichem Wirklichkeitsverständnis jeden Menschen betrifft, ist der Band nicht nur für Studierende und *Lehrende* der genannten Disziplinen gedacht, sondern für *alle Interessierten,* die sich Antworten auf diese Frage erhoffen. Zudem bietet die angemessene Zuordnung von Theologie und Naturwissenschaft *Hilfestellung* zur Bewältigung der mannigfaltigen gesellschaftlichen und globalen – auch ethischen – Herausforderungen im Zeitalter der naturwissenschaftlich-technisch geprägten Zivilisation.

Den vielfältigen Möglichkeiten der Verwendung des Bandes dienen die *Register* (Personen- und Sachregister) ebenso wie die zusätzlichen Literaturempfehlungen zur weiteren Vertiefung am Ende jedes Kapitels. Außerdem bieten die *grau unterlegten Texte* zu Beginn der Kapitel oder der einzelnen Abschnitte eine zusammenfassende Einführung in die jeweiligen Themenstellungen.

Mit der Thematik „Theologie und Naturwissenschaft“ gegebene Themenbereiche bedürfen für ihre angemessene Bearbeitung des interdisziplinären Gesprächs. Diesbezüglich danke ich besonders dem Physiker PD Dr. Klaus Bratengeier und dem Mathematiker Prof. Dr. Bernhard Eylert für den konstruktiven Austausch.

Das Thema des Bandes mit seinen Implikationen für die existenzielle Suche nach sinnvoller Ganzheit aller lebensweltlichen Zusammenhänge kommt auch auf dem *Bild* der vorderen Umschlagseite zum Ausdruck: Der Mensch, der angesichts der Faszination der Nordlichter „nach oben blickt“, in die Weite des Kosmos. Das lässt sich als Beispiel dafür verstehen, wie *der über sich selbst hinausgewiesene Mensch* im Staunen über die Weite des ihn umgebenden unfassbaren Horizonts nach sinnvoller Ganzheit sucht.

Gewidmet ist das Buch meinen *Eltern Adelheid und Otto,* die beide kurz vor der Fertigstellung verstorben sind und die mich zeitlebens unterstützt haben, ebenso wie mein *Bruder Reinhard,* dem das Buch gleichermaßen gewidmet ist.

Münster, Ewigkeitssonntag 2020 Matthias Haudel

Geleitwort zur 2. Auflage

Es ist mir wirklich eine große Freude, ein Geleitwort für dieses wunderbare Buch von Matthias Haudel zu schreiben, denn ich habe sein Buch in mehreren Seminaren „eingesetzt" und die Absicht des Autors, eine inhaltliche Brücke zwischen Theologie und Naturwissenschaften zu schlagen, hat immer sehr erfolgreich funktioniert. Meine Studentinnen und Studenten aus Philosophie, Theologie und Naturwissenschaften haben sich sehr positiv zu Stil und Inhalt geäußert, zum hohen Grad an Sachkompetenz in beiden Bereichen und zur Verständlichkeit gerade auch in den Synthese- und Vergleichstexten. Matthias Haudel ist hier ein echter Coup gelungen, der es möglich macht, nicht nur ins Gespräch zu kommen, sondern auch inhaltlich sehr gehaltvoll und nachhaltig zu diskutieren. Theologie und Naturwissenschaften sind eben kein Gegensatz, sondern verschiedene Seiten der Medaille, wie Menschen über Welt und Wesen der Welt nachdenken und welche Konsequenzen und Schlussfolgerungen sie daraus ziehen. Danke dem Autor für die Arbeit und die Inspiration. Das Buch ist ein feiner Baustein für das Gelingen einer alten, aber immer wieder aufs Neue zu führenden Debatte.

München, im Mai 2023 Harald Lesch

Vorwort zur 2. Auflage

Die große Nachfrage und die – auch internationale – positive Resonanz verlangen nach einer 2. Auflage des vorliegenden Bandes. Durch das breite Interesse wird die Bedeutung des menschlichen Grundbedürfnisses nach ganzheitlicher Erkenntnis aller lebensweltlichen Zusammenhänge ersichtlich. Zudem tritt durch die weitreichende interdisziplinäre Wahrnehmung des Bandes in Theologie, Philosophie, Naturwissenschaft und darüber hinaus der Bedarf an einem umfänglichen und aktuellen Band hervor, der in der 2. Auflage ergänzt wurde.

Münster, Ostern 2023 Matthias Haudel

I. Einführung

1. Naturwissenschaften „Faktenwissenschaften" und Theologie „Spekulative Wissenschaft"?

Auch zu Beginn des 21. Jahrhunderts ist weiterhin das Vorurteil verbreitet, bei den Naturwissenschaften handele es sich um „Faktenwissenschaften" und bei der Theologie mehr um eine „Spekulative Wissenschaft". Deshalb räumt man den Naturwissenschaften oft einen exklusiven Zugang zur Wirklichkeitserkenntnis ein. Doch diese Annahmen werden weder den Naturwissenschaften noch der Theologie gerecht. Denn zu Beginn des 20. Jahrhunderts änderte sich das naturwissenschaftliche Weltbild grundlegend, was aber in seinen Konsequenzen kaum wahrgenommen wird – etwa hinsichtlich vermeintlich klarer Fakten oder der Grenzen der Naturwissenschaft. Ebenso kommt kaum zur Geltung, welche Rolle der christliche Glaube für die Entstehung der modernen Naturwissenschaft spielte und dass die Theologie keineswegs spekulativ vorgeht. Da auch die Theologie hinsichtlich des Zusammenhangs von Glaubens- und Wirklichkeitsverständnis die Naturwissenschaften vielfach nicht angemessen wahrnimmt, bedarf es dringend der Überwindung der weitreichenden sowie gegenseitigen Vorurteile und Missverständnisse, zumal es sowohl den Naturwissenschaften als auch der Theologie um die Erkenntnis der *einen* Wirklichkeit geht, wenn auch unter verschiedenen Perspektiven und in unterschiedlichen Horizonten.

Bis heute hält sich hartnäckig das *Vorurteil,* dass Naturwissenschaften in ihren Ergebnissen auf Fakten beruhen und deshalb als „Faktenwissenschaften" gelten dürfen, während die Theologie als Geisteswissenschaft mehr spekulative Argumentationen aufweise, was sie als „Spekulative Wissenschaft" kennzeichne. So wird die Theologie oft mit vermeintlich unüberprüfbaren subjektiven, spirituellen oder ethischen Aspekten und Erfahrungen in Verbindung gebracht. Den Naturwissenschaften hingegen wird zugestanden, rationale und überprüfbare objektive Wirklichkeitserkenntnis zu gewähren.[1] Der Philosoph und Wissenschaftstheoretiker Holm

1 „Viele Menschen sind heute noch überzeugt, dass die Wissenschaften, worunter damit weitgehend die Naturwissenschaften verstanden werden, uns unverbrüchliche Fakten liefern, denen wir vertrauen können, wohingegen der christliche Glaube nur Überzeugungen von sich gibt, die sich einer Nachprüfung weitgehend entziehen." (H. Schwarz: Streit, S. 7 f.) – Der englische Begriff *„science"* (Wissenschaft) wird vornehmlich auf die *Naturwissenschaft* bezogen, so dass der Begriff „Wissenschaft" in Übersetzungen zumeist diesen Bedeutungshorizont hat. – Im vorliegenden Text markiert

Tetens kritisiert, dass die wissenschaftlich-technische Zivilisation durch folgendes „*Postulat vom exklusiven Zugang der Wissenschaften zur Wirklichkeit*" geprägt sei: „Es sind die Wissenschaften und nur die Wissenschaften [vornehmlich die Naturwissenschaften], die uns die Wirklichkeit immer besser erkennen und verstehen lassen. Demgegenüber verfehlen [...] religiöse und metaphysisch-philosophische Weltzugänge, wie sie auch in der Kulturgeschichte aufgetreten sind, die eigentliche Realität."[2] Tetens betont, es handele sich bei diesem Postulat nicht um eine nachgewiesene wissenschaftliche Erkenntnis, sondern lediglich um eine weltanschauliche Annahme.[3] Ihr gegenüber ist nach dem Philosophen Reinhold Esterbauer „die Einsicht zu beachten, dass auch nicht-naturwissenschaftliche Erfahrung wirklichkeitserschließende Kraft besitzen kann"[4].

Entsprechend erweist sich auch die Wertung, *Theologie* sei überwiegend eine spekulative Wissenschaft, lediglich als eine weltanschauliche Annahme bzw. als ein Vorurteil. Denn entgegen dieser Annahme stand die Theologie von Anfang an vor der Aufgabe, die Grundlagen des christlichen Glaubens im jeweiligen religiösen, philosophischen und weltanschaulichen Kontext kritisch zu reflektieren – und zwar hinsichtlich der Tragfähigkeit christlicher Gotteserkenntnis und ihrer Bedeutung für Glauben und Leben. Dadurch hat sich gerade die Theologie als eine Wissenschaft erwiesen, die sich aufgrund ihres Gegenstandes besonders kritisch mit ihren erkenntnistheoretischen bzw. hermeneutischen[5] Voraussetzungen auseinandersetzt, um spekulative Annahmen zu vermeiden. Was das konkret bedeutet, wird sich im III. und IV. Kapitel erschließen. Die Verortung des Glaubens bedarf auch der Zuordnung von *gelebtem Glauben und Natur- bzw. Wirklichkeitsverständnis,* die in der Verhältnisbestimmung von *Theologie und Naturwissenschaft* wissenschaftlich reflektiert wird.[6]

In den *Naturwissenschaften* erhielt die in der Theologiegeschichte seit jeher zu beobachtende selbstkritische Auseinandersetzung mit den eigenen Erkenntnismöglichkeiten und -grundlagen erst durch die naturwissenschaftlichen Umbrüche

---

der erkennbare Wechsel zwischen der *Singular- und Pluralform* von „*Naturwissenschaft*" den Unterschied zwischen „Naturwissenschaft" als einem grundsätzlichen wissenschaftlichen Zugang zur Welt und „Naturwissenschaften" im Blick auf die verschiedenen Fachbereiche. – Ferner wird aufgrund der besseren Lesbarkeit im Text allgemein das *generische Maskulinum* verwendet, mit dem alle Geschlechter gemeint sind, soweit es für die Aussage zutrifft. – Zu kursiven oder nicht kursiven *Verweisen auf Kapitel* siehe *Anm. 7, I. Kap.*

2 H. Tetens: Glaube, S. 272.

3 „Die Wissenschaft kann mit ihren Mitteln die Annahme vom exklusiven Zugang der Wissenschaft zur Realität nicht verifizieren. Denn ob es etwas gibt, was sich nicht mit den Mitteln der Wissenschaft erkennen lässt, würde dann doch mit den Mitteln der Wissenschaft erkannt. Ein geradezu klassischer Selbstwiderspruch." (Ebd.)

4 R. Esterbauer: Methodenbewusstsein, S. 37.

5 Hermeneutik ist die Lehre vom Verstehen. – Zum Verhältnis von Glaube, Theologie und Wissenschaft siehe auch R. Eckel/H.-P. Großhans: Gegner.

6 Vgl. zum Zusammenhang des Verhältnisses von gelebtem Glauben und Natur- bzw. Wirklichkeitsverständnis mit dem Verhältnis von Theologie und Naturwissenschaft ebd., S. 10 ff., und C. Tapp/C. Breitsameter (Hg.): Theologie, S. 1–4 (Einleitung).

zu Beginn des 20. Jahrhunderts spürbaren Auftrieb. So wurde etwa durch die Relativitätstheorie und die Quantenphysik das naturwissenschaftliche Weltbild des 19. Jahrhunderts grundlegend verändert. Das klassische Newtonsche Physik- und Naturverständnis ging von einem statischen geschlossenen System aus, welches durch monokausale Naturgesetze mechanistisch determiniert ist und von umkehrbarer (reversibler) Zeit geprägt wird, so dass Abläufe durch gesicherte Gesetzmäßigkeiten prognostizierbar sind und die Zerlegung in nachvollziehbare Grundbestandteile die Erkenntnis des Ganzen ermöglicht. Damit verband sich die Vorstellung einer ungeschichtlichen Natur und eines ewigen, in sich ruhenden Universums, dem der experimentierende Betrachter als Subjekt gegenübersteht. Die mit den naturwissenschaftlichen Umbrüchen verbundenen neuen Erkenntnisse verwiesen hingegen auf ein dynamisches und geschichtliches Universum mit Anfang und Ende sowie einem entsprechend unumkehrbaren (irreversiblen) Zeitverlauf. Die Quantenphysik ließ erkennen, dass man lediglich mit Wahrscheinlichkeiten und „Möglichkeiten" konfrontiert ist, was auch für die hochsensiblen Gesamtsysteme (Chaostheorie) zutrifft, in denen jedes kleinste Teil in Wechselwirkung mit dem Gesamtsystem stehen kann. Deshalb sind nur partielle und selektive Annäherungen an die Wirklichkeit zu erzielen, wobei die erlangten Modelle der Wirklichkeit nicht einfach als deren reale Abbildung verstanden werden können.[7] Ferner steht das beobachtende Subjekt in vielfacher Wechselwirkung mit dem beobachteten Objekt. Hinzu kommt die wachsende Einsicht, dass auch die Naturwissenschaften auf weltanschaulichen Prämissen beruhen und die weltanschaulichen Voraussetzungen der Naturwissenschaftler eine konstitutive Rolle für die Anordnung und Interpretation von Experimenten spielen – und damit für die Ergebnisse. In diesem Zusammenhang bleibt auf den oft nur noch hochspekulativen Charakter hinzuweisen, der gegenwärtig viele Theorien im Mikrobereich der Teilchenphysik und im Makrobereich der Kosmologie prägt.[8]

Vor dem hier nur angedeuteten Hintergrund verhält es sich mit den Worten des englischen Quantenphysikers und Theologen John Polkinghorne keineswegs so, „dass die Naturwissenschaften mit klaren und unzweifelhaften Fakten umgehen,

---

7 „Viele Menschen unserer Zeit betrachten die Gegenstände der Naturwissenschaften als ähnlich unproblematisch gegeben wie Menschen, Stühle oder Taschenmesser. Nähere Besinnung zeigt allerdings, dass noch niemand ‚direkte Bekanntschaft' z. B. mit einem Elektron gemacht hat, sondern immer nur im Wege von Beobachtungsdaten, die als Effekte von Elektronen in entsprechenden experimentellen Apparaturen gedeutet werden" (W. Löffler: Naturalismus, S. 162). – Der Physiker H.-P. Dürr: Wissenschaft, S. 12, weist angesichts der neuen physikalischen Erkenntnisse darauf hin, „dass die Wirklichkeit, was immer wir darunter verstehen, im Grunde nicht mehr ‚ontisch' in traditioneller Weise interpretiert werden kann. […] Wirklichkeit offenbart sich primär nur mehr als *Potenzialität,* als ein noch nicht aufgebrochenes, gewissermaßen unentschiedenes ‚Sowohl/Als-auch', nur als *Kann-Möglichkeit*". – Siehe dazu besonders *Kap. VI,3.*
– *Verweise auf Kapitel* oder Anmerkungen (Fußnoten) im vorliegenden Buch sind *kursiv* gedruckt, im Unterschied zu nicht kursiv gedruckten Kapitelangaben innerhalb von Literaturhinweisen.

8 Siehe zu den knappen Anmerkungen über die Naturwissenschaften die *Kapitel V–VII,* in denen diese und weitere grundlegende Zusammenhänge in ihrer Bedeutung dargelegt und analysiert werden, so etwa auch die mit der *Thermodynamik* verbundenen Umbrüche und die tiefe Zäsur in der *Mathematik.* – Siehe auch M. Haudel: Gotteslehre, S. 205–218.

während andere Disziplinen sich mit nebelhaften Meinungen zufrieden geben müssen“[9]. Dies ist Naturwissenschaftlern, die ihre erkenntnistheoretischen Voraussetzungen differenziert reflektieren, durchaus so bewusst wie den großen Physikern zu Beginn des 20. Jahrhunderts. Doch im allgemeinen Bewusstsein und auch bei etlichen Naturwissenschaftlern – und nicht nur Naturwissenschaftlern – scheinen diese Einsichten noch vom naturwissenschaftlichen Weltbild des 19. Jahrhunderts überdeckt zu sein. Entsprechend gibt der Theologe Matthias Petzoldt hinsichtlich mancher Naturwissenschaftler zu bedenken: „Zwar mag in den Kreisen [... von Naturwissenschaftlern] die Meinung vorherrschen, dass ihre Untersuchungen es nur mit ‚harten Fakten‘ zu tun haben, doch gibt es die sogenannten Fakten nie ohne Interpretation. Darin haben die Naturwissenschaften oft viel mehr an geisteswissenschaftlicher Arbeit Anteil, als sie es selber für möglich halten.“[10] Denn die sogenannten Fakten sind ohne ein lebensweltliches Vorwissen nicht darstellbar, wie der Theologe Markus Mühling anmerkt: „Fakten der Natur sind nur in Form von intentionalen Zuständen wie Glaubensannahmen, Überzeugungen und Gewissheiten gegeben.“[11] Darüber hinaus stellt der Physiker Hans-Peter Dürr kritisch fest, dass zwar die atemberaubenden technologischen Fortschritte der genannten naturwissenschaftlichen Umbrüche (z. B. Kommunikations- und Informationstechnologie) akzeptiert und wahrgenommen werden – auch in ihrer Bedrohlichkeit (Nuklearenergie) –, aber „die erkenntnistheoretischen Konsequenzen der neuen Physik kaum ins öffentliche Bewußtsein gedrungen“ sind. „Hier dominiert nach wie vor ein naturwissenschaftliches Weltbild, das im wesentlichen die Züge des alten klassischen, mechanistisch-deterministischen Weltbilds des 19. Jahrhunderts trägt.“[12]

In diesem Kontext verbindet sich das Postulat der objektiven Maßgeblichkeit naturwissenschaftlicher Zugänge für das Wirklichkeitsverständnis mit einer entsprechenden „Limitierung menschlichen Verstehens auf die exklusiv erdbezogene Wirklichkeit“[13], weshalb der Theologe Wolfhart Pannenberg fordert, „dem verbreiteten Vorurteil entgegen[zu]wirken, daß theologische und physikalische Auffassungen beziehungslos nebeneinander stünden – ein Vorurteil, das meistens darauf hinausläuft, daß Theologie als irrelevant für das Verständnis der Wirklichkeit, in der wir leben, beurteilt wird“[14]. Die *Ursache solcher Postulate und Vorurteile* liegt zum einen an einer verbreiteten weltanschaulichen Überhöhung naturwissenschaftlicher Methoden und Erkenntnisse und zum anderen an einer oft unsachgemäßen Tradierung der Entwicklung der Naturwissenschaften im kulturellen Kontext von Philosophie und Theologie. Diese Entwicklung wird zumeist lediglich als konfliktbeladen dargestellt. Das zeigt sich etwa an „dem im 19. Jahrhundert entstandenen und oft kolportierten Gründungsmythos der neuzeitlichen Wissenschaft [...], vertreten durch Forscher wie Nikolaus Kopernikus,

9 J. Polkinghorne: Theologie, S. 29.
10 M. Petzoldt: Menschenbild, S. 173.
11 M. Mühling: Resonanzen, S. 18. – Siehe dazu auch *Kap. I,3.2; IV,1; VIII.*
12 H.-P. Dürr (Hg.): Physik, S. 9 f. (Vorwort).
13 G.L. Murphy: Kosmologie, S. 269.
14 W. Pannenberg: Theologie/Schöpfung, S. 148.

Johannes Kepler, Galileo Galilei", die sich nach dieser Auffassung „erst heroisch gegen ein dunkles, von religiösem Aberglauben [...] beherrschtes Mittelalter durchsetzen"[15] mussten. Gegenüber solchen Vorurteilen ist zunächst darauf hinzuweisen: „Die Väter der modernen Naturwissenschaft, Kopernikus, Kepler, Galilei, Newton, verstanden ihre wissenschaftliche Arbeit als Priesterdienst am Buch der Natur, neben dem Buch der Bibel"[16]. Mit der besonders im Zuge der Aufklärung forcierten *Loslösung naturwissenschaftlicher Weltbetrachtung von der Theologie* verband sich ein differenzierter Prozess, der weitgehend vereinfacht und polarisierend tradiert wurde, nicht zuletzt durch die Ideologisierung einzelner Konfliktfälle. „Im 19. Jahrhundert [...] entstand das beliebte Missverständnis von der Feindschaft zwischen Naturwissenschaft und Religion, das sich bis heute hartnäckig hält."[17] Hier hat sich die Ansicht verfestigt, „der Ausdruck ‚*science*'" schließe „das Ästhetische, Ethische und Theologische"[18] aus. Demgegenüber bleibt aber vor allem zu erwähnen, dass erst der *christliche Schöpfungsglaube maßgeblich die wissenschaftliche Betrachtung der Welt ermöglichte.* Denn als Schöpfung Gottes gilt die Welt nicht selbst als göttlich und wird so in ihrer kontingenten[19] Ordnung einer *profanen* Erforschung zugänglich. Weil die Welt zugleich als eine dem göttlichen Willen entsprechende Ordnung zu verstehen ist, kann sie *rational* erfasst werden. „Die als Konsequenz des christlichen Schöpfungsgedankens zu betrachtende Notwendigkeit, rationale Einsehbarkeit und Kontingenz zusammenzudenken, steht [...] am Anfang moderner Naturwissenschaft."[20]

Den verbreiteten Vorurteilen und Missverständnissen im Blick auf das Wesen und die Entwicklung der Naturwissenschaften (besonders in Relation zu Glaube und Theologie), die auch bei den Glaubenden selbst und in der Theologie existieren, stehen Vorurteile und Informationsdefizite über das Wesen der christlichen Theologie auf Seiten vieler Naturwissenschaftler gegenüber. Beispielsweise setzen naturalistisch

15 D. Evers: Gegeneinander, S. 31.

16 J. Hübner: Wirklichkeit, S. 93.

17 P.M.J. Hess: Bücher, S. 187. – Siehe dazu *Kap. V* und *Anm. 37, V. Kap.*

18 P. Harrison: „Wissenschaft", S. 47.

19 Kontingenz bedeutet Möglichkeit statt Notwendigkeit, weshalb die Welt in sich selbst keine absolute Größe darstellt.

20 C. Schwöbel: Theologie, S. 207. – Dass manche Physiker eine Affinität zu *ostasiatischen Religionen* wie dem Buddhismus oder Hinduismus haben, liegt laut H.-D. Mutschler: Physik, S. 10 ff., daran, dass diese Religionen oft kosmisch und apersonal ausgerichtet sind und Natur als Kreislauf (Wiedergeburt) ohne größere Wertunterschiede in der Natur verstehen, was dem umkehrbaren bzw. reversiblen Zeitverständnis der klassischen Physik und deren einheitlichem materialistischen Verständnis der Natur entgegenkomme. Doch diese Affinität laufe „bei näherem Zusehen radikal ins Leere", weil „solche Religionen den Seinsgrund aus der Rationalitätsdefinition herausnehmen" (ebd., S. 12), die aber gerade konstitutiv für die Naturwissenschaften sei. „Es dürfte daher auch kein Zufall sein, daß sich die moderne Physik gerade im christlichen Abendland entwickelt hat" (ebd., S. 13). Denn nicht nur die neutestamentliche Sicht der nach dem Bild des göttlichen Logos geschaffenen und sinnvoll geordneten Welt verweise auf eine nachvollziehbare Ordnung, sondern auch die alttestamentliche Vorstellung der nach Gottes Willen geordneten und ausgerichteten Schöpfung. Gleiches komme in der zwischentestamentlichen Literatur (Apokryphen) zum Ausdruck: Gott hat „alles nach Maß, Zahl und Gewicht geordnet" (Weish 11,21).

geprägte Atheisten wie der Evolutionsbiologe Richard Dawkins Theologie mit fundamentalistischem Kreationismus gleich, der biblische Aussagen in undifferenzierter literaler Auslegung direkt naturwissenschaftlich deutet. Gegenseitige Unkenntnis und Vorurteile wurden nicht zuletzt durch die im 19. Jahrhundert vollzogene und vielfach bis heute andauernde *konstitutive Trennung von Theologie und Naturwissenschaft* befördert. Denn die Theologie zog sich in Auseinandersetzung mit den fortschreitenden weltanschaulichen Ansprüchen der Naturwissenschaften auf ihre vermeintlichen schöpfungstheologischen „Spezifika" zurück. Zu nennen wäre etwa der Rückzug auf die sittlich-religiöse Orientierung des Menschen (neukantianisch geprägte Theologie) oder auf die Reflexion des Bewusstseins schlechthinniger Abhängigkeit des Menschen und alles Endlichen von Gott (F.D.E. Schleiermacher). Letzteres kann dazu führen, dass Schöpfungsglaube lediglich zur Endlichkeitsreflexion wird.[21] Zwar ist die grundsätzliche Unterscheidung zwischen den verschiedenen hermeneutischen Methoden von Theologie und Naturwissenschaft notwendig, weil die unterschiedlichen Erkenntnisgegenstände verschiedener Methoden bedürfen. Aber diese Unterscheidung darf in der Theologie nicht zur vorschnellen Ausblendung konkreter Wirklichkeitsaspekte führen, auf die sich das Gottes- und Selbstverständnis schließlich bezieht – nicht zuletzt aufgrund des ersten Artikels des Glaubensbekenntnisses: der Glaube an Gott den Schöpfer. Denn eine solche Ausblendung fördert die Diskrepanz von Glaubens- und Wirklichkeitsverständnis sowie die Vernachlässigung der hermeneutischen Brücken für den Dialog mit den Naturwissenschaften. Diese wiederum sollten erkennen, dass sie durch die Ausweitung auf weltanschauliche bzw. religiöse oder anti-religiöse Ansprüche eine methodische Grenzüberschreitung vollziehen, weil sie solche Dimensionen mit ihren Methoden und Mitteln nicht erfassen können. Nach Ludwig Wittgenstein liegt der „ganzen modernen Weltanschauung […] die Täuschung zugrunde, daß die sogenannten Naturgesetze die Erklärungen der Naturerscheinungen seien", während sie diese doch nur beschreiben können. Entsprechend ergänzt er: „Wir fühlen, daß selbst, wenn alle *möglichen* wissenschaftlichen Fragen beantwortet sind, unsere Lebensprobleme noch gar nicht berührt sind."[22]

So besteht die dringende *Herausforderung*, gegenseitige Unkenntnis und Vorurteile zu überwinden, zumal es Theologie und Naturwissenschaft um die Erkenntnis derselben einen Wirklichkeit geht, wenn auch aus unterschiedlichen Perspektiven und

21 Siehe insgesamt dazu *Kap. V,5*. – Zur zeitgenössischen Fortschreibung des zuletzt genannten Ansatzes vgl. z. B. U. Barth: Abschied (siehe dazu auch *Kap. I,3.4*). – Zu den verschiedenen *Phasen* des Verhältnisses von Theologie und Naturwissenschaft, die sich schwerpunktmäßig mit verschiedenen *Modellen* dieses Verhältnisses verbinden können, siehe I.G. Barbour: Naturwissenschaft, S. 14–53, der das Verhältnis in vier Modelle unterteilt: Konflikt, Unabhängigkeit, Dialog, Integration. Siehe zu Barbours Konzeption *Kap. XII,2*. – Noch differenziertere Einteilungen finden sich bei R. Esterbauer: Methodenbewusstsein, S. 27 f. – Siehe insgesamt zu den verschiedenen Phasen besonders *Kap. V*. – Zu den Ansätzen naturalistischer Atheisten wie R. Dawkins siehe *Kap. X*.

22 L. Wittgenstein: Tractatus logico-philosophicus, S. 110 u. 114. – Siehe zu den genannten Aspekten insgesamt besonders *Kap. IV u. VIII*.

mit unterschiedlichen Methoden. Der Bedarf des Dialogs zwischen Theologie und Naturwissenschaft besteht von Seiten der Theologie aufgrund der nötigen Darlegung der Relevanz des Glaubens für die gesamte Wirklichkeit und von Seiten der Naturwissenschaften aufgrund der wünschenswerten differenzierten Einordnung naturwissenschaftlicher Erkenntnis in den ganzheitlichen existenziellen Lebenskontext. „Naturwissenschaft ohne Religion ist lahm, Religion ohne Naturwissenschaft blind."[23] (Albert Einstein) Weil sich sowohl die Symbiose als auch die späteren Auseinandersetzungen zwischen Philosophie, Theologie und Naturwissenschaft maßgeblich in der *abendländischen Geistesgeschichte* vollzogen, die für die heutigen Problemstellungen und Herausforderungen grundlegend und relevant ist, erfolgt im vorliegenden Band hinsichtlich der religiösen Perspektive weitgehend die Konzentration auf den Dialog von christlicher Theologie und Naturwissenschaft.[24] Die Dringlichkeit dieses Dialogs ergibt sich neben den schon genannten Gründen auch durch die – bewusste oder unbewusste – naturwissenschaftliche Prägung heutiger Weltanschauungen.

2. Die naturwissenschaftliche Prägung gegenwärtiger Weltanschauungen als Herausforderung

Naturwissenschaftliche Denkweisen und Anschauungen prägen maßgeblich das moderne Selbst- und Weltverständnis und damit zeitgenössische weltanschauliche Konzeptionen. Dabei geraten sie – oft unbewusst – in eine quasi-religiöse Rolle. Obwohl sich erkenntnistheoretisch reflektierende Naturwissenschaftler ihrer methodischen und weltanschaulichen Grenzen bewusst sind, gibt es von Seiten der Naturwissenschaften immer wieder ganzheitliche weltanschauliche Absolutheitsansprüche – zum Teil in rein naturalistischer und religionsfeindlicher Zuspitzung. Der Glaube an die technologische Perfektionierung der Welt trägt aufgrund des Zusammenhangs von Naturwissenschaft und Technik zum weltanschaulichen Einfluss naturwissenschaftlichen Denkens bei. Doch eine verengte naturalistisch-technische Weltbetrachtung und

23 So äußerte sich Einstein hinsichtlich des Verhältnisses von Naturwissenschaft und ganz allgemein zu verstehender religiöser Dimension in seinen Ausführungen über „Naturwissenschaft und Religion" von 1941 (A. Einstein: Jahren, S. 43), hier zitiert nach H.-P. Dürr (Hg.): Physik, S. 75 (Albert Einstein: Naturwissenschaft und Religion, II [1941], S. 74–78). – Zum angemessenen Verständnis des Satzes siehe *Kap. VI,2.4.* – Einstein bezeichnet sich – in Abgrenzung von personalen Gottesvorstellungen – im Sinne einer *„kosmischen Religiosität"* als religiös, als Ergebung in „jene demütige Geisteshaltung gegenüber der Erhabenheit der Vernunft, die sich in der Wirklichkeit verkörpert und [...] in ihren letzten Tiefen unzugänglich ist" (ebd., S. 78). Siehe zur Religiosität Einsteins im Kontext seines Verständnisses von Naturwissenschaft M. Mühling: Einstein; A. Benk: Physik, S. 227 ff., und *Kap. VI,2.4.*

24 Zu den Gründen für die Entwicklung dieser Symbiose im christlichen Abendland siehe *Anm. 20, I. Kap.*, und zu den anderen *Weltreligionen,* in denen sich bisher zumindest keine vergleichbare Entwicklung vollzog, siehe z. B. *Anm. 98, I. Kap.* – Besonders zu beachten ist allerdings die Bedeutung des *Islam* für die Wissenschaft vom 9. bis ins 12. Jahrhundert sowie der Umstand, dass die Aristoteles-Renaissance im Mittelalter auch unter Rückgriff auf arabische Kommentatoren erfolgte. Vgl. dazu M. Iqbal: Islam, und *Kap. II,2 u. V,1.*

-beherrschung erweist sich zusehends als ambivalent und als mögliche Gefährdung (z.B. ökologische Krise, Atom- oder Gentechnologie). Da sich die vielschichtige und komplexe Wirklichkeit nicht allein mit naturwissenschaftlichen Methoden wahrnehmen und bewältigen lässt, bedürfen die Naturwissenschaften auch der Geisteswissenschaften. Will die Theologie wiederum die Wirklichkeitsrelevanz des Glaubens im weltanschaulichen Spektrum erweisen, ist sie herausgefordert, sich kritisch mit den Ansätzen des naturwissenschaftlichen Wirklichkeitsverständnisses und deren weltanschaulichem Einfluss auseinanderzusetzen, um zu einem angemessenen Weltverständnis und der entsprechenden Weltverantwortung beizutragen.

Das moderne Selbst- und Weltverständnis zeigt eine tiefgreifende Prägung durch naturwissenschaftliche Denkweisen und Anschauungen, die – oft unbewusst – maßgeblich das weltanschauliche Spektrum der Gegenwartskultur beeinflussen. Naturwissenschaftliche Modelle und Kriterien übernehmen dabei nicht selten die Rolle allgemeiner weltanschaulicher Grundlagen und Wahrheitskriterien, was sich im vorigen Abschnitt schon andeutete. „Es sind heute die (Natur-)Wissenschaften, die weitgehend die führende Rolle in der Formung des Weltbilds übernommen haben. Damit spielen sie nicht nur eine welterklärende, sondern ebenso eine weltverstehende und dementsprechend lebensorientierende Rolle."[25] Schon Mitte des vergangenen Jahrhunderts gab der Physiker und Philosoph Carl Friedrich von Weizsäcker (1912–2007) zu bedenken: „Der Glaube an die [Natur-]Wissenschaft spielt die Rolle der herrschenden Religion unserer Zeit."[26] Will die Theologie heutzutage die Wirklichkeitsrelevanz des Glaubens vermitteln, kann sie also nicht darauf verzichten, den Dialog mit den Naturwissenschaften zu führen und sich kritisch mit deren weltanschaulicher Relevanz auseinanderzusetzen. Denn es sind fortschreitende *ganzheitliche weltanschauliche Ansprüche* aus den Reihen der Naturwissenschaftler zu beobachten, die zwar eine Grenzüberschreitung naturwissenschaftlicher Kompetenz darstellen, aber nicht selten unreflektiert übernommen werden. Auch solche Grenzüberschreitungen erfolgen zuweilen *unbewusst:* „Auf wissenschaftlicher Seite wird oft unbewusst der Schritt vom methodischen Naturalismus zum ontologischen Naturalismus vollzogen. Naturwissenschaft befasst sich ihrem Wesen nach nur mit innerweltlichen, gesetzmäßigen Zusammenhängen [...]. Aus dieser methodischen Beschränkung der Naturwissenschaft auf naturalistische Abläufe wird leider oft auf das Wesen der Welt an sich geschlossen."[27]

Daneben existieren aber auch *bewusste absolute weltanschauliche Ansprüche von Naturwissenschaftlern.* So finden reduktionistische materialistische Ansätze, die im naturwissenschaftlichen Weltbild des 19. Jahrhunderts vorherrschten, heute bei-

25 F. Gruber: Schöpfungslehre, S. 157.

26 C.F. von Weizsäcker: Tragweite, S. 3. – Da es sich um die Übersetzung des ursprünglich englischen Textes handelt, ist auch hier mit Wissenschaft primär die *Naturwissenschaft* gemeint (siehe dazu *Anm. 1, I. Kap.*).

27 B. Drossel: Glaube, S. 106. – Zum differenzierten Verhältnis eines weltanschaulichen bzw. ontologischen Naturalismus zum methodischen Naturalismus der Naturwissenschaften siehe *Kap. II,2–3; IV,1 u. VIII.*

spielsweise wieder in den Neurowissenschaften Anklang. Indem alle Bewusstseinsprozesse rein naturalistisch auf physikalisch-chemische Prozesse reduziert werden, bestreitet man die Existenz einer eigenen geistigen Realität oder Willensfreiheit und degradiert die religiöse Dimension zum neurobiologischen Prozess im Gehirn, den man etwa in den Kontext innerweltlicher evolutionärer Nützlichkeit von Religion einordnet. Mit solchen reduktionistischen naturalistischen Ansätzen, die sich auch in einigen evolutionsbiologischen Entwürfen „als Grundlage einer umfassenden Kulturtheorie“[28] finden, verbindet sich zuweilen ein aggressiver atheistischer weltanschaulicher Anspruch (z. B. bei Richard Dawkins)[29], eine Situation, die der Theologe Patrick Becker folgendermaßen zusammenfasst: „Der Erfolg der Naturwissenschaften verführte einige ihrer Vertreter zum Glauben, die gesamte Welt und der ganze Mensch seien empirisch auflösbar. Es wird deshalb ein letzter, endgültiger Rückzug der Theologie gefordert, nach dem sie sich selbst abschaffen müsste: Die Naturwissenschaften fordern dann nichts weniger als die Deutungshoheit über die gesamte Welt, die keine anderen Zugänge duldet. Die Naturwissenschaften werden zum Ersatz von Religion bzw. selbst zur Religion.“[30] Schon der Philosoph Karl Jaspers (1883–1969) hatte vor einer unreflektierten Wissenschafts-Gläubigkeit (Szientismus) gewarnt, die auch manche philosophische Entwürfe prägt, bis in die Gegenwart. „Philosophische Rezeptionen weltanschaulich ambitionierter Theorien aus den Naturwissenschaften artikulieren sich gelegentlich in erstaunlicher Naivität und Plattitüde.“[31]

Vor diesem Hintergrund ist erkenntnistheoretisch genau umgekehrt die *weltanschauliche Eingebundenheit der Naturwissenschaften* zu bedenken: „Da lebensweltliche Überzeugungen zunächst nicht Gegenstand wissenschaftlicher Theorien sind, sondern vielmehr den allgemeinen Verstehenshintergrund für letztere bilden, können naturwissenschaftliche Forschungsergebnisse nicht ohne weiteres auf diese Überzeugungen angewandt werden.“[32] Wenn man ferner bedenkt, dass sich erkenntnistheoretisch reflektierende Naturwissenschaftler heute zum einen der weltanschaulichen Grenzen naturwissenschaftlicher Methoden bewusst sind und dass sie zum anderen die begrenzten, selektiven und nur annähernden Möglichkeiten naturwissenschaftlicher Methoden in ihren Forschungsbereichen wahrnehmen, dann sollten nach dem Theologen Armin Kreiner einige Naturwissenschaftler zurückhaltender damit sein, „mit ihren Äußerungen zu fachfremden Themen Erwartungen

28 D.-M. Grube: Natur, S. 248. – Hier wird oft von neodarwinistischen Tendenzen gesprochen, was aber der historischen Einordnung des Begriffs „Neodarwinismus“ nicht gerecht wird. Siehe dazu *Anm. 63, V. Kap.*, und *Kap. XI,2.1.*

29 Siehe zu diesen Zusammenhängen *Kap. X u. XI,2.1.*

30 P. Becker: Platz, S. 10.

31 M. Petzoldt: Menschenbild, S. 174. – *Szientismus* „bezeichnet die Position, die allein die sog. exakten Wissenschaften (d. h. die empirischen Naturwissenschaften) als Maßstab aller Erkenntnis und der Weltanschauung gelten lässt“ (H. Kessler: Evolution, S. 189).

32 G. Gasser/J. Quitterer: Naturalismus, S. 183.

zu wecken, die sie nicht einmal auf ihrem eigenen Terrain einlösen können"[33]. Doch viele auflagenstarke populärwissenschaftliche Bücher mancher Naturwissenschaftler vermitteln ein reduktives naturalistisches Weltbild mit autoritärem weltanschaulichem Anspruch, der vielfach das allgemeine Bewusstsein beeinflusst. Insgesamt wird so von Teilen der „Naturwissenschaften ein Wandel in der Weltdeutung, im menschlichen Selbstverständnis und im Gottesbild vorangetrieben, der die Theologie bis ins Mark trifft und deshalb von ihr reflektiert und auch erwidert werden muss"[34].

Das betrifft auch die *Stellung des Menschen in der Natur,* die sich durch den Zusammenhang von Naturwissenschaft und Technik geändert hat. Natur kommt kaum noch als zu bestaunendes Ordnungsgefüge in den Blick, in welchem der Mensch das Produkt und Objekt der Evolution verkörpert, sondern Natur wird zusehends zum Raum technischer Beherrschbarkeit, in dem sich der Mensch als Konstrukteur und Subjekt versteht, das die Evolution jetzt selbst vorantreibt (z. B. durch gentechnologische Eingriffe).[35] Der weltanschauliche Erfolg der Naturwissenschaften hängt unmittelbar mit den technologischen Fortschritten zusammen. „In der Tat erwarten wir von der Wissenschaft in ihrer angewandten Form als Technologie die Lösung aller Probleme, ob im medizinischen Bereich oder in der Umwelt."[36] Daran wird der *konstitutive Zusammenhang von Naturwissenschaft und Technik* als grundlegender Faktor für die weltanschauliche Prägung ersichtlich: „Technik transportiert naturwissenschaftliches Denken."[37] Dass dieses enge Verhältnis eine *quasi-religiöse Dimension* aufweisen kann, stellt der Wissenschaftstheoretiker Tetens heraus. Er zeigt, dass der Glaube an den exklusiven Zugang der Naturwissenschaft zur Realität gerade in der Kosmologie dazu führt, den Menschen nur als zufällig vorübergehendes und kaum wahrnehmbares Etwas in den räumlichen und zeitlichen Weiten des Universums zu betrachten, wie es etwa der Physiker Stephen Weinberg zum Ausdruck bringt: „Je mehr wir über das Universum wissen, desto deutlicher wird, dass es ziel- und sinnlos ist. Das Bemühen, das Universum zu verstehen, ist eines der ganz wenigen Dinge, die das menschliche Leben ein wenig über die Stufe einer Farce erheben, und gibt ihm etwas von der Anmut der Tragödie."[38] Der Versuch, ein derart negatives naturwissenschaftliches Welt- und Menschenverständnis existenziell zu bewältigen, erfolgt nach Tetens durch die Verbindung des *Postulats vom exklusiven naturwissenschaftlichen Wirklichkeitszugang* mit dem *Postulat der technologischen Weltperfektionierung.* Wissenschaft, Technik und Industrie ver-

33 A. Kreiner: Autorität, S. 378. – Kreiner erörtert kritisch Studien zu religiösen bzw. weltanschaulichen Einstellungen von Naturwissenschaftlern und zu deren gesellschaftlicher Autorität in diesen Fragen.

34 P. Becker/U. Diewald (Hg.): Zukunftsperspektiven, S. 7 (Vorwort).

35 Vgl. P. Sloterdijk: Regeln, S. 44. – Siehe zum vielfältigen Verständnis von Natur in Philosophie, Naturwissenschaft und Theologie *Kap. II.* – Zur Erörterung der gentechnologischen Problemstellungen siehe *Kap. XIII.*

36 H. Schwarz: Streit, S. 7.

37 J. Audretsch: Blick, S. 181.

38 S. Weinberg: Minuten, S. 212. – Entsprechend bezeichnete der Biochemiker Jacques Monod den Menschen als „Zigeuner am Rande des Universums". Siehe dazu J. Monod: Zufall.

suchen eine immer bessere Welt zu schaffen, in der Leid und Sinnlosigkeit an den Rand gedrängt werden – laut Tetens eine quasi-religiöse Erlösungssehnsucht, welche aber unter dem Vorzeichen der Selbsterlösung steht. Die im Horizont technologischer Selbsterlösung auftretenden globalen Gefahren der Selbstzerstörung führen seines Erachtens jedoch erneut zu negativen existenziellen Einsichten in die Situation des Menschen und somit nicht zum erhofften Ziel. Das sei „ein guter Grund, das Postulat vom exklusiven Zugang der Wissenschaften zur Realität […] gründlich zu hinterfragen, und ein solches Hinterfragen müsste auch Zweifel an der Rechtfertigung des methodischen Atheismus einschließen"[39]. Denn es geht – mit den Worten des Theologen Jürgen Moltmann – um die angemessene „Öffnung des Menschen in allen Perspektiven, mit denen er sich seiner selbst, der Natur und der Gesellschaft zu vergewissern sucht. Christliche Theologie kann nicht länger in einer Front den Wissenschaften gegenüber verharren, sondern sie tritt mit ihnen zusammen an jene Front, die wir Gegenwart nennen, an der Zukunft gewonnen oder vereitelt wird, weil das Heil der Welt erhofft und das Unheil befürchtet wird. Theologische Überlegungen dieser Art gehören also nicht in eine besondere Fakultät unter den anderen Fakultäten, sondern gehören in den Erkenntnishorizont einer jeden Wissenschaft."[40] Hinsichtlich der dennoch vorkommenden engführenden Dialektik von naturwissenschaftlichem methodischem Atheismus, weltanschaulichem Anspruch und quasi-religiöser Dimension der Selbsterlösung bleibt für den Theologen Petzoldt Folgendes zu beachten: „Aus theologischer Sicht rücken jene beschworenen Menschenbilder der zur Weltanschauung sich versteigenden naturwissenschaftlichen Hypothesen in krypto-religiöse Funktion ein. Sie müssen die Leerstellen der aufgegebenen Gottesbilder ausfüllen."[41]

Die mit dem naturwissenschaftlich-technologischen Fortschrittsoptimismus verbundene Bemächtigung von Natur und Welt kann durch ihre Ergebnisse jedoch zugleich zu *Fortschrittszweifel und Wissenschaftsskepsis* führen, worauf Tetens im Rückgriff auf den Physiker Max Born und den Religionsphilosophen Georg Picht verweist. Während Born als Folge des naturwissenschaftlichen Aufstiegs einen Zusammenbruch der Ethik konstatiert, betont Picht, „dass die Menschheit heute in Gefahr ist, durch ihre Wissenschaft von der Natur die Natur zu zerstören"[42]. Die Entwicklung der Atombombe, die ökologische Krise, der globale Klimawandel oder das Ausgeliefert-Sein an kaum kontrollierbares Expertenwissen sind einige der Phänomene, die den Skeptizismus gegenüber Wissenschaft und Technik gefördert haben. Neben den durch die Biotechnologie eröffneten Chancen sieht Tetens in manchen gegenwärtigen biotechnologischen Versuchen, den Menschen zu einer perfektionierbaren Biomaschinerie zu degradieren, die Grenzen der Experimentalwissenschaften überschritten, weil sie eine menschenwürdige Selbstbestimmung

39 H. Tetens: Glaube, S. 282. – Siehe dazu auch *Kap. I,3.2; II,2–3; IV,1 u. VIII.*

40 J. Moltmann: Wissenschaft, S. 31.

41 M. Petzoldt: Menschenbild, S. 175.

42 G. Picht: Begriff, S. 9. Vgl. dazu insgesamt H. Tetens: Glaube, S. 276 ff.

nachhaltig gefährden, so dass unkontrollierte Wissenschaft einen Zivilisationsbruch heraufbeschwören könne. „Niemand freilich weiß, wo genau dieser dialektische Umschlagspunkt in der Wissenschafts- und Technikentwicklung, dieser ‚point of no return' genau liegt. Und das ist ein fundamentales Dilemma der wissenschaftlich-technischen Zivilisation."[43]

Vor dem aufgezeigten Hintergrund kommt eine Orientierungshilfe der Evangelischen Kirche in Deutschland (EKD) zum Verhältnis von Schöpfungsglaube und naturwissenschaftlichem Verständnis der Weltentstehung zu dem Ergebnis: „Im 21. Jahrhundert sieht sich die Schöpfungstheologie vor allem durch zwei Problemzusammenhänge herausgefordert: Zum einen durch die mehrschichtige Konfliktsituation mit einem Weltbild, das die Wirklichkeit wahrnimmt, als ob es keinen Gott gäbe, zum anderen durch die ethischen Probleme, die aus einem schonungslosen Umgang mit der Natur und aus den neuen Möglichkeiten zur Einflussnahme auf die genetischen Bausteine des Lebens erwachsen. Deshalb muss sich heute jeder schöpfungstheologische Entwurf detailliert um die Hermeneutik der biblischen Schöpfungstexte und um das Gespräch mit der Physik, der Biologie sowie der Kosmologie und der Anthropologie bemühen."[44] *Schöpfungstheologisch* bleibt daran zu erinnern, dass der Mensch in der Welt zwar durchaus den Auftrag hat, zu bebauen bzw. zu gestalten, aber unter der Zielsetzung der Bewahrung (Gen 2,15). Dieser Spannungsbogen spiegelt sich in der heutigen Konfliktsituation wider. „Zwar erfährt sich der Mensch als durch die Naturwissenschaften befähigter Konstrukteur seiner Welt, dessen Auszeichnung die Vernunft ist, mit der er der Natur gegenübertritt und in sie eindringt. Er hat im Gegensatz zu jedem anderen bekannten Wesen ein Bewußtsein seiner Geschichte und der des Kosmos und damit zumindest eine Ahnung des weltlichen Ganzen. Und er steht der Natur als Techniker gegenüber, hat in vielen Fällen ihre Geheimnisse gelüftet und sich als ihr Bezwinger erwiesen. Hier jedoch scheint er an eine Grenze gekommen zu sein, an der Ausbeutung und Manipulierung der Natur umschlagen in eine Gefährdung der eigenen Lebensgrundlagen."[45]

Eine rein naturalistisch-technische Weltbetrachtung und -beherrschung erweist sich also zusehends als ambivalent und als Gefährdung. Dennoch finden sich nach wie vor naturwissenschaftliche Weltanschauungen, die in rein naturalistischer Reduktion ausblenden, dass der Mensch als Wesen der Selbstdeutung durch sein Bewusstsein eigene Formen des Geistes verkörpert, welche die vorfindliche Wirklichkeit zu transzendieren vermögen und Sinnhorizonte ergreifen können, die auch ethische Verantwortlichkeit implizieren – und zwar vielfach im Kontext des geschichtlichen Faktums von Religion. Es gibt aber gleichzeitig viele Naturwissenschaftler, die aufgrund der zu Beginn des 20. Jahrhunderts gewonnen neuen

---

43 H. Tetens: Glaube, S. 279. – Zur differenzierten Auseinandersetzung mit den biotechnologischen Möglichkeiten und Gefahren – sowie ihren Chancen – siehe *Kap. XIII.*

44 *Weltentstehung,* S. 11.

45 D. Evers: Raum, S. 2.

Einsichten in die offene Struktur der Naturprozesse für die geistige und auch die religiöse Dimension offen sind. Es waren gerade die Physiker, die zu Beginn des 20. Jahrhunderts als Folge ihrer wissenschaftlichen Ergebnisse den Dialog mit Theologie und Philosophie neu eröffneten (siehe Kap. VI). So lässt sich auch heute etwa unter den Kosmologen eine Wiederkehr der Naturtheologie beobachten[46], bis hin zu problematischen Ansätzen einer „Physikotheologie" (Frank J. Tipler), die meint, Gottes Existenz aus physikalischen Gesetzmäßigkeiten beweisen zu können[47].

Ob es sich nun in der Naturwissenschaft um eine naturalistisch-weltanschauliche Ausblendung von Sinnhorizonten handelt oder um die Wahrnehmung dieser Horizonte aufgrund der offenen Struktur von Naturprozessen, beides verlangt nach Sinndeutung und damit verbundener ethischer Verantwortung. Denn die *vielschichtige und komplexe Wirklichkeit* ist nicht allein unter naturgesetzlicher Perspektive zu greifen, sondern beinhaltet auch historische, kulturelle oder moralisch-ethische Aspekte – und nicht zuletzt das religiöse Bewusstsein sowie die geschichtliche Realität von Religion und christlichem Glauben.[48] Wie auch immer naturwissenschaftlich geprägte Weltanschauungen heute auftreten, ob in naturalistisch verengtem Absolutheitsanspruch oder in transzendenter Offenheit, die Theologie ist herausgefordert, das naturwissenschaftliche Wirklichkeitsverständnis wahrzunehmen und sich mit ihm und seinem weltanschaulichen Einfluss auseinanderzusetzen, weil es um die Wirklichkeitsrelevanz des Glaubens und damit um das auch für die Naturwissenschaft relevante Weltverständnis und die entsprechende Weltverantwortung geht.

3. Die Notwendigkeit des Dialogs für eine ganzheitliche Wirklichkeitserkenntnis

3.1 Die Notwendigkeit des Dialogs für die Theologie

Dem christlichen Glaubensbekenntnis entsprechend gilt Gott als Schöpfer, Erlöser und Vollender von Mensch und Kosmos, als „die Alles bestimmende Wirklichkeit" (R. Bultmann), von der Herkunft, Gegenwart und Zukunft der Schöpfung abhängen. Deshalb bedarf es der Übereinstimmung von Glaubens- und Wirklichkeitserfahrung, wenn der Glaube nicht in innere Widersprüche führen oder wirklichkeitsfremd werden soll, zumal sich Gottes heils*geschichtliches* Handeln unter den Strukturen

46 Vgl. ebd., S. 3.

47 Siehe F.J. Tipler: Physik. – Siehe dazu *Kap. IV, V u. VIII.*

48 Vor diesem Hintergrund sprach der Physik-Nobelpreisträger Werner Heisenberg (1901–1976) von einer „Schichtentheorie der Wirklichkeit", welche unterschiedliche Erkenntniszugänge verlange (vgl. W. Heisenberg: Ordnung). – Diese Komplexität unterstreicht die Notwendigkeit des Dialogs: „In unserer hochdifferenzierten Gesellschaft gibt es vielfache, offene und verdeckte Kontakt- und Konfliktbereiche von Naturwissenschaft und Religion, die die Aufgabe einer orientierenden Verhältnisbestimmung stellen." (C. Schwöbel: Sein, S. 468) – Zum spezifischen Verhältnis von Religion und christlichem Glauben siehe *Kap. I,3.4; III; IV,2 u. VIII.*

menschlicher und kosmischer Wirklichkeit vollzieht. Um die *Wirklichkeitsrelevanz des Glaubens* im Kontext naturwissenschaftlicher Erkenntnis erweisen zu können, ist die Theologie auf den Dialog mit den Naturwissenschaften angewiesen. Mit einem einseitigen Rückzug des Glaubens auf das sittliche oder religiöse Subjekt ist der Glaubwürdigkeitskrise kaum zu begegnen, die vielfach aus der Diskrepanz zwischen dem Weltbild des Glaubens und dem Weltbild der Naturwissenschaften resultiert. Soll der Glaube nicht steril und kraftlos gegenüber der naturwissenschaftlichen Prägung gegenwärtiger Weltbilder werden, besteht die Herausforderung, die Plausibilität des Glaubens im Kontext naturwissenschaftlicher Wirklichkeitserkenntnis zu erweisen.

In den vorhergehenden Abschnitten hat sich die Notwendigkeit des Dialogs zwischen Theologie und Naturwissenschaft bereits mehrfach angedeutet. Dabei trat hervor, dass beide Seiten auf den Dialog verwiesen sind. Die *Theologie* hat zunächst deutlicher zu berücksichtigen, dass sich theologisches Weltverständnis den anthropologischen und kosmologischen Erklärungen der Naturwissenschaften nicht entziehen darf, sondern sich mit ihnen auseinandersetzen muss, weil Gott dem Glaubensbekenntnis entsprechend als Schöpfer, Erlöser und Vollender von Mensch und Kosmos gilt. Zwar geht es der Theologie primär um die Heilsgeschichte Gottes mit den Menschen und um die entsprechende Heilszusage, aber diese Heils*geschichte* vollzieht sich in dieser Welt, auf die sich auch die naturwissenschaftlichen Beobachtungen beziehen. Ferner gilt Gottes Heilszusage der gesamten Schöpfung bzw. dem gesamten Kosmos. Deshalb formulierte das alt- und neutestamentliche Zeugnis seine Aussagen stets im Horizont des jeweiligen kosmologischen Wissens, allerdings mit darüber hinausgehenden Akzenten. Auch heute hat die Theologie die Bewegung jeweils neu zu vollziehen, „die den Gottesglauben seit seinen Anfängen begleitet, die Bewegung von den Heilserfahrungen hin zu einem Gesamtverständnis der Wirklichkeit, das sich auf der Höhe des gegenwärtigen Wahrheits- und Wirklichkeitsverständnisses befindet“[49]. Denn das Handeln des dreieinigen Gottes hinsichtlich der Herkunft, der Gegenwart und der Zukunft der Schöpfung ist nur in diesem Kontext als wirklichkeitsrelevant zu vermitteln. „Wenn der Gott des christlichen Glaubens wahrhaftig als ‚der allmächtige Vater, Schöpfer des Himmels und der Erde und aller Dinge, sichtbar und unsichtbar‘ und ‚der eingeborene Sohn … durch den alle Dinge gemacht wurden‘ geglaubt wird [sic], fallen alle Dinge, einschließlich der kosmologischen, physikalischen und organischen, in den Wissens- und Verständnis-Rahmen der christlichen Theologie. […] Wenn alle Wahrheiten und Wirklichkeiten letztendlich in Gott gründen, sollte es keinen Gegensatz zwischen der naturwissenschaftlichen und der theologischen Wahrheit und ihrer Wirklichkeit geben.“[50] Das heißt nicht, dass sich theologisches Wirklichkeitsverständnis einfach den wechselnden naturwissenschaftlichen Erkenntnissen anzupassen hat. Vielmehr

49 D. Evers: Rezeption, S. 131. Vgl. insgesamt ebd., S. 125–141, und ders.: Verhältnis, wo die alt- und neutestamentlichen Grundlagen genauer dargelegt werden. – Siehe auch *Kap. II,2 u. XI.*

50 P.S. Kang: Naturwissenschaft, S. 93 f.

geht es um die Wahrnehmung dieser Erkenntnisse und die kritische Auseinandersetzung mit ihnen und ihrer Tragfähigkeit, was auch die Auseinandersetzung mit den jeweiligen naturwissenschaftlichen Methoden und ihren Grenzen beinhaltet. Auf diese Weise lässt sich ein differenziertes Zusammenspiel von Glaubens- und Wirklichkeitsverständnis erlangen. Das ist notwendig, weil das Vertrauen auf Gott als „die Alles bestimmende Wirklichkeit" (R. Bultmann) und als „das Geheimnis der Welt" (E. Jüngel) der *Übereinstimmung von Glaubens- und Wirklichkeitserfahrung* bedarf, soll der Glaube nicht zu einem wirklichkeitsfremden Glauben werden, der in innere Widersprüche führt und dem für die Wirklichkeit keine umfassende Relevanz mehr zukommt. „Die Theologie muß darum den Versuch machen, ihre Aussagen über die Welt als Schöpfung und über die Angewiesenheit der Geschöpfe auf Gottes erhaltendes Wirken, sowie auf seine Mitwirkung in allem geschöpflichen Geschehen, auf die naturwissenschaftliche Weltbeschreibung zu beziehen."[51]

Dazu ist die Theologie besonders durch die seit dem 19. Jahrhundert verbreitete *Trennung* von Theologie und Naturwissenschaft herausgefordert, mit der sich die Theologie in Abgrenzung von naturwissenschaftlich-weltanschaulichen Ansprüchen etwa auf das religiöse und sittliche Subjekt (neukantianische Orientierung) oder auf die Reflexion des Bewusstseins schlechthinniger Abhängigkeit zurückzieht (im Anschluss an F.D.E. Schleiermacher).[52] Man kann sich so zwar von den wechselnden Erkenntnissen der Naturwissenschaften unabhängig machen und die spezifisch religiöse Rolle im Konzert der Wissenschaften behaupten, aber man erliegt zusehends der möglichen Diskrepanz zwischen Glaubensverständnis und zeitgenössischem Wirklichkeitsverständnis.[53] Denn „ein Glaube, der den Vorgang der Schöpfung und die Beziehung des Schöpfers zu Raum, Zeit und Natur nicht mehr zu explizieren versucht," droht „unplausibel zu werden in einer Welt, deren Bild so augenscheinlich von den empirischen Wissenschaften bestimmt wird. Das gilt erst recht, wo die Naturwissenschaften sich anschicken, auch das Bild des Menschen selbst nachhaltig zu prägen."[54] Durch Letzteres hat sich die „Situation einer wenig spanungsvollen Koexistenz", die von den Befürwortern der konstitutiven Trennung von Theologie und Naturwissenschaft geschätzt wurde, „inzwischen dramatisch verändert"[55], insofern als naturalistische Ansätze der Neurowissenschaften auch Geist und Bewusstsein auf physikalisch-chemische Prozesse reduzieren und damit das theologische Menschenbild herausfordern. Aber auch sonst bleibt der Glaube

51 W. Pannenberg: Wirken, S. 139. – Gleichzeitig ist die bleibende *Spannung zwischen göttlicher Verheißung und vorfindlicher Wirklichkeit* zu beachten, so dass es um die Komplementarität beider Sichtweisen geht (vgl. U.H.J. Körtner: Schöpfung, S. 82 ff.).

52 Vgl. zu den Ursachen der Trennung und ihrer Vorgeschichte M. Haudel: Gotteslehre, S. 202–205, und siehe *Kap. V* sowie *Anm. 59 u. 131, I. Kap.*

53 Vgl. R. Mogk: Eigenständigkeit, und siehe *Kap. V,5*, und *Kap. I,3.4 u. VIII*, wo darauf hingewiesen wird, dass auch die Konzentration auf das religiöse Bewusstsein durchaus die Notwendigkeit des Dialogs mit den Naturwissenschaften implizieren kann, wie es etwa in Hermann Deusers Ansatz einer „Theologie der Natur" hervortritt (siehe H. Deuser: Theologie).

54 D. Evers: Rezeption, S. 125.

55 P. Neuner (Hg.): Naturalisierung, S. 8 (Vorwort).

angesichts der naturwissenschaftlichen Prägung moderner Selbst- und Weltsicht mit ihrem oft umfassenden weltanschaulichen Anspruch „steril, kraftlos und ohnmächtig gegenüber den weltanschaulich aufgeladenen naturwissenschaftlich fundierten Weltbildern", wenn er in einseitiger Konzentration auf das menschliche Subjekt und sein Gottesverhältnis „meint, sich frei von Natur- und Weltsichten entwerfen [...] zu können"[56]. „Deshalb muss die Theologie daran interessiert sein, auch das wissenschaftliche Weltverständnis für ein Handeln Gottes in der Welt offen zu halten, denn nur dann kann der Schöpfer der Welt zugleich als [...] fürsorgender Vater im Himmel [...] angerufen werden."[57]

Die Theologie ist also auf den *Dialog* mit den Naturwissenschaften angewiesen, wenn sie ihrer Aufgabe gerecht werden will, die *Relevanz und den Wahrheitsanspruch des Glaubens* vor dem Horizont des zeitgenössischen Wirklichkeitsverständnisses zu erweisen. „Um den Wahrheitsanspruch des Glaubens im Horizont des Wahrheitsbewusstseins einer Zeit zu verantworten, muss die Theologie [...] dieses Wahrheitsbewusstsein kennen. Damit ist sie wesensmäßig auf den Dialog mit anderen Wissenschaften angelegt"[58]. Das gilt schon deshalb, weil es die *eine* Lebenswirklichkeit der Menschen ist, auf die sich alle Wissenschaften beziehen und welche die Theologie ohnehin abbildet, weil Gottes-, Menschen- und Weltverständnis etwa nach Friedrich Daniel Ernst Schleiermacher in der christlichen Glaubenslehre immer nebeneinander bestehen und konstitutiv aufeinander bezogen sind.[59] Doch gerade im Blick auf den theologischen und den naturwissenschaftlichen Zugang zur Wirklichkeit wird diese Einsicht oft übersehen: „Obwohl es nur eine physische Wirklichkeit gibt – das Universum, in dem wir leben – ziehen es die meisten modernen Menschen vor, diese Wirklichkeit wie durch zwei verschiedene Brillengläser, ein naturwissenschaftliches und ein theologisches, zu betrachten."[60] So bedarf es des Dialogs außerdem, um der *Glaubwürdigkeitskrise* zu begegnen, die mit der nicht selten empfundenen Diskrepanz zwischen dem Weltbild des Glaubens und dem Weltbild der Naturwissenschaften zusammenhängt: „Ein missverstandener und nicht mehr mit unserem heutigen Naturwissen vermittelbarer Gottes- und Schöpfungsglaube ist eine der Hauptursachen für die schwindende Akzeptanz der christlichen Botschaft, für Verunsicherung, für neuen Atheismus oder auch für die Suche nach schein-

56 D. Evers: Raum, S. 7.

57 U. Eibach: Schöpfung, S. 243.

58 J. Weinhardt: Hinführung, S. 13.

59 Vgl. F.D.E. Schleiermacher: Glaube, Bd. I, § 30. – Zum Problem der Reduktion von konkreter theologischer und naturwissenschaftlicher Weltbetrachtung auf die von Schleiermacher betonte Reflexion des Bewusstseins schlechthinniger Abhängigkeit des Menschen und der endlichen Wirklichkeit von Gott, das im sogenannten Modell der Trennung bzw. Unabhängigkeit von Theologie und Naturwissenschaft hervortritt, siehe auch *Kap. I,1; I,3.4; IV,2; V,5.* – Siehe ferner *Anm. 131, I. Kap.*, wo die Berechtigung der Orientierung einer derartigen Reduktion an Schleiermachers Ansatz teilweise problematisiert wird. – Zu Ansätzen einer in der Erfahrung des Bewusstseins verankerten Theologie, die den konstitutiven Zusammenhang von religiöser Erfahrung und konkreter Naturerkenntnis betonen (z. B. H. Deuser), siehe *Kap. I,3.4.*

60 P.S. Kang: Naturwissenschaft, S. 90.

bar plausibleren religiösen Alternativen."[61] Theologie und speziell theologischer Schöpfungsglaube haben sich daher der *Herausforderung* zu stellen, sich über die aktuellen Methoden und Ergebnisse naturwissenschaftlicher Forschung zu informieren und sich kritisch mit ihnen auseinanderzusetzen, um aus der Perspektive des Glaubens zu einem angemessenen Wirklichkeitsverständnis beitragen zu können, das „die Welt als Schöpfung und die Geschichte der Welt als Wirken Gottes auch der naturwissenschaftlichen Vernunft verständlich zu machen"[62] vermag. „Weicht die christliche Theologie dieser Herausforderung aus, dann bleibt sie den Erweis schuldig, daß es auch angesichts heutigen Wissens über die Natur möglich und vernünftig ist, sich zum christlichen Glauben zu bekennen."[63]

Daher ist auch die vielfach zu beobachtende Engführung des Dialogs auf *ethische Fragestellungen* nicht ausreichend. Natürlich hat die Theologie die ethischen Herausforderungen aufzugreifen, die sich durch naturwissenschaftliche und technologische Fortschritte in ständig neuen Dimensionen stellen und das Selbstverständnis des Menschen (z. B. Gentechnologie) oder das Überleben der Menschheit (z. B. Atomtechnologie) betreffen. Aber es genügt nicht, den Dialog mit den Naturwissenschaften darauf zu beschränken, wenn man den Glauben vor dem Wahrheitsverständnis der Gegenwart verantworten und seine *Wirklichkeitsrelevanz* erweisen will. „Wenn die Theologie keine inneren Gründe vorzuweisen hat, warum sie sich mit der Schöpfung um ihrer selbst willen beschäftigt, wenn es ihr nicht gelingt, sich sinnvoll auf die Zusammenhänge und Gestalten der Schöpfung so zu beziehen, daß sich der Mensch mit seinem neuzeitlichen Bewußtsein als Teil darin wiederfindet, dann wird sie keine wirklich eigene, dann auch die ethische Wachsamkeit schärfende und die Spiritualität der Glaubenden inspirierende Kraft entwickeln."[64] Es geht darum, die Plausibilität des Glaubens im Kontext naturwissenschaftlicher Wirklichkeitserkenntnis aufzuzeigen. Dazu gehört es unter anderem, den Nachweis zu erbringen, „dass der Schöpfungsbegriff als Antwort auf die Frage nach dem letzten Grund der Wirklichkeit eine *mögliche* und *sinnvolle Antwort* ist"[65], die dem Menschen den Sinn seiner Existenz im Kontext von Welt und Kosmos eröffnet.

61 H. Kessler: Evolution, S. 13.

62 J. Moltmann: Gott, S. 200.

63 A. Benk: Physik, S. 250. Vgl. J. Audretsch: Blick, S. 182: „Wenn Theologie die in diesem Sinne aus Naturwissenschaften und Technik heraus Skeptischen nicht erreicht, dann verpasst sie den modernen Menschen."

64 D. Evers: Raum, S. 5. – Zu den ethischen Herausforderungen siehe *Kap. XIII.*

65 F. Gruber: Schöpfungslehre, S. 160.

3.2 Die Notwendigkeit des Dialogs für die Naturwissenschaften

Weil die Naturwissenschaften mit ihren Methoden nur einen begrenzten Aspekt der Wirklichkeit erfassen können, sind sie aufgrund der vielschichtigen Komplexität der Wirklichkeit auf den Dialog mit anderen Wissenschaften angewiesen, wenn die naturwissenschaftlichen Erkenntnisse in ihrer Relevanz für die ganzheitliche Lebenswirklichkeit erkennbar werden sollen. Daher sind die Grenzen weltanschaulicher Ansprüche der Naturwissenschaften ernst zu nehmen. Zugleich wird ersichtlich, dass naturwissenschaftliche Ansätze und Methoden letztlich nicht von ihrer Prägung durch lebensweltliche und weltanschauliche Zusammenhänge isoliert werden können. Das gilt für ihre geistesgeschichtlich entstandenen Prämissen ebenso wie für die verschiedenen Interpretationszusammenhänge, die Forschungsziele und -ergebnisse beeinflussen, seien sie durch die Ausrichtung bestimmter Forschungsgemeinschaften oder durch interessengeleitete Forschungsförderung geprägt. Durch das offenere und dynamischere Naturverständnis, welches die naturwissenschaftlichen Umbrüche zu Beginn des 20. Jahrhunderts mit sich brachten, entstand ein naturwissenschaftlich offeneres Wirklichkeitsverständnis, das sich auch für religiöse Implikationen zu öffnen vermag. So kann man den Herausforderungen gerechter werden, die durch das existenzielle menschliche Fragen nach sinnvoller und ganzheitlicher Wirklichkeit bestehen. Um sich den damit verbundenen religiösen Implikationen mit ihrer umfassenden Sinndeutung nicht zu verschließen und Vorurteile sowie Missverständnisse aufdecken zu können, bedarf die Naturwissenschaft des Dialogs mit der Theologie. Gleiches gilt für die gemeinsame Bewältigung der vielfältigen ethischen Herausforderungen, die durch den rasanten naturwissenschaftlichen und technischen Fortschritt bis hin zu Fragen des Überlebens von Mensch und Welt bestehen.

Den grundsätzlichen Herausforderungen, vor die sich die Theologie gestellt sieht, stehen ebenso grundsätzliche Herausforderungen gegenüber, die für die *Naturwissenschaften* bestehen. Sie sollen gleichermaßen aufgezeigt werden, bevor weitere spezifische Herausforderungen und Aufgaben für beide Seiten zu erörtern sind. Die Naturwissenschaften können mit ihren mess- und formalisierbaren Zugängen zur Wirklichkeit nur einen begrenzten Aspekt der Gesamtwirklichkeit erfassen. Sie untersuchen regelhafte Zusammenhänge zwischen endlichen Ursachen. Es geht ihnen als empirische Wissenschaften um die Beschreibung mess- und beobachtbarer Größen, indem sie ihre Gegenstände auf messbare Größen reduzieren, sie in formalisierbaren Zusammenhängen darstellen und daraus Gesetzmäßigkeiten ableiten. Dabei erkennen sie lediglich einen partiellen Ausschnitt der Wirklichkeit, und diesen auch nur annähernd und selektiv. In den lebensweltlichen Zusammenhängen bleiben sie jedoch mit der bedeutend vielschichtigeren *Komplexität der Wirklichkeit* konfrontiert, deren Ganzheit mit naturwissenschaftlichen Methoden nicht greifbar ist und unterschiedlicher Erkenntniszugänge bedarf, worauf bereits der Physiker Werner Heisenberg (1901–1976) mit seiner „Schichtentheorie der

Wirklichkeit" hingewiesen hat.[66] „Was uns die Naturwissenschaft erschließt, ist nicht *die* Realität, sondern eine *bestimmte Dimension* der Realität, der die Erfahrung einer *anderen Dimension* [bzw. anderer Dimensionen] irdischer Realität mit nicht weniger Recht, ernst genommen zu werden, gegenübersteht."[67] Deshalb sind auch die Naturwissenschaften auf den Dialog mit anderen Wissenschaften angewiesen, wenn ihre Ergebnisse für die gesamte Lebenswirklichkeit Relevanz haben sollen oder Naturwissenschaftler angemessene bzw. fachgerechte weltanschauliche Beiträge liefern möchten. Denn sobald „Naturwissenschaftler über die Relevanz ihrer Befunde und theoretischen Formeln für unser Wirklichkeitsverständnis sprechen, [...] bewegen sie sich immer schon im Medium philosophischer Reflexion auf Verfahren und Ergebnisse ihrer Wissenschaft, nicht mehr auf der Ebene der im strengen Sinne naturwissenschaftlichen Argumentation"[68]. Erst recht bleibt festzuhalten, dass „Interpretationen der Ergebnisse der Naturwissenschaften, die auf ein Verständnis der *Welt als ganze* zielen, nicht mit den Mitteln der naturwissenschaftlichen Methodik selbst entwickelt und entschieden werden können. Sie können sich nur auf der Ebene der metatheoretischen Reflexion vollziehen"[69], im Dialog mit den dafür relevanten Disziplinen. Die Naturwissenschaften sind also herausgefordert, historische, philosophische, kulturelle, moralisch-ethische, psychologische oder theologische Wirklichkeitszugänge wahrzunehmen.

Diese Herausforderung besteht darüber hinaus schon allein aus dem Grund, dass die Naturwissenschaften und ihre Methoden bzw. die Naturwissenschaftler selbst letztlich nicht von ihrem *lebensweltlichen und weltanschaulichen Kontext* zu isolieren sind. Deshalb haben die Naturwissenschaften auch ihre kulturgeschichtliche Bindung ernst zu nehmen. Naturwissenschaftliches Denken und Forschen sowie die technologische Umsetzung der Ergebnisse sind nämlich nicht von weltanschaulichen Prämissen und Interessen oder den Folgen für Mensch und Umwelt zu trennen.[70] So gibt der Biologe Rupert Riedl zu bedenken: „Niemand [...] kann ohne metaphysische Prämissen denken. Man kann sich ihrer nicht bewusst sein; das gewiss. Aber man kann keinen Schritt ins Unbekannte tun, ohne Erwartungen einzuschließen, die meta-physisch sind, die jenseits der uns bereits bekannten Dinge liegen."[71] Weil die Naturwissenschaften von der Geistesgeschichte ebenso geprägt sind wie die Naturwissenschaftler selbst, liegen den unterschiedlichen naturwissenschaftlichen Forschungsansätzen und Methoden „mehr oder weniger ausgeprägte philosophische bzw. weltanschauliche

66 Siehe *Anm. 48, I. Kap.*

67 W. Krötke: Erschaffen, S. 24. – Als *anschauliches Beispiel* siehe H. Kessler: Schöpfung, S. 36: „Wenn jemand sagt, eine Flöten-Melodie von Mozart, das seien nur Schallwellen, ein lebendiger Organismus (z. B. ein Pferd) sei nur eine hydraulische Maschine, so hat er rein physikalisch gesehen recht. Aber damit ist die Wirklichkeit der Melodie bzw. des Organismus nicht entfernt erfasst."

68 W. Pannenberg: Theologie/Schöpfung, S. 150.

69 D. Evers: Raum, S. 4.

70 Vgl. J. Polkinghorne: Theologie, S. 22, 27 ff., und J. Hübner: Art. „Naturwissenschaft III", S. 222. – Zur kulturgeschichtlichen Dimension der Naturwissenschaften siehe U.H.J. Körtner: Gott, S. 118.

71 R. Riedl: Strategie, S. 294 f.

Konzeptionen zugrunde", so dass viele „Auseinandersetzungen in den Naturwissenschaften [...] in erster Linie als ein Konflikt zwischen *philosophischen* Positionen zu deuten"[72] sind. Das zeigt sich etwa an der Auseinandersetzung über die Frage, ob die in der Quantenmechanik zu beobachtende Unbestimmtheit als grundsätzliche Eigenschaft der Wirklichkeit verstanden wird oder lediglich als Folge noch nicht erkannter Gesetzmäßigkeiten.[73] Die Entscheidung für eine der beiden Optionen verdankt sich nicht zuletzt dem weltanschaulichen Vorverständnis.

Insgesamt wird das *Verständnis von Natur* in den Naturwissenschaften immer von der Vorgeschichte des Naturbegriffs und seinen unterschiedlichen Dimensionen mitbestimmt. Teilräume sind zum Beispiel nicht ohne den Kontext des unendlichen Raums zu denken und Zeit ist nicht ohne den Kontext von Ewigkeit verständlich, was jeweils näherer Bestimmungen der Zusammenhänge bedarf.[74] Natur kann zum objektiven Gegenüber menschlicher Erkenntnis reduziert werden oder als Dimension wahrgenommen werden, in die menschliches Denken unweigerlich eingebunden ist. So sind Wissenschaftsauffassungen bzw. Wissenschaftstheorien auch vom jeweiligen Naturverständnis abhängig. Das lässt etwa die Auseinandersetzung über das Verständnis des „Naturalismus" erkennen.[75] Zu beachten bleiben auch die in weltanschauliche Vorgaben eingebundenen *Interpretationszusammenhänge* bei der Anordnung und Auswertung von Experimenten, die Ergebnisse und Methoden bestimmen und maßgeblich von den inhaltlichen Ausrichtungen der jeweiligen Gemeinschaften von Wissenschaftlern („Communities") geprägt sind. Dabei spielen zugleich wirtschaftliche, gesellschaftliche oder auch militärische *Interessen* eine Rolle, besonders im Blick auf die Finanzierung wissenschaftlicher Projekte. Es ist also in mehrfacher Hinsicht zu einfach, pauschal von objektiver naturwissenschaftlicher Erkenntnis zu sprechen. Weil sich das Ideal einer voraussetzungslosen und definitiv verifizierenden Naturwissenschaft als Illusion erwiesen hat, fordern Naturwissenschaftler wie Friedrich Cramer eine „selbstkritischere und in ihren Deutungsansprüchen weniger fundamentalistische Naturwissenschaft"[76].

Die Berechtigung dieser Forderung ergibt sich bereits aus den naturwissenschaftlichen *Umbrüchen* zu Beginn des 20. Jahrhunderts, die das geschlossene Naturverständnis (determiniert und prognostizierbar) der klassischen Newtonschen Physik durch ein offenes, dynamisches und geschichtliches Naturverständnis ablösten (lediglich Wahrscheinlichkeiten und Möglichkeiten). Denn damit wandelte sich der

---

72 U. Kropač: Naturwissenschaft/Dialog, S. 332. – D. Evers: Raum, S. 383, weist unter Rückgriff auf Jürgen Mittelstraß darauf hin, dass die zur Erstellung theoretischer Modelle nötige „Begründungsrationalität" – im Unterschied zur auf empirische Einzelergebnisse bezogenen „Objektrationalität" – grundsätzlich auf weitergehende Prämissen angewiesen ist.

73 Siehe dazu *Kap. VI,3.*

74 Vgl. W. Pannenberg: Wirken, S. 145 ff.

75 Vgl. D.-M. Grube: Natur, der diese Zusammenhänge darlegt. Siehe auch E. Gräb-Schmidt (Hg.): Natur; H.-G. Nissing (Hg.): Natur. – Zur detaillierten Erörterung des Verständnisses der Natur und seiner Relevanz für den Dialog von Theologie und Naturwissenschaft, auch im Blick auf naturalistische Ansätze, siehe *Kap. II; IV,1 u. VIII.*

76 F. Cramer: Ursprungsmythos, S. 86.

naturwissenschaftliche Realismus zusehends in einen „kritischen Realismus", der die naturwissenschaftlichen Modelle nicht mehr unbedingt als reale Abbildung der Wirklichkeit verstand, sondern als partielle und selektive Annäherung an Strukturen von Wirklichkeit. So wurde naturwissenschaftliches Denken grundsätzlich offener, auch für Fragen nach den Dimensionen, welche die ganzheitliche Wirklichkeit erschließen könnten – was beispielsweise die theologische Perspektive betrifft.[77] Wenn auch nach wie vor etliche Naturwissenschaftler davon kaum Kenntnis nehmen, so haben gerade die großen Physiker wie Albert Einstein, Max Planck oder Werner Heisenberg den Dialog mit der Theologie neu angestoßen. Ihnen erschienen die *religiösen Implikationen* „dabei keineswegs als Randprobleme, abgesetzt von der eigentlichen Forschungstätigkeit, sondern als Fragen, die gerade im Horizont der großen Umbrüche in der naturwissenschaftlichen Erkenntnis [...] eine neue Dynamik gewinnen"[78]. Das betrifft etwa Fragen nach dem Ziel kosmologischer Prozesse, nach der Kreativität in quantenmechanischen Prozessen, nach der Feinabstimmung im Universum mit ihrer Ermöglichung menschlichen Lebens oder nach der Selbstorganisation lebendiger Systeme.[79]

Weil die Physik immer wieder mit diesen Dimensionen und Fragen konfrontiert wird, aber von sich selbst aus nicht in der Lage ist, Fragen nach einer letzten Ursache oder einem letzten Sinn und Ziel natürlicher Prozesse zu beantworten, ist sie besonders zum *Dialog mit der Philosophie und der Theologie* herausgefordert. Denn die Philosophie sucht – je nach Ansatz – nach den Voraussetzungen, Gründen und Strukturen der Wirklichkeit sowie nach deren Lebensrelevanz, und die Theologie vermittelt Einsichten in die existenzielle Beziehung zu „Gott als den ständigen Grund (Schöpfer) der Welt, als das innerste Geheimnis und als das tiefste Ziel des gesamten Weltprozesses"[80], wodurch sie existenziell relevante ganzheitliche Erkenntnis und Sinndeutung ermöglicht. Die *Herausforderung* zu diesem Dialog gilt für alle Naturwissenschaften, denn im „Menschen erlangt ja ein Teil der Natur Selbstbewusstsein und ursprüngliche Geöffnetheit auf das Ganze der Wirklichkeit, der Mensch kann fragen ‚warum ist überhaupt etwas?', er kann also sich selbst und dem Ganzen fragend gegenübertreten und nach dessen (zureichendem) Grund fragen"[81]. Vor diesem Horizont der menschlichen Frage nach Ganzheit und Sinndeutung als einem „Merkmal menschlicher Natur und Kultur"[82], das sich auch im Phänomen menschlicher Religiosität äußert[83], bleibt mit dem Theologen Hans Schwarz festzuhalten:

77 Siehe zu diesen Umbrüchen *Kap. I,1 u. VI.* – Zum genauen Verständnis und differenzierten Spektrum des „Kritischen Realismus" sowie zu seinem Verhältnis zu realistisch und nominalistisch oder konstruktivistisch geprägten Ansätzen siehe A. Losch: Paradigma, und siehe *Kap. IV,1; VIII; XII,2–3.*

78 U. Kropač: Naturwissenschaft/Aspekte, S. 167 f.

79 Siehe zur Erörterung dieser Dimensionen *Kap. VI; VII; XI,* und siehe M. Haudel: Gotteslehre, S. 205–212.

80 H. Kessler: Schöpfung, S. 39.

81 Ebd.

82 J. Hübner: Kosmologie, S. 11.

83 Siehe z. B. E. Herms: Natur, und H. Deuser: Theologie, der vor diesem Hintergrund die „Natürlichkeit des Glaubens" (ebd., S. 110) entfaltet.

Wenn „die Naturwissenschaften sich dem Dialog mit der Theologie verweigern, dann erlauben sie keine Erklärung der Welt, die tiefer geht als das, was die Naturwissenschaften schon selbst beibringen können“[84].

Der Dialog ist für die Naturwissenschaften auch deshalb von Bedeutung, weil er Vorurteile und Missverständnisse über das Wesen von Religion und Theologie abzubauen vermag und *latente religiöse Prämissen naturwissenschaftlichen Denkens* in ihrer Relevanz aufdecken kann, was besonders das *Gottesbild* betrifft, das zuweilen in wenig begründeten und reflektierten Formen unterschiedlichster Art begegnet. So legen verschiedene „Studien die Annahme nahe, daß an der Schnittstelle zwischen Religiosität und naturwissenschaftlichem Weltbild v. a. das jeweilige Gottesbild eine zentrale Bedeutung zu besitzen scheint“[85]. Diesen Umstand hat der Dialog besonders zu beachten, weil gilt: „Jedes Gottesbild impliziert ein Naturbild, ebenso wie jedes Naturbild ein Gottesbild impliziert. Aber nicht jedes Gottesbild ist mit jedem Naturbild verträglich und umgekehrt. Denn jedes Gottesbild umfasst eine bestimmte Vorstellung davon, wie Gott in der Welt agieren kann und agiert, und jedes Naturbild lässt bestimmte Arten von agierendem Handeln Gottes zu oder nicht zu.“[86] Deshalb kann die Frage nach Religion „auch zum Thema naturwissenschaftlicher Erkundung selbst werden [etwa die evolutive Entwicklung von Religion oder deren Verankerung in Hirn-Arealen]. Die Religionswissenschaft folgt wie speziell auch die Religionssoziologie und verwandte Wissenschaften methodisch analog strukturierten Fragestellungen. Doch wird von Naturwissenschaftlern gerade auch außerhalb ihrer fachspezifischen Methoden nach der Eigenart und Bedeutung von Religion gefragt“[87]. Denn naturwissenschaftlich sind keine inhaltlichen, sinnorientierenden oder existenziellen Aussagen zur Religion und Ganzheit der Welt sowie zu einem angemessenen Gottesbild möglich. Aber etliche naturwissenschaftliche Forschungsergebnisse erweisen sich als offen für die religiöse Dimension und verlangen nach Sinndeutung: „Die Kontingenz und ‚Sinnleere‘ der ungeheuren Räume und Zeiten und die Unableitbarkeit der evolutionären Entwicklung auf unserem Planeten mit ihrem Zusammenspiel von Zufall und Notwendigkeit sind offen für eine theologisch angemessene Bestimmung des menschlichen Lebens als außerhalb seiner selbst in Gott begründet“[88].

Die Angewiesenheit auf den Dialog besteht für die Naturwissenschaften ferner hinsichtlich der *ethischen Herausforderungen,* die Forschung und Technik mit sich bringen, wofür erneut besonders Philosophie und Theologie Orientierung bieten. Angesichts der rasanten naturwissenschaftlichen und technologischen Fortschritte mit immer neuen Implikationen für das menschliche Leben und Überleben bedarf es dringend des gesamtgesellschaftlichen Diskurses über einen lebensdien-

84 H. Schwarz: Streit, S. 172.

85 M. Rothgangel: Naturwissenschaft, S. 23. – Das zeigt z. B. U. Kropač: Naturwissenschaft/Aspekte, S. 173–180, am Beispiel philosophischer und religiöser Gottesbilder bedeutender Physiker.

86 U. Beuttler: Wirken, S. 94.

87 J. Hübner: Kosmologie, S. 37.

88 D. Evers: Verhältnis, S. 56.

lichen Umgang mit diesen Dimensionen. Das betrifft zum einen die Auseinandersetzung mit der grundsätzlichen Frage, ob alles erforscht werden sollte, was methodisch und technisch möglich ist, und zum anderen die Frage nach der technischen Umsetzung und Anwendung. So hat zum Beispiel nicht nur die Atomtechnologie *neue ethische Dimensionen* eröffnet (Möglichkeit der kollektiven Selbstzerstörung der Menschheit), sondern auch die Biotechnologie. Je nach Anwendung verändert sie nach dem Philosophen und Theologen Eduard Zwierlein „massiv *unsere Vorstellung vom Menschen und seiner Natur.* Die prometheische Expansion des Machbarkeits- und Herrschaftsverhaltens, die menschliches Leben radikal objektiviert, verzweckt und […] funktionalisiert oder instrumentalisiert, führt eine Art Zauberlehrlingseffekt mit sich, eine unaufhaltsame Dynamik, in der ständig neue Fakten geschaffen werden, und eine auseinander treibende Kluft von technischen Riesen und ethischen Zwergen."[89]

Es geht sowohl in der Anthropologie als auch im Umgang mit der gesamten Natur teilweise um ethische Aufgabenstellungen, die die Menschwürde und den Fortbestand des gesamten irdischen Lebens betreffen. Dabei ist naturwissenschaftliche und technologische Weltbemächtigung auf den interdisziplinären und gesamtgesellschaftlichen Diskurs angewiesen, speziell auf den Dialog mit den Orientierungswissenschaften Philosophie und Theologie. Die gemeinsame Herausforderung wird in der Orientierungshilfe der EKD zum Dialog bekräftigt: „Die Frage, ob und wie Leben und Überleben in einer auf viele Weisen gefährdeten Welt gesichert werden können, mit welchen Mitteln etwa den Folgen eines durch menschliches Handeln mitverursachten Klimawandels begegnet werden soll und wie die Rechte zukünftiger Generationen im Blick auf endliche Ressourcen gewahrt werden können, ist ebenso offen wie die Frage nach den Grenzen für menschliche Eingriffe im Bereich der Humangenetik. Diese und viele andere Herausforderungen betreffen Naturwissenschaften und Theologie gleichermaßen; die größte Herausforderung besteht darin, wie sie gemeinsam zu einem Leben und Überleben in Humanität beitragen können."[90] Bei den Naturwissenschaftlern herrscht besonders „im Bereich medizinischer Ethik und Bioethik eine große Nachfrage – weniger nach Philosophen, sondern in erster Linie nach Moraltheologen und Ethikern. […] Leider gibt es zu wenig Theologen, die bereit sind, sich darauf einzulassen und ihre angeborene Furcht vor der Naturwissenschaft zu überwinden; die auch bereit sind, zuerst einmal Interesse für die Arbeit des Anderen zu zeigen."[91] Diese mangelnde Dialogbereitschaft findet sich aber umgekehrt genauso auf Seiten vieler Naturwissenschaftler.

89 E. Zwierlein: Objekt, S. 198. – Zur differenzierten Auseinandersetzung mit den Chancen und Problemen der Biotechnologie siehe *Kap. XIII.*

90 *Weltentstehung,* S. 22. – Siehe zu diesen vielfältigen ethischen Herausforderungen *Kap. XIII.*

91 So der Theologe, Philosoph und Naturwissenschaftler Christian Kummer, dokumentiert bei U. Diewald: Betreuung, S. 420.

3.3 Bestehende Defizite und wahrzunehmende Chancen des Dialogs

Angesichts der gemeinsamen lebensweltlichen Anforderungen an Theologie und Naturwissenschaft sind erhebliche *Defizite* in Bezug auf ihre gegenseitige Wahrnehmung zu beobachten. Aus der Unterscheidung ihrer erkenntnistheoretischen Ansätze resultiert vielfach eine Scheidung, was sich in universitärer Forschung und Ausbildung einschließlich der Prüfungsanforderungen widerspiegelt. Nicht einmal die Ausbildung der schulischen Unterrichtung der Fächer Religion und Naturwissenschaften bietet ein geregeltes Angebot bezüglich des Dialogs von Theologie und Naturwissenschaft. Nach wie vor hängt ein solches Angebot weitgehend von einzelnen Lehrenden ab, die mit dem Dialog befasst sind. Die allgemein wahrzunehmende gegenseitige Entfremdung basiert auf der historischen Entwicklung des Verhältnisses von Theologie und Naturwissenschaft in Deutschland und Kontinentaleuropa. Deshalb gilt es heute, die *Chancen* aufzugreifen, die der Dialog hinsichtlich der gemeinsamen Herausforderungen und der existenziellen Bedürfnisse menschlichen Fragens nach Sinn und Ganzheit bietet. So könnte zur Bewältigung des postmodernen Partikularismus, Pluralismus und Relativismus, dem die verwirrende Vielfalt naturwissenschaftlicher Ergebnisse entspricht, nach einer Konsonanz zwischen Schöpfungstheologie und naturwissenschaftlicher Welterkenntnis gesucht werden. Das ist möglich, wenn man den Wirklichkeitsbezug der Theologie und die Kontextualität jeglichen naturwissenschaftlichen Wissens berücksichtigt. Dazu bedarf es auch der Erörterung der ontologischen Bestimmungen von Wirklichkeit und der entsprechenden erkenntnistheoretischen Zugänge, wozu sich die für Theologie und Naturwissenschaft relevante philosophische Begrifflichkeit als Vermittlungsebene anbietet. Die Theologie könnte so den Glauben im Horizont aktueller naturwissenschaftlicher Erkenntnisse noch weitreichender plausibilisieren, während die naturwissenschaftliche Weltsicht eine ganzheitliche und sinngebende Perspektive erhalten könnte.

Der nach wie vor bestehende Mangel an Bereitschaft, die gezeigten Herausforderungen anzunehmen, findet seinen Niederschlag in dringend zu behebenden *Defiziten* hinsichtlich des Dialogs von Theologie und Naturwissenschaft. Betrachtet man den deutschen und kontinentaleuropäischen Raum, gibt es zwar vereinzelte Institute an *Universitäten* sowie etliche Veröffentlichungen, die dem Dialog gewidmet sind. Aber letztlich wird der Dialog vornehmlich von einzelnen interessierten Theologen (zum Teil gleichzeitig Naturwissenschaftler) und Naturwissenschaftlern getragen, was sich besonders auf der Ebene von Akademien (Erwachsenenbildung) vollzieht. Das spiegelt sich im universitären Lehrangebot ebenso wider wie in den Lehrplänen und Prüfungsordnungen für die Schule oder das Pfarramt – von naturwissenschaftlichen Prüfungsordnungen ganz zu schweigen. Denn in diesen Kontexten spielt die gegenseitige Kenntnisnahme kaum eine Rolle, obwohl „sowohl Theologie wie Naturwissenschaften beanspruchen, mit der Wirklichkeit (nach ihrem Verständnis als ganzer und in Teilen) zu tun zu haben"[92]. So werden selbst „die späteren Religionslehrerinnen und Religionslehrer [die oft auch Naturwissenschaften unterrichten] in der Regel nicht auf eine fundierte Auseinandersetzung mit dem Thema ‚Glaube und Naturwissenschaft' vorbereitet"[93]. Das betrifft in gleicher Weise die anderen Ausbildungsgänge: „Tatsächlich gilt für den universitären Alltag, dass die Entwicklungen in den Naturwissenschaften und Geisteswissenschaften wechselseitig kaum zur Kenntnis genommen werden. [...] Die Gefahr einer langfristigen Entfremdung ist hier nicht von der Hand zu weisen."[94] Diese Situation kann sich als verhängnisvoll erweisen, denn angesichts „des schnellen Fortschreitens der naturwissenschaftlichen Erkenntnisse ergibt sich die Notwendigkeit, ständig neu deren Geltungsbereich und Stellenwert für das Ganze der Wirklichkeitserfahrung zu reflektieren. Hier ist das Gespräch mit den [...] Geisteswissenschaften unerlässlich, wie umgekehrt deren Reflexion die Veränderungen der Weltsicht wahr- und aufnehmen muss"[95]. Für die Theologie besteht diesbezüglich die Herausforderung, die Plausibilität des Glaubens und seine Relevanz für das naturwissenschaftlich geprägte Wirklichkeitsverständnis aufzuzeigen – auch im Blick auf die ethischen Anforderungen.

Dass sich die Dialogsituation oft schwieriger gestaltet als im angelsächsischen Raum, liegt an der *historischen Entwicklung* des Verhältnisses von Theologie und Naturwissenschaft, die in *Deutschland und Kontinentaleuropa* zur gegenseitigen Entfremdung geführt hat. Denn der aufkommende physikalisch-reduktionistische Materialismus verursachte in Deutschland im 19. Jahrhundert eine rein materialistische Deutung der Evolutionstheorie und ein entsprechend ideologisches naturwissenschaftlichen Weltbild, demgegenüber sich die Theologie auf ihre vermeintlichen Grundbereiche der sittlichen Werturteile und der Glaubenserfahrungen zurückzog, und zwar durch deren Verankerung in Geist und Bewusstsein. Diese Unterscheidung zwischen „Werturteilen" auf Seiten der Theologie bzw. der Geisteswissenschaften und „Seinsurteilen" auf Seiten der Naturwissenschaften vollzog sich im *angelsächsischen Bereich* nicht, so dass der Dialog hier – neben anderen Gründen (siehe Kap.V) – als selbstverständlicher galt. Doch die von Deutschland und Kontinentaleuropa ausgehende Polarisierung wirkte sich schließlich auf die gesamte abendländische Kultur aus. Im angelsächsischen Raum, speziell in den USA, besteht die Polarisierung mehr im moralisch-lebenspraktischen Bereich, etwa in der Auseinandersetzung über Religions- und Biologieunterricht zwischen Kreationisten und entsprechend harschen Gegenpositionen aus den Naturwissenschaften, während die wissenschaftliche Ebene weniger von Gegensätzen geprägt ist. In *Deutschland* wurde

92 C. Tapp/C. Breitsameter (Hg.): Theologie, S. 3. – Als positives Beispiel für die Zusammenarbeit von Akademie- und Universitätsebene kann die 1958 gegründete „Forschungsstätte der Evangelischen Studiengemeinschaft" (FEST) in Heidelberg genannt werden, die als Institut für interdisziplinäre Forschung besonders von den Akademien der Landeskirchen und der Evangelischen Kirche in Deutschland getragen wird.

93 A. Benk: Physik, S. 25.

94 F. Gruber: Schöpfungslehre, S. 151 f.

95 J. Hübner: Kosmologie, S. 34.

der Dialog auf akademisch-wissenschaftlicher Ebene durch die Theologie erst wieder seit den 50er Jahren des 20. Jahrhunderts nachhaltiger aufgenommen, aber mit den oben genannten Einschränkungen bzw. Defiziten, die es zu beheben gilt.[96] Wenn sich Theologie und Naturwissenschaft den vielfältigen Herausforderungen nicht stellen, kapitulieren sie nicht nur vor den *gemeinsamen lebensweltlichen Anforderungen*, sondern bringen sich auch „um die Chance einer kritischen Reflexion der methodischen Vorentscheidungen, mit denen beide ‚Lager' zu tun haben"[97].

Die Offenheit für den Dialog hingegen bietet die *Chance* der gegenseitigen Wahrnehmung von Theologie und Naturwissenschaft. Der Theologie wird ermöglicht, die Wirklichkeitsrelevanz des Glaubens im Kontext naturwissenschaftlicher Erkenntnisse zu erweisen und zu plausibilisieren, während die Naturwissenschaft ihre Ergebnisse angemessen in den lebensweltlichen Gesamtkontext zu integrieren vermag. John Polkinghorne (Teilchenphysiker und Theologe) hat darauf hingewiesen, warum das für beide Seiten grundsätzlich von Bedeutung ist: „Religion ohne Naturwissenschaften ist begrenzt; ihr misslingt es, für die Wirklichkeit völlig offen zu sein. Naturwissenschaft ohne Religion ist unvollständig; es misslingt ihr, das tiefste mögliche Verstehen zu erreichen."[98] Durch den Dialog ergibt sich für beide Seiten die Chance, geschichtlich verursachte Missverständnisse und gegenseitige Vorurteile aufzudecken und „die methodisch bedingte und weltanschaulich fixierte Totalisierung eines eingeschränkten Wirklichkeitsbegriffs aufzubrechen"[99]. Denn der Dialog versetzt in die Lage, ontologische Bestimmungen von Wirklichkeit und erkenntnistheoretische Zugänge zur Wirklichkeit differenziert zu erörtern. So vermag der Dialog für beide Seiten erhellend zu wirken, indem er die Theologie anspornt, den Glauben angesichts aktueller naturwissenschaftlicher Erkenntnisse noch weitreichender zu plausibilisieren, und indem er der naturwissenschaftlichen Weltsicht eine ganzheitliche und sinngebende Perspektive eröffnet. „Ein Idealziel wäre, wenn das Bekenntnis des Glaubens angesichts der neuzeitlichen Kosmologie einleuchten könnte, indem es die fahlen und mitunter zwielichtigen kosmologischen Erkenntnisse so erhellt, daß sinnhaft sich orientierender Glaube und forschende weltliche Vernunft sich gleichermaßen verstanden sehen."[100]

In dieser Zielsetzung wird auch die *aktuelle lebensweltliche und gesellschaftliche Relevanz des Dialogs* transparent. Dem postmodernen Partikularismus, Pluralismus und Relativismus, durch den die weltanschaulichen Konzeptionen von „Sinn-Ganz-

96 Vgl. zur historischen Entwicklung D. Evers: Gegeneinander; M. Haudel: Gotteslehre, S. 202–205, und siehe *Kap. V.*

97 C. Tapp/C. Breitsameter (Hg.): Theologie, S. 3.

98 J. Polkinghorne: Science/Creation, S. 97 (deutsche Übersetzung zitiert nach H. Schwarz: Streit, S. 172). – Im Blick auf die religiöse Dimension insgesamt bleibt darauf hinzuweisen, dass inzwischen auch in anderen *Weltreligionen* einzelne Dialogansätze zu beobachten sind, was auch *interreligiöse* Fragestellungen in den Horizont des Dialogs zu rücken vermag. Siehe dazu T. Peters/G. Bennet/P.S. Kang (Hg.): Brücken, S. 208–296.

99 R. Esterbauer: Methodenbewusstsein, S. 37.

100 D. Evers: Raum, S. 6.

heit“ in kleine und beliebige Sinnfragmente zerfallen sind, korrespondiert nämlich die verwirrende Vielfalt naturwissenschaftlicher Ergebnisse, was etwa das Verständnis des Menschen betrifft: „In der aktuellen Diskussion um Neurowissenschaft, Psychologie und Geist herrscht ein verwirrendes Durcheinander von Ansätzen zum Verständnis des Menschen.“[101] Angesichts dieser Situation kommt der Dialog von Theologie und Naturwissenschaft einem existenziellen Grundbedürfnis des Menschen entgegen, denn die „Sinnfrage verweist ebenso wie das Streben nach ‚Ganzheit‘ auf die existentielle Suche nach einem stimmigen Leben in der Welt. Hält sich diese Frage und Suche durch die Jahrhunderte hin durch, ist sie also ein Merkmal menschlicher Natur und Kultur“[102]. Das bedeutet für die aktuelle Situation: „Die Fülle des Wissens weckt die Frage nach einer auch naturwissenschaftlich begründbaren differenzierenden Gesamtanschauung, nach der der Mensch im Universum, so wie es heute bekannt ist, existentiell Stand gewinnen kann.“[103] Schon die großen Physiker Werner Heisenberg und Carl Friedrich von Weizsäcker hatten darauf hingewiesen, dass man nicht einfach trennen könne zwischen der Existenz als Feld des Glaubens und der Natur als Feld der Naturwissenschaft. „Wissenschaftlich läßt sich jene Trennung von Objektivität und Subjektivität nicht sauber durchführen, denn ihr Gegenstand ist ja nicht die Natur an sich, sondern die der menschlichen Fragestellung ausgesetzte Natur.“[104] Deshalb sollte der Dialog von Theologie und Naturwissenschaft den Hinweis der EKD-Orientierungshilfe beachten: „Die *Unterscheidung* der Erkenntnisperspektiven darf [...] nicht als *Scheidung* missverstanden werden. [...] Der Schöpfungsglaube erhebt einen Anspruch auf die Deutung unserer Wirklichkeit. Weil der Kosmos und mit ihm die menschliche Lebenswelt zu dieser Wirklichkeit gehören, stößt der Schöpfungsglaube unvermeidlich in kosmologische Dimensionen vor – so auch dort, wo er einen Anfang (und ein Ende) von Raum und Zeit zu denken lehrt.“[105]

Vor dem Hintergrund der unterschiedlichen Erkenntnisperspektiven gilt es, sie als *komplementär* wahrzunehmen, um so *differenzierte* Formen einer *Konsonanz* von theologischem und naturwissenschaftlichem Wirklichkeitsverständnis zu erzielen, denn „Weltbild und Glaube bzw. Weltbild und Gottesbild existieren nicht unabhängig voneinander“[106]. Das ist nicht nur an den Konzeptionen großer Physiker nachweisbar (z.B. M. Planck, W. Heisenberg)[107], sondern bestimmt implizit auch den gegenwärtigen Dialog: „Es fällt auf, dass [...] in diesen Gesprächen

101 P. Clayton: Neurowissenschaft, S. 170. – Zur Relevanz der postmodernen Situation vgl. D. Evers: Gegeneinander, S. 47 ff., und zum Dialog mit den Neurowissenschaften siehe *Kap. XI,2.2.*

102 J. Hübner: Kosmologie, S. 11.

103 Ebd., S. 40.

104 J. Moltmann: Wissenschaft, S. 18.

105 *Weltentstehung*, S. 14.

106 U. Kropač: Naturwissenschaft/Dialog, S. 16. – Zu den unterschiedlichen Erkenntniszugängen von Theologie und Naturwissenschaft, die bei ihrer Komplementarität zu beachten sind, siehe U.H.J. Körtner: Schöpfung, S. 82 ff.

107 Siehe *Anm. 85, I. Kap.*

Gottesvorstellungen explizit selten ausgeführt werden, obwohl erkennbar ist, dass sie für Bewertungen und Positionierungen nicht ohne Bedeutung sind."[108] Auch für naturwissenschaftliches Wissen trifft die Kontextualität jeglichen Wissens zu, die „Abhängigkeit von Wissen vom nicht hinterfragten Vorwissen", von „der Einbettung von Wissen in Transzendenz"[109]. Unter Berücksichtigung dieser Zusammenhänge können die Dialogpartner nach Formen differenzierter Konsonanz zwischen Schöpfungstheologie und naturwissenschaftlicher Welterkenntnis suchen.[110] Weil sich einerseits Naturwissenschaft unweigerlich im Medium philosophischer Reflexion vollzieht und „die naturwissenschaftlichen Grundbegriffe in der Regel selber aus philosophischem Sprachgebrauch hervorgegangen"[111] sind, und weil sich andererseits Theologie im ständigen Prozess von Anknüpfung und Differenz mit der Philosophie befindet, kann die *Philosophie als begriffliche Vermittlungsebene* zwischen Theologie und Naturwissenschaft dienen. Dabei muss es sich nicht unbedingt um ein umfassendes *naturphilosophisches* Konzept handeln, das auch die Gefahr der Überdeckung theologischer Spezifika beinhalten kann, sondern es geht zunächst grundsätzlich um die *hermeneutische* Zuordnung und Vermittlung von theologischer und naturwissenschaftlicher Dimension, wobei die begriffliche Ebene eine bedeutende Rolle spielt. „Indem die Theologie mit der kritischen Aneignung und Anverwandlung eines philosophischen Weltbildes befaßt ist, bezieht sie sich immer schon auf die darin integrierte Naturerkenntnis, und die theologische Transformation philosophischer Weltbegriffe muß ebenso wie diese selbst an der Fähigkeit zu sachgerechter Einbeziehung der naturwissenschaftlichen Betrachtungsweisen und Ergebnisse gemessen werden."[112] Um in diesem lebensweltlichen Zusammenhang von Theologie, Philosophie und Naturwissenschaft die jeweiligen Vorverständnisse und gegenseitigen Einflüsse aufdecken zu können, bedarf es der Kenntnis der *Geschichte* dieser Zusammenhänge. Nur so sind die Ursachen einseitiger

---

108 G. Souvignier [u. a.] (Hg.): Gottesbilder, S. 1 (Einführung). Der Band enthält eine ausführliche Erörterung dieser Thematik. Siehe ebd., S. 8: „Kann es sein, dass selbst da, wo die Naturwissenschaftler sich ‚gottlos' geben, sie gleichwohl nicht ‚gottesbilderlos' sind, weil sie notwendigerweise gegen bestimmte Gottesbilder votieren?"

109 H.-P. Dürr (Hg.): Physik, S. 11.

110 „So ist das Ziel einer Verständigung zwischen Schöpfungstheologie und naturwissenschaftlicher Welterkenntnis wohl eher im Sinne einer *Konsonanz* beider Betrachtungsweisen zu beschreiben als im Sinne einer Zurückführbarkeit der einen Auffassung auf die andere. Konsonanz setzt Widerspruchsfreiheit voraus, aber sie erfordert darüber hinaus noch mehr. Widerspruchsfreiheit läßt sich auch von Gedanken behaupten, die beziehungslos nebeneinander stehen. Konsonanz hingegen schließt die Vorstellung einer Harmonie, also einer positiven Beziehung ein." (W. Pannenberg: Theologie/Schöpfung, S. 149)

111 Ebd., S. 150.

112 Ebd., S. 151. Zur Bedeutung der Hermeneutik für den Dialog siehe U.H.J. Körtner: Schöpfung, S. 71, der diese für wichtiger hält als „eine möglichst konsensfähige Naturphilosophie". Zur Bedeutung der Naturphilosophie für den Dialog siehe H.-H. Peitz: Kriterien, S. 399 ff. Im Dialog finden sich sowohl hermeneutisch orientierte Ansätze mit dem Rückgriff auf die begriffliche philosophische Vermittlungsebene als auch Ansätze mit einem übergreifenden naturphilosophischen Rahmen (siehe R.J. Russell/K. Wegter-McNelly: Verzahnung, S. 63). – Siehe auch *Kap. II.*

Konzeptionen und gegenseitiger Missverständnisse und Vorurteile zu erkennen, als Voraussetzung ihrer Überwindung. Deshalb wird der Geschichte des Verhältnisses von Theologie und Naturwissenschaft im vorliegenden Band entsprechender Raum gegeben.

3.4 Weitere wesentliche Aufgaben zur Erreichung des Dialogziels: Angemessene naturwissenschaftliche und theologische Ansätze

Die *Naturwissenschaften* sollten neben den bereits genannten Aufgaben bzw. Anforderungen darauf achten, ihren methodischen Atheismus nicht unbewusst – oder auch bewusst – zu einem axiomatischen bzw. weltanschaulichen Atheismus zu verabsolutieren, um sich die Perspektive einer ganzheitlichen Sinngebung nicht schon grundsätzlich zu verbauen. Diesbezüglich ist eine intensivere Auseinandersetzung mit den eigenen erkenntnistheoretischen Grundlagen ratsam, wodurch das Wesen, die Möglichkeiten und die Grenzen der Naturwissenschaften deutlicher wahrzunehmen sind und angemessene Ansätze für den Dialog transparent werden. Die *Theologie* steht über die schon gezeigten Herausforderungen hinaus vor der Aufgabe, sich inhaltlich mit den Ergebnissen der Naturwissenschaften auseinanderzusetzen, um die Wirklichkeitsrelevanz des Glaubens im Kontext naturwissenschaftlicher Erkenntnis konkret erweisen zu können. Dazu bedarf es der *allgemein verständlichen Vermittlung von Expertenwissen,* welcher der vorliegende Band auch dienen soll. Ferner hängt die Einsicht in die Notwendigkeit des Dialogs von angemessenen theologischen Ansätzen ab, aus denen sich die theologische Relevanz der gesamten Wirklichkeit bzw. Wirklichkeitserkenntnis erschließt. Hierbei geht es auch um die Frage, ob und wie sich Theologie gegenüber den empirischen Naturwissenschaften als Erfahrungswissenschaft versteht. Die erfahrbare heils*geschichtliche* Selbsterschließung des dreieinigen Gottes als Schöpfer, Erlöser und Vollender nimmt die gesamte Wirklichkeit in den Blick und lässt den differenzierten Zusammenhang von Glaubens- und Wirklichkeitserfahrung hervortreten. Dieser ließe sich etwa in einer Theologie der Natur darlegen, während rein natürlich-theologische Rückschlüsse auf Gott oder die reine Verankerung Gottes im menschlichen Subjekt diesen Zusammenhang verkürzen würden.

Die Erörterung der theologischen Ansätze hat aufgrund der Dialog-Anforderung zugleich die ökumenische Perspektive zu beachten, die auch für die aufzuarbeitende Geschichte des Verhältnisses von Theologie und Naturwissenschaft relevant ist. Die Kenntnis dieser Geschichte und die Vermittlung aktueller naturwissenschaftlicher Einsichten sowie angemessener theologischer und naturwissenschaftlicher Ansätze bilden die Voraussetzung für einen von Vorurteilen befreiten Dialog, der die *Wirklichkeitsrelevanz des Glaubens* ebenso hervortreten lässt wie die *ganzheitliche Einbindung und Sinndeutung naturwissenschaftlicher Einsichten.* Es geht dabei um die Antwort auf die *existenzielle Frage,* die sich nicht nur für Studierende der Theologie und der Naturwissenschaften stellt, sondern für jeden Menschen: die Frage nach ganzheitlichem Wirklichkeitsverständnis und nach Sinndeutung.

Die bisherigen Ausführungen lassen die *aktuellen Herausforderungen und Aufgaben des Dialogs* von Theologie und Naturwissenschaft bereits vielfach erkennen. Es bleibt noch zu ergänzen, dass die *Naturwissenschaften* die mögliche Konsonanz theologischer und naturwissenschaftlicher Erkenntnis in der lebensweltlichen Ganzheit nicht von vornherein dadurch verhindern sollten, dass sie ihren *methodischen* Atheismus bewusst oder unbewusst in einen *axiomatischen* Atheismus überhöhen, was naturwissenschaftlich ohnehin nicht begründbar ist. Denn dann wäre man „unfähig, möglicherweise tatsächlich existierende Spuren einer nicht ableitbaren lebensfreundlichen Wirklichkeit im Bau der Welt zu erkennen, die von der Theologie als die Wirklichkeit Gottes identifiziert wird“[113]. Angesichts der vielschichtigen lebensweltlichen Herausforderungen ist es für die Naturwissenschaften ratsam, sich noch dezidierter mit ihren erkenntnistheoretischen Voraussetzungen auseinanderzusetzen, um im Kontext der anderen Wissenschaften ihre weltanschauliche Eingebundenheit deutlicher wahrzunehmen und damit die Möglichkeiten und Grenzen ihres methodischen Wirklichkeitszugangs angemessen zu berücksichtigen. Dabei gilt es, nicht nur die Komplexität der Wirklichkeit mit den entsprechend unterschiedlichen Erkenntniszugängen ernst zu nehmen, sondern auch die mit den Umbrüchen des naturwissenschaftlichen Weltbildes verbundene dynamische, geschichtliche und offene Struktur der Wirklichkeit zu beachten. Dann ist die Chance für eine Konsonanz mit der menschlichen Suche nach Ganzheit und Sinn gegeben, für die sich der Dialog von Theologie und Naturwissenschaft anbietet. Dieser Dialog, den die Naturwissenschaften aufgrund ihrer methodischen Erkenntnisgrenzen im Blick auf Sinndeutung und ganzheitliche Erkenntnis brauchen und der die Überwindung nach wie vor bestehender Vorurteile und Missverständnisse ermöglicht, kann zugleich die gemeinsame Bewältigung der ethischen Herausforderungen gewährleisten, die sich mit den Fortschritten von Naturwissenschaft und Technik ständig stellen.

Hinsichtlich der zukünftigen Aufgaben der *Theologie* bleibt noch zu ergänzen, dass die mit dem Glauben an Gott den Schöpfer, Erlöser und Vollender verbundene Aufgabe, die Wirklichkeitsrelevanz bzw. den Wahrheitsanspruch des Glaubens angesichts gegenwärtiger naturwissenschaftlicher Erkenntnisse zu plausibilisieren, der *inhaltlichen Auseinandersetzung mit den naturwissenschaftlichen Erkenntnissen* bedarf. „Dazu ist es unabdingbar, daß Theologen […] sich, ohne Fachleute werden zu müssen, mit naturwissenschaftlichen und mathematischen Gegenständen beschäftigen. […] Theologisches Denken ist dann aber auf *Übersetzungs- bzw. Vermittlungsarbeit* angewiesen, die naturwissenschaftliche und mathematische Erkenntnisse über die Fachwelt hinaus rezipierbar macht.“[114] *Diese Hilfestellung soll der vorliegende Band geben.* Er soll ferner einen *angemessenen theologischen Zugang zum*

113 J. Weinhardt: Eschatologie, S. 164. – Prinzipien wie der methodische Atheismus „werden falsch, wenn das ‚*als ob*‘ übersehen wird oder wenn sie nicht als regulative, sondern als konstitutive Prinzipien verstanden würden“ (M. Mühling: Resonanzen, S. 21). – Zur entsprechenden Auseinandersetzung mit den Prämissen des methodischen Atheismus siehe die Aussagen von H. Tetens und J. Moltmann in *Kap. I,2* (siehe *Anm. 39 u. 40, I. Kap.*). Siehe dazu insgesamt *Kap. IV,1 u. VIII.*

114 U. Kropač: Naturwissenschaft/Dialog, S. 19 (Hervorhebung vom Vf.).

Dialog darlegen, der den Erweis der Wirklichkeitsrelevanz des Glaubens angesichts der gegebenen Herausforderungen ermöglicht und naturwissenschaftlicher Weltsicht eine tragfähige Perspektive ganzheitlicher Sinndeutung eröffnet.

Hierfür ist darauf zu achten, wie sich Naturwissenschaft heute als empirische Wissenschaft bzw. als *Erfahrungswissenschaft* versteht und ob und in welcher Weise Theologie als Erfahrungswissenschaft zu verstehen ist. Nach Dirk Evers werden neben den Naturwissenschaften auch empirisch vorgehende Kultur- und Sozialwissenschaften als Erfahrungswissenschaften bzw. als empirische Wissenschaften oder Realwissenschaften bezeichnet, „die aus methodisch kontrollierter Erfahrung gewonnene Daten zur Grundlage ihrer Theoriebildung machen“[115]. Naturwissenschaften versuchen als empirische Wissenschaften die Erfahrungswelt „methodisch und technisch gesichert zu rekonstruieren“, damit diese „theoriefähig wird und auf funktionale Zusammenhänge und […] Gesetzmäßigkeiten reduziert werden kann, die neue technische Zugriffe ermöglichen“[116] – auch wenn das heute etwa in manchen hochspekulativen Ansätzen der Physik kaum noch erkennbar ist[117]. Gegenüber dem rekonstruierenden empirischen Ansatz der Naturwissenschaften bleibt festzuhalten, dass sich *tragfähige* Aussagen über Gott letztlich nicht aus den Bedingungen der Natur oder des menschlichen Bewusstseins ableiten lassen. Zwar ist der Schöpfer nach dem biblischen Zeugnis aus der Schöpfung zu erkennen, aber nur in ambivalenter Weise, weil menschliche Selbstvergöttlichung bzw. Selbstbehauptung diese Erkenntnis verdunkelt (z.B. Ps 8; Röm 1,18ff.). Entsprechend kann es nur eine „Ahnung“ von Gott geben und tragfähige Gotteserkenntnis bleibt auf Gottes Selbsterschließung bzw. Offenbarung angewiesen, was für die konkrete Erkenntnis des Wesens Gottes ohnehin gilt. Als angemessene Basis für den Dialog mit den Naturwissenschaften erweist sich deshalb keine *natürliche Theologie,* die aus den natürlichen Voraussetzungen einen Gottesbegriff ableitet, sondern eine *Theologie der Natur,* die im Licht der Selbsterschließung Gottes die Natur in ihrer wissenschaftlichen Erforschbarkeit als relevante Lebenswirklichkeit ernst nimmt.[118] „Das Unbedingte […] kann weder methodisch gesichert noch theoretisch deduziert werden. Es kann sich nur in, mit und unter den Bedingungen der Wirklichkeit [selbst] zugänglich machen“[119], wenn es einerseits nicht als Konstrukt[120] menschlicher Spe-

115 D. Evers: Theologie, S. 377.

116 Ebd., S. 398. – Siehe *Kap. IV,1.*

117 Siehe dazu *Kap. VII.*

118 Siehe zur differenzierten Erörterung dieser Zusammenhänge *Kap. III u. IV.* – Zum Verhältnis von „Ahnung“ und „Offenbarung“ und zur Einführung dieses Begriffspaares durch den Verfasser siehe M. Haudel: Selbsterschließung, S. 485–500. – Zur Bedeutung einer „Theologie der Natur“ vgl. F. Gruber: Schöpfungslehre, S. 163: „Dringend aber ist die Ausarbeitung einer neuen ‚Theologie der Natur‘, die im Dialog mit der Naturphilosophie und den Naturwissenschaften jene Plattform bildet, auf der wissenschaftstheoretische Grundlagenfragen erörtert werden.“

119 D. Evers: Theologie, S. 405.

120 Zum differenzierten Verhältnis von theologischer Erkenntnis und *konstruktivistischen Erkenntnistheorien* siehe A. Klein/U.H.J. Körtner (Hg.): Wirklichkeit, wo etwa P. Stoellger: Interpretation, die hermeneutische Bedeutung von Interpretation bzw. Konstruktion aufweist, aber betont, dass diese

kulation und Rekonstruktion gelten soll und andererseits nicht als irrelevant für die Lebenswirklichkeit erscheinen soll. „Offenbarung und Erfahrung sind deshalb eng miteinander verschränkt."[121] So sind die „unverfügbare persönliche Erfahrung mit der geschichtlichen Glaubenserfahrung [...] und die empirische Wahrnehmung und rationale Erschließung der Natur" zwar „kritisch zu unterscheiden, zugleich aber, weil im Lebensvollzug miteinander verbunden, in ihrer wechselseitigen *Beziehung* zueinander sorgfältig"[122] zu bedenken.

Das gilt besonders angesichts einiger *aktueller Herausforderungen* aus Kreisen der Naturwissenschaftler, wie etwa der Forderung, „dass religiöse Aussagen eine empirische Relevanz besitzen müssen, und dass diese wahrzunehmen, zu verstehen und zu überprüfen sei. Dadurch verliert die Theologie ihren Alleinanspruch auf Aussagen über Phänomenologie und Gehalt des religiösen Vollzugs. Auch die Neurobiologie [...] und viele andere empirisch arbeitende Disziplinen steuern Erkenntnisse bei, die in die Gesamtbetrachtung des Phänomens Religion einfließen [...]. Insofern der Rationalitätsforderung genüge getan werden soll, kann sich die Theologie nicht gegen die empirischen Wissenschaften immunisieren."[123] Dazu hat die Theologie schon von ihrem Selbstverständnis her keinen Grund, weil sie auf der Heils*geschichte* Gottes mit den Menschen basiert und sich somit selbst auf geschichtliche und damit empirische Grundlagen bezieht. „Zum einen ist die Geschichte der Offenbarung Gottes selber eingebettet in den Zusammenhang dessen, was Menschen in dieser Welt und von dieser Welt erfahren und ohne diesen kontingenten Zusammenhang nicht zu haben. Zum anderen ist Glauben [...] erfahrungsvermittelt". Das heilsgeschichtliche Geschehen der Selbsterschließung des – als Schöpfer, Erlöser und Vollender agierenden – dreieinigen Gottes, „das als Grund christlicher Lebensgewissheit zugleich die Bedingung der Möglichkeit von Theologie darstellt, ist jedoch ausgezeichnet dadurch, dass es nicht nur die [...] Zusammenhänge der Erfahrungswirklichkeit zur Darstellung bringt, sondern über empirisch fundierte Erkenntnis hinausweist, und zwar zurückweist auf den Grund der Wirklichkeit und vorausweist auf Erfüllung und Vollendung der menschlichen Existenz. Das Ereignis, dem sich die Theologie verdankt und auf das sie bezogen ist, gibt etwas zu verstehen, das jenseits der manifesten und bedingten Zusammenhänge unserer Erfahrungswirklichkeit liegt und doch nur unter Bezug auf sie expliziert werden kann."[124] Vor diesem Hintergrund gilt für den Dialog von Theologie und Naturwissenschaft: „Die Theologie geht also um des Offenbarungszusammenhanges willen, dem sie sich verdankt, auf die Erfahrungszusammenhänge dieser Welt ein, um dann in einem

---

Dimension nicht alles ist. – Siehe hierzu auch die im Folgenden noch gegebenen Hinweise zur erkenntnistheoretischen Einordnung des Subjekts, und siehe *Kap. IV,2.*

121 D. Evers: Theologie, S. 405.

122 J. Hübner: Kosmologie, S. 13. – Siehe zu den methodischen Ansätzen des Dialogs auch J. Weinhardt (Hg.): Naturwissenschaften, und W. Gräb (Hg.): Urknall.

123 P. Becker/U. Diewald: Herausforderung, S. 17 f.

124 D. Evers: Theologie, S. 405.

qualifizierten Sinne über die Erfahrungswirklichkeit hinauszuweisen."[125] Nach Gerhard Ebeling geht es dabei um die „gottgemäße Erfahrung mit aller Erfahrung"[126].

Dieses *Zusammenspiel von Glaubens- und Wirklichkeitserfahrung* ist für den Dialog unverzichtbar, „denn es ist kaum möglich, einer heillosen Welt ein weltloses Heil und einer gottlosen Wirklichkeit einen unwirklichen Gott anzubieten. Wenn Gott und das Heil nicht im Hinblick auf das hier zerrissene und offene Ganze ausgelegt werden können, dann können sie überhaupt nicht ausgelegt werden."[127] (J. Moltmann) Das wiederum heißt für den Theologen Patrick Becker im Blick auf Gott: „Wenn ich ihn in dieser Welt erspüren können will, wenn er in Beziehung zur Welt stehen soll und wenn es Offenbarung in der Welt geben soll, dann muss es einen Punkt geben, an dem er empirisch bemerkbar wird. Ansonsten wird der Glaube an ihn zu einer rein subjektiven Interpretation ohne empirischen Bezug. Alles, was relevant sein soll, muss irgendwann den Bereich der Empirie erreichen – und damit eine Schnittstelle zu den Naturwissenschaften besitzen."[128] Das ist laut Markus Mühling theologisch gegeben, weil „Offenbarung […] immer eine Form der Erfahrung"[129] ist und der „Königsweg der Erkenntnis […] in beiden Disziplinen in einem Begriff oder in Begriffen von ‚Erfahrung'"[130] besteht. Mühling und Becker wenden sich – wie etwa auch die Theologen Dirk Evers, Ulrich H. J. Körtner, Joachim Weinhardt oder Wolfhart Pannenberg – gegen den Ansatz einer reinen Verankerung der Theologie im menschlichen Subjekt bzw. Bewusstsein, wie ihn zum Beispiel Ulrich Barth im Anschluss an Schleiermacher vertritt. Für Barth reduziert sich Schöpfungsglaube auf die Reflexion des Bewusstseins schlechthinniger Abhängigkeit des Menschen und alles Endlichen von Gott. Weil dabei das Unbedingte in der Selbstauslegung des menschlichen Bewusstseins verankert wird, das aller Empirie vorausgeht, besitzt naturwissenschaftliche Erkenntnis keine theologische Relevanz mehr.[131] Eine solche „rein subjektivitätstheoretische Begründung ihres Gegenstands aber führt die Theologie in eine Isolierung nicht nur gegenüber den Naturwissenschaften, sondern auch gegenüber empirisch orientierter Weltwahrnehmung überhaupt"[132]. Die Konzentration auf die religiöse Erfahrung im menschlichen Selbstbewusstsein kann

125 Ebd., S. 407.

126 G. Ebeling: Klage, S. 25.

127 J. Moltmann: Wissenschaft, S. 18.

128 P. Becker: Platz, S. 12.

129 M. Mühling: Resonanzen, S. 19.

130 Ebd., S. 38.

131 Vgl. U. Barth: Abschied. – Eine kritische Auseinandersetzung mit U. Barths Schleiermacher-Interpretation findet sich bei J. Weinhardt: Subjektivitätstheorie, S. 110 ff. – G. Linde: Evolutionstheorie, zeigt auf, dass U. Barths Bezugnahme auf Schleiermachers religiöses Verständnis von Schöpfung diesem nicht gänzlich entspricht: „Naturwissenschaftlich ganz und gar unschuldig (bzw. neutral) bleibt […] der religiöse Schöpfungsglaube bei Schleiermacher keineswegs." (Ebd., S. 205) Siehe auch *Anm. 59, I. Kap.*

132 D. Evers: Rezeption, S. 130. Vgl. ders.: Theologie, S. 403: Ein solcher Ansatz „erweist sich deshalb auch als unfähig, naturalistischen Konzepten zu begegnen, die durch Hirnforschung, Kognitionsforschung […] und evolutionäre, vergleichende Psychologie sich anschicken, wichtige subjektivitätstheoretische Strukturbedingungen empirisch einzuholen".

aber auch zur Wahrnehmung der konstitutiven Bedeutung des natürlichen bzw. kosmologischen – und damit naturwissenschaftlichen – Kontextes des Menschen führen, wie etwa bei Hermann Deuser. Für ihn ist der wesensmäßig in Natur und Kultur verflochtene Mensch durch seine ganzheitliche Erkenntnis von gegebener Unbedingtheit und vorausliegender Ursprünglichkeit „ein Selbst, das gar nicht anders kann, als sich in seiner Natur zur Natur des Universums, dessen Möglichkeiten und dessen schöpferischem Grund zu verhalten“, was die „Natürlichkeit des Glaubens“[133] aufdecke.

Im Blick auf tragfähige theologische Erkenntnis bleibt zu bedenken, dass die im menschlichen Subjekt bzw. im Bewusstsein gegebene Möglichkeit der Selbstdeutung und Selbstauslegung im Glauben zwar einen – durchaus vielfältigen – Zugang zum Phänomen des Glaubens bietet, aber hinsichtlich des Gegenstands des Glaubens einer Grundlegung von außerhalb bedarf. Sonst entsteht mit den Worten Körtners folgendes Problem: „Ein Verhältnis des Menschen zu Gott, das nicht im Verhalten Gottes zum Menschen begründet ist, ist kein echtes Gottesverhältnis, sondern bleibt in der Sphäre menschlichen Unternehmens“[134]. Daher kann es sich beim Begriff des Subjekts für Ingolf U. Dalferth nicht um eine Letztbegründungskategorie handeln, sondern der Begriff des Subjekts verkörpert laut Matthias Petzoldt lediglich eine „Aneignungskategorie“[135]. Hinsichtlich der Frage nach *Wahrheit* und *Gewissheit* erweist sich „die christliche Wahrheit“ nach Eberhard Jüngel „aufgrund des zur Gotteserfahrung führenden Ereignisses der Selbstmitteilung Gottes [...] als die eine Wahrheit“[136], welche sich heilsgeschichtlich manifestiert, was besonders Pannenberg betont.[137] Demgegenüber stützt sich eine bewusstseinstheoretische Verortung von Wahrheit und Gewissheit, wie sie etwa Roderich Barth vollzieht, auf ein letztes „Sein absoluter Einheit am Orte des Wissens“, das durch Gewissheitsevidenz „auf einen absoluten Wahrheitsgrund“[138] verweist, der aber in der Immanenz des endlichen Wahrheitsbewusstseins inhaltlich nicht zu konkretisieren ist[139]. Die theologischen Ansätze, die methodisch ihren Ausgangspunkt in der menschlichen Erfahrung bzw. im menschlichen Subjekt oder Bewusstsein nehmen, und diejenigen, die ihn in der göttlichen Offenbarung nehmen, sind mit den Worten von Mühling „nichts anderes als Beschreibungen derselben Sache aus unterschiedlichen Perspektiven und beide benötigen jeweils die andere Perspektive, um nicht einseitig zu werden“[140]. In Bezug auf das Verhältnis zu den Naturwissenschaften bleibt nach Einschätzung von Joa-

133 H. Deuser: Theologie, S. 99 u. 110. – Zur genaueren Darlegung siehe *Anm. 29, VIII. Kap.*, und siehe *Kap. IV,2.*

134 U.H.J. Körtner: Gott, S. 139.

135 M. Petzoldt: Sinn, S. 137. Vgl. I.U. Dalferth: Subjektivität, S. 31.

136 E. Jüngel: Gott, S. XII.

137 Vgl. W. Pannenberg: Systematische Theologie 1, S. 62 ff.

138 R. Barth: Wahrheit, S. 377.

139 Siehe ebd., S. 387: „Zu einer unmittelbaren Darstellung des transzendenten Grundes kann es daher niemals in Form einer wie auch immer material bestimmten Evidenz kommen, sondern allein in Gestalt des Vollzuges von absoluter Einheit am Orte der ungegenständlichen Gewißheit.“

140 M. Mühling: Resonanzen, S. 20.

chim Weinhardt deshalb festzuhalten: „Entweder ist die Religion nur eine Sache für das isolierte menschliche Bewusstsein und vergeht mit diesem, oder sie stellt den ganzen Menschen in einen umfassenden Rahmen und hat dann auch auf seine Biologie und auf die Grundstrukturen der Welt zu reflektieren."[141] Für die Theologie ist der umfassende Rahmen durch das in der Welt erfahrbare Schöpfungs-, Erlösungs- und Vollendungshandeln des dreieinigen Gottes vorgegeben.

Vor diesem Hintergrund bedarf es der Bezugnahme auf die sich unter den Bedingungen der Welt vollziehende heils*geschichtliche* Selbsterschließung Gottes, welche sich in der Glaubenserfahrung erschließt und die Welt gleichzeitig transzendiert sowie auf ihr eigentliches Wesen hin durchsichtig werden lässt. Denn der Charakter der Weltwirklichkeit bzw. der Natur wird erst aus der Perspektive des mit dem Gottesbegriff verbundenen spezifischen Schöpfungsverständnisses transparent. Indem *der dreieinige Gott* als die vollkommene Gemeinschaft der Liebe erfahrbar wird, aus der heraus Gott in freiem und liebendem Entschluss Mensch und Kosmos die Teilhabe an seiner Liebe gewährt, wird nicht nur die eigentliche Bestimmung der geschöpflichen Wirklichkeit deutlich, sondern auch das Verhältnis von Gott und Schöpfung: Im Verhältnis von „Gegenüber und Nähe" ermöglicht und begleitet Gott die Schöpfungswirklichkeit und eröffnet ihr zugleich ihre eigenen Entfaltungs- und Handlungsmöglichkeiten, was sich im Wesen des Menschen widerspiegelt und die Voraussetzung für ein Gemeinschaftsverhältnis der Liebe darstellt. „Erst von der Trinität her werden Motiv und Sinn des Schöpfungshandelns eindeutig bestimmbar"[142], so dass „das Wirkliche steigerungsfähig ist und der Glaube in seiner Verbindung von Wirklichkeitssinn und Möglichkeitssinn im Wechselspiel von [...] Erwartung und Erfüllung geradezu als die Steigerungsform von Realismus verstanden werden kann"[143]. Dabei bleibt immer Folgendes zu bedenken: „Die menschliche Suche nach Wahrheit und deren Entdeckung in allen Bereichen menschlicher Erkenntnisbemühung und Wissenschaft hängt [...] nicht allein vom schöpferischen, sondern auch vom versöhnenden und vollendenden Handeln von Vater, Sohn und Heiligem Geist ab."[144] Durch die mit dem schöpferischen, erlösenden und vollendenden Handeln Gottes verbundene ganzheitliche Perspektive kommt die theologische Relevanz des Dialogs von Theologie und Natur-

141 J. Weinhardt: Subjektivitätstheorie, S. 130. – Vgl. insgesamt zu den erkenntnistheoretischen Voraussetzungen des Dialogs (auch in kritischer Auseinandersetzung mit subjektivitätstheoretischen und konstruktivistischen Ansätzen) B.A. Weinhardt/J. Weinhardt (Hg.): Naturwissenschaften. – Siehe auch *Kap. IV,1–2.*

142 F. Gruber: Schöpfungslehre, S. 144, der diese Zusammenhänge im Anschluss an den evangelischen Theologen Wolfahrt Pannenberg und den katholischen Theologen Medard Kehl erörtert. – Siehe zur detaillierten Darlegung der gezeigten Zusammenhänge im Kontext des Dialogs von Theologie und Naturwissenschaft *Kap. IV; VIII; XI; XII.* – Zur grundsätzlichen Bedeutung des Verhältnisses von *„Gegenüber und Nähe"* zwischen Gott und Mensch bzw. Schöpfung siehe neben den angegebenen Kapiteln des vorliegenden Bandes M. Haudel: Selbsterschließung, S. 565–585, und ders.: Gotteslehre, Kap. II; IX; X,1.

143 D. Evers: Wirklichkeit, S. 106.

144 M. Mühling: Resonanzen, S. 160.

wissenschaft zum Tragen, denn die „Theologie nimmt von ihrem Glauben an den dreieinigen Gott und Schöpfer die ganze Welt in den Blick und kann sich nicht auf partikulare Geistesgebiete zurückziehen“[145].

Die Reflexion der theologischen Grundlagen des Dialogs von Theologie und Naturwissenschaft sollte sich in *ökumenischer Perspektive* vollziehen, da nach wie vor auch konfessionelle Prioritäten erkennbar sind, etwa hinsichtlich der Einschätzung natürlich-theologischer Erkenntnis. Deshalb wird die ökumenische Perspektive im vorliegenden Band berücksichtigt. Das ist auch in Bezug auf die Überwindung der Vorurteile und Missverständnisse bedeutsam, welche die *Geschichte des Verhältnisses von Theologie und Naturwissenschaft* begleiten, insofern als diese Geschichte durchaus konfessionell unterschiedliche Problemlagen aufweist. Weil nur vor dem Hintergrund der geschichtlichen Entwicklung die Überwindung der weitreichenden und gegenseitigen Vorurteile zwischen Theologie und Naturwissenschaft möglich ist, wird diese Entwicklung ausführlich analysiert – bis hin zu den *aktuellsten theologischen und naturwissenschaftlichen Entwicklungen und Erkenntnissen* (und zwar in allgemein verständlicher und nachvollziehbarer Form). Das beinhaltet zugleich die Vermittlung *angemessener theologischer Zugänge* sowie *angemessener naturwissenschaftlicher erkenntnistheoretischer Ansätze* – und damit die Aufdeckung unangemessener Ansprüche, Grenzüberschreitungen oder Trennungen bzw. Isolierungen.

Erst auf den genannten Grundlagen lässt sich eine Konsonanz von theologischer und naturwissenschaftlicher Erkenntnis erzielen, welche die *Bedeutung des Glaubens für die gesamte Wirklichkeit* ebenso hervortreten lässt wie die *ganzheitliche Einbindung und Sinndeutung naturwissenschaftlicher Einsichten.* Auf diese Weise soll der Band Hilfestellung für die Bewältigung der existenziellen Aufgabe bieten, vor die sich die Menschen gestellt sehen: *die konkreten lebensweltlichen Zusammenhänge als sinnvolle Ganzheit zu verstehen.* Diese Aufgabe stellt sich nicht nur für Studierende der Theologie und der Naturwissenschaften, sondern für jeden Menschen.

4. Aufbau

Angesichts der in den ersten drei Abschnitten dargelegten Einsichten empfiehlt sich der gewählte Aufbau des Bandes. Im *I. Kapitel (Einleitung)* wurde auf die *grundlegende Bedeutung und Notwendigkeit des Dialogs von Theologie und Naturwissenschaft* hingewiesen sowie auf die damit verbundenen Herausforderungen und Aufgaben. Daraus erschloss sich zugleich der Zweck und die Bedeutung bzw. der Bedarf des vorliegenden Bandes. Zunächst erscheint es als dringend nötig, das

145 R. Mogk: Eigenständigkeit, S. 52. – Zum Verhältnis von Gottes- und Naturverständnis siehe auch die Hinweise in *Kap. I,3.2 u. II.* – Zur *Bedeutung der Trinitätslehre für Theologie, Kirche und Welt* siehe M. Haudel: Gotteslehre, wo ein Einblick in das Verständnis des dreieinigen Gottes und seiner Relevanz für alle Lebensbereiche gegeben wird, so dass die wichtigsten Grundlagen und Fragen des Glaubens zur Sprache kommen. Dabei wird der christliche Gottesbegriff in ökumenischer Weite sowie im Kontext von Religion, Philosophie und Naturwissenschaft erörtert.

überkommene *Vorurteil* zu überwinden, Naturwissenschaften seien „Faktenwissenschaften“ und die Theologie sei als Geisteswissenschaft eine „spekulative Wissenschaft“ (I,1). Ein entsprechender Dialog ist vor allem angesichts der bewussten oder unbewussten *naturwissenschaftlichen Prägung gegenwärtiger Weltbilder* dringlich, die es erst einmal aufzudecken gilt, um den damit verbundenen weltanschaulichen und ethischen Herausforderungen begegnen zu können (I,2). Vor diesem Hintergrund zeigt sich die *Notwendigkeit des Dialogs* sowohl für die Theologie als auch für die Naturwissenschaft, wenn Vorurteile und Missverständnisse sowie unangemessene Grenzüberschreitungen oder Trennungen überwunden werden sollen und wenn man dem „Grundbedürfnis des Menschen nach ganzheitlichem Wirklichkeitsverständnis und Sinndeutung“ angemessen entsprechen will. Dabei treten sowohl „bestehende Defizite“ als auch „Chancen“ und „zukünftige Aufgaben“ des Dialogs hervor. Die „Theologie“ bedarf des Dialogs zur Darlegung der Wirklichkeitsrelevanz des Glaubens im Kontext naturwissenschaftlicher Erkenntnis und Weltsicht, was die Übereinstimmung von Glaubens- und Wirklichkeitserfahrung ermöglicht und innere Widersprüche des Glaubens vermeidet. Für die „Naturwissenschaften“ ist der Dialog notwendig, um die Relevanz ihrer Ergebnisse für die gesamte Lebenswirklichkeit erweisen zu können und so die ganzheitliche Einbindung bzw. Sinndeutung ihrer Einsichten zu ermöglichen. Zugleich eröffnet ihnen der Dialog die erkenntnistheoretische Reflexion ihrer Möglichkeiten und Grenzen sowie ihrer lebensweltlichen bzw. weltanschaulichen Eingebundenheit – und der damit verbundenen ethischen Anforderungen. In diesem Horizont werden angemessene naturwissenschaftliche und theologische Ansätze für den Dialog ebenso transparent wie die Möglichkeit, die konkreten lebensweltlichen Zusammenhänge als sinnvolles Ganzes zu verstehen (I,3).

Vom zweiten bis vierten Kapitel erfolgt die grundlegende Erörterung des Natur- bzw. Wirklichkeitsverständnisses sowie der Frage nach Gott, und zwar aus der Perspektive theologischer, naturwissenschaftlicher und philosophischer Erkenntniszugänge, einschließlich ihrer gegenseitigen Zuordnung. Denn der Dialog zwischen Theologie und „Natur“-Wissenschaften über die gemeinsame *eine* Wirklichkeit bzw. Natur vollzieht sich im Horizont allgemeiner philosophischer Vorstellungen. Das *II. Kapitel* soll deshalb zunächst das vielfältige *Verständnis von Natur in Philosophie, Theologie und Naturwissenschaft* darlegen, auch in den gegenseitigen Einschätzungen und Verhältnisbestimmungen sowie der gegenseitigen Relevanz. Als Basis dient die Auseinandersetzung mit den „grundsätzlichen Implikationen des Naturbegriffs“ (II,1). Um die Tragweite der Entwicklung verschiedenster Naturverständnisse und ihrer unterschiedlichsten Zuordnungen zu verstehen, bedarf es des Blicks in die „Geschichte der vielfältigen Naturverständnisse“ (II,2), vor deren Hintergrund die aktuellen „Herausforderungen für Naturwissenschaft, Philosophie und Theologie“ (II,3) hervortreten. Diese verweisen auch auf die im *III. Kapitel* entfaltete Dimension der *Transzendenz von Kosmos und Mensch,* welche zugleich die *Gottesfrage* impliziert. Entsprechend wird im *IV. Kapitel* die *Frage nach Gott in der Spannung von Theologie, Philosophie und Naturwissenschaft* erörtert, wobei das „Wesen der jeweiligen erkenntnistheoretischen Zugänge" ebenso zur Sprache kommt wie der Versuch ihrer Vermittlung. Das betrifft zum Beispiel das Verhältnis von „Glaube und Vernunft" oder die Frage nach der Möglichkeit von „Gottesbeweisen" (IV,1–4).

Im *V. Kapitel* wird in einem historischen und zugleich inhaltlichen Durchgang die Geschichte der *Entstehung der weitreichenden und gegenseitigen Vorurteile* in ihrer Problematik aufgezeigt. Neben der Darlegung der „verschiedenen Epochen" kommen besonders die „Paradigmenwechsel" (Wechsel zeitgenössischer Denkmuster) durch Galilei und Darwin zur Sprache, auch in ihrer undifferenzierten bzw. unsachgemäßen Tradierung, mit den bis heute spürbaren Folgen. Dabei wird die Rolle der „materialistisch-atheistischen weltanschaulichen Überdehnung der Naturwissenschaften" erörtert und dargelegt, wie es zum „monistisch-statischen naturwissenschaftlichen Weltbild des 19. Jahrhunderts" und als Gegenreaktion zur „Selbstisolation der Theologie" kam – die zum Teil bis heute anhält. Letzteres belegt die nach wie vor vielfach zu beobachtende Favorisierung des Modells der konstitutiven Trennung von Theologie und Naturwissenschaft. (V,1–5)

Das *VI. Kapitel* enthält die revolutionären *naturwissenschaftlichen und mathematischen Umbrüche des 20. Jahrhunderts*, die im Anschluss an die „Krise der klassischen Newtonschen Physik" (VI,1) mit der „Relativitätstheorie", der „Quantenphysik", der „Thermodynamik" und einer tiefen Zäsur in der „Mathematik" zusammenhängen (VI,2–5). Diese Umbrüche führten zu einem „neuen naturwissenschaftlichen Weltbild" und eröffneten erneut den Dialog von Theologie und Naturwissenschaft (VI,6). Im *VII. Kapitel* werden *aktuelle hochspekulative mikro- und makrophysikalische Ansätze* dargelegt, die sich im „atomaren Bereich" der Mikrophysik und im „kosmologischen Bereich" der Makrophysik in *unvorstellbaren Dimensionen* bewegen und deren hochspekulativer Charakter nicht aus dem Blick geraten darf. Besonders in diesen beiden Kapiteln sollen die naturwissenschaftlichen Erkenntnisse in ihrer Relevanz kritisch und nachvollziehbar vermittelt werden, was aber auch die Kapitel V und XI betrifft.

Vor dem Hintergrund der bisherigen Kapitel wird es im *VIII. Kapitel* möglich, das angemessene Verständnis des *Wesens der Naturwissenschaft und der Theologie* im Blick auf die *Grundlagen des Dialogs* zu erörtern. In diesem Kontext lassen sich dann im *IX. Kapitel* prominente Entwürfe als *Beispiele für den Neubeginn des Dialogs* darlegen. Ihnen gegenüber sind im *X. Kapitel* aber auch populäre Ansätze eines *materialistisch-atheistischen Reduktionismus und seiner Verabsolutierung in neuem Gewand* zu analysieren (R. Dawkins u. a.), die als Wiederbelebung der naturwissenschaftlichen Ideologie des 19. Jahrhunderts weder dem Wesen von Theologie noch dem Wesen von Naturwissenschaft gerecht werden, aber aufgrund ihrer Popularität eine Herausforderung darstellen.

Das *XI. Kapitel* eröffnet vor dem Horizont der aufgezeigten Entwicklungen und Sachstände, wie sich die *Schöpfung des dreieinigen Gottes im Licht aktueller Naturwissenschaft* verstehen und entfalten lässt – und zwar sowohl im Blick auf den *Kosmos* (XI,1) als auch im Blick auf den *Menschen* (XI,2: Evolution, Neurowissenschaften). Dabei geht es unter anderem um die Frage nach „Gottes Handeln" im

Kontext naturwissenschaftlicher Wirklichkeitserkenntnis, also um die Frage, wie man Gottes erschaffendes, erhaltendes, lenkendes und vollendendes Wirken angesichts der Naturprozesse plausibilisieren kann, was sich auch mit der „Theodizee-Frage" verbindet, ob oder auf welche Weise in der Natur und in der Welt vorfindliches Leiden mit der Liebe des allmächtigen Gottes vereinbar ist. Ferner geht es etwa um das Verständnis von „Geist, Leib, Seele", „ewigem Leben" oder „Willensfreiheit". Nach diesem *Entwurf der materialen Dialog-Perspektiven* hinsichtlich der kosmologischen, evolutionstheoretischen und neurowissenschaftlichen Dimensionen (XI,1–2) wird im *XII. Kapitel* noch auf drei *wirkungsgeschichtlich bedeutende Dialog-Konzeptionen* hingewiesen, die in dem Entwurf auch schon teilweise zum Tragen kamen.

Im *XIII. Kapitel* geht es schließlich um die *gemeinsamen ethischen Herausforderungen,* welche sich für Theologie und Naturwissenschaft stellen und in neue Dimensionen vordringen, die sowohl das Welt- und Menschenbild als auch das Überleben von Mensch und Welt betreffen. Zusammenfassend unterstreicht dann der *Ausblick* den differenzierten und lebensweltlichen Zusammenhang von Theologie und Naturwissenschaft, der in den vorhergehenden Kapiteln hervortrat und den *Dialog von Theologie und Naturwissenschaft als bleibende Anforderung* erweist. Das gilt nicht allein für die Überwindung von Missverständnissen und Vorurteilen oder für die im lebensweltlichen Gesamtkontext bestehende jeweilige Angewiesenheit aufeinander, sondern in besonderer Weise für die gemeinsame Aufgabe, dem *menschlichen Grundbedürfnis nach ganzheitlichem Wirklichkeitsverständnis und Sinndeutung* zu entsprechen, und zwar durch die Ermöglichung *ganzheitlicher Wirklichkeitserkenntnis.*

Literatur

Barbour, Ian G.: Naturwissenschaft trifft Religion. Gegner, Fremde, Partner? Aus dem Englischen von Regine Kather, Göttingen 2010.

Becker, Patrick/Diewald, Ursula (Hg.): Zukunftsperspektiven im theologisch-naturwissenschaftlichen Dialog (= Religion, Theologie und Naturwissenschaft/Religion, Theology, and Natural Science 22), Göttingen 2011.

Eckel, Rainer/Großhans, Hans-Peter: Gegner oder Geschwister? Glaube und Wissenschaft (= Theologie für die Gemeinde IV/1), Leipzig 2015.

Gräb, Wilhelm (Hg.): Urknall oder Schöpfung? Zum Dialog von Naturwissenschaft und Theologie, Gütersloh 1995.

Gruber, Franz: Schöpfungslehre, in: Marschler, Thomas/Schärtl, Thomas (Hg.): Dogmatik heute. Bestandsaufnahme und Perspektiven, Regensburg 2014, S. 131–172.

Haudel, Matthias: Gotteslehre. Die Bedeutung der Trinitätslehre für Theologie, Kirche und Welt (= UTB 4292), Göttingen [2]2018 [hier besonders der Abschnitt „Theologie und Naturwissenschaft", S. 201–224].

Peters, Ted/Bennet, Gaymon/Kang, Phee Seng (Hg.): Brücken bauen: Naturwissenschaft und Religion. Mit Vorworten von Wolfhart Pannenberg und Robert John Russell. Aus dem

Amerikanischen von Tina Bruns (= Religion, Theologie und Naturwissenschaft/Religion, Theology, and Natural Science 5), Göttingen 2006.

Polkinghorne, John: Theologie und Naturwissenschaft. Eine Einführung. Aus dem Englischen von Gregor Etzelmüller, Gütersloh 2001.

Rothgangel, Martin: Naturwissenschaft und Theologie. Wissenschaftstheoretische Gesichtspunkte im Horizont religionspädagogischer Überlegungen (= ARPäd 15), Göttingen 1999.

Schwarz, Hans: 400 Jahre Streit um die Wahrheit – Theologie und Naturwissenschaft, Göttingen 2012.

Tapp, Christian/Breitsameter, Christof (Hg.): Theologie und Naturwissenschaften, Berlin/Boston (MA) 2014.

Weinhardt, Birgitta Annette/Weinhardt, Joachim (Hg.): Naturwissenschaften und Theologie II. Wirklichkeit: Phänomene, Konstruktionen, Transzendenzen. Mit Beiträgen von Ulf Dettmann [u. a.], Stuttgart 2014.

Weinhardt, Joachim (Hg.): Naturwissenschaften und Theologie. Methodische Ansätze und Grundlagenwissen zum interdisziplinären Dialog. Mit Beiträgen von Günter Altner [u. a.], Stuttgart 2010.

II. Das Verständnis von Natur in Philosophie, Theologie und Naturwissenschaft

Theologie und „Natur"-Wissenschaften beschäftigen sich auf je ihre Weise mit der gemeinsamen *einen* Wirklichkeit bzw. Natur, und zwar im Horizont allgemeiner philosophischer Naturvorstellungen. Aufgrund der in Philosophie, Theologie und Naturwissenschaft existierenden spezifischen Erkenntniszugänge zur Natur, die in vielfältiger Weise miteinander verbunden sind und eine – auch vom Wandel der Geschichte geprägte – große Vielfalt aufweisen, bedarf es der Erörterung des Naturverständnisses aller drei Disziplinen. Das gilt auch für die gegenseitige Einschätzung und Verhältnisbestimmung der verschiedenen Naturverständnisse und für die Wahrnehmung ihrer gegenseitigen Relevanz. Nur auf dieser Grundlage ist ein gelingender Dialog zwischen Theologie und „Natur"-Wissenschaften möglich.

Weil es die *eine* Wirklichkeit ist, auf die sich die Theologie und die Naturwissenschaften im Horizont naturphilosophischer Vorstellungen beziehen, liegt eine grundlegende Voraussetzung für den angemessenen Dialog zwischen Theologie und „Natur"-Wissenschaften in der Erörterung des Naturverständnisses. Denn diesbezüglich existieren sowohl beim Selbstverständnis der Naturwissenschaften als auch bei deren Einordnung von außen die unterschiedlichsten Vorverständnisse, was die Auseinandersetzung mit naturwissenschaftlichen, philosophischen und theologischen Naturbegriffen und mit deren Zuordnung erfordert.

1. Grundsätzliche Implikationen des Naturbegriffs und ihre Beachtung

Zunächst gilt es, die *grundsätzlichen Implikationen des Naturbegriffs* zu beachten, wie etwa den unauflösbaren Zusammenhang von Mensch und Natur. In ihm verkörpert Natur sowohl das unhintergehbare Vorgegebene als auch das zu Gestaltende, wobei die Natur die nicht gemachte Bedingung der Möglichkeiten darstellt, die für das vom Menschen Gemachte bestehen. Dieser Zusammenhang wurde im Kontext der neuzeitlichen Naturwissenschaften zusehends einseitig reduziert, zum Beispiel auf die technische Beherrschbarkeit der Natur. Solche Entwicklungen, die auch nicht kalkulierte bedrohliche Folgen für Mensch und Natur mit sich brachten, rufen in Philosophie und Theologie sowie in Teilen der Naturwissenschaften erneut die Besinnung auf den Eigenwert der Natur mit seinen vielfältigen Implikationen hervor. Zur Abwehr einseitiger Entwicklungen und ihrer Konsequenzen kommt diese Orientierung im Dialog von Philosophie bzw. Theologie mit den Naturwissenschaften vermehrt zur Sprache.

Betrachtet man zunächst die etymologische Wurzel des Begriffs „Natur“ (lat. *natura*), so verweist der lateinische Wortstamm *nasci* („geboren werden“) auf den Zusammenhang von Naturvorstellungen mit Vorstellungen vom Menschen, was in der konstitutiven Verbindung von Mensch und Natur begründet ist. „Denn nicht nur ist der Mensch Teil der Natur, auch die Natur ist Teil seiner selbst, ja: er besitzt einen ersten und unmittelbaren Zugang zu ihr über jene Natur, die er selbst ist.“[1] Der antike Naturbegriff bezog sich grundsätzlich auf die Herkunft und das Werden eines Seienden in seiner je eigenen Wirklichkeit, als Vorgegebenes, im Unterschied zu durch Menschenhand Gemachtem. Das impliziert auch der griechische Wortstamm des Naturbegriffs: physis, von *phyein* „blühen“. Als vorgegebenes Sein verkörpert Natur sowohl „die Bedingung der Möglichkeit“ als auch die „Grenze unseres menschlichen Machens“[2], zumal „Natur [...] ursprünglich ein dem Zusammenhang menschlicher Praxis zugehöriger Begriff“[3] ist. Im Zusammenspiel von „Heraustreten aus der Natur“ und „Erinnerung an die Natur“ beinhaltet er die Dimension der Kultur: „Jahrtausende lang bedeutete Kultur ein Verhältnis zur Symbiose von Mensch und Natur, in welcher Natur zugleich als Feind, als Spenderin und als Gegenstand pflegender Herrschaft des Menschen auftrat“[4]. Dabei konnte sich der Naturbegriff auf verschiedene Dimensionen beziehen, etwa auf das Sein als Ganzes, auf das Wesen einer Sache bzw. Person oder auf die Natur als ethischen und ästhetischen Maßstab. Vielfach wurde und wird „Natur“ zudem durch Gegensatzpaare qualifiziert, die je nach Zusammenstellung und Kontext sowohl Kontrast als auch Komplementarität ausdrücken können, wie zum Beispiel: Natur – Technik, Natur – Geist, Natur – Vernunft, Natur – Freiheit. Das Begriffspaar „Natur – Mensch“ galt schon für Aristoteles als Leitfaden für das Verständnis des Naturbegriffs, und zwar nicht im Sinne von Gegensatz, sondern als Ausdruck von Komplementarität. So ist der Mensch nach Aristoteles beispielsweise von Natur aus ein politisches Wesen, das auf Verständigung mit den Mitmenschen angelegt ist. Wie in den anderen Begriffspaaren steht die Natur für die vom Menschen nicht gemachten Bedingungen seiner „natürlichen“ Möglichkeiten – auch im Blick auf das vom Menschen Gemachte. „Alles Machen kann nur ein Verändern dessen sein, was schon ist. Und zwar so, dass es sich der Struktur dessen, was ist, anpassen muss, da die hervorgebrachten Strukturen das zugrunde liegende [...] Substrat zur bleibenden Voraussetzung haben.“[5]

1 H.-G. Nissing: Recht, S. 13.
2 H. Rosenau: Art. „Natur“, S. 99.
3 R. Spaemann: Natur, S. 21.
4 Ebd., S. 32 f. – W. Härle: Dogmatik, S. 170, betont, „daß der Mensch (*als* Naturwesen und *als* Kulturwesen) selbst *Teil* der Lebenswelt ist, und als solches an ihr partizipiert, ihr also nicht gegenübersteht“.
5 R. Spaemann: Natur, S. 22. Vgl. insgesamt ebd., S. 21 f., und H. Rosenau: Art. „Natur“, S. 98 f.

Vor diesem Hintergrund bleibt für die Theologin Elisabeth Gräb-Schmidt im Blick auf das Verhältnis von Natur und Mensch festzuhalten: „Natur steht für das, was wir sind und zugleich für das, womit wir umgehen, was wir gestalten können durch Technik und Kunst, durch Kultur insgesamt. Es ist diese doppelte Relation des Naturbegriffs zu einem *Unhintergehbaren* auf der einen und einem *zu Gestaltenden* auf der anderen Seite, das die metaphysische Dignität dieses Begriffs anzeigt in einer Weise, die für unser Handeln und Denken selbst nicht überholbar ist, auch im nachmetaphysischen Zeitalter."[6] Das gilt es heute zu bedenken, weil die Naturwissenschaften vornehmlich die zuletzt genannte Relation des Gestaltens berücksichtigen, welche Natur lediglich als materiale Basis der – kulturbestimmenden – Vernunft versteht. Mit der Vernachlässigung der Grenze des Unhintergehbaren und der entsprechend transzendentalen Dimension der Natur hat sich aber „nicht nur die Fragestellung der traditionellen Metaphysik, sondern die Orientierung des Wissens an einem Ganzen überhaupt verflüchtigt"[7]. In der Neuzeit ist an die Stelle der ganzheitlichen Symbiose von Mensch und Natur „das Verhältnis einer progressiven Herrschaft getreten, die despotisch genannt werden muss, weil der Eigenstand des beherrschten Objektes fortschreitend abgebaut wird. […] Der Prozess der naturwüchsigen Naturbeherrschung ist allerdings nun an einem Punkt angelangt, wo er sich gegen den Menschen selbst wendet"[8], etwa im Blick auf die globale Naturzerstörung oder die Manipulierbarkeit der menschlichen Natur. Indem *biologische und technische Natur des Menschen* zunehmend ineinander übergehen, stellt sich die Frage, inwieweit technische Gestaltungsmöglichkeiten zur Natur des Menschen gehören. Das betrifft durch die neu gewonnene Einsicht in die Geschichtlichkeit der Natur auch den Zusammenhang von Natur, Kultur[9] und Geschichte, also die Frage nach einem dynamischen Naturverständnis, das Natur anthropologisch im „Spannungsraum von Vorgegebenheit und Gestaltung" auch als „Ermöglichungs- und Bewährungsraum von Freiheit"[10] versteht, mit der entsprechenden Dimension ethischer Verantwortung. Vor diesem Fragehorizont spielt allerdings zum einen nach wie vor das Paradigma der Herrschaft der Vernunft über die Natur eine große Rolle, welches nicht zuletzt durch Immanuel Kants Anschauung geprägt ist, dass die Gesetze der Natur in den kategorialen Strukturen des Verstandes gründen. Zum anderen verbreitet sich umgekehrt erneut die naturalistische Reduktion von Vernunft, Geist und Bewusstsein, zum Beispiel in Teilen der Neurowissenschaften bzw. der Hirnforschung, die solche Dimensionen nur noch als Folge physikalisch-chemischer Prozesse betrachten (siehe Kap. XI,2.2).

6 E. Gräb-Schmidt: Faktizität, S. 7.

7 Ebd., S. 8.

8 R. Spaemann: Natur, S. 33.

9 „‚Natur' ist gerade als Thema im Dialog der Theologie mit den Naturwissenschaften auch eine Angelegenheit der Kulturtheologie." (M. Moxter: Einleitung, S. XIVf.)

10 E. Gräb-Schmidt: Mensch, S. 49 f. – Siehe insgesamt zu den verschiedenen Dimensionen und Verständnissen des Naturbegriffs H.-G. Nissing (Hg.): Natur; E. Gräb-Schmidt/R. Preul (Hg.): Natur; E. Gräb-Schmidt (Hg.): Natur.

Gegenüber diesen jeweils einseitigen Polarisierungen lässt sich aber auch eine Neubelebung der Naturphilosophie beobachten. Die *theoretische Naturphilosophie* versucht nach den naturwissenschaftlichen Umbrüchen des letzten Jahrhunderts in der Pluralität naturwissenschaftlicher Naturverständnisse ein umfassenderes Verständnis zu erzielen oder als angewandte Wissenschaftstheorie Forschungsergebnisse kulturell zu vermitteln. Dazu kann auch die erkenntnistheoretische Kritik an reduktionistischen oder anderen defizitären naturwissenschaftlichen Naturzugängen gehören. Angesichts der globalen ökologischen Probleme und der modernen biologischen bzw. medizinischen Eingriffsmöglichkeiten in die menschliche und außermenschliche Natur beschäftigt sich die *praktische Naturphilosophie* mit den neuen Dimensionen des ethisch verantwortlichen Umgangs mit der Natur.[11]

Im Kontext der Auseinandersetzung mit den naturwissenschaftlichen und philosophischen Naturbegriffen ist in Teilen der Theologie die Besinnung auf eine *Theologie der Natur* festzustellen. Es handelt sich dabei nicht um eine „natürliche Theologie", die Glaubens- oder Gotteserkenntnis von Naturphänomenen ableitet, sondern um die deutlichere Wahrnehmung der Natur als konstitutive Dimension der Schöpfung Gottes. „Das Bekenntnis zu dem Gott der christlichen Botschaft als dem Schöpfer von Himmel und Erde bleibt leer, bleibt ein bloßes Lippenbekenntnis, solange nicht mit guten Gründen behauptet werden kann, daß die Natur, mit der sich der Naturwissenschaftler befaßt, etwas mit diesem Gott zu tun habe."[12] Die theologische Besinnung auf die Natur wurde nicht zuletzt durch die ökologische Krise hervorgerufen, die sich inzwischen zur Klima-Krise ausgeweitet hat. Zur grundsätzlichen umfassenden Relevanz theologischer Bezugnahme auf die Natur gibt Eilert Herms zu bedenken: Weil „die *eine* Welt, die Glaubenden und Nichtglaubenden gemeinsam ist, als das Realisat des einheitlichen [...] Wollens und Wirkens des dreieinigen Gottes" gilt, kulminieren die verschiedenen Naturbegriffe – auch die verschiedenen theologischen Bezugnahmen – in der theologischen Einsicht „Natur *ist* Gnade". Denn die verschiedenen Naturbegriffe werden lediglich „als *Unterschiede im einheitlichen Gesamtbereich der Verwirklichungsgestalten der Gnade Gottes* durchschaut"[13], welche sich in Schöpfung, Erlösung und Vollendung vollziehen. „Die Selbständigkeit, Dauerhaftigkeit und Gesetzmäßigkeit der Welt und der Natur sind Realisat der Gnade Gottes, weil sie das Medium des Bundes des Schöpfers mit uns sind, in dem sich der Charakter dieses Bundes ausdrückt: seine absolute Verlässlichkeit mit dem Ziel unserer reifen Selbständigkeit als geschaffener Partner in der Gemeinschaft Gottes mit uns."[14] Als Schöpfung Gottes ist Natur theologisch also in einem umfassenden Sinnzusammenhang zu verstehen und so ferner etwa in ihrer ästhetischen, existenziellen oder ethischen Relevanz wahrzunehmen, was

11 Vgl. H.-G. Nissing: Recht, S. 11.

12 W. Pannenberg: Kontingenz, S. 35.

13 E. Herms: Natur, S. 51 f.

14 Ebd., S. 69 f. – Zur Ambivalenz und Erlösungsbedürftigkeit der Natur, die mit der widergöttlichen Selbstbehauptung des Menschen verbunden ist, siehe die Ausführungen zum christlichen Schöpfungsverständnis und zur Reformation im folgenden Abschnitt.

es beim Dialog mit den pluralen Entwicklungen im naturwissenschaftlichen und philosophischen Naturverständnis zu bedenken gilt.

2. Zur Geschichte der vielfältigen Naturverständnisse (u. a. Schöpfungsverständnis)

Um hinsichtlich der aktuellen Herausforderungen die Tragweite der Entstehung verschiedenster Naturverständnisse und ihrer unterschiedlichsten Zuordnungen zu verstehen, bedarf es des Blicks in die *Geistesgeschichte des Abendlandes,* in welcher sich diese Entwicklungen und Problemstellungen vollzogen. Das betrifft zunächst besonders die antike Naturphilosophie, das aufkommende christliche Naturverständnis, die Rezeption antiker Naturvorstellungen in der Theologie und Philosophie des Mittelalters sowie die Aufbrüche in der Renaissance, der Reformation und der Aufklärung. In der Zeit der Aufklärung kam es durch Naturforscher und Philosophen zu einem Paradigmenwechsel (Wechsel zeitgenössischer Denkmuster) in der Naturforschung bzw. Naturwissenschaft, nämlich zur Reduktion auf Experiment und mathematische Formalisierung. Der aufkommende Materialismus im 18. Jahrhundert bereitete das weitgehend reduktionistisch-naturalistische und oft weltanschaulich-ideologisch aufgeladene Verständnis von Natur und Naturwissenschaft im 19. Jahrhundert vor, was den Rückzug der Theologie aus der in der Geschichte zumeist gemeinsam vollzogenen Weltbetrachtung hervorrief. Erst der erneute naturwissenschaftliche Paradigmenwechsel zu Beginn des 20. Jahrhunderts (Relativitäts- und Quantentheorie, Thermodynamik etc.) mit seinem offenen, dynamischen und prozessualen Naturverständnis eröffnete wieder den Dialog, wenn auch bis heute in den Naturwissenschaften Ansätze eines materialistischen und reduktionistischen oder atheistischen Naturalismus sowie ganzheitliche weltanschauliche Ansprüche vorzufinden sind.

Die Tragweite von Veränderungen in der Entwicklung des Naturverständnisses und das Problem unterschiedlichster Zugänge zur Natur sowie die damit verbundenen aktuellen Herausforderungen für Philosophie, Theologie und Naturwissenschaft lassen sich erst durch einen Blick auf die Geschichte deutlicher erkennen, und zwar auf die *Geistesgeschichte des Abendlandes,* denn in ihr kam es zu diesen Entwicklungen und Problemstellungen. Zur Zeit der griechischen *Antike* begann die abendländische Philosophie im 6. und 5. Jahrhundert v. Chr. als Naturphilosophie, da die zu den sogenannten „Vorsokratikern" gehörenden ersten ionischen Philosophen (Thales, Anaximander, Anaximenes, Heraklit) Naturphilosophen waren. Angesichts des Entstehens und Vergehens der Dinge fragten sie nach deren Prinzipien, nach dem Ursprung des Seienden und dessen physisch-metaphysischen Grundlagen. Dabei benannten sie zunächst verschiedenste Materieursachen, wie etwa die Luft (Anaximenes). Ein anderer Vorsokratiker, Demokrit, bezog bereits alles auf kleinste Teilchen, die Atome, während Anaximander das Unbestimmte, Unbegrenzte und Unendliche als Grundprinzip ansah. Das lässt bereits Aspekte des Konflikts zwischen Kontinuums-Physik (materialistischer Determinismus) und Quantenphysik im 20. Jahrhundert (Unbestimmtheit) erkennen.[15] Demokrit unterschied außerdem zwischen der Natur als dem ethisch Vorbildlichen und der nachgeordneten menschlichen Satzung, wodurch er die Unterscheidung zwischen Natur als aus sich her Seiendem (Physis) und menschlich Gestaltetem (Technik) bei den sogenannten Sophisten (z. B. Archelaos) einleitete. Weitere Vorsokratiker wie Empedokles und Anaxagoras führten neben einer *Materieursache* eine *Bewegungs-* und eine *Zweckursache* ein, weil sich regelmäßige Bewegungen und Veränderungen sowie die zweckvolle Ordnung der Natur nicht allein aus einer Materieursache erklären ließen. Platon (427–347) brachte schließlich noch die *Formursache* der Naturdinge zur Sprache, indem er im Rahmen seiner Ideenlehre die Übereinstimmung von Natur und Geist postulierte, wodurch die letztlich in Gott gründenden „Ideen" zur konstitutiven Formursache – und damit auch zur Zweckursache – der Natur wurden. Sein Schüler Aristoteles (384–322) stellte dann im Rückgriff auf die Vorsokratiker und auf Platon zum einen die *Bewegungs- und Zweckursache* zusammen (hinsichtlich der Entstehung der Naturdinge), und zum anderen die *Materie- und Formursache* (bezogen auf das „Möglich- und Wirklich-Sein" der Dinge). Form-, Bewegungs- und Zweckursache stehen dabei als nicht-materielle Phänomene der Materieursache gegenüber, „denn die zweckvolle Entstehung bzw. Entwicklung der belebten Naturdinge kann nicht nur mit den materiellen Elementen erklärt werden. Die Lebewesen sind mehr als nur die Summe ihrer materiellen Teile"[16]. Aristoteles verstand Natur als das konkrete Naturding und als dessen Wesenheit. Naturhaft Seiendes birgt für ihn im Unterschied zu Produkten menschlichen Gestaltens das Prinzip der Bewegung oder Ruhe in sich selbst. Das Reich der Natur galt ihm so als organisches Ordnungsgefüge, bewegt von einer ursprünglichen Naturkraft und ausgerichtet auf teleologische (griech. *telos:* das Ziel) bzw. zielgerichtete Zweckmäßigkeit.[17]

Diese aristotelische Systematisierung des Naturverständnisses prägte aufgrund der Aristoteles-Renaissance in der mittelalterlichen Theologie des Westens – besonders durch Thomas von Aquin – nachhaltig die abendländische Tradition. Vorher war bereits durch Augustin die kritische Rezeption des platonischen Naturverständnisses mit der Orientierung an dem von Geist und Idee geprägten wahren Wesen der Natur erfolgt. Doch zunächst hatte das *biblische Zeugnis* Natur in das Licht des von Gott Geschaffenen gerückt. Auch wenn das *Alte Testament* kein begriffliches Äquivalent zum griechischen Begriff „Physis" (Natur) aufweist, lässt es Natur als das von Gott Geschaffene und von ihm Unterschiedene erkennen, das keine geschlossene Naturkausalität beinhaltet, sondern vom Wirken des Schöpfers abhängt. Im Blick auf das ursprüngliche Erschaffen der Natur ist das entsprechende Verb in Gen 1,1 (hebr. *bará*) analogielos und allein von Gott ausgesagt, als Hin-

15 Siehe dazu *Kap. I,1 u. VI,6.*

16 H. Seidl: Evolution, S. 172. Vgl. ebd., S. 166 f., 171 f.

17 Vgl. H. Rosenau: Art. „Natur", S. 100 f.

weis auf den transzendenten, einzigen und bleibenden Grund alles Wirklichen. Natur hat keinerlei göttliche Qualität und Jahwe ist kein Naturgott, so dass Natur entdämonisiert und entgöttlicht wird. Sie gilt als der dem Menschen *vorgegebene* und zur *verantwortlichen* Gestaltung aufgegebene Lebensraum und als Raum der *Mitgeschöpfe* (Gen 1–2; 9,1 ff.). Deshalb widerspricht das Alte Testament sowohl der griechischen Kosmologie mit ihrer göttlichen Qualität als auch der Naturfrömmigkeit in der religiösen Umwelt. Das vollzog sich im Kontext der Ablösung des zyklisch-jahreszeitlichen Naturverständnisses im alten Orient durch die einmalig-geschichtliche bzw. heilsgeschichtliche Dimension. Entsprechend wurden die „übernommenen kosmologischen Vorstellungen [...] von den geschichtlichen Gotteserfahrungen her kritisch korrigiert“[18].

Das *Neue Testament* enthält einen vielfältigen Gebrauch des Naturbegriffs (Physis). Natur kann das Wesen oder die Abstammung des Menschen bedeuten (Röm 2,14 u.ö.), ebenso kann sich der Begriff auf das Wesen Gottes beziehen (II Petr 1,4) oder auf das von sich her Seiende (Jud 10) und dessen Bestimmung (II Petr 2,12). Zugleich vermag Natur als positive Norm im Sinne des Natürlichen zu gelten (Röm 1,26 f.; I Kor 11,14), aber auch umgekehrt als das Sündige und Widergöttliche (Röm 7,5). Insgesamt geht es um die heilsgeschichtliche Erlösung der Natur und des Kosmos im Kontext der Erlösung des Menschen, durch dessen Abwendung von Gott die gesamte Natur korrumpiert wurde (Röm 8,18 ff.; Apk 21). Jesus Christus wird in Anknüpfung und Differenz zur griechischen Kosmologie mit dem Logos identifiziert, nach dessen Bild alles geschaffen ist (Kol 1,16 f.) und der alle lebensfeindlichen Mächte überwunden hat (Kol 1,15–20). „Damit reicht die Heilsgegenwart Gottes bis in die untersten Stufen und letzten Tiefen des hierarchisch gegliederten antiken Kosmos hinab und hinein.“[19] Weil Jesus Christus als die irdische Erscheinung des Weltlogos und als Sohn Gottes gilt, wird im Unterschied zur griechischen Antike mit ihrer kosmologischen Zuordnung des Logos die Gottheit des Logos betont. Nach I Kor 8,9 sind alle Dinge *von* dem einen Gott, dem Vater, und *durch* den einen Herrn, Jesus Christus. Der Sohn Gottes, nach dessen Bild alles geschaffen wurde, ist zusammen mit dem Heiligen Geist sowohl an der Erschaffung der Welt durch den Vater als auch an ihrer Erhaltung, Erlösung bzw. Versöhnung und heilsgeschichtlichen Vollendung beteiligt.

Auf dieser Grundlage sieht *christliches Schöpfungsverständnis* „die Schöpfung von Anfang an im Gesamtzusammenhang des trinitarischen Wirkens und Seins Gottes, weshalb sich im Schöpfungsverständnis des christlichen Glaubens Schöpfung, Versöhnung und Vollendung von vornherein aufeinander bezogen. Die Aussagen des christlichen Schöpfungsglaubens beziehen folglich den Anfang von Gottes schöpferischem Wirken auf das Ziel der Vollendung der Gemeinschaft Gottes mit seiner Schöpfung und auf den Sinn des schöpferischen Wirkens Gottes, der in der Versöhnung der Welt mit Gott in Christus offenbar geworden ist.“[20] Durch das schöp-

18 D. Evers: Verhältnis, S. 44.

19 J. Hübner: Kosmologie, S. 15.

20 C. Schwöbel: Sein, S. 494. – Vgl. dazu E. Herms: Natur (siehe *Kap. II,1*).

ferische und heilsgeschichtliche Handeln von Vater, Sohn und Heiligem Geist wird das Verhältnis von „Gegenüber und Nähe" des dreieinigen Gottes zur Schöpfung transparent: Mit Gottes voraussetzungsloser Erschaffung der Welt und des Menschen aus Liebe geht seine daseinserhaltende und – aufgrund menschlicher Abwendung von Gott – erlösende bzw. vollendende Begleitung einher. Dabei kann Gott der Vater das Gegenüber der Menschen bleiben, ihnen aber in der Menschwerdung des Sohnes und im Heiligen Geist ganz nahekommen. Dieses durch den dreieinigen Gott ermöglichte Verhältnis von „Gegenüber und Nähe" ist die Voraussetzung eines Verhältnisses von freier Gemeinschaft und Liebe und überwindet sowohl die dualistische Trennung von Welt und fernem Gott (etwa in den vom platonischen Geist-Leib-Dualismus geprägten Konzepten) als auch die Identifizierung von Welt und Gott (etwa in der pantheistischen Stoa oder der neuplatonischen stufenweisen Entfaltung des Göttlichen in die Welt).[21] Mit der „Entgöttlichung" der Schöpfung wurde wirkungsgeschichtlich die profane und somit spezifisch naturwissenschaftliche Naturbetrachtung letztlich erst ermöglicht.[22] Die trinitarischen Zusammenhänge verliehen zugleich Einblick in Begründung, Ordnung, Sinn und kreative Dynamik der Wirklichkeit: „Indem die Schöpfung als Werk des dreieinigen Gottes verstanden wird, thematisiert der Schöpfungsglaube nicht nur die Begründung des Seins der Welt, sondern auch seine rationale Ordnung, seine Verstehbarkeit und seinen Sinn, die im Gedanken der Schöpfung durch den Logos thematisiert werden, und auch die der Schöpfung verliehene Lebendigkeit, die auf die Vollendung des Lebens der Schöpfung im Geist abzielt."[23]

Die biblischen Vorgaben waren natürlich bei der *Rezeption der platonischen und aristotelischen Naturvorstellungen* in der abendländischen Theologie zu bedenken. So hat *Augustin* (354–430) bei der Rezeption platonischer Naturvorstellungen betont, dass Gott keine *erschaffene* Natur ist, sondern eine *erschaffende* Natur (De trinitate 15,1.1). Gegenüber der aristotelischen Vorstellung, das naturhaft Seiende habe das Prinzip seiner Wirklichkeit in sich selbst, verweist Augustin auf die Abhängigkeit der Natur vom Schöpfer, wobei in der Schöpfung durchaus Spuren ihres Schöpfers zu finden seien. Entsprechend sprachen viele Kirchenväter von den „Spuren der Trinität" (lat. vestigia trinitatis). Im Blick auf den evolutiven Charakter der Naturprozesse (Evolution) konnte Augustin bereits – wie andere Kirchenväter auf ihre Weise – die Welt mit einem Samen vergleichen, in dem der Baum angelegt ist. Er

21 Vgl. insgesamt M. Haudel: Gotteslehre, S. 46–63; ders.: Glauben; H. Rosenau: Art. „Natur", S. 99f.; S. Vollenweider: Erstgeborene. – Siehe auch *Kap. IV,2.* – Das trinitarisch gewährte Verhältnis von „Gegenüber und Nähe" kann der *Heilige Geist* als derjenige, der die Gemeinschaft zwischen Gott und Mensch vollzieht, auch selbst verwirklichen, weil er biblisch als Geber und Gabe qualifiziert ist, so dass er als Geistesgabe in den Menschen sein kann (Nähe) und gleichzeitig der göttliche Geber bleibt (Gegenüber), was das freie Gemeinschaftsverhältnis garantiert (II Kor 3,17: „[…] wo aber der Geist des Herrn ist, da ist Freiheit"). Vgl. M. Haudel: Gotteslehre, S. 58, und ders.: Selbsterschließung, S. 478f.

22 Siehe dazu *Kap. I,1.*

23 C. Schwöbel: Sein, S. 495. – Zum christlichen Schöpfungsverständnis siehe z. B. C. Link: Schöpfung; M. Haudel: Gotteslehre, S. 196–224; F. Gruber: Schöpfungslehre. – Siehe insgesamt auch *Kap. XI,1.2 u. 2.1.*

deutete etwa auf Gen 1,12 hin: „Und die Erde ließ aufgehen Gras und Kraut“[24]. Durch die mittelalterliche Aristoteles-Rezeption im Abendland gehörten die logischen Schriften des Aristoteles zur Grundbildung. Als seit dem 12. Jahrhundert – nicht zuletzt durch arabische Kommentare[25] – auch seine naturphilosophischen Schriften bekannt wurden, bedurfte es der kritischen Auseinandersetzung. Weil Aristoteles die globale Zeit- und Geschichtslosigkeit des Kosmos lehrte, in der die Welt keinen Anfang hat, hob *Thomas von Aquin* (1225–1274) zur Vermeidung eines naturalistischen Pantheismus in kritischer Rezeption Gott als die transzendente Zweckursache hervor, welche die Natur mit ihren immanenten Zweckursachen ins Leben gerufen hat (Summa theologiae I, q. 2, a. 3 c.). Doch indem Thomas die Möglichkeit der natürlichen Erkenntnis der Einheit Gottes postulierte und die Erkenntnis der Dreiheit Gottes der Offenbarung zuordnete, kam er zur Unterscheidung von „De Deo uno“ und „De Deo trino“. Das führte zur erkenntnistheoretischen Vorordnung der Einheit Gottes, wodurch sich die westkirchliche Tradition der Betonung der Einheit des dreieinigen Gottes zuspitzte. Mit der postulierten Möglichkeit der Rekonstruktion der Einheit Gottes aus der Natur gerieten die Eigentümlichkeiten der trinitarischen Personen und ihre heilsgeschichtliche Relevanz zusehends in den Hintergrund – und damit auch das spezifische Verhältnis von „Gegenüber und Nähe“ zwischen Gott und Schöpfung.[26]

An diese Dimensionen erinnerte erneut die *Reformation,* indem *Martin Luther* (1483–1546) erkenntnistheoretisch gegenüber dem natürlich-theologischen Rückschlussverfahren (rationale Rekonstruktion der Einheit Gottes) auf die biblisch bezeugte heilsgeschichtliche Selbsterschließung des dreieinigen Gottes zurückgriff. Er stützte sich so auf den offenbarungstheologischen Ansatz der altkirchlichen neunizänischen Theologie und auf deren trinitätstheologische Einsichten, die Kirchenväter in Ost und West auf biblischer Basis zusammengetragen hatten und die das für alle Kirchen grundlegende Glaubensbekenntnis des Zweiten Ökumenischen Konzils (Konstantinopel 381) ermöglichten. Hier wurde gemäß der biblischen Vorgabe noch sehr ernst genommen, dass der dreieinige Gott sowohl eine Person verkörpert (innerpersonal) als auch die Gemeinschaft dreier Personen (zwischenpersonal), so dass nur in Gott die Gleichzeitigkeit von inner- und zwischenpersonaler Dimension besteht und er so in Einheit *und* Vielfalt als die vollkommene Gemeinschaft der Liebe existiert („Gott ist Liebe“ – I Joh 4,8.16). Weil Gott den Menschen und allem Geschaffenen an dieser Liebe Anteil geben möchte, ist die Schöpfung keine Notwendigkeit und hat außer dem freien Entschluss der Liebe Gottes keinerlei Voraussetzung. Damit wird das Verhältnis von *„Gegenüber und Nähe“* zwischen Gott und der Schöpfung begründet, speziell zwischen Gott und Mensch, indem

24 Siehe zur Bedeutung des Entwicklungsgedankens in der Schöpfungstheologie der Kirchenväter *Kap. V,4.1; XI,1.2 u. 2.1.1.*

25 Besonders zu erwähnen sind die Kommentare des islamischen Philosophen Ibn Rushd (1126–1198), bekannter unter seinem lateinischen Namen Averroes.

26 Dazu siehe auch die folgenden Ausführungen über die Reformation und *Kap. IV,2.* – Zur detaillierten Darlegung dieser Zusammenhänge siehe M. Haudel: Gotteslehre, S. 94–106.

so die Möglichkeit einer freien Gemeinschaft der Liebe besteht, die auf ein solches Verhältnis angewiesen ist. Durch den Rückgriff auf die Alte Kirche konnte Luther die spätere westkirchliche Betonung der Einheit Gottes (innerpersonal) korrigieren und die zwischenpersonale Dreiheit der Personen und deren Eigentümlichkeiten erneut zur Geltung bringen. Als Sohn Gottes und innertrinitarisches Abbild des Vaters, das sich in liebender Hingabe auf diesen zurückbezieht, hat Jesus Christus in der Heilsgeschichte seinem innertrinitarischen Wesen entsprechend die endgültige Offenbarung Gottes und die liebende Hingabe für die Menschen am Kreuz vollzogen. Deshalb hängt das Heil der Menschen allein vom Glauben an die Liebe Gottes ab und nicht von einer kirchlich-hierarchischen Mittlerinstanz und von der Werkgerechtigkeit (Ablass). Weil der Heilige Geist gegenüber der mittelalterlichen westkirchlichen Reduktion auf eine Gabe von Vater und Sohn wieder als eigenständige Person in Erscheinung tritt (und nicht nur als an das Amt gebundene Gabe für die Einheit der Kirche), wird er erneut als Geber der Gnadengaben transparent, die er direkt jedem Glaubenden schenkt. Von daher konnte Luther sowohl die Rechtfertigung allein aus Glauben als auch das Priestertum aller Glaubenden neu entdecken und analog zur trinitarischen Vielfalt die Vielfalt in der Kirche betonen, die durch das zunehmend monistische Gottes- und Kirchenverständnis der mittelalterlichen Kirche überdeckt worden war.[27]

Luthers Kritik an dem natürlich-theologischen Rückschlussverfahren rückte auch das *Naturrecht* in ein kritisches Licht, das mit der antiken Stoa und ihrem ethischen Grundsatz, in Übereinstimmung mit der Natur zu leben, erste Ausprägungen erhielt und bei Thomas von Aquin einen systematischen Höhepunkt erreichte. Davon ausgehend blieb es besonders für die römisch-katholische Ethik maßgeblich und ist bis heute wirksam – in Anknüpfung oder Kritik. Für Thomas bedeutet das natürliche Gesetz (lat. lex naturalis) die Teilhabe der vernünftigen Geschöpfe an dem ewigen Gesetz der Weisheit Gottes (lat. lex aeterna), weil der Mensch durch seine Neigungen auf die ihm wesenseigenen Ziele hingeordnet ist. Diese teleologische Perspektive und der Vernunftcharakter verhindern zwar ein naturalistisches Missverständnis (Fehlschluss vom unqualifizierten Sein auf ein ethisches Sollen), aber Luther sieht die Natur im Licht der Heilsgeschichte noch kritischer, nämlich in der Spannung von Natur und Gnade. Aufgrund der Sünde des Menschen handelt es sich um die „gefallene" Natur (WA 42,124 f.), was auch die in sich selbst verkrümmte Vernunft betrifft, die in widergöttlicher Selbstbehauptung existiert, so dass natürliche Gottes- und Welterkenntnis der Gefahr der Verkehrung ausgesetzt bleibt (WA. TR I,547). Erst im Glauben kann die wahre Bestimmung der Natur als Gottes gute Schöpfung wahrgenommen werden – und damit auch ihre Erlösungsbedürftigkeit.[28] Die Aus-

27 Siehe zur ausführlichen Erörterung dieser Zusammenhänge M. Haudel: Gotteslehre, Kap. III; V; VIII, und ders.: Selbsterschließung, Kap. II; III,2. – Siehe ferner *Kap. IV,2* des vorliegenden Bandes.

28 Zum ganzheitlichen Verständnis der Natur als Gnade und als Rahmen für Gottes heilsgeschichtliches Handeln siehe E. Herms: Natur (siehe dazu auch *Kap. II,1*). – Zur differenzierten Auseinandersetzung mit dem Naturrecht und dem Argument des *naturalistischen Fehlschlusses* siehe *Kap. XIII,1*.

einandersetzung um die Geltung und Charakteristik naturrechtlicher ethischer Orientierung wird seither in Theologie und Philosophie vielfältig geführt – bis in gegenwärtige ethische Grundsatz-Diskussionen.[29]

Philosophiegeschichtlich galt die Natur bis zum Beginn der *Neuzeit* vornehmlich als vorgegebener Lebenskontext und als Norm eines gelingenden Lebens. Mit der beginnenden anthropozentrischen Konzentration auf den Menschen während der *Renaissance* und der exklusiven Betonung der menschlichen Vernunft in der *Aufklärung* wurde die Natur zusehends ein vom Menschen abhängiger und ihm unterlegener Gestaltungsraum. *René Descartes* (1596–1650) leitete mit seiner Vernunft-Zentrierung die Wende zur Neuzeit ein, indem er die sich selbst erfahrende Vernunft als einzige Erkenntnis- und Seinsgewissheit voraussetzte. Im Unterschied zur antiken Ausrichtung an der Art der Erkenntnisgegenstände wird die Natur einer rein mechanischen Sicht untergeordnet und auf die Kausal- bzw. Wirkursachen reduziert. Durch die weitgehende Ausblendung der Material-, Form- und Zweckursachen verliert die Natur ihren teleologischen Charakter bzw. ihre Finalgründe und damit ihren qualitativen Selbststand sowie ihre ganzheitliche Zuordnung.[30] Denn nach Descartes gilt der Mensch als denkendes Wesen (lat. res cogitans), für das nur wahr ist, was es in seinem Denken *(Vernunft)* klar und deutlich (lat. clare et distincte) einsieht, so dass das Wesen des Menschen essenziell im Denken besteht und die Natur des Körperlichen bzw. Materiellen (lat. res extensa) unwesentlich ist. Weil die Vernunft damit zum Angelpunkt wird (Subjekt), der alles außerhalb seiner selbst bestimmt (Objekte), kommt es zur Subjekt-Objekt-Spaltung. Als *die* klare und deutliche Einsicht bzw. als Grundlage sicherer Erkenntnis gilt Descartes die *Mathematik,* weshalb er die körperliche bzw. materielle Natur rein geometrisch qualifiziert.[31] Aufgrund der universalen Relevanz der Mathematik ist die Natur wie eine Maschine Kausalität und Gesetzlichkeit unterworfen, was den Menschen zum „Herren und Besitzer der Natur" werden lässt.[32] Mit dieser Entwicklung gingen methodische Verschiebungen bei den Naturforschern einher. Während in der aristotelisch-thomistischen Tradition von der Antike bis zum Mittelalter Naturerscheinungen in begriffswissenschaftlicher Argumentation qualitativ beschrieben wurden, vollzog sich besonders mit *Johannes Kepler* (1571–1630) und *Galileo Galilei* (1564–1642) eine Reduktion der Naturbeobachtung auf Experiment und mathema-

29 Zu zeitgenössischen Versuchen einer Reformulierung und Weiterentwicklung naturrechtlicher Ansätze, die etwa Seinsordnung, Freiheitsorientierung und das geschichtliche Verständnis von Natur integrieren, siehe z. B. F. Lohmann: Natur, und H.-G. Nissing (Hg.): Natur. – Siehe zur Naturrechts-Ethik auch *Kap. XIII.*

30 „Mit der Zielperspektive verschwinden zugleich die Fragen nach Sinn und Hoffnung." (P. Becker/U. Diewald: Herausforderung, S. 10)

31 Vgl. R. Descartes: Meditationen II, III, VI.

32 Vgl. ders.: Discours de la méthode VI. – Zur Bedeutung der Gottesfrage für Descartes, bei dem sich die Verankerung in Gott unter zunächst bleibender Berufung auf Gott implizit zur Verankerung in der Vernunft wandelt, siehe M. Haudel: Gotteslehre, S. 120–123. – Zur detaillierteren Auseinandersetzung mit der Bedeutung von Descartes für das Verhältnis von Theologie und Naturwissenschaft siehe *Kap. V,3.*

tische Formalisierung. Hierdurch entwickelte sich die Eigendynamik der kausalanalytischen Methode und es bildeten sich zusehends selbstständigere Naturwissenschaften[33] heraus. *Isaac Newton* (1642–1727) erklärte schließlich in seiner Schrift „Mathematische Prinzipien der Naturlehre" (Philosophia naturalis principia mathematica) alle Bewegungen im Himmel und auf Erden auf der Grundlage *eines* mathematischen Gesetzes, auf dem Gesetz der Schwerkraft. Entsprechend konnte *Immanuel Kant* (1724–1804) die Naturwissenschaft als mathematisch konstituiert definieren. Er ging davon aus, dass jede empirische Wahrnehmung unter die apriorischen mathematischen Anschauungsformen des Bewusstseins fällt, welches der Gegenstandswelt seine eigene Gesetzmäßigkeit vorschreibt. Denn Kant charakterisiert das menschliche Subjekt als Träger der apriorischen Wahrheitskategorien, so dass sich die Erkenntnis des menschlichen Geistes nicht primär nach den Gegenständen richtet, sondern diese werden im Vollzug der sinnlichen Wahrnehmung von den apriorischen Vernunftkategorien in ihrer Beschaffenheit bestimmt: Die Vernunft bringt die Wahrnehmung der Wirklichkeit letztlich aus ihrem eigenen Entwurf hervor.[34]

Zwar entwarfen die großen Philosophen der Aufklärung ihre Einsichten noch im *Horizont der Gottesfrage* (auch wenn Gott etwa bei Kant lediglich als Regulativ für die Belohnung des sittlichen Verhaltens diente) und Astronomen wie Kepler verstanden die Natur als Buch Gottes, aus dem der große Werkmeister der Natur zu erkennen ist, und Philosophen wie *Friedrich Wilhelm Joseph Schelling* (1775–1854) oder *Georg Wilhelm Friedrich Hegel* (1770–1831) verbanden mit der Naturgeschichte den Prozess der Entfaltung des göttlichen Geistes, doch sie „konnten die Tatsache nicht überdecken, dass Gott allmählich immer weniger einen ihm angemessenen Platz in einer Natur einnahm, die weitgehend als ein Arrangement geometrischer Figuren und Zahlen verstanden wurde"[35]. Das lag vor allem am wachsenden Einfluss des neuzeitlichen *Materialismus,* der unter anderem durch die Wiederentdeckung des antiken Atomismus gefördert wurde und sich zunächst in Frankreich

33 Ob der Begriff „*Naturwissenschaft*" im heutigen Sinne bereits für das 17. Jahrhundert Verwendung finden kann, wird von Peter Harrison in Frage gestellt, der davon ausgeht, dass der Begriff in diesem Sinne erst im 19. Jahrhundert aufgetreten ist, während man vorher vornehmlich von „*Naturphilosophie*" oder „*Naturgeschichte*" gesprochen habe. Schon allein dieser Umstand zeige, dass der bereits für die vorhergehenden Jahrhunderte postulierte ständige Konflikt zwischen Theologie und Naturwissenschaft eine ideologische Rückprojektion des 19. Jahrhunderts darstelle. Vgl. P. Harrison: „Wissenschaft". – Siehe dazu auch *Kap. I,1 u. V.*

34 Zur detaillierten Darlegung der Zusammenhänge in Kants „Kritik der reinen Vernunft" vgl. I. Kant: Kritik der reinen Vernunft, und siehe insgesamt *Kap. V,3.* – Vgl. zu den philosophischen Konzeptionen der großen Philosophen der Aufklärung M. Haudel: Gotteslehre, Kap. VI. – An dieser Stelle ist auf den *Universalienstreit* hinzuweisen, der bis auf die Ideenlehre Platons zurückreicht, in der Scholastik seinen Höhepunkt erreichte und bis heute Relevanz hat. Es geht um die Frage, ob man den mit Allgemeinbegriffen bezeichneten Universalien wie „Mensch" oder „Zahl", die mehreren Gegenständen gemeinsam sind, ontologische Existenz *(Realismus)* zugesteht oder sie lediglich für Begriffsbildungen *(Nominalismus)* hält. – Siehe zur aktuellen Bedeutung *Kap. IV,1.*

35 H. Schwarz: Streit, S. 18. – Siehe zu diesen Zusammenhängen *Kap. V,3.*

mit einem expliziten Atheismus verband.[36] So entwarf *Julien Offray de La Mettrie* (1709–1751) in seinem Buch „Der Mensch als Maschine“ (1748) auf materialistischer Grundlage ein rein naturalistisches Verständnis des Menschen, indem er auch die geistigen Prozesse auf physiologische Ursachen zurückführte. Nachdem Gott aufgrund des linearen Ursache-Wirkungs-Zusammenhangs zunächst nur noch als Anfangsgrund des Weltprozesses zugelassen worden war (Deismus), kam es jetzt zur gänzlichen Bestreitung seiner Notwendigkeit in einem Prozess ewiger Materie und ewiger Naturgesetze. Der französische Astronom *Pierre Laplace* (1749–1827) antwortete auf Napoleons Frage, welche Rolle Gott in der von Laplace verfassten „Himmelsmechanik“ spiele: „Sire, ich benötige diese Hypothese nicht mehr.“

Ein solcher materialistischer *Naturalismus* erlangte im 19. Jahrhundert ferner in Deutschland und ganz Kontinentaleuropa großen Einfluss. Nachdem in Deutschland etwa der Physiologe *Hermann von Helmholtz* (1821–1894) das Leben auf physiko-chemische Prozesse reduziert hatte, sprach der Arzt *Ludwig Büchner* (1824–1899) auf der Basis des mechanistisch-deterministischen naturwissenschaftlichen Weltbildes von den ewigen und unabänderlichen Naturgesetzen, die der unsterblichen Materie als Kraft inhärent seien. Das sei wissenschaftlich unleugbar festgestellt, weshalb es keiner anderen geistigen oder übernatürlichen Kraft bedürfe. So folgerte etwa der deutsche Physiker *J. Robert Mayer* (1814–1878) aus seinem ersten Hauptsatz der Thermodynamik (Wärmelehre), wonach die Summe der Energie in einem geschlossenen System weder zu- noch abnimmt, die Welt sei ewig und brauche keinen Schöpfer. In positivistisch orientierter Naturerkenntnis hielt man naturwissenschaftliche Erkenntnisse für objektive Wahrheiten bzw. Abbildungen der Wirklichkeit und somit für die absolute Wahrheit des Seins, wodurch es zu den weltanschaulichen Vereinnahmungen und Verabsolutierungen kam. Derart vermittelte der Zoologe *Ernst Haeckel* (1834–1919) die Evolutionstheorie Darwins in Deutschland unter rein naturalistischer Perspektive und baute sie in spekulativer weltanschaulicher Überdehnung zu einer antireligiösen Weltanschauung aus.[37] Auf diese Weise entstand verbreitet ein *ontologischer Naturalismus,* der die Wirklichkeit auf materielle Gegenstände und kausal bestimmte Naturereignisse reduziert – oft auch auf rein physikalische Entitäten und Gesetzmäßigkeiten (Physikalismus). Es wird der Anspruch erhoben, damit die gesamte und wahre Wirklichkeit erkannt zu haben, aus der sich auch alle geistigen, psychischen, kulturellen und religiösen Erscheinungen naturwissenschaftlich deuten lassen. Gleichzeitig wird postuliert, diese Einsichten naturwissenschaftlich erwiesen zu haben. Das geschieht in einem Zirkelschluss, indem man weltanschaulich voraussetzt, was man später als vermeintlichen naturwissenschaftlichen Beleg präsentiert. Denn bei der Frage, ob Natur rein materialistisch zu verstehen ist und das Geistige und das Bewusstsein, durch das die

36 Der Atheismus war allerdings auch schon potenziell in einem Theismus angelegt, welcher Gott allein in der menschlichen Vernunft verankert, weil Gott dann zu einem Produkt der menschlichen Vernunft werden kann, die auf diese Weise letztlich selbst seine Funktion übernimmt.

37 Siehe zu diesen Entwicklungen *Kap. V, 4–5.*

lebensweltliche Erfahrung bestimmt ist, darunter subsumiert werden kann, handelt es sich um eine weltanschaulich-metaphysische Fragestellung, die mit den empirischen Mitteln der Naturwissenschaften nicht zu beantworten ist. Neben diesen Formen des weltanschaulich-ideologischen Naturalismus etablierte sich zusehends der *methodische Naturalismus*, der angesichts der experimentellen empirischen Erkenntnismethode der Naturwissenschaften von ganzheitlich-weltanschaulichen Deutungen absieht und sich auf die formalisierende Beschreibung der empirischen Erkenntnis natürlicher Gegenstände beschränkt. Gegen Ende des 19. Jahrhunderts kam es aufgrund der bleibenden Diskrepanz zwischen anorganischer und organischer Dimension, zwischen materiellen und geistigen Aspekten, die sich in der lebensweltlichen Erfahrung der „eigentümlichen physikalisch-geistigen Doppelaspektigkeit“[38] des Menschen widerspiegeln, erneut zur Auseinandersetzung zwischen rein materialistisch-naturalistischen *„Mechanisten“* und sogenannten *„Vitalisten“*, welche auch von einer geistigen Lebenskraft ausgingen.

Angesichts der zunehmenden weltanschaulichen Ansprüche und Verabsolutierungen der in materialistisch-naturalistischer Orientierung expandierenden Naturwissenschaften zogen sich große Teile der Theologie im 19. Jahrhundert auf ihre vermeintlichen Spezifika zurück und überließen den Naturwissenschaften die Welterkenntnis. Nachdem im 17. und 18. Jahrhundert besonders die „Physikotheologie“ der Natur noch große Beachtung geschenkt hatte, indem sie in den Werken der Natur Gott erkannte, beschränkte man sich jetzt vornehmlich auf die moralisch-sittliche Dimension der Religiosität (in neukantianischer Tradition z. B. W. Herrmann) oder auf die Glaubenserfahrung bzw. die Reflexion des Gefühls der Abhängigkeit des Menschen und der Welt von Gott (maßgeblich F.D.E. Schleiermacher). So kam es zur Trennung bzw. zum Nebeneinander von Theologie und Naturwissenschaft.[39]

Das radikal neue Natur- und Wirklichkeitsverständnis, das die *naturwissenschaftlichen Umbrüche zu Beginn des 20. Jahrhunderts* mit sich brachten, bewirkte dann eine erneute Öffnung bzw. Dialogbereitschaft zwischen Naturwissenschaft und Theologie. Die mit dem klassischen Newtonschen Naturverständnis verbundenen Vorstellungen von einem ewigen Naturkreislauf ohne Anfang und Ende, von einem zeit- und geschichtslosen Universum sowie von einer linear-determinierten und prognostizierbaren Kausalität als Ausgangspunkt objektiver Wirklichkeitserkenntnis wurden durch die Relativitätstheorie, die Quantentheorie und die moderne Thermodynamik in ihren Grundfesten erschüttert. Denn das Universum galt jetzt wie alle Naturprozesse als dynamisch und geschichtlich, mit einem unumkehrbaren Zeitverlauf, mit Anfang und Ende, und die Mikrostruktur des Naturgeschehens ließ nur

38 W. Löffler: Naturalismus, S. 165. – Vgl. insgesamt ebd., S. 149 ff., wo verschiedene Formen des Naturalismus und des darauf reagierenden Anti-Naturalismus erörtert werden, besonders im Kontext der aktuellen Herausforderungen. Siehe ferner D.-M. Grube: Natur; H.-D. Mutschler: Natur, und T.M. Schröder: Wissenschaft. – Siehe insgesamt zur ausführlicheren Erörterung der Zusammenhänge *Kap. I,2; II,3; IV,1; V; VIII u. X.*

39 Siehe zur ausführlichen Darlegung dieser Entwicklung *Kap. V,5.* – Zur „Physikotheologie“ siehe *Kap. V,3.*

noch sehr selektiv Wahrscheinlichkeiten und Möglichkeiten erkennen, während die Makrostruktur zum Teil hochkomplexe und letztlich undurchschaubare Gesamtsysteme aufwies (Chaostheorie). Es wurde zudem deutlich, dass naturwissenschaftliche Erkenntnis auch von den weltanschaulichen Vormeinungen der Beobachter abhängt und lediglich partielle Annäherungen an die Wirklichkeit zu erzielen sind, die nicht unbedingt deren objektive Abbildung bedeuten. So gelangten immer mehr Naturwissenschaftler zu einem „Kritischen Realismus", der diese Einsichten ernst nimmt und dabei wahrnimmt, dass Naturwissenschaften schon in ihren genuinen Bereichen nur zu annähernden bzw. vorläufigen Einsichten gelangen und dass Aussagen über die Dimensionen der Weltanschauung, Religion und Sinndeutung gänzlich jenseits der Grenzen ihrer Methoden und Möglichkeiten liegen. „Das als Weltanschauung interpretierte naturwissenschaftliche Weltbild der zurückliegenden Jahrzehnte [vor den Umbrüchen] mit seinem Anspruch auf eine umfassende Deutung aller sozialen, kulturellen und eben auch religiösen Lebensäußerungen war damit Geschichte geworden."[40]

3. Herausforderungen für Naturwissenschaft, Philosophie und Theologie (u. a. Zeitverständnis)

Vor dem Hintergrund der aufgezeigten Entwicklungen ergibt sich für die Naturwissenschaft die *Herausforderung,* die neuen naturwissenschaftlichen Einsichten des 20. Jahrhunderts und ihre Konsequenzen ernster zu nehmen, ebenso wie die Vielschichtigkeit der Wirklichkeit, die auch anderer Erkenntniszugänge bedarf. Für die Philosophie besteht die Herausforderung, in Auseinandersetzung mit den verschiedenen Formen des *Naturalismus* im Dialog mit den Naturwissenschaften einen differenzierteren und ganzheitlicheren Naturbegriff zurückzugewinnen, der zugleich die Transzendenz der Natur erkennen lässt. Hieran knüpft sich die Herausforderung für die Theologie, im Kontext der Naturwissenschaften und der gesamten lebensweltlichen Wirklichkeit zur Wahrnehmung der Dimensionen der *Transzendenz* beizutragen – etwa hinsichtlich des für die Natur konstitutiven Phänomens der *Zeit.* Denn mit der Transzendenz von Mensch und Kosmos, die über sich selbst hinausweisen, verbindet sich sowohl die Sinn- und Zielperspektive als auch die Frage nach Gott.

Trotz der zu Beginn des 20. Jahrhunderts gewonnen Einsichten finden sich bis heute in den Naturwissenschaften Ansätze eines materialistischen und reduktionistischen oder atheistischen Naturalismus sowie entsprechende ganzheitliche weltanschauliche Ansprüche.[41] Diese Konzeptionen müssten nicht nur die Ergebnisse der gezeigten Umbrüche im naturwissenschaftlichen Wirklichkeitsverständnis und

40 T.M. Schröder: Wissenschaft, S. 35. – Siehe zur detaillierten Darlegung dieser Zusammenhänge *Kap. I,3.2 u. VI.*

41 Siehe dazu besonders *Kap. X u. XI,2.2.* – Siehe auch *Kap. I,1–2.*

deren Konsequenzen ernster nehmen, sondern auch diejenigen Dimensionen der Wirklichkeit, die durch andere Wissenschaften bzw. Disziplinen der Natur- und Wirklichkeitserkenntnis transparent werden, etwa durch die Geisteswissenschaften. Denn die Wirklichkeit ist in ihrer Vielschichtigkeit nicht auf naturwissenschaftliche Aspekte zu begrenzen und bedarf deshalb unterschiedlicher Erkenntniszugänge, die der Komplexität lebensweltlicher Erfahrung gerecht werden.[42] Im Kontext der Berücksichtigung dieser ganzheitlichen Sicht auf die Natur bzw. die Wirklichkeit besteht für die *Naturwissenschaften* aufgrund der angesprochenen naturwissenschaftlichen Umbrüche die *Herausforderung*, die grundsätzliche Offenheit der Naturprozesse mit ihren möglichen weltanschaulichen Implikationen zu berücksichtigen. Damit würde man den großen Physikern zu Beginn des 20. Jahrhunderts entsprechen, die sowohl im Makro-Bereich (Kosmologie) als auch im Mikro-Bereich (Teilchen- bzw. Quantenphysik) bemerkten, dass sich durch ihre Forschungsergebnisse Grenzbereiche öffneten, in denen sich metaphysische bzw. philosophische und theologische Fragestellungen aufdrängen. Deshalb wurde durch diese Physiker der Dialog zwischen Theologie und Naturwissenschaft neu angestoßen. Das betrifft beispielsweise die Fragen nach der Offenheit des kosmologischen Prozesses und seines Zieles oder nach der für die Entstehung des Lebens notwendigen „Feinabstimmung" dieses Prozesses, die sich mit dem sogenannten „Anthropischen Prinzip" verbindet (griech. *anthropos:* Mensch). Letzteres entfaltet in verschiedenen Versionen den notwendigen Zusammenhang von der Beschaffenheit des Kosmos und der Existenz des Menschen. Im Bereich der kleinsten Einheiten der Natur stellt sich die Frage nach der Kreativität der quantenmechanischen Prozesse und ihrer Grundlage: ist sie materieller oder nicht-materieller Art (Information)?[43] Mit dieser Frage verbindet sich die unterschiedliche Qualifizierung naturalistischer Ansätze, besonders hinsichtlich der seit jeher zentralen philosophischen Frage nach dem Verhältnis von Materie und Geist.

Für die *Philosophie* ergibt sich daraus die *Herausforderung*, im Dialog mit den Naturwissenschaften deren erkenntnistheoretische Voraussetzungen und Orientierungen mit ihren jeweiligen Konsequenzen deutlicher hervortreten zu lassen, was zugleich grundlegend für die angemessene Rezeption naturwissenschaftlicher Ansätze in der Philosophie ist. Nach wie vor lassen sich Fragen nach der Entstehung, Funktionsweise und Eigenart des Bewusstseins ebenso wenig naturalistisch erklären wie etwa individuelle Erfahrungen der sogenannten „Qualia" (lat. *qualis:* wie beschaffen), bei denen es sich um die spezifisch subjektive und individuelle Aufnahme von Erfahrungen handelt.[44] Die Komplexität lebensweltlicher Erfahrungen, die einem naturalistischen Reduktionismus widerspricht, hängt auch mit den *komplexen Erkenntnisperspektiven* zusammen. Wir erfahren die Wirklich-

42 Siehe dazu *Kap. I,3.2.*

43 Zur ausführlichen Darlegung dieser Zusammenhänge siehe *Kap. I,3.2; VI; VII; XI,1.* – Zur „Feinabstimmung" und zum „Anthropischen Prinzip" siehe *Kap. XI,1.3.*

44 Vgl. P. Clayton: Neurowissenschaft, und *Kap. IV,1 u. XI,2.2.*

keit sowohl in der Perspektive der *dritten Person* (äußerer Blick auf die Wirklichkeit als Objekt der Beschreibung) als auch in der Perspektive der *ersten Person* (innerer Blick auf die Wirklichkeit aus der Teilnehmerperspektive) sowie in der Perspektive der *zweiten Person* (das „Du" als Möglichkeit des Dialogs mit der transzendenten Wirklichkeit). Daraus resultiert die gleichzeitige Immanenz und Transzendenz des Menschen hinsichtlich der Natur: Man ist Teil der Natur, man kann sich zugleich ihr gegenüber verhalten und man kann sich von der offenen bzw. über sich hinausweisenden Natur in ihrer selbsttranszendenten Dimension anreden lassen[45] – das heißt, diese Dimension kann einen „an-gehen". Damit verbindet sich für den Menschen die Frage nach seiner Existenz, ihrem Sinn und ihrer ethischen Orientierung, wobei Geist und Bewusstsein das gesamte kulturelle und lebensweltliche Selbstverständnis des Menschen betreffen. „Reduktionistische Ansätze legen also ein Menschenbild nahe, das unserem kulturellen Selbstverständnis widerspricht. Sollten diese Positionen Recht behalten, müssten alle Konzepte aufgegeben werden, die Wert und Sinn in Anspruch nehmen."[46] Dass reduktionistisch-verabsolutierten naturalistischen bzw. materialistischen Ansätzen auch aus Sicht des neuen naturwissenschaftlichen Verständnisses durchaus widersprochen werden kann, betont der Physiker Thomas Görnitz bezüglich der Bedeutung von Information in den Quanten-Prozessen: „Es gibt schon im Bereich der Physik (und in anderen Bereichen der Wissenschaft erst recht) nichtmaterielle Strukturen, die man als Realitäten verstehen muss."[47]

So wird die Berechtigung eines *reduktionistischen Materialismus* in der Philosophie zusehends in Frage gestellt. Denn er beruht auf dem Prinzip der kausalen Geschlossenheit der Welt und dem Supervenienzprinzip, das von der Steuerung des Mentalen bzw. Geistigen durch das Physische bzw. Materielle ausgeht. Demgegenüber kommt der Philosoph, Theologe und Physiker Hans-Dieter Mutschler aufgrund naturwissenschaftlicher und philosophischer Erkenntnisse zu dem Schluss: „Die Abhängigkeit läuft immer in beide Richtungen. Es ist einfach nicht wahr, dass das Mentale nur vom Physischen abhängig ist und nicht auch umgekehrt."[48] Der reduktionistische Naturalismus geht nach dem Philosophen Robert Spaemann auf die Entstehung der neuzeitlichen Naturwissenschaft zurück, und zwar auf deren Abkehr vom bis dahin geltenden teleologischen Naturbegriff, der noch die Ziel- und Zweckmäßigkeit der Natur beinhaltete. „Das Auf-etwas-aus-Sein war es [...], was die neuzeitliche Naturwissenschaft ihrem Gegenstand absprach. [...] Hinter dieser neuen Sicht stand ein mächtiges Interesse, das Interesse an uneingeschränkter Naturbeherrschung."[49] In ihrer vorgegebenen Maßgeblichkeit und ihrem Eigenwert werde Natur auf diese Weise ausgeblendet: „Natur wird nicht mehr im Handeln als

45 Vgl. D. Evers: Wirklichkeit.

46 P. Becker/U. Diewald: Herausforderung, S. 13.

47 T. Görnitz: Naturwissenschaft, S. 161.

48 H.-D. Mutschler: Kritik, S. 61. Vgl. zur genauen Begründung ebd., S. 55 ff. – Zur detaillierten Darlegung und Erörterung der Zusammenhänge siehe besonders *Kap. VI u. XI.*

49 R. Spaemann: Natur, S. 23.

Maß des Handelns erinnernd bewahrt, um ihre Vollendung und Transzendierung im Geist zu finden, sondern die Ausdehnung der Herrschaft über die Natur wird zum Selbstzweck." Das ende „im vollendeten Technizismus, der zugleich ein vollendeter Naturalismus ist. Auf einer letzten Etappe wendet sich der Prozess [...] schließlich gegen den Menschen selbst", etwa in der globalen Naturzerstörung oder der bio-technologischen Manipulation des menschlichen Wesens, „als manipulative Herrschaft des Menschen über den Menschen"[50].

Angesichts solcher ethischen Konsequenzen und Herausforderungen und der nach wie vor existierenden defizitären Naturbegriffe, welche die lebensweltlich erfahrbare Komplexität und Ganzheit der Natur kaum berücksichtigen, hat in der Philosophie – und darüber hinaus – ein Umdenken stattgefunden. Die *Zweck- und Zielursachen (Teleologie)* werden neu in den Blick genommen, ebenso wie die *Natur als vorgegebene Größe,* die beispielsweise in der „Bionik" als Vorbild dient, insofern als sich die Technik in diesem Wissenschaftszweig an der Effizienz natürlicher Abläufe orientiert (z. B. Vogelflug und Flugzeuge). „Während wir es seit Galilei und Newton gewohnt waren, Natur als bloße Verfügungsmasse zu sehen, während Technikphilosophen wie Ropohl von einem ‚Ende der Natur' sprachen und während Jürgen Habermas Wissenschaft und Technik für ‚monologisch' hielt derart, dass die Zweckreihen nur von uns zu einer passiv gedachten Natur verliefen, hat längst eine mächtige Gegenbewegung [...] eingesetzt [...]. Das Ende der Verschwendungswirtschaft wird uns dazu zwingen, das Dialogische erneut auch auf die Natur zu beziehen[,] und je mehr solche bionischen Konstruktionen [an der Natur orientierte Technik] in unsere Lebenswelt eindringen, umso mehr werden wir wieder Respekt vor dem Eigenwert von Natur empfinden."[51]

Durch die Besinnung auf die teleologische Dimension mit ihren Zweck- und Zielursachen kommt auch die *Transzendenz*[52] der Natur erneut zum Tragen, insofern als die teleologische Dimension über die faktisch vorfindliche Natur hinausweist und so auch die Ganzheit der lebensweltlichen Aspekte von Natur besser zu integrieren vermag, bis hin zur Frage nach Gott. Denn *Naturwissenschaft selbst kann Teleologie nicht greifen,* „sondern nur Strukturen und Regelmäßigkeiten, die Intentionalität nicht ausschließen"[53]. Aufgrund dieser Aspekte und der bleibenden Erklärungsprobleme, die den Naturalismus hinsichtlich der unterschiedlichen Dimensionen von Natur begleiten (Geist – Materie etc.), gibt der Wissenschaftstheoretiker und Philosoph Holm Tetens zu bedenken, dass ein *Theismus* mit seinen auf die vielfältigen Aspekte der Natur bezogenen Folgerungen angesichts aktueller naturwissen-

50 H.-G. Nissing: Recht, S. 13, wo er Bezug auf die Ausführungen von R. Spaemann: Natur, nimmt.

51 H.-D. Mutschler: Natur, S. 284 f.

52 Lat. *transcendere:* überschreiten, über sich hinausweisen. – Siehe auch *Anm. 1, III. Kap.*

53 M. Mühling: Resonanzen, S. 240, der darauf verweist, dass sich die Teleologie letztlich erst durch das schöpferische, erlösende und vollendende Handeln Gottes gänzlich erschließt. – Im rein naturwissenschaftlichen Kontext tritt lediglich die gerichtete Zweckmäßigkeit *(Teleonomie)* hervor (siehe dazu *Kap. IV,1,* wo auch das Verhältnis von *methodischem und ontologischem Naturalismus* ausführlich erörtert wird). – Vgl. insgesamt auch die Ausführungen des Philosophen H. Seidl: Evolution.

schaftlicher Erkenntnisse *plausibler* sei als ein Naturalismus: „Alle diese Folgerungen aus der theistischen Kernthese stehen bestens im Einklang mit den Ergebnissen empirischer Forschung. Die theistische Kernthese kann somit empirische Befunde erklären, während der Naturalismus bei ihnen explanatorisch versagt."[54] Hier deuten sich bereits die *Herausforderungen* an, die sich in der Diskussion über das Verständnis der Natur und über dessen Konsequenzen für die *Theologie* stellen. Sie hat in ihrer Bezugnahme auf die gesamte lebensweltliche Wirklichkeit, einschließlich der transzendenten Bestimmung bzw. Sinngebung von Mensch und Kosmos, ihre Erkenntnisse im Kontext naturwissenschaftlicher Einsichten zu plausibilisieren. Auf diese Weise kann sie zu einem auf die gesamte lebensweltliche Erfahrung bezogenen Verständnis der Natur und des verantwortlichen und ehrfurchtsvollen Umgangs mit ihr – auch mit den Tieren – beitragen.[55]

Eine solche ganzheitliche Vermittlung des Naturverständnisses mit seinen transzendenten Implikationen lässt sich etwa an dem für die Wirklichkeit konstitutiven Phänomen der *Zeit* andeuten. „Ob man die Zeit – physikalisch und mathematisch – als fundamentale Struktur der Natur versteht, ob man – philosophisch – auf die pluralen Erfahrungen und Formen von Zeit reflektiert, ob man – theologisch – die Zeit als von Gott geschenkte und gewährte Zeit versteht, immer ist elementar vorausgesetzt, dass es Zeit irgendwie ‚gibt', dass Zeit etwas Wirkliches, ein fundamentales Konstituens von Wirklichkeit darstellt", so dass „ohne Zeit keine wirkende Natur"[56] existiert. Mit der Relativitätstheorie ist auch naturwissenschaftlich der untrennbare Zusammenhang von Zeit und Materie transparent geworden, der für die Schöpfungstheologie schon immer besteht. Augustin hat bereits ausführlich den Zusammenhang zwischen zeitlichem Anfang der Welt und Existenz der Zeit erörtert. Mit der Erschaffung der Welt durch den ewigen Gott ging die Erschaffung der Zeit einher, was sich in den dynamischen und untrennbaren Zusammenhängen von Raumzeit und Materie in der allgemeinen Relativitätstheorie widerspiegelt (vierdimensionale Raumzeit).[57] Im Unterschied zum Verständnis absoluter und reversibler bzw. umkehrbarer Zeit in der klassischen Newtonschen Physik, wonach die Zeit keine Beziehung zu den anderen Größen hatte und somit – zumindest auf naturalistischer Basis – ewige „Gleich-Gültigkeit" bestand, verschmelzen jetzt Raum und Zeit zu einem vierdimensionalen Kontinuum, in dem das eine nicht ohne das andere existieren kann und sich alle Komponenten gegenseitig bedingen.

---

54 H. Tetens: Gott, S. 53. – Siehe zu diesen Fragestellungen besonders *Kap. IV,1; V–VI; VIII; X–XI.*

55 Zum umfassenden theologischen Naturverständnis siehe E. Herms: Natur (siehe dazu auch *Kap. II,1*). – Zu den Dimensionen der *Tierethik* siehe A. Käfer: Menschen, und M. Langanke: Natur-Begriff.

56 U. Beuttler: Zeit, S. 171 u. 174. – Dabei umgreift Zeit immer Natur und Subjekt, ob man sie nun physikalisch-mathematisch als *Grundgegebenheit der äußeren Natur* versteht (z. B. Aristoteles, A. Einstein) oder ob man von einem *Grundphänomen des menschlichen Bewusstseins* ausgeht (z. B. Augustin, I. Kant). Vgl. ebd., S. 170 f.

57 Siehe dazu *Kap. VI,2 u. XI,1.2.* – Zu Augustins Bedeutung in diesem Zusammenhang vgl. W. Achtner: Gott, S. 315, und W. Pannenberg: Kontingenz, S. 60 f.

Durch den späteren Nachweis der Expansion des Kosmos (kosmischer Zeitpfeil) und der irreversiblen Ereignisse in den für das Leben grundlegenden thermodynamischen Prozessen (thermodynamischer Zeitpfeil) zog die Geschichtlichkeit in das naturwissenschaftliche Verständnis der Natur ein und verband sich mit der lebensweltlichen Zeiterfahrung von Vergangenheit, Gegenwart und Zukunft (psychologischer Zeitpfeil). Damit gibt es keinen Bereich der „Gleich-Gültigkeit" mehr, so dass jedem Menschen und jeder Generation die spezifische Verantwortlichkeit in der jeweiligen geschichtlichen Situation des Wirklichkeitsprozesses zukommt, zumal die Quantenphysik gezeigt hat, dass die kontingente Zukunft nur aus Möglichkeiten besteht und nicht deterministisch prognostizierbar ist.[58] Die eindimensionale Zeiterfahrung der klassischen Physik wird so von einer mehrdimensionalen Zeiterfahrung abgelöst. „Die Faktizität der Vergangenheit unterscheidet sich prinzipiell von der Möglichkeit der Zukunft. Die Gegenwart schließlich ist der zeitliche Ort für den Umschlag des Möglichen ins Faktische, sie ist also der Ort, wo die Entscheidungen fallen: der Ort des Wirklichen."[59] Der Mensch erfährt *Zukunft* als Gegenwart der Zukunft (Erwartung, Hoffnung, Befürchtung), er erfährt *Vergangenheit* als Gegenwart der Vergangenheit in Form von vollzogener Wirklichkeit (aber immer auch im Horizont der erwarteten Zukunft) und er erfährt *Gegenwart* als Gegenwart der Gegenwart, die durch die Gegenwart der Vergangenheit und der Zukunft mitbestimmt ist.[60] Auf diese Weise kann Gegenwartserfahrung auch zur *Ewigkeitserfahrung* werden, wenn in einer augenblicklichen Erfahrung die Ganzheit erfüllten Lebens und erfüllter Zeit erspürt wird, was den Menschen transzendental über seine zeitliche Verhaftung hinausweist. Eine solche antizipierende bzw. vorwegnehmende Erfahrung von Ewigkeit kann die Sehnsucht nach ewiger Lebensfülle wecken, wodurch *Zeit-Erfahrung* auch *Transzendenz-Erfahrung* ermöglicht. So hat Augustin auch diesbezüglich schon angemerkt, dass die Seele im Blick auf Gott, in dem sie sich erkennt, die Ewigkeit als Gegenwärtigkeit der Ganzheit wahrnehmen kann, aber nur vorläufig, da die endliche Zeit der Schöpfung noch nicht vollendet ist.[61]

58 Siehe zur ausführlichen Erklärung und Erörterung der hier aufgezählten naturwissenschaftlichen Erkenntnisse und ihrer Implikationen *Kap. VI.*

59 U. Beuttler: Zeit, S. 195, der sich hier auf C.F. von Weizsäcker bezieht (siehe *Kap. IX,3*). – Die Zeitstruktur bestimmt nach Beuttler auch den Charakter der *Naturgesetze:* „Notwendig und hinreichend sind die Naturgesetze nur für die rückblickende Kausalerklärung des vergangenen Naturgeschehens; für die zukünftigen *Erfahrungen* [nur Möglichkeiten] sind Naturgesetze relativ notwendig [...] aber nicht hinreichend." (Ebd., S. 190) – Siehe zu diesen Fragestellungen *Kap. IV,1; VI,3.3; VI,6; VIII,* und besonders *Kap. XI,1.2.*

60 Dazu siehe M. Mühling: Zeitfaktoren, S. 307–311.

61 Vgl. zu diesen Zusammenhängen von Zeit- und Ewigkeitserfahrung U. Beuttler: Zeit, S. 180 f. (Augustin), 187 f., 196 f., und J. Moltmann: Wissenschaft, S. 114 f. – Zu unterschiedlichen *Gewichtungen und Spezifizierungen im Zeit- und Ewigkeitsverständnis* (z. B. Ewigkeit als Fülle der Zeit oder als Zeitlosigkeit) sowie zur *Vielfalt der Zeitphänomene* (z. B. Metrik: Messbarkeit der Zeit, Topologie: Ordnung zeitlichen Prozedierens etc.) siehe M. Mühling: Zeitfaktoren, S. 298 ff., und W. Achtner: Gott, S. 346 ff.

Schöpfungstheologisch ist Ewigkeit weniger „aus dem *Gegensatz* zu Zeit, also als Zeitlosigkeit zu deuten, sondern Zeit ist viel eher so zu verstehen, daß sie ihren Ursprung in der Ewigkeit hat, von dieser gespeist wird und in sie einmündet, Ewigkeit also selber Zeit *umfängt*“[62]. Wie das Endliche vom Unendlichen begrenzt ist, ist das Zeitliche von der Ewigkeit begrenzt. Als ewige vollkommene Gemeinschaft der Liebe gewährt der dreieinige Gott aus seiner Ewigkeit heraus Geschöpfen Zeit (ebenso wie er ihnen aus seiner Unendlichkeit heraus Raum gewährt), um ihnen im Verhältnis von „Gegenüber und Nähe“ Anteil an seiner Liebe zu geben. Dazu gehört die Möglichkeit freier Antwort und Gemeinschaft, was offener Zukunft und Zeit bedarf. Indem Gott die Zeit der Schöpfung auf diesem Weg mit seiner Ewigkeit und Liebe begleitet, kommt als *Sinn- und Zielperspektive* von Mensch und Kosmos zur Geltung, dass die Zeit wieder in die ewige Gemeinschaft der Liebe Gottes münden soll – denn Liebe ist auf Dauer angelegt.[63]

Insofern als die Ewigkeit durch punktuelle Gegenwartserfahrungen in vorläufiger Weise aufleuchten kann und Zukunft – auch nach heutiger naturwissenschaftlicher Erkenntnis – der offene Horizont des Möglichen und Unverfügbaren bleibt, ist die Theologie herausgefordert, dazu beizutragen, dass diese und andere Dimensionen der *Transzendenz,* in denen Mensch und Kosmos über sich hinausweisen, wahr- und ernst genommen werden. Denn mit diesen Dimensionen verbindet sich die Frage nach der Sinn- und Zielperspektive von Mensch und Kosmos – und damit auch die Frage nach Gott.

Literatur

Becker, Patrick/Diewald, Ursula (Hg.): Zukunftsperspektiven im theologisch-naturwissenschaftlichen Dialog (= Religion, Theologie und Naturwissenschaft/Religion, Theology, and Natural Science 22), Göttingen 2011.

Gräb-Schmidt, Elisabeth (Hg.): Was heißt Natur? Philosophischer Ort und Begründungsfunktion des Naturbegriffs (= Veröffentlichungen der Wissenschaftlichen Gesellschaft für Theologie 43), Leipzig 2015.

Gräb-Schmidt, Elisabeth/Preul, Reiner (Hg.): Natur (= MJTh 27 = MThSt [NS] 122), Leipzig 2015.

Gruber, Franz: Schöpfungslehre, in: Marschler, Thomas/Schärtl, Thomas (Hg.): Dogmatik heute. Bestandsaufnahme und Perspektiven, Regensburg 2014, S. 131–172.

Haudel, Matthias: Gotteslehre. Die Bedeutung der Trinitätslehre für Theologie, Kirche und Welt (= UTB 4292), Göttingen [2]2018.

62 W. Härle: Dogmatik, S. 266 f.

63 Siehe dazu M. Haudel: Gotteslehre, S. 259–271. – Zur Analogie zwischen der Wesensstruktur des dreieinigen Gottes und der Wesensstruktur der Zeit siehe M. Mühling: Zeitfaktoren, S. 314. – Siehe zur schöpfungstheologischen Auseinandersetzung mit den Phänomenen der Zeit und der Ewigkeit im Kontext des Verhältnisses von Theologie und Naturwissenschaft *Kap. XI, 1.2* und zum endgültigen Einzug des geschichtlichen Zeitverständnisses in die Naturwissenschaften *Kap. VI,4.*

Link, Christian: Schöpfung. Ein theologischer Entwurf im Gegenüber von Naturwissenschaft und Ökologie, Neukirchen-Vluyn 2012.
Nissing, Hanns-Gregor (Hg.): Natur. Ein philosophischer Grundbegriff, Darmstadt 2010.
Petzoldt, Matthias (Hg.): Theologie im Gespräch mit empirischen Wissenschaften (= Veröffentlichungen der Wissenschaftlichen Gesellschaft für Theologie 35), Leipzig 2012.
Rosenau, Hartmut: Art. „Natur", in: TRE 24, S. 98–107.

III. Die Transzendenz von Kosmos und Mensch und die Gottesfrage

1. Kosmologische Perspektiven

In seinen letztlich nicht fassbaren Dimensionen weist der Kosmos als lebensweltlicher Kontext des Menschen in Selbsttranszendenz über sich hinaus. Nicht nur das „Woher" und „Wohin" von Welt und Kosmos, sondern auch ihre Kontingenz (Möglichkeit statt Notwendigkeit) und der Aspekt der Endlichkeit enthalten eine radikale Fraglichkeit des Seins – und damit *Frag-Würdigkeit.* Diese verbindet sich seit Menschengedenken mit der Ahnung eines letzten Grundes sowie der Frage nach einem letzten Sinn oder Ziel, was sich im Phänomen der Gottesidee widerspiegelt. Während reduktionistische naturalistische Ansätze der Naturwissenschaften diese Transzendenz der Lebenswelt des Menschen ausblenden, lenken die naturwissenschaftlichen Erkenntnisse des 20. Jahrhunderts durchaus den Blick auf die Offenheit und Ganzheit des Seins. Allerdings entzieht sich der naturwissenschaftlichen Methodik das Ergreifen eines letzten Grundes der transzendenten Dimension. Doch auch für die Theologie ist zu bedenken, dass die Selbsttranszendenz von Kosmos und Lebenswelt zunächst nur eine *Ahnung* des letzten Grundes bzw. Gottes ermöglicht, weil Gott nicht aus den natürlichen Seins-Grundlagen zu rekonstruieren ist. Zwar finden sich in der Schöpfung Spuren des Schöpfers, die aber aufgrund der von menschlicher Selbstbehauptung geprägten Erkenntnis (Vereinnahmung Gottes) ambivalent sind, so dass angemessene Gotteserkenntnis auf die Selbsterschließung Gottes angewiesen bleibt. Das gilt ohnehin, wenn man die Gottheit Gottes bzw. seine unverfügbare Eigenwirklichkeit nicht depotenzieren will. Die mit der Transzendenz gegebene Ahnung und die analogen Spuren des dreieinigen Gottes in der Schöpfung bilden jedoch die natürlichen Anknüpfungspunkte für Gottes Selbsterschließung und die Voraussetzung ihrer Erkennbarkeit. Mit der im christlichen Glaubensbekenntnis bezeugten Dynamik von Schöpfung, Erlösung und Vollendung wird nicht nur die angemessene Zuordnung von natürlichen Erkenntnisvoraussetzungen und göttlicher Selbsterschließung gewährt, sondern auch der umfassende Horizont des Wirklichen eröffnet, der nach der Übereinstimmung von Glaubens- und Wirklichkeitserfahrung verlangt.

Der Kosmos mit seinen unvorstellbaren und oft nicht greifbaren Dimensionen sowie die darin enthaltene Welt und ihre Geschichte sind von *Selbsttranszendenz*[1] geprägt, indem sie über sich hinausweisen. Schon die räumlichen und zeitlichen Dimensionen des Kosmos sind derart unvorstellbar, dass sie sich zu einem großen Teil letztgültiger Betrachtung und Einordnung entziehen. Das betrifft das angenommene Alter des Universums von etwa 13,8 Milliarden Jahren ebenso wie die Größe des zurzeit sichtbaren Universums. Unsere Milchstraße bzw. Galaxie hat einen Durchmesser von über 100 000 Lichtjahren und beheimatet zwischen 100 und 300 Milliarden Sterne (= Sonnen). Angesichts der Lichtgeschwindigkeit von knapp 300 000 km pro *Sekunde* ist schon diese Größenordnung von 100 000 Lichtjahren räumlich kaum vorstellbar, wenn man zu ergründen versucht, welche Entfernung das Licht in 100 000 *Jahren* zurücklegt. Nach jüngerer Erkenntnis sollte es nur im beobachtbaren Bereich des Universums 100 bis 200 Milliarden Galaxien wie unsere Milchstraße geben. Neueste Beobachtungen mit dem Hubble-Weltraumteleskop lassen jedoch darauf schließen, dass es wohl sogar noch zehnmal mehr Galaxien sind, also ein bis zwei Billionen, wovon man heute ausgeht. Nachdem man zunächst annahm, das Universum würde sich nach der Expansion wieder zusammenziehen, beobachtet man heute, dass es sich immer schneller ausdehnt und so wohl nicht wieder in einem Punkt endet, sondern in einem auslaufenden Gleichgewichtszustand diffuser Wärme („Wärmetod"). Daneben existieren etliche andere Modelle kosmischer Wirklichkeit, wie etwa die Vorstellung von unzählbar vielen Universen (Multiversum). Hinzu kommt, dass man inzwischen annimmt, nur 5 Prozent des beobachtbaren Universums zu kennen, da es zu 95 Prozent aus nicht greifbarer und verstehbarer dunkler Energie und Materie bestehe.[2] Die Wirklichkeit von Kosmos und Welt bewegt sich in einer Weise zwischen den Dimensionen des „Woher" und des „Wohin", die niemand letztgültig erfassen kann. Vor diesem Hintergrund ist die gesamte Wirklichkeit aufgrund ihrer Kontingenz (Möglichkeit statt Notwendigkeit) und Endlichkeit einer radikalen Fraglichkeit unterworfen, die in ihrer Transzendenz und im Staunen über das Wunder des Seins *Frag-Würdigkeit* enthält.

Diese den Kosmos und die Welt transzendierende Fraglichkeit des Seins beinhaltet seit Menschengedenken die Ahnung eines letzten Grundes. Damit verbunden ist die Frage nach einem letzten Sinn oder Ziel sowie das Phänomen der Gottesidee – alles Dimensionen, die „die Form eines unthematischen Gewahrseins haben", weil „der Mensch von allem Anfang an in ein ihn übersteigendes ‚Geheimnis' hineingestellt ist, und zwar in der Weise, daß sich ihm ‚die unverfügbare […] Unendlichkeit der Wirklichkeit als Geheimnis dauernd zuschickt'"[3]. Durch reduktionistische naturalistische Ansätze der Naturwissenschaften wird diese *Transzendenz der Lebenswelt*

1 Der Begriff Transzendenz leitet sich von „transcendere" (lat.) ab: „überschreiten, über sich hinausweisen". – Zur Bedeutung des Transzendenzbegriffs siehe W. Schüßler: Art. „Transzendenz I".

2 Siehe zur genaueren Darlegung der hier angedeuteten kosmologischen Zusammenhänge *Kap. VI,2.3; VII; XI,1.* – Zum missverständlichen Begriff „*Wärmetod*" siehe *Anm. 68, VI. Kap.* bzw. *Kap. VI,2.3.* – Zu den Dimensionen von *Zeit* und ihrer Transzendenz siehe *Kap. II,3.*

3 W. Pannenberg: Systematische Theologie 1, S. 128, wo er auf K. Rahner zurückgreift.

des Menschen mit ihren impliziten Hinweisen auf die vielschichtige – und über den menschlichen Erfahrungsbereich hinausweisende – Wirklichkeit ausgeblendet, woran der Physiker Hans-Peter Dürr erinnert: „Die Dominanz der naturwissenschaftlichen Betrachtungsweise, das unmittelbare Erlebnis des atemberaubenden technischen Fortschritts verstellt uns heute den Blick auf das Transzendente"[4]. Mit der naturalistischen Fragmentierung der Wirklichkeit geht nach Dürr der Blick auf ihr Ganzes und die damit verbundenen unterschiedlichen Aspekte verloren. Aber gerade die naturwissenschaftlichen Erkenntnisse des 20. Jahrhunderts – so betont Dürr – haben selbst den Blick auf diese offene Ganzheit und ihre transzendente Qualität gelenkt, was besonders die von Möglichkeit, Wahrscheinlichkeit, Unschärfe und Offenheit geprägte Quantenphysik zeige. „Physik und Transzendenz stehen in der Vorstellung der heutigen Physiker nicht mehr in einem antagonistischen, sondern eher in einem komplementären Sinn einander gegenüber."[5] Aus theologischer Perspektive hatte bereits Friedrich Daniel Ernst Schleiermacher (1768–1834) aus der Anschauung des Universums das Eigentümliche des Transzendenzbezugs abgeleitet.[6] Im Laufe der Philosophie- und Theologiegeschichte wurde der göttliche Urgrund in kosmologischer Perspektive immer wieder aus der Kausalität, Ordnung und Zielgerichtetheit von Welt und Kosmos abgeleitet, heute etwa in Konzeptionen, die sich auf die „Feinabstimmung" des Kosmos und seine damit verbundene Ermöglichung von Leben beziehen.[7] Das religionsgeschichtliche Spektrum der mit dem *Begriff „Gott"* ganz allgemein verbundenen Vorstellungen verweist zumeist auf den Horizont der letztgültigen Wahrheit und Seinsgrundlage, auf ein der Wirklichkeit zugrundeliegendes Geheimnis, das der Transzendenz von Kosmos und Mensch entspricht und für den Menschen mit dem Aspekt des Letztgültigen und des existenziellen Angegangenseins einhergeht. Mit dieser Grundlage des Seins wird vielfach eine unverfügbare Eigenwirklichkeit (Aseität) und selbstursächliche Einzigartigkeit verbunden, welche als grundloses Sein aus sich selbst existiert und sich als Geheimnis erweist, das sich dem Menschen einerseits als unverfügbar entzieht, ihn aber andererseits als definitives „Woraufhin" seines Lebens unbedingt angeht.[8]

Wie die Naturwissenschaften zu bedenken haben, dass ein letzter Grund der transzendenten Dimension „der sinnlichen Anschauung und empirischer [Natur-]Wissenschaft entzogen" ist und lediglich „erahnt werden"[9] kann, bleibt auch von Seiten der Theologie zu beachten, dass die Selbsttranszendenz von Kosmos und

4 H.-P. Dürr (Hg.): Physik, S. 9 (Vorwort).

5 Ebd., S. 11. Vgl. ebd., S. 7–19. – Zu den entsprechenden *Aussagen bedeutender Naturwissenschaftler des 20. Jahrhunderts* siehe die Original-Beiträge in diesem Band Dürrs. – Ferner siehe zu weiteren Beiträgen hinsichtlich dieser Zusammenhänge H.-P. Dürr [u. a.]: Gott.

6 Vgl. F.D.E. Schleiermacher: Religion, S. 211.

7 Siehe zu kosmologisch orientierten „Gottesbeweisen" *Kap. IV,4,* und zur „Feinabstimmung" und entsprechenden aktuellen Konzeptionen *Kap. XI,1.3.*

8 Zur detaillierten Analyse des Gottesbegriffs, seines religionsgeschichtlichen Spektrums und seiner Implikationen siehe M. Haudel: Gotteslehre, Kap. II,1 u. 4, und ders.: Gottesbilder.

9 H. Kessler: Schöpfung, S. 46.

Lebenswelt nur eine *Ahnung* des letzten Grundes bzw. Gottes ermöglicht. Denn eine natürliche Theologie im Sinne der spekulativen Rekonstruktion Gottes aus den natürlichen Gegebenheiten geht an der Wirklichkeit menschlicher Erkenntnisbedingungen vorbei. Zwar ist nach dem alt- und neutestamentlichen Zeugnis die Erkennbarkeit Gottes aus seiner vom Schöpfergeist durchdrungenen Schöpfung gegeben (z. B. Ps 8; 104; 148; Act 14,16 f.; 17,22 ff.; Röm 1,19 f.), weshalb es sich als unentschuldbar erweist, wenn der Mensch Gott die Ehre verweigert (Röm 1,20), zumal das Gesetz Gottes dem Menschen durch das Gewissen ins Herz geschrieben ist (Röm 2,14 f.). Aber der Mensch, dem sich so die Ahnung eröffnet, *dass* Gott ist, aber noch nicht, *wer* Gott ist (Luther), neigt nach Röm 1,18 ff. zur Identifikation Gottes mit Geschöpflichem oder mit sich selbst und nicht zur sich öffnenden Anerkennung Gottes. Denn mit der in Gen 3 erkennbaren Versuchung des Menschen, sein eigener Gott sein zu wollen, geht notwendig die Selbstbehauptung und Selbstbegründung (Selbstvergöttlichung) des Menschen einher, in der er auch Gott zu konstruieren bzw. zu vereinnahmen versucht, was bei einer subjektivitätstheoretischen Begründung des Glaubens zu bedenken bleibt. Aufgrund der so bestehenden *Ambivalenz „natürlicher“ Gotteserkenntnis* bedarf angemessene Gotteserkenntnis im Unterschied zu selbstbehauptendem spekulativen Denken in Anerkennung der Kreatürlichkeit des Seins einer *empfangenden Hermeneutik*, die mit der Einsicht verbunden ist, dass Gott sich seinem Wesen nach letztlich nur selbst erschließen kann, wenn man ihn *als Gott* gelten lässt. Denn „Gott denken heißt: Gott allein als denjenigen denken, der de deo etwas zu sagen hat. [...] Gott denken kann nicht heißen, daß die menschliche Vernunft ihm gleichsam vorschreiben könnte, wie er sich ihr zu zeigen hat.“[10] Dabei behält die natürlich-metaphysische Dimension den Charakter der *Ahnung* von Gott und des natürlichen *Anknüpfungspunktes* seiner *Selbsterschließung*, auf welche die Ahnung wiederum angewiesen bleibt. Das wird durch die im christlichen Glaubensbekenntnis bezeugte Dynamik von Schöpfung, Erlösung und Vollendung transparent. So gibt die Zuordnung von natürlichen Erkenntnisvoraussetzungen und göttlicher Selbsterschließung neben den natürlichen Anknüpfungspunkten auch die mit der Kreuzestheologie verbundene *Krisis* zu erkennen, welche die sündhafte Verkehrung und Ambivalenz der natürlichen Grundlagen offenlegt.[11]

Vor diesem Hintergrund sind „Natur und Gnade“ sowie „Vernunft und Glaube“ stets aufeinander zu beziehen, weil die Gnade die Natur voraussetzt und der Glaube die Vernunft in Dienst nimmt. „Deshalb ist die Natur kein eigenständiger, in sich abgeschlossener und aus sich vollendbarer Wirklichkeitsbereich. Sie ist dynamisch über sich hinaus auf eine Erfüllung ausgerichtet, die sie sich selbst nicht geben kann,

10 E. Jüngel: Gott, S. 211.

11 Zu diesen Zusammenhängen insgesamt – auch in Auseinandersetzung mit subjektivitätstheoretischen Begründungen des Glaubens – siehe *Kap. I,3.4; II,2; IV,2; VIII*. Siehe ferner M. Haudel: Gotteslehre, Kap. II, und ders.: Selbsterschließung, S. 485–500, wo das Verhältnis von *„Ahnung“* und *„Offenbarung“* als Begriffspaar eingeführt und ausführlich erörtert wird, zur Überwindung von zu Einseitigkeiten neigenden Begriffspaaren wie „natürliche – übernatürliche Gotteserkenntnis“ oder „natürliche Theologie – Offenbarungstheologie“ (direkt dazu siehe auch ders.: Gotteslehre, Kap. II,5).

die sie vielmehr allein durch die Gnade erhält. Erst durch die Gnade erlangt die Natur ihre eigentliche Bestimmung. Wo sie sich dagegen sündhaft gegen die Gnade versperrt, da gerät sie in Widerspruch mit sich selbst, da wird sie zutiefst verkehrt."[12] Also ist in Entsprechung zu den drei Artikeln des christlichen Glaubensbekenntnisses die trinitarisch-heilsgeschichtliche *Dynamik von Schöpfung, Erlösung und Vollendung* ernst zu nehmen. „Die *Schöpfung* muß daher so interpretiert werden, daß sie von Anfang an auf die Verwirklichung der vollendeten Gemeinschaft des trinitarischen Gottes mit seiner Schöpfung abzielt, die angesichts des Widerspruchs der Sünde nur durch die von Gott gewirkte Versöhnung verwirklicht werden kann. Die *Versöhnung* muß in dieser Weise als Ausdruck der Treue Gottes zu seiner Schöpfung und in dieser Weise als erneute Einbeziehung des Gott widersprechenden Menschen in die ursprüngliche Zielsetzung der Schöpfung verstanden werden. Die *Vollendung* der Welt darf darum nicht nach apokalyptischer Manier als radikale Neuschöpfung verstanden werden, sondern muß als Vollendung der versöhnten Schöpfung interpretiert werden, also als neuschöpferisches Handeln Gottes an der ursprünglichen Schöpfung."[13] Weil das „Geschaffene [...] auf Grund seines Ursprungs und seiner Entfaltung vom dreieinen Gott durchwirkt und deshalb dessen Abbild"[14] ist, enthält die Schöpfung des dreieinigen Gottes naturgemäß *Spuren der Trinität* (lat. *vestigia trinitatis*). Die im Kosmos, in der Welt und im Menschen zu findenden Spuren der innergöttlichen Einheit in Vielfalt sind aufgrund des Unterschieds zwischen Gott und seiner Schöpfung jedoch *analoge* Spuren, wie etwa bei der Gottebenbildlichkeit des Menschen (imago Dei, Gen 1,26 f.): Während Gott die Gleichzeitigkeit von inner- und zwischenpersonaler Struktur (ein Gott und zugleich die Gemeinschaft dreier Personen) *ist* und so die vollkommene Gemeinschaft der Liebe in sich selbst verkörpert (I Joh, 4,8.16), *hat* der Mensch analogen Anteil an beiden personalen Aspekten des Wesens innergöttlicher Liebe. Denn als Individuum verkörpert er die innerpersonale Dimension und die zwischenpersonale Dimension erlebt er auch, aber nur in Gemeinschaft mit anderen Menschen oder mit Gott, was den Menschen in seiner spezifischen Geschöpflichkeit als einmaliges Wesen auszeichnet, das in seinem Eigenwert an der Liebe Gottes partizipiert, woraus sich der Sinn des Lebens erschließt.[15] In der Analogie von geschöpflicher und göttlicher Wirklichkeit liegt die erkenntnistheoretische Voraussetzung dafür, die Offenbarung Gottes überhaupt verstehen und in ihrer universalen Wirklichkeitsrelevanz wahrnehmen zu können.

Deshalb ist der mit Kosmos und Welt gegebene lebensweltliche Kontext in Entsprechung zum ersten Artikel des Glaubensbekenntnisses und dessen Bezugnahme auf den gesamten Kosmos (Glaube an Gott den Schöpfer) ernst zu nehmen. Der neuzeitliche *Anthropozentrismus,* der sich theologisch etwa in rein sittlicher

12 W. Kasper: Gott, S. 101.

13 C. Schwöbel: Trinitätslehre, S. 143 (Hervorhebung vom Vf.).

14 G. Greshake: Gott, S. 41.

15 Siehe zur detaillierten Darlegung dieser Zusammenhänge M. Haudel: Gotteslehre, Kap. IX,2: Der Mensch als Ebenbild Gottes und der Sinn des Lebens. Vgl. ferner ders.: Ökumene, Anhang: Der dreieinige Gott als Lebenshorizont, und ders.: Trinität.

Religiosität neukantianischer Prägung oder in existenzialistischer Ausblendung der kosmologischen Dimension äußert, wird der ganzheitlichen Selbsttranszendenz des Menschen und seiner Einbindung in Welt und Kosmos nicht gerecht. So „würde ein völlig akosmisches Gottesbild, Wirklichkeits- und Selbstverständnis des Menschen [...] eine bedenkliche Ausfallerscheinung darstellen“[16]. Dem stehen die drei Artikel des Glaubensbekenntnisses entgegen, indem sie Schöpfung, Erlösung und Vollendung umfassen und sich „für den umfassenden Horizont des Wirklichen“[17] öffnen. Dieser Horizont, der nach der Übereinstimmung von Glaubens- und Wirklichkeitserfahrung verlangt, ist der Kontext, in dem sich die Transzendenz des Menschen erweist.

2. Anthropologische Perspektiven

Auch der Mensch selbst ist aufgrund seiner Verortung in Welt und Kosmos sowie aufgrund seiner Wesenszüge von Selbsttranszendenz geprägt. Weil der Mensch weder über seine Herkunft noch über seine Zukunft letzte Verfügungsgewalt besitzt, sondern durch Voraussetzungen existiert, die er nicht hervorgebracht hat, weist er über sich hinaus. Angesichts der Fraglichkeit seiner Existenz und des ihn umgebenden Geheimnisses ist dem in die Welt „hineingeworfenen" Menschen Selbstdeutung aufgegeben. Diese bleibt durch die konstitutive Selbst-Entzogenheit der Transzendenz verhaftet und vollzieht sich auf unterschiedliche Weise in einem sinndeutenden Vorgriff auf das Ganze. Grundsätzlich spiegelt sich die in der Dimension des Geheimnisses wurzelnde Unruhe der Unabschließbarkeit mit ihrem Gefühl des existenziellen Verwiesenseins in der menschlichen Personalität und Sprachlichkeit wider. Als personales Geheimnis kann sich der Mensch durch Sprache erschließen oder verschließen und sein Verwiesensein nach außen impliziert die Angewiesenheit auf Anrede. Indem Personalität so Selbstsein im Gegenüber- und Mitsein verkörpert, bedarf die Beantwortung der Sinnfrage eines personalen Gegenübers. Während es verschiedene naturwissenschaftliche, kulturelle und religiöse Phänomene von Transzendenz gibt, hat sich nach christlichem Verständnis Gott als personales und sprachliches Gegenüber der Menschen erschlossen, woraus auch die Gottebenbildlichkeit des Menschen resultiert. Als sich selbst erschließendes Geheimnis erweist sich Gott als Antwort auf das Geheimnis menschlicher Transzendenz, und zwar in konkreter Sinngebung. Vor diesem Hintergrund ist die Theologie herausgefordert, zwischen naturwissenschaftlichen, philosophischen und theologischen Aspekten des transzendenten Horizonts des Menschen zu vermitteln.

Nicht nur der lebensweltliche Kontext des Menschen in Gestalt von Welt und Kosmos birgt die Dimension der Transzendenz in sich, sondern auch der Mensch selbst, insofern als er in seinem Wesen über sich hinausweist. „Der Mensch ist von

16 C. Schütz: Tendenzen, S. 281.
17 F. Schmid: Erwägungen, S. 68.

Natur aus über seine Natur hinaus, das Vorgegebene ist ihm aufgegeben."[18] Denn der Mensch existiert durch Voraussetzungen, die er nicht selbst hervorgebracht hat, so dass er nicht aufgrund eigener Entscheidung in dieser Welt lebt. Er wurde sozusagen in das Leben „hineingeworfen". „Da der Mensch [...] nicht Ursache seiner selbst ist, schwankt er [...] zeitlich und ontologisch immer zwischen Nicht-Sein und Nicht-mehr-Sein."[19] Wie der Mensch seine *Herkunft* nicht begründet hat und über sie verfügen kann, so fehlt ihm auch im Blick auf seine *Zukunft* die letzte Verfügungsmacht. Er kann die Zukunft zwar planen und beeinflussen, aber sie bleibt letztlich nicht vorhersehbar, weil sie von Kontingenz (Möglichkeit) geprägt ist – und die Zukunft über das irdische Lebensende hinaus ist der Verfügungsgewalt des Menschen völlig entzogen. Deshalb beinhaltet menschliche Existenz die Unruhe der Unabschließbarkeit. „Offensichtlich weiß der Mensch nicht genau, was und wer er ist, und offensichtlich stellt er aus genau diesem Grund die Frage nach sich selbst", indem er „seine eigene Fraglichkeit verspürt, seinen Fragecharakter, sein *Frage-Sein*"[20]. Dem Menschen ist die „Frag-Würdigkeit des Geheimnisses"[21] aufgrund seines selbstreflexiven personalen Wesens bewusst: „Fraglichkeit und Fraglosigkeit des Daseins werden erst in personaler Selbstreflexivität zu Existenzerfahrungen."[22] In der Offenheit des eigenen Daseins ist dem Menschen als von Natur aus selbst- und welttranszendierendem Wesen die Selbstdeutung aufgegeben, die sich „in einem sinndeutenden Vorgriff auf das Ganze der Wirklichkeit [... bzw. auf] einen transzendentalen Interpretationsrahmen"[23] vollzieht. Das betrifft auch die Naturwissenschaften. „Der Anfangspunkt einer Wissenschaft liegt jenseits von ihr, er wurzelt in einem Bereich, den man, je nach weltanschaulichem Standpunkt, mit ‚Konvention', ‚Evidenz' oder anders umschreibt."[24] Denn laut dem Philosophen und Wissenschaftstheoretiker Wolfgang Stegmüller gilt: „Eine ‚Selbstgarantie' des menschlichen Denkens ist, auf welchem Gebiete auch immer, ausgeschlossen. Man kann nicht vollkommen ‚voraussetzungslos' ein positives Resultat gewinnen. Man muß bereits an etwas glauben, um etwas anderes rechtfertigen zu können."[25] Insgesamt sucht der Mensch in seinen vielschichtigen physischen, biologischen, psychologischen oder spirituellen Wesenszügen letztlich nach Ganzheit. Der „durch das Denken aufgezwungenen Fragmentierung der Wirklichkeit hat der Mensch immer wieder die Vorstellung einer Ganzheit entgegengesetzt"[26].

Diese in der Fraglichkeit des Seins wurzelnde menschliche Selbstdeutung mit ihrer ganzheitlichen Sinnsuche bleibt der Dimension der Transzendenz verhaftet:

18 E. Zwierlein: Objekt, S. 200.
19 F. Gruber: Schöpfungslehre, S. 168.
20 E. Zwierlein: Objekt, S. 200 f.
21 C. Schütz: Tendenzen, S. 283.
22 F. Gruber: Schöpfungslehre, S. 168.
23 H. Kessler: Schöpfung, S. 37. Vgl. D. Evers: Verhältnis, S. 56, und G. Wenz: Schöpfung, S. 332.
24 U. Kropač: Naturwissenschaft/Dialog, S. 230.
25 W. Stegmüller: Metaphysik, S. 307.
26 H.-P. Dürr (Hg.): Physik, S. 14 f. (Vorwort). Vgl. P. Clayton: Neurowissenschaft, S. 181.

„Alle Selbst-Bestimmung ist umgeben von Selbst-Entzogenheit."[27] Entsprechend bringt der Begriff „Ex-istenz" mit dem „ex" zum Ausdruck, dass der Mensch „aus" etwas „heraus" bzw. „von" etwas „her" existiert.[28] Von daher hat die Theologie in Auseinandersetzung mit reduktionistisch-naturalistischen Ansätzen in den Naturwissenschaften „neu die zentrale transzendentale *Erfahrung der Kreatürlichkeit* gegenüber naturalistischen Anthropologien auszuweisen"[29]. Denn der Horizont der *Selbsttranszendenz des Menschen* spiegelt sich in der Unruhe der Unabschließbarkeit und dem damit einhergehenden existenziellen Verwiesensein wider, verbunden mit dem Gefühl, aus sich herausgerufen zu sein. In diesem Horizont besteht die bewusste oder unbewusste Erwartung einer „Antwort auf die mit dem Menschen als Person gegebene Frage nach dem Ganzen der Wirklichkeit"[30] und nach deren universalem Sinn. „Man kann vor der ehernen Tatsache der eigenen Begrenztheit, die angesichts der Todesgrenze und ihres non plus ultra besonders peinlich ist, auch resignieren. Man würde damit aber gegenüber dem Menschsein des Menschen, man würde vor sich selbst resignieren."[31] Nimmt man das „Gefordertsein der menschlichen Existenz"[32] ernst, lässt sich im Kontext menschlicher Personalität und Liebeserfahrung sowohl ein „Grundvertrauen" als auch eine unauslotbare „Verborgenheit" erkennen: „Insofern die Erfahrung des Geheimnisses ein unerreichbarer Horizont aller unserer Erfahrung ist, begegnet es uns als das ganz Andere […]. Insofern es uns in allen Dingen nahe ist, erscheint es uns als bergender Grund"[33]. Beide Dimensionen weisen das menschliche Denken über sich hinaus, was den anthropologischen[34] Charakter des über sich selbst und die Welt hinausschauenden Menschen wesentlich als selbsttranszendent qualifiziert.

Damit verbinden sich zentrale Wesensmerkmale des Menschen wie das Herausgerufensein und das Angewiesensein auf Anrede. Beides spiegelt sich in der konstitutiven *Personalität* und *Sprachlichkeit* des Menschen wider, Wesensmerkmale, die sich gegenseitig bedingen: Personalität als selbstreflexive Subjektivität ermöglicht Selbstsein im Gegenüber- und Mitsein. Hieraus resultiert sowohl das von außerhalb unzugängliche personale Geheimnis mit dem Erfordernis der Selbstmitteilung als auch die nach außen zu vollziehende Gemeinschaft mit der gleichzeitigen Angewiesenheit auf Anrede. Beide Aspekte des personalen Geheimnisses des Menschen bedürfen der Sprachlichkeit. Sie ermöglicht die Selbst-Erschließung oder Selbst-Verschließung des Menschen gegenüber anderen ebenso wie die freie Gemein-

27 E. Zwierlein: Objekt, S. 200.

28 Vgl. J. Hübner: Wirklichkeit, S. 97, wo das im Blick auf die biologisch-lebensweltlichen Voraussetzungen des Menschen sowie auf die religiöse Dimension einer „letzten Wirklichkeit" ausgeführt wird.

29 F. Gruber: Schöpfungslehre, S. 167.

30 W. Kasper: Gott, S. 27.

31 E. Jüngel: Gott, S. 541.

32 I. Lønning: Art. „Gott VIII", S. 699.

33 W. Kasper: Gott, S. 115.

34 Anthropologie = die Lehre vom Menschen (griech. *anthropos:* Mensch).

schaft in gegenseitiger Ansprechbarkeit.[35] Indem der Mensch in seiner Personalität und Sprachlichkeit auf diese Weise über sich hinausgewiesen ist, verlangt die Beantwortung der mit dem menschlichen Geheimnis gegebenen Sinnfrage nach einem personalen Gegenüber, weshalb der Mensch „seine Erfüllung als Person nur in der Gemeinschaft mit einem höheren persönlichen Wesen finden“[36] kann. „Damit ist auch die Frage nach der Erschließung der *personalen* Gestalt des schöpferischen Grundes aufgeworfen.“[37]

Diese Frage stellt sich zunächst allgemein im Kontext *kultureller* Phänomene von Transzendenz, die auch die religiöse Dimension beinhalten können. In naturalistischen Konzeptionen wird Religion oft als *evolutionsbiologisches* Ergebnis anthropologischer Zweckmäßigkeit interpretiert, etwa hinsichtlich der Unterstützung sozialer Faktoren durch religiöse Vorstellungen. Wolfgang Achtner verweist demgegenüber auf die christliche Erfahrung des heils*geschichtlichen* Handelns Gottes im personalen Gegenüber zu den Menschen, das nicht einfach unter evolutionsbiologisch-kulturell geprägte Einsichten oder allgemeine religiöse Phänomene zu subsumieren sei, wie es zum Beispiel am Kreuzesgeschehen mit seiner Gegenläufigkeit zu diesen Einsichten und Phänomenen hervortrete. Deshalb stelle das christliche Gottes- und Heilsverständnis ein besonderes Spezifikum im Kontext allgemeiner Religiosität dar.[38] Darüber hinaus wird religionsgeschichtlich transparent, dass sich gemäß der personalen Konstitution des Menschen immer wieder das Verlangen nach einem personalen Gott zeigte.[39] Entscheidend für die Erkenntnis der Personalität Gottes ist aber nicht die aus der Transzendenz und Konstitution des menschlichen Wesens resultierende diesbezügliche Ahnung, sondern der Umstand, dass Gott in der trinitarischen Heilsgeschichte die Menschen immer wieder durch sein Wort anspricht und sich ihnen als Person sowie als vollkommene personale Gemeinschaft der Liebe (Dreieinigkeit) erschlossen hat („Gott ist Liebe“ – I Joh 4,8.16). Zugleich erschließt sich der Sohn Gottes wesensmäßig als *Wort* (griech. *logos*) Gottes („Das Wort ward Fleisch“ – Joh 1,14), so dass neben der Personalität auch die Sprachlichkeit zum innersten *Wesen Gottes* gehört. Von daher wird der Mensch in seiner sprachlichen und personalen Konstitution als Ebenbild Gottes (*imago Dei* – Gen 1,26) erkenntlich, das er auch durch seine inner- und zwischenpersonalen Dimensionen ist, in

35 Vgl. D. Staniloae: Dogmatik I, S. 26 f., 137 ff. – Sprache beinhaltet nach W. Kasper: Gott, S. 124, schon selbst die Dimension der Transzendenz: „*Die Sprache lebt vom Vorgriff auf einen Gesamtsinn der Wirklichkeit und bringt diesen in Metaphern und Gleichnissen zum Ausdruck.* So ist die Sprache zugleich Erinnerung an eine unabgegoltene Hoffnung der Menschheit und zugleich Antizipation dieser Hoffnung. *Noch bevor die Sprache zur expliziten religiösen Sprache wird, impliziert sie je schon eine religiöse Dimension.*“

36 D. Staniloae: Dogmatik I, S. 27.

37 F. Gruber: Schöpfungslehre, S. 168.

38 Vgl. W. Achtner: Future, S. 300 ff.

39 Siehe M. Haudel: Gotteslehre, Kap. II,1: Horizonte des Gottesbegriffs, und ders.: Gottesbilder.

denen er an der im dreieinigen Gott bestehenden Gleichzeitigkeit von inner- und zwischenpersonaler Dimension partizipiert.[40]

Die heilsgeschichtliche Selbsterschließung Gottes sowie die Personalität und Sprachlichkeit des Menschen zeigen, dass „der Mensch gleichursprünglich sowohl Gott als auch sich selbst entspricht"[41], wenn er sich glaubend auf die Anrede Gottes einlässt und so Gott als den von sich aus Redenden gelten lässt und sich selbst das wahre Menschsein zusprechen lässt. Denn aufgrund des transzendenten Geheimnisses, das den Menschen umgibt, ist sein Denken über sich hinausgewiesen bis an den Grenzbegriff „Gott": „Vor ihm muß unser Denken verstummen. Soll uns das Unendliche zugänglich werden, dann muß es sich uns selbst erschließen."[42] Weil Gott sich in seinem Wort selbst entspricht, und zwar durch die im Sohn Gottes bestehende Identität von Wort und Sein, wird dem Menschen in der Öffnung für Gottes Selbsterschließung *wahre Gotteserkenntnis* und *Heilsgewissheit* zuteil. Denn der mit dem Wesen der Personalität verbundene Aspekt des personalen Geheimnisses Gottes unterstreicht die mit dem allgemeinen Gottesbegriff verbundenen Vorstellungen einer unverfügbaren Eigenwirklichkeit[43] und verweist auf das *offenbare* Geheimnis, in dem sich Gott als Liebe erschlossen hat, an der er der Schöpfung und den Menschen Anteil gibt. So teilen Gott und Mensch in der Liebe das gleiche Geheimnis. Damit erweist sich die trinitarische Selbsterschließung Gottes als das Heilsmysterium des Menschen, als Antwort auf das „Ge-*heim*-nis" menschlicher Transzendenz, die dem Menschen das „*Heim*-Kommen"[44] ermöglicht. „*Die [trinitarische] Offenbarung ist also die Bestimmung des unbestimmt-offenen Geheimnisses des Menschen, seiner Welt und Geschichte.*"[45] Entsprechend konnte Augustin folgende auf Gott bezogene Erfahrung festhalten: „[…] unruhig ist unser Herz, bis es Ruhe findet in dir" (Confessiones/Bekenntnisse I,1.1).

Theologische, philosophische und naturwissenschaftliche Einsichten in das Wesen des Menschen und die damit verbundenen transzendenten Horizonte sind im lebensweltlichen Zusammenhang miteinander ins Gespräch zu bringen und möglichst untereinander zu vermitteln, einschließlich der damit verbundenen Frage nach Gott.

40 Siehe dazu *Kap. III,1.* Vgl. auch *Kap. I,3.4; II,2; IV,2.* – Zur detaillierten Erörterung der Zusammenhänge siehe M. Haudel: Gotteslehre, Kap. II; VIII; IX.

41 E. Jüngel: Gott, S. 219.

42 W. Kasper: Gott, S. 151.

43 Siehe *Kap. III,1.*

44 Vgl. G. Greshake: Gott, S. 21, wo er anmerkt, dass „*Ge*-heim-nis" auf eine Sammlung zielt, die „Heim" gewährt.

45 W. Kapser: Gott, S. 154.

Literatur

Dürr, Hans-Peter (Hg.): Physik und Transzendenz. Die großen Physiker unseres Jahrhunderts über ihre Begegnung mit dem Wunderbaren. Mit Beiträgen von David Bohm [u. a.], Bern/München/Wien [5]1991.
Dürr, Hans-Peter [u. a.]: Gott, der Mensch und die Wissenschaft, Augsburg 1997.
Haudel, Matthias: Gotteslehre. Die Bedeutung der Trinitätslehre für Theologie, Kirche und Welt (= UTB 4292), Göttingen [2]2018.
Jüngel, Eberhard: Gott als Geheimnis der Welt. Zur Begründung der Theologie des Gekreuzigten im Streit zwischen Theismus und Atheismus, Tübingen [3]1978.
Kasper, Walter: Der Gott Jesu Christi (= Das Glaubensbekenntnis der Kirche 1), Mainz 1982.
Nissing, Hanns-Gregor (Hg.): Natur. Ein philosophischer Grundbegriff, Darmstadt 2010.

IV. Die Frage nach Gott in der Spannung von Theologie, Philosophie und Naturwissenschaft

1. Aspekte und Perspektiven naturwissenschaftlicher Hermeneutik

Naturwissenschaftliche Hermeneutik geht von einem *methodischen Naturalismus* aus, der regulative Funktion für das naturwissenschaftliche Abstraktionsverfahren hat. Endliche Gegenstände werden auf messbare Größen reduziert und in formalisierbaren Gesetzmäßigkeiten erfasst. Weil der methodische Naturalismus letztlich in weltanschauliche Vormeinungen eingebunden ist, kann er sich leicht unbewusst oder bewusst in einen *ontologischen Naturalismus* mit entsprechenden weltanschaulichen Ansprüchen wandeln. Deshalb gehen mit der Berufung auf den „methodischen Naturalismus" unterschiedliche hermeneutische Tendenzen einher, wenn sich etwa die methodische Beschränkung auf partielle Wirklichkeitsaspekte auf ganzheitlichere Ansprüche ausdehnt, was der *komplexen Wirklichkeit* nicht gerecht wird. Denn lebensweltliche Erfahrungen sowie die quantenphysikalische Einsicht in die selektiven und nur annähernden Möglichkeiten naturwissenschaftlicher Erkenntnis verweisen auf die Notwendigkeit weiterer Erkenntniszugänge historischer, psychologischer oder theologischer Art. Das zeigen etwa schon die naturwissenschaftlich kaum lösbaren Probleme mit der physisch-geistigen „Doppelaspektigkeit" des Menschen. Auf die Vielschichtigkeit der Wirklichkeit weisen nach heutiger Erkenntnis bereits die Grundstrukturen der Natur hin, die laut Quantenphysik weitgehend nicht-materieller Art sind und den Charakter von Beziehungen und kreativ-offenen Prozessen haben. Mehrfach gelangte die moderne Naturwissenschaft im atomaren Mikrobereich wie im kosmologischen Makrobereich in Dimensionen, in denen sich der *Horizont des Transzendenten* aufdrängte, wodurch man bis an die Grenze der Sinn- bzw. Gottesfrage vorstieß. Für den Dialog von Theologie und Naturwissenschaft bedarf es einer klareren Unterscheidung von *methodischem* und *ontologischem* Naturalismus, da ein angemessener methodischer Naturalismus die Gottesfrage nicht ausschließt.

Ferner verlangt das geschichtliche, kreative und offene naturwissenschaftliche Wirklichkeitsverständnis aus Sicht etlicher Philosophen, Theologen und Naturwissenschaftler nach einem modifizierten Naturalismus, der neben dem Prinzip der Kausalität erneut den bis zum Beginn der Neuzeit geltenden *teleologischen Aspekt (Zweck- und Zielursache)* des Naturbegriffs aufnimmt, was ohnehin schon unterschwellig etwa durch den Bezug auf soziologische Kriterien geschieht. Doch das beinhaltet die Gefahr der naturwissenschaftlichen Überfrachtung des Naturbegriffs. Deshalb ist naturwissenschaftlich die Beschränkung auf biologische Strukturen gerichteter Zweckmäßigkeit *(Teleonomie)* ratsam. Eine rein kausale Ableitung des Ganzen vom Einzelnen bzw. des Mentalen vom Physischen erweist sich vielfach nicht als tragfähig, weil oft auch die auf das Ganze bezogene Perspektive von Zweck und Ziel benötigt wird. Ein derart *modifizierter Naturalismus* wäre noch offener für die transzendente Dimension und die Gottesfrage – ohne dass im Ursache-Wirkungs-Zusammenhang auf Gott oder teleologische Inhalte zurückgeschlossen werden könnte – und würde mit einem angemessenen Verständnis des *„Kritischen Realismus"* korrelieren, den viele Naturwissenschaftler in Wahrnehmung der Grenzen und weltanschaulichen Eingebundenheit der Naturwissenschaften als offenes Konzept vertreten. Dieser offenere Naturalismus würde einen reduktionistischen *Materialismus* ebenso verhindern wie den Übergang vom methodischen *Atheismus* zum axiomatischen Atheismus. Aufgrund aktueller naturwissenschaftlicher Einsichten halten einige Wissenschaftstheoretiker und Naturwissenschaftler einen *Theismus* für plausibler als einen reduktionistischen Naturalismus oder Atheismus. Doch da sich die Existenz Gottes mit naturwissenschaftlichen Methoden weder belegen noch widerlegen lässt, können die Naturwissenschaften höchstens an die Grenze einer „Ahnung" von Gott gelangen, wobei die Antworten auf die sich dabei stellenden Fragen anderer Erkenntniszugänge bedürfen.

Die bisherigen Kapitel haben bereits hinlänglich gezeigt, dass es *die* naturwissenschaftliche Hermeneutik nicht gibt. Zwar existieren in den Naturwissenschaften allgemein anerkannte erkenntnistheoretische Ansätze und Methoden, aber zugleich begegnet man einer Vielfalt erkenntnistheoretischer Prämissen, aus denen *unterschiedliche Verständnisse* resultieren. Sie betreffen sowohl die methodischen Grundlegungen als auch die Definition der Wirklichkeit oder der weltanschaulichen Tragweite naturwissenschaftlicher Erkenntnisse.[1] Im Horizont der Frage nach Gott sollen noch einmal einige grundlegende Aspekte naturwissenschaftlicher Hermeneutik in ihrer entsprechenden Relevanz dargelegt werden.

Zunächst bleibt darauf hinzuweisen, dass sich Naturwissenschaften *prinzipiell* mit empirisch greifbaren Zusammenhängen der Wirklichkeit befassen, indem sie ihre Gegenstände auf messbare Größen reduzieren und auf mathematischer Grundlage in formalisierbaren Zusammenhängen darstellen, um daraus Gesetzmäßigkeiten abzuleiten. Aus Ergebnissen von Experimenten wird induktiv auf allgemeine Gesetzmäßigkeiten geschlossen, oft zur Falsifikation oder Untermauerung vorher aufgestellter Hypothesen. Das Verhältnis von Naturerklärung und technischem Eingriff bzw. von natürlichen und naturwidrigen Veränderungen wandelte sich gegenüber deren Trennung in der antiken und mittelalterlichen Naturforschung besonders durch Galilei, für den das Experiment zum naturgemäßen konstitutiven Erkenntnisinstrument avancierte. Damit wurde die Betrachtung der Natur als Ordnungsgefüge

1 Siehe *Kap. I,1–2; I,3.2–4; II,2–3.* – Siehe zum Wesen der Naturwissenschaften auch *Kap. VIII.*

zusehends von ihrer Qualifizierung als Raum technischer Eingriffe überlagert.[2] Es verfestigte sich das Bewusstsein einer objektivierenden Beobachterperspektive, verbunden mit einem die Wirklichkeit fragmentierenden Abstraktionsverfahren, woraus die methodische Reduzierung der Wirklichkeit folgt. Deshalb tragen die Naturwissenschaften „zu einer feinkörnigen Auflösung von komplexen Funktionseinheiten bei, indem sie methodisch von all jenen Wirklichkeitsdimensionen und -aspekten abstrahieren, die nicht in den Bereich der entsprechenden Einzelwissenschaft bzw. Fragestellung fallen“[3].

Die aufgezeigte naturwissenschaftliche Methodik impliziert in der Regel einen *methodischen Naturalismus,* der versucht, sich konsequent an bestimmten Strukturen der beobachteten Natur bzw. an speziellen Beziehungen zwischen endlichen Ursachen zu orientieren. Damit ergreifen Naturwissenschaften lediglich einen partiellen Ausschnitt der weitaus komplexeren Gesamtwirklichkeit, denn „naturwissenschaftliche Erkenntnis gibt das Ganze der Natur nur unter bestimmtem Aspekt wieder“[4]. Zudem können sich *Experimente,* die in ihrer Auswahl und Interpretation speziellen Erkenntnisinteressen bzw. Vormeinungen unterliegen, nur auf bestimmte Ausschnitte der Natur beziehen. Die Quantenphysik verweist darauf, dass selbst diese Ausschnitte lediglich die gerade aktualisierte „Möglichkeit“ des Quanten- bzw. Naturverhaltens repräsentieren, welche der experimentelle Eingriff ausgelöst hat.[5] In Anbetracht der naturwissenschaftlichen Erkenntnisbedingungen erinnerte bereits der Physiker Werner Heisenberg mit seiner „Schichtentheorie der Wirklichkeit“ an den *begrenzten* Einblick, den die naturwissenschaftliche Methodik in die Wirklichkeit gewährt, insofern als die *Gesamtwirklichkeit* bedeutend *komplexer* ist. Das erschließt sich aus den lebensweltlichen Erfahrungen der geschichtlichen, psychologischen, ästhetischen, moralischen oder religiösen Dimensionen. Deshalb bedarf es für die Wirklichkeitserkenntnis auch dieser anderen Erkenntniszugänge.[6]

---

2 Vgl. H. Tetens: Glaube, S. 274 ff.

3 G. Gasser/J. Quitterer: Naturalismus, S. 191. – Zur Entstehung der nicht von Anfang an existierenden Methodik neuzeitlicher Naturwissenschaft siehe *Kap. II,2 u. V,2.1.*

4 E. Wölfel: Art. „Naturwissenschaft I u. II“, S. 215.

5 Siehe dazu *Kap. VI,3.* – Die erkenntnistheoretische Relevanz dieser Einsichten *veranschaulicht* der Physiker H.-P. Dürr: Wissenschaft, S. 18 ff., durch eine *Parabel* des Astrophysikers und Mathematikers Sir Arthur Stanley Eddington (1882–1944): Ein *Fischkundler* erforscht das Leben im Meer, indem er mit einem Netz der Maschenweite von zwei Zoll Fische fängt und dadurch zwei Regelmäßigkeiten entdeckt, nämlich dass Fische größer als zwei Zoll sind und Kiemen haben. Weil sich diese Annahmen bei jedem Fang bestätigen, nennt er sie Grundgesetze. Ein Metaphysiker, dem er die Entdeckung mitteilt, weist ihn darauf hin, dass die Einsicht bezüglich der Kiemen Chancen für ein Grundgesetz haben könnte, aber wegen der zeitlich begrenzten Testreihe nur eine gewisse Wahrscheinlichkeit besitze, während die Regelmäßigkeit hinsichtlich der Größe der Fische nicht annähernd den Wert eines Grundgesetzes habe, da sie unmittelbar aus der Größe des Netzes resultiere. – Es bleibt ferner anzumerken, dass mit dem Fischfang die lebendigen Zusammenhänge des Lebens der Fische zerrissen werden, was die „wissenschaftliche“ Beschreibung des Fischkundlers ebenfalls nicht berücksichtigt.

6 Vgl. W. Heisenberg: Ordnung. – Siehe zu Heisenberg *Kap. VI,3.2–3,* und insgesamt siehe *Kap. I,3.2.*

Die gezeigten Aspekte lassen erkennen, dass es problematisch wird, wenn der „methodische Naturalismus" – teils unbewusst bzw. implizit – „(aus verschiedenen Gründen und je nach weltanschaulicher Tendenz des Interpreten) oft mit weitergehenden ontologischen und anderen Annahmen verknüpft wird"[7]. Dies kann sich leicht unbemerkt vollziehen, wenn nicht darauf geachtet wird, dass jede naturwissenschaftliche Theorie und Methode ohnehin in *weltanschauliche Kontexte und Vormeinungen* eingebunden ist und sich die Erörterung der Relevanz naturwissenschaftlicher Erkenntnisse für das Wirklichkeitsverständnis bereits wieder auf dieser Ebene abspielt. Entsprechend ist auch die naturwissenschaftliche Methodik von geisteswissenschaftlichen Prämissen und Dimensionen geprägt, was etwa die Bedeutung des historischen Denkens für die Evolutionsbiologie zeigt. Deshalb gibt es *unterschiedliche Ausprägungen* des methodischen Naturalismus in oft unklarem Verhältnis zu einem ontologischen Naturalismus mit weltanschaulichem Absolutheitsanspruch.[8] So verwendet der Evolutionsbiologe Ulrich Kutschera in rein materialistischer weltanschaulicher Orientierung die Begriffe methodischer und ontologischer Naturalismus synonym.[9] Wenn die begriffliche Unterscheidung zwischen methodischem und ontologischem Naturalismus zur Klärung methodologischer Standpunkte im Dialog von Natur- und Geisteswissenschaften beitragen soll, bedarf es also der erkenntnistheoretischen Vergewisserung, dass einem *methodischen Naturalismus* oder einem *methodischen Atheismus* lediglich *regulative Funktionen* für das fragmentierende naturwissenschaftliche Abstraktionsverfahren zukommen. Man konzentriert sich durch die Ausblendung anderer Wirklichkeitsbereiche auf bestimmte Gegenstände, *„als ob"* es nur die materielle Natur und keinen Gott gäbe. Sobald diese regulativen Prinzipien allerdings unbewusst oder bewusst zu *konstitutiven Prinzipien* werden, wandelt sich der methodische Naturalismus in einen *ontologischen Naturalismus,* der sich mit weltanschaulichen Ansprüchen verbindet und andere Wirklichkeits- und Erkenntnisperspektiven abwertet.[10]

Das führt nicht selten zu *Zirkelschlüssen,* wenn etwa ein reduktionistischer Naturalismus *Bewusstsein und Geist* ausklammert und dann auf rein materialistischer Basis Wertungen über das Bewusstsein und den Geist vollzieht. Hier wird eine Methode zur Untersuchung einer Dimension herangezogen, die mit dieser Methode gar nicht zu greifen ist, was sich etwa im sogenannten „Neuen Naturalismus" der Neuro- und Kognitionswissenschaften beobachten lässt: Unter reduktionistisch-materialistischen Vorgaben werden Schlussfolgerungen über das menschliche Bewusstsein oder den freien Willen gezogen, bis hin zu deren Bestreitung.[11]

---

7 W. Löffler: Demarkationsformeln, S. 109.

8 Siehe zur ausführlichen Darlegung dieser Zusammenhänge *Kap. I,3.2.* – Die Vielfalt naturalistischer Vorstellungen und ihre Unklarheiten sowie verschiedene Versuche weiterer begrifflicher Differenzierungen erörtert W. Löffler: Demarkationsformeln; ders.: Naturalismus.

9 Vgl. U. Kutschera: Tatsache, S. 57 f., und ders.: Streitpunkt, S. 184. – Siehe zu Kutschera *Kap. X,2.*

10 Vgl. M. Mühling: Resonanzen, S. 21. – Zur ausführlichen Erörterung siehe *Kap. I,3.4 u. II,2–3.*

11 Vgl. G. Gasser/J. Quitterer: Naturalismus, S. 179 f., und P. Clayton: Neurowissenschaft, S. 169. – Siehe *Kap. XI,2.2.*

Durch die materialistische Reduktion des Geistes auf physiko-chemische Prozesse, was sich als weltanschauliche Vorgabe erweist, wird die lebensweltlich erfahrbare „physikalisch-geistige Doppelaspektigkeit“[12] des Menschen aufgrund scheinbar naturwissenschaftlicher Erkenntnisse geleugnet. Das erfolgt aber in doppelter Hinsicht zu Unrecht, weil die Methode dem Gegenstand nicht gerecht wird und das Ergebnis auf einer weltanschaulichen Prämisse beruht[13]. Gleiches gilt für die Frage nach der *Auffindbarkeit Gottes* im Kosmos, die sich zuweilen unter Ausblendung der methodischen Beschränkung mit der Annahme verbindet, was im methodischen naturwissenschaftlichen Raster nicht auffindbar sei, existiere nicht. Dazu bemerkt Hans-Dieter Mutschler: „Die Abwesenheit Gottes in den Formeln der Physik ist kein Argument für seine Nichtexistenz, sonst würde z. B. die Abwesenheit von Moral in den Formeln der Mathematik ‚beweisen‘, dass es keine Moral gibt.“[14] Diesbezüglich gilt laut Holm Tetens grundsätzlich: Denn „mit den zugelassenen Erkenntnismitteln der Wissenschaften lässt sich ersichtlich nicht nachweisen, dass es nichts gibt, was sich nicht mit den zugelassenen Erkenntnismitteln der Wissenschaften nachweisen lässt. So ein vermeintlicher Beweis wäre selbstwidersprüchlich.“[15]

Wenn reduktionistische Ansätze und Methoden nicht in ihrer Beschränkung erkannt werden und sich mit ganzheitlichen weltanschaulichen Ansprüchen verbinden, werden sie der komplexen Wirklichkeit nicht gerecht. Das kommt inhaltlich an rein materialistisch-naturalistisch ausgerichteten Konzeptionen zum Vorschein, die den Eigenwert der Dimension des Geistes oder der Religion leugnen und die sich in der Physik und der Biologie ebenso finden wie in den Neurowissenschaften. „Die Neurowissenschaften zeigen, wie tief unsere subjektiven mentalen Erlebnisse von physikalischem Input und physikalischen Prozessen gesteuert werden. Trotzdem lassen sich die Beziehung zu einer sinnhaften Welt und die Konstruktion derselben sowie individuelle Erfahrungen von *qualia* (subjektiven Faktoren bewusster Erfahrung) nicht auf die physikalischen Inputs und Prozesse reduzieren.“[16] Die Ich-Perspektive der ersten Person mit ihren Erfahrungen „ist etwas, das sich nicht naturalisieren lässt; der objektivierende Blick der Naturwissenschaften kann ihrer nicht ansichtig werden“[17]. Zwar erweist sich bei der naturwissenschaftlichen Ableitung eines komplexen Systems aus den einzelnen Bausteinen, dass die untere physikalische Ebene in eine höhere Ebene integriert wird. Diese ist aber nicht auf die Bausteine reduzierbar, weil sie neue spezifische Gesetzmäßigkeiten enthält, wie etwa beim Menschen die subjektiven Erfahrungen. „Deshalb sind alle Phänomen-Erklärungen *rein* von unten her, nach dem Baukasten-Prinzip (sogenannte Bottom-up-Erklärungen), unzureichend und bedürfen der *Ergänzung* durch Erklärungen vom übergeordneten Rahmen her (sogenannte Top-down- oder Whole-part-Erklä-

12 Vgl. W. Löffler: Naturalismus, S. 165.

13 Insgesamt siehe dazu auch *Kap. XI,1.2; 2.1.3 u. 2.2.3.*

14 H.-D. Mutschler: Minimalbedingungen, S. 253.

15 H. Tetens: Gott, S. 15.

16 P. Clayton: Neurowissenschaft, S. 169.

17 H. Kessler: Evolution, S. 91. – Siehe dazu *Kap. II,3 u. XI,2.2.*

rungen).“[18] Wie schon die jeweiligen Erkenntnisperspektiven in den Naturwissenschaften über sich hinaus und aufeinander weisen, so verweist die erkenntnistheoretische Beschränkung naturwissenschaftlicher Methoden insgesamt auf die Mehrdimensionalität der Wirklichkeit. „Um der Realität gerecht zu werden, bedarf es also eines *Perspektiven-*, *Erkenntnis-*, *Beschreibungs-*, *Erklärungs-Pluralismus* (nicht eines eindimensionalen Erklärungsmonismus).“[19] Das gilt erst recht im Blick auf den Menschen als komplexe psychosomatische Einheit. „Wir benötigen vielschichtige Begründungszusammenhänge, weil Menschen physische, biologische, psychologische und [...] spirituelle Realitäten in sich vereinen und diese Aspekte der menschlichen Wirklichkeit trotz gegenseitiger Abhängigkeit nicht gleichermaßen reduzibel sind.“[20] Zu dieser lebensweltlichen Vielschichtigkeit gehören auch Glaubenserfahrungen und die historische Faktizität religiöser Traditionen.[21]

Die verstärkte Wahrnehmung der Mehrdimensionalität der Wirklichkeit verdankt sich maßgeblich den *Umbrüchen bzw. Paradigmenwechseln* (Wechsel zeitgenössischer Denkmuster) in den Naturwissenschaften zu Beginn des 20. Jahrhunderts. Das statische und geschlossene Newtonsche Physik- und Naturverständnis wurde durch ein dynamisches, geschichtliches und offenes Wirklichkeitsverständnis abgelöst, das nur noch partielle und selektive Einsichten gewährt, weil man mit Wahrscheinlichkeiten und Möglichkeiten konfrontiert ist, was die letztendliche Bestimmbarkeit der Natur in Frage stellt (z. B. Heisenbergsche Unschärferelation[22]). Sowohl im Blick auf die kleinsten Strukturen der Wirklichkeit (z. B. Quantenphysik) als auch im Blick auf die Kosmologie oder die physikalische Singularität von Lebewesen (sich selbst organisierende Systeme mit irreversibler Dynamik) gelangte man zu Dimensionen, durch die sich der Horizont des Transzendenten aufdrängte, weshalb damals gerade die Physiker neues Interesse am Dialog mit Theologie und Geisteswissenschaften zeigten.[23] So stellt die Naturwissenschaft mit den Worten des Chemikers Friedrich Cramer in ihrem genuinen Bereich zwar nicht die Sinnfrage, „aber sie darf immerhin *bis an die Grenze vorstoßen, wo die Sinnfrage in Erscheinung tritt*“[24] – und damit auch die Gottesfrage. Unter der Voraussetzung, dass sich die Naturwissenschaft der Begrenztheit und offenen Unabgeschlossenheit ihrer Erkenntnisbemühungen bewusst bleibt, gilt für Cramer: „[...] die Kompatibilität von [Natur-] Wissenschaft und Religion ist in einer *offenen Wissenschaft* wiederhergestellt“[25]. Das wird durch die Sichtweise des „*Kritischen Realismus*“ unterstrichen, der in den Naturwissenschaften aufgrund der gezeigten Veränderungen im naturwissenschaftlichen Weltbild Verbreitung fand. Seit der Verwendung dieser Begrifflichkeit durch

18 Ebd., S. 89.
19 Ebd., S. 84.
20 P. Clayton: Neurowissenschaft, S. 181.
21 Vgl. W. Löffler: Demarkationsformeln, S. 120.
22 Siehe *Kap. VI,3.2.*
23 Siehe insgesamt *Kap. I,1; I,3.2; VI.*
24 F. Cramer: Ursprungsmythos, S. 85.
25 Ebd., S. 86.

den Physiker, Theologen und Wissenschaftsphilosophen Ian G. Barbour vor einem halben Jahrhundert[26] dient der „Kritische Realismus" vielfach auch als Brücke zwischen Naturwissenschaft, Philosophie und Theologie. Im Sinne eines „Kritischen Rationalismus", der die theoriegeleitete bzw. weltanschauliche Eingebundenheit empirischer Befunde wahrnimmt und der in seiner Selbstbeschränkung für andere Dimensionen offen ist[27], versucht der „Kritische Realismus" in seinen verschiedenen Ausformungen sowohl die Einseitigkeiten des klassischen Realismus (und aktueller naiv-realistischer Ansätze/R. Dawkins[28]) als auch die Einseitigkeiten nominalistischer oder konstruktivistischer Ansätze zu überwinden. Das heißt, naturwissenschaftliche Modelle werden zum einen nicht einfach für die Abbildung der Realität gehalten und zum anderen nicht ausschließlich als allgemeine begriffliche Idee (Nominalismus) oder gedankliches Konstrukt aufgefasst. Vielmehr ist nach Barbour beides anzuerkennen, die Kreativität des menschlichen Geistes und die Wirklichkeitsmuster, die dieser nicht erschaffen hat.[29]

Im Horizont des „Kritischen Realismus" und der Quantenphysik tritt hervor, dass die kleinsten bzw. grundlegendsten „Bausteine" der Natur nicht einfach materieller Natur sind, sondern durch kontingente Ereignisse geprägt sind. Diese kontingenten Ereignisse (Quantensprünge), deren Zwischenräume sich als nicht greifbar und als letztlich nicht vorhersagbar erweisen, können von „Information" bestimmt sein, welche die Ereignisse hervorruft. „In der Quantenphysik gibt es das Teilchen im alten klassischen Sinne nicht mehr, d. h. es existieren im Grunde *keine* (kleinsten) zeitlich mit sich selbst identischen Objekte. […] im Grunde dominiert die immaterielle Beziehung, reine Verbundenheit, das Dazwischen, die Veränderung, das Prozesshafte, das Werden, eine ‚Wirklichkeit der Potenzialität'"[30]. Weil die „ursprünglichen Elemente der Wirklichkeit" demnach weitgehend auch als *„Beziehungsstrukturen"* verstanden werden können, gilt für den Physiker Hans-Peter Dürr: „Die Grund-Wirklichkeit hat mehr Ähnlichkeit mit dem unfassbaren, lebendigen Geist als mit

26 Siehe I.G. Barbour: Issues, und siehe *Kap. XII,2.*

27 Vgl. W. Härle: Dogmatik, S. 26 f.; D. Evers: Theologie, S. 397; M. Haudel: Gotteslehre, S. 215–217.

28 Siehe *Kap. X,1.*

29 Zur differenzierten Auseinandersetzung mit dem „Kritischen Realismus" und seinen verschiedenen Ausformungen (z. B. der Ansatz von J. Polkinghorne: Theologie, S. 27–29) sowie zur Kritik am „Kritischen Realismus" von Seiten nominalistisch oder konstruktivistisch orientierter Konzeptionen (z. B. J. Hübner, C. Link, U.H.J. Körtner) siehe A. Losch: Paradigma, und ders.: Konflikte. Dort kommt auch zur Sprache, dass die Gegner der Verwendung des „Kritischen Realismus" als Dialog-Konzept anmahnen, nicht nur die erkenntnistheoretischen Gemeinsamkeiten von Naturwissenschaft und Theologie herauszustellen, sondern auch die Unterschiede, was natürlich berechtigt ist, aber ein Defizit benennt, das nicht alle Ansätze des „Kritischen Realismus" betrifft. Siehe zu den Ansätzen auch *Kap. XII,2–3.* – Bei der Synthese des „Kritischen Realismus" geht es zugleich um die Überwindung des die Geschichte durchziehenden sogenannten *„Universalienstreits"* über die Frage, ob den mit Allgemeinbegriffen bezeichneten Universalien, die mehreren Dingen gemeinsam sind (Mensch, Zahl), ontologische Existenz zukommt (Realismus) oder ob sie lediglich vernunftgemäße Begriffsbildungen darstellen (Nominalismus). Siehe *Anm. 34, II. Kap.*

30 H.-P. Dürr: Wissenschaft, S. 27 f. (Diese Beobachtungen gelten letztlich auch für das Wesen der wohl grundlegendsten Teilchen, der „Quarks". Siehe *Kap. VI,3.2.*)

der uns geläufigen greifbaren stofflichen Materie.“[31] Indem die Quantentheorie hinsichtlich der Mikrostruktur der Wirklichkeit als „eine Theorie der Beziehungen und [...] der Möglichkeiten“ transparent wird, spiegeln sich in ihr mit den Worten des Physikers Thomas Görnitz Aspekte unserer „Alltagserfahrungen“ wider, da diese „auch von den Möglichkeiten beeinflusst werden“[32]. Betrachtet man vor diesem Hintergrund die Dynamik der vierdimensionalen Raumzeit, kann man zu dem Ergebnis kommen: „Wenn Materie jetzt in einem Kontinuum als Feld betrachtet wird, so ist damit der Weg zu einem tieferen Verständnis des Kosmos geöffnet, das grundsätzlich weniger an Substanzen als vielmehr an Beziehungen orientiert ist.“[33]

Weil das Naturgeschehen dadurch nicht mehr als „mechanistisches Uhrwerk“ erscheint, sondern „mehr den Charakter einer *fortwährenden kreativen Entfaltung*“[34] hat, könnte der Naturalismus nach Auffassung einiger Philosophen, Theologen und Naturwissenschaftler durch die Besinnung auf den bis zum Beginn der Neuzeit geltenden Naturbegriff diesen Erkenntnissen angepasst und von gegenwärtigen Ambivalenzen befreit werden. Denn die *Zweck- und Zielursache (Teleologie)* wurde erst in der Neuzeit aus dem Naturbegriff eliminiert, findet aber trotz ihrer Ablehnung zusehends unterschwelligen Eingang in naturalistische Konzeptionen, wenn etwa sozialwissenschaftliche Ergebnisse einbezogen werden, die letztlich von Sinnunterstellungen leben. „Wenn wir Sinnkategorien zulassen, dann lassen wir auch teleologische, intentionale und normative Kategorien zu. Solche Kategorien hat der Naturalismus 100 Jahre lang vermieden, weil sie aus dem Naturalismus herausführen. Nun aber werden sie plötzlich akzeptiert, weil man sie bei der Beschreibung des Menschen braucht.“[35] Dabei darf der Naturbegriff allerdings naturwissenschaftlich nicht teleologisch mit externen Zusatzannahmen überfrachtet werden, zumal diese naturwissenschaftlich nicht zu greifen sind. Deshalb ist es ratsam, sich naturwissenschaftlich auf den biologischen Begriff der *Teleonomie* zu beschränken, der prozesshafte Zweckmäßigkeit beschreibt. Solcher auf die Ganzheit gerichteten Zweckmäßigkeit gegenüber verschwimmen die naturalistischen Prinzipien der kausalen Geschlossenheit und der Supervenienz (Steuerung des Geistigen durch das Physische) nach Hans-Dieter Mutschler aufgrund unterschiedlicher Deutungen

31 Ebd., S. 29.

32 T. Görnitz: Naturwissenschaft, S. 157.

33 J. Hübner: Kosmologie, S. 33, wo er sich auf den Physiker H.F. Goenner bezieht. – Zur detaillierten Erörterung der Quantenphysik siehe *Kap. VI,3.*

34 H.-P. Dürr: Wissenschaft, S. 32.

35 H.-D. Mutschler: Kritik, S. 63. Vgl. ders.: Natur, S. 279 ff., und ders.: Physik, S. 111–118, wo er darauf verweist, dass sich in der ersten Hälfte des 20. Jahrhunderts Mitglieder des sogenannten „*Wiener Kreises*“, der aus Natur- und Sozialwissenschaftlern oder Philosophen wie Rudolf Carnap bestand (einem der Hauptvertreter des logischen Empirismus), nur an formaler Logik, Physik und Mathematik orientierten. Entsprechend resultierte Erkenntnis für sie „ausschließlich aus empirisch überprüfbaren synthetischen Urteilen und aus den apriorischen Sätzen der Mathematik und der Logik“ (ebd., S. 115), was jegliche Metaphysik ausschloss. Doch dieser Ansatz sei selbst metaphysisch, weil er von vornherein quantitative, gesetzliche und strukturelle Aspekte über qualitative, teleologische und geschichtliche Dimensionen stelle. – Zur Geschichte des Naturbegriffs siehe *Kap. II,2.*

von Kausalität und Supervenienz mehr und mehr. Das resultiert besonders aus der Schwierigkeit, die Dimension des Mentalen und Geistigen nur aus physischer Verursachung abzuleiten, da beim Menschen auch von der umgekehrten Verursachung auszugehen ist, was bereits mehrfach gezeigt wurde.[36] Die mit dem Kausalprinzip verbundene Bottom-up-Erklärung der ausschließlichen Ableitung des Ganzen vom Einzelnen (bzw. des Mentalen vom Physischen) ist schon allgemein nicht tragfähig, weil sich der Zweck oft erst aus dem Ganzen erschließt (z. B. bei der Entwicklung eines Embryos), was auch die vom *Menschen* (Ganzheit) ausgehenden Rückfragen an die Natur in ihren Einzelheiten betrifft. Deshalb fordern immer mehr Philosophen und manche Theologen – sowie auch einige Naturwissenschaftler – die erneute explizite Ergänzung des Kausalbegriffs durch die teleologische Dimension der Zweck- und Finalursache[37], zumal diese mit den offenen, geschichtlichen und kreativen Strukturen des modernen naturwissenschaftlichen Wirklichkeitsverständnisses korreliere. Rein naturwissenschaftlich wäre allerdings zunächst die Beschränkung auf die Teleonomie als Grundlage angeraten. „Vielleicht könnte die […] geforderte Vermittlung von Kausalität und Finalität ansatzweise dort gelingen, wo man […] dem Konzept des kritischen Realismus ein finales Element hinzufügt. Bei einer konsequenten Verschränkung von Subjekt und Objekt erscheint […] dies naturgemäß durch die Bedeutung der menschlichen Intentionalität als Teil der Natur gegeben."[38] Dem würde ein *offenerer Naturalismus* entsprechen, der den auch teleonomisch qualifizierten Naturbegriff mit der Offenheit für eine *mögliche* finale Dimension aufnimmt.

Während ein angemessener *methodischer* Naturalismus in rein regulativer Funktion religiöse Perspektiven ohnehin nicht grundsätzlich ausschließt, würde ein solcher *modifizierter Naturalismus* noch offener für die transzendente Dimension und die Gottesfrage sein. Damit entspräche er auch dem Umstand, dass jedes Naturbild bewusst oder unbewusst ein bestimmtes Gottesbild impliziert, und sei es atheistischer Natur. Es bleibt allerdings darauf zu achten, dass der Gottesgedanke nicht zu einem Teil des Ursache-Wirkungs-Zusammenhangs wird, in dem man auf ihn zurückschließen könnte, was nicht möglich ist.[39] Es kann lediglich um den Cha-

36 Siehe z. B. *Kap. II,3,* und siehe *Kap. XI,2.* – Zum Verhältnis von Teleologie und Teleonomie siehe U.H.J. Körtner: Schöpfung, S. 75 f.

37 Vgl. H.-D. Mutschler: Kritik, und ders.: Natur, wo etliche Beispiele genannt werden. Vgl. auch H. Seidl: Evolution; R. Spaemann: Natur, oder T. Nagel: Geist, der reduktionistisch-materialistische Verabsolutierungen mit ihrer Ausblendung von Geist und Bewusstsein vehement kritisiert. – Insgesamt siehe *Kap. II,2–3 u. XI,1.3.*

38 A. Losch: Paradigma, S. 94.

39 Aufgrund dieser Gefahr kritisiert U.H.J. Körtner: Dogmatik, S. 320 ff., die Versuche, die Kategorie der Teleologie wieder zu integrieren. – Zu den impliziten Gottesbildern der Naturbilder vgl. G. Souvignier [u. a.] (Hg.): Gottesbilder, und siehe *Kap. I,3.2.* – Auch für C. Schwöbel: Sein, S. 516, bleibt die Frage der Teleologie „auf der Tagesordnung des Gesprächs zwischen Theologie, Philosophie und Naturwissenschaften und fordert dazu heraus, in der kritischen Diskussion der Basisannahmen, die die wissenschaftliche Arbeit in allen drei Disziplinen mitbestimmen, zu klären, was für ein Wirklichkeitsverständnis es ermöglicht, die Frage der Teleologie sinnvoll zu erörtern".

rakter des Verweises auf die transzendente Dimension gehen. Ein solcher offenerer Naturalismus würde die Gefahr schmälern, dass aus einem methodischen *Atheismus* ein axiomatischer Atheismus wird. Zugleich würde er einen reduktionistischen *Materialismus* verhindern, indem er den offenen und nicht auf die Materie beschränkten Einsichten der Quantenphysik korrespondiert und offen für die komplexen physischen und mentalen lebensweltlichen Dimensionen menschlichen Lebens bleibt. „Eine vollständige Betrachtung menschlicher Persönlichkeit kann es sich weder leisten, das theologische Ziel unserer Existenz noch die physiologischen Bedingungen, die uns dieses Ziel verfolgen lassen, zu vernachlässigen."[40] Hans Kessler belegt das mit einem evolutionsbiologisch begründeten *Bild:* Gäbe es kein Wasser, hätte die Evolution keinen Durst hervorgebracht. Neben den natürlich-vitalen Bedürfnissen habe der Mensch aber auch „metaphysisch-existenzielle Bedürfnisse", nämlich „auch einen ‚meta-physischen' Durst". „Gäbe es definitiv keinen letzten Sinn, wieso sollten dann Wesen mit Durst nach einem solchen Sinn entstanden sein?"[41]

Angesichts dieser Zusammenhänge sowie des offenen und kreativen Naturverständnisses heutiger Naturwissenschaft und aufgrund der mit naturwissenschaftlichen Methoden kaum lösbaren Probleme wie etwa der physisch-geistigen „Doppelaspektigkeit" des Menschen halten manche Wissenschaftstheoretiker und Naturwissenschaftler aus naturwissenschaftlicher Sicht einen *Theismus* für *plausibler* als einen reduktionistischen Naturalismus oder Atheismus. So kommt etwa der Wissenschaftstheoretiker Holm Tetens zu dem Schluss: „Die theistische Kernthese stellt mit Blick auf das Verhältnis des Geistigen zum Materiellen und angesichts der faktischen empirischen Resultate der Wissenschaften eine stärkere Möglichkeit dar als die naturalistische Kernthese."[42] Aus naturwissenschaftlicher Sicht weist beispielsweise Ian G. Barbour darauf hin, „dass ein Theismus genauso plausibel (oder sogar plausibler) ist als andere Interpretationen der kosmischen Geschichte"[43]. Richard Swinburne kommt zu dem Ergebnis, dass die Weltphänomene die Existenz Gottes weitaus wahrscheinlicher machen als seine Nicht-Existenz.[44] Aber die naturwissenschaftlichen Methoden und ihre Ergebnisse können nur an die Grenzen der Sinnfrage und der transzendenten Dimension gelangen und so lediglich eine „Ahnung" von Gott eröffnen, ihn jedoch nicht beweisen, wie es zum Beispiel Frank J. Tipler durch physikalische Gesetzmäßigkeiten versucht.[45] Umgekehrt kann naturwissenschaftlich die Annahme der Existenz Gottes auch nicht widerlegt werden, was Werner Heisenberg betonte: „Kein Wissenschaftler verfügt auch nur über ein einziges Argument oder irgendein Faktum, mit denen er einer solchen Annahme wider-

40 P. Clayton: Neurowissenschaft, S. 184.

41 H. Kessler: Evolution, S. 96.

42 H. Tetens: Gott, S. 54. – Siehe auch *Kap. II,3.*

43 I.G. Barbour: Naturwissenschaft, S. 52.

44 Vgl. R. Swinburne: Hume, S. 317–333. – Zur Plausibilität des Theismus siehe auch *Kap. II,3; IV,4; VIII; XII.*

45 Siehe F.J. Tipler: Physik.

sprechen könnte."[46] Vielmehr vermögen die Naturwissenschaften mit ihren Erkenntnissen durchaus auf vielfältige Weise bis zur „Ahnung" von Gott vorzustoßen, was mehrfach deutlich wurde. „Vor uns tut sich über alle Tatsachen und objektiven Gegebenheiten hinaus ständig ein Horizont des unverfügbar Geheimnisvollen auf, zu dem wir uns irgendwie verhalten müssen."[47] Zur Antwort auf die Fragen, welche Möglichkeiten existieren, sich dazu angemessen zu verhalten, und ob bzw. wie es tragfähige Gotteserkenntnis geben kann, bedarf es dann anderer Zugänge.

2. Aspekte und Perspektiven theologischer Hermeneutik

Im Blick auf die Frage nach Gott und der Ganzheit der Wirklichkeit bedarf es der Erörterung der Möglichkeiten tragfähiger Gotteserkenntnis und ihrer Relevanz für die Erkenntnis der Gesamtwirklichkeit. Theologischer Hermeneutik ist es aufgegeben, sich an Gott und den Glaubenserfahrungen als ihrem Erkenntnisgegenstand auszurichten. Schon die Implikationen des Gottesbegriffs zeigen, dass eine *natürliche Theologie* im Sinne der Rekonstruktion Gottes aus den natürlichen Gegebenheiten dem Erkenntnisgegenstand nicht gerecht wird. Denn aufgrund der selbstursächlichen und unverfügbaren Eigenwirklichkeit Gottes und der menschlichen Selbsttranszendenz, die lediglich eine Ahnung von Gott zulässt, muss sich Gott selbst zu erkennen geben. Das wird durch sein personales Wesen unterstrichen, welches sich durch den Fragehorizont menschlicher Personalität aufdrängt und als das sich Gott in der Heilsgeschichte erschlossen *hat*. Wird Gott als göttliche Wirklichkeit ernst genommen, ist also eine empfangende Hermeneutik erforderlich, die sich seiner Selbsterschließung öffnet. Als Antwort auf die Fraglichkeit von Mensch und Welt wird von der Gottesrelation tragfähige Erkenntnisgewissheit erwartet. Sie wird ermöglicht, indem sich der *verborgene* Gott menschlicher Spekulation entzieht und auf den *offenbaren* Gott verweist, der in seiner Heils*geschichte* mit den Menschen *erfahrbar* wird. Deshalb ist auch die *alleinige subjektivitätstheoretische Verankerung* der Gotteserkenntnis in den allen Erfahrungen vorausliegenden Konstitutionsbedingungen menschlicher Subjektivität unzureichend, weil sie nicht selten vernachlässigt, dass und wie Gottes Offenbarung in die geschichtliche Wirklichkeitserfahrung und die Welterfahrung eingebettet ist, was aber erst den konkreten Zusammenhang von Glaubens- und Wirklichkeitserfahrung gewährleistet – auch im Blick auf die Naturwissenschaften. Die dem menschlichen Subjekt aufgegebene Selbstdeutung, welche die religiöse Dimension durchaus auch im Kontext der Naturerfahrung aufzuweisen vermag, ist zwar ebenso zu beachten wie die hermeneuti-

46 W. Heisenberg: Schritte, S. 349. Schon I. Kant hat auf die Unmöglichkeit solcher Bestreitung der Existenz Gottes hingewiesen: „Denn, wo will jemand durch reine Spekulation der Vernunft die Einsicht hernehmen, dass es kein höchstes Wesen, als Urgrund von Allem, gebe" (Kritik der reinen Vernunft B 668f.). – Zur Frage der Möglichkeit und Tragfähigkeit von Gottesbeweisen siehe *Kap. IV,4*.

47 W. Krötke: Erschaffen, S. 24, wobei „objektive" Gegebenheiten aufgrund der gezeigten Erkenntnisse in Anführungszeichen zu setzen wäre.

sche Bedeutung von Interpretation, Konstruktion oder Gewissheitsevidenz, aber es handelt sich bei alledem um Aneignungskategorien und nicht um Letztbegründungskategorien. Tragfähige Gotteserkenntnis und -gewissheit bedarf einer Grundlage außerhalb des Menschen. Die sich als Wort- und Tatoffenbarung vollziehende Selbsterschließung des dreieinigen Gottes umfasst in ihrer schöpferischen, erlösenden und vollendenden Dimension die gesamte Wirklichkeit und erschließt deren Sinn und Ziel.

Was schon bei der naturwissenschaftlichen Hermeneutik zu beobachten war, dass es zwar grundsätzliche Prinzipien naturwissenschaftlicher Hermeneutik gibt, die aber durchaus in unterschiedlichen Ansätzen und Orientierungen existieren, trifft auch für die theologische Hermeneutik zu. Auch ihre Erkenntnismethoden haben zunächst grundsätzlich dem Erkenntnisgegenstand zu entsprechen, in diesem Fall „Gott" und den damit verbundenen Erfahrungen des Glaubens. Dass es dabei ebenfalls zu verschiedenen Erkenntniszugängen kommt, die sich zugleich auf das Verhältnis zu den naturwissenschaftlichen Erkenntnissen auswirken, wurde in den bisherigen Kapiteln bereits mehrfach deutlich.[48] Deshalb sollen jetzt nur noch einmal einige Aspekte bezüglich der Möglichkeiten tragfähiger Gotteserkenntnis bedacht werden, wobei der Dialog mit den Naturwissenschaften nicht aus dem Blick gerät, weil die Erkenntnis Gottes unweigerlich in Verbindung mit der Erkenntnis der Gesamtwirklichkeit steht.

Es trat bereits hervor, dass weder eine natürliche Theologie als Rekonstruktion Gottes aus den natürlichen Gegebenheiten noch eine allein im menschlichen Subjekt verankerte Theologie allen Anforderungen einer tragfähigen Gotteserkenntnis und ihrer Relevanz für die gesamte Wirklichkeit gerecht werden.[49] Eine *aus der Natur abgeleitete Rekonstruktion Gottes* widerspricht den *Implikationen des Gottesbegriffs,* der auf Gott als Ursache aller Wirklichkeit und damit als selbstursächliche und unverfügbare Eigenwirklichkeit verweist. So geht es um den grundlosen Grund, der erst über Sein und Nicht-Sein entscheidet, weshalb weder vom Sein noch vom Nicht-Sein auf die theistische „Notwendigkeit" oder die atheistische „Nicht-Notwendigkeit" Gottes geschlossen werden kann.[50] Angesichts des Geheimnisses menschlicher Transzendenz muss sich der diesem Anschein nach aus sich selbst existierende Gott selbst verifizieren, wenn er erkannt werden soll. „Letztlich kann Gott nicht von einer äußeren Instanz her bewiesen werden. Er muß sich selbst erweisen. Man kann den Gottesgedanken nur daran bewähren, daß man ihn an seinen eigenen Implikationen mißt."[51] Die Kategorie der selbstursächlichen Frei-

48 Siehe *Kap. I,3.1 u. 4; II,2; III.*

49 Siehe besonders *Kap. I,3.4.*

50 Vgl. E. Jüngel: Gott, S. 29 ff., der entsprechend betont, dass Gott „mehr als notwendig" ist. – C. Schwöbel: Sein, S. 500, hebt in diesem Zusammenhang hervor, dass bereits die lutherische Orthodoxie darauf verwies, „dass aus den freien Handlungen Gottes nur auf dem Wege der Offenbarung und nicht aus induktiven Schlussverfahren allgemeingültige Aussagen von ontologischem Status gefolgert werden können". – Siehe insgesamt *Kap. III,1,* und M. Haudel: Gotteslehre, S. 33 ff.

51 W. Kasper: Gott, S. 143.

heit wird durch die Dimension der Personalität Gottes unterstrichen, die sich durch die menschliche Personalität als Anknüpfungspunkt und Voraussetzung für den Zugang zu Gott aufdrängt und die bedeutet, dass Gott sich als personales Geheimnis erschließen und verschließen kann. „Gott kann deshalb nur durch Gott erkannt werden; er kann nur erkannt werden, wenn er sich selbst zu erkennen gibt."[52] Maßgeblich ist vor diesem Hintergrund für den christlichen Glauben jedoch, dass sich der dreieinige Gott in der Geschichte als personales Geheimnis bzw. als personaler Gott erschlossen *hat.* Darin liegt die Voraussetzung tragfähiger Gotteserkenntnis und einer auf gegenseitiger Personalität beruhenden *freien Gemeinschaft der Liebe* zwischen Gott und Mensch.[53]

Will man Gott wirklich Gott sein lassen und ihn als göttliche Wirklichkeit ernst nehmen, bedarf es also einer *empfangenden Hermeneutik,* die sich seiner Selbsterschließung öffnet, statt ihn rekonstruieren zu wollen. Denn „für Gott als den, über den hinaus Größeres nicht gedacht werden kann, kann es nicht nochmals einen größeren und umfassenderen Horizont geben, von dem her und innerhalb dessen wir ihn begreifen können"[54]. Wie man die Personalität anderer Menschen ernst nehmen sollte, so sollte man erst recht die Personalität Gottes gelten lassen. „Gott ist um seiner selbst willen interessant [...]. Was man Menschen zugesteht, sollte man Gott auch nicht einmal in der Theorie vorenthalten."[55] Auch im Blick auf die Wirklichkeit der Welt impliziert der Begriff „Gott" bereits einen Mehrwert: *„Das Wort Gott bringt die Wirklichkeit so zur Sprache, daß es zugleich an der Welt selbst ‚etwas' aufleuchten läßt, was mehr als Welt ist.* [...] Damit ist die [...] Rede von Gott [...] immer ein wirksames Wort. In ihm geht es nicht um das, was die Welt immer schon war, um ihr bleibendes Wesen, sondern um ihre offene Zukunft."[56] Die in der Gottesrelation verankerte „Antwort auf die Fraglichkeit des Menschen und der Welt"[57] verlangt im Unterschied zu den immer nur *annähernden* Aussagen der Relation des Menschen zur Welt nach Aussagen tragfähiger Erkenntnis- und Heils*gewissheit.*[58] Da die Transzendenz von Welt und Mensch nur eine *„Ahnung"* von Gott zulässt, ist solche tragfähige Erkenntnis auf die *Selbsterschließung* des verborgenen Gottes angewiesen.[59] Indem sich der *verborgene* Gott in seiner selbstursächlichen und personalen Eigenständigkeit der Versuchung menschlicher Ver-

52 Ebd., S. 147 (im Original kursiv).

53 Siehe insgesamt *Kap. I,3.4; II,2, und besonders III,2.*

54 W. Kasper: Gott, S. 158.

55 E. Jüngel: Entsprechungen, S. 196.

56 W. Kasper: Gott, S. 123.

57 Ebd., S. 15.

58 Vgl. I. Lønning: Art. „Gott VIII", S. 701 f. – Entsprechend betont W. Härle: Dogmatik, S. 234: „Jedenfalls für die Gotteserkenntnis ist es charakteristisch, daß sie – als Erkenntnis der Alles (also auch den Erkennenden selbst) bestimmenden Wirklichkeit – erst dann an ihr Ziel kommt, wenn sie im Menschen daseinsbestimmendes Vertrauen weckt und findet."

59 Zum Verhältnis von „Ahnung" und „Offenbarung" siehe *Kap. III,1,* besonders *Anm. 11, III. Kap.* – Zur Einführung dieses Begriffspaares durch den Verfasser siehe M. Haudel: Gotteslehre, Kap. II, und ders.: Selbsterschließung, S. 485 ff.

einnahmung verweigert, ermöglicht er definitive und tragfähige Gotteserkenntnis durch den *offenbaren* Gott. Gottes *Verborgenheit* bedeutet also nicht die Undefinierbarkeit Gottes für den Menschen, sondern die Unmöglichkeit der rationalen Ableitbarkeit Gottes und die Notwendigkeit der Öffnung für seine Selbsterschließung. Denn es „ist Ausdruck der Göttlichkeit Gottes, dass Gotteserkenntnis nur durch Offenbarung möglich ist"[60]. Nur wenn sich der Mensch in hermeneutischer Offenheit „auf den Ort der (erhofften) Selbsterschließung Gottes"[61] ausrichtet, nimmt er sowohl seine eigene kreatürliche Begrenztheit als auch die Gottheit Gottes ernst. Die *vernünftige Vernunft* erkennt deshalb, dass sie aufgrund der Verborgenheit Gottes und der Selbsttranszendenz von Mensch und Welt nur zur Gottes*idee* als einem *Grenzbegriff* der Vernunft gelangen kann.[62] Sie erkennt, dass konkrete und angemessene Gotteserkenntnis der göttlichen Selbsterschließung bedarf. Weil sich die *Selbst*erschließung des dreieinigen Gottes in seiner Heils*geschichte* mit den Menschen vollzieht, ist sie unter den Bedingungen der Welt *erfahrbar*. Denn um der Verständlichkeit des Offenbarten willen knüpft sie an die natürliche *Ahnung* von Gott an und lässt so die nachvollziehbare Relevanz der Offenbarung für die Wirklichkeit des Menschen und der Welt erkennen (Universalität). Diese Anknüpfung ergibt sich schon allein daraus, dass die Schöpfung Spuren des Schöpfers aufweist.[63]

So „ist nach christlicher Überzeugung Gottes Offenbarung an ein konkretes Geschehen in Raum und Zeit und im Erfahrungshorizont des Menschen gebunden [...]. Zum einen verdankt sich die Theologie dem Geschehen, mit dem Gott sich selbst zu verstehen gibt, zum anderen vollzieht sich dieses Geschehen [...] in, mit und unter der Wirklichkeit dieser Welt. Die Geschichte der Offenbarung Gottes ist eingebettet in den Zusammenhang dessen, was Menschen in dieser Welt und von dieser Welt erfahren. Und der christliche Glaube wird erfahrungsvermittelt weitergegeben"[64]. Deshalb ist auch eine *alleinige Verankerung der Gotteserkenntnis in den allen Erfahrungen vorausliegenden Konstitutionsbedingungen menschlicher Subjektivität* (z.B. U. Barth[65]) unzureichend, weil sie im Bereich menschlicher Immanenz zu verharren droht, der letztlich dem Projektionsverdacht ausgesetzt bleibt, wenn keine darüber hinausgehende Gewissheit hinzutritt. Zwar ist die Relevanz der dem menschlichen Subjekt aufgegebenen Selbstdeutung mit ihrer Möglichkeit des allgemeinen Aufweises der religiösen Dimension vor dem Hintergrund von Glaubenserfahrung und Gewissheitsevidenz ebenso zu beachten wie die hermeneutische Bedeutung von Interpretation und Konstruktion, aber es ist zu bedenken, dass es sich hierbei um Aneignungskategorien und nicht um Letztbegründungskategorien

60 D. Evers: Theologie, S. 379.

61 W. Härle: Dogmatik, S. 229.

62 Vgl. E. Jüngel: Gott, S. 211: „Die Vernunft ist vernünftig, wenn sie begreift, daß sie *von sich aus* keinen Gott konstruieren kann. Die Vernunft ist vernünftig, wenn sie begreift, daß ein Gott überhaupt nur dann als Gott *gedacht* wird, wenn er als *sich offenbarender* Gott gedacht ist."

63 Siehe *Kap. III, besonders III,1.*

64 D. Evers: Theologie, S. 379 f.

65 Siehe U. Barth: Gehirn.

handelt.[66] Denn Glaube ist die „aktive Passivität des Sich-bestimmen-Lassens“[67], weil konkrete, definitive und tragfähige Gotteserkenntnis und -gewissheit einer Grundlage außerhalb des Menschen bedarf. Diese „soll uns *von sich aus* und *durch sich selbst* vergewissern“[68]. Deshalb ist „ein theologischer Begriff der Wirklichkeit und des Wirkens Gottes ohne den Gedanken göttlicher Selbstkundgaben inkonsistent“[69]. Eine Reduktion auf das aller Erfahrung vorausgehende Subjekt bedeutet zudem eine der Theologie „nicht zuträgliche Isolation“[70] von weltlicher Erfahrung und Empirie – und damit von naturwissenschaftlicher Wirklichkeitserkenntnis, die etwa Ulrich Barth für entsprechend irrelevant hält.[71] Zwar kann auch ein *subjektivitätstheoretischer* Ansatz wie der von Hermann Deuser zu einer „Theologie der Natur“ gelangen, die von der konstitutiven Eingebundenheit des Menschen in den Kontext von Natur bzw. Kosmos ausgeht und unter Verweis auf trinitarische Implikationen die „Natürlichkeit des Glaubens“[72] entfaltet. Konkreter verweist allerdings die heils*geschichtliche* Selbsterschließung Gottes auf die Erfahrungswirklichkeit der Welt, in der sie sich vollzieht. Auf diese Weise ist die unverfügbare Glaubenserfahrung konkret in die geschichtliche Wirklichkeitserfahrung und die Welterfahrung eingebettet, welche durch die Glaubenserfahrung zugleich transzendiert wird auf ihre eigentliche Bestimmung hin. Letztere zeigt sich im Zusammenhang von Gottes Schöpfungs-, Erlösungs- und Vollendungshandeln, so dass „der dreieinige Gott [...] als die Bedingung der Möglichkeit von Erfahrung selbst verstanden werden“[73] muss. Entsprechend ist der für den Dialog von Theologie und Naturwissenschaft grundlegende und konkrete *Zusammenhang von Glaubens- und Wirklichkeitserfahrung* gegeben.[74]

Dieser Zusammenhang wird durch das Ineinander von *Wort- und Tatoffenbarung* bestätigt, das bei der Selbsterschließung des dreieinigen Gottes besteht und das eine

66 Vgl. M. Petzoldt: Sinn, S. 137, und I.U. Dalferth: Subjektivität, S. 31. – Siehe auch *Kap. I,3.4.* – Vor diesem Hintergrund ist Theologie auch nicht lediglich *kulturwissenschaftlich* zu verstehen, da es „einen Unterschied macht, ob man Theologie *als* Kulturwissenschaft auffasst [...] oder ob sich Theologie *im Kontext* der Kulturwissenschaft verortet und dabei zwar die Konstruktivität aller Interpretationen in Geschichte und Gegenwart ernst nimmt, die Wirklichkeit Gottes aber nicht in diesen aufgehen lässt. Wird Gott im Sinne Bultmanns als Alles *bestimmende* Wirklichkeit gedacht, [...] so ist ein rein kulturwissenschaftliches Verständnis von Theologie unzureichend.“ (U.H.J. Körtner: Einleitung/Gesprächslage, S. 11) Vgl. ders.: Gott, S. 119: „Theologie handelt dementsprechend nicht nur von Gottesvorstellungen und Gottesgedanken, sondern von Gott“.

67 W. Härle: Dogmatik, S. 529.

68 J. Werbick: Gott, S. 11. – Siehe zur Auseinandersetzung mit den *subjektivitätstheoretischen* und *konstruktivistischen* theologischen Ansätzen *Kap. I,3.4.* – Die kritische Auseinandersetzung mit einem radikalen philosophisch-naturwissenschaftlichen Konstruktivismus, der jegliche *Wirklichkeits*erkenntnis im Bereich gedanklicher Fiktion ansiedelt, findet sich bei B.A. Weinhardt/J. Weinhardt (Hg.): Naturwissenschaften.

69 U.H.J. Körtner: Einleitung/Gesprächslage, S. 5, unter Bezugnahme auf H.-P. Großhans: Wirklichkeit.

70 D. Evers: Theologie, S. 403.

71 Siehe *Kap. I,3.4.*

72 H. Deuser: Theologie, S. 110.

73 M. Mühling: Resonanzen, S. 111.

74 Siehe insgesamt zu diesen Zusammenhängen *Kap. I,3.4.*

authentische und verlässliche personale Selbsterschließung Gottes gewährleistet – analog zur menschlichen Authentizität, die ebenfalls auf der Übereinstimmung von Worten und Taten beruht. Der sich im Heiligen Geist und im Sohn Jesus Christus zugleich als himmlischer Vater erschließende dreieinige Gott erweist sich nicht nur als *verkündigtes Objekt* der Gotteserkenntnis, sondern auch als *bleibendes Subjekt* dieser in der Heilsgeschichte sich vollziehenden Erkenntnis: Während Gott im Heiligen Geist den Menschen die im *Wort* bezeugte Geschichte ihres Heils existenziell *erfahrbar* werden lässt, vollzieht sich in Christus die *Tat* des von Gottes Liebe erzählenden *Wortes.* Als Auferstandener treibt der verkündigte Christus im Heiligen Geist selbst das Werk der Verkündigung weiter voran, der Verkündigte ist also zugleich der Verkündiger. Angesichts dieser zu einer großen Geschichtslinie verbundenen Offenbarung impliziert die Dimension des göttlichen Geheimnisses nicht wie in neuplatonisch geprägten theologischen Traditionen Über-Rationales oder Gottes Unbegreiflichkeit, sondern das in der personalen Selbsterschließung *offenbare* Geheimnis. Gott ist also weder *schweigend* als unsagbar zu bejahen (Mystik) noch *atheistisch* als undenkbar zu negieren oder *theistisch* im Rückschlussverfahren abzuleiten, sondern er ist als personales Geheimnis in seinen *selbsterschließenden Worten und Taten* ernst- und wahrzunehmen. Das wiederum heißt, dass die heilsgeschichtlich erfahrbare bzw. *ökonomische* Trinität die Erkenntnisvoraussetzung der *immanenten* Wesenstrinität bildet, wenn es nicht zu spekulativen Aussagen über das trinitarische Wesen Gottes kommen soll.[75]

Das biblische Zeugnis beinhaltet diesbezüglich vielfältige Zusammenhänge, die von den Kirchenvätern in der frühen Kirche zusammengefasst wurden[76] und die zeigen, dass *Gott seinen innertrinitarischen Eigentümlichkeiten gemäß in der Heilsgeschichte handelt:* Wie der *Vater* innertrinitarisch als ewige Quelle gilt, wirkt er nach außen als Schöpfer. Wie der *Sohn* innertrinitarisch das Wort des sich selbst aussprechenden Vaters bzw. dessen Abbild ist und wie sich im Sohn die antwortende liebende Hingabe an den Vater vollzieht, ist der Sohn heilsgeschichtlich prädestiniert, Gott zu offenbaren und sich für die Menschen hinzugeben. Da der Sohn das Wort Gottes (Logos) ist, besteht in Gott eine einmalige Identität von Wort und Sein, die wahre bzw. *tragfähige* Gotteserkenntnis und Heils*gewissheit* ermöglicht, insofern als Gott sich in seinem Wort entspricht. Und wie nach dem Bilde des Sohnes alles

75 Siehe zur detaillierten Erörterung M. Haudel: Gotteslehre, S. 39 ff., und ders.: Selbsterschließung, wo der Zusammenhang von Offenbarungsverständnis, Trinität und Kirchenverständnis anhand der Kirchengeschichte und aktueller Entwürfe im Blick auf alle großen Konfessionen analysiert wird und Lösungsansätze für ein *ökumenisches Verständnis von Offenbarung, Trinität und Kirche* aufgezeigt werden, bevor die Implikationen dieser Ansätze für Fragen der Kircheneinheit, Mission, Weltverantwortung und des interreligiösen Dialogs hervortreten. – Zu einer *angemessenen Kriteriologie,* die auch auf eine angemessene Verhältnisbestimmung von Schrift, Tradition und Kirche angewiesen ist, siehe ferner ders.: Bibel. Dort ist nicht nur ein von allen großen konfessionellen Strömungen erzielter ökumenischer Durchbruch bei der dynamischen Verhältnisbestimmung von Schrift, Tradition und Kirche dargelegt, sondern es werden auch gemeinsame Grundlagen biblischer Hermeneutik aufgezeigt. Vgl. auch ders.: Schrift.

76 Siehe dazu ders.: Gotteslehre, Kap. III.

geschaffen wurde (Kol 1,16 f.), so offenbart dieser auch das wahre Menschsein, das der Personalität und Sprachlichkeit Gottes analog entspricht. Wie der *Heilige Geist* schließlich *innertrinitarisch* Vater und Sohn für die „Wahrheit" des jeweils anderen öffnet und ihre „Liebe" und „Gemeinschaft" ermöglicht sowie diese als selbstlose „heilige" Liebe auf einen Dritten ausweitet und sie derart „vollendet", so ist er als entsprechend „Heiliger" Geist und Geist der „Wahrheit" prädestiniert, *heilsgeschichtlich* die „Gemeinschaft" der „Liebe" zwischen Gott und Mensch sowie zwischen den Menschen untereinander zu gewähren und dabei die Menschen zu „heiligen" und in die „Wahrheit" zu führen, um das Heilswerk zu „vollenden".[77]

Die mit der Erkenntnis des Wesens und Wirkens des dreieinigen Gottes verbundenen Einsichten umfassen die *gesamte Wirklichkeit.* Sie ermöglichen so die Antwort auf die im Menschen angelegte Frage nach Ganzheit und Sinn. Auf diese Weise können die vielfältigen partiellen Ergebnisse naturwissenschaftlicher Erkenntnis eine ganzheitliche Perspektive erhalten, die der lebensweltlich aufgegebenen Sinn- und Selbstdeutung des Menschen entspricht.[78] Denn wer unter diesen Voraussetzungen von „Gott und göttlicher Schöpfung spricht, benennt das Woher, Wozu und Woraufhin des Großen und Ganzen der Welt"[79]. Die „Gottheit" Gottes wird daran ersichtlich, „daß sich von ihr aus das Ganze alles Wirklichen als Einheit erschließt und daß es ohne Voraussetzung dieses Gottesgedankens nicht in gleicher Tiefe als Einheit verstehbar würde"[80]. Eine solche Einsicht in das Ganze der Wirklichkeit verdankt sich der „Beziehung auf Gott als den ständigen Grund (Schöpfer) der Welt, als das innerste Geheimnis und als das tiefste Ziel des gesamten Weltprozesses"[81].

Um die im Heiligen Geist ermöglichte *Gewissheit* über die in Christus offenbarte *Wahrheit* der von Gott geschenkten Schöpfungs- und Heils*wirklichkeit* zu erlangen, öffnet sich der Glaube der Liebe Gottes und nimmt sie an. In der glaubenden Öffnung für die Zusage der Liebe Gottes empfängt der Mensch eine *Gottesgewissheit,* die *Heilsgewissheit* einschließt: „Gottes gewiß sein heißt der Liebe gewiß sein und sich die Liebe, die Gott selber ist, gefallen lassen."[82] Die durch die Offenbarungserkenntnis erlangte *Gewissheit* wird – im Kontext subjektiver Gewissheitsevidenz – erst dann zum daseinsbestimmenden *Vertrauen,* wenn sich der Mensch im Glauben *existenziell* darauf einlässt.[83] Dabei vollzieht sich der Gottes Heilshandeln gegenüber *passive* Glaube zugleich als *aktive* Glaubensantwort, als „Verschränkung von Aktivität und Passivität des Erkennens im Gottesgedanken"[84], insofern als der

77 Zur ausführlichen Erörterung siehe M. Haudel: Gotteslehre, Kap. II,5 u. VIII,1.

78 Siehe *Kap. III,2* des hier vorliegenden Bandes. – Die mit ihrer ganzheitlichen Relevanz unweigerlich verbundene ökumenische Dimension trinitätstheologisch fundierter Schöpfungstheologie kommt etwa bei M. Amlinger: Gemeinschaft, zum Tragen, die sich maßgeblich auch auf M. Haudel: Selbsterschließung, bezieht.

79 H.A. Müller (Hg.): Kosmologie, S. 2 f. (Einleitung).

80 W. Pannenberg: Kontingenz, S. 42.

81 H. Kessler: Schöpfung, S. 39.

82 E. Jüngel: Entsprechungen, S. 264.

83 Vgl. W. Härle: Dogmatik, S. 234. – Zu *Wahrheit* und *Gewissheit* siehe auch *Kap. I,3.4.*

84 E. Jüngel: Gott, S. 218.

Mensch „*etwas an sich und mit sich geschehen*“ lässt, worin sich „seine persönliche, verantwortliche Beteiligung an dem Geschehen des Glaubens“[85] widerspiegelt. Die menschliche *Freiheit der Ansprechbarkeit* ist ausgerichtet auf die *Freiheit der Antwort* auf Gottes Heilszusage, in welcher der Mensch zu seiner eigentlichen Entsprechung findet, weil Liebe, Gemeinschaft und Glaube die zerstörerische Selbstbegründung bzw. -behauptung des Menschen überwinden. In dieser Orientierung nimmt der Mensch sein auf Gottes Liebe angewiesenes Wesen ebenso ernst wie das Wesen Gottes, den er in der Offenheit für seine Selbsterschließung Gott sein lässt. So erfährt der Mensch als den *Sinn des Lebens,* dass er vom dreieinigen Gott geschaffen wurde, um an seiner vollkommenen Gemeinschaft der Liebe teilzuhaben, dass diese Liebe bis zur Selbsthingabe Gottes für die Menschen reicht und dass Gott sein heilvolles Ziel für die Menschen sowie für die gesamte Schöpfung vollenden wird. Diese auf die Gesamtwirklichkeit bezogene Erkenntnis hat sich auch in der Zuordnung von Glaube und Vernunft sowie von Wissen und Glaube zu bewähren.

3. Glaube und Vernunft, Wissen und Glaube

Seit Beginn der Neuzeit lässt sich eine immer wieder hervortretende Polarisierung von Vernunft bzw. Wissen und Glaube beobachten, die jedoch dem Bedürfnis nach ganzheitlicher Lebensorientierung nicht gerecht wird, zumal vielfältige Zusammenhänge sowohl zwischen Vernunft und Glaube als auch zwischen Wissen und Glaube bestehen. Im Verhältnis von *Glaube und Vernunft* erweist sich der Glaube als vernünftig, weil er angesichts menschlicher Selbsttranszendenz und ihrer Ahnung von Gott in der glaubenden Öffnung für Gott die menschliche Kreatürlichkeit ebenso ernst nimmt wie die Gottheit Gottes, der sich als selbstursächliche Eigenwirklichkeit selbst erschließen muss. Die Vernunft erweist sich als vernünftig, wenn sie erkennt, dass sie Gott nicht tragfähig rekonstruieren kann, und wenn sie sich nicht in autonomer Selbstbezogenheit von den sie „an-gehenden" Erfahrungen der heils*geschichtlichen* Kundgabe Gottes isoliert. Denn diese Kundgabe vollzieht sich unter den natürlichen Voraussetzungen, die der Vernunft direkt zugänglich sind, aber sie lässt Mensch und Natur zugleich auf Verkehrungen sowie auf ihre eigentliche Bestimmung und Wahrheit hin durchsichtig werden. Deshalb sind Glaube und Vernunft weder zu trennen, etwa in reiner Fixierung auf den Glauben unter Verzicht auf dessen vernünftig nachvollziehbare Relevanz, noch sind sie rationalistisch zu identifizieren, etwa unter Verabsolutierung der natürlichen Vorgaben. Betrachtet man das Verhältnis von *Wissen und Glaube* unter dem breiten Bedeutungsspektrum des Begriffs „Glaube", tritt hervor, dass auch naturwissenschaftliches Denken nicht ohne „Glaubens"-Annahmen unterschiedlichster Qualität auskommt. Entsprechend sind Wissen und Glaube in erkenntnistheoretischer Hinsicht ganz allgemein in komplexen Konstellationen aufeinander verwiesen.

85 W. Härle: Dogmatik, S. 529 f.

Seit der Antike waren Wissen und Vernunft eingebettet in ganzheitliche Lebensweisheit und damit auch in Religion. „Erst die moderne wissenschaftliche Revolution hat die Wissenschaften aus diesem Kontext gelöst und wissenschaftliche Vernunft als ‚instrumentelle Vernunft', d. h. als Weg zur Macht über die Natur und das eigene Leben, begriffen."[86] Mit dem durch René Descartes aufkommenden Rationalismus im 17. Jahrhundert, der das menschliche Vernunft-Subjekt allen übrigen Objekten gegenüberstellte, gerieten Vernunft und Wissen zunehmend in Opposition zum Glauben, was die Polarisierung von Naturwissenschaft und Religion maßgeblich förderte.[87] Diese oft nur implizite und unbewusste Polarität wird heute noch deutlich sichtbar an religionsfeindlichen naturwissenschaftlichen Konzeptionen wie denen des Evolutionsbiologen Richard Dawkins[88] einerseits und an einem wissenschaftsskeptischen Kreationismus – etwa in den USA – andererseits, der biblische Aussagen undifferenziert interpretiert und in direkter Weise naturwissenschaftlich qualifiziert. Doch gerade im postmodernen Partikularismus, Relativismus und Pluralismus besteht gegenüber der Fragmentierung und Polarisierung von Vernunft bzw. Wissen und Glaube das „Bedürfnis, in der modernen, von der Naturwissenschaft erschlossenen und geprägten Welt [...] weltanschaulich relevante Prinzipien und Konstanten zu finden, die eine existentielle Lebensorientierung ermöglichen"[89], weil „durch alle Partikularität hindurch nach dem *ganzen* Menschen und der *ganzen* Wirklichkeit gefragt wird"[90]. In dieser Perspektive lassen sich Wissen, Vernunft und Glaube nicht isolieren, zumal sie ohnehin miteinander verwoben sind.

Angesichts der beschriebenen Gegebenheiten ist der konstitutive Zusammenhang von Glaube und Vernunft sowie von Wissen und Glaube zu erörtern. Bevor der besonders für die Naturwissenschaften relevante Zusammenhang von Wissen und Glaube zur Sprache kommt, soll auf den Zusammenhang von *Glaube und Vernunft* eingegangen werden, der sich in Kapitel III sowie im vorhergehenden Abschnitt bereits andeutete. Aus der Selbsttranszendenz des Menschen, die im Hinausweisen über sich selbst den Horizont der Sinn- und Gottesfrage aufweist, aber nur zur Ahnung eines verborgenen Gottes gelangen kann, erschließt sich die *Vernünftigkeit des Glaubens.* Denn in der glaubenden Öffnung für die Selbsterschließung Gottes wird der Mensch sowohl seiner Kreatürlichkeit gerecht als auch der Göttlichkeit Gottes als einer selbstursächlichen Eigenwirklichkeit, die sich selbst zu erkennen geben muss. Die „vernünftige Vernunft" erkennt, dass sie Gott nicht selbst rekonstruieren kann, sondern im Glauben dem Verhältnis von „Gegenüber und Nähe" zwischen Gott und Mensch entspricht, um in empfangender Öffnung die vom verborgenen Gott (Gegenüber) geoffenbarte Gottes- und Heilserkenntnis (Nähe) zu erlangen.[91] So ist die Vernunft vernünftig, wenn sie nicht in autonomer Selbstbezogenheit bzw.

86 J. Moltmann: Wissenschaft, S. 40.
87 Siehe *Kap. I; II,2; V,3.*
88 Siehe *Kap. X,1.*
89 J. Hübner: Kosmologie, S. 40.
90 D. Evers: Gegeneinander, S. 49. – Siehe *Kap. III.*
91 Vgl. E. Jüngel: Entsprechungen, S. 171 ff., 242 ff., und M. Haudel: Gotteslehre, S. 42 f.

Selbstverkrümmung (Luther) verharrt, sondern sich in empfangender Hermeneutik offen für die Anrede Gottes zeigt und dem Ergriffensein von Gott auf reflexive Weise „nach-denkt". Denn die *in das menschliche Subjekt eingebundene Vernunft* ist zwar von Konstruktion und Interpretation sowie von Gewissheitsevidenz als Aneignungskategorien geprägt[92], aber sie ist im Kontext der Gesamtwirklichkeit auch geschichtlich verortet, was im Blick auf die geschichtliche Selbsterschließung Gottes bedeutet: „Wenn es faktisch keine natürliche Ordnung (im traditionellen Sinn) gibt und ‚Natur' (Schöpfung) immer schon Anfang von trinitarischer Offenbarungs- und Heilsgeschichte ist, so gibt es auch keine natürliche Vernunft im Sinne eines ‚neutralen' Vermögens als jener geistigen Fähigkeit, mit der der Mensch sich die Wirklichkeit zu eigen macht, seinen eigenen Ort darin bestimmt und allenfalls noch eine unbestimmte Offenheit auf Transzendenz erfährt. Vielmehr ist auch die Vernunft faktisch geprägt von dem und ausgerichtet auf das von Gott in Freiheit eröffnete und geschenkte Ziel des Lebens mit dem dreifaltigen Gott. Und da dieses Ziel sich dem Menschen in einem geschichtlichen Offenbarungsprozeß darbietet, ist die Vernunft nicht indifferent gegenüber den sie an-gehenden geschichtlichen Bestimmungen."[93]

Erst durch solche den Menschen „an-gehenden" Erfahrungen des heilsgeschichtlichen Handelns Gottes werden Mensch und Natur auf ihre eigentliche Bestimmung und Wahrheit hin durchsichtig. So kann etwa eine nur auf sich selbst bezogene Vernunft als Beschränkung und Isolierung entlarvt werden, die sich anderen Dimensionen der Wirklichkeit und deren „An-rede" von außen nicht öffnet.[94] Daher vermag Gottes Heils-Anrede manche Formen überkommener Vernunftorientierung in Frage zu stellen, wobei sich Gottes Kundgabe im Kontext der für die Vernunft direkt zugänglichen geschöpflichen Voraussetzungen vollzieht. Der Zusammenhang von Schöpfung, Erlösung und Vollendung lässt die Vernunft sowohl an den natürlichen geschöpflichen Voraussetzungen als auch am Heilshandeln Gottes partizipieren, welches die durch menschliche Selbstbehauptung (Sünde) korrumpierte Schöpfung auf ihre Verkehrungen hin befragt und auf ihre eigentliche Wahrheit anspricht: Das vom trinitarischen Gott Geschaffene findet seine „volle Verwirklichung erst dann, wenn es in das Licht des Urbilds, welches Maß und Ziel seines Seins und Wirkens ist, gestellt wird. Deshalb ist es die vom Glauben an den dreieinigen Gott geleitete Vernunft, welche die tiefsten Potentialitäten alles Wirklichen zu entdecken und zu aktuieren vermag."[95] Wie die Vernunft im Glauben zu ihren tiefsten Einsichten gelangen kann, so bedarf der Glaube auch der Vernunft. Weil sich der Glaube auf die der allgemeinen Vernunft zugänglichen Voraussetzungen der Natur bezieht und diese zugleich auf ihre möglichen Verkehrungen sowie ihre eigentliche Bestimmung hin befragt, ist er auf die Universalität und Vernünftigkeit des in ihm enthaltenen

92 Siehe *Kap. I,3.4, u. IV,2.*
93 G. Greshake: Gott, S. 39.
94 Siehe *Kap. IV,2.*
95 G. Greshake: Gott, S. 41.

Sinnziels ausgerichtet, zumal er Rechenschaft gegenüber allen Menschen geben soll (I Petr 3,15). Deshalb betonte schon Anselm von Canterbury: Der Glaube fragt nach der Vernunft (lat. *fides quaerens intellectum*).

Diesen Zusammenhängen wird weder eine *dualistische Trennung* von *Glaube und Vernunft* gerecht, die in rein fideistischer Fixierung auf den Glauben dessen vernünftig nachvollziehbare Relevanz außer Betracht lässt, noch eine *rationalistische Identifizierung* von Glaube und Vernunft, die den Glauben rein rational natürlichen Prämissen unterwirft und diese damit verabsolutiert. *Vernünftig* ist vielmehr der *empfangende Glaube*, der sich vor dem Hintergrund kosmologischer und anthropologischer Transzendenz und der entsprechenden *Ahnung* von Gott der *Selbsterschließung* Gottes öffnet, die sich auf die natürlichen Voraussetzungen bezieht, sich in ihnen vollzieht und ihre eigentliche Bestimmung erschließt (Sinndeutung).[96]

Als ebenso vielschichtig wie das Verhältnis von Glaube und Vernunft erweist sich das Verhältnis von *Wissen und Glaube*, besonders, wenn man die verschiedenen Bedeutungen des Begriffs „Glaube" berücksichtigt. Dem Verb „glauben" werden verbreitet drei Grundformen zugeordnet: „– glauben, *daß* etwas der Fall ist; – *jemandem* oder einer Versicherung oder Zusicherung von jemandem Glauben schenken; – *an* jemanden oder etwas glauben"[97]. Während die erste Form ein *Fürwahrhalten* (doxastischer Glaube im stärkeren Sinn) oder *Vermuten* (doxastischer Glaube im schwächeren Sinn) zum Ausdruck bringt, beinhalten die zweite und dritte Form *Vertrauen* und *Zutrauen* (fiduzieller Glaube). Durch diese Charakteristik der Glaubensformen wird mit den Worten des Mathematikers, Informatikers und Theologen Ulrich Kropač transparent, dass „die Arbeit mit mathematischen und naturwissenschaftlichen Theorien an bestimmten Stellen nicht ohne Glauben auskommt. Dieser Glaube ist mindestens als ein Fürwahrhalten, mithin als doxastischer Glaube, einzuschätzen, er kann aber auch in einen fiduziellen hinüberspielen."[98] Denn es bleibt nach Kropač zu bedenken: Sowohl unentscheidbare Probleme in der Mathematik oder Physik als auch die grundsätzliche metatheoretische Mehrdeutigkeit naturwissenschaftlicher Erkenntnisse verlangen eine persönliche Stellungnahme im Sinne des Vermutens oder Überzeugtseins (doxastischer Glaube). Das Vertrauen auf die Ergebnisse anderer Forscher hat bereits den Charakter fiduziellen Glaubens. Zudem wirken sich im Kontext der unabdingbaren persönlichen Stellungnahmen eines Forschers seine grundsätzlichen lebensweltlichen Glaubensannahmen aus. Deshalb

96 Der *Glaube* lässt sich jedoch nicht allein über sein Verhältnis zur Vernunft definieren, da er als existenziell vertrauende Selbstübereignung an die Liebe Gottes *eine die gesamte Existenz betreffende Lebenshaltung* verkörpert. Entsprechend spielen für den Glauben neben der *Vernunft* auch noch das *Gefühl* und der *Wille* eine zentrale Rolle. Denn das „Bestimmtwerden durch den Adressaten des Glaubens, Gott, hat […] *unmittelbar* den Charakter des Sich-bestimmt-*Fühlens*, mittelbar den Charakter des Sich-bestimmt-*Wissens* und des Sich-bestimmen-*Lassens*. Erst in dieser Ganzheit und Einheit ist der Glaube, was er ist." (W. Härle: Dogmatik, S. 68 f.)

97 U. Kropač: Naturwissenschaft/Dialog, S. 366.

98 Ebd., S. 367.

sind „Glaube und Wissen aufeinander verwiesen […]: Objektive Erkenntnis in den Naturwissenschaften bzw. in der Mathematik und Glaube sind keine exklusiven, sondern miteinander verbundene Größen."[99] Der Logiker, Mathematiker, Physiker, Philosoph und Theologe Heinrich Scholz (1884–1956) brachte das folgendermaßen zum Ausdruck: „Was wir *wissen* und folglich *beweisen* können, kann immer nur das Vorletzte sein. Alle *letzten* Urteile des menschlichen Geistes sind in dem ernsten und eigentümlichen Sinne, der das Selbstgefühl des Wissens zur *Voraussetzung* hat, *Glaubens*urteile."[100] Das Sicherungsbedürfnis diskursiven Denkens wird somit nach Scholz auf einen Ort außerhalb seiner selbst verwiesen.[101]

Wissen und Glaube im weitesten sowie vielfältigen Sinne sind also ebenso miteinander verwoben wie Glaube und Vernunft. Die Wahrnehmung der dabei bestehenden differenzierten Komplexität ist für den Dialog von Theologie und Naturwissenschaft grundlegend – ebenso wie für die Einschätzung der Möglichkeit und Tragfähigkeit von Gottesbeweisen.

4. Zur Möglichkeit und Tragfähigkeit von Gottesbeweisen

Gottesbeweise erlangen in Teilen der Philosophie, Theologie und Naturwissenschaft neue Aktualität, weil sie auf die Vermittlung von Glaube und rationaler Vernunft zielen, wobei ihre Trag- und Leistungsfähigkeit sehr unterschiedlich eingeschätzt wird. Das betrifft maßgeblich den Dialog von Theologie und Naturwissenschaft, denn hier begegnen sowohl Ansprüche genuiner naturwissenschaftlicher Beweisbarkeit der Existenz – oder Nicht-Existenz – Gottes als auch Versuche, auf der Basis naturwissenschaftlicher und anderer lebensweltlicher Erkenntnisse die Wahrscheinlichkeit bzw. Plausibilität Gottes aufzuweisen. Daneben findet sich verbreitet – etwa unter Berufung auf Kants Metaphysikkritik – die grundsätzliche Bestreitung des Sinns und der Möglichkeit von Gottesbeweisen. Die Einschätzung der Tragfähigkeit von Gottesbeweisen hängt auch mit konfessionellen Unterschieden zusammen, was die mit der Wertschätzung natürlich-theologischer Erkenntnis einhergehende Bedeutung der Gottesbeweise in der katholischen Tradition zeigt, während im Protestantismus die Ambivalenz natürlicher Erkenntnis betont wird.

Weil gegenwärtige Gottesbeweise zumeist in irgendeiner Form die *klassischen Beweisarten* fortschreiben, werden diese dargelegt und nach ihrem Selbstverständnis befragt. Etliche Ausleger gehen davon aus, dass die klassischen mittelalterlichen Ausprägungen im Zusammenspiel von Glaube und Vernunft dem rationalen Nachvollzug des Geglaubten dienten („Verweise" statt „Beweise") und durch ihre neuzeitliche Transformation zum Beweiskriterium der autonomen Vernunft (natürliche

99 Ebd., S. 369.
100 H. Scholz: Religionsphilosophie, S. 319.
101 Siehe auch *Kap. III,2 u. VI,5*. Die unentscheidbaren Probleme innerhalb der Mathematik und der Physik sowie die Einsichten von H. Scholz werden in *Kap. VI,5* erörtert.

Religion) eine Beweislast zu tragen hatten, für die sie nicht ausgelegt waren. Andere wiederum betonen, dass die Beweise in der Immanenz ihrer Prämissen schlüssig seien. Einige *gegenwärtige Ansätze* versuchen die Metaphysikkritik Kants und die Engführung auf naturgesetzliche Zusammenhänge im physiko-theologischen oder kosmologischen Beweis zu überwinden, indem sie auch geschichtliche, ethische sowie andere lebensweltliche Erfahrungen einbeziehen. Nach wie vor geben aber viele Philosophen und Theologen zu bedenken, dass ein genuiner Beweis der Existenz Gottes – oder seiner Nicht-Existenz – im Sinne begrifflicher Rekonstruktion oder eines Rückschlusses von natürlichen Gegebenheiten letztlich nicht möglich sei, und zwar aufgrund der Begrenztheit menschlicher Vernunft und der unverfügbaren Eigenwirklichkeit Gottes, die seiner Personalität entspricht. Dennoch können Gottesbeweise in Form des bescheideneren Verständnisses eines Aufweises von Wahrscheinlichkeiten bzw. eines „Verweises" auf Gott gerade im Dialog von Theologie und Naturwissenschaft zur Vermittlung von Glaube und Vernunft beitragen.

Im Spannungsfeld von Theologie, Philosophie und Naturwissenschaft sind Gottesbeweise von nicht geringer Bedeutung, da sie in allen drei Disziplinen vorkommen und zumeist transdisziplinäre Prägung aufweisen. Zugleich existieren aber auch gegeneinander gerichtete Ansätze, nämlich wissenschaftsskeptische Ansätze des Nachweises der Existenz Gottes auf der einen Seite, wie etwa beim Kreationismus oder einigen Vorstellungen von Gott als Designer (Intelligent Design), und religionsfeindliche Ansätze des Nachweises der Nicht-Existenz Gottes auf der anderen Seite, wie etwa in Form des reduktionistisch-atheistischen evolutionsbiologischen Entwurfs von Richard Dawkins (szientistischer Evolutionismus). Beide Seiten werden in fundamentalistischer weltanschaulicher Vorgehensweise weder dem Wesen von Theologie noch dem Wesen von Naturwissenschaft gerecht.[102]

Vor dem Hintergrund der unterschiedlichsten Bezugnahmen auf das Phänomen der Gottesbeweise ist es für den Dialog von Theologie und Naturwissenschaft unverzichtbar, sich mit der Möglichkeit und Tragfähigkeit von Gottesbeweisen auseinanderzusetzen. Das gilt umso mehr, als Gottesbeweise neue Aktualität erlangen, und zwar neben etlichen theologischen Ansätzen etwa in der analytischen Religionsphilosophie und der Logik oder in Teilen der Naturwissenschaften. Denn im Phänomen der Gottesbeweise bündelt sich die Frage nach dem Verhältnis von religiösem Glauben und Vernunft. Es geht dabei unter anderem um den „Nachweis, daß Glaube und theoretische Rationalität miteinander vereinbar sind […]. Dieses Motiv hat in der Debatte der vergangenen Jahrzehnte, vor allem in der Auseinandersetzung

102 Siehe dazu auch *Kap. I,1; IV,3; VIII; X.* Zur jeweils fundamentalistischen Orientierung siehe besonders C. Schwöbel: Sein, S. 487 ff. Für Schwöbel „handelt es sich nicht um einen Krieg zwischen Religion oder Theologie und den Naturwissenschaften, sondern um die kriegerisch-polemische Auseinandersetzung zwischen zwei zum Fundamentalismus tendierenden Weltanschauungen. So wenig, wie der Kreationismus Religion oder Theologie ist, so wenig ist der atheistische Evolutionismus, wie sich aus seinem weltanschaulichen Anspruch erweist, Naturwissenschaft." (Ebd., S. 492)

mit den Ergebnissen der Naturwissenschaften, wieder an Relevanz gewonnen."[103] Wie in der langen Geschichte der Gottesbeweise finden sich auch in ihren heutigen Formen der Neuformulierung unterschiedliche Bewertungen zu ihren *Funktionen und Möglichkeiten.* Sie können sich mit dem Anspruch des stringent logischen Beweises der Existenz Gottes verbinden, während sie anderen lediglich als Aufweis von Wahrscheinlichkeiten gelten und wieder anderen als das rationale Nachvollziehen dessen, was im Glauben erkannt wurde.

Innerhalb eines solchen Bewertungsspektrums existieren entsprechend unterschiedliche Einschätzungen der *Trag- und Leistungsfähigkeit* von Gottesbeweisen. Manche *naturwissenschaftlich vollzogenen Gottesbeweise,* wie etwa der des Astrophysikers Frank J. Tipler, beanspruchen, „die wesentlichen Glaubensvorstellungen der jüdisch-christlichen Theologie" direkt „aus den Gesetzen der Physik"[104] ableiten zu können, weshalb die Theologie in der Physik aufgehen solle. Für den theoretischen Physiker Paul C.W. Davies bietet die Naturwissenschaft daher „einen sichereren Weg zu Gott als die Religion"[105]. Neben solchen Postulaten genuiner naturwissenschaftlicher Beweisbarkeit Gottes gibt es etliche naturwissenschaftliche Versuche, die Wahrscheinlichkeit der Existenz Gottes aufzuweisen. So hält der Physiker, Theologe und Wissenschaftsphilosoph Ian G. Barbour aufgrund der aktuellen naturwissenschaftlichen Erkenntnisse einen Theismus für wahrscheinlicher bzw. plausibler als andere Erklärungsversuche.[106] Ähnliche Ansätze finden sich auch im Spektrum *philosophischer Gottesbeweise.* Der Religionsphilosoph Richard Swinburne kommt aufgrund von Phänomenen wie kosmologischer und biologischer Feinabstimmung, Transzendenz oder religiösem Bewusstsein mit der Methode des Wahrscheinlichkeitsaufweises induktiv zu dem Schluss, dass die Existenz Gottes bedeutend wahrscheinlicher ist als seine Nicht-Existenz.[107] Darüber hinaus finden sich unterschiedlichste philosophische Ansätze genuiner Gottesbeweise, während ein großer Teil der Philosophie seit Kants Metaphysikkritik Gottesbeweise grundsätzlich für unmöglich hält. Beide zuletzt genannten Aspekte treffen auch für die Einschätzung der Möglichkeit *theologischer Gottesbeweise* zu, mit konfessionell unterschiedlichen Schwerpunkten. Die Wertschätzung natürlich-theologischer Gotteserkenntnis in der römisch-katholischen Tradition, die sich besonders in der Aussage des Ersten Vatikanischen Konzils widerspiegelt, Gott könne als Ursprung und Ziel durch die Vernunft „gewiss" aus den geschaffenen Dingen erkannt werden[108], erklärt die bleibende Bedeutung von Gottesbeweisen in Teilen der katholischen Theologie. Das wird heute allerdings von katholischen Theologen wie Franz Gruber auch selbstkritisch gesehen: „Gegenüber dieser optimistischen Sichtweise des I. Vatikanums

103 J. Bromand/G. Kreis: Gottesbeweise, S. 11 f.
104 F.J. Tipler: Physik, S. 13.
105 P.C.W. Davies: Gott, S. 15.
106 Vgl. I.G. Barbour: Naturwissenschaft, S. 52. – Siehe zu Barbour *Kap. XII,2.*
107 Vgl. R. Swinburne: Existenz, und ders.: Hume.
108 Siehe H. Denzinger/P. Hünermann (Hg.): Enchiridion, Nr. 3049.

wird man heute weit zurückhaltender sein müssen."[109] In der protestantischen Theologie ist man diesbezüglich aufgrund der Einsicht in die Ambivalenz natürlicher Erkenntnisvoraussetzungen (siehe Kap. III, IV,2–3) seit jeher skeptischer, was durch Kants Kritik an den Gottesbeweisen besonders im Protestantismus Kontinentaleuropas noch verstärkt wurde. Dennoch sind auch hier gegenwärtig zunehmend Entwürfe genuiner Gottesbeweise wahrzunehmen, die klassische Gottesbeweise auf verschiedene Weise fortschreiben.[110]

Vor dem Hintergrund der gezeigten Vielfalt des Verständnisses von Gottesbeweisen stellt sich die Frage, wie Gottesbeweise ursprünglich in der theologischen Tradition verstanden wurden. Viele Ausleger vermuten, dass ihre klassischen mittelalterlichen Ausprägungen im scholastischen Zusammenspiel von Glaube und Vernunft dazu dienten, das im Glauben Erkannte mit der Vernunft bestätigend nachzuvollziehen, also „Verweise" auf Gottes Existenz zu liefern statt genuine „Beweise".[111] Aus dieser mittelalterlichen Synthese von Glaube und Vernunft seien die Gottesbeweise erst in der Neuzeit herausgelöst worden, und zwar als rationale Versuche der autonomen Vernunft, Gottes Existenz schlüssig zu beweisen. Indem die Gottesbeweise so als Grundlage einer „natürlichen Religion" dienten, erhielten sie eine Beweislast, für die sie im Mittelalter gar nicht erstellt waren. Sollten sie vorher lediglich die rationale Einsicht in die durch die Offenbarung gegebene Erkenntnis gewähren und die Ehrfurcht vor den Werken Gottes wecken – auch bei Nicht-Glaubenden –, fungierten sie jetzt für die Deisten als Maßstab der Offenbarung, wodurch sich das Verhältnis von Glaube bzw. Offenbarung und Vernunft umkehrte. Diese hermeneutische Verschiebung gilt es bei der Rezeption der – besonders von Kant vollzogenen – neuzeitlichen Kritik an den Gottesbeweisen zu beachten, wenn eine differenzierte Einschätzung der Funktion und Leistungsfähigkeit von Gottesbeweisen erfolgen soll.[112] Andere Ausleger sind wiederum der Auffassung, auch die Gottesbeweise des Mittelalters seien innerhalb ihres theologischen Kontextes als „Beweise" im eigentlichen Sinn gemeint gewesen. Deshalb geht man in der modernen Logik vielfach davon aus, dass die Gottesbeweise strengeren Maßstäben genügen, als oft angenommen, insofern als sie in der Immanenz ihrer Prämissen schlüssig seien.[113]

Die Einteilung der maßgeblichen *klassischen Gottesbeweise*, auf die heutige Beweisarten immer wieder zurückgreifen, folgt nach wie vor zumeist der von Kant vorgenommenen Klassifizierung in *drei charakteristische Arten des Beweises* bzw.

109 F. Gruber: Schöpfungslehre, S. 161.

110 Zur aktuellen Auseinandersetzung mit den Gottesbeweisen in Philosophie, Theologie und Naturwissenschaft vgl. T. Buchheim [u. a.] (Hg.): Gottesbeweise; J. Bromand/G. Kreis (Hg.): Gottesbeweise; F. Ricken (Hg.): Gottesbeweise.

111 Vgl. W. Breuning: Gotteslehre, S. 273.

112 Vgl. J. Clayton: Art. „Gottesbeweise III", S. 760–762, 769–774. „Die neuzeitliche Tendenz, die Gottesbeweise allein als (zum Scheitern verurteilte) *Nachweise* der Existenz Gottes zu verstehen, wird ihrem reicheren, vielfältigeren Gebrauch innerhalb der religiösen Überlieferungen kaum gerecht." (Ebd., S. 772)

113 Vgl. J. Bromand/G. Kreis: Gottesbeweise, S. 15 ff.

der Ableitung des Daseins Gottes aus der Vernunft und der Erfahrung. Ihnen wird dann noch Kants moralischer Gottesbeweis hinzugefügt, den Kant selbst auf einer anderen Ebene ansiedelte, da er die anderen Beweise letztlich nicht für durchführbar hielt, wie sich noch zeigen wird. *Erstens* nannte Kant den *physiko-theologischen Beweis,* der davon ausgeht, dass durch bestimmte Erfahrungen der Sinnenwelt Sachverhalte in der Welt objektiv erkennbar sind, von denen kausal auf die höchste Ursache zu schließen ist. Lassen sich die Sachverhalte nicht aufgrund weltimmanenter Ursachen sinnhaft erfassen, während sich der Sinn aus dem Gottesgedanken ergibt, verweisen Ordnung und Zielgerichtetheit der Welt auf einen intelligenten Urheber, weshalb der Beweis auch als *teleologischer Beweis* (griech. *telos:* das Ziel) bezeichnet wird. Diese bis heute immer wieder aufgegriffene Beweisart galt für Kant als die der Vernunft angemessenste Argumentation. *Zweitens* führte Kant den *kosmologischen Beweis* an, der ebenfalls auf sinnlicher Erfahrung beruht, aber auf unbestimmter Erfahrung, die sich auf allgemeine Merkmale der Existenz und der Welt bezieht, um von dort nach dem Prinzip der Kausalität oder Determinierung auf Gott als Grund des Kosmos zu schließen. Diese verbreitetste Beweisart findet sich bei griechischen, arabischen und indischen sowie jüdischen und christlichen Philosophen und Theologen, von Aristoteles über Maimonides, Thomas von Aquin und Leibniz bis zu heutigen Entwürfen. Hierbei sind *drei unterschiedliche Argumentationsstränge* zu beobachten. Eine über Aristoteles und Thomas von Aquin führende Argumentationslinie deduziert nach dem Kausalprinzip aus einer Kette von Ursachen der existierenden Dinge Gott als Anfangsursache. Ein anderer von Leibniz geprägter Argumentationsstrang fragt nach dem zureichenden Grund für alles Existierende: Warum existiert überhaupt etwas und warum gerade so und nicht anders? (Gott als vernünftiger Grund alles Existierenden.) Daneben gibt es noch eine von der griechischen Antike geprägte und in der islamischen Kalam-Schule vorfindliche Argumentation, die von der Zeitlichkeit des Universums ausgeht und folgert, dass die Ereignisse der raumzeitlichen Welt eine außerhalb ihrer selbst befindliche letzte Wirkursache voraussetzen.[114] *Drittens* nannte Kant den *ontologischen Beweis,* der im Unterschied zu den ersten beiden Versionen nicht von der sinnlichen Erfahrung ausgeht, sondern Gottes Existenz a priori aus bloßen Begriffen ableitet. Dieser Gottesbeweis wird vornehmlich mit seiner klassischen Form bei Anselm von Canterbury (1033–1109) in Verbindung gebracht, obwohl er sich etwa auch bei Bonaventura, Descartes, Spinoza oder Hegel sowie in heutigen Gottesbeweisen findet. Das Wort „Gott" bezeichnet nach Anselm „etwas, über das hinaus nichts Größeres *gedacht* werden kann" (Proslogion c. 2; Op. Omnia I, 101,4 f.). Da aber das denkbar Größte nach Anselm nicht mehr das Größte wäre, wenn ihm das reale Sein fehlt (ein Gott ohne Sein ist weniger als ein Gott mit Sein), folgt aus dem Charakter des Gottesbegriffs für Anselm notwendig die Existenz Gottes.[115]

114 Vgl. T. Buchheim [u. a.] (Hg.): Gottesbeweise.

115 Zur detaillierteren Darlegung der Beweise und ihrer kritischen Betrachtung siehe M. Haudel: Gotteslehre, Kap. VI,3: Gottesbeweise.

An dieser Stelle der dritten Beweisart setzt *Kants grundsätzliche Kritik an den Gottesbeweisen* an. Bezug nehmend auf den entsprechenden ontologischen Beweis von Descartes kritisiert er, dass ein solcher Übergang von der Ordnung des Denkens zur Ordnung des Seins nicht möglich sei, weil das „Sein" kein reales Prädikat darstelle, das zum Begriff eines Dinges hinzukommen könne. In der „Kritik der reinen Vernunft"[116] betont Kant, dass wirkliche Existenz im Unterschied zu gedachter Existenz erst im Zusammenhang mit der sinnlichen Wahrnehmung behauptet werden kann. Da Gott aber kein Gegenstand empirischer Erfahrung sei, könne nicht von seiner Denkbarkeit auf seine Existenz geschlossen werden. Entsprechend handele es sich beim Gottesbegriff um einen Grenzbegriff der Vernunft, weshalb der *theoretischen* Vernunft kein Urteil über Gottes Existenz möglich sei – auch nicht über sein transzendentes Wesen. Denn die Vernunft ergreife nicht die Dinge an sich, sondern nur ihre Erscheinungen, die von den apriorischen Kategorien der Vernunft bestimmt seien. Insgesamt kommt Kant zu dem Schluss: Indem sich Gott als Grenzbegriff nicht aus der Erfahrungswelt ableiten lässt, ist er für die theoretische Vernunft nicht erkennbar, die mit dem vermeintlichen Zugriff auf den transzendenten Bereich ihre Grenze überschreitet. So richtig wie Kant hier einerseits die Grenzen menschlicher Vernunft erkennt, welche Gott nicht aus den natürlichen Bedingungen rekonstruieren kann (was den Erfolg von Kants Metaphysikkritik erklärt), so gerät ihm andererseits hinsichtlich der empirischen Erfahrung das heils*geschichtliche* Handeln Gottes aus dem Blick.

Insofern als der Übergang von der Ordnung des Denkens zur Ordnung des Seins nach Kant letztlich in allen drei klassischen Beweisarten vollzogen wird, sind sie für ihn nicht durchführbar und damit gescheitert. Dennoch meint Kant, die Notwendigkeit der Existenz Gottes auf der Ebene der *praktischen* Vernunft erweisen zu können. Diesbezüglich entwickelt er in der „Kritik der praktischen Vernunft"[117] einen *moralischen Gottesbeweis:* Das Bewusstsein der sittlichen Pflicht charakterisiert den Menschen als freies sittliches Wesen, womit sich tugendhaftes Handeln und das Erreichen der entsprechenden Glückseligkeit verbinden. Weil der so implizierte gerechte Ausgleich in der Welt aber faktisch nicht garantiert ist, bedarf es notwendig der unsterblichen Seele und des Daseins eines gerechten Gottes, dessen Existenz sich also durch die *subjektive* Gewissheit der praktischen Vernunft erweist. Gottes Notwendigkeit und Existenz sind für Kant demnach ein Postulat der praktischen bzw. moralischen Vernunft. Während Kant auf der Ebene der theoretischen Vernunft den beweisbaren Rückschluss auf Gottes Existenz für unmöglich hält – und damit auch die klassischen Gottesbeweise –, vollzieht er auf der Ebene der praktischen Vernunft faktisch selbst einen solchen Rückschluss.

Die *gegenwärtige Auseinandersetzung mit Gottesbeweisen* bezieht sich in *Anknüpfung und Kritik* in unterschiedlichster Weise auf die gezeigten Grundlagen. Christoph Schwöbel etwa weist in Bezug auf das *moralische Argument* Kants darauf

116 Siehe I. Kant: Kritik der reinen Vernunft.
117 Siehe ders.: Kritik der praktischen Vernunft.

hin, dass dieses hilfreich sein könnte, die in der Auseinandersetzung von Theologie und Naturwissenschaft bestehende Fokussierung auf die Naturgesetze, die besonders für *physiko-theologische Beweise* charakteristisch ist, aufzubrechen, indem es auch an andere Erfahrungshorizonte erinnert. Denn der Bezug des physiko-theologischen Beweises auf bestimmte Erfahrungen der Sinnenwelt mit objektivem Charakter führt dazu, dass die Priorität auf der Natur und ihren Eigenschaften liegt und der Beweis in dieser Ausrichtung vornehmlich im Dialog zwischen Theologie und Naturwissenschaft Geltung erhält, beispielsweise in Konzentration auf die kosmologische Feinabstimmung (engl. „fine tuning“). Gegenüber der Fokussierung auf naturwissenschaftliche Einzelfragen, die Gott besonders unter Bezugnahme auf unerklärliche Phänomene leicht zum Lückenbüßer werden lässt, hat die Theologie laut Schwöbel den Dialog mit den Naturwissenschaften von der Ganzheit ihrer Gotteserfahrung her zu führen. Nicht aus kausalen Zusammenhängen oder Erklärungslücken, sondern erst aus dem trinitarisch-heilsgeschichtlichen Gesamtzusammenhang lasse sich die eigentliche Bestimmung bzw. das Ziel der Wirklichkeit erkennen.[118] In dieser Orientierung könne die Theologie dazu beitragen, die im physiko-theologischen Ansatz angelegte Engführung auf naturgesetzliche Voraussetzungen zu überwinden und die für die Erfahrungswirklichkeit ebenso zentralen Aspekte wie Geschichte oder menschliche Freiheit und Ethik einzubringen. Vor diesem Hintergrund lässt sich auch die Forderung verstehen, heute lieber vom „empiriko-theologischen“ statt vom „physiko-theologischen“ Argument zu sprechen.[119]

Bezüglich der *kosmologischen Beweise* und der Kritik Kants an deren deduktiver Argumentation sind gegenwärtig Versuche zu beobachten, auch *induktive* kosmologische Beweise zu führen. Zum Beispiel sieht Richard Swinburne darin einen Weg zur Überwindung der Kritik Kants, dessen Grenzziehung hinsichtlich möglicher Erfahrung er ebenfalls in Frage stellt, da Kant dafür kein überzeugendes Kriterium besitze.[120] Denn es bestehe durchaus die Möglichkeit, auch nicht erfahrbare Gegenstände durch Begriffe wahrzunehmen. Aus der induktiven Wahrnehmung verschiedener naturwissenschaftlicher, religiöser und anderer lebensweltlicher Phänomene und Erkenntnisse lässt sich nach Swinburne insgesamt auf die hohe Wahrscheinlichkeit der Existenz Gottes schließen, so dass der Wahrscheinlichkeitsaufweis mit seinen hinreichenden – aber nicht notwendigen – Bedingungen den Theismus als reale und vernünftige Möglichkeit erscheinen lasse.[121] Einen anderen Ansatz bietet die *phänomenologische* Ausrichtung des kosmologischen Arguments durch den dänischen Philosophen und Theologen Knud E. Løgstrup, der herausstellt, dass die Sprache neben der wissenschaftlichen Funktion auch eine Deutungsfunktion hat.

118 „Die Stellung des Menschen im Kosmos ergibt sich nach christlichem Verständnis nicht aus einem besonderen Schöpfungsmodus, sondern aus der besonderen Bestimmung, die der Mensch in der Schöpfung wahrnehmen soll.“ (C. Schöbel: Sein, S. 499) Vgl. insgesamt ebd., S. 492 ff.

119 Vgl. T. Buchheim [u.a.] (Hg.): Gottesbeweise, S. 24 (Einleitung).

120 Hier wäre auch wieder nach der Wahrnehmung heils*geschichtlich* vermittelter Glaubenserfahrung zu fragen.

121 Vgl. R. Swinburne: Hume, S. 317–333.

Beispielsweise impliziere die phänomenologische Vertrautheit mit der Vergänglichkeit des Existierenden zugleich eine dieser Vergänglichkeit widerstrebende Macht, die in der jüdisch-christlichen Sprachtradition mit Gott als Ursprung des Seins identifiziert werde. In phänomenologischer Orientierung lasse sich die Plausibilität des kosmologischen Arguments auch ohne zwingende wissenschaftliche Notwendigkeit darstellen, was zugleich die Relativierung naturwissenschaftlicher Angriffspunkte ermögliche.[122] Neben den genannten Ansätzen gibt es etliche philosophische und theologische Entwürfe, die mit Modifizierungen zumindest eine Version der drei Argumentationsstränge des kosmologischen Beweises für möglich halten, wie etwa John Leslie oder der evangelische Theologe Friedrich Hermanni. Letzterer verbindet die von Leibniz geprägte kosmologische Version mit dem ontologischen Argument: Die Leibnizsche Frage, warum es überhaupt kontingentes bzw. lediglich mögliches Sein gibt, mit dem entsprechenden Hinweis auf den notwendigen transzendenten Grund alles Kontingenten, kombiniert Hermanni mit einer modifizierten ontologischen Version. Sie begegnet Kants Kritik, dass Existenz kein begrifflicher Gehalt sei, mit dem platonisch gefärbten Argument, das Gute strebe von sich aus nach Sein, weshalb Gott als höchstes Gut die größtmögliche Tendenz besitze, real zu sein.[123]

Der *ontologische Beweis* wird bzw. wurde ferner durch zeitgenössische Philosophen wie Alvin Platinga oder durch den Mathematiker und Logiker Kurt Gödel (1906–1978) mit modallogischen Mitteln fortgeschrieben. Gödels Gottesbeweis gelangte erst nach seinem Tod zur Veröffentlichung und enthielt noch einige Lücken, die unter anderem von dem Mathematiker Christoph Benzmüller geschlossen wurden.[124] Darauf aufbauend hat der Mathematiker Bernhard Eylert einen mathematischen Beweis der Unendlichkeit Gottes vorgelegt, in dem Bewusstsein, damit lediglich andeuten zu können, dass ein Theismus mathematisch-naturwissenschaftlichen Einsichten nicht widersprechen muss.[125]

Nach wie vor geben viele Philosophen und Theologen zu bedenken, genuine Gottesbeweise seien als streng logische Vernunftbeweise bzw. als von natürlichen Vorgaben ausgehende Rückschlussverfahren aufgrund der Begrenztheit menschlicher Vernunft und der transzendenten unverfügbaren Eigenwirklichkeit Gottes nicht möglich. So betont Jens Halfwassen, dass Gott als Dimension jenseits von Sein und Nicht-Sein durch zwingende Rückschlüsse bzw. Beweise nicht fassbar sei, was für Markus Enders zeigt, dass sich die endliche Vernunft mit dem Beweis der Existenz und des Wesens Gottes über Gott als das schlechthin Unübertreffliche zu erheben versucht.[126] Nach Thomas Buchheim, der auf Schellings Philosophie zurückgreift, würde ein solcher Versuch zugleich der freien Personalität Gottes

122 Vgl. K.E. Løgstrup: Schöpfung.

123 Vgl. F. Hermanni: Warum ist überhaupt etwas? – Zu Leslies Ansatz siehe J. Leslie: Proof.

124 Siehe zu Gödel *Kap. VI,5.* – Zu Gödel und Platinga siehe ferner J. Bromand/G. Kreis (Hg.): Gottesbeweise, S. 381–491.

125 Dabei bezog er sich auch auf M. Haudel: Gotteslehre. – Siehe B. Eylert: Gott/Naturwissenschaftler, und ders.: Gott/Welt.

126 Vgl. J. Halfwassen: Sein, und M. Enders: Gottesbegriff.

widersprechen, zumal uns mit Gott keine Vernunft-Kausalität verbinde, sondern ein interpersonales Verhältnis.[127] Deshalb hat laut Axel Hutter die Geschichte als Ganze den Charakter eines offenen Erkenntnisgrundes.[128] Das wiederum verweist auf die Bedeutung der heilsgeschichtlichen Selbsterschließung Gottes. Erst im Kontext dieses trinitarisch-heilsgeschichtlichen Gesamtzusammenhangs lassen sich nach Christoph Schwöbel Bestimmung, Sinn und Ziel der Wirklichkeit und das Wesen Gottes erkennen. Deshalb könne weder ein reduktionistischer kreationistischer Nachweis der Existenz Gottes unter Verweis auf kausales Design gelingen noch ein reduktionistischer szientistischer Nachweis der Nicht-Existenz Gottes unter Verweis auf weltimmanente Kausalität (atheistisch-szientistischer Evolutionismus).[129]

Wie auch schon die bisherigen Kapitel gezeigt haben (z.B. Kap. III u. IV,2), ist ein genuiner Beweis der Existenz Gottes – oder seiner Nicht-Existenz – im Sinne begrifflicher Rekonstruktion oder eines Rückschlusses von natürlichen Gegebenheiten angesichts der unverfügbaren Eigenwirklichkeit Gottes, die seiner Personalität entspricht, letztlich nicht möglich. Zwar haben Menschen zu allen Zeiten aufgrund ihrer Welterfahrung ein Gottesbewusstsein entwickelt und in den Werken der Schöpfung Verweise auf Gott erkannt. Aber die mit der menschlichen Selbsttranszendenz einhergehende Ahnung von Gott, mit der die Vernunft über sich hinausgewiesen ist, bleibt für tragfähige und konkrete Aussagen über Gott und sein Wesen auf Gottes heilsgeschichtliche Selbsterschließung angewiesen. So lässt erst die darauf beruhende persönliche Beziehung zwischen Gott und Mensch in der Glaubenserfahrung sowie im Glaubensbewusstsein verlässlich erkennen, wer Gott ist und was er für den Menschen bedeutet.[130] Im Gefüge dieser Zusammenhänge kann Gottesbeweisen zunächst – wie etwa in der mittelalterlichen Synthese von Glaube und Vernunft – die Funktion zukommen, das im Glauben Erfasste angesichts der Welterfahrung rational nachzuvollziehen, was aus der „Außenperspektive" jedoch nur den Aufweis von Wahrscheinlichkeiten bedeutet, so dass es sich mehr um *Verweise* als Beweise handelt. Wenn Gottesbeweise gegenüber natürlich-deistischen Beweisansprüchen in dieser bescheideneren Funktion betrachtet werden, können sie über die Theologie hinaus als Möglichkeit dienen, die Weite religiöser Erfahrung zu öffnen, indem sie etwa das ehrfürchtige Staunen über das Sein als Transzendenzerfahrung auf Gott hin ansichtig werden lassen, sei es im Blick auf die Ordnung und die Zielgerichtetheit des Seins oder auf die moralischen Implikationen der Existenzerfahrung. Dabei wird zugleich die Vermittlung von Glaube und Vernunft ermöglicht.[131]

In solcher Ausrichtung finden sich besonders im Kontext des Verhältnisses von Theologie und Naturwissenschaft verschiedenste Formen von Gottesbeweisen. Es wurde in diesem Abschnitt bereits an den Konzeptionen von Naturwissenschaftlern

127 Vgl. T. Buchheim: Barrieren.
128 Vgl. A. Hutter: Sinn.
129 Vgl. C. Schwöbel: Sein.
130 Vgl. I.U. Dalferth: Inbegriff, S. 89 ff.
131 Vgl. J. Clayton: Art. „Gottesbeweise III", S. 760–776. – Zu den Gottesbeweisen insgesamt siehe auch M. Haudel: Gotteslehre, Kap. VI,3.

wie Barbour und Philosophen wie Swinburne gezeigt, wie man auf der Grundlage naturwissenschaftlicher Erkenntnisse (z. B. kosmologische und biologische Feinabstimmung) und anderer lebensweltlicher Erfahrungen rational nachvollziehbar die Wahrscheinlichkeit der Existenz Gottes zu erweisen versucht. In gleicher Orientierung kommen auch Philosophen wie Holm Tetens und Theologen wie Hans Kessler zu dem Ergebnis, dass in Anbetracht aktueller naturwissenschaftlicher Erkenntnisse ein Theismus höhere Plausibilität habe als ein Atheismus oder Naturalismus.[132]

Solche Versuche der Vermittlung von Glaubenserfahrung und rationaler Wirklichkeitserfahrung überschätzen die Trag- und Leistungsfähigkeit von Gottesbeweisen nicht, schätzen aber ihre Möglichkeit, als *Verweise* auf den Zusammenhang von Glaubens- und Wirklichkeitserfahrung fungieren zu können. Diese Funktion von Gottesbeweisen bleibt besonders hinsichtlich des Verhältnisses von Theologie und Naturwissenschaft zu beachten, weshalb es ratsam ist, Gottesbeweise weder generell als nutzlos zu bezeichnen noch sie als Möglichkeit einer genuinen Beweisbarkeit von Gottes Existenz oder Nicht-Existenz zu sehen. Eine differenzierte Einschätzung der Trag- und Leistungsfähigkeit von Gottesbeweisen ist besonders angesichts der Geschichte des Verhältnisses von Theologie und Naturwissenschaft erforderlich.

Literatur

Barbour, Ian G.: Naturwissenschaft trifft Religion. Gegner, Fremde, Partner? Aus dem Englischen von Regine Kather, Göttingen 2010.

Becker, Patrick/Diewald, Ursula (Hg.): Zukunftsperspektiven im theologisch-naturwissenschaftlichen Dialog (=Religion, Theologie und Naturwissenschaft/Religion, Theology, and Natural Science 22), Göttingen 2011.

Bromand, Joachim/Kreis, Guido (Hg.): Gottesbeweise, von Anselm bis Gödel, Berlin 2011.

Buchheim, Thomas [u. a.] (Hg.): Gottesbeweise als Herausforderung für die moderne Vernunft (=Collegium Metaphysicum 4), Tübingen 2012.

Dürr, Hans-Peter: Auch die Wissenschaft spricht nur in Gleichnissen. Die neue Beziehung zwischen Religion und Naturwissenschaften, hg. v. Marianne Oesterreicher, Freiburg (Br.) [7]2010.

Evers, Dirk: Theologie – Erfahrung – Wissenschaft, in: Petzoldt, Matthias (Hg.): Theologie im Gespräch mit empirischen Wissenschaften (=Veröffentlichungen der Wissenschaftlichen Gesellschaft für Theologie 35), Leipzig 2012, S. 377–407.

Härle, Wilfried: Dogmatik, Berlin/Boston [4]2012.

Haudel, Matthias: Gotteslehre. Die Bedeutung der Trinitätslehre für Theologie, Kirche und Welt (=UTB 4292), Göttingen [2]2018.

132 Vgl. H. Tetens: Gott, S. 53 (siehe auch *Kap. II,3*), und H. Kessler: Evolution, S. 160: „Die kosmische und biologische Evolution kann daher mit guten Gründen theologisch *gedeutet* werden, ja sie bekommt dadurch sogar eine tiefere Plausibilität." – Siehe auch *Kap. XI,1.3 u. 2.1.3.*

Jüngel, Eberhard: Gott als Geheimnis der Welt. Zur Begründung der Theologie des Gekreuzigten im Streit zwischen Theismus und Atheismus, Tübingen ^{3}1978.

Polkinghorne, John: Theologie und Naturwissenschaft. Eine Einführung. Aus dem Englischen von Gregor Etzelmüller, Gütersloh 2001.

Tapp, Christian/Breitsameter, Christof (Hg.): Theologie und Naturwissenschaften, Berlin/Boston (MA) 2014.

Weinhardt, Birgitta Annette/Weinhardt, Joachim (Hg.): Naturwissenschaften und Theologie II. Wirklichkeit: Phänomene, Konstruktionen, Transzendenzen. Mit Beiträgen von Ulf Dettmann [u. a.], Stuttgart 2014.

Weinhardt, Joachim (Hg.): Naturwissenschaften und Theologie. Methodische Ansätze und Grundlagenwissen zum interdisziplinären Dialog. Mit Beiträgen von Günter Altner [u. a.], Stuttgart 2010.

V. Zur Entstehung der weitreichenden und gegenseitigen Vorurteile (Von der Einheit über die Gegnerschaft zur Trennung)

Vom jeweiligen Naturverständnis hängt auch das Verständnis von Naturforschung bzw. Naturwissenschaft ab, was in Kapitel II,2 im Blick auf die gesamte Geschichte für Philosophie, Theologie und Naturwissenschaften dargelegt wurde. Der deutsche Begriff „Naturwissenschaft" kam zu Beginn des 18. Jahrhunderts auf, als Reaktion auf das neuzeitliche Verständnis von Naturerkenntnis, das sich im 16. und 17. Jahrhundert entfaltete.[1] Mit der neuzeitlichen Entwicklung gingen Veränderungen im Verhältnis von Philosophie bzw. Theologie und Naturforschung einher, welche von der Antike bis zum Mittelalter eine Einheit gebildet hatten. Die sich auf dieser Basis vollziehenden Veränderungen sollen im Folgenden dargelegt werden, weil die Einsicht in die verschiedenen *Phasen* des Verhältnisses von Theologie und Naturforschung bzw. -wissenschaft die gegenseitigen Vorurteile transparent werden lässt und so hilfreich für die Bewältigung der gegenwärtigen Herausforderungen ist. In ihrer jeweiligen Charakteristik werden die unterschiedlichen Phasen oft schwerpunktmäßig mit verschiedenen *Modellen* des Verhältnisses von Theologie und Naturwissenschaft in Verbindung gebracht. So spricht der Mathematiker und Theologe Ulrich Kropač vom Modell der *Einheit* im Mittelalter, das langsam vom Modell des *Konflikts* abgelöst wurde, aus dem schließlich das Modell der *Trennung* entstand, welches durch das – schon vielfach praktizierte – Modell des *Dialogs* zu ersetzen sei.[2] Solche Einteilungen sind natürlich idealtypisch und können nur bestimmte Spezifika mancher Phasen benennen, denn in jeder Phase existieren auch andere Formen des Verhältnisses, wobei zugleich regional unterschiedliche Tendenzen zu beachten sind, wie etwa der Unterschied zwischen Kontinentaleuropa und dem angelsächsischen Bereich. Die am meisten angewandte Typologie der Modelle stammt von dem Physiker, Theologen und Wissenschaftsphilosophen Ian G. Barbour, der vier Kategorien unterscheidet: *Konflikt* (Gegnerschaft), *Unabhängigkeit* (Trennung), *Dialog* (erkenntnistheoretisch und material) und *Integration* (z. B. auf

1 Vgl. E. Wölfel: Art. „Naturwissenschaft I u. II", S. 191. – Zur von Peter Harrison vertretenen Auffassung, der Begriff „Naturwissenschaft" im heutigen Verständnis könne erst für das 19. Jahrhundert geltend gemacht werden, da Naturerkenntnis vorher zum Teil noch als Naturphilosophie und -geschichte betrieben wurde, siehe *Anm. 33, II. Kap.*

2 Vgl. U. Kropač: Naturwissenschaft/Aspekte, S. 164 ff.

einer gemeinsamen philosophischen Grundlage).[3] Seither wurden viele weitere und differenziertere Typologien mit noch mehr Modellen erstellt, die aber auch andere Bereiche wie die Ethik stärker integrieren und die Übersicht bzw. Orientierung erschweren.[4] Die folgenden Ausführungen werden zeigen, dass sich in den jeweiligen Phasen der Entwicklung des Verhältnisses von Theologie und Naturforschung bzw. -wissenschaft durchaus Schwerpunkte der hier angeführten Modelle widerspiegeln, wobei aber die Vielschichtigkeit und Differenziertheit der Entwicklungen nicht zu übersehen ist.

1. Theologie und Naturforschung in der Antike und im Mittelalter

In der griechischen Antike mit ihrer Vorstellung eines vollkommenen Kosmos bildeten Philosophie bzw. Religion und Naturforschung eine Einheit. Naturforschung hatte die Aufgabe, die einheitliche Weltordnung durch Beobachtung erkennbar werden zu lassen. Technische Eingriffe (Experimente) wurden als Störung dieser Ordnung und ihrer Erkennbarkeit empfunden. Das natürliche Ordnungsgefüge galt als göttlich-weltlicher Kosmos, der seine ursprüngliche Wesensform und Zielgerichtetheit in sich selbst aufweist. Indem die christliche Theologie demgegenüber – in Anknüpfung an die jüdische Tradition – die Natur als von Gott geschaffene und unterschiedene Wirklichkeit herausstellte und so entsakralisierte, wurde die Natur in ihrer Kontingenz und Endlichkeit erst im eigentlichen Sinne profaner bzw. empirischer Erforschung zugänglich. Ferner eröffnete sich die rationale Erfassung der Naturzusammenhänge, die nun eine dem göttlichen Willen entsprechende Ordnung verkörperten. Das im 19. Jahrhundert zementierte Vorurteil der grundsätzlichen Inkompatibilität bzw. Gegnerschaft von Theologie und Naturwissenschaft verkehrte also schon die Ursprungszusammenhänge in ihr Gegenteil. Zur Zeit der Alten Kirche und im Mittelalter herrschte eine differenzierte Einheit von Theologie und Naturforschung, denn letztere vollzog sich ohnehin zunehmend im Kontext von Theologie und Kirche. Während die Darstellung von Naturerkenntnissen hier noch in ganzheitlicher begriffswissenschaftlicher Weise erfolgte und der Naturbegriff noch mit Zweck- und Zielursachen verbunden war, sollte sich das mit der Entstehung der neuzeitlichen Naturwissenschaften ändern.

Die abendländische Philosophie begann in der griechischen Antike als Naturphilosophie, in der Naturforschung integrativer Bestandteil der Philosophie war. Dieser Zusammenhang geht bereits aus Kapitel II,2 hervor, in dem das Naturverständ-

3 Vgl. I.G. Barbour: Naturwissenschaft, S. 14–53, und siehe *Kap. XII,2* (Barbours Konzeption). – Zu den Herausforderungen an Theologie und Naturwissenschaft, die sich mit den jeweiligen Modellen stellen, siehe M. Rothgangel: Naturwissenschaft, S. 201–211.

4 Siehe dazu R. Esterbauer: Methodenbewusstsein, S. 27 f., der auch auf die grundsätzliche Problematik solcher Kategorisierungen eingeht. Siehe ferner R.J. Russell/K. Wegter-McNelly: Verzahnung, S. 53 ff., und C. Seitz: Interdisziplinarität.

nis von Philosophie, Christentum (Theologie) und Naturforschung bzw. -wissenschaft von der Antike bis zur Gegenwart erörtert wurde. Hier sollen deshalb nur noch einige spezielle Aspekte der antiken und mittelalterlichen Zuordnung von Philosophie bzw. Theologie und Naturforschung dargelegt werden, die zum Teil von bleibender Relevanz für die angemessene Erkenntnis gegenwärtiger Herausforderungen sind.

Die *Einheit* von Philosophie bzw. Religion und Naturforschung in der *griechischen Antike* geht mit der Vorstellung eines vollkommenen Kosmos einher, der nach Platon (427–347) und Aristoteles (384–322) eine einheitliche Weltordnung beinhaltet, welche der Theoretiker zweckfrei schaut, ohne die Erkenntnisgegenstände anzurühren. Denn er soll die Gegenstände „so erkennen, wie sie von Natur aus geworden sind. Deshalb war es in der Antike selbstverständlich, dass theoretische Erkenntnis der Natur nichts mit technischen Eingriffen in sie gemein haben darf. [...] Naturwidrige Veränderungen stören nach antiker Vorstellung die vollkommene Ordnung der Natur und haben deshalb in einer Wissenschaft, die dem Menschen die Vollkommenheit dieser Ordnung vor Augen stellen und ihn daran teilhaben lassen soll, nichts zu suchen.“[5] So ist es verständlich, dass Naturerkenntnis für Aristoteles das induktive Zusammentragen von Beobachtungen bedeutete, er aber nicht experimentiert hat.[6] Durch systematische Beobachtung konnte bereits Aristarch von Samos (ca. 310–230) das heliozentrische Weltbild vertreten, wonach die Sonne und nicht die Erde im Zentrum des „Weltalls“ steht, was aber damals noch keine Anerkennung fand. In Annahmen der noch viel früheren Vorsokratiker bilden sich sogar inhaltlich schon Auseinandersetzungen des 20. Jahrhunderts zwischen Kontinuums-Physik (materialistischer Determinismus) und Quantenphysik (Unbestimmtheit) ab, wenn Demokrit alles auf kleinste Teilchen, die Atome, bezog, und Anaximander das Unbestimmte und Unbegrenzte als Grundprinzip hervorhob.[7] Für die zusammenfassende und systematisierende Sicht des Aristoteles, die wirkungsgeschichtlich maßgeblich wurde, gilt die Natur als organisches Ordnungsgefüge, das mit dem Prinzip der Bewegung und Ruhe seine ursprüngliche Wesensform und Naturkraft ebenso in sich selbst aufweist wie mit dem Prinzip zielgerichteter Zweckmäßigkeit (Teleologie). Nach Platon bilden die letztlich in Gott gründenden „Ideen“ in der Übereinstimmung von Geist und Natur die konstitu-

5 H. Tetens: Glaube, S. 275. Vgl. zur Vorstellung der einheitlichen Weltordnung J. Hübner: Kosmologie, S. 4.

6 Vgl. J. Weinhardt: Hinführung, S. 11, der auch darauf hinweist, dass es hundert Jahre später mit *Archimedes von Syrakus* eine Ausnahme gab, da dieser statische und hydrostatische *Experimente* durchführte. H. Tetens: Glaube, S. 275, betont, dass es dort, wo in der Antike experimentiert wurde, nicht um die theoretische Erkenntnis der Natur ging. „Die Antike hatte in der Wissenschaft von der Natur zwischen natürlichen und technisch erzwungenen Bewegungen unterschieden.“ (Ebd.)

7 Siehe *Kap. II,2,* wo die antiken Zusammenhänge umfassender dargestellt sind und auch der Hinweis auf die durchaus schon damals bewusste Unterscheidung zwischen der Natur als aus sich her Seiendem (Physis) und dem menschlich Gestalteten (Technik) erfolgt.

tive Form- und Zweckursache. In der griechischen Kosmologie spiegelt sich dieser einheitliche göttlich-weltliche Kosmos wider.

Demgegenüber machte die *christliche Theologie* in Anknüpfung an die jüdische Tradition die Natur als das von Gott Geschaffene und von ihm Unterschiedene geltend. Mit der Entgöttlichung bzw. Entsakralisierung der Natur konnte diese erst wirklich zum Gegenstand *profaner* Erforschung werden. Indem Natur als freie Schöpfung Gottes in ihrer *Kontingenz* (Möglichkeit) und Endlichkeit hervortrat, wurde sie *empirischer* Betrachtung zugänglich, was auch mit dem jüdisch-christlichen Verständnis von Heils*geschichte* korreliert. Weil die Natur zugleich die dem göttlichen Willen entsprechende Ordnung verkörpert, die in Jesus Christus als dem göttlichen Logos gründet (im Unterschied zur kosmologischen Zuordnung des Logos in der griechischen Antike), ist die Natur in ihrer Profanität *rational* erforschbar. Damit wurden Grundvoraussetzungen für das spätere neuzeitliche Verständnis von Naturerkenntnis bzw. Naturwissenschaft gelegt, was sowohl Profanität und Kontingenz der Natur sowie damit verbundene empirische – und so auch experimentelle – Zugänge betrifft als auch die Möglichkeiten rationaler Einsehbarkeit.[8] Die besonders im 19. Jahrhundert tradierte Auffassung der grundsätzlichen Inkompatibilität und Gegnerschaft von Theologie und Naturwissenschaft erweist sich also schon an den Ursprüngen des Verhältnisses als krasses und nicht stichhaltiges *Vorurteil*, das die Zusammenhänge in ihr Gegenteil verkehrt.

In der Zeit der *Alten Kirche* gab es neben Tendenzen wörtlicher Bibelauslegung unter Ablehnung philosophischer Perspektiven (z. B. antiochenische Schule) verbreitet die allegorische Exegese, die nach den geistig erfassbaren Realitäten der Texte fragte und so an zeitgenössische naturphilosophische Erkenntnisse anknüpfen konnte (z. B. alexandrinische Schule). Entsprechend vermochte man die Übereinstimmung von Schöpfungsbericht und ptolemäischer Kosmologie zu sehen, wobei man jedoch den hypothetischen Charakter naturphilosophischer Annahmen betonte und damit erneut gegenwärtige erkenntnistheoretische Einsichten vorwegnahm.[9] Außerdem fand eine am biblischen Maßstab orientierte kritische Rezeption naturphilosophischer Einsichten statt. Entsprechend stellte etwa Augustin gegenüber platonischen Naturvorstellungen Gott als *erschaffende* Dimension dar, während er gegenüber der aristotelischen Vorstellung, die Natur habe das Prinzip ihrer Wirklichkeit in sich selbst, die Abhängigkeit der Natur von Gott betonte. In gleicher Weise war etwa die Zeit- und Geschichtslosigkeit des aristotelischen Universums zu kritisieren.[10]

Insgesamt existierte also eine – durchaus differenzierte und kritische – *Einheit* von Theologie und Naturforschung, zumal sich Naturphilosophie bzw. -forschung zunehmend im Kontext von Kirche und Theologie vollzog. „Im Laufe […] des frühen Mittelalters hatte sich ein Stoffkanon gebildet, der kaum Spannungen zwi-

8 Vgl. C. Schwöbel: Theologie, S. 207; ders.: Sein, S. 495; R.J. Russell/K. Wegter-McNelly: Verzahnung, S. 55; S. Vollenweider: Erstgeborene, und H.M. Nobis: Wandel. – Siehe auch *Kap. I,1 u. II,2.*

9 Vgl. A.M. Ritter: Kosmologie.

10 Siehe *Kap. II,2.*

schen der Theologie und den übrigen Wissenschaften aufkommen ließ."[11] Weil die Natur nach Augustin analoge Spuren des Schöpfers aufweist, kann das „Buch der Natur" dem „Buch der Bibel" beigeordnet und aus beiden Büchern gelesen werden.[12] „Naturkunde und existentiale Orientierung waren unter den Bedingungen mittelalterlichen Weltverständnisses noch ineinander und miteinander verwoben, ihre Erschließung konnte noch gemeinsame Wege gehen."[13] Mit der mittelalterlichen Aristoteles-Rezeption – besonders durch Thomas von Aquin – setzte sich die differenzierte Zuordnung von Glaube und Wissen bzw. von Glaubens- und Wirklichkeitserfahrung fort. Die Natur galt weitgehend als vorgegebener Lebenskontext und als – wenn auch ambivalente – Norm gelingenden Lebens. Naturerkenntnis wurde in ganzheitlicher begriffswissenschaftlicher Orientierung dargelegt und der Naturbegriff war noch mit Zweck- und Zielursachen verbunden, was die Fragen nach Sinn und Hoffnung impliziert.[14] Daran sollte sich mit der Entstehung der neuzeitlichen Naturwissenschaft fortschreitend einiges ändern – und damit auch am Verhältnis von Theologie und Naturforschung. Diese Entwicklung lässt sich besonders am Wirken von Galileo Galilei ablesen, das zudem im Kontext des ideologischen naturwissenschaftlichen Weltbildes des 19. Jahrhunderts unsachgemäß für die Fundierung gegenseitiger Vorurteile instrumentalisiert wurde.

2. Galileo Galilei und der Wechsel zeitgenössischer Denkmuster (Paradigmenwechsel)

Auch für die Generation der großen Naturforscher wie Galileo Galilei, die als Begründer der neuzeitlichen Naturwissenschaft gelten, ließ die Natur analoge Spuren des Schöpfers erkennen, so dass die Komplementarität von Natur- und Bibelforschung weiterhin nicht angezweifelt wurde. Allerdings vollzog sich mit diesen Naturforschern ein nachhaltiger methodischer und inhaltlicher Paradigmenwechsel (Wechsel zeitgenössischer Denkmuster), den besonders Galilei konsequent vorantrieb. Gegenüber der bisherigen begriffswissenschaftlichen Darstellung der Gesamtaspekte der Naturwirklichkeit reduzierte Galilei Naturerkenntnis in *methodischer* Hinsicht auf *Experimente* und *mathematische* Formalisierung. Das hatte die alleinige Konzentration auf die Kausalanalyse zur Folge und blendete Zweck- und Zielursachen aus. Gegenüber antiker Naturbetrachtung wurden experimentelle Eingriffe in die Natur und die technische Beherrschbarkeit der Natur – als Macht über die Natur – zur Grundlage der Naturforschung bzw. der neuzeitlichen Naturwissenschaft, ebenso wie mathematische Formalisierung und rein kausale Analyse. Diese Reduktion einer bis dahin ganzheitlicheren Wirklichkeitserkenntnis war ein maß-

11 J. Weinhardt: Hinführung, S. 14f.
12 Vgl. H. Rosenau: Art. „Natur", S. 102.
13 J. Hübner: Kosmologie, S. 27.
14 Siehe *Kap. II,2*.

geblicher Grund für die Auseinandersetzung zwischen Galilei und seiner Kirche, was aber in den geläufigen Darstellungen kaum zur Geltung kommt. Denn diese bieten zumeist eine verzerrte und polarisierende Sicht der Auseinandersetzung über den *inhaltlichen* Paradigmenwechsel, der die Ablösung des ptolemäischen Weltbilds durch die *heliozentrische Kosmologie* betraf. Galileis Beobachtungen zur Unterstützung dieser Kosmologie waren auch noch unter Astronomen umstritten und es ging der Kirche darum, erst auf der Grundlage klarer Belege Aussagen zu treffen, aus denen weitreichende Veränderungen eines Weltbildes resultieren. Doch aufgrund von Eitelkeiten und persönlichen Animositäten schaukelte sich der Konflikt hoch, der aber keinesfalls geeignet war, Galilei als naturwissenschaftlichen Märtyrer zu stilisieren, was besonders im 19. Jahrhundert geschah. Ebenso wenig trifft die oft negativ dargestellte Rolle der Reformatoren im Blick auf die Durchsetzung des heliozentrischen Weltbilds zu. Die bis heute bestehenden Vorurteile sind also wesentlich durch bewusst polarisierende Tradierungen der Ereignisse entstanden.

2.1 Methodischer Paradigmenwechsel (Experiment und Mathematik)

Die als Väter der modernen Naturwissenschaft geltenden Naturforscher wie Kepler, Galilei und Newton verstanden ihre Forschung nach wie vor als Priesterdienst am „Buch der Natur", das laut ihrer Überzeugung – neben dem „Buch der Bibel" – Gott als den Schöpfer erkennen lässt.[15] Dennoch vollzog sich mit ihnen im 16. und 17. Jahrhundert ein methodischer *Paradigmenwechsel* (also ein Wechsel zeitgenössischer Denkmuster[16]) gegenüber der bisherigen Naturforschung und dem überkommenen Naturbegriff. Dieser Paradigmenwechsel hatte zusehends auch Auswirkungen auf das Verhältnis von Naturforschung bzw. -wissenschaft und Philosophie bzw. Theologie. Im Wirken von Galileo Galilei (1564–1642) „verkörpert sich der Geist der neuen Naturwissenschaft wohl am lebendigsten"[17]. Gegenüber der begriffswissenschaftlichen Argumentation aristotelisch-thomistischer Tradition, die von der Antike bis ins Mittelalter Naturerscheinungen qualitativ beschrieb, reduzierte Galilei Naturforschung auf quantitative und funktionale Aussagen, indem er Erfahrung dezidiert auf *Experimente* bezog und deren Ergebnisse stringent *mathematisch* formalisierte. Die Abstraktion vom Augenschein und die Konzentration auf das Experiment führten zunehmend zur Reduktion auf messbare Größen und formalisierbare Zusammenhänge. Galilei begnügte sich nicht mehr mit kontingenten

15 Vgl. J. Hübner: Wirklichkeit, S. 93.

16 Thomas S. Kuhn (1922–1996) stellte in seiner Wissenschaftstheorie die Bedeutung des jeweiligen weltanschaulichen Kontextes für die Wissenschaft heraus, so dass wissenschaftliche *Paradigmen* entstehen, die weltanschauliche Vorannahmen einschließen. Die in diesen Gesamtzusammenhängen auftretenden Veränderungen bzw. Revisionen bezeichnet er als *Paradigmenwechsel* (siehe T.S. Kuhn: Struktur). – Zur Einordnung von Kuhns Konzept in das postmoderne Denken siehe N. Murphy: Theologie, S. 80 ff.

17 E. Wölfel: Art. „Naturwissenschaft I u. II", S. 190.

Naturbeobachtungen, sondern führte diese methodisch durch Experimente herbei, und zwar möglichst unter Ausschaltung von Neben- oder Hintergrundeffekten, um exakte Ergebnisse zu erhalten. Denn er benötigte genaue Messergebnisse, „um sie in festen zahlenmäßigen Proportionen festhalten zu können. Experiment als künstlich provozierte Erfahrung und angewandte Mathematik als exakte Darstellungsform bedingen sich also wechselseitig. Beide gehen darum als konstitutive Elemente ein in den neuzeitlichen Begriff des Naturgesetzes. Dieser Begriff hat in methodischer Hinsicht etwa mit dem thomistischen Begriff der lex naturalis [Gesetz der Natur] so gut wie gar nichts mehr gemein."[18] Denn mit dieser Reduktion verbindet sich die konsequente Konzentration auf die *Kausalanalyse,* unter Absehung von den Zweck- und Zielursachen, was ebenfalls charakteristisch für die moderne Naturwissenschaft wurde. Zum Inbegriff der Natur und ihrer Erkenntnis wird das, „was sich quantitativ und in funktionalen Veränderungen äußert"[19] und in mathematisch qualifizierte Naturgesetze bringen lässt. Für Galilei ist das Buch der Natur „geschrieben in der Sprache der Mathematik" („scritto in lingua mathematica")[20].

Die damit einhergehende scheinbare Berechenbarkeit bzw. Prognostizierbarkeit „macht den Menschen zum Herrn über die Natur. Denn durch die Wiederholbarkeit ihrer Effekte ist zugleich technische *Anwendbarkeit* grundgelegt"[21]. Das hat Galilei laut Holm Tetens dadurch hervorgerufen, dass er die seit der Antike geltende „Trennung zwischen natürlichen und naturwidrigen Veränderungen" beiseiteschob, indem er die durch Apparate bewirkten Bewegungen (z. B. Flaschenzug) als von der Natur vorgegebene Kraftwirkungen postulierte. „So avanciert bei Galilei und den anderen Pionieren der neuzeitlichen Naturwissenschaften das Experiment mit Apparaten und Maschinen, in der Antike als Mittel theoretischer Naturerforschung verpönt, zum Erkenntnisinstrument par excellence." Der damit ermöglichte „Zusammenhang zwischen Phänomenerklärung und technischer Reproduktion wird zum hervorstechenden Zug neuzeitlicher Naturwissenschaft. *Ein Phänomen naturwissenschaftlich erklären zu können, heißt jetzt zu wissen, was man tun muss oder im Prinzip tun müsste, um dieses Phänomen oder ein vergleichbares ähnliches Phänomen technisch zu erzeugen und zu manipulieren.*"[22]

Wie bei Johannes Kepler (1571–1630) setzt sich bei Galilei die an Experiment und mathematische Durchdringung gebundene Empirie nachhaltig gegen philosophische Gesamtaspekte der Wirklichkeit durch.[23] Diese *reduktionistische Hermeneutik* war auch eine der Ursachen für die Auseinandersetzung zwischen Galilei und seiner Kirche, was jedoch in den geläufigen Darstellungen des Streits kaum Beachtung findet. Hinsichtlich der *theologischen Perspektive* ist Galilei – wie Kepler – der Über-

18 U. Barth: Abschied, S. 25.

19 E. Wölfel: Art. „Naturwissenschaft I u. II", S. 189.

20 G. Galilei: Le opere VI, S. 232.

21 E. Wölfel: Art. „Naturwissenschaft I u. II", S. 189.

22 H. Tetens: Glaube, S. 275 f.

23 Zur umfassenden mathematischen Grundlegung der Naturwissenschaft durch *Isaac Newton* siehe *Kap. V, 3.*

zeugung, dass sich die biblische Weltbetrachtung dem Fassungsvermögen der Menschen angepasst habe und entsprechend nur im übertragenen Sinn zu verstehen sei. Letztlich habe die Bibel lediglich das Ziel, die Menschen von den Aussagen über das Seelenheil zu überzeugen, die die Vernunft übersteigen und durch andere Wissenschaften nicht einsichtig zu machen sind. Im Blick auf die Naturerkenntnis komme ohnehin der Naturwissenschaft die maßgebliche Autorität zu, da sie zu unabänderlichen Erkenntnissen gelange, indem sie den unabänderlichen Gesetzen der Natur folge. Mit der Reduktion der Relevanz biblischer Aussagen auf nicht erklärbare Heilsaspekte und der Verabsolutierung naturwissenschaftlicher Einsichten zeigten sich bereits erste – unbeabsichtigte – Ansätze, die aufgrund polarisierender Weiterentwicklungen spätestens im 19. Jahrhundert zur Trennung von Theologie und Naturwissenschaft beitragen konnten (siehe Kap. V,5).[24] Zu dieser Trennung trug ferner die polarisierende Tradierung des inhaltlichen Paradigmenwechsels bei, der sich in der Kosmologie unter Rückgriff auf die neuen Methoden durch das heliozentrische Weltbild vollzog, welches Galilei in besonderer Weise forcierte.

2.2 Inhaltlicher Paradigmenwechsel (Heliozentrisches Weltbild)

Während die mit dem gezeigten methodischen Paradigmenwechsel einhergehende reduktionistische Erkenntnisperspektive kaum Beachtung als Aspekt der Auseinandersetzung zwischen Galilei und der Kirche findet, erfährt der von Galilei forcierte inhaltliche bzw. weltbildliche Paradigmenwechsel diesbezüglich zentrale Aufmerksamkeit. Es geht um die Ablösung der im 2. Jahrhundert von *Ptolemäus* wirkungsgeschichtlich maßgeblich formulierten *geozentrischen* Kosmologie, nach der die Erde den Mittelpunkt des Universums bildet. *Nikolaus Kopernikus* (1473–1543) hatte in seiner Schrift „Über die Bahnen der himmlischen Kreisläufe" (De revolutionibus orbium coelestium) das Modell der *heliozentrischen* Kosmologie mit der Sonne als dem von der Erde und den anderen Planeten umkreisten Mittelpunkt entwickelt, weil sich viele der astronomischen Beobachtungen so besser erklären ließen. Da er aber noch der antiken und mittelalterlichen Sphärenharmonie des Kosmos verhaftet blieb, ging es ihm vornehmlich um hypothetische Grundlagen der Bahnenberechnung und weniger um faktische Abläufe.[25] Das änderte sich mit der experimentellen und mathematischen Orientierung bei *Kepler:* „Die starre Harmonievorstellung antiker Kreisbahngeometrie wird jetzt abgelöst durch ein den faktischen Bewegungen gerecht werdendes System."[26] Diese Ausrichtung vollzieht *Galilei* in seiner stringenten experimentell-mathematischen Hermeneutik grundsätzlich: „Er unternimmt den ersten argumentativen Versuch großen Stils, das

24 Zu Galileis biblisch-theologischer Ausrichtung siehe A. Fölsing: Galileo Galilei, S. 285 ff.; U. Kropač: Naturwissenschaft/Aspekte, S. 158, und R. Eckel/H.-P. Großhans: Gegner, S. 44 f. Vgl. insgesamt auch J. Moltmann: Wissenschaft, S. 15, und B. Kanitscheider: Kosmologie, S. 154.

25 Vgl. H. Schwarz: Streit, S. 11.

26 E. Wölfel: Art. „Naturwissenschaft I u. II", S. 190.

Neue als das Maßgebliche, das Alte als das Vergangene aufzuweisen"[27], und zwar im Blick auf die Faktizität der Beobachtungen, so dass man eigentlich erst hier von der „kopernikanischen Wende" sprechen kann. Weil es also um einen *weltbildlichen Paradigmenwechsel* ging, der „zur Auflösung der Verbindung von räumlich gegliederten kosmologischen Ordnungsmustern mit Wertorientierungen"[28] führen konnte, war die philosophisch-theologische Relevanz der Fragestellung unweigerlich gegeben.

Galilei, der das kurz zuvor erfundene Teleskop lediglich verbesserte und konsequent astronomisch anwandte, vermochte durch dieses Hilfsmittel etliche Beobachtungen zur Unterstützung des heliozentrischen Modells beizutragen, die er 1610 in dem Buch „Der Sternenbote" (Sidereus nuncius) vorstellte.[29] Da das heliozentrische Modell im 17. Jahrhundert unter Astronomen noch äußerst umstritten war und Galilei die Beweiskraft vieler seiner Beobachtungen überschätzte, von denen sich etliche im Nachhinein durchaus als unzutreffend erwiesen, forderte ihn der mit diesen Fragen beauftragte *Kardinal Bellarmino* (1541–1621) auf, sich im Blick auf die Faktizität des heliozentrischen Modells zurückzuhalten, insofern noch keine klaren Belege vorlägen. Denn es gehe immerhin um die Auflösung eines überkommenen Weltbildes.[30] Bellarmino schlug Galilei den Kompromiss vor, das kopernikanische Modell zunächst als Hypothese bzw. mathematisches Instrument zur besseren Erklärung astronomischer Beobachtungen zu sehen, worauf sich Galilei anfänglich auch einließ, dann aber wieder davon abwich. So gab er in seinem 1632 veröffentlichten „Dialog über die beiden hauptsächlichen Weltsysteme, das ptolemäische und das kopernikanische"[31] dem Vertreter des alten Weltbildes den Namen „Simplicio" (Dummkopf) und ließ das kopernikanische Modell als bewiesen erscheinen. Daraufhin wurde der Prozess gegen Galilei eingeleitet, der schließlich zum Publikationsverbot und Hausarrest führte. Dass sich die zunächst um komplexe wissenschaftlich-weltanschauliche Zusammenhänge geführte Auseinandersetzung, die auch den methodischen Paradigmenwechsel betraf, derart hochschaukelte, hatte nicht zuletzt mit gegenseitigen persönlichen Animositäten zu tun. Galilei soll dazu geneigt haben, Ergebnisse von Konkurrenten wie Kepler zu ignorieren und sich

---

27 Ebd.

28 D. Evers: Verhältnis, S. 48.

29 Zu nennen wäre etwa die Beobachtung, dass die Venus manchmal von der Sonne verdeckt wird, weshalb die Sonne zuweilen zwischen Erde und Venus stehen muss, was sich mit dem ptolemäischen Modell nicht vereinbaren lässt.

30 Nietzsches Interpretation der „kopernikanischen Wende" als *Vertreibung des Menschen aus dem Zentrum des Universums* stellt D. Evers: Verhältnis, S. 48, Anm. 13, dahingehend in Frage, dass für das scholastische Denken eine andere Positionierung des Menschen in der kosmischen Ordnung gegolten habe: „Der Kosmos ist für die Scholastik von außen, und das heißt aus terrestrischer Perspektive von oben, bewegt […]. In diese Orientierung von außen nach innen, bzw. von oben nach unten war der Mensch in einer Zwischenstellung eingeordnet als aus Erde gemacht, aber für den Himmel bestimmt. Die kopernikanische Wende hat den Menschen deshalb nicht aus dem Mittelpunkt der Welt vertrieben, weil das mittelalterliche Weltbild ihn dort nie verortet hatte."

31 „Dialogo sopra i due massimi sistemi del mondo, tolemaico e copernico."

gegenüber dem Klerus von Eitelkeiten leiten zu lassen.[32] Die besonders im 19. Jahrhundert vollzogene Stilisierung Galileis zum *naturwissenschaftlichen Märtyrer*, den man als „einen leuchtenden Gegenpol zu Glaube und Kirche"[33] herausstellte, wird dieser differenzierten Gemengelage ebenso wenig gerecht wie die sehr späte Rehabilitierung Galileis durch die römisch-katholische Kirche[34].

Die *reformatorischen Theologen* widmeten der Frage nach dem kosmologischen Weltbild weniger Aufmerksamkeit, weil sie primär durch die zentrale Auseinandersetzung über das angemessene Glaubens- und Heilsverständnis beansprucht waren. Obwohl *Luther* von der kopernikanischen Sichtweise nicht viel hielt, ist es nach Werner Elert „eine handgreifliche Geschichtslüge", dass Luther die Ausbreitung des neuen Weltbildes durch seine theologische Autorität gehemmt habe.[35] Vielmehr hat Luther die Bedeutung von empirischen Wissenschaften und von Naturforschung für die Universitäten hervorgehoben. So lehrten zur Zeit Luthers an der Wittenberger Universität naturwissenschaftliche Vertreter des kopernikanischen Weltbildes. Der Astronom, Mathematiker und Theologe *Georg Joachim Rheticus* konnte von Wittenberg aus maßgeblich zur Verbreitung des kopernikanischen Weltverständnisses beitragen, indem er intensiv die Veröffentlichung des kopernikanischen Werkes betrieb. Der Nürnberger Reformator *Andreas Osiander* hatte das zentrale Werk von Kopernikus „Über die Bahnen der himmlischen Kreisläufe" zum Druck gebracht, auch wenn er im Vorwort betonte, es handele sich bei dieser Theorie um eine Hypothese zur Verbesserung der Berechnung der Planetenbahnen. Selbst Giordano Bruno (1548–1600), der die kosmische Ordnung vollends auflöste, indem er ein unendliches Universum postulierte, fand Zuflucht in Wittenberg, wo er von 1586–1588 lehrte. Später ergaben sich für ihn aber auch theologische Probleme, da er die Alleinwirksamkeit Gottes einschränkte. Hinsichtlich theologischer Perspektiven auf das kosmologische Weltbild sollte auch nicht vergessen werden, dass der Theologe *Nikolaus von Kues* (1401–1464) schon längst vor Kopernikus und über ihn hinausgehend aus philosophischen Gründen von einem stets sich wandelnden Universum ausging, in dem weder die Erde noch ein Stern (Sonne) das Zentrum darstellen.[36]

Insgesamt wird ersichtlich, dass es erst der *polarisierenden Tradierung* der Auseinandersetzung zwischen Galilei und der Kirche über den kosmologischen Paradigmenwechsel bedurfte, damit es zur Entstehung der gegenseitigen und weitreichenden *Vorurteile* kommen konnte. Es war besonders die ideologisch orientierte Naturwissenschaft im 19. Jahrhundert, die diese Polarisierung betrieb und auf die

32 Vgl. R. Eckel/H.-P. Großhans: Gegner, S. 45 ff.

33 U. Kropač: Naturwissenschaft/Aspekte, S. 159, wo die Auseinandersetzung zwischen Galilei und Kirche detailliert dargelegt ist.

34 Galileis „Dialog" von 1632 wurde erst 1822 vom päpstlichen Index genommen und die vollständige offizielle Rehabilitierung Galileis erfolgte sogar erst 1992 durch Papst Johannes Paul II.

35 Vgl. W. Elert: Morphologie, S. 371 f.

36 Vgl. insgesamt H. Schwarz: Streit, S. 12 f.; J. Hübner: Kosmologie, S. 8 u. 28; J. Moltmann: Wissenschaft, S. 14; H. Kessler: Evolution, S. 75 f. Zur gesamten Geschichte der Kosmologie im Kontext der Theologie siehe J. Hübner/I.-O. Stamatescu/D. Weber (Hg.): Theologie.

ganze Theologie ausweitete[37]. Dass für das Verhältnis von Theologie bzw. Philosophie und Naturwissenschaft aber vornehmlich der methodische Paradigmenwechsel von sachlicher und nachhaltiger Bedeutung war, zeigen die Entwicklungen im Zeitalter der Aufklärung.

3. Theologie und Naturwissenschaft im Zeitalter der Aufklärung

Die Reduktion der Naturerkenntnis auf Experimente und mathematische Formalisierung vollzog sich im Kontext der Subjekt-Objekt-Spaltung, durch die *René Descartes* der im Subjekt verankerten Vernunft die gesamte Naturwirklichkeit als Objekt gegenüberstellte, wobei die Vernunft zum alleinigen Erkenntnis- und Wahrheitskriterium wurde. Damit war die Wende zum neuzeitlichen Rationalismus mit seiner anthropozentrischen Verankerung der Wirklichkeit in der menschlichen Vernunft eingeleitet – und auch die zunehmende Trennung von Geistes- und Naturwissenschaften. Descartes präsentierte die Natur als Objekt des experimentellen Zugriffs und somit als Objekt der menschlichen Macht, welche auch in formaler Hinsicht bestand, weil Descartes die gesamte Natur einer rein geometrisch-mathematischen Charakteristik unterwarf. In dieser reduktionistischen Herauslösung der Naturforschung aus dem philosophischen bzw. theologischen Gesamtkontext war die Verselbständigung der Naturwissenschaften angelegt. Bei Descartes wird deutlich, wie die Verankerung der Erkenntnisgewissheit in Gott nahezu unmerklich in die letztgültige Verankerung in der Vernunft übergeht, was die Loslösung der Naturwissenschaften von der Theologie beförderte.

Mit *Isaac Newton* kam es zur Vollendung der mathematischen Durchdringung der Natur, während *Immanuel Kant* die Verankerung jeglicher Erkenntnis im menschlichen Subjekt zuspitzte – auch hinsichtlich der Naturwissenschaften. Da ihm das Subjekt als Träger der apriorischen Wahrheitskategorien galt, das so die Wirklichkeit aus seinem eigenen Entwurf hervorbringt, konnte Kant auch für die Naturwissenschaften herausstellen, dass sie selbst die Modelle der Wirklichkeit erzeugen. Entsprechend werden die Erfahrungen aus den durch diese Modelle entstandenen Experimenten laut Kant durch die apriorischen mathematischen Vernunftprinzipien strukturiert. Kants Gottesbegriff ist für die Naturerkenntnis nicht mehr relevant, da Gott als moralphilosophisches Postulat nur noch für die Belohnung des sittlichen Handelns benötigt wird. Anders verhielt es sich diesbezüglich in der romantischen

37 Siehe *Kap. I,1 u. V,5.* – Dass der bis heute immer wieder als konstitutiv bezeichnete Konflikt zwischen Theologie und Naturwissenschaft bewusst von einer ideologisch ausgerichteten Naturwissenschaft als *Mythos* aufgebaut wurde und wird, legt A. Losch: Konflikte, S. 21–41, ausführlich dar. Dabei zeichnet er auch nach, wie etwa die einflussreichen Bücher von J.W. Draper „Geschichte der Conflicte zwischen Religion und Wissenschaft" (1875 – engl. Original 1874) und A. D. White „Geschichte der Fehde zwischen Wissenschaft und Theologie in der Christenheit" (1911 – engl. Original 1896) in ideologischer Verfälschung einen Krieg zwischen aufgeklärter Wissenschaft und naiver Theologie suggerierten (siehe J.W. Draper: Geschichte, und A. D. White: Geschichte).

Naturphilosophie *Schellings* und der idealistischen Naturphilosophie *Hegels,* wo der cartesianische Gegensatz von Geist und Natur durch einen Selbstentfaltungsprozess des (göttlichen) Geistes in der Natur abgelöst wurde. Die im 17. und 18. Jahrhundert weit verbreitete *Physikotheologie* stellte darüber hinaus eine dezidierte Zusammenschau von Theologie und Naturwissenschaft her, indem sie unter kenntnisreichem Rückgriff auf naturwissenschaftliche Fachkenntnisse aus der komplexen Abstimmung und Zweckmäßigkeit der Natur die Größe des Schöpfers veranschaulichte. Doch sie wurde ebenso wie die Naturphilosophie durch den entstehenden atheistisch geprägten Materialismus zurückgedrängt, in dessen Horizont es dann in Deutschland zur unsachgemäßen Vermittlung der Evolutionstheorie kam.

Der aufgezeigte methodische Paradigmenwechsel, der Naturerkenntnis auf Experimente und mathematische Formalisierung reduzierte (siehe Kap. V,2.1), ging einher mit der zunehmend anthropozentrisch gefärbten Vernunftzentriertheit bzw. dem Rationalismus der Aufklärung, was auch schon in Kapitel II,2 hinsichtlich des Naturverständnisses hervortrat. Die bei Galilei zu beobachtende mathematische Durchdringung der Natur und das Verständnis der Natur als Objekt experimenteller Erkenntniszugänge finden ihre grundsätzliche philosophische Grundlegung bei *René Descartes* (1596–1650), der mit der Verankerung der Wirklichkeit in der menschlichen Vernunft die Neuzeit einleitete und als ein maßgeblicher Vater der modernen Naturwissenschaften gilt. Im Unterschied zur antiken Ausrichtung an der Art der Erkenntnisgegenstände geht es Descartes primär um die Reflexion der Bedingungen und Möglichkeiten des Denkens selbst, um so zu gesicherter wissenschaftlicher Erkenntnis zu gelangen. Durch den radikalen Zweifel, dass alle Sinneswahrnehmungen und Gedanken Täuschungen sein könnten, besteht für Descartes schließlich nur eine sichere Erkenntnis: Im Augenblick des Denkens existiert er – unabhängig vom Inhalt der Gedanken – als denkendes Wesen („ich denke, also bin ich" – lat. *cogito ergo sum*).[38] Als derart denkendes Wesen (lat. *res cogitans*) gewinnt der Mensch nach Descartes zuverlässige Erkenntnis nur durch das, was seine *Vernunft* „klar und deutlich" einsieht, wobei sich die Vernunft von der übrigen körperlichen bzw. materiellen Wirklichkeit (lat. *res extensa*) konstitutiv unterscheidet. Die im Subjekt verankerte Vernunft wird zum alleinigen Kriterium von Erkenntnis- und Seinsgewissheit, dem die übrige Wirklichkeit der Objekte gegenübersteht. Diese Subjekt-Objekt-Spaltung sollte den neuzeitlichen Rationalismus und das neuzeitliche Naturverständnis prägen, welche die „Sicht eines naturlosen Geistes auf eine geistlose Natur"[39] nach sich zogen, mit entsprechender Auswirkung auf die zunehmende Trennung von Geistes- und Naturwissenschaften.[40] Als Objekt

38 Vgl. R. Descartes: Meditationen II, und ders.: Prinzipien, 1. Teil, Kap. 10.

39 H. Rosenau: Art. „Natur", S. 103.

40 Laut J. Moltmann: Wissenschaft, S. 16, resultierten aus dieser Spaltung schließlich negative Konsequenzen für die ganzheitliche Erfassung der Wirklichkeit: „Die Kluft zwischen Subjekt und Objekt, res cogitans und res extensa, Geistes- und Naturwissenschaft wurde zur Ursache der inneren und äußeren Desorganisation der modernen Welt."

wurde die Natur Gegenstand des *experimentellen Zugriffs* und der Macht des Menschen über die Natur.[41]

Weil die *Mathematik* für Descartes die materiale Grundlage „klarer und deutlicher" Vernunfterkenntnis darstellt, gilt sie als Basis der Naturwissenschaften, und die gesamte Natur wird rein geometrisch definiert *(Mathesis universalis)*. Durch die Algebraisierung der Geometrie fand Descartes zu einer „analytischen Geometrie", die statt der vollkommenen Form den funktionalen Zusammenhang zwischen unabhängigen und abhängigen Variablen zur Grundlage der Naturgesetze werden ließ. So ermöglichte er die Erkenntnis gesetzmäßiger Veränderungen in der Natur sowie den daraus resultierenden Anspruch deterministischer Objektivierbarkeit und Prognostizierbarkeit, wodurch Descartes die Macht des Menschen über die Natur unterstrich.[42] Die damit einhergehende Reduktion der Naturerkenntnis auf kausale Zusammenhänge – unter Ausblendung der Final- und Zweckursachen – führte zunehmend zur Herauslösung der Naturforschung aus dem philosophischen bzw. theologischen Gesamtkontext und zur Verselbständigung der naturwissenschaftlichen Disziplinen. Das hatte neben den effektiveren Naturzugängen nach Jürgen Moltmann auch defizitäre Konsequenzen: „Die Emanzipation der Naturwissenschaften aus der Moralphilosophie und der Theologie war in Wahrheit ihre Emanzipation aus der Weisheit."[43]

Dabei bleibt zu bedenken, dass sich Descartes' Erkenntnisse – wie bei anderen großen Philosophen der Aufklärung (z. B. Kant und Hegel) – nach wie vor im Rahmen des *Theismus* vollzogen, also die Existenz Gottes voraussetzten. Denn für Descartes erschließt die klare Vernunfterkenntnis neben der Mathematik auch die Erkenntnis Gottes als eines vollkommenen Wesens. Das entfaltet Descartes in seinen Meditationen durch einen *dreifachen Gottesbeweis* (logisch-erkenntnistheoretisch, kausal, ontologisch), mit dem Ergebnis, dass die Existenz Gottes von seinem vollkommenen Wesen ebenso wenig zu trennen sei wie ein Dreieck von seiner Innenwinkelsumme, weil ein nur gedachter Gott weniger vollkommen sei als ein existierender Gott. Descartes braucht diesen vollkommenen Gott, damit die punktuelle Gewissheit des „ich denke, also bin ich" darüber hinaus auch für die Inhalte klarer Vernunfterkenntnis gilt: Weil ein vollkommener Gott die Menschen nicht täuscht, gibt es gewisse und dauerhafte Erkenntnis. Doch in der dritten Meditation wird deutlich, wo der letzte Anker der Gewissheit für Descartes liegt, wenn er – auch in Bezug auf Gott – anmerkt, es möge ihn täuschen, wer es vermag, doch dieser könne niemals bewirken, dass Descartes nicht existiere, solange er Bewusstsein

41 R. Descartes: Discours de la méthode VI, bezeichnet den Menschen als „Herren und Besitzer der Natur" („maître et possesseur de la nature").

42 Vgl. E. Wölfel: Art. „Naturwissenschaft I u. II", S. 190. – Vgl. insgesamt R. Descartes: Meditationen II, III, VI.

43 J. Moltmann: Wissenschaft, S. 40. – *Pierre Gassend* (1592–1655) unterstützte diese Entwicklung, indem er im Rückgriff auf den antiken Atomismus die „res extensa" rein korpuskular verstand, woraufhin *Robert Boyle* (1627–1691) durch die Mechanisierung der Korpuskularlehre die rein quantitative Erfassung der Materie einleitete.

habe, oder dass 2+3 mehr oder weniger seien als 5. An dieser Formulierung wird die *Wende zur Neuzeit* ersichtlich, da nicht mehr der vollkommene *Gott* die grundlegende und letztgültige Erkenntnisgewissheit garantiert, sondern die *Vernunft* mit ihrer mathematischen Klarheit. „Die *Selbstgewißheit des Ich* ist das Nadelöhr, durch das jede weitere Gewißheit hindurch muß"[44] – auch Gott. Damit vollzog Descartes die Grundlegung des *neuzeitlichen Anthropozentrismus.* Obwohl er Gott als notwendig für seine Selbstvergewisserung darstellt, bleibt dieser vom Selbstvollzug des menschlichen Subjekts abhängig, weil er lediglich die nachgeordnete *Funktion* hat, das – ohne ihn – sichergestellte Wahrheitskriterium klarer Vernunfterkenntnis für andere Erkenntnisstufen abzusichern. Auf diese Weise legte Descartes einen weiteren Grundstein, der zur Ablösung der Naturwissenschaften von der Theologie beitrug.

Die *Vollendung der mathematischen Durchdringung der Natur* gelang *Isaac Newton* (1642–1727), der in seinem epochalen Lehrbuch der Mechanik „Mathematische Prinzipien der Naturlehre" *(Philosophia naturalis principia mathematica)* die Bewegungen im All und auf der Erde mit *einem* mathematischen Gesetz erklärte. Mit seinem universal geltenden Gravitationsgesetz und seinen drei Bewegungsgesetzen legte er den Grundstein für die klassische Mechanik. Die drei Bewegungsgesetze (Beharrungs-, Beschleunigungs- und Wechselwirkungsgesetz) vermochten die herkömmlichen Gesetzmäßigkeiten dynamischer zu erklären, während die Gravitation zur Grundkraft wurde, die das All durchdringt und jede materielle Bewegung ebenso bedingt wie die Beharrung im Zustand der Bewegung. „Damit aber trat ein physikalisches Grundprinzip an die Stelle des alles in seiner Bewegung erhaltenden Schöpfers. [...] Der Gedanke der ‚Selbsterhaltung', der Beharrung tritt an die Stelle der göttlichen Erhaltung und wird geradezu zum Leitprinzip der neuzeitlichen Wissenschaft"[45], als „Prinzip der neuen Rationalität"[46]. Dass die mathematische Struktur der Natur für Newton die Größe Gottes offenbarte und Newton viele theologisch geprägte Schriften veröffentlichte, trat in den Hintergrund, als seine *Mathematischen Prinzipien der Naturlehre* im 18. und 19. Jahrhundert zum Modell der naturwissenschaftlichen Erkenntnis wurden, welche sich – der Aufklärung gemäß – auf eine von mathematischen Gesetzen geprägte Welt richtet. Es war dieser Kontext, in dem zu Beginn des 18. Jahrhunderts der deutsche Begriff „Naturwissenschaft" aufkam (Johann Jakob Scheuchzer, Christian Wolff).

Die durch Descartes vollzogene konstitutive Verankerung jeglicher Erkenntnis in der Vernunft bzw. im menschlichen Subjekt sowie die neuzeitliche Konzentration der Naturwissenschaft auf das Experiment und die mathematische Formalisierung wurden von *Immanuel Kant* (1724–1804) noch einmal zugespitzt. Schon der Nominalismus mit seiner Unterscheidung zwischen der Wirklichkeit und den auf

44 E. Jüngel: Entsprechungen, S. 254. – Vgl. insgesamt R. Descartes: Meditationen III–V; M. Haudel: Gotteslehre, S. 120–123, und siehe zu Descartes auch *Kap. II,2.*

45 D. Evers: Rezeption, S. 128.

46 H. Blumenberg: Selbsterhaltung, S. 146. – Zu Newtons Lehrbuch der Mechanik siehe I. Newton: Prinzipien, und siehe zur Newtonschen Mechanik insgesamt auch *Kap. VI,1.*

sie bezogenen Begriffen hatte zu der Vorstellung beigetragen, dass das begriffliche Denken seiner eigenen Gesetzmäßigkeit folgt. Kant vertiefte nun die cartesianische Verankerung der Wirklichkeitserkenntnis in der Vernunft dahingehend, dass er postulierte, das menschliche Subjekt sei der Träger der *apriorischen Wahrheitskategorien* und die Vernunft bringe deshalb die Wahrnehmung der Wirklichkeit aus ihrem eigenen Entwurf hervor. Dieser Auffassung gemäß richtet sich die menschliche Erkenntnis nicht primär nach den Gegenständen, sondern diese werden umgekehrt im Vollzug der sinnlichen Wahrnehmung von den apriorischen Vernunftkategorien in ihrer Beschaffenheit qualifiziert. Für den Zusammenhang von empirischer bzw. experimenteller Wahrnehmung und mathematischer Formalisierung in der Naturwissenschaft bedeutet das nach Kant, dass jede empirische Wahrnehmung unter die apriorischen mathematischen Anschauungsformen fällt, durch welche die Vernunft die Gesetzmäßigkeit der Gegenstandswelt vorgibt. Denn diese Gesetze gründen in den kategorialen Strukturen des Verstandes, der dem Menschen die Dinge zur Erscheinung bringt, so dass Naturwissenschaft die Modelle der Wirklichkeit selbst erzeugt und in deren Horizont die Empirie strukturiert. Aus der Empirie gewonnene Erfahrungen fallen also unter die apriorischen Anschauungsformen, die maßgeblich durch die reinen Formen mathematischer Konstruktion geprägt sind. Deshalb ist verlässliche naturwissenschaftliche Erkenntnis nach Kant nur möglich, wenn sie einerseits die *apriorischen (mathematischen) Vernunftprinzipien* und andererseits die nach diesen Prinzipien ausgedachten *Experimente* beachtet.[47] Entsprechend gibt Kant in der Vorrede seiner Schrift „Metaphysische Anfangsgründe der Naturwissenschaft" zu bedenken, dass die Wissenschaftlichkeit jeder Naturlehre von der in ihr enthaltenen Mathematik abhängt. [48]

Durch Kants Ausführungen wurde der von Galilei forcierte reduktionistische methodische Paradigmenwechsel als unweigerliches *Resultat der Konstitution des Menschen* verstanden, wodurch die Macht des Menschen über die Natur (Vorgabe der Wirklichkeitskategorien, experimenteller Zugriff) ebenso verstärkt wurde wie die Herauslösung der Naturwissenschaft aus dem naturphilosophischen und theologischen Gesamtkontext. Das korrespondiert mit Kants *Gottesbegriff*, der als Grenzbegriff der Vernunft gilt, da Gott kein Gegenstand möglicher Erfahrung sei und sich so für die theoretische Vernunft als nicht greifbar erweise. Denn von Gottes Denkbarkeit könne nicht auf seine Erkennbarkeit und Existenz geschlossen werden, insofern als beides von einem empirischen Existenzurteil abhänge. Für Kant ist Gott ein moralphilosophisches Postulat der praktischen Vernunft, weil er zur endgültigen glückseligen Belohnung des sittlichen Handelns benötigt wird, das für das Wesen

47 Vgl. insgesamt I. Kant: Kritik der reinen Vernunft. – Kants Überlegungen richteten sich auch gegen den maßgeblich von John Locke (1632–1704) begründeten englischen *Empirismus*, der von David Hume (1711–1776) dahingehend radikalisiert wurde, dass unter Ausblendung jeglicher Metaphysik und Religion nur noch die Sinneserfahrungen Geltung erhielten.

48 Vgl. I. Kant: Anfangsgründe (Vorrede). Siehe dazu P. Plaass: Kants Theorie. Vgl. insgesamt auch U. Barth: Abschied, S. 26–28.

des Menschen konstitutiv ist und den gerechten Ausgleich auf Erden nicht erfährt.[49] Ein solcher Gottesbegriff weist keine große Relevanz für den Zugang zur Natur auf.

Die Aufwertung der Relevanz des Gottesverständnisses für das Naturverständnis sowie des Eigenwertes der Natur im philosophischen Gesamtkontext erfolgte durch das idealistische Naturverständnis Schellings und Hegels. Die romantische *Naturphilosophie* von *Friedrich Wilhelm Joseph Schelling* (1775–1854) überwindet den cartesianischen Gegensatz von Geist und Natur und geht von einem differenzierten Prozess der Selbstentfaltung des Geistes in der Natur aus, geprägt von Gemeinsamkeit und Unterschied. Deshalb steht der Mensch der Natur nicht einfach im Sinne der Subjekt-Objekt-Spaltung herrschend gegenüber, sondern er steht mit ihr in einem umfassenden Lebenszusammenhang, der im Absoluten gründet. Das korreliert mit dem Naturverständnis von *Georg Wilhelm Friedrich Hegel* (1770–1831), für den die Natur den Geist in seiner „Äußerlichkeit" verkörpert, und zwar im Kontext der Selbstentfaltung des göttlichen Geistes in die Welt. Diese idealistische Naturphilosophie mit ihren theologisch-religiösen Implikationen nahm partiell Bezug auf naturwissenschaftliche Ergebnisse und wirkte zum Teil auf die Naturwissenschaften zurück.[50]

Eine dezidierte *Verbindung zwischen Theologie und Naturwissenschaft* stellte im 17. und 18. Jahrhundert in Europa und darüber hinaus die sogenannte *Physikotheologie* her. „Die Physikotheologie hat eine enge Verbindung von christlicher Frömmigkeit und naturwissenschaftlichem Denken begründet, den modernen Wissenschaften zu einer populären Akzeptanz verholfen und damit ganz wesentlich zur Entstehung und Ausbildung der Aufklärung beigetragen."[51] Als Überwindung der verfallsgeschichtlichen Sicht von Natur und Gesellschaft, die im barocken Absolutismus allein dem fürstlichen Hof weiterführende Ordnungsgesetze zuordnete, entstand die Physikotheologie im englischen Bildungsbürgertum, vorwiegend durch Personen, die sowohl Theologen als auch Naturwissenschaftler waren. Auf der Grundlage ihrer naturwissenschaftlichen Fachkenntnisse zeigten sie die komplexe Abstimmung in der Einheit der Natur, die durch Naturgesetze geformt ist und in ihrer Zweckmäßigkeit und Vollkommenheit auf die Vorsehung und Größe Gottes hinweist. So entfaltete etwa der britische Theologe und Botaniker *John Ray* (1627–1705) aufgrund eigener Feldstudien in der Schrift „The Wisdom of God Manifested in the Works of Creation" (1691), wie sowohl die Adaption der Lebewesen an ihre Umweltbedingungen als auch das Gleichgewicht der natürlichen Kreisläufe die Weisheit Gottes und seine Erhaltung der Welt widerspiegeln. Ein Schüler Rays, der Pfarrer und Naturphilosoph *William Derham* (1657–1735), veröffentlichte eine „Physico-Theology" (1713) und eine „Astro-Theology" (1715), in denen er die Erkenntnisse

49 Siehe dazu *Kap. IV,4,* und M. Haudel: Gotteslehre, Kap. VI,1.

50 Zu Hegels Verständnis im Kontext seines Gottesbegriffs siehe G.W.F. Hegel: Vorlesungen, und M. Haudel: Gotteslehre, Kap. VI,1. Zu Schellings Naturphilosophie siehe F.W.J. Schelling: Ideen. Vgl. insgesamt H. Rosenau: Art. „Natur", S. 104f., und D. Evers: Gegeneinander, S. 33.

51 U. Krolzik: Art. „Physikotheologie", S. 594.

der Naturwissenschaften kompendienhaft darbot und mit theologischen Einsichten verband. Dabei verteidigte er die kopernikanische heliozentrische Weltsicht.

Obwohl Kant den physikotheologischen Gottesbeweis entkräftet hat, fand die Physikotheologie große Verbreitung in ganz Europa und darüber hinaus. Denn viele Physikotheologen verstanden „ihre ‚Demonstration' weder als formale Deduktion noch als empirische Induktion [...], sondern als ein Vor-Augen-Stellen". Sie wollten „parallel zur Offenbarung in der Schrift die Einsichten über Gottes Existenz und Wesen aus der Offenbarung in der Natur mit Hilfe naturwissenschaftlicher Erkenntnisse vertiefen"[52]. Auch Kant, der schon früh in die – 1748 von einem seiner bedeutendsten Lehrer gegründete – Königsberger physikotheologische Gesellschaft eintrat, bestritt nicht die in diesem Sinne bestehende Überzeugungskraft der Physikotheologie für die „gemeine Menschenvernunft". So wie die Physikotheologie die vielfältigen naturwissenschaftlichen Erkenntnisse bzw. Naturerscheinungen auf die Größe und das Wirken Gottes abbildete, so bestand „umgekehrt eine Verbindung von naturwissenschaftlichem Denken und religiös gefärbtem Weltbild für fast alle Naturwissenschaftler dieser Zeit"[53]. Ferner stand das natürliche und vernünftige Sittengesetz im theologischen Fokus, dessen Bestätigung man in der teleologischen Interpretation der naturwissenschaftlichen Zusammenhänge sah. Einer der führenden Physikotheologen in Deutschland war der Hamburger Universalgelehrte *Johann Albert Fabricius* (1668–1736), der die genannten Zusammenhänge in seinen physikotheologischen Werken erörterte, indem er auf der Basis umfänglicher und detaillierter naturwissenschaftlicher Ergebnisse das Werk des großen Schöpfers zu dessen Lob transparent werden ließ. Zum Beispiel stellte er in seiner „Hydrotheologie" dar, wie der globale Wasserkreislauf zur Erhaltung des Gesamtsystems der Erde beiträgt und so auf die erhaltende Vorsehung Gottes verweist. Weil die Natur nach Vollendung strebe, sei ihre Kultivierung und Bearbeitung (Technik) durchaus als göttlicher Auftrag zu verstehen. Auch in vielen anderen europäischen Ländern sowie in Russland hatte eine solche Physikotheologie weitreichenden Einfluss.[54]

Durch die Wiederentdeckung des antiken Atomismus und die damit verbundene Entstehung des neuzeitlichen Materialismus wurde die Physikotheologie allerdings seit Mitte des 18. Jahrhunderts zunehmend zurückgedrängt.[55] Zur abnehmenden Bedeutung des Gottesbezugs trug auch die fortschreitende anthropozentrische Verankerung der Wirklichkeit allein in der menschlichen Vernunft bei, die mit ihren theologischen Implikationen in diesem Abschnitt anhand der großen Philosophen der Aufklärung dargelegt wurde. Während diese Entwicklungen schließlich zunächst

52 Ebd., S. 591.

53 D. Evers: Gegeneinander, S. 32.

54 Zu entsprechenden Beispielen sowie zu den Entwürfen von Ray, Derham und Fabricius siehe H. Schwarz: Streit, S. 15 ff., und U. Krolzik: Art. „Physikotheologie", S. 594.

55 Welche *Bedeutung* der *Physikotheologie* jedoch mit ihrer kompendienhaften Vermittlung naturwissenschaftlicher Erkenntnisse nachhaltig für die naturwissenschaftliche Bildung zukam, wird daran ersichtlich, dass man physikotheologische Werke später unter Streichung der theologischen Teile als naturwissenschaftliche Lehrbücher herausgab.

in Frankreich einen atheistisch geprägten Materialismus hervorbrachten, riefen sie in England vielfach einen skeptischen Agnostizismus[56] oder deistische Tendenzen[57] hervor. In Deutschland erlangte die materialistische Sicht der Eigengesetzlichkeit der Natur mit ihren atheistischen Implikationen nach dem schwindenden Einfluss der idealistischen Naturphilosophie weitreichende Bedeutung für das Verhältnis von Theologie und Naturwissenschaft. Das betraf besonders das Verständnis von Darwins Evolutionstheorie, welche in Deutschland – anders als im angelsächsischen Bereich – unangemessen und weltanschaulich aufgeladen durch einen materialistischen Monismus vermittelt wurde und aus diesem Grund zur Konfrontation von Theologie und Naturwissenschaft führte.

4. Charles Darwin und die Evolutionstheorie als weiterer Paradigmenwechsel

Mit der von Charles Darwin maßgeblich geprägten Evolutionstheorie vollzog sich auch in der Biologie ein naturwissenschaftlicher Paradigmenwechsel, und zwar von einem mehr statischen Verständnis der einzelnen Phänomene in der biologischen Natur (z. B. Konstanz der Arten) zur Vorstellung einer dynamischen *Entwicklung* (lat. *evolutio*). Dieser Paradigmenwechsel strahlte später zum Teil auf andere naturwissenschaftliche Bereiche und wissenschaftliche Disziplinen wie etwa die Sozialwissenschaft aus, woraus aufgrund oft erheblicher weltanschaulicher Überdehnung gelegentlich bedenkliche Konsequenzen wie bei sozialdarwinistischen und rassenideologischen Ansätzen resultierten. Das spezifische Verständnis Darwins und der Evolutionstheorie ist bis heute vielfach durch deren materialistisch-monistische bzw. weltanschauliche Vermittlung in Deutschland und Kontinentaleuropa geprägt. Mit der materialistischen Reduktion der Wirklichkeit auf die Kraft der ewigen Materie verband sich in szientistisch-atheistischer Orientierung ein weltanschaulicher Totaldeutungsanspruch, so dass sich die in diesem Kontext vollzogene Tradierung der Evolutionstheorie vornehmlich in Kontinentaleuropa entsprechend negativ auf das Verhältnis von Theologie und Naturwissenschaft auswirkte. Darwins eigenes Verständnis hingegen bot Ansätze für einen differenzierten Dialog von Theologie und Naturwissenschaft. Aufgrund der genuineren Vermittlung des darwinschen Ansatzes im angelsächsischen Bereich fand ein solcher Dialog besonders dort von Anfang an statt, zumal die Vorstellung einer der Natur inhärenten Entwicklung der theologischen Tradition nicht fremd war.

56 *Agnostiker* gehen davon aus, dass sie alles, was über die sinnliche Wahrnehmung hinausgeht, nicht wahrnehmen können, aber auch nicht bestreiten können.

57 Für den *Deismus* spielt Gott in der Regel nur als Initiator des von selbst ablaufenden Weltprozesses eine Rolle.

4.1 Der mit Darwin und der Evolutionstheorie verbundene Paradigmenwechsel – im Kontext der Theologie

Im Bereich der Biologie ereignete sich mit der Evolutionstheorie ein weiterer Paradigmenwechsel, der die Naturwissenschaft nachhaltig prägen sollte. Bis zu Beginn des 19. Jahrhunderts ging die Biologie von der *Konstanz* der verschiedenen biologischen Arten aus, deren Entstehung im Kontext von Philosophie und Theologie zumeist als nacheinander erfolgende Schöpfungsakte verstanden wurde. Zwar gab es bereits im 18. Jahrhundert vereinzelte Spekulationen über die erdgeschichtliche *Entwicklung* der Arten und ihre Verankerung in gemeinsamen Stammbäumen, aber eine Abstammungslehre als Theorie dynamischer Entwicklung legte erstmals *Jean Baptiste Lamarck* (1744–1829) mit seinem Werk „Philosophie zoologique" (1809) vor. Lamarck ging – unter vager Beibehaltung der Schöpfungsidee – von einer kausal erklärbaren Wandelbarkeit der Arten aus, die von der Anpassung an veränderte Umweltbedingungen hervorgerufen werde, wobei er den Menschen bereits mit einbezog. Diese Theorie fand aber im traditionellen biologischen Umfeld neben anderen geologisch und biologisch geprägten evolutionären Ansätzen noch ebenso wenig Beachtung wie die 1844 von Robert Chambers unter dem Titel „Vestiges of the Natural History of Creation" anonym veröffentlichte „Evolutions"-Theorie, nach der Gott der Materie das Gesetz der Entwicklung eingeschrieben hat.[58] Erst durch das 1859 von *Charles Darwin* (1809–1882) veröffentlichte Werk „On the Origin of Species by Means of Natural Selection, or the Preservation of Favoured Races in the Struggle for Life" *(Über die Entstehung der Arten durch natürliche Zuchtwahl, oder die Erhaltung der begünstigten Rassen im Kampfe ums Dasein)*[59], das Darwins evolutive Abstammungstheorie enthielt, erlebte das *Paradigma einer die biologische Natur qualifizierenden dynamischen Entwicklung* den Durchbruch.

Darwin, der Medizin und Theologie studierte und besonders der Geologie, Botanik und Zoologie zugeneigt war, hatte auf seiner Reise auf dem Expeditionsschiff „HMS Beagle" (1831–1836) vielfältige Daten zur Entwicklung der biologischen Arten gesammelt und später analysiert. Dabei griff er auch auf geologische Befunde (Fossilien) und entsprechende Theorien zurück, etwa auf die „Prinzipien der Geologie" von Charles Lyell. Ferner leitete er aus gärtnerischer und landwirtschaftlicher Zuchtpraxis Hypothesen für die natürliche Zuchtwahl ab.[60] Vor diesem Hintergrund entwarf Darwin als wichtige Grundlage für die Annahme seiner *Deszendenztheorie* (Abstammungslehre), dass sich die Lebewesen allmählich aus gemeinsamen Grundformen entwickelt haben, seine *Selektionstheorie* (natürliche Auslese): Durch zufällige kleine Abänderungen weist eine *Population* von Lebewesen (Individuen einer gleichen Art) stets zufällige *Variationen* auf. Aufgrund der

58 Vgl. C. Schwöbel: Sein, S. 474, und B. Rensch: Art. „Darwin, Charles/Darwinismus", S. 359. – Zur Vielfalt prädarwinistischer evolutionärer Theorien siehe H. Schwarz: Theologie, S. 262f.

59 Siehe C. Darwin: Entstehung. – Den Begriff „Evolution" hat Darwin erst später verwendet.

60 Vgl. J. Hübner: Schöpfung, S. 389.

Umweltbedingungen wie begrenzter Ressourcen (Nahrungsangebot) besteht ein Kampf ums Dasein *(struggle for life)*, in dem diejenigen überleben *(Selektion)*, die mit ihren Variationen den Bedingungen am besten angepasst sind *(Adaption)*, so dass sie ihre Eigenschaften *weitervererben* können. Das vermag langfristig zur Vervielfältigung und Entwicklung von Arten zu führen und geschieht vor dem Hintergrund, dass Populationen mehr Nachkommen erzeugen als zur Arterhaltung nötig sind *(Reproduktion)*. Im Unterschied zu Lamarck, der die äußeren Umwelteinflüsse als ursächlich für die Variationen ansah, sind für Darwin die *zufälligen* Variationen in der Fortpflanzung zentral, deren Ursache er aber noch nicht greifen konnte. Insgesamt bezeichnete er die natürliche Auslese als eine „Kraft". „Was genau mit dem Kraftbegriff gemeint war, konnte Darwin jedoch [...] nicht beantworten. Hier liegt eine klare wissenschaftliche Schwachstelle vor."[61]

1868 vermochte der Augustinermönch *Gregor Mendel* (1822–1884) durch sein Modell des quantitativen Charakters der Vererbung in Bezug auf den Vererbungsprozess konkretere Zusammenhänge darzustellen, wobei er die quantitative Einheit der Vererbung als *Gen* bezeichnete (griech. *genos:* Nachkommenschaft).[62] Ein Jahr später identifizierte Friedrich Miescher eine Substanz der weißen Blutkörperchen, die er „Nuklein" nannte, die Voraussetzung für die Erkenntnis, dass Nukleinsäuren die genetische Information speichern. Zugleich schuf er so die Grundlage für die 1953 von James D. Watson und Francis H.C. Crick entdeckte Bedeutung der Desoxyribonucleinsäure (DNS, engl. DNA) für die Gene, welche sich als Abschnitte auf den Fäden der DNS bzw. DNA erwiesen (heute gebräuchlich die englische Abkürzung DNA: deoxyribonucleic acid). Die Gene enthalten die Erbmerkmale der Lebewesen und bestimmen deren Entwicklung durch einen immens komplexen Prozess über verschiedenste Stufen molekularer und weiterer Interaktionen. In spontanen genetischen *Mutationen* (Veränderungen) erkennt man deshalb seither neben der sexuellen Fortpflanzung (Neuverteilung des Erbguts: *Rekombination*) eine maßgebliche Ursache der von Darwin beobachteten zufälligen Variationen, was sich Darwin damals noch nicht erschließen konnte, als er lediglich von einer „Kraft" sprach. Durch die moderne Molekularbiologie werden immer komplexere Strukturen transparent, die auf verschiedene Weise mit dem Phänomen interagieren könnten, das Darwin die „Kraft" der natürlichen Auslese nannte. Gleichzeitig bestätigen sich aber auch Probleme der Evolutionstheorie und neue Problemhorizonte eröffnen sich.[63]

---

61 M.J. Hewlett: Evolution, S. 128.

62 Aufgrund der sogenannten „mendelschen Regeln der Vererbung" gilt Mendel auch als „Vater der Genetik".

63 Vgl. B. Rensch: Art. „Darwin, Charles/Darwinismus", S. 360–363; I.G. Barbour: Naturwissenschaft, S. 107 ff.; M.J. Hewlett: Evolution, S. 127–130; R. Eckel/H.-P. Großhans: Gegner, S. 49–51. – Der Begriff „Mutation", der oft direkt mit Darwin in Verbindung gebracht wird, ist erst 1901 eingeführt worden (vgl. U. Kutschera: Tatsache, S. 17). Vgl. zu Darwins Ansatz U. Kutschera: Evolutionsbiologie, S. 38 f. Siehe zu Kutscheras – erkenntnistheoretisch unreflektierter – antireligiös-naturalistischer Verabsolutierung der Evolutionstheorie *Kap. X,2.* – Zu Darwins eigener weltanschaulicher Einordnung siehe *Kap. V,4.3.* – Inhaltlich wurde *Darwins Evolutionstheorie* Ende des 19. Jahrhunderts von August Weismann und Alfred R. Wallace *grundlegend korrigiert und ergänzt*, was zum *Neodarwinismus* führte.

Eine der *Herausforderungen,* die sich durch Darwins Evolutionstheorie für die *Theologie* stellten, lag in der *Bedeutung des Zufalls* bei der Entstehung der zufälligen Variationen. Während manche darin Gott als planenden und begleitenden Schöpfer in Frage gestellt sahen, konnten andere in der beim Evolutionsprozess wirkenden „Kraft" durchaus Gott am Werk sehen. Hinsichtlich des Zufalls äußerte Albert Schweitzer einmal: „Der Zufall ist ein Pseudonym, das der liebe Gott wählt, wenn er inkognito bleiben will."[64] Auch Darwin selbst hat zuweilen einen Theismus als letzte Erklärung erwogen (siehe Kap. V,4.3). Ferner konnte sich die Theologie durch die *rein kausale Ableitung* der natürlichen Entwicklung herausgefordert sehen, mit der Darwin die Teleologie bzw. die *Zweck- und Zielursachen ausblendete.* Nicht zuletzt hatte man sich auch damit auseinanderzusetzen, dass an die Stelle der Erschaffung einzelner Arten die Vorstellung der *Zweitursachen* trat, „für deren Erklärungspotential es unerheblich ist, ob sie durch eine Erstursache selbst verursacht wurden"[65]. Als weitere Herausforderung erwies sich die *Stellung des Menschen* in dem zweiten großen Werk Darwins, das er 1871 veröffentlichte: „The Descent of Man, and Selection in Relation to Sex" *(Die Abstammung des Menschen und die geschlechtliche Zuchtwahl)*[66]. Hier bezog Darwin den Menschen explizit in den natürlichen Entwicklungs- bzw. Evolutionsprozess ein, so dass einige Theologen die Gottebenbildlichkeit des Menschen sowie seine herausragende Stellung unter den Geschöpfen gefährdet sahen. Während Darwin zur Etablierung seiner Theorie unter Vernachlässigung der Unterschiede zwischen Menschen und Menschenaffen deren Gemeinsamkeiten betonte, stellten Biologen wie *Alfred R. Wallace* (1823–1913), der parallel zu Darwin und in Kontakt mit ihm auch an der Evolutionstheorie arbeitete, die besondere Komplexität menschlichen Lebens heraus. Beispielsweise bestritt Wallace, dass die Entstehung des komplexen menschlichen Gehirns allein durch Selektion zu erklären ist.[67] Auch im Blick auf die Auseinandersetzung über die Sonderstellung des Menschen gab es viele Theologen, die keinen Gegensatz zwischen Schöpfungs- und Evolutionsvorstellung sahen und auf die *theologische Tradition* verwiesen, in welcher der *Entwicklungsgedanke nicht neu* war.

So hatte bereits der Kirchenvater *Gregor von Nyssa* (ca. 331–395) ausgeführt, dass der Schöpfung eine gewisse Keimkraft des Lebens eingegeben wurde, als das

---

Die heutige moderne Evolutionsbiologie, die oft auch pauschal und unzutreffend als Neodarwinismus bezeichnet wird, beruht als *„Erweiterte Synthetische Theorie"* weitgehend auf der *Synthetischen Evolutionstheorie,* die neben verschiedensten Aspekten die Genetik mit einbezieht. Daneben existieren ferner alternative Ansätze wie die *Kritische Evolutionstheorie.* – Siehe zur Weiterentwicklung der Evolutionstheorie und ihrem gegenwärtigen Verständnis mit den entsprechenden Implikationen für das Verhältnis von Theologie und Naturwissenschaft *Kap. X,1–2; XI,2.1* und *Anm. 63, X. Kap.* – Zur Bedeutung der DNA siehe *Kap. XI,2.1.1.*

64 Zur heutigen naturwissenschaftlichen Charakterisierung des *Zufalls* siehe z. B. *Kap. VI,3,* und zur erkenntnistheoretischen Erörterung des Verständnisses von „Zufall" siehe *Kap. XI,1,3.*

65 C. Schwöbel: Sein, S. 476.

66 Siehe C. Darwin: Abstammung.

67 Vgl. R. Eckel/H.-P. Großhans: Gegner, S. 53 f. – Wallace war später an der Entwicklung des *Neodarwinismus* beteiligt (siehe *Anm. 63, V. Kap.* u. *Kap. XI,2.1*).

Einzelne noch nicht da war, und dass aus dem schlichten Anfang das Wunderbarste entstand, was Gregor auch schon auf die kosmologische Entwicklung ausdehnte. Sein älterer Bruder, *Basilius von Caesarea* (ca. 330–378), gab zu bedenken, der biblische Schöpfungsbericht sei nicht als Naturforschung zu verstehen, sondern wolle den Menschen zur dankbaren Anerkennung des Schöpfers führen. Deshalb habe die Naturforschung ihr Recht, denn das Staunen über die Werke Gottes werde ja nicht geschmälert, wenn man genauer ergründe, *wie* diese zustande kamen. *Augustin* (354–430) verglich die Schöpfung der Welt mit dem Samen, in dem der Baum angelegt ist, und betonte im Blick auf die im Schöpfungsbericht von Gen 1 dargelegte Entwicklung (die inhaltlich nicht weit vom Evolutionsprozess entfernt ist), dass Wasser und Erde in ihrer Kausalität Dinge hervorbringen (Gen 1,12: „Und die Erde ließ aufgehen Gras und Kraut"). Für die Kirchenväter war durch den dreieinigen Gott und sein Verhältnis von „Gegenüber und Nähe" zur Schöpfung garantiert, dass das Entwicklungspotenzial der Natur nicht selbst als kreatorisch verstanden wird, wodurch sowohl pantheistische als auch deistische Tendenzen abgewehrt waren. Entsprechend unterschied *Thomas von Aquin* (1225–1274) zwischen der Schöpfung aus dem Nichts (lat. creatio ex nihilo) und der Differenzierung und Verfeinerung in der fortlaufenden Schöpfung (lat. creatio continua). Gott galt nicht als „Lückenbüßer", der nur für die Phänomene benötigt wird, die der Mensch nicht versteht. Der Naturforscher und Theologe *Albertus Magnus* (1200–1280) forderte zur gleichen Zeit dazu auf, zu untersuchen, was in der Natur durch „natureigene" Kräfte alles möglich ist. Für *Nikolaus von Kues* (1401–1464) war Gott der Grund allen Werden-Könnens (lat. posse fieri) und aller Kreativität, mit der er die Welt ausgestattet hat, in der sich alles entfaltet (lat. omnia evolvuntur).[68]

Vor diesem Hintergrund bleibt darauf hinzuweisen, dass die *Auseinandersetzung über Darwins Theorie* zunächst weniger zwischen Naturwissenschaft und Theologie stattfand, sondern vornehmlich innerhalb der Naturwissenschaften. Denn Befürworter und Gegner der Theorie gab es in beiden Lagern gleichermaßen[69], was sowohl die übergreifend geführte Auseinandersetzung über naturwissenschaftliche Fortschritte und Probleme der darwinschen Theorie betraf als auch die Diskussion ihrer theologischen Implikationen. „Überschaut man die zeitgenössischen Reaktionen auf Darwins Werk, erhält man den Eindruck, dass es sich nicht um einen Kampf *zwischen* Religion und Naturwissenschaft, sondern um eine Auseinandersetzung *innerhalb* der Naturwissenschaften handelte, zwischen einer religiös geprägten Form der Naturwissenschaft und einer programmatisch agnostischen

68 Vgl. H. Kessler: Evolution, S. 34 ff., 73 ff.; ders.: Schöpfung, S. 32 f., und M.J. Hewlett: Evolution, S. 132 f. – Zur trinitätstheologisch garantierten Abwehr deistischer und pantheistischer Tendenzen vgl. C. Schwöbel: Sein, S. 481 ff., und siehe *Kap. II,2.* – Zu dem lebendigen Dialog zwischen Theologie und Naturwissenschaften direkt im Anschluss an Darwins Evolutionstheorie siehe *Kap. V,4.3,* und zur gegenwärtigen schöpfungstheologischen Deutung der Evolutionstheorie siehe *Kap. XI.*

69 Zum Beispiel lehnte der namhafte Pathologe, Anthropologe und Prähistoriker *Rudolf Virchow* (1821–1902) das Evolutionsparadigma ab (etwa weil noch niemand eine Spontangenese beobachtet habe), während es der bedeutende Theologe *John Henry Newman* (1801–1890) befürwortete.

Form der Naturwissenschaft. Viele Geistliche beteiligten sich als Naturwissenschaftler, als Geologen, Botaniker oder Zoologen, an der Diskussion, die sich immer wieder um die Fragen der Verbindung von Naturwissenschaft und natürlicher Theologie drehte.“[70] Zur Konfrontation von Naturwissenschaft und Theologie kam es erst durch die materialistisch-monistische Vermittlung der Evolutionstheorie mit ihrer entsprechenden atheistisch-weltanschaulichen Überdehnung in Deutschland und Kontinentaleuropa.

4.2 Die materialistisch-atheistische weltanschauliche Deutung Darwins in Deutschland und Kontinentaleuropa

Es deutete sich bereits in Kapitel II,2 an, wie der im 18. Jahrhundert in Frankreich aufkommende atheistisch geprägte Materialismus im 19. Jahrhundert weitreichende Bedeutung in Deutschland erhielt und so das Verständnis von Darwins Evolutionstheorie beeinflusste. Nachdem *Julien Offray de La Mettrie* (1709–1751) in Frankreich ein rein naturalistisches Bild vom Menschen entwickelt hatte und die geistigen Fähigkeiten sowie die Seele in atheistischer Orientierung auf eine der Materie inhärente Kraft zurückgeführt hatte, wurde ein solcher atheistischer Materialismus im folgenden Jahrhundert in Deutschland mit seinen weltanschaulichen Implikationen vertieft, was seine weitere Verbreitung – besonders in Kontinentaleuropa – beförderte. Eine maßgebliche Rolle spielte dabei der Arzt und Naturwissenschaftler *Ludwig Büchner* (1824–1899), dessen Werk „Kraft und Stoff“[71] (1855) die Übersetzung in alle Weltsprachen und 21 Auflagen erlebte und so zur „Bibel des Materialismus“ wurde. Der Titel des Werkes ist programmatisch: Laut Büchner ist jeder aus Atomen zusammengesetzte Stoff in der Natur (Materie) mit Kraft verbunden und ist ebenso wie diese ewig. Es gibt keine zielsetzende Kraft außerhalb der Natur, sondern nur die ewigen und unabänderlichen Naturgesetze. Deshalb ist die Rede von

70 C. Schwöbel: Sein, S. 472 f. (siehe dazu auch *Kap. V,4.3*). – So gehört auch die bis heute immer wieder kolportierte *Auseinandersetzung* über Darwins Werk „Über die Entstehung der Arten“ zwischen dem Oxforder Bischof *Samuel Wilberforce* (1805–1873) und dem Vertreter der Evolutionstheorie *Thomas H. Huxley* (1825–1895) auf der Jahrestagung der „British Association for the Advancement of Science“ (Oxford 1860) in den Bereich der *Legende,* wie es C. Schwöbel (ebd., S 471 f.) aufzeigt. Wilberforce soll zur Verdeutlichung der Dimension der Abstammungsfrage Huxley gefragt haben, ob er mütterlicherseits oder väterlicherseits von einem Affen abstamme, woraufhin Huxley entgegnet habe, dass er sich einer solchen Abstammung nicht schäme, er würde sich aber einer Abstammung von jemandem schämen, der als geistreicher Mann seine eloquenten Gaben zur Verschleierung der Wahrheit verwende. „Mittlerweile kann als gesichert gelten, dass diese ‚Urszene‘ des Kampfes zwischen Naturwissenschaft und Religion sich so nie zugetragen hat“ (ebd., S. 471). Vielmehr hat Wilberforce in Veröffentlichungen qualifizierte naturwissenschaftliche Einwände gegen Teile der darwinschen Theorie hervorgebracht, die auch von anderen Naturwissenschaftlern geteilt wurden. Die kolportierte Debatte findet sich in dieser Form in keinem Zeitzeugnis der Jahrestagung, sondern beispielsweise erst in der von seinem Sohn herausgegebenen Biographie Huxleys, wodurch wohl im Sinne von Huxleys Antiklerikalismus die Stellung der Naturwissenschaft gegenüber der Religion gestärkt werden sollte. (Vgl. ebd., S. 271 f.)

71 Siehe L. Büchner: Kraft.

der Ewigkeit Gottes für Büchner nur ein Ausdruck für die Ewigkeit der Welt. Die Unsterblichkeit des Stoffes sei wissenschaftlich erwiesen und nicht mehr zu leugnen. Entsprechend wird die Entstehung der Welt und des Menschen rein mechanistisch erklärt, und zwar in einer evolutiven gemeinsamen Entstehungsgeschichte, wodurch die Verbindung zu den Evolutionsvorstellungen hervortritt (Darwins Werk „Über die Entstehung der Arten"/1859 war noch nicht erschienen). Geistiges sei eine Naturkraft wie die Elektrizität und Denken der Ausfluss des Phosphors im Gehirn, weswegen der Mensch lediglich Naturnotwendigkeiten folge. Der „Atheismus oder philosophische Monismus" führe den Menschen aufgrund der Unabhängigkeit von einem jenseitigen Gott durch den Monismus der Natur[72] „zur Freiheit, zur Vernunft, zum Fortschritt, zur Anerkennung des Menschen und [...] zum *Humanismus*"[73]. Wie hier Freiheit verstanden werden soll, bleibt allerdings rätselhaft. Der Philosoph Arthur Schopenhauer (1788–1860) bemängelte an solchen Materialisten, dass sie sich selbst als über ihre Theorie entscheidende und nachdenkende Subjekte vergessen bzw. ausblenden.[74]

Ein weiterer Protagonist dieses Materialismus war der Zoologe *Carl Vogt* (1817–1895), der zunächst in den 1854 ausgelösten „*Materialismusstreit*" verwickelt war und später zum Verfechter der Evolutionstheorie wurde. Durch den Vortrag des Physiologen *Rudolf Wagner* (1805–1864) „Menschenschöpfung und Seelensubstanz" auf der 31. Naturforscherversammlung in Göttingen (1854) spitzte sich der schon länger schwelende Streit zwischen Vogt und Wagner zum sogenannten Materialismusstreit zu. Wagner versuchte, zwischen Glaube und Wissenschaft zu vermitteln, wobei er von zwei verschiedenen Dimensionen sprach (einem ansonsten skeptischen Wissenschaftler könne auf Glaubensebene sogar der einfache Köhlerglaube genügen). Inhaltlich versuchte er die ewige unsichtbare Seelensubstanz zu plausibilisieren und Argumente für die singuläre Abstammung des Menschen zu finden. Besonders warf er Vogt vor, durch die materialistische Deutung der Bewusstseinsvorgänge die Grenze der Naturwissenschaft zur Weltanschauung zu überschreiten. Letzteres gilt auch für andere Aussagen Vogts, der die Biologie bzw. den Begriff des Organischen auf gesellschaftliche und staatliche Strukturen übertragen wollte. Vogt antwortete Wagner mit der Schrift „Köhlerglaube und Wissenschaft"[75] (1854) sowie anderen Veröffentlichungen, in denen er das Verhältnis von Geist und Gehirn mit dem Verhältnis vom Urin zur Niere verglich und es als wissenschaftlich erwiesen ansah, dass die Existenz des Menschen nur ein vorübergehendes Phänomen ist. Wie

72 Der Begriff „*Monismus*" (griech. *monos:* allein, einzig) steht philosophisch für die Anerkennung nur einer einzigen Art von Wirklichkeit, was auch für die rein materialistische Reduktion der Wirklichkeit gilt.

73 L. Büchner: Gottes-Begriff, S. 46. – Zu Büchner vgl. H. Schwarz: Theologie, S. 253–256, und T.M. Schröder: Wissenschaft, S. 26 f.

74 Selbst wenn die Materialisten argumentieren würden, die Materie habe sie zu dieser Einsicht getrieben, blieben sie die Antwort schuldig, warum Vertreter anderer Auffassungen nicht dazu getrieben wurden.

75 Siehe C. Vogt: Köhlerglaube.

Büchner qualifizierte er den monistischen Materialismus als Befreiung des Menschen, da der kurze Verbleib auf Erden nicht durch ein göttliches Gericht beendet werde und der Mensch so die Freuden des Lebens genießen könne.[76]

Aufgrund der spektakulären Entgegnungen Vogts befürchteten etliche Naturwissenschaftler, Wissenschaft werde nur noch mit einem solchen weltanschaulichen Materialismus identifiziert, so dass auf der 34. Naturforscherversammlung (Karlsruhe 1858) Naturwissenschaftler wie der Chemiker *Otto Linné Erdmann* das *gleichberechtigte Nebeneinander von Naturwissenschaften und Religion* verteidigten, insofern als Naturwissenschaft religiöse Phänomene nicht ausschließen könne und auch die Prämisse der Unveränderlichkeit der Naturgesetze ein Glaubensakt sei. Andere sahen den Glauben sogar durch die Naturwissenschaft befördert, aber nicht mehr im Sinne von Theologie und Kirche, sondern in Form eines *pantheistischen Materialismus,* weshalb die *Naturwissenschaft als die bessere Religion* galt. Entsprechend betonte der Pathologe *Rudolf Virchow* (1821–1902) in den folgenden Jahren, dass nun nicht mehr die Kirche, sondern die Wissenschaft für das emporstrebende Bewusstsein der Humanität stehe: „Ich scheue mich nicht zu sagen, es ist die Wissenschaft für uns Religion geworden."[77] Auf der 44. Naturforscherversammlung (Rostock 1871) äußerte er die Überzeugung, dass jeder Fortschritt kirchlicher Dogmen das Denken einenge, während naturwissenschaftlicher Fortschritt von Irrtum, Illusion und unsittlicher Haltung befreie und dem Menschen ermögliche, „in vollem Maasse [sic] *wahr* zu sein"[78]. Diese antikirchlich-szientistische Haltung unterstrich der Physiologe *Jacob Moleschott* (1822–1893) durch einen dezidiert atheistischen Materialismus: Das Wesen aller Eigenschaften ist die Kraft, die aber kein göttliches Mittel darstellt, sondern der Materie ewig innewohnt. Weil Kraft und Stoff identisch sind, ist die Materie die einzige ewige und unveränderliche Substanz, die den ewigen Kreislauf der Natur begründet. Deshalb steht die Allmacht eines Schöpfers für Moleschott in unvereinbarem Gegensatz zu den ewigen Naturgesetzen. Das Verhältnis von Offenbarung (Rätselraten) und Naturwissenschaft (Forschen) sei deshalb ein Verhältnis von Fiktion und Wahrheit. Moleschott erliegt dann selbst einer Fiktion hinsichtlich scheinbarer naturwissenschaftlicher Tatsachen, wenn er behauptet, die Entstehung des Lebens aus lebloser Materie könne niemals widerlegt werden, obwohl die Spontangenese experimentell nie zu verursachen sei. Die Evolution des Menschen und dessen Wesen sind für ihn deshalb rein materialistisch zu verstehen, so dass auch Wohltaten oder Verbrechen als notwendige Folgen unerlässlicher Ursachen gelten. Wenn Moleschott dann doch den Menschen als das Maß aller Dinge bezeichnet, widerspricht er sich und durchbricht in der Unterscheidung von Ich und Welt den postulierten materialistischen Monis-

---

76 Vgl. insgesamt D. Evers: Gegeneinander, S. 33 f.; T.M. Schröder: Wissenschaft, S. 27 f.; H. Schwarz: Theologie, S. 256 f.

77 R. Virchow: Entwicklung, S. 59.

78 Ders.: Aufgaben, S. 81. – Ähnlich äußerte sich 1886 *Werner Siemens,* für den das Licht der Naturwissenschaft die Finsternis des alten Aberglaubens überwindet, da ab jetzt die kulturelle Entwicklung mit der wissenschaftlich-technischen Entwicklung identisch sei. (Vgl. T.M. Schröder: Wissenschaft, S. 21 ff. – Zu den Naturforscherversammlungen insgesamt siehe ebd.)

mus.[79] „Diese Beziehung zwischen dem Ego und der Materie ist genau die Frage, die prädarwinistische materialistische Monisten, trotz angestrengter Behauptungen des Gegenteils, anscheinend nicht zu lösen vermochten“[80].

Insgesamt bleibt für die aufgezeigten materialistischen Konzeptionen festzuhalten: „Naturwissenschaftliche Weltanschauung, Materialismus und Atheismus schienen eine Art natürlicher Koalition einzugehen.“[81] Auf dieser Grundlage vermittelte der Zoologe *Ernst Haeckel* (1834–1919) in Deutschland Darwins Evolutionstheorie und baute sie in spekulativer und weltanschaulicher Überdehnung zu einer umfassenden Weltanschauung aus, was ihr Verständnis in Kontinentaleuropa bis heute beeinflusst. Zwar hatte Haeckel auch zu einigen bedeutenden biologischen Einsichten der Evolutionstheorie beigetragen, aber er überhöhte sie im Horizont des materialistisch-atheistischen Monismus zu einer monistischen Totaldeutung der Welt – auch im Blick auf das Verständnis von Religion. Bereits in seinem 1868 erschienen Werk „Natürliche Schöpfungs-Geschichte“[82] legte er dem Titel gemäß dar, wie die rein naturalistisch zu verstehende Höherentwicklung der Welt den Menschen auf „eine immer höhere Stufe geistiger Vollkommenheit“[83] führt und das naturwissenschaftliche Weltbild das herkömmliche religiöse Weltbild mit seinem Schöpfungsverständnis ablöst. Dieser Gedanke der stetigen Höherentwicklung spiegelt zugleich den Fortschrittsoptimismus des 19. Jahrhunderts wider.

Haeckel übertrug den *mechanistischen Determinismus* der damaligen Physik auf die Evolutionstheorie und unterwarf so auch die geistigen und religiösen Dimensionen des Menschen den Kausalgesetzen. „Die allgemeine Entwicklungslehre [...] als umfassende philosophische Weltanschauung nimmt an, [...] daß alle Naturerscheinungen ohne Ausnahme, von der Bewegung der Himmelskörper [...] bis zum Wachsen der Pflanze und zum Bewußtsein des Menschen, nach einem und demselben Kausalgesetz erfolgen, daß alle schließlich auf Mechanik der Atome zurückzuführen sind: Mechanische oder mechanistische, einheitliche oder monistische Weltanschauung.“[84] Mit diesem Determinismus wird Haeckel Darwins Evolutionstheorie allerdings auch rein naturwissenschaftlich betrachtet nicht gerecht, wenn man etwa an die Bedeutung der *zufälligen* Variationen bei Darwin denkt. „Das war in erstaunlicher Ignoranz an der Sache vorbeigedacht. Darwin hatte mit seinen Kategorien ‚Zufall und Plan‘ nicht eine Maschine, sondern einen offenen Prozess in der Zeit beschrieben.“[85] Indem Haeckel ferner J. Robert Mayers Gesetz der Energie-

79 Vgl. J. Moleschott: Kreislauf, S. 583–609.

80 H. Schwarz: Theologie, S. 260. Zu Moleschotts Ansatz vgl. ebd., S. 258 ff.

81 D. Evers: Gegeneinander, S. 34.

82 Siehe E. Haeckel: Schöpfungs-Geschichte.

83 Ebd.: Bd. 2, S. 810.

84 Ders.: Wissenschaft, S. 9 f.

85 G. Altner: Schöpfungstheologie, S. 103, der dort darauf hinweist, dass Darwin zumindest in gewisser Weise als „ein Vorläufer der Theorie der offenen Systeme“ gesehen werden könnte, die aber im eigentlichen Sinne erst nach dem naturwissenschaftlichen Umbruch zu Beginn des 20. Jahrhunderts entfaltet wurde.

erhaltung und Antoine Laurent de Lavoisiers Gesetz der Erhaltung der Materie zu einem Gesetz der Substanzerhaltung vereinte, sah er die Notwendigkeit eines Schöpfers widerlegt, da die ewige Materie die göttliche Kraft in sich selbst habe und der Kosmos deshalb mit Gott gleichzusetzen sei. Diese vernünftige Weltanschauung dränge sich mit „logischer Notwendigkeit" auf[86], so dass statt eines transzendenten Gottes der Kosmos zu verehren sei, als Kern der neuen monistischen Religion[87]. „Die einfache Natur-Religion [...] wird zukünftig in weit höherem Maasse [sic] veredelnd und vervollkommnend auf den Entwicklungsgang der Menschheit einwirken, als die mannichfaltigen [sic] Kirchen-Religionen", da die Menschheit durch die Natur-Religion „die ruhmvolle Bahn fortschreitender Entwicklung [...] und [...] geistiger Vollkommenheit erklimmen wird"[88]. Der Natur-Religion kommt solche – zugleich ethische – Bedeutung zu, weil Haeckel den Naturgesetzen alles unterwirft, auch Politik und Moral, und meint, nur auf dieser Grundlage erhalte der Mensch das „*menschenwürdige Dasein,* von welchem seit Jahrtausenden gefabelt wird"[89].

Wie das derart verankerte menschenwürdige Dasein nach Haeckel aussieht, zeigt sich an Haeckels Unterwerfung der *Ethik* – der Logik seines Monismus entsprechend – unter die kausalen Evolutionsgesetze, was wie bei Nietzsche zur Ablehnung der christlichen Nächstenliebe führt, insofern als diese naturwidrig sei und die Durchsetzung des Stärkeren verhindere.[90] Dabei bezieht sich Haeckel auf bereits bestehende Ansätze eines – nicht direkt auf Darwin zurückführbaren[91] – kollektiven *Sozialdarwinismus,* der nach dem Selektionsprinzip etwa die staatliche Fürsorge für Schwache für abwegig hielt und oft direktive Methoden der Eugenik (Erbgesundheitslehre) und der Rassenideologie implizierte. Haeckel wurde 1905 Mitglied in der Gesellschaft für Rassenhygiene und wird von etlichen Historikern als einer der Wegbereiter der Rassenhygiene und Eugenik in Deutschland betrachtet. „Darwins Theorie wurde hier zu einer weltanschaulich ausgeweiteten Zutat zu einer Mixtur von Naturwissenschaft, weltanschaulichem Materialismus, Eugenik und Rassenideologie."[92]

Auch wenn Haeckel selbst eingestand, die Welt werde immer rätselhafter, je mehr naturwissenschaftliche Erkenntnis man gewinne[93], hielt er doch an seinem religiös überhöhten materialistisch-evolutiven Monismus fest, den er zur *Ersatzreligion* hochstilisierte. Nachdem er sich 1904 auf einem Freidenker-Treffen in Rom zum materialistischen „Gegenpapst" hatte krönen lassen und 1906 den „Monistenbund" zur Verbreitung seiner Weltanschauung gegründet hatte, ging er vom baldigen Ver-

86 Vgl. E. Haeckel: Monismus, S. 7 f., und insgesamt ebd., S. 13 ff.
87 Vgl. ders.: Welträthsel, S. 438 f.
88 Ders.: Schöpfungs-Geschichte, Bd. 2, S. 810 u. 812.
89 Ebd., S. 811.
90 Vgl. ders.: Welträthsel, S. 408.
91 Siehe *Kap. V,4.3.*
92 C. Schwöbel: Sein, S. 479.
93 Vgl. E. Haeckel: Welträthsel, S. 437.

schwinden des Christentums aus und schlug vor, die dann nicht mehr gebrauchten Kirchen mit Herbarien und Aquarien zu bestücken.[94]

Es war für das Verhältnis von Theologie und Naturwissenschaft verhängnisvoll, dass Darwins Evolutionstheorie in *Deutschland* – mit Einfluss auf *Kontinentaleuropa* – maßgeblich durch Haeckel vermittelt worden ist. Denn vor dem gezeigten Hintergrund verwundert es nicht, dass der *Widerstand von Theologie und Kirche* hervorgerufen wurde und es in Deutschland und Kontinentaleuropa zu einem entsprechenden Konflikt kam, der maßgeblich zur Trennung von Theologie und Naturwissenschaft beitrug[95] und bis heute ebenso nachwirkt wie die Verquickung der Evolutionstheorie mit den gezeigten weltanschaulichen Prämissen. Selbst offensichtliche missbräuchliche Überdehnungen von Darwins Evolutionstheorie finden sich auch heute noch, wie etwa bei dem Evolutionsbiologen Richard Dawkins.[96] So ist immer wieder auf das hinzuweisen, was für jede weltanschauliche Funktionalisierung und Überhöhung der Evolutionstheorie gilt: „Für eine existentielle Orientierung der gesamten Lebenshaltung ist der naturwissenschaftliche Evolutionismus nicht geeignet, weil seine theoretischen Grundlagen durch bewußte, rationale Ausblendung eben dieses Bereiches entstanden sind."[97] Bei etlichen Ansätzen der gegenwärtigen Evolutionsbiologie lässt sich zudem eine Ausweitung des Evolutions-Paradigmas auf die gesamte Naturwissenschaft beobachten, mit entsprechender Beanspruchung der Definition des allgemeinen Begriffs von Wissenschaftlichkeit, was ebenfalls viele Probleme mit sich bringt und mit Machtfragen verbunden ist.[98]

Doch schon Ende des 19. Jahrhunderts forderten immer mehr Naturwissenschaftler die Abkehr von einem weltanschaulichen Materialismus und die Beschränkung auf einen methodischen Materialismus, wobei auch die *Grenzen der Naturwissenschaften und der Evolutionstheorie* in den Blick kamen. So gab der Physiologe *Emil Du Bois-Reymond* (1818–1896) auf der 45. Naturforscherversammlung (Leipzig 1872) zu bedenken, dass sich atomistische und dynamische Erklärungen des Wesens von Materie und Kraft regelmäßig in Widersprüche verstricken und sich keine angemessene Erklärung für die Entstehung des Bewusst-

94 Vgl. D. Evers: Gegeneinander, S. 35; vgl. insgesamt zu Haeckel auch H. Schwarz: Theologie, S. 266–271. – Diese monistisch-weltanschauliche Sicht der Evolutionstheorie wurde auch für den ehemaligen Theologen *David Friedrich Strauß* (1808–1874) zum Glaubensbekenntnis, wie er es in seinem Buch „Der alte und der neue Glaube. Ein Bekenntniß" (1872) formulierte. Er war überzeugt, dass die Welt nur noch durch den evolutionistischen Monismus erklärbar sei, was die Vorstellung der Existenz eines Schöpfers nicht mehr ermögliche. Auch Strauß fand damit in gebildeten liberalen Kreisen große Resonanz.

95 Siehe dazu *Kap. V,5.*

96 Siehe *Kap. X,1.*

97 J. Hübner: Art. „Evolutionismus", S. 693.

98 Siehe dazu D.-M. Grube: Natur, und *Kap. X,1–2 u. XI,2.1.*

seins finden lasse.[99] In folgerichtiger kritischer Beschränkung auf primär naturwissenschaftliche Zusammenhänge – und damit weitgehend Darwins Ansatz entsprechend – vollzog sich die Tradierung von Darwins Evolutionstheorie im *angelsächsischen Raum.* Deshalb stand dort von Anfang an ein *fruchtbarer Dialog von Theologie und Naturwissenschaft* im Vordergrund, begünstigt durch andere Konstellationen theologischer Hermeneutik, wie etwa die stärkere Berücksichtigung natürlich-theologischer Aspekte in der dortigen Theologie.[100] Zum Dialog trug auch Darwins Theorie selbst bei, die sich in ihrer ursprünglichen Form von ganzheitlichen weltanschaulichen Übermalungen unterschied und somit Ansätze zum Dialog bot, was auch schon in Kapitel V,4.1 transparent wurde.

4.3 Darwins eigenes Verständnis und dialogische theologische Ansätze

Nachdem die Grundzüge von Darwins Theorie bereits in Kapitel V,4.1 aufgezeigt wurden, sollen hier einige für den Dialog wesentliche Aspekte zur Sprache kommen, bevor dann exemplarisch auf – zum Teil schon sehr angemessene – theologische Dialog-Konzepte der damaligen Zeit hingewiesen wird. Als Theologiestudent war Darwin von der Synthese zwischen Theologie und Naturwissenschaft beeindruckt, die das bekannte naturphilosophische Lehrbuch „Natural Theology" (1802) von William Paley (1745–1805) enthielt. Die den Naturgesetzen folgenden Abläufe in der Natur waren für Paley der Beleg für das teleologische bzw. zielgerichtete Wirken des göttlichen Designers, so dass die Naturgesetze als Handlungsregeln Gottes galten. Im Rahmen seiner Forschungen mit ihrer Annahme der *zufälligen* Variationen und der *kausalen* Gesetzmäßigkeit natürlicher Selektion konnte Darwin dann aber in den einzelnen – von diesen Ursachen bewirkten – Entwicklungsschritten kein zielgerichtetes Handeln (Teleologie) mehr erkennen. Die Naturabläufe galten ihm als Ergebnis dieser oft von Zufall geprägten Gesetzmäßigkeiten, so dass sie im Unterschied zum planerischen göttlichen Handeln auch als naturimmanente Abläufe einer sich selbst genügenden Natur zu verstehen waren. An die Stelle der Teleologie konnte nun der evolutive Gesamtprozess zur Hervorbringung höheren Lebens treten.

Doch auch wenn für Darwin die Details des Prozesses von Zufall geprägt waren, fiel es ihm schwer, das Ganze als Ergebnis puren Zufalls zu sehen, wie er an seinen Freund Joseph D. Hooker schrieb: „Ich kann das Universum nicht als Resultat blinden Zufalls ansehen. Gleichwohl kann ich im Detail keine Evidenz von einem wohl-

99 „Durch keine zu ersinnende Anordnung oder Bewegung materieller Teilchen aber läßt sich eine Brücke ins Reich des Bewußtseins schlagen […]. Die neben den materiellen Vorgängen im Gehirn einhergehenden geistigen Vorgänge entbehren also für unseren Verstand des zureichenden Grundes. Sie stehen außerhalb des Kausalgesetzes, und schon darum sind sie nicht zu verstehen." (E. Du Bois-Reymond: Grenzen, S. 70.) – Zur Auseinandersetzung mit dieser Problematik im Kontext der aktuellen Hirnforschung siehe *Kap. XI, 2.2.*

100 Siehe zu diesen Konstellationen *Kap. V,4.3 u. 5.2.*

tuenden Plan [design] sehen"[101]. Entsprechend äußerte er sich an anderer Stelle: „Ich neige dazu, alles so zu betrachten, als folge es den Gesetzen des Schöpfungsplans, während die Details dem überlassen bleiben, was wir Zufall nennen."[102] Weil Darwin sich das Universum und den Menschen letztlich nicht als Resultat von Zufall oder Notwendigkeit vorstellen konnte, vermochte er den Gedanken an die Existenz Gottes nicht zu verdrängen und bezeichnete sich gelegentlich durchaus als *Theist.* Das führte er in seiner Autobiographie hinsichtlich der „Vernunft" als „Quelle der Überzeugung von der Existenz Gottes" näher aus: Diese Überzeugung „stammt von der extremen Schwierigkeit oder vielmehr Unmöglichkeit, das immense und wunderbare Universum einschließlich des Menschen mit seinen Fähigkeiten weit zurück und weit in die Zukunft zu schauen, als Resultat blinden Zufalles oder der Notwendigkeit anzusehen. Wenn ich darüber nachdenke, fühle ich mich gezwungen, nach einer ersten Ursache zu sehen, die einen intelligenten Geist hat, der in gewisser Weise analog dem des Menschen ist, und ich darf deshalb ein Theist genannt werden."[103] Auch am Ende seiner bedeutendsten Schrift „Über die Entstehung der Arten" weist Darwin auf den Schöpfer hin. „Darwin nahm eine allgemeine Vorsehung bei der Planung der Gesetze an, die die Evolution überhaupt erst möglich machen." [104] Drei Jahre vor seinem Tod bekräftigte Darwin in einem Schreiben, dass er selbst in seinen extremsten Gedanken nie Atheist in dem Sinne gewesen sei, dass er die Existenz Gottes verneint hätte, sondern dass dann eher der Begriff *Agnostiker* auf ihn zugetroffen habe, also die Annahme, über das sinnlich Wahrnehmbare hinaus keine definitive Aussage machen zu können.[105]

In dieser Orientierung *lehnte Darwin die weltanschaulichen Funktionalisierungen und Ausdehnungen seiner Evolutionstheorie ab.* So gab er dem als weltanschaulichen Religionsersatz entwickelten materialistischen Monismus *Haeckels* keine Zustimmung, obwohl er etliche naturwissenschaftliche Erkenntnisse Haeckels durchaus schätzte.[106] Gleichermaßen stand Darwin dem maßgeblich von dem Soziologen und Philosophen *Herbert Spencer* (1820–1903) vollzogenen Ausbau der Evolutionstheorie zum *Sozialdarwinismus* kritisch gegenüber. Spencer hatte die Prinzipien der biologischen Evolution auf die gesellschaftliche Entwicklung übertragen, und zwar im Kontext einer kosmischen Theorie des allumfassenden Evolutionsprozesses, der unter dem Vorzeichen des „Überlebens des Stärkeren" *(survival of the fittest)* steht. In diesem Sinne entwickelte er die biologische Theorie Darwins zu einer philosophischen, gesellschaftlichen und wirtschaftlichen Fortschrittstheorie der uneingeschränkten Freiheit des Konkurrenzkampfes. Auch wenn

101 F. Darwin/A.C. Seward (Hg.): Letters, Bd. I, S. 321.

102 F. Darwin (Hg.): Life, Bd. II, S. 105.

103 Zitiert nach H. Schwarz: Streit, S. 59.

104 H. Kessler: Evolution, S. 36.

105 Vgl. F. Darwin (Hg.): Life, Bd. I, S. 274. – Vgl. H. Kessler: Evolution, S. 34 f.: "Darwin hat nie einen ideologisch-atheistischen Darwinismus vertreten, auch nicht in seiner agnostischen Endphase." – Vgl. insgesamt ebd., S. 34–38; H. Schwarz: Streit, S. 56 ff., und C. Schwöbel: Sein, S. 473 ff.

106 Vgl. H. Schwarz: Streit, S. 58.

Darwin von einigen grundsätzlichen Ableitungen Spencers beeindruckt war, betonte er zugleich, dass er sie nicht nachvollziehen könne, denn er sei lediglich ein empirisch und induktiv denkender Wissenschaftler.[107] Spencers Ausweitung hinterließ weitreichende Spuren. Während er selbst schon den Untergang der Unterlegenen im Kampf gegen die Erfolgreichen als natürlichen Ablauf propagierte, durch den etwa staatliche Fürsorge für Schwache abwegig werde, wurden diese Grundlagen nicht nur von einem rücksichtslosen Kapitalismus dankbar aufgegriffen, sondern sie kamen auch zusehends im Blick auf die Eugenik und die Rassenhygiene zur Geltung. Das reichte bis hin zu Forderungen staatlicher Eingriffe zur Beschleunigung der Selektion, verbunden mit dem Glauben an die Züchtbarkeit hochqualifizierter Menschen, was im Nationalsozialismus zu fatalen Konsequenzen führte.[108]

Zwar hatte Darwin den Begriff „survival of the fittest“ seit 1869 von Spencer übernommen, doch seine darauf beruhenden Ausführungen waren nicht unmittelbar ursächlich für die weitere Entwicklung des Sozialdarwinismus.[109] Darwin verstand den Begriff vornehmlich im Sinne des biologischen Überlebens der am besten angepassten Art. Dennoch wird an diesem Beispiel deutlich, dass etliche Begriffe der Evolutionstheorie Darwins „hinsichtlich ihrer Intension und ihrer Extension sowie hinsichtlich ihrer theoretischen Reichweite durchaus diskussionsbedürftig sind, weil sie nicht einfach als durch die empirischen Befunde gesichert erscheinen“[110]. So sind einige *weltanschauliche Implikationen* in Darwins Theorie durchaus angelegt, was etwa der erst in einer späteren Auflage von „Über die Entstehung der Arten“ auftauchende Begriff „scale of civilisation“ (Zivilisationsskala) zeigt. Mit ihm vollzieht Darwin die Einordnung verschiedener Menschenrassen unter Verweis auf unterschiedliche Mengen „brain-power“ (Hirntätigkeit), wobei er hinsichtlich seines eigenen kulturellen Kontextes ein ethnozentrisches Weltbild durchscheinen lässt. Neben anderen problematischen Annahmen findet sich auch schon bei Darwin der Hinweis auf die schädliche Rolle sozialer Einrichtungen bezüglich der natürlichen Auslese.[111] Das zeigt, dass auch Darwin selbstverständlich nicht nur auf empirisches und induktives Denken zu reduzieren ist. „Bestrebungen, ihn nachträglich als etwas erscheinen zu lassen, was er zum Teil nicht war, müssen als Bemühungen gewertet werden, ein Symbol zu retten.“[112] Dennoch bleibt festzuhalten, dass Darwin sich stets geweigert hat, weltanschauliche Gesamtdeutungen seiner Theorie anzuerkennen, auch in Bezug auf ein atheistisch-materialistisches Weltbild. „Darwin selbst hat die weltbildlichen Implikationen seiner Theorie deutlich gesehen […]. Allerdings hat er sich […] ihrer Ausweitung zu einer Weltanschauung, die an die Stelle der Reli-

107 Vgl. ders.: Theologie, S. 287 f.

108 Siehe zur detaillierteren Einsicht in diese Entwicklung B. Rensch: Art. „Darwin, Charles/Darwinismus“, S. 372 f.

109 Weiterführende Grundlagen schuf Darwins Vetter *Francis Galton,* der zur Vererbung geistiger Fähigkeiten forschte. Siehe dazu ebd., S. 372.

110 C. Schwöbel: Sein, S. 509.

111 Die Einzelbelege und weitere Beispiele bietet M. Goden: Erörterung, S. 36–49.

112 Ebd., S. 44.

gion treten könnte, verweigert."[113] Es wurde oben bereits deutlich, wie sich Darwin immer wieder auch der theistische Horizont seiner Theorie bzw. die Evidenz der Existenz Gottes aufdrängte.

Vor diesem Hintergrund bietet Darwins eigener Ansatz im Unterschied zu den weltanschaulich funktionalisierten Vermittlungen seines Ansatzes (z. B. durch den materialistischen Monismus Haeckels) eine *vielschichtige Basis für den differenzierten Dialog von Theologie und Naturwissenschaft.* Dieser vollzog sich deshalb auch besonders dort umgehend, wo Darwin nicht primär durch die Brille weltanschaulicher Verzerrung vermittelt wurde, was für weite Teile des angelsächsischen Bereichs zutrifft. Hier konnten dann zugleich sowohl von Naturwissenschaftlern als auch von Theologen vorbehaltloser die Schwachstellen der darwinschen Theorie diskutiert werden, wie beispielsweise der naturwissenschaftliche Zweifel daran, dass die Entwicklung komplexen Lebens in der zur Verfügung stehenden Zeit allein durch natürliche Selektion möglich sei. Begünstigt wurde der Dialog hier auch durch die philosophische Bedeutung des Empirismus und durch einen unbefangeneren Umgang mit der natürlichen Theologie.[114] Speziell in Bezug auf die Evolutionstheorie kam hinzu, dass der Entwicklungsgedanke der theologischen Tradition von Anbeginn nicht fremd war, wie es bereits in Kapitel V,4.1 aufgezeigt wurde. Zudem konnte der prozesshafte Verlauf der Evolution eine Brücke zur Relevanz der Geschichtlichkeit in der Theologie bilden.

Am Beispiel zweier *englischer* Theologen, die damals den Dialog neben vielen anderen aufnahmen, wird ersichtlich, wie die Evolutionstheorie auch als *Herausforderung* angenommen wurde, gegenüber empiristischen oder deistischen sowie pantheistischen Ansätzen erneut eine *angemessene christliche Deutung* zu liefern, was Christoph Schwöbel detailliert nachgezeichnet hat.[115] So gab *Aubrey Moore* (1848–1900) zu bedenken, dass der Deismus, der Gott nur als Anfangsursache der Schöpfung verstehe, durch die prozesshafte Weiterentwicklung der Naturabläufe (Evolutionstheorie) nicht mehr möglich sei. Gott könne auch nicht mehr nur als „Lückenbüßer" für nicht zu verstehende Prozesse dienen, sondern müsse im gesamten Naturprozess gegenwärtig sein. Wolle man aber nicht im Pantheismus enden, durch den Gott im Weltprozess aufgeht, bedürfe es der Besinnung auf den christlichen Gottesbegriff, nämlich die *Trinität.* Sie gewähre die notwendige Gleichzeitigkeit der Transzendenz und Immanenz Gottes, der so als ständiges schöpferisches Gegenüber der Welt erkennbar werde, das gleichzeitig in der Welt und ihren Prozessen wirke. Es könne nicht im Rückschlussverfahren von natürlichen Voraussetzungen her irgendeine Form göttlicher Existenz gesucht werden, wie etwa Gott als Designer, sondern es bedürfe der Bezugnahme auf die Offenbarung des drei-

113 C. Schwöbel: Sein, S. 478.

114 Zu weiteren Faktoren, die für die unterschiedliche Situation in Kontinentaleuropa und im angelsächsischen Bereich eine Rolle spielten, siehe *Kap. V,5.2.* – Zur inhaltlichen Weiterentwicklung von Darwins Theorie siehe *Kap. V,4.1; XI,2.1* u. *Anm. 63, V. Kap.*

115 Siehe C. Schwöbels Analyse dieser Ansätze in ders.: Sein, S. 480–486.

einigen Gottes. Dies zeige schon allein die Infragestellung des teleologischen Gottesbeweises durch Darwins rein kausale Methode. Die Theologie müsse sich auf ihre eigenen Ressourcen besinnen, um den Herausforderungen der Evolutionstheorie angemessen begegnen zu können. Mit den von Moore dargelegten Einsichten ist heute in gleicher Weise sowohl den theologischen Ableitungen des Kreationismus bzw. entsprechenden Formen des „Intelligent Design" als auch den weltanschaulichen Postulaten atheistisch-reduktionistischer Evolutionsvorstellungen zu begegnen.[116] Unter Rückgriff auf die Ressourcen der theologischen Tradition bezog sich *John Richardson Illingworth* (1848–1915) auf die Logos-Christologie der griechischen Kirchenväter, die detailliert zeige, dass der Logos bzw. der Sohn Gottes sowohl die Wirkursache (Prinzip) als auch die Zweckursache (Telos) des Universums sei. In dynamisch-heilsgeschichtlicher Weise habe er dabei am Kreuz Sünde und Tod als Gegenkräfte überwunden und durch die Auferstehung auf die Vollendung der Schöpfung in der Gemeinschaft mit Gott hingewiesen. Dieses dynamische Handeln Gottes sei möglich, weil er im Logos bzw. Sohn (Inkarnation) und im Heiligen Geist im Weltprozess tätig sein kann, ohne durch diese Immanenz seine Transzendenz einzubüßen. Daher gelten auch die Gesetzmäßigkeiten der natürlichen Selektion nicht selbst als kreatorisch, sondern lediglich als Mittel der Naturabläufe, die Sinn und Ziel von Gott erhalten und nicht in sich selbst haben, weshalb sie auch nicht weltanschaulich zu funktionalisieren sind. Während Naturwissenschaft so *Methoden* der Schöpfung beschreibe und Theologie den *Sinn*, hätten beide in unterschiedlicher, aber komplementärer Weise den Blick auf die eine Wirklichkeit der Schöpfung.[117]

Insgesamt gab es in England anfänglich auch einige Widerstände von Theologie und Kirche gegen die Evolutionstheorie, die aber schon bald der überwiegend dialogischen Aufnahme der Theorie wichen. In den *USA* war ein theistisches Verständnis der Evolutionstheorie weit verbreitet, oft verbunden mit Spencers kosmischer Theorie. Etliche Biologen sahen den Kampf ums Dasein und das Überleben des Stärkeren nicht als hinreichende Aussagen über den Evolutionsprozess, was auch in der modernen Evolutionsbiologie erneut zum Tragen kommt.[118] Aufs Ganze gesehen gab es einen regen Dialog zwischen Theologie und Naturwissenschaft, der zuweilen aber auch zur *unreflektierten Unterwerfung theologischer Ansätze unter das Evolutionsparadigma* führte. Beispielsweise verstand *Lyman Abbott* (1835–1922) die Sünde im evolutiven Sinn als Sieg der tierischen Natur im Menschen über die geistige Natur und sah die Inkarnation und das Heilswerk Christi weniger als Hingabe für die Sünden der Menschen, sondern mehr als Vervollkommnung zum Ebenbild Gottes.[119] Die Gefahr, das Evolutionsparadigma zu sehr zur Prämisse

116 Siehe dazu z. *B. Kap. X,1–2 u. XI,2.1.*

117 Die Beiträge finden sich in einer von Charles Gore, dem späteren Bischof von London, herausgegebenen Aufsatzsammlung einer Theologengruppe der High Church. Siehe C. Gore (Hg.): Lux Mundi. – Zu Illingworth vgl. auch K.-H. Menke: Phänomen, S. 223.

118 So etwa durch die Forschungen der Evolutionsbiologin Lynn Margulis. Siehe dazu L. Margulis/D. Sagan: Leben. – Siehe auch *Kap. XI,2.1.*

119 Vgl. L. Abbott: Theology, S. 186 ff.

theologischer Einsichten werden zu lassen, besteht bis heute, etwa zum Teil bei Wolfhart Pannenberg.[120] Mit der Erschütterung des Fortschrittsoptimismus des 19. Jahrhunderts durch die Weltwirtschaftskrise und den Ersten Weltkrieg sowie durch Entwicklungen zum theologischen Fundamentalismus kam es in den ersten Jahrzehnten des 20. Jahrhunderts in den USA zu einer gegenläufigen Entwicklung im Blick auf das Verhältnis von Kirche und Evolutionslehre. Diese schlug sich vor allem durch den fundamentalistischen Kreationismus in den Schulen als Kampf zwischen Schöpfungs- und Evolutionsvorstellung nieder – und ist bis heute virulent.[121]

Trotz der negativen Dialogvoraussetzungen im 19. Jahrhundert in *Deutschland,* die aufgrund der Vermittlung von Darwins Evolutionstheorie durch den materialistischen Monismus Haeckels unter dem Vorzeichen der Konfrontation standen, gab es auch in Deutschland vereinzelt Dialogversuche zwischen Theologie und Naturwissenschaft, wie den des lutherischen Theologen *Otto Zöckler* (1833–1906). Zwar stand Zöckler dem „Darwinismus" sehr kritisch gegenüber (wohl nicht zuletzt aufgrund der übermittelten Form), betonte aber, dass die Evolutionstheorie inhaltlich nicht zur Aufgabe der christlichen Schöpfungsvorstellung führen müsse.[122] Die biblische Sicht habe nämlich Raum genug für die naturwissenschaftlichen Details. Biblische Inhalte und empirische Forschung können sich seines Erachtens gegenseitig bereichern und vertiefende Einsichten gewähren.[123] Denn das Buch der Natur könne das Buch der Bibel veranschaulichen, welches wiederum das Buch der Natur erläutern könne. Deshalb sei es nicht nötig, dass angemessene Naturwissenschaft und angemessene Theologie im Konflikt miteinander stehen. Von daher gebe es nach wie vor auch Naturwissenschaftler, die aus beiden Büchern lesen, während eine Theologie der Natur ebenfalls beiden Büchern gerecht werde, in der Einsicht, dass sich Gottes Offenbarung im Bereich der natürlichen Welt vollziehe.[124]

Mit dieser Dialogbereitschaft bildete Zöckler jedoch gegen Ende des 19. Jahrhunderts eine Ausnahme. Verbreitet zog sich die Theologie in Deutschland – und schließlich in Kontinentaleuropa – aufgrund der hier vorherrschenden weltanschaulichen Totaldeutungsansprüche der Naturwissenschaften auf ihre vermeintlichen Kernbereiche wie religiöses und sittliches Bewusstsein zurück und überließ den Naturwissenschaften die Erklärung der Welt, so dass der Konflikt hier zur Trennung führte.

---

120 Siehe *Kap. XII,1.* Siehe auch *Kap. XII* insgesamt.

121 Zu den Entwicklungen in England und den USA vgl. H. Schwarz: Theologie, S. 276–307, die dort im Einzelnen dargelegt werden. – Zum Kreationismus vgl. auch M. Beintker: Kontroversen, S. 17 ff.

122 Vgl. O. Zöckler: Geschichte, S. 719.

123 Vgl. ders.: Urgeschichte, S. 42.

124 Vgl. ders.: Theologia naturalis, S. 6 u. 200 f., und ders.: Gottes Zeugen, S. 485. Insgesamt vgl. zu Zöckler auch H. Schwarz: Theologie, S. 273–276.

5. Naturwissenschaftlicher Dogmatismus im 19. Jahrhundert und Selbstisolation der Theologie

Die klassische Newtonsche Physik ging von einem statischen, deterministischen und geschlossenen System aus, das sich mit der Vorstellung eines ewigen Universums verband, dessen Gesetze als objektive Wahrheiten galten. Diese Überzeugungen konnten zu weltanschaulichen Verabsolutierungen verleiten, die sich in den materialistisch-monistischen Totaldeutungsansprüchen des 19. Jahrhunderts widerspiegeln. Auf der Grundlage der materialistischen Reduktion der Wirklichkeit kam es verbreitet zu einem ideologischen szientistischen Dogmatismus mit atheistisch-antikirchlicher Stoßrichtung, der sich im wissenschaftsgläubigen Fortschrittsoptimismus äußerte und vielfach zur Ersatzreligion wurde. Angesichts dieser *Konfrontation* zog sich die Kirche auf ihre vermeintlich eigentlichen Themen wie das religiöse und sittliche Bewusstsein zurück und überließ den Naturwissenschaften weitgehend die Beschreibung der Natur. Indem man sich auf das Bewusstsein der Abhängigkeit des Menschen und der Welt von Gott (F.D.E. Schleiermacher), auf die sittlich-ethische Dimension des Glaubens (W. Herrmann) oder die eigenständigen theologischen Werturteile (A. Ritschl) – im Unterschied zu naturwissenschaftlichen Seinsurteilen – konzentrierte, beanspruchte man in der Tradition der neuzeitlichen Unterscheidung von Geist und Natur (Subjekt-Objekt-Spaltung) eine eigenständige Domäne, die sich von den naturwissenschaftlichen Erkenntnisgegenständen und Methoden unterscheidet.

Durch diese bis heute nachwirkende *Trennung* wurde zwar eine weitgehend friedliche Koexistenz von Theologie und Naturwissenschaft ermöglicht, aber die Zusammenschau von Glaubens- und Wirklichkeitserfahrung verhindert. Das setzte sich auch im 20. Jahrhundert – abgesehen von wenigen Ausnahmen – unter anderen theologischen Vorzeichen vielfach fort, etwa durch die Dialektische Theologie (K. Barth), die hermeneutische Theologie (R. Bultmann) oder die Fortschreibung Schleiermachers (U. Barth). Gleiches gilt für die anders gelagerte Trennung und ihre Fortsetzung in der katholischen Theologie (z. B. K. Rahner). Erst die revolutionären naturwissenschaftlichen Umbrüche zu Beginn des 20. Jahrhunderts führten daneben zu einem neuen und stetig wachsenden Dialog, ausgelöst besonders durch die großen Physiker der damaligen Zeit, deren Forschungsergebnisse Bereiche von philosophischer und theologischer Tragweite berührten.

5.1 Das statische und monistische naturwissenschaftliche Weltbild

Das geschlossene Naturverständnis der klassischen Newtonschen Physik bildete die Grundlage für die zahlreichen Ansätze *materialistisch-monistischer Verabsolutierung der Naturwissenschaft* im 19. Jahrhundert mit ihren weltanschaulichen Totaldeutungsansprüchen, die bis zum Religionsersatz reichten. Die Newtonsche Physik ging von einem statischen geschlossenen System aus, das in monokausaler Gesetzlichkeit mechanistisch determiniert und von umkehrbarer bzw. reversibler

Zeit geprägt ist (ungeschichtlich), so dass Abläufe durch gesicherte Gesetzmäßigkeiten prognostizierbar sind und die Zerlegung in nachvollziehbare Grundbestandteile die Erkenntnis des Ganzen ermöglicht. Damit verband sich die Vorstellung einer ungeschichtlichen Natur und eines ewigen, in sich ruhenden Universums, dem das experimentierende Subjekt gegenübersteht. In entsprechend positivistisch orientierter Naturerkenntnis galten naturwissenschaftliche Erkenntnisse – unter Ausblendung der Bedeutung von subjektiven Konstruktionen, Vernunftkategorien oder Modellen der Wirklichkeit – vielfach als objektive bzw. reale Abbildungen der Wirklichkeit und dadurch als objektive Wahrheiten.[125] Auf diese Weise vermochte Naturwissenschaft vermeintlich die absolute Wahrheit des Seins zu erschließen, was sie „zum einzigen Kriterium des Wahrheitsbewußtseins“[126] werden lassen konnte und zu weltanschaulichen Vereinnahmungen und Verabsolutierungen verleitete.

In Kapitel V,4.2 wurden diese Vereinnahmungen und Verabsolutierungen, besonders in Form der *materialistisch-monistischen Totaldeutungsansprüche*, bereits ausführlich dargelegt, so dass hier nur noch zusammenfassend darauf hinzuweisen ist. Vielfach entwickelte sich der methodische Naturalismus zu einem ontologischen Naturalismus, der die gesamte Wirklichkeit, einschließlich der geistigen, kulturellen und religiösen Phänomene, auf materielle Gegenstände und kausale Naturabläufe reduzierte. Dieser Materialismus vollzog sich in einem Zirkelschluss, da man die vorausgesetzte weltanschauliche Prämisse, alles sei auf Materie zu reduzieren, als naturwissenschaftlich erwiesen postulierte.[127] Man setzte ferner voraus, die Materie sei unsterblich bzw. ewig und ihr seien die als unabänderlich und ewig geltenden Naturgesetze inhärent. Auch das sei wissenschaftlich unwiderlegbar nachgewiesen, weshalb es keiner geistigen oder übernatürlichen Kraft bedürfe und man statt von der Ewigkeit Gottes von der Ewigkeit der Welt zu sprechen habe. (L. Büchner) Durch das deterministische umkehrbare Zeitverständnis hatte man das Gefühl, Vergangenheit und Zukunft kontrollieren zu können und Macht über die Natur zu erhalten.[128] Wie schon René Descartes und Francis Bacon die Naturwissenschaft als Methode menschlicher Machtergreifung verstanden hatten, war diese Perspektive auch Teil des *Fortschrittsoptimismus* des 19. Jahrhunderts. So äußerte etwa Werner Siemens die Überzeugung, „dass das Licht der Wahrheit, die wir erforschen, nicht auf Irrwege führen und dass die Machtfülle(,) die es der Menschheit zuführt, sie nicht erniedrigen kann, sondern sie auf eine höhere Stufe das Daseins erheben muß“[129]. Dieser Optimismus verband sich nicht erst mit entsprechenden weltanschaulichen Vereinnahmungen der Naturwissenschaften, sondern wurde häufig implizit mit der Methode der Naturwissenschaften verbunden. „Von Anfang an war auch der Weg

125 Ein derart „naive[r] Wissenschaftspositivismus“ „glaubte an eine Deckungsgleichheit von Wissenschaft und Wirklichkeit, und er hielt die objektive Wahrheit wissenschaftlicher Erkenntnis für die absolute Wahrheit des Seins. Darum war er geschichtslos“ (J. Moltmann: Wissenschaft, S. 22 f.).

126 Ebd., S. 23.

127 Siehe dazu auch *Kap. II,2*.

128 Vgl. T. Görnitz: Naturwissenschaft, S. 152 f.

129 Zitiert nach T.M. Schröder: Wissenschaft, S. 23. – Zu Descartes siehe *Kap. II,2 u. V,3*.

der ‚exakten' Naturwissenschaften durch Versuche gekennzeichnet, sich selber als einen wichtigen Faktor der kulturellen Entwicklung der Menschheit zu begreifen, um schließlich zu einem eigenen umfassenden und auf naturwissenschaftlichen Erkenntnissen aufbauenden naturalistischen Weltbild zu gelangen. Die Naturwissenschaften traten damit ganz ausdrücklich in Konkurrenz zu anderen Anbietern einer umfassenden Weltdeutung, nämlich zur Philosophie und Religion, später auch zu den Geschichtswissenschaften."[130]

Unübersehbar wurden solche Bestrebungen bei den weltanschaulichen Überdehnungen der Naturwissenschaften durch die materialistisch-monistischen Ansätze, die mit ihren *atheistischen Implikationen* die Befreiung der Menschen aus der Abhängigkeit von Gott propagierten und der Menschheit wahren Humanismus und wahre Freiheit avisierten (L. Büchner, C. Vogt). Wie das auf monokausaler naturalistisch-deterministischer Grundlage geschehen sollte, blieb offen. Wo Naturwissenschaft als Beförderung wahrer Religiosität gesehen wurde, geschah das in Form eines pantheistischen Materialismus, durch den man die Naturwissenschaft als die bessere Religion transparent werden ließ. Deshalb konnte der Pathologe Rudolf Virchow für sich und einen nicht unbeträchtlichen Teil der Naturwissenschaftler beanspruchen, dass die Naturwissenschaft für sie zur Religion geworden sei, welche die Menschen von den mit Irrtum und Illusion verbundenen kirchlichen Dogmen befreie und zur vollen Wahrheit führe, auch im Blick auf die Lebenshaltung. In einem solchen antikirchlichen Szientismus betonte der Physiologe Jacob Moleschott die Unvereinbarkeit eines Schöpfers mit den ewigen Naturgesetzen. Das Verhältnis von Theologie und Naturwissenschaft setzte er mit dem Verhältnis von Fiktion und Wahrheit gleich. Doch der atheistisch-monistische Materialismus geriet schon systemimmanent ständig in Aporien, zum Beispiel hinsichtlich der Fragen nach der Bedeutung des eigenen Subjekts im Erkenntnisprozess, nach der Freiheit innerhalb des naturalistischen Determinismus, nach dem Verhältnis von unbelebter und belebter Materie oder nach der Dimension des menschlichen Bewusstseins. Oft ließ man die offenen Fragen und Gegensätze einfach stehen bzw. ignorierte sie und behauptete die Unwiderlegbarkeit der eigenen Position umso nachhaltiger.

In dieser Orientierung vermittelte der Zoologe *Ernst Haeckel* in Deutschland wirkungsgeschichtlich einflussreich die *Evolutionstheorie als materialistisch-monistische Totaldeutung der Welt sowie als Religionsersatz.* Indem er den mechanistischen Determinismus der Newtonschen Physik auf die Evolution übertrug, unterlagen auch die geistigen und religiösen Dimensionen den Kausalgesetzen. Obwohl Haeckel damit dem Charakter mancher prozesshafter Aspekte der Darwinschen Theorie letztlich nicht gerecht wurde, bestimmte diese Sicht vielfach deren Verständnis, was

130 T.M. Schröder: Wissenschaft, S. 25. Daneben gab es natürlich auch im 19. Jahrhundert die Gruppe von Naturwissenschaftlern, die eine rein methodische Beschränkung auf den Naturalismus betonte, sowie etliche Naturwissenschaftler, die sich in der Grauzone zwischen Methodik und weltanschaulicher Ausdehnung befanden (vgl. ebd., S. 25 f.). – Zur ohnehin grundsätzlich bestehenden weltanschaulichen bzw. lebensweltlichen Eingebundenheit der Naturwissenschaften und ihrer Methodik siehe *Kap. I,3.2; IV,1; VIII.*

sich weitgehend erst mit den Umbrüchen in den Naturwissenschaften zu Beginn des 20. Jahrhunderts änderte.[131] Die ewige Materie mit ihrer göttlichen Kraft führt den Menschen nach Haeckel zur Vollkommenheit und zu menschenwürdigem Dasein, weshalb der Mensch durch die Natur-Religion im Unterschied zu den Kirchen-Religionen fortschreitend zur geistigen Vollkommenheit finde. Faktisch gelangte Haeckel jedoch durch die Unterwerfung der Ethik unter den kausalen Materialismus zum kollektiven Sozialdarwinismus mit eugenischen und rassenideologischen Implikationen. Haeckel war sich sicher, dass Kirche und Theologie eines Tages durch den monistischen Materialismus als Ersatzreligion abgelöst werden. Auf einen solchen ideologischen naturwissenschaftlichen Dogmatismus trifft zu, was der Physiker Hans-Peter Dürr hinsichtlich solcher Strömungen des 19. Jahrhunderts festhielt: „Naturwissenschaftliche Erkenntnis bereitete sich vor, Religion langfristig zu überwinden, den Glauben letztlich durch exaktes Wissen zu ersetzen."[132]

Natürlich gab es auch Naturwissenschaftler, die das gleichberechtigte Nebeneinander von Theologie und Naturwissenschaften verteidigten (z. B. O.L. Erdmann) oder die Grenzen der naturwissenschaftlichen Methoden und Konzeptionen sahen (z. B. E. Du Bois-Reymond). Aber das wissenschaftliche und populär-philosophische Klima war insgesamt stark von den materialistisch-weltanschaulichen Verabsolutierungen und ihrem Fortschrittsoptimismus geprägt. Es führten jedoch nicht nur diese Verabsolutierungen der Naturwissenschaft zum nachhaltigen Konflikt zwischen Theologie und Naturwissenschaft, sondern auch der statische Determinismus der klassischen Physik schien inkompatibel mit den theologischen Vorstellungen zu sein, insofern als man hier für Gott keine Eingriffsmöglichkeiten mehr sah. Ebenso stand die Vorstellung von der Ewigkeit der Materie bzw. der „Welt" im Widerspruch zu den biblischen Auffassungen. Hinzu kam die Einengung der Wirklichkeit durch die reduktionistische naturwissenschaftliche Methodik, die Wirklichkeitserkenntnis auf Experiment und mathematische Formalisierung beschränkte und so mit dem reduktionistischen Materialismus korrelierte, wenn man sich der Beschränkung und damit der Grenzen der Methodik nicht bewusst war.[133]

Vor dem Hintergrund der gezeigten Zusammenhänge – besonders hinsichtlich der materialistischen bzw. szientistisch-antireligiösen Verabsolutierungen – verwundert es nicht, dass sich die Theologie in Deutschland und von da ausgehend auch in Kontinentaleuropa – bis auf einige Ausnahmen – aus dem Konflikt zurückzog. Sie konzentrierte sich auf ihre vermeintlichen Spezifika wie das religiöse und sittliche Bewusstsein und überließ den Naturwissenschaften weitgehend die Beschreibung der Natur bzw. der Welt, was zur bis heute nachwirkenden Trennung von Theologie und Naturwissenschaft führte.

---

131 Siehe zu diesen Umbrüchen *Kap. VI*. – Es ist gegenüber Haeckels deterministischem Monismus zu bedenken, dass „in der Evolutionstheorie vorgebildet" wurde, „was dann im 20. Jahrhundert in die naturwissenschaftlich-physikalische Welterklärung Einzug" hielt: die Geschichtlichkeit der Naturprozesse (R. Anselm: Schöpfung, S. 252).

132 H.-P. Dürr (Hg.): Physik, S. 7 f. (Vorwort).

133 Zur Entstehung dieser Methodik siehe *Kap. V,2.1*.

5.2 Die auf religiöses und sittliches Bewusstsein reduzierte Theologie

Aufgrund der im 19. Jahrhundert besonders in Deutschland vollzogenen weltanschaulichen und antireligiösen Verabsolutierungen der Naturwissenschaft und des damit verbundenen naturwissenschaftlichen Weltbildes kam es zum *Rückzug der Theologie aus dieser Konfrontation.* In Abkehr von den Fragen der Naturzusammenhänge der sinnlichen Erscheinungswelt betrachtete man die Situation als Anlass, sich noch mehr auf die vermeintlich eigentlichen Kernthemen der Theologie zu konzentrieren, nämlich auf die existenzielle und soziale Bedeutung des Glaubens bzw. auf das religiöse Bewusstsein und die sittlich-moralische Orientierung. Hier sah man sich in einem Bereich, der als Teil der Geisteswissenschaften und als eigenständige Domäne der Theologie den naturwissenschaftlichen Erkenntniszugängen grundsätzlich entzogen schien.[134] Umgekehrt bewertete man die Naturerkenntnis als unabhängigen und eigenen Bereich der Naturwissenschaften und ihrer Erkenntnismethoden. Mit dieser Zuordnung unterschiedlicher Gegenstände bzw. Erkenntnisbereiche und Methoden von Theologie und Naturwissenschaft wurde die – ohnehin vom atheistischen Szientismus heraufbeschworene – *Trennung* von Theologie und Naturwissenschaft festgeschrieben.

Das hatte zunächst den *Vorteil,* dass es so kaum noch zu konfliktträchtigen Verwicklungen zwischen beiden Bereichen kommen konnte und ein oft gegenseitig akzeptiertes Nebeneinander als friedliche Koexistenz möglich wurde. Ferner vermochte die Theologie auf diese Weise, sich „von wechselnden Erkenntnissen" der Naturwissenschaften zu lösen und sich zumindest hinsichtlich des zugeschnittenen Themenbereichs „unter modernen Bedingungen" zu behaupten. „Doch der Preis war hoch. Zum einen verengte sich der theologische Fokus immer mehr auf das Individuum, sein Gefühl und seine Ethik."[135] Zum anderen bestand durch die Ausblendung von Welt und Kosmos der gravierende *Nachteil,* dass Gott so nicht mehr dem Glaubensbekenntnis gemäß angemessen als Schöpfer, Erlöser und Vollender von Mensch *und* Kosmos bzw. als „die Alles bestimmende Wirklichkeit" (R. Bultmann) zur Geltung gebracht werden konnte. Damit stellte sich das Problem der Übereinstimmung von Glaubens- und Wirklichkeitserfahrung, der es schon deshalb bedarf, weil sich Gottes heils*geschichtliches* Handeln unter den Strukturen menschlicher *und* kosmischer Wirklichkeit vollzieht.[136] Durch die theologische Fokussierung auf das religiöse und sittliche Bewusstsein fehlte „der Bezug zur konkreten Wirklichkeit der Schöpfung in Raum und Zeit, in die die menschliche Existenz mitsamt Subjektivität und Moralität eingebettet ist"[137].

---

134 Dass diese Annahme heute nicht mehr gilt, zeigt die Erforschung von Geist und Bewusstsein durch die *Neurowissenschaften* (vgl. *Kap. I,3.1*). – Zur Problematik der methodischen Ansätze und zu den Grenzen gegenwärtiger Neurowissenschaften, die auch weltanschaulichen Prämissen unterliegen, siehe *Kap. XI,2.2.*

135 R. Mogk: Eigenständigkeit, S. 52.

136 Siehe zu diesen Zusammenhängen *Kap. I,3.1.*

137 D. Evers: Rezeption, S. 130.

Eine der theologischen Konzeptionen, die die beschriebene Situation im 19. Jahrhundert maßgeblich prägten, bot der theologische Entwurf von *Friedrich Daniel Ernst Schleiermacher* (1768–1834), welcher wirkungsgeschichtlich vielfach bis heute zur Trennung von Theologie und Naturwissenschaft dient. Schleiermacher stand in der neuzeitlichen Tradition, die Gotteserkenntnis mehr in der Vernunft und im Bewusstsein verortete als in der Naturerkenntnis. Er distanzierte sich dabei jedoch von Kants Rationalismus und betonte das fromme Natur*gefühl* im *Bewusstsein* des Menschen. So verstand Schleiermacher das im Selbstbewusstsein bestehende Gefühl schlechthinniger Abhängigkeit des Menschen sowie des gesamten endlichen Seins (Natur) vom unendlichen Sein Gottes als Anker der Gotteserkenntnis. In diesem Horizont handelt die Lehre von der Schöpfung seines Erachtens „nicht mehr vom Entstehen der Welt, sondern von ihrem Zusammensein mit Gott und ihrem Bezogenwerden auf Gott“[138]. Da sich das Schöpfungsverständnis weitgehend auf dieses Abhängigkeitsgefühl gründet, gilt es unabhängig von jeglicher naturwissenschaftlichen Erkenntnis, so dass für Schleiermacher eine gegenseitige Unabhängigkeit von Theologie und Naturwissenschaft besteht. Das hält zum Beispiel der an Schleiermacher orientierte Theologe Ulrich Barth, der Gott als das aller Empirie vorausgehende Unbedingte im Bewusstsein verankert und so die theologische Relevanz geschichtlicher Glaubenserfahrung sowie naturwissenschaftlicher Welterkenntnis großenteils ausklammert bzw. ausblendet, bis heute für grundlegend: „Seit Schleiermacher [...] ist der Streit zwischen Theologie und Naturwissenschaft um Fragen der Kosmologie im Grunde kein Thema mehr.“[139] Dem hält Dirk Evers kritisch entgegen, dass die Kosmologie schon immer zum impliziten Hintergrund theologischen Schöpfungsverständnisses gehörte und es auch bleibt. „Durch eine Ausblendung kosmologischer Fragen wird die Theologie blind für Strukturen und Zusammenhänge ihres eigenen Denkens und unfähig, die eigenen Aussagen mit dem, was die wissenschaftliche Vernunft über die Welt erfahren kann, in einen Zusammenhang zu bringen, der ein einigermaßen kohärentes Gottes-, Welt- und Selbstverständnis zu prägen in der Lage ist.“[140]

Zur Abschottung der Theologie von der Naturwissenschaft trug ferner die neukantianisch geprägte Bezugnahme auf Kants *moralisch-sittlich* konstituiertes Gottesverständnis bei, mit der besonders *Wilhelm Herrmann* (1846–1922) die Theologie auf die *ethische* Dimension zuspitzte bzw. einengte. Zwar geht es Herrmann nicht wie Kant um die Ableitung der Existenz Gottes aus den konstitutiven ethischen

138 F.D.E. Schleiermacher: Glaube, Bd. I, § 46.2.

139 U. Barth: Abschied, S. 35. – Zur kritischen Auseinandersetzung mit der alleinigen Verankerung der Gotteserkenntnis im Bewusstsein siehe *Kap. I,3.4 u. IV,2,* wo auch auf Ansätze hingewiesen wird, die *in der Erfahrung des Bewusstseins die konstitutive Wahrnehmung konkreter kosmologischer Naturerkenntnis* verankert sehen (z. B. H. Deuser). – Zur detaillierten kritischen Auseinandersetzung mit Schleiermachers und U. Barths Ansatz siehe J. Weinhardt: Subjektivitätstheorie, und G. Linde: Evolutionstheorie, die eine völlige Unabhängigkeit von Theologie und Naturwissenschaft bei Schleiermacher in Frage stellt (siehe *Anm. 131, I. Kap.*). Siehe auch *Anm. 59, I. Kap.*

140 D. Evers: Verhältnis, S. 49.

Bedingungen, aber er nimmt im Sinne Kants das Gegenüber von Subjekt und Natur auf. Denn für Herrmann ermöglicht die Glaubenserfahrung (hier ist er Schleiermacher nahe) dem Menschen, sich durch die Sittlichkeit über die sinnliche Natur zu erheben. Doch auch die Naturwissenschaft handelt seines Erachtens auf dem Boden der Ethik, indem sie dem Menschen die Natur als Ordnung erklärt und ihm so unterwirft, während die Religion die Welt dem höchsten Zweck des Menschen unterstellt. Theologie und Naturwissenschaft betrachten also die eine Welt aus unterschiedlicher Zielsetzung, so dass sie ungestört nebeneinander existieren können. Weil Herrmann im Rückgriff auf Kants Vernunftkategorien davon ausgeht, dass auch in ethischer Hinsicht die Wahrheit im menschlichen Subjekt erzeugt wird, betont er entsprechend die subjektive Verankerung der ethisch verwurzelten Naturwissenschaft. Deshalb sieht Rainer Mogk in Herrmanns Ansatz eine doppelte Zielrichtung: „Die Theologie versucht sich nicht nur durch Abgrenzung ihres Gebiets gegenüber den Naturwissenschaften abzuschotten, sondern deren Geltungsanspruch einzuschränken. Auch die Natur ist nur Produkt des Subjekts.“[141] Mit fortschreitender Verankerung der Religion im Subjekt eröffneten sich für Herrmann aber auch Spannungen zwischen Theologie und Naturwissenschaft, etwa in Bezug auf Wunder, die nur im Glauben zugänglich seien und naturwissenschaftlich als irrational erscheinen würden. Diese Spannung zwischen den Dimensionen göttlicher und weltlicher Wirklichkeit nahm später die Dialektische Theologie auf.

Für die prinzipielle Unterscheidung und Trennung von Theologie und Naturwissenschaft war ferner die Theologie *Albrecht Ritschls* (1822–1889) wirkungsgeschichtlich maßgeblich, zu dessen Schülern neben vielen anderen Theologen auch Herrmann gehörte. In unverkennbarem Rückgriff auf Kant betont Ritschl, dass die Theologie auf das universelle sittliche Gottesreich zielt. Hier verbindet sich im Kulturprotestantismus die sittliche Orientierung der neukantianisch geprägten Theologie mit dem allgemeinen Fortschrittsoptimismus des 19. Jahrhunderts, der von der fortschreitenden sittlichen, kulturellen und geistigen Höherentwicklung der Menschheit ausgeht, wozu auch das naturwissenschaftliche Evolutionsparadigma beitrug. Doch viel bedeutsamer als die allgemeine sittliche Orientierung der Theologie war für die Trennung von Theologie und Naturwissenschaft Ritschls Lehre von den „selbständigen Werthurteilen“. Die *Werturteile* betrachtete er als Träger eigenständiger und spezifisch theologischer Wahrheitserkenntnis, welche nicht auf natürliche Tatsachen zurückgeführt werden kann. Denn Werturteile beziehen sich laut Ritschl auf den Zweck und den Sinn bzw. auf die höchsten Gesetze der Wirklichkeit. Gegenüber diesem alleinigen Bereich der Theologie sei die Naturwissenschaft auf ihren Bereich der sinnlichen Erscheinungswelt und damit auf *Seinsurteile* beschränkt, wodurch sich eine Auseinandersetzung zwischen Theologie und Naturwissenschaft erübrige.[142] Der Vorteil, auf diese Weise eine unabhängige theologische

141 R. Mogk: Eigenständigkeit, S. 45. Vgl. zu Herrmann insgesamt ebd., S. 42 ff., und W. Herrmann: Religion. – Zu Kant siehe *Kap. II,2; IV,4; V,3.*

142 Vgl. A. Ritschl: Lehre, hier besonders Bd. III.

Erkenntnisgrundlage gewonnen zu haben, wurde durch den Nachteil aufgewogen, dass den reinen Werturteilen (Überzeugungen) die ontologische Grundlage bzw. Einbindung in die sinnliche Weltwirklichkeit fehlte. „Sie hängen insoweit in der Luft [...]. Die bloße Selbstdarstellung des theologischen Glaubenswissens in ‚Werturteilen' reichte für das hier in Rede stehende Problem jedenfalls nicht aus."[143]

Ritschls Ansatz führte die Tradition eines mit der Aufklärung einhergehenden *Dualismus* fort, der mit Descartes' Subjekt-Objekt-Spaltung begann (Geist und Natur als Gegenüber) und der sich in Kants entsprechender Unterscheidung zwischen dem „Reich der Freiheit" und dem „Reich der Notwendigkeit" fortsetzte. Diese Gegenüberstellung erhielt durch die neukantianische Theologie im 19. Jahrhundert nachhaltige Bedeutung für die Unterscheidung von Geistes- und Naturwissenschaften bzw. für die Trennung von Theologie und Naturwissenschaft. So wurde die Aufspaltung in die auf Sinn und Zweck bezogenen „wertenden" Urteile (Theologie) und die auf die sinnliche Erscheinungswelt bezogenen „beschreibenden" Urteile (Naturwissenschaft) besonders für die deutsche Geistesgeschichte kennzeichnend. Deshalb ordnete man hier die Theologie als Teil der Geisteswissenschaften erkenntnistheoretisch dem „Verstehen" zu und die Naturwissenschaft dem „Erklären". Weil diese hermeneutische Differenzierung im angelsächsischen Raum weniger zur Geltung kam, wo auch die natürliche Theologie größere Bedeutung behielt, herrschte dort weiterhin vielfach eine dialogische Zusammenschau von Theologie und Naturwissenschaft.[144]

5.3 Die weitere Entwicklung

In Deutschland setzte sich die Trennung jedoch zunächst – bis auf einige Ausnahmen – in unterschiedlicher Weise fort. Das betraf auch die *katholische Theologie,* die durch die im 19. Jahrhundert stattgefundene Auseinandersetzung des römischen Lehramts mit dem Modernismus den Naturwissenschaften überwiegend konfrontativ gegenübergestanden hatte und für die inhaltlich oft lediglich auf rein sittlich-moralischer Ebene die Kritik an der materialistischen Moral des naturwissenschaftlichen Weltbilds im Vordergrund stand. So wird diese Moral in einer Sammlung der von Pius IX. verurteilten Irrtümer der Moderne (*Syllabus* 1864) als rein materiell-sinnlich orientierter Egoismus gebrandmarkt.[145] Vielfach zog man sich auf traditionelle Standpunkte zurück und verweigerte sich der inhaltlichen Auseinandersetzung, was etwa die Erklärung der päpstlichen Bibelkommission von 1909 zeigt, die hinsichtlich der Schöpfung ohne Berücksichtigung naturwissen-

143 E. Wölfel: Art. „Naturwissenschaft I u. II", S. 198.

144 Vgl. insgesamt D. Evers: Gegeneinander, S. 36 f.; C. Schwöbel: Sein, S. 465 f.; J. Moltmann: Wissenschaft, S. 16 f.; B. Kanitscheider/F.J. Wetz (Hg.): Hermeneutik, und A. Losch: Konflikte, S. 14 f., der auch auf die Bedeutung realer Wirklichkeitsabbildung im angelsächsischen Bereich (Einfluss des Empirismus) und die Bedeutung begrifflicher Ideen im kontinentaleuropäischen Bereich (Einfluss des Nominalismus) als Unterscheidungsmerkmal verweist. – Siehe auch *Kap. II,2; IV,1 u. V,3.*

145 Vgl. H. Denzinger/P. Hünermann (Hg.): Enchiridion, Nr. 2958.

schaftlicher Erkenntnisse und neuer exegetischer Methoden in traditioneller Form auf den Text von Gen 1 verwies.[146] Theologische Versuche der Auseinandersetzung mit den modernen Wissenschaften wurden vielfach unterdrückt oder behindert, was auch den Versuch des Jesuiten *Pierre Teilhard de Chardin* (1881–1955) betraf, naturwissenschaftliche Evolutionstheorie und christliche Heilsgeschichte zu vereinen.[147] Die im evangelischen Bereich vollzogene schiedliche Trennung von Theologie und Naturwissenschaft mit zumeist gegenseitig akzeptierter Koexistenz verbreitete sich im 20. Jahrhundert auch in der katholischen Theologie. Das wird an dem in der zweiten Hälfte des 20. Jahrhunderts weithin anerkannten Entwurf von *Karl Rahner* (1904–1984) ersichtlich. Hier wird in gleicher Weise zwischen den jeweiligen Gegenstandsbereichen und Methoden von Theologie und Naturwissenschaft unterschieden, wonach beide Bereiche eigenständig agieren können, ohne in Widerspruch zueinander zu geraten. Damit erübrigt sich aber auch eine inhaltliche Auseinandersetzung.[148]

In der *evangelischen Theologie* setzte sich diese von ihr im 19. Jahrhundert vollzogene Trennung in das 20. Jahrhundert hinein fort, abgesehen von Ausnahmen wie dem Dialogentwurf von *Karl Heim* (1874–1958). Er versuchte schon zu Beginn des 20. Jahrhunderts, die Abschottung von den Naturwissenschaften zu durchbrechen, mit der sich die Theologie seines Erachtens unter Berufung auf Kants Unterscheidung von nichtgegenständlichem Ich und gegenständlicher Erfahrungswelt einen „Schutzwall" geschaffen hat.[149] Dieses Phänomen ist laut Jürgen Moltmann bis heute beklagenswert: „Auf diese Spaltung im Bewußtsein des modernen Geistes hat sich die Theologie in der Neuzeit eingelassen. Sie gab das Wissen preis, daß die Wahrheit immer *eine* sei und die Wahrheit des *Ganzen* sein müsse."[150] Auch der Physiker und Philosoph Carl Friedrich von Weizsäcker gab zu bedenken, dass „eine Spaltung von Existenz und Natur, so etwa, daß die Existenz das Feld des christlichen Glaubens, die Natur das Feld der exakten Wissenschaft wäre"[151], Theologie und Naturwissenschaft einen jeweils reduzierten Lebensbereich zuweise, der so in der Wirklichkeit nicht existiere und von beiden Erkenntnisbereichen auch in ihrer angestrebten Isolation nicht zu verwirklichen sei.[152]

Aufgrund der vollzogenen Trennung, die mit dem neuzeitlichen Dualismus korrespondierte, kam es dazu, „dass die seit dem 19. Jahrhundert verschärften Fronten zwischen Naturwissenschaft und Religion sich inzwischen nicht nur in Deutschland, sondern in der abendländischen Kultur überhaupt zu einem tiefen Riss in deren geistigen Grundlagen ausgeweitet hatten"[153], der vielfach auch durch die

146 Vgl. ebd., Nr. 3512–3514.
147 Siehe zu diesem Entwurf *Kap. IX,2.*
148 Rahners Entwurf weist dennoch etliche inhaltliche Dialog-Brücken auf.
149 Vgl. K. Heim: Welt, S. 13. Zu Heims Entwurf siehe *Kap. IX,1.*
150 J. Moltmann: Wissenschaft, S. 17.
151 C.F. von Weizsäcker: Weltbild, S. 263. – Siehe zu von Weizsäcker *Kap. IX,3.*
152 Siehe dazu *Kap. I,3; IV; VIII.*
153 D. Evers: Gegeneinander, S. 38.

naturwissenschaftliche Frontstellung gegen die Religion aufrecht erhalten wurde. In der Theologie war es zwar mit dem Schock des Ersten Weltkriegs in Deutschland zur Veränderung ihrer hermeneutischen Ausrichtungen gekommen, aber zunächst nicht zugunsten des Verhältnisses von Theologie und Naturwissenschaft. Der optimistische Fortschrittsglaube der liberalen Theologie und das entsprechende kulturprotestantische Bewusstsein der fortschreitenden geistig-sittlichen Höherentwicklung von Mensch und Gesellschaft waren erschüttert worden, woraufhin die entstehende Dialektische Theologie gegenüber der anthropologischen Verankerung Gottes im menschlichen Bewusstsein das der Welt gegenüberstehende Wort Gottes betonte, das durch Offenbarung von außen in die Welt kommt. Als maßgeblicher Begründer der Dialektischen Theologie stellte *Karl Barth* (1886–1968) das dialektische Gegenüber von Gott und Welt heraus. In der anthropologischen Verankerung liberaler und kulturprotestantischer Religiosität und der im Ersten Vatikanischen Konzil konsolidierten Form natürlicher Theologie (sichere Gotteserkenntnis aus der Natur) sah Barth Gefahren der Vereinnahmung des Gottesbegriffs, denen gegenüber er auf die Selbsterschließung bzw. Offenbarung Gottes verwies. Das galt auch im Blick auf die Versuche nationalsozialistischer Vereinnahmung Gottes. In dieser historischen Frontstellung kam es jedoch zur Vernachlässigung der natürlichen Anknüpfungspunkte der Offenbarung, weshalb Barth naturwissenschaftliche Erkenntnisse sowie einen Dialog über entsprechende Inhalte für die Theologie als irrelevant bezeichnen konnte. So resultierte etwa aus seiner direkten Verschränkung der Schöpfungslehre mit der Bundestheologie, dass kosmologische Entwürfe keine Rolle spielten. Dieser hermeneutischen Ausrichtung gemäß stellte Barth die Unterschiedlichkeit sowie jeweilige Eigenständigkeit von Theologie und Naturwissenschaft heraus: „Die Naturwissenschaft hat freien Raum jenseits dessen, was die Theologie als das Werk des Schöpfers zu beschreiben hat. Und die Theologie darf und muß sich da frei bewegen, wo eine Naturwissenschaft, die nur das und nicht heimlich eine heidnische Gnosis und Religionslehre ist, ihre gegebene Grenze hat."[154]

Auch die von der existenzialen Interpretation geprägte hermeneutische Theologie *Rudolf Bultmanns* (1884–1976) konsolidierte die Trennung von Theologie und Naturwissenschaft. Denn ihr ging es um die existenziale Erschließung des Glaubens für den einzelnen Menschen, so dass Gott primär in seiner Wirkung am Menschen beschreibbar wurde, unabhängig vom jeweiligen Weltbild. Daher ist das biblische Zeugnis für Bultmann auf seine existenzialen Aussagen hin zu befragen, während das von ihm als „mythologisch" bezeichnete biblische Weltbild zu entmythologisieren sei und durch das naturwissenschaftliche Weltbild ersetzt werden könne. Aufgrund der Reduktion theologischer Aussagen auf die existenziale Perspektive werden weltbildliche und kosmologische Dimensionen irrelevant und dadurch auch der Dialog mit den Naturwissenschaften. Mit ihnen kann es in dieser Ausrichtung kein Konfliktfeld geben, so dass die Trennung und gegenseitige

154 K. Barth: Kirchliche Dogmatik, Bd. III/1 (Vorwort).

Irrelevanz aufrechterhalten wird.[155] Nicht zuletzt sind es gegenwärtig auf Schleiermacher bezogene Entwürfe wie der oben genannte Ansatz von *Ulrich Barth,* die diese Situation bis heute vielfach fortschreiben.

Doch neben den gezeigten Tendenzen fortgesetzter Trennung von Theologie und Naturwissenschaft wurde der *Dialog* durch die *naturwissenschaftlichen und mathematischen Umbrüche zu Beginn des 20. Jahrhunderts* mit ihrer radikalen Revision des naturwissenschaftlichen Weltbildes neu belebt. Denn die Denkmuster der statischen, kausalen und geschlossenen Newtonschen Physik sowie andere bisherige naturwissenschaftliche Selbstverständlichkeiten sind in vielfacher Weise von anderen Paradigmen abgelöst worden, die unter anderem auf einen offenen, dynamisch-prozessualen und geschichtlichen Charakter der Natur sowie auf neue Eigenschaften ihrer Grundbestandteile hinweisen. Gleichzeitig wurden Probleme der Objektivierbarkeit, Erkennbarkeit und Prognostizierbarkeit von Naturerscheinungen erkennbar. So stießen die Naturwissenschaftler – aufgrund der Ergebnisse ihrer eigenen Forschungstätigkeit – in Bereiche von philosophischer und theologischer Tragweite vor, weshalb der Dialog besonders von Seiten der großen Physiker neu angeregt wurde. Für wie umfassend manche den Paradigmenwechsel halten, zeigt das Votum des Theologen Hartmut Rosenau: „Denn die moderne Physik überwindet das starre Schema einer Subjekt-Objekt-Spaltung von Mensch und Natur zugunsten eines multi-relationalen Interaktionszusammenhangs, der Geist und Materie, Geschichte und Natur umgreift."[156] Besonders in der zweiten Hälfte des 20. Jahrhunderts intensivierte sich der Dialog zwischen Theologie und Naturwissenschaft[157], neben den weiter bestehenden Formen der Trennung. Insgesamt hatten die veränderten Perspektiven auch allgemein neues Interesse an der Zusammenschau von Theologie und Naturwissenschaft geweckt. „Allmählich öffneten sich auch breitere Schichten der Öffentlichkeit für das Problem einer Vermittlung von religiösen Fragen mit jenen naturwissenschaftlichen Erkenntnissen, die zu einer Revolution des von der klassischen Physik geformten und bislang gültigen Weltbildes geführt hatten."[158] Um die weitreichende Bedeutung der naturwissenschaftlichen und mathematischen Umbrüche im 20. Jahrhundert und ihre Implikationen für den Dialog von Theologie und Naturwissenschaft ermessen zu können und eine differenzierte Bewertung zu ermöglichen, werden sie im Einzelnen erläutert.

155 Siehe R. Bultmann: Neues Testament.

156 H. Rosenau: Art. „Natur", S. 106.

157 Zu bedeutenden Dialog-Ansätzen siehe *Kap. IX u. XII.* – Siehe auch J. Hübner (Hg.): Dialog, wo ein ausführlicher bibliographischer Bericht über den Dialog bis 1986 gegeben wird.

158 U. Kropač: Naturwissenschaft/Aspekte, S. 168. – Zur detaillierten Analyse der Dialogsituation siehe *Kap. I,3.*

Literatur

Darwin, Charles: Die Abstammung des Menschen, [aus dem Engl. übers. von J. Viktor Carus], [Nachdr. der] 2. Ausg. 1874, Wiesbaden 1986.

Darwin, Charles: Die Entstehung der Arten durch natürliche Zuchtwahl oder die Erhaltung der begünstigten Rassen im Kampf ums Dasein, nach der Übers. v. J.V. Carus, bearb. v. Heinrich Schmidt, Stuttgart 1906.

Darwin, Francis (Hg.): Life and Letters of Charles Darwin, Bd. I u. II, New York (NY) 1887.

Eckel, Rainer/Großhans, Hans-Peter: Gegner oder Geschwister? Glaube und Wissenschaft (= Theologie für die Gemeinde IV/1), Leipzig 2015.

Gräb, Wilhelm (Hg.): Urknall oder Schöpfung? Zum Dialog von Naturwissenschaft und Theologie, Gütersloh 1995.

Hübner, Jürgen/Stamatescu, Ion-Olimpiu/Weber, Dieter (Hg.): Theologie und Kosmologie. Geschichte und Erwartungen für das gegenwärtige Gespräch (= Religion und Aufklärung 11), Tübingen 2004.

Kessler, Hans: Evolution und Schöpfung in neuer Sicht, Kevelaer 2009.

Kropač, Ulrich: Naturwissenschaft und Theologie – historische Aspekte und Perspektiven eines problematischen Verhältnisses, in: Schwarz, Hans (Hg.): Glaube und Denken. Jahrbuch der Karl-Heim-Gesellschaft (12. Jg. 1999), Frankfurt (M.) 1999, S. 155–187.

Moltmann, Jürgen: Wissenschaft und Weisheit. Zum Gespräch zwischen Naturwissenschaft und Theologie, Gütersloh 2002.

Peters, Ted/Bennet, Gaymon/Kang, Phee Seng (Hg.): Brücken bauen: Naturwissenschaft und Religion. Mit Vorworten von Wolfhart Pannenberg und Robert John Russell. Aus dem Amerikanischen von Tina Bruns (= Religion, Theologie und Naturwissenschaft/Religion, Theology, and Natural Science 5), Göttingen 2006.

Rensch, Bernhard: Art. „Darwin, Charles/Darwinismus", in: TRE 8, S. 359–376.

Rosenau, Hartmut: Art. „Natur", in: TRE 24, S. 98–107.

Rothgangel, Martin: Naturwissenschaft und Theologie. Wissenschaftstheoretische Gesichtspunkte im Horizont religionspädagogischer Überlegungen (= ARPäd 15), Göttingen 1999.

Schwarz, Hans: 400 Jahre Streit um die Wahrheit – Theologie und Naturwissenschaft, Göttingen 2012.

Schwarz, Hans: Theologie im globalen Kontext: Die letzten zweihundert Jahre, Bad Liebenzell 2006.

Schwöbel, Christoph: Sein oder Design – das ist hier die Frage. Christlicher Schöpfungsglaube im Spannungsfeld von Evolutionismus und Kreationismus, in: Buchheim, Thomas [u. a.] (Hg.): Gottesbeweise als Herausforderung für die moderne Vernunft (= Collegium Metaphysicum 4), Tübingen 2012, S. 463–520.

Tetens, Holm: Der Glaube an die Wissenschaften und der methodische Atheismus – Zur religiösen Dialektik der wissenschaftlich-technischen Zivilisation, in: NZSTh 55 (2013), S. 271–283.

Weinhardt, Joachim (Hg.): Naturwissenschaften und Theologie. Methodische Ansätze und Grundlagenwissen zum interdisziplinären Dialog. Mit Beiträgen von Günter Altner [u. a.], Stuttgart 2010.

Wölfel, Eberhard: Art. „Naturwissenschaft I u. II", in: TRE 24, S. 189–221.

VI. Naturwissenschaftliche und mathematische Umbrüche im 20. Jahrhundert als neue Öffnung für den Dialog

Zu Beginn des 20. Jahrhunderts ereignete sich durch mehrere naturwissenschaftliche Paradigmenwechsel eine radikale Revision des bisherigen naturwissenschaftlichen Weltbildes. Die schon im 19. Jahrhundert *an ihre Grenzen stoßende klassische Newtonsche Physik* mit ihrer statisch-kausalen, mechanistischen und geschlossenen Charakteristik wurde zunächst weitreichend durch die *spezielle und allgemeine Relativitätstheorie* von Albert Einstein verändert, und zwar besonders durch deren dynamische Zuordnung von Masse und Energie sowie von Raum und Zeit, verbunden mit Implikationen für ein prozessuales Verständnis des Kosmos (A. Friedmann, G. Lemaître u. a.). Das schlägt sich im *kosmologischen Standardmodell* und seinen weltanschaulichen Implikationen nieder. Angesichts der Relativität von Raum, Zeit und Materie verblieb die Newtonsche Mechanik lediglich als Grenzfall der relativistischen Mechanik. Noch maßgeblicher für ein neues Verständnis von Natur und Naturwissenschaft war gegenüber dem von Realismus (objektive Wirklichkeitsbeschreibung), Determinismus, Materialismus, Monokausalität und Prognostizierbarkeit geprägten klassischen Verständnis die von Max Planck angestoßene *Quantenphysik*. Ihren Einsichten gemäß sind die Grundbestandteile der Natur nicht in kleinsten Teilchen zu suchen, sondern in Symmetrie- und Strukturbeziehungen (Quarks) sowie in ungreifbaren energetischen Ereignissen bzw. Ereignissprüngen. Dabei ist die Naturwissenschaft mit offenen, komplexen und nur von Möglichkeiten bzw. Wahrscheinlichkeiten bestimmten Abläufen konfrontiert, die irreversible Zeitverläufe implizieren und sich lediglich partiell und selektiv erschließen. In diesem Kontext wurde die weltanschauliche Eingebundenheit der Naturwissenschaftler und ihrer Eingriffe in die Natur ebenso transparent wie die Schwierigkeit, mit naturwissenschaftlichen Methoden eine objektive Wirklichkeitsbeschreibung zu erzielen. Durch die *Thermodynamik* und ihre später besonders von Ilya Prigogine vollzogene Erweiterung zur umfassenden Theorie irreversibler Prozesse und selbstorganisierender komplexer bzw. lebender Systeme traten die geschichtlichen Möglichkeiten solcher Systeme und die grundsätzliche Geschichtlichkeit der Natur dezidiert hervor. Aufgrund der neuzeitlichen Mathematisierung der Natur und der Naturwissenschaften war im Gefolge der Grundlagenkrise der *Mathematik* nicht zuletzt die durch Kurt Gödel erfolgte Infragestellung mathematischer Selbstverständlichkeiten von einschneidender und grundsätzlicher Bedeutung.

Von daher wurden die Denkmuster bzw. Paradigmen der klassischen Newtonschen Physik und der bisherigen Naturwissenschaften in vielfacher Weise von anderen Paradigmen abgelöst bzw. überschritten, durch deren Inhalte die Naturwissenschaftler unweigerlich in Bereiche von philosophischer und theologischer Tragweite vorstießen, was sich in etlichen ihrer Aussagen zur Religion widerspiegelt. So resultierte aus den naturwissenschaftlichen Umbrüchen eine *neue Öffnung für den Dialog* zwischen Theologie und Naturwissenschaft, zumal die neuen naturwissenschaftlichen Einsichten – im Unterschied zum naturwissenschaftlichen Weltbild des 19. Jahrhunderts – eine weitreichende Kompatibilität mit dem biblischen Wirklichkeitsverständnis aufwiesen.[1]

1. Die Krise der klassischen Newtonschen Physik

Für die *klassische Newtonsche Mechanik* galten Raum und Zeit als jeweils unabhängige absolute und unbegrenzte Größen. Der *Raum* repräsentiert in seinen drei Dimensionen (Höhe, Breite, Tiefe) den unendlichen, unveränderlichen und unbeweglichen Rahmen bzw. „Behälter" für die Materie und alle Ereigniszusammenhänge. Die unveränderlich gleichförmig fließende *Zeit* bildet den unermesslichen Hintergrund allen Geschehens, wobei die richtungsneutrale Zeit keinen Einfluss auf die Struktur der Naturabläufe hat. Denn zur Abbildung der drei Bewegungsgesetze Newtons (Beharrungs-, Beschleunigungs- und Wechselwirkungsgesetz) hatte es einer neuen mathematischen Struktur bedurft, der Infinitesimalrechnung, die mit ihren Differentialgleichungen etwa die Veränderung abbilden konnte, welche aus der von einer Kraft bewirkten Beschleunigung resultiert. Diese Gleichungen beschreiben den Zeitverlauf physikalischer Systeme deterministisch und legen Vergangenheit und Zukunft zugleich fest, ohne einer Richtung der Zeit einen Vorzug zu geben. Aufgrund der zeitumkehrinvarianten Gleichungen der klassischen Physik lässt sich bei Beobachtungen von Interaktionen nicht entscheiden, ob sie zeitlich vorwärts oder rückwärts verlaufen, so dass Zukunft und Vergangenheit nicht unterscheidbar sind und man von einer reversiblen (umkehrbaren) Zeit sprechen kann. Als Grundkraft des Alls gilt in der Newtonschen Mechanik die *Gravitation,* welche materielle Bewegung bzw. Beschleunigung ebenso bedingt wie die Beharrung der *Materie* bzw. der Masse im Zustand der Bewegung. Je nach Beharrungsvermögen, das in der *trägen Masse* von Körpern (Trägheit) Ausdruck findet, bedarf es zur Beschleunigung einer Kraft, die auf die Körper einwirkt. Die *schwere Masse* der Körper bezeichnet die Eigenschaft, Ausgangs- und Zielpunkt der Massenanziehung (Gravitation) zu sein. In ihrer Gesetzmäßigkeit ist die Gravitation von der Masse der Körper und deren Abstand im Raum bestimmt, wobei die Anziehungskräfte den Raum zwischen den Himmelskörpern ohne jede Zeitverzögerung überbrücken (unmittelbare Fernwirkung).[2]

1 Weil in *Kap. VI,6* die jeweiligen Umbrüche und ihre Implikationen zusammenfassend zur Darstellung kommen, wird auf graue Textfelder vor den jeweiligen Abschnitten verzichtet.

2 Zu Isaac Newton (1642–1727) und seiner klassischen Mechanik siehe auch *Kap. V,3*.

Die *Krise* dieser Newtonschen Mechanik mit ihrer geschlossenen statischen und mechanistischen Sicht, die ein geschichtsloses Universum ewiger Naturstrukturen implizierte, bahnte sich bereits im 19. Jahrhundert mehrfach an. So kam etwa die *Thermodynamik* (Wärmelehre), die sich mit wärmeerzeugenden und -verbrauchenden Prozessen befasst, zu Ergebnissen, welche das statische Verständnis einer richtungslosen Zeit in Frage stellten. Der erste Hauptsatz der Thermodynamik, der als Energieerhaltungssatz die bleibende Konstanz der Energie in der Welt beinhaltet, ist zwar noch mit den mechanischen Gleichungen nachvollziehbar. Aber aus dem zweiten Hauptsatz der Thermodynamik resultiert eine Zielgerichtetheit der Naturabläufe, die einer statischen richtungsneutralen Zeit widerspricht. Denn er besagt, dass die zerstreuende (dissipative) Struktur der Wärme zur Herstellung des thermodynamischen Gleichgewichts immer wieder vom unwahrscheinlicheren zum wahrscheinlicheren Zustand strebt, nämlich zur größtmöglichen Unordnung.[3] Deshalb nimmt in einem geschlossenen System die Umwandlung in Unordnung (Entropie) immer bis zur Erreichung des thermodynamischen Gleichgewichts zu. Das sind irreversible bzw. unumkehrbare Prozesse, die insgesamt zur Abnahme nutzbarer Energie führen. *Anschaulich* werden unumkehrbare wärmezerstreuende Prozesse am *Beispiel* von Holz, das sich – etwa in einer großen abgeschlossenen Kugel mit Sauerstoff – verbrennen lässt, während aus Feuer, gasförmigen Verbrennungsprodukten und Asche kein Holz mehr herzustellen ist. Aufgrund der unumkehrbaren Zielrichtung der Prozesse stellt der Naturwissenschaftler Friedrich Cramer in Bezug auf den zweiten Hauptsatz der Thermodynamik fest: „Der zweite Hauptsatz ist das erste teleologische [auf Ziele ausgerichtete] Naturgesetz nach und gegen Newton."[4] Die mit Entropie verbundenen thermodynamischen Prozesse ließen sich zudem nicht mehr einfach durch die atomistisch-materialistische Reduzierung auf das mechanische Verhalten kleinster Teilchen abbilden und bedurften deshalb neben deterministischen Prinzipien auch wahrscheinlichkeitstheoretischer Zugänge.

Gleiches zeigte sich im 19. Jahrhundert für die Ausbreitung des *Lichts* und für das elektromagnetische *Feld.* Als man versuchte, das Licht als mechanische Welle zu begreifen, brauchte man einen Wellenträger. Daher griff man auf das Modell des Äthers als ein den Raum füllendes Feld mit physikalischen Eigenschaften zurück, das die Fernwirkung zwischen der Gravitation von Körpern in der Newtonschen Mechanik ablöste. *James Clerk Maxwell* (1831–1879) ging unter Bezugnahme auf Michael Faraday von einem elektromagnetischen Feld aus, in dem Elektrizität und Magnetismus in komplementärer Verbindung auf geladene Teilchen wirken. Mit dem elektro-

3 *Als Beispiel:* Auch bei einem noch so gut geschichteten *Latte Macchiato* werden sich Milch und Kaffee sehr bald wieder vermischen, also dem Zustand der Unordnung zustreben. – Mit dem Begriff der „Unordnung" lässt sich die Umwandlung in solche Zustände (Entropie) veranschaulichen.

4 F. Cramer: Ursprungsmythos, S. 78. – Die so bestehende Gerichtetheit der Zeit wird von den Naturwissenschaftlern in der Regel jedoch nicht teleologisch als inhaltlich gefüllte bzw. weltanschauliche Zielgerichtetheit verstanden, sondern als „Teleonomie" (prozesshafte Zweckmäßigkeit). – Siehe dazu *Kap. IV,1,* und zur Bedeutung der Thermodynamik für die Erkenntnis der Geschichtlichkeit der Natur siehe *Kap. VI,4.*

magnetischen Feld wurde neben den atomistisch verstandenen Massepunkten bzw. Körpern eine neue physikalische Kraftwirkung etabliert, die in ihrer Kontinuität rein mechanistisch nicht deutbar war. Im Blick auf deterministisch-kausale Zusammenhänge bezweifelten Maxwell und andere Zeitgenossen – unter Beibehaltung des prinzipiellen Determinismus – die Berechenbarkeit komplexer Systeme, insofern als etwa geringste Veränderungen von Anfangsbedingungen zu unberechenbarem Verhalten des Systems führen könnten.[5] Auch hier traten also wahrscheinlichkeitstheoretische Zugänge ins Blickfeld. Maxwell vermochte allerdings durch seine Beschreibung der Ausbreitung elektromagnetischer Wellen (1866) exakt die Lichtgeschwindigkeit zu bestimmen, mit der sich elektromagnetische Wellen durch den Raum bewegen, so dass er Licht als elektromagnetische Strahlung identifizierte. Die *Lichtgeschwindigkeit* (c) beträgt knapp 300 000 km pro Sekunde (genau 299 792,458 km/s) im Vakuum, was auch für alle anderen elektromagnetischen Wellen und die Gravitationswellen gilt, auf die bei der allgemeinen Relativitätstheorie noch eingegangen wird. Im Jahr 1887 versuchten Albert Abraham Michelson und Edward Williams Morley, die Lichtgeschwindigkeit sowohl senkrecht zur Erde (dem die Erde umgebenden „Ätherwind" ausgesetzt) als auch in Bewegungsrichtung der Erde (mit der Erde und dem Äther mitgehend) zu messen, in der Annahme, zu unterschiedlichen Geschwindigkeiten zu kommen. Doch sowohl bei diesen als auch bei vielen anderen Versuchen blieb die Lichtgeschwindigkeit unabhängig vom Bezugssystem immer konstant, was nicht nur die Existenz des Äthers in Frage stellte, sondern auch Galileis Relativitätsprinzip widersprach, nach dem in Bezugssystemen, die sich mit konstanter Geschwindigkeit geradlinig zueinander bewegen, die Bewegungen nach denselben Gesetzen verlaufen (also in einem stehenden Zug ebenso wie in einem mit konstanter Geschwindigkeit fahrenden Zug). Durch Umrechnungsgleichungen der klassischen Mechanik lässt sich die beim Wechsel des Bezugsystems erfolgende Geschwindigkeitsänderung berechnen („Galilei-Transformation"). Wie die jedoch vom Bezugssystem unabhängige Konstanz der Lichtgeschwindigkeit (egal, ob das Licht von einer ruhenden oder bewegten Quelle ausstrahlt) waren auch Maxwells Wellengleichungen nicht mit der Galilei-Transformation kompatibel. Erst Hendrik Antoon Lorentz fand 1904 Umrechnungsgleichungen, die einen Wechsel des Bezugssystems im Rahmen der Maxwell-Gleichungen ermöglichten („Lorentz-Transformation"), aber mit dem überraschenden Ergebnis, dass bei einem solchen Wechsel auch die Zeit transformiert werden muss.[6] Eine schlüssige Erklärung für das unverständliche Verhalten der Lichtgeschwindigkeit war aber auch damit noch nicht gegeben.

Die klassische Physik stieß also zusehends an ihre Grenzen, was bereits 1883 *Ernst Mach* (1838–1916) dazu bewog, in einer Veröffentlichung die konstitutiven Annahmen der Newtonschen Mechanik anzuzweifeln. So hält er eine absolute Zeit physikalisch für irrelevant, da Zeit nur in der Relation der Bewegungen von Körpern

---

5 Vgl. hierzu D. Evers: Raum, S. 326 f., der in diesem Zusammenhang auf Maxwells Unterscheidung zwischen „schwacher" und „starker" Kausalität hinweist.

6 Siehe H.A. Lorentz: Erscheinungen.

zu messen sei und sich eine absolute Zeit unabhängig von Veränderung nicht messen lasse, weshalb sie sich als „müßiger ‚metaphysischer' Begriff"[7] erweise. Gleichermaßen kritisierte Mach die Annahme einer absoluten Bewegung und eines absoluten Raumes als bloßes Gedankenkonstrukt, da auch Bewegung und Raum nur über relative Zuordnungen greifbar seien.[8] Ferner hegte er Zweifel an der Tragfähigkeit des atomistisch-mechanistischen Modells, das nicht aus anschaulicher Erfahrung hervorgehe, weshalb sich die Naturwissenschaften auf die Thermodynamik stützen sollten, die es ermögliche, sich auf beobachtbare Erscheinungen zu gründen.[9] Damit waren dann neben deterministischen Prinzipien auch wahrscheinlichkeitstheoretische Zugänge zu beachten sowie Maxwells Zweifel an der vollständigen Prognostizierbarkeit komplexer Systeme.

Der Mathematiker und Physiker *Henri Poincaré* (1854–1912) wies noch deutlicher als Maxwell darauf hin, dass kleinste Störungen von Anfangs- und Randbedingungen eines komplexen Systems dessen langfristige Berechenbarkeit verhindern, wodurch die in der klassischen Mechanik geltende vollständige deterministische Prognostizierbarkeit in Frage gestellt wurde.[10] Vor dem Hintergrund der in diesem Abschnitt anhand einiger Beispiele transparent gewordenen Entwicklungen, Unsicherheiten und offenen Fragen wie die der Lichtgeschwindigkeit gab Poincaré 1904 zu bedenken: „Es gibt Anzeichen einer ernstlichen Krise, so, als ob wir auf eine baldige Veränderung gefaßt sein müßten."[11]

2. Die spezielle und allgemeine Relativitätstheorie, kosmologische Implikationen (A. Einstein, A. Friedmann, G. Lemaître u. a.): Dynamische und prozessuale Dimensionen

2.1 Einsteins spezielle Relativitätstheorie

Eine dieser 1904 von Poincaré prophezeiten Veränderungen vollzog sich ein Jahr später durch *Albert Einstein* (1879–1955) und seine *Relativitätstheorie*. Einsteins Veröffentlichung „Zur Elektrodynamik bewegter Körper"[12] (1905) enthielt zunächst seine „spezielle Relativitätstheorie". Mit ihr lieferte Einstein durch die Revolutio-

7 E. Mach: Mechanik, S. 217.

8 Schon Newtons Zeitgenosse *Gottfried Wilhelm Leibniz* (1646–1716) hatte die Vorstellung von einem absoluten Raum und einer absoluten Zeit als rein gedankliches Konstrukt kritisiert, da es sich bei Raum und Zeit lediglich um Relationsbegriffe handele und nicht um eigenständige absolute Dimensionen. Siehe dazu den Briefwechsel von Leibniz mit dem Theologen und Philosophen Samuel Clarke, einem Vertrauten Newtons: S. Clarke: Briefwechsel, S. 72 ff.

9 Zur Krise der klassischen Physik bzw. der Newtonschen Mechanik vgl. insgesamt D. Evers: Raum, S. 170 ff., und A. Benk: Physik, S. 40 ff.

10 Vgl. D. Evers: Raum, S. 326.

11 H. Poincaré: Stand, S. 146. – Zu weiteren Problemkonstellationen im 19. Jahrhundert, die maßgeblich zur Entstehung der Quantenphysik führten, siehe *Kap. VI,3.1.*

12 Siehe A. Einstein: Elektrodynamik.

nierung der Grundannahmen der Newtonschen Physik die Lösung etlicher der entstandenen zentralen Probleme, die er später in der „allgemeinen Relativitätstheorie" auf die kosmologische Dimension übertrug, was ein neues naturwissenschaftliches und kosmologisches Weltbild bzw. einen naturwissenschaftlichen Paradigmenwechsel nach sich zog. Einstein fand unter Rückgriff auf die – zum Teil in Kapitel VI,1 gezeigten – neuen Erkenntnisse der Elektrodynamik, der Mathematik oder der Optik mit der *speziellen Relativitätstheorie* zur Überwindung vieler der aufgetretenen problematischen und inkompatiblen Zusammenhänge (siehe Kap. VI,1). Das gelang ihm maßgeblich dadurch, dass er aus der nicht zu erklärenden – vom Bewegungszustand des Beobachters unabhängigen – Konstanz der *Lichtgeschwindigkeit* [13] schloss, diese sei selbst eine Naturkonstante bzw. eine absolute und invariante Größe. Einstein versuchte also nicht mehr, eine schlüssige Einordnung der Lichtgeschwindigkeit in das herkömmliche Naturverständnis zu erzielen, sondern er erhob die Lichtgeschwindigkeit zum Angelpunkt eines neuen Naturverständnisses. Denn Raum und Zeit stehen jetzt in abhängiger Relation zu dieser neuen Invariante, sind also nicht mehr absolut, sondern relativ, wobei Einstein auf die relative Charakterisierung von Raum und Zeit bei Ernst Mach zurückgreifen konnte (siehe Kap. VI,1). Einstein sah in seinem konstitutiven Neuansatz kein hypothetisches Konstruktionselement, sondern den Versuch, „die physikalische Theorie den beobachteten Tatsachen so gut als nur möglich anzupassen"[14]. Das bedeutete für ihn in diesem Fall, dass die Lichtgeschwindigkeit die absolute Geschwindigkeitsgrenze aller Ereigniszusammenhänge der Natur und ihrer Erkennbarkeit ist, weil Ereignisse und Wirkungen (z. B. entfernter Himmelskörper) – entgegen Newtons unmittelbarer Fernwirkung – maximal mit dieser Geschwindigkeit vermittelbar sind, mit der sich die ruhemasselosen elektromagnetischen Wellen des Lichts ausbreiten können (die übrige Materie kann nie bis zur Lichtgeschwindigkeit beschleunigt werden). Zeit und Raum lassen sich also nur noch *relativ* zu dieser neuen absoluten Naturkonstante definieren, da „die absolute Grenze, mit der Ereignisse in einem kausalen Zusammenhang stehen können, die Lichtgeschwindigkeit darstellt, die die Rolle des absoluten Raums und der absoluten Zeit der newtonschen Physik übernimmt"[15].

Auf diese Weise wird der absolute Raum durch *relationale Raumgefüge* abgelöst, die – entgegen einer absoluten Zeit – mit *relationalen Zeitstrukturen* verbunden sind, welche in Relation zur Lichtgeschwindigkeit stehen. Der Zustand des Ruhens ist also nicht mehr am absoluten Raum zu orientieren, sondern an den „Ruhe"-Räumen, die als relative Beziehungsgefüge der sich bewegenden Systeme entstehen. Dabei ist der Zeitfluss an die Eigenzeit der jeweiligen Bezugssysteme gebunden, die wiederum in Relation zur Lichtgeschwindigkeit steht. So entsteht die *Relativität von „Gleichzeitigkeit"*, die nicht mehr eine überall gleichmäßig fortschreitende Zeit verkörpert, sondern sich in der dynamischen Relation der unterschiedlichen

13 Siehe zur Lichtgeschwindigkeit und der damit verbundenen Probleme *Kap. VI,1.*

14 A. Einstein: Über Relativitätstheorie, S. 217. Vgl. dazu auch A. Benk: Physik, S. 45 ff.

15 D. Evers: Raum, S. 297 f.

Bezugssysteme mit ihren unterschiedlichen Zeitintervallen vollzieht. Denn jedes sich relativ zu anderen Systemen bewegende System hat seine Eigenzeit, die sich in diesem System anders misst als durch einen Beobachter, der gegenüber diesem System ruht. Das lässt sich an geradlinig gleichförmig bewegten Systemen (Inertialsystemen[16]) zeigen und ist an einem *Beispiel* gut zu *veranschaulichen:* Wenn sich ein Zug mit einem *Eisenbahnwagen* mit Fenstern (Bezugssystem A) mit konstanter Geschwindigkeit gegenüber einem *Bahnsteig* (Bezugssystem B) bewegt und in der Mitte des Eisenbahnwagens ein Lichtblitz ausgelöst wird, erreicht das Licht für einen Beobachter in der Mitte des Wagens das vordere und das hintere Ende des Wagens gleichzeitig. Doch für den Beobachter auf dem Bahnsteig bewegt sich das hintere Ende des Wagens auf den Lichtblitz zu, während sich das vordere Ende von ihm entfernt, so dass der Blitz das hintere Ende eher erreicht und das vordere Ende später. Die im Bezugssystem A bestehende Gleichzeitigkeit des Ereignisses erscheint vom Bezugssystem B aus also als ungleichzeitig, wobei für beide dieselbe Geschwindigkeit des Lichtblitzes zu messen ist. Da nach dem Relativitätsprinzip keines der Bezugssysteme vorgeordnet ist[17], registrieren beide Beobachter einen richtigen zeitlichen Zusammenhang, der aber erkennen lässt, dass es Gleichzeitigkeit nur innerhalb eines Bezugssystems geben kann. Beim Wechsel des Bezugssystems müssen die Raum- und Zeitkoordinaten durch Transformationsgleichungen an die Lichtgeschwindigkeit angepasst werden, was der Rückgriff auf die „Lorentz-Transformation" ermöglichte (siehe Kap. VI,1).

Zudem ergibt sich durch die Bewegung des Systems A (Zug) aus der Perspektive des Beobachters aus System B (Bahnsteig), dass sich die in Bewegungsrichtung des Zuges liegenden Strecken beim Vorbeifahren aus der Sicht des Beobachters B kürzer bemessen als für den Beobachter A im Zug *(„relativistische Längenkontraktion")* und dass die an den Ereignissen im Zug gemessene Zeit aus Sicht von Beobachter B weniger gleichzeitig bzw. langsamer vergeht, also eine relativistische Zeitdehnung *(„relativistische Zeitdilatation")* besteht. Deshalb gilt nach der Relativitätstheorie: In einem bewegten System verkürzen sich die Längen und dehnen sich die Zeitintervalle. Weil Einstein aufgrund der relativen Zusammenhänge – wie Mach – Zeit mit dem identifiziert, was durch Uhren gemessen werden kann, folgt daraus, dass Uhren in einem bewegten System langsamer gehen. Das kommt in dem sogenannten *„Zwillingsparadoxon"* zum Ausdruck: Einer von zwei Zwillingen, der in einem stark

16 Als Inertialsysteme (lat. inertia: Trägheit) werden in der Physik „kräftefreie" Systeme bezeichnet, in denen jeder kräftefreie Körper relativ zu diesem Bezugssystem in Ruhe verharrt oder sich gleichförmig (unbeschleunigt) und geradlinig bewegt, so dass neben der Trägheit keine anderen Kräfte auftreten.

17 Der Physiker Paul A.M. Dirac (1902–1984) hat diesbezüglich jedoch darauf hingewiesen, dass eine solche Gleichwertigkeit der Bezugssysteme nur gelte, solang man den gesamten Kosmos nicht einbeziehe, der sich durch die kosmische Hintergrundstrahlung als universelles Bezugssystem erweise, das bei exakter Berücksichtigung kleinster zeitlicher Größenordnungen als kosmisches Ruhesystem die einzelnen Systeme relativiere. Vgl. dazu T. Görnitz: Naturwissenschaft, S. 154 f., und siehe *Kap. VI,2.2.*

bewegten System (Raumschiff) durch das All fliegt, wird bei seiner Rückkehr jünger sein als der auf der Erde mit ihrer schwachen konstanten Beschleunigung verbliebene Zwilling. An diesen Paradoxien mit ihrer Relativierung von Gleichzeitigkeit wird bereits deutlich, dass sich die neuen physikalischen Modelle gegenüber dem in der klassischen Physik verbreiteten Anspruch objektiver Realitätsdarstellung als weniger anschaulich erweisen.

Das gilt auch für weitere Resultate der Relativitätstheorie Einsteins, deren physikalischer Neuansatz auf *zwei Prinzipien* basierte: Dem *Relativitätsprinzip* und dem Prinzip der *Konstanz der Lichtgeschwindigkeit.* Während Letzteres wie gezeigt als neue Naturkonstante zum Angelpunkt aller relativen Zusammenhänge wurde, weitete Einstein mit seinem Relativitätsprinzip das für die Mechanik geltende Galileische Relativitätsprinzip auf alle Naturvorgänge aus, also auch auf elektrodynamische und optische Phänomene. „Damit wird die Identität *aller* Naturgesetze in allen zueinander gleichförmig-geradlinig bewegten Systemen behauptet."[18] So beinhaltet das Relativitätsprinzip mit der allgemeinen Geltung der Naturgesetze auch einen *absoluten* Aspekt, aber die physikalischen Größen wie etwa die Masse erhalten *relativen* Charakter. Das tritt nicht nur an den dargelegten *dynamischen* raumzeitlichen Zusammenhängen hervor, sondern auch am *dynamischen Verhältnis von Masse und Energie,* wiederum bedingt durch die Konstanz der Lichtgeschwindigkeit. Denn nach dem Newtonschen Kraftgesetz gilt, dass die Geschwindigkeit eines Körpers stetig zunimmt, wenn eine Kraft kontinuierlich auf ihn einwirkt. Doch mit dem Maß der Lichtgeschwindigkeit ist der Geschwindigkeitszunahme eine Grenze gesetzt, so dass Einstein davon ausgeht, bei einem beschleunigten Körper nehme die träge Masse zu, weshalb die beschleunigende Wirkung der Kraft mit zunehmender Geschwindigkeit entsprechend abnehme und Materie bzw. Masse nie auf Lichtgeschwindigkeit beschleunigt werden könne. Da somit Energie in Masse umgewandelt werden kann, was dann auch umgekehrt gilt, ist der klassische Satz von der konstanten Erhaltung der Gesamtmasse in einem abgeschlossenen System durch einen umfassenderen Energieerhaltungssatz abzulösen, nach dem Masse und Energie ineinander umgewandelt werden können und somit äquivalent sind *(Masse-Energie-Äquivalenz).* Hierin sah Einstein das bedeutendste Resultat seiner Theorie: „Das wichtigste Ergebnis der speziellen Relativitätstheorie betraf die träge Masse körperlicher Systeme. Es ergab sich, daß die Trägheit eines Systems von seinem Energiegehalt abhängen müsse, und [...] träge Masse nichts anderes sei als latente Energie. Der Satz von der Erhaltung der Masse verlor seine Selbständigkeit und verschmolz mit dem von der Erhaltung der Energie."[19] Die Erkenntnis, dass die Masse eines Körpers durch Energiezufuhr bzw. Beschleunigung zu erhöhen ist und der Ruhemasse eines Körpers eine Energie entspricht, in die Masse umgekehrt auch umgewandelt werden kann, bildet sich in Einsteins berühmter Formel $E = mc^2$ ab: Energie (E) ist gleich Masse (m) mal Lichtgeschwindigkeit (c) zum Quadrat.

18 A. Benk: Physik, S. 47. – Siehe dazu A. Einstein: Was ist Relativitätstheorie?

19 A. Einstein: Was ist Relativitätstheorie?, S. 213 f.

An dieser Formel wird ersichtlich, dass sich die beschriebenen Effekte nur bei sehr hoher Geschwindigkeit erkennen lassen. Inzwischen sind jedoch beide Richtungen der Umwandlung nachgewiesen: Zum einen wird bei der atomaren Kernspaltung ein Teil der Kernmasse in freie Energie umgewandelt und zum anderen werden beim Zusammenprall von Kernteilchen im Teilchenbeschleuniger durch die entstehende Energie neue Teilchen erzeugt.[20] Diese dynamische Äquivalenz von Masse und Energie war nicht zuletzt deshalb so bedeutsam, weil sie sich über den atomaren Mikrobereich der Physik hinaus auch für den kosmologischen Makrobereich als konstitutiv erwies, insofern als in der allgemeinen Relativitätstheorie der Gesamtzusammenhang von Raum, Zeit und Materie hervortrat (siehe Kap. VI,2.2).

Doch zunächst galt es, die oben bereits dargelegte dynamische Zuordnung von Raum und Zeit durch ein exaktes mathematisch-theoretisches Modell genau zu definieren. War die Zeit bisher nur den drei Raumkoordinaten (Höhe, Breite, Tiefe) bzw. dem dreidimensionalen Raum hinzugefügt, verband sie sich jetzt damit zu einer dynamischen Einheit, da sich räumliche und zeitliche Wirkungen gegenseitig bedingen. Das konnte der Mathematiker *Hermann Minkowski* (1864–1909) schon bald nach der Veröffentlichung der speziellen Relativitätstheorie mathematisch als *vierdimensionale Raumzeit* darstellen, in der alle vier Koordinaten gemeinsam den vierdimensionalen Raum aufspannen *(Raum-Zeit-Kontinuum).* Die „Welt" erklärt sich dementsprechend nicht mehr aus Orten und Zeitpunkten, sondern aus dynamischen raum-zeitlichen „Weltpunkten", die sich zu „Weltlinien" verbinden können. Dieses neue Verständnis brachte Minkowski 1908 in seinem viel beachteten Vortrag „Raum und Zeit" zum Ausdruck: „Von Stund an sollen Raum für sich und Zeit für sich völlig zu Schatten herabsinken und nur noch eine Art Union der beiden soll Selbständigkeit bewahren."[21] Eberhard Wölfel hält mit Blick auf diese Rede Minkowskis fest: „Damit ist die innere Einheit des neukonstituierten Weltbegriffs genannt: Das ‚Relativitätsprinzip' wird zum ‚Weltpostulat'"[22].

2.2 Einsteins allgemeine Relativitätstheorie und ihre kosmologischen Implikationen

In diesem Sinne eines „Weltpostulats" hat Einstein das dynamische Wirklichkeitsverständnis der speziellen Relativitätstheorie mit der *allgemeinen Relativitätstheorie* auf die kosmische Ebene ausgeweitet. Den Kern der allgemeinen Relativitätstheorie stellte er 1915 vor, abgeschlossen war sie spätestens 1917.[23] Bei ihr ging es maßgeblich um ein neues Verständnis der Gravitation. Denn Newtons Annahme einer unbegrenzten direkten Fernwirkung der Anziehungskraft zwischen den Himmels-

20 Siehe zur Äquivalenz von Masse und Energie auch D. Evers: Raum, S. 173 f.

21 H. Minkowski: Raum, S. 54.

22 E. Wölfel: Art. „Naturwissenschaft I u. II", S. 200.

23 Siehe A. Einstein: Entstehung. – Gelegentliche statische Tendenzen Einsteins im Blick auf manche kosmologische Aspekte kommen im Folgenden noch zur Sprache.

körpern war mit der Wahrnehmung der Lichtgeschwindigkeit als Geschwindigkeitsgrenze hinfällig geworden. Einstein fand zu einem Neuansatz, indem er die schon von Newton erkannte *Äquivalenz* der *trägen Masse* (Trägheit, die der Beschleunigung bedarf) und der *schweren Masse* von Körpern (Gravitationsgrundlage)[24] ernst nahm und daraus Konsequenzen zog, welche er mit der Ausweitung des Relativitätsprinzips der speziellen Relativitätstheorie verband. Zunächst kam Einstein zu dem Ergebnis, dass die Beschleunigung eines Körpers bei Unkenntnis des ihn umgebenden Kontextes sowohl mit Trägheitskräften in Verbindung gebracht werden kann, die durch äußere Beschleunigung bewirkt werden (träge Masse), als auch mit Schwerkräften, die durch Gravitationsfelder verursacht sind (schwere Masse). Weil somit aus beiden Phänomenen physikalisch dasselbe resultiert, besteht für Einstein die Wesensgleichheit von Beschleunigung und Gravitation. Er leitet daraus ab, dass nicht mehr sofort wirksame und fernwirkende Anziehungskräfte herrschen, sondern mit endlicher Ausbreitungsgeschwindigkeit wirkende Feldgesetze.[25] Die kosmische Struktur wird daher durch Gravitationsfelder bestimmt, wobei die aufgrund ungleichmäßiger Masseverteilung im Kosmos bestehende partielle Inhomogenität und entsprechende Beschleunigungskräfte wie etwa Rotationskräfte mit auf die Maßstruktur bzw. Metrik des Kosmos einwirken. Durch diese Zusammenhänge entsteht gegenüber den bisherigen linearen Vorstellungen eine Verzerrung bzw. Krümmung der Raumzeit, bei der sich das feldtheoretisch verstandene Raum-Zeit-Kontinuum und Masse bzw. Energie gegenseitig bedingen (aufgrund der Äquivalenz von Masse und Energie wirken alle Formen von Energie gravitierend).

Diese Erkenntnisse korrelieren mit Einsteins *Ausweitung des Relativitätsprinzips* der speziellen Relativitätstheorie, das sich lediglich auf geradlinig-gleichförmig zueinander bewegte Bezugssysteme bezogen hatte und das Einstein nun auf alle Bewegungsarten ausdehnte, also auch auf beschleunigte Bewegungen und Rotationsbewegungen. Denn nachdem Geschwindigkeit als relative Größe erkannt worden war, konnte es für Einstein auch nur noch relative Bewegungsarten geben, was den bis dahin als absolut verstandenen Begriff der Beschleunigung einschloss.[26] Auf diese Weise wurde Einstein zugleich der gezeigten Rolle beschleunigter Bewegungen in den dynamischen Relationen von Raumzeit, Masse und Energie gerecht, die sich aus der Erkenntnis der Wesensgleichheit von Trägheitskräften und Gravitation sowie deren relativer Zuordnung zur kosmischen Gesamtdynamik ergab. Die mit der Einbeziehung aller Bewegungsformen und aller Wechselwirkungen von Raumzeit, Masse und Energie erkennbare *Dynamik* erlaubte im gekrümmten Raum kosmische Ruhesysteme, und zwar als Resultat der verschiedenen Konstellationen beschleunigter Bewegungen. *Veranschaulichen* lassen sich solche Ruheräume am *Beispiel* eines *Fahrstuhls,* der nach dem Reißen des Kabels abstürzt: Die Personen im Fahrstuhl machen eine andere Zeit- und Geschwindigkeitserfahrung als ein

24 Siehe dazu auch *Kap. VI,1.*
25 Siehe A. Einstein: Über die spezielle und allgemeine Relativitätstheorie, § 20.
26 Siehe ders.: Entstehung, S. 222 ff.

Beobachter des Ereignisses vor dem gläsernen Fahrstuhlschacht, weil sie keine Krafteinwirkung und somit auch keine Beschleunigung spüren.

Der gekrümmte Raum, der analog die kosmischen Eigen- bzw. Ruhesysteme mit ihren vielfältigen Bewegungsrelationen ermöglicht, lässt sich jedoch nicht mehr durch die gewohnte euklidische Geometrie abbilden. Denn diese verband sich in ihrer Anschaulichkeit mit der Annahme, die Raumerfahrung durch geradlinige Verbindungen real wiederzugeben, so wie es auch noch die euklidisch-geradlinig verlaufenden „Weltlinien" des Minkowski-Universums nahelegten (siehe Kap. VI,2.1). Es bedurfte nun der komplexeren *nicht-euklidischen Geometrie,* mit der bereits der Mathematiker *Bernhard Riemann* (1826–1866) die geometrische Darstellung gekrümmter Flächen in mehrfach ausgedehnter Mannigfaltigkeit entwickelt hatte, als Voraussetzung zur Beschreibung der sphärischen Krümmung des Kosmos (Riemann-Metrik).[27] Während nach Euklid die kürzeste Verbindung zwischen zwei Punkten eine Gerade ist, erweist sich eine solche Verbindung auf einer Kugel (zweidimensional gekrümmter Raum) als gekrümmte Linie. Die vierdimensionale Raumzeit lässt sich allerdings nicht mehr derart veranschaulichen. Es kann jedoch gezeigt werden, wie die Raumzeit durch ihre Krümmung den Körpern bzw. der Materie ihre Bewegungsrichtung vorgibt und wie umgekehrt die Materie durch Gravitation und Bewegung auf die Krümmung der Raumzeit zurückwirkt bzw. diese aufbaut. Denn die „primären Elemente der Natur sind nicht mehr Dinge, die in Raum und Zeit existieren, sondern Ereignisse, die im Raum-Zeit-Kontinuum miteinander wechselwirken und die Struktur dieses Kontinuums bestimmen. Raum und Zeit sind zu dynamischen physikalischen Größen geworden, die miteinander und mit dem physikalischen Geschehen verwoben sind."[28] Die aus dieser Dynamik hervorgehenden *kosmischen Bewegungsmuster* lassen sich *anschaulich* am *Beispiel* eines *Trampolins* zeigen, auf dem eine Bowling-Kugel liegt, welche die Oberfläche einbeult und somit verzerrt. Wenn nun ein Tennisball über das Trampolin rollt, wird seine Bewegungsrichtung durch diese Verzerrung bestimmt. Genauso verhält es sich mit der Bewegung kosmischer Teile oder Körper, die aufgrund der – besonders durch große Massen hervorgerufenen – gravitativen Verzerrung des Raums in ihrer geradlinigen trägen Bewegung den dadurch vorgezeichneten Linien folgen, die somit gekrümmte Linien sind. Das wurde erstmals 1919 bei einer Sonnenfinsternis durch Sir Arthur Stanley Eddington empirisch bestätigt, der die Position von Sternen direkt neben der verdunkelten Sonne messen ließ und feststellte, dass die Ergebnisse von den vorher gemessenen Werten der Sterne in der Weise abwichen, wie die Schwerkraft der Sonne die an ihr vorbeikommenden Lichtstrahlen ablenkt, und zwar rechnerisch genau der allgemeinen Relativitätstheorie entsprechend.[29]

Es geht also nicht mehr um die Anziehungskraft (Gravitation) zwischen verschiedenen Körpern oder Teilchen, sondern diese werden in der Dynamik der

27 Siehe B. Riemann: Hypothesen. Vgl. ferner D. Evers: Raum, S. 42 ff.

28 D. Evers: Rezeption, S. 133.

29 Dadurch wurde Einstein schlagartig weltberühmt.

gekrümmten Raumzeit auf den entsprechenden „Weltlinien" geleitet. „Der Raum ist nicht mehr der passive, unbeeinflußte Behälter der durch Kräfte, Druck und Stoß in Wechselwirkung stehenden Materiepartikel, sondern die inhomogen verteilten Massen generieren das Raum-Zeit-Kontinuum, bestimmen seine Struktur und folgen in ihren Bewegungen wiederum seiner Geometrie."[30] Auf diese Weise ermöglicht der Raum das relationale Zusammensein von Verschiedenem und „ist als solcher das die Gegenstände ins Verhältnis Setzende und selber kein Gegenstand", wobei er jedoch „nicht mit dem in ihm stattfindenden mannigfaltigen Geschehen identisch" ist, sondern die „Möglichkeitsbedingung von wechselwirkendem Nebeneinandersein der materiellen Objekte"[31] verkörpert. Die nicht-euklidische Struktur der gekrümmten Raumzeit kann im *Grenzfall* durchaus im euklidischen Sinne geradlinig und flach sein, was sich wiederum am *Bild* der Kugel *veranschaulichen* lässt. Auf der Oberfläche einer kleineren Kugel wird die Verbindung zwischen zwei Punkten immer als Krümmung erscheinen, während auf einer riesigen Kugel ein kleiner Verbindungsabschnitt in seinem partiellen Ausschnitt sich als nahezu flach darstellen kann. Das gilt angesichts der immensen kosmischen Dimensionen analog für die irdischen Vorgänge, bei denen die raumzeitliche Krümmung weitgehend nicht in Erscheinung tritt, so dass die herkömmliche euklidische Geometrie hier „gute Näherungen"[32] darstellt und diesbezüglich anwendbar bleibt.

Doch grundsätzlich gilt gemäß Riemanns nicht-euklidischer Geometrie die Krümmung der Raumzeit, bei der in der Umgebung schwerer Massen nicht nur der Raum gekrümmt wird, sondern auch die Uhren langsamer gehen, in Entsprechung zur Zeitdehnung der speziellen Relativitätstheorie (siehe Kap. VI,2.1). Einstein interpretierte das Phänomen der *Zeit* in diesem Zusammenhang nahezu statisch als ein *Sein* im vierdimensionalen Raum-Zeit-Kontinuum und nicht als ein *Werden* oder *Geschehen* im dreidimensionalen Raum, weshalb er den Zeitfluss nicht als objektive Eigenschaft der Natur, sondern als subjektive Wahrnehmung des menschlichen Bewusstseins deutete.[33] Auch im Blick auf die *räumliche Ausdehnung des Universums* suchte Einstein trotz aller Dynamik nach einem stabilisierend-statischen Moment. Im Rückgriff auf die kosmische Maßstruktur Riemanns geht Einstein von einer *positiven bzw. sphärischen Krümmung* des Raums aus, also einer *Kugel* entsprechend. Denn die stetig positive Krümmung führt zu dieser Kugelform, durch welche eine von irgendeinem Punkt ausgehende gekrümmte Linie irgendwann wieder an diesem Punkt anlangt und sich zugleich unbegrenzt fortsetzen kann. Ein solches Universum erweist sich also hinsichtlich der Linienführung als unbegrenzt, ist aber in seiner kugelförmigen Ganzheit zugleich endlich. Umgekehrt würde eine *negative Krümmung*, wie es die Linie auf einem nicht endenden *Sattel* veranschaulicht, zu einem unendlichen Auseinanderdriften der Linie führen. Weil es jedoch nach der

30 D. Evers: Raum, S. 67.
31 Ebd., S. 111 f.
32 A. Benk: Physik, S. 57.
33 Siehe A. Einstein: Über die spezielle und allgemeine Relativitätstheorie, S. 81 f., 94 ff., 102 f.

allgemeinen Relativitätstheorie keine negative Gegengröße zur Gravitation gibt, gilt für Einstein die von der Gravitation hervorgerufene positive Krümmung mit den gezeigten Konsequenzen.[34] Aufgrund der hierbei bestehenden Gefahr zunehmender gravitativer Dynamik, bis hin zum Gravitationskollaps (Zusammenziehen der Kugel), führt Einstein zur Stabilisierung des Kosmos rechnerisch eine – real unbekannte – *kosmologische Konstante* ein, die das gravitative Gesamtgeschehen und damit die Raumkrümmung konstant halten soll.[35] In Bezug auf die vierdimensionale Raumzeit entsteht so das Modell eines vierdimensionalen Zylinders, der in seiner runden Formung den sphärischen Raum abbildet, zu dem die Zeitlinie in der Längsrichtung der Zylinderachse verläuft. Dadurch wird die für die spezielle Relativitätstheorie geltende Relativität der *Zeit* eingeschränkt, denn nach diesem Modell existiert „eine kosmische Zeit, die für alle gegen die Gesamtheit der kosmischen Materie ruhenden Beobachter gleich verläuft“[36].

Die statischen Tendenzen, die bei Einsteins kosmologischer Interpretation seiner dynamischen Zusammenhänge zum Teil hervortraten, wurden durch die weitere Entwicklung in Frage gestellt oder angemessen in die Dynamik integriert. Der russische Physiker und Mathematiker *Alexander Friedmann* (1888–1925) konnte 1922 – nicht nur zur Überraschung Einsteins – zeigen, dass der von Einstein angenommene gleichmäßig gekrümmte Kosmos, in dem kein Raumpunkt vor anderen ausgezeichnet ist (homogen) und sich keine Blickrichtung im Raum hinsichtlich der zu sehenden Materieverteilung unterscheidet (isotrop), in seiner Raumkrümmung von der Zeit abhängig ist. Demnach verkörpert der Kosmos kein statisches *Sein,* sondern der Raum dehnt sich mit der Zeit aus, er erfährt also ein zeitliches *Werden.* Friedmann legt dar, dass Einsteins hypothetisch eingefügte kosmologische Konstante angesichts dieses *prozessualen Universums* überflüssig wird, insofern als die Expansionsbewegung der Gravitation entgegenwirkt.[37] Dabei bestehen nach Friedmann *drei Möglichkeiten* des kosmologischen Prozesses: *Erstens* kann bei der Existenz großer Massen die Anziehungskraft die Expansion bremsen und umkehren, so dass sich das Universum auf seinen Anfangspunkt zurückzieht (positive Krümmung, Kugelform). *Zweitens* kann bei geringer Massendichte die Expansion immer weiter fortschreiten (negative Krümmung, Sattelform). *Drittens* besteht die Möglichkeit eines relativen Gleichgewichts von Massenwirkung und Expansionsgeschwindigkeit, was die Expansion nahezu bis zum Stillstand auslaufen lässt (Flachheit).[38] Alle drei Modelle stellen ein zeitliches und prozessuales kosmi-

34 Siehe ebd., § 30–32.

35 Siehe ders.: Betrachtungen, S. 151.

36 D. Evers: Raum, S. 80. – Siehe auch *Anm. 17, VI. Kap.*

37 Siehe A. Friedmann: Krümmung. – Es wird Einstein nachgesagt, er habe seine kosmologische Konstante nach der Anerkennung der Expansion des Universums als die größte „Eselei“ seines Lebens bezeichnet. Heute findet sich eine solche Konstante wieder in Form der „Dunklen Energie“ (siehe *Kap. VII*).

38 Vgl. A. Friedmann: Möglichkeit. – Eine *optische Veranschaulichung* der drei Möglichkeiten findet sich bei J. Ehlers: Standardmodell, S. 295.

sches Geschehen dar. „Damit waren auch auf der umfassenden Ebene alles Existierenden das Werden, die Zeitlichkeit und Vergänglichkeit etabliert."[39] Zugleich entsteht ein für den ganzen Kosmos geltender Zeithintergrund, ein für die kosmischen Materiesysteme bestehender hervorgehobener Verlauf der kosmischen Zeit, so dass sich die Zeit seit den kosmischen Anfangsbedingungen berechnen lässt. Friedmann spricht von der „*Zeit seit der Erschaffung der Welt*"[40].

Diese Annahme eines expandierenden Universums, das sich also als dynamischer Prozess erweist, wurde von Astrophysikern zunehmend empirisch bestätigt. So bemerkte man, dass ferne Galaxien in ihrem Lichtspektrum mehr Rotverschiebungen zeigten als nahe Galaxien. Aufgrund der Beobachtung, dass bei sich entfernenden Sternen das Lichtspektrum zum roten Bereich hin verschoben wird, kam der belgische Priester und Astrophysiker *Georges Lemaître* (1894–1966) im Kontext der wahrnehmbaren galaktischen Konstellationen 1927 zu dem Schluss, dass der Kosmos expandiert, und zwar im Einklang mit Einsteins allgemeiner Relativitätstheorie. Das implizierte aber zugleich einen Beginn der Expansion, den Lemaître als Uratom bezeichnete, aus dessen Explosion das Universum entstand.[41] Die zunächst noch mehrheitlichen Kritiker dieser Theorie bezeichneten sie etwas abfällig als „*Urknall-Theorie*" (Fred Hoyle: „big bang"), von der Lemaître später Einstein überzeugen konnte und die auch die „Päpstliche Akademie der Wissenschaften" 1951 akzeptierte.[42] Der Astronom *Edwin Hubble* (1889–1953), dem dieses Konzept heute häufig zugeschrieben wird, entwickelte mit Hilfe weiterer Beobachtungsdaten eine gesetzmäßige Abhängigkeit zwischen der Entfernung von Galaxien und ihrer Fluchtbewegung, aus der sich ableiten lässt, dass sich die meisten Galaxien von uns entfernen. Je weiter die Galaxien voneinander entfernt sind, umso schneller streben sie auseinander. Das steht im Einklang mit einer Expansion des kosmischen Raumes, welcher die Galaxien mitführt.

Insgesamt implizierten die gezeigten Beobachtungen einen *Anfang*, eine *zeitlich-geschichtliche Entwicklung* sowie ein mögliches *Ende* des Universums, woraus sich das *Standardmodell des Universums* entwickelte, das grundsätzlich auf der allgemeinen Relativitätstheorie beruht. Auch wenn Einsteins Interpretation der Gesamtdynamik der allgemeinen Relativitätstheorie zum Teil statische Tendenzen aufweist, impliziert diese doch eine *prozessuale* Dynamik des Kosmos, was auch im nächsten Abschnitt transparent wird.

---

39 B. Kanitscheider: Kosmologie, S. 157.

40 A. Friedmann: Krümmung, S. 384. – Zur detaillierteren Erörterung von Friedmanns Ansatz siehe D. Evers: Raum, S. 80 ff. u. 342 ff.

41 Siehe G. Lemaître: Univers, und ders.: Expansion.

42 Es bleibt in diesem Zusammenhang darauf hinzuweisen, dass der *englische Gelehrte und Bischof Robert Grosseteste bereits 1225* in seinem Werk „Über das Licht" *(De luce)* den *Grundgedanken eines Urknalls vorwegnahm,* indem er davon ausging, dass das Universum durch eine Explosion aus Licht erzeugt wurde, welches sich von einem zentralen Punkt bis an die Grenzen des Universums ausgebreitet habe.

2.3 Das kosmologische Standardmodell

Das kosmologische Standardmodell geht davon aus, dass vor ungefähr 13,8 Milliarden Jahren alle Massen des Universums in unendlicher Materiedichte und unermesslicher Hitze zu einem Zeitpunkt $t = 0$ mit einem unendlich winzigen Punkt zu identifizieren waren, in dem alle Größen unendliche Werte hatten und in dem weder Ausdehnung noch Dauer bzw. Zeit herrschte. Deshalb kann man diesbezüglich nach Ansicht des Astrophysikers Harald Lesch aus menschlicher Perspektive auch von „Nichts“ sprechen.[43] Mit dem *„heißen Urknall“*, quasi einer Explosion dieses weder zeitlich noch räumlich noch materiell zu erfassenden Punktes, sollen dann durch die Expansion des Universums die Zeit, der Raum und die Materie bzw. ihre Grundlagen entstanden sein, wobei diese Expansion gemäß der Urknalltheorie nach der unvorstellbar kurzen Zeit von einer Millionstel Sekunde (10^{-6} Sekunden) schon sehr weitreichend war. Unmittelbar nach dem Urknall (10^{-43} Sekunden)[44] soll es nur eine fundamentale Kraft, die *Urkraft,* gegeben haben. Doch für diese Zeit existiert bis heute keine allgemein anerkannte Theorie. Der Urknall selbst und sein Ausgangspunkt gelten als physikalische *Anfangssingularität,* weil beide nicht fassbar sind und dort die physikalischen Gesetze und Theorien nicht mehr greifen (Raum, Zeit und Materie waren noch nicht vorhanden). Daher bezeichnet der Naturwissenschaftler Friedrich Cramer den Urknall als *„Ursprungsmythos“*[45]. Dirk Evers spricht von einer „Art Metaphysikum der naturwissenschaftlichen Theorie“[46], insofern als die Anfangsbedingungen der Theorie nicht zu erfassen seien. Inhaltlich würden sie im Kontext der Theologie durchaus an die „Schöpfung aus dem Nichts“ (lat. creatio ex nihilo) erinnern. „Es führt jedenfalls im Rahmen der allgemeinen Relativitätstheorie als der physikalischen Standardtheorie der Raumzeit keine ununterbrochene raumzeitliche Weltlinie durch den Anfangspunkt des Kosmos hindurch.“[47] Details, die heute durch die Einbeziehung der *Quantenphysik* oft mit dem Standardmodell verbunden werden (z. B. inflationäre Expansion unmittelbar nach dem Urknall, 10^{-35} bis 10^{-32} Sekunden[48]), sowie die mit der Quantenphysik verbundene Vielfalt kosmologischer Modelle kommen später zur Sprache (siehe Kap. VI,3.3; VII; X,3 u. XI,1), da die Quantenphysik erst im folgenden Abschnitt (Kap. VI,3) erörtert wird. Trotz einiger Erklärungsversuche bleiben die Zusammenhänge letztlich ungeklärt, so auch die Frage, wie es bei der im Urknall entstandenen *Materie und Antimaterie,* die sich

43 Vgl. H. Lesch/H. Zaun: Geschichte, S. 13.

44 Diese sogenannte *Planck-Zeit* gilt als kürzeste Zeiteinheit, unterhalb derer es keinen kontinuierlichen Verlauf der Zeit mehr gibt.

45 F. Cramer: Ursprungsmythos, S. 86.

46 D. Evers: Raum, S. 102.

47 Ebd., S. 114.

48 Siehe *Anm. 51, VI. Kap.* – Weitergehende Vorstellungen, das Universum habe sich selbst aus einem fluktuierenden *Ur-Quantenvakuum* aus dem „Nichts“ erzeugt, übersehen, dass es sich bei diesem Ur-Vakuum *nicht* um *„Nichts“* handelt. Siehe dazu *Kap. X,3 u. XI,1.*

eigentlich gegenseitig vernichten, zu einem leichten Übergewicht von Materie kommen konnte, wodurch die Existenz des Kosmos überhaupt erst möglich wurde.[49]

Allgemein gilt im Rahmen des Standardmodells, dass der Kosmos direkt nach dem Urknall ein sehr heißes Plasma aus Atomkernbausteinen (Nukleonen) darstellte und dass sich dann ab der dritten Minute nach dem Urknall – aufgrund allmählicher Abkühlung – die Kerne der leichten Elemente (Wasserstoff, Helium, Lithium) bildeten. Die Energiedichte des Kosmos war bis etwa 380 000 Jahre nach dem Urknall durch Strahlung dominiert, was sich ab diesem Zeitpunkt aufgrund der weiteren Expansion und Abkühlung in eine Dominanz der Materie wandelte. Denn durch die auf etwa 3000 Kelvin (ca. 2700 Grad Celsius) abgekühlte Temperatur konnten sich jetzt entstehende Wasserstoffatome der vorher hitzebedingten gasförmigen Wechselwirkung entziehen und es kam zur „Entkopplung" von Strahlung und Materie. Wegen der kaum noch stattfindenden Wechselwirkung zwischen Strahlung und Materie vermochte sich die Strahlung frei im Universum auszubreiten, das Universum wurde „durchsichtig"[50].

Die im Standardmodell enthaltene Annahme dieser – an den kosmischen Zeiträumen gemessen – bald nach dem Urknall stattgefundenen „Entkopplung" und der daraus resultierenden *kosmischen Hintergrundstrahlung* (Mikrowellenstrahlung) gilt seit 1964 durch die Physiker Arno Penzias und Robert Wilson empirisch als nachgewiesen. Sie empfingen mit ihren Messgeräten ein richtungsunabhängiges kosmisches Rauschen, das von überall herkam und so nicht von einzelnen Strahlungsquellen stammen konnte. Spätere Erforschungen dieser Strahlung durch Satelliten wie COBE ergaben genauere Hinweise darauf, dass sich das Spektrum der Strahlungstemperatur in Entsprechung zur weiteren kosmischen Expansion von den 3000 Kelvin während der „Entkopplung" auf 2,728 Kelvin (–270,42 Grad Celsius) abgekühlt hatte und dass die Strahlung nicht völlig homogen war. Letzteres konnte zunächst ansatzweise zur Erklärung der unterschiedlichen intergalaktischen Räume dienen. Ihre Entstehung bedurfte nämlich einer bereits im frühen Universum vorhandenen inhomogenen Materieverteilung. Hierfür erwiesen sich die Strahlungsschwankungen aber als zu schwach.[51] Durch das Weltraumteleskop „Planck" wurde für die Strahlung ferner eine Asymmetrie zwischen den entgegengesetzten Hemisphären des Kosmos entdeckt, was dem grundsätzlich isotropen (in alle Blickrichtungen gleichen) Charakter des Kosmos in der allgemeinen Relativitätstheorie und im Standardmodell

49 Siehe dazu *Anm. 146, VI. Kap.* bzw. *Kap. VI,3.2 u. Kap. VII.*

50 Das Licht wurde nicht mehr von geladenen Teilchen absorbiert und konnte zum ersten Mal ausgestrahlt werden.

51 Heute wird diesbezüglich vornehmlich die *inflationäre Expansion* direkt nach dem Urknall angeführt, eine überlichtschnelle Ausdehnung des Universums, durch die sich Vakuumfluktuationen und entsprechende Dichteschwankungen mit ausgedehnt haben, aus denen die inhomogenen Strukturen (Galaxienverteilung etc.) des grundsätzlich homogenen Universums resultieren. Die überlichtschnelle inflationäre Expansion widerspricht der Relativitätstheorie nicht, welche nur die überlichtschnelle Bewegung im Raum ausschließt, aber nicht eine solche Bewegung des Raumes selbst. – Siehe zur kosmischen Inflation *Kap. VI,3.3 u. VII.* – Dass sowohl die Hintergrundstrahlung als auch die inflationäre Expansion noch keine letztgültigen Erklärungen bieten, kommt in *Kap. VI,2.4* zur Sprache.

widerspricht.[52] Dennoch gilt die Hintergrundstrahlung generell als kosmisches Signal der kurz nach dem Urknall stattgefunden „Entkopplung".

Nach der „Entkopplung" kühlte sich die Materie schneller ab als die Strahlung und durch die Gravitation entstanden größere Formationen, die riesige Gaswolken bildeten, welche sich im Laufe der weiteren Expansion zu Galaxien verdichteten, in denen sich Sterne zusammenballten. Trotz vielfältiger Erklärungsansätze sind die Ursachen dieser *Strukturbildung* letztlich nicht ganz klar, zumal immer neue empirische Befunde immer neue Fragen aufwerfen. Die ersten Galaxien entstanden wohl schon 500 Millionen Jahre nach dem Urknall, während sich gut drei Milliarden Jahre später ein Höhepunkt der Galaxien- und Sternbildung beobachten lässt. Galaxien bestehen aus Sternen (Sterne sind Sonnen) und dünn verteiltem Gas und Staub. In den früheren Sternengenerationen fusionierten leichte Elemente unter Abgabe von Energie zu den schweren Elementen wie Kohlenstoff und Sauerstoff, die Bausteine des irdischen Lebens. Diese Elemente wurden durch die Sternenexplosionen ins All geschleudert, als Grundlage für die späteren Sternengenerationen wie unsere Sonne und ihre Planeten. Einige Forscher gehen davon aus, dass die damit verbundene kosmische Strahlung in Staub- und Gaswolken komplexe Moleküle erzeugen kann und dass die ersten organischen Moleküle über Kometeneinschläge auf die Erde gelangt sein könnten. Es wird inzwischen auch erörtert, inwieweit kosmische Strahlung Einfluss auf die Evolution nimmt, zum Beispiel auf die Mutation der DNA.[53]

Die Struktur des Universums erscheint heute waben- bzw. schaumartig: Es existieren gravitativ verbundene Galaxienhaufen, die sich wiederum zu Supergalaxienhaufen (bis zu mehreren zehntausend Galaxien) verbinden können und die sich um riesige Leer- bzw. Hohlräume (engl. *Voids*) formieren, von denen der bisher größte gemessene einen Durchmesser von einer Milliarde Lichtjahren aufweist. Einer der größten Supergalaxienhaufen wurde 2016 im frühen Kosmos entdeckt, in dem er nach der gängigen Theorie eigentlich noch nicht entstanden sein konnte.[54] Nach jüngeren Erkenntnissen ging man davon aus, dass es im beobachtbaren Bereich des Universums 100 bis 200 Milliarden Galaxien gibt, wobei jedoch neueste Beobachtungen mit dem Hubble-Weltraumteleskop den Schluss nahelegen bzw. zeigen, dass es weit mehr sind, nämlich ein bis zwei Billionen Galaxien.[55]

Mit der gezeigten kosmischen Entwicklung verbanden sich zugleich weitere

---

52 Hinzu kommt die durch das Weltraumteleskop „Hubble" erfolgte genaue Vermessung von Nachbargalaxien, mit dem Ergebnis, dass der Kosmos schneller expandiert als angenommen. Die Werte dieser Messungen müssten eigentlich mit den Werten der vom Weltraumteleskop „Planck" untersuchten Hintergrundstrahlung übereinstimmen, was aber nicht der Fall ist. Die Schlussfolgerungen aus dieser Beobachtung kommen im Laufe des Abschnitts noch zur Sprache.

53 Siehe zu den verschiedenen kosmischen Zusammenhängen auch *Kap. XI,1.* – Die *Strukturbildung* im Kosmos, für die noch keine gänzlich überzeugende Erklärung besteht, bleibt für H. Lesch: Universum, S. 11, merkwürdig – so, als ob sich in einem Raum mit gleichmäßig verteiltem Gas „spontan kleine Tassen aus Meißner Porzellan bilden". Mit der Strukturbildung gehe eine Tendenz zur Kreativität im Universum einher.

54 Vgl. zu diesen Entwicklungen u. a. S. Hüttemeister: Aufbau.

55 Zu den Dimensionen des Universums siehe auch *Kap. III,1; VII; XI,1.*

Singularitäten, und zwar durch die Entstehung sogenannter „*Schwarzer Löcher*". Sie können nach der allgemeinen Relativitätstheorie entstehen, wenn ein massereicher Stern nach Verbrauch seines nuklearen Brennstoffs seinem eigenen Gravitationsdruck keinen Strahlungsdruck mehr entgegenzusetzen hat und bei Erhaltung der Masse kollabiert. Die immense Komprimierung der Masse führt zu einer grenzenlosen Dichte, welche die umgebende Raumzeit so stark krümmt, dass ein „Loch" im Raumgefüge entsteht, mit einer Gravitationsstärke, die weder Materie noch Information – ob Strahlung oder Licht – nach außen gelangen lässt (deshalb „schwarzes" Loch). Daher stellen auch Schwarze Löcher, von denen sich in unserer Milchstraße wohl neben einem großen im Zentrum etliche kleinere befinden, nicht greifbare Singularitäten dar. Diese unterscheiden sich von der Anfangssingularität des Urknalls dadurch, dass sie einen Ereignishorizont haben und sich beobachten lässt, wie ganze Sternenformationen rotierend von Schwarzen Löchern angezogen werden. Die Weltlinien bzw. die Bewegungen von Objekten in der Raumzeit können also immer nur in diesen Singularitäten enden, welche somit in der Zukunft liegen, ebenso wie eine mögliche Endsingularität des gesamten Universums, während von der Anfangssingularität alle Weltlinien ausgehen. Denn diese liegt als Anfangspunkt in der Vergangenheit und weist entsprechend keinen mit den Schwarzen Löchern vergleichbaren Ereignishorizont auf. „Ein intuitiv einsichtiges, die Welt als einen topologischen Zusammenhang mit ausgezeichneter Zeitrichtung und gerichteter Kausalität beschreibendes Szenario würde nahelegen, eine Anfangssingularität anzunehmen, von der alle Ereignisse des Raum-Zeit-Kontinuums ihren Anfang nehmen, und lokale sowie eventuell eine globale Endsingularität zu postulieren, in der einige, am Ende vielleicht alle Weltlinien enden."[56]

Wenn sich zwei Schwarze Löcher gegenseitig anziehen, sich dann mit unvorstellbarer Geschwindigkeit umkreisen und schließlich verschmelzen, entsteht eine enorme Energie, die als Schwerkraft- bzw. Gravitationswelle in den Weltraum ausstrahlt, ihn durchquert und dabei staucht und streckt. 100 Jahre, nachdem Einstein mit der allgemeinen Relativitätstheorie die Existenz solcher *Gravitationswellen* vorhergesagt hatte, die durch beschleunigte Bewegungen entstehen und sich mit Lichtgeschwindigkeit als Verzerrung der Raumzeit fortsetzen, konnten solche Gravitationswellen 2015 mit dem internationalen „Advanced-LIGO"-Experiment durch hochempfindliche Laser-Detektoren in den USA nachgewiesen werden. Das Signal stammte von einer 1,3 Milliarden Jahre zurückliegenden Verschmelzung zweier Schwarzer Löcher, deren Gravitationswelle jetzt die Erde erreichte und ein kurzes Erzittern der Raumzeit bewirkte, wobei die Erde nur um den Bruchteil des Durchmessers eines Atomkerns gedehnt und gestaucht wurde (die Spiegelposition

56 D. Evers: Raum, S. 102. Vgl. dazu ebd., S. 98 ff. – Bei manchen Schwarzen Löchern sind nahezu lichtschnelle *Plasma-„Jets"* (gebündelte Strahlen) zu beobachten, die senkrecht aus dem Materiestrudel des Schwarzen Lochs ins All schießen und eventuell durch das magnetische Feld am Ereignishorizont des Schwarzen Lochs entstehen. – Nach aktuellen Beobachtungen könnte ein aus seiner Galaxie geschleudertes Schwarzes Loch unterwegs durch Schockwellen sogar neue Sterne entstehen lassen. – Zu sehr spekulativen kosmologischen Vorstellungen in Verbindung mit Schwarzen Löchern siehe *Kap. VII*.

der rechtwinklig zueinander verlaufenden kilometerlangen Laserstrahlen schwankte um ein Hundertstel des Durchmessers eines Wasserstoff-Atomkerns).[57]

Hier wird deutlich, in welchen – auch für Messfehler anfälligen – Dimensionen sich empirische Nachweise kosmologischer Theorien bewegen. Zugleich bleibt zu bedenken, wie *problematisch* die Extrapolation bzw. Übertragung empirischer Ergebnisse aus unserer Zeit und dem für uns sichtbaren Teil des Universums auf die immensen Zeit- und Raumdimensionen des gesamten Universums ist. „Die enormen zeitlichen und räumlichen Skalen machen schon eine empirische Beschreibung des durch Messinstrumente zugänglichen Teilgegenstandes unerhört schwierig. Extrapolationen sind unabdingbar, alle kosmologischen Modelle müssen empirisch nur bedingt überprüfbare *kosmologische Prinzipien* [...] voraussetzen". Deshalb sollte der Kosmologie „bewusst sein, wie hoch der Anteil prinzipieller, empirisch nur bedingt überprüfbarer Voraussetzungen ist, der in ihre Theorien einfließt"[58]. Für den Physiker Hubert F. Goenner ist die Kosmologie der empirisch am schwersten kontrollierbare Bereich der Physik, zumal grundsätzlich gelte: „Kosmologische Modellbildung setzt voraus, dass der Kosmos überall so beschaffen ist, wie in dem Teil, den wir beobachten können."[59] Goenner hält es deshalb „für zu spekulativ, wenn ausgehend vom Standard-Modell Vorhersagen für empirisch nicht, schlecht oder nur mehrdeutig kontrollierbare Zeiträume gemacht werden"[60]. Das betont er besonders im Blick auf die fernere Zukunft des Kosmos: „Die Vorhersagen des kosmologischen Standardmodells für eine Zukunft von kosmologischer Bedeutung (Millionen von Jahren entfernt) können nicht als jemals überprüfbar angesehen werden."[61]

Das gilt es hinsichtlich der Annahmen mit zu bedenken, die derzeit im Rahmen des Standardmodells für die *Zukunft* des Universums als wahrscheinlich gelten. Für weniger wahrscheinlich hält man angesichts der Materiedichte im Kosmos und aktu-

57 Seither wurden noch weitere Signale von Gravitationswellen solcher Ereignisse registriert. Diese Signale gelten umgekehrt als Beleg für die Existenz Schwarzer Löcher. In dem als wissenschaftliche Sensation gefeierten Nachweis von Gravitationswellen erhofft man sich neben der bisherigen Beobachtung von Licht-, Radio-, Röntgen- oder Gammastrahlung eine weitere Möglichkeit der Erforschung des Kosmos. – Noch *bahnbrechendere* Möglichkeiten erhofft man sich von einer weiteren erstmaligen kosmischen Wahrnehmung im Jahr 2017, als man sowohl durch Gravitationswellen als auch durch einen Gammastrahlenblitz und weitere elektromagnetische Strahlung wie Röntgen- und Radiostrahlung auf die *Verschmelzung zweier Neutronensterne* schloss, die sich durch gegenseitiges Umkreisen und Kollidieren in einer 130 Millionen Lichtjahre entfernten Galaxie ereignete. Bei Neutronensternen handelt es sich um die extrem dichten Überreste kollabierter Sterne, die aber nicht so massereich waren, dass sie sich zu einem Schwarzen Loch verdichteten. Die mit dieser Wahrnehmung von 2017 einhergehende Erwartung *neuer Dimensionen kosmischer Beobachtung* resultiert aus dem gleichzeitigen und sich gegenseitig bestätigenden Auftreten von Gravitationswellen und verschiedenen Formen elektromagnetischer Strahlung – einschließlich optisch wahrnehmbarer –, was eine bedeutend präzisere Lokalisierung und Spezifizierung des beobachtbaren kosmischen Ereignisses eröffnet. – Neue und tiefere Einblicke ins All erhofft man sich auch vom *James-Webb-Weltraumteleskop*, das seit 2022 bis zu einhundert Mal präzisere Einblicke als das Hubble-Teleskop liefert.

58 D. Evers: Verhältnis, S. 52 f.

59 H.F. Goenner: Urknallbild, S. 26.

60 Ders.: Entwicklung, S. 274.

61 Ebd., S. 272.

eller Expansionsbewegungen der Galaxien eine positive Krümmung des Kosmos (Kugelform), in der die Gravitation der Materie irgendwann die Expansion bremst und den Kosmos wieder zu einem Punkt im „Endknall" („big crunch") zusammenzieht. Doch ganz auszuschließen ist auch dieses Szenario nicht, da die Maßstruktur des Universums maßgeblich von der Energie- bzw. Massendichte abhängt. Liegt diese über der kritischen Dichte, würde daraus das genannte sphärische (kugelförmige) Universum resultieren, liegt sie unter der kritischen Dichte, würde das für ein offenes Universum mit negativer Krümmung sprechen (hyperbolisch: wie die ins Unendliche gehenden Linien auf einem Sattel). Da die im Kosmos erschlossene Dichte wohl ganz nah an der kritischen Dichte liegt, die ein relatives Gleichgewicht von Massenwirkung und Expansionsgeschwindigkeit ermöglicht und so ein flaches Universum impliziert, geht man heute von einem weitgehend flachen Universum aus (zumal es lokal bzw. in unserem Erfahrungsbereich flach und damit euklidisch ist). Man kann aber aufgrund von möglichen Abweichungen in die eine oder andere Richtung die übrigen Modelle nicht letztgültig ausschließen. Doch auch die Charakteristik der kosmischen Hintergrundstrahlung legt ein *weitgehend flaches Universum* nahe, das annähernd der euklidischen Geometrie entspricht, was eine „auslaufende" Expansion erwarten lässt, die im Unendlichen eine endliche Ausdehnung erreicht und endet.[62] Dirk Evers kommt angesichts der empirischen Befunde zu dem Ergebnis, dass „die empirischen Daten im Zusammenhang mit den möglichen theoretischen Modellen ganz entscheidend für ein expandierendes Weltall mit einem endlichen derzeitigen Weltalter sprechen"[63].

Aufgrund der Beobachtungen des Weltraumteleskops „Planck" gilt bezüglich der Expansion, dass sich das Universum gegenwärtig zunehmend schneller ausdehnt, nachdem man früher angenommen hatte, dass sich die Expansion aufgrund der gravitierenden Materie verlangsamt.[64] Diese beschleunigte Ausdehnung ist allerdings angesichts der Masseverteilung und der übrigen Faktoren im Universum unter den Voraussetzungen der bekannten Gesetzmäßigkeiten unerklärlich, weshalb man die Existenz einer nicht sichtbaren sogenannten *„Dunklen Energie"* vermutet, die eine solche Expansion bewirkt – und dann ungefähr 68 % der Energie des Kosmos liefern müsste. Es handelt sich um eine rein rechnerisch-spekulative Annahme, denn niemand weiß bisher, was Dunkle Energie ist oder ob und wie man sie letztlich nachweisen könnte. Genauso verhält es sich mit der *„Dunklen Materie"*, die man

62 Dabei gilt es zu beachten, dass auch ein nahezu flaches Universum mit euklidischer Geometrie eine Maßstruktur mit *endlichem* Rauminhalt haben kann, etwa in Form eines Hyper*torus* (Form eines Donuts), der sich aus einem zusammengefalteten Parallelogramm ergibt.

63 D. Evers: Raum, S. 95.

64 Deutlich wurde die sich beschleunigende Expansion des Universums, die sich aus heutiger Sicht nach dem Urknall zunächst verlangsamte, bevor sie sich wohl vor 7,5 Milliarden Jahren wieder beschleunigte, bereits 1998 durch die Beobachtung weit entfernter Supernovae (eine *Supernova* ist die mit immenser Helligkeit verbundene Explosion eines massereichen Sterns am Ende seiner Lebensdauer). Da die Supernovae vom Typ Ia etwa die gleiche Helligkeit haben, konnte man über die Rotverschiebung des Lichts ihre Entfernungsgeschwindigkeit messen und vergleichen.

postuliert, weil die Masse der Sterne zu gering ist, die Galaxien bei der Höhe ihrer Drehgeschwindigkeit zusammenzuhalten.[65] Um das zu gewährleisten, müssten ungefähr 27 % des Kosmos aus Dunkler Materie bestehen, so dass unter gleichzeitiger Berücksichtigung der Dunklen Energie nur noch knapp 5 % der Energie bzw. Masse des Kosmos von der uns bekannten Materie beigetragen werden, was heißt, dass man inzwischen nicht mehr annähernd weiß, woraus 95 % des Universums bestehen. „In der Kosmologie jedenfalls sind die Erkenntnisgrenzen mittlerweile so weit hinausgeschoben, dass in der dunklen Weite des Alls alles denkbar scheint."[66]

Inzwischen gibt es auch Versuche, die mit der Expansion verbundenen Beobachtungen *ohne die Annahme Dunkler Energie* zu erklären. So gehen etwa Marie-Noëlle Célérier und Thimothy Clifton davon aus, dass es sich bei den Entfernungsbeobachtungen um optische Täuschungen handelt, weil sich das Universum nicht überall mit derselben Geschwindigkeit ausdehne, wodurch große „Leerräume" mit weniger Sternen und andere Gebiete mit vielen Sternen entstehen. Die Erde und die Milchstraße befinden sich demnach in einem zentralen Leerraum des Universums, in dem sich die Expansion aufgrund der geringeren Anziehungskräfte schneller vollzieht. Nach dieser Hypothese träte die Erde auch wieder an einen ausgezeichneten bzw. zentralen Ort des Universums.[67]

Wenn sich die Expansion des Universums jedoch nach derzeit vorherrschender Lehrmeinung durch Dunkle Energie mit zunehmender Beschleunigung vollzieht, ist davon auszugehen, dass der Raum zwischen den Galaxien bei kontinuierlicher Fortsetzung dieser Kausalität immer größer wird. Es kommt zur fortschreitenden Verdünnung und Abkühlung von Materie und Strahlung, nach Billionen von Jahren verlöschen die letzten Sterne, das Universum wird dunkel und kalt. Wenn man diesbezüglich trotzdem vom *„Wärmetod"*[68] des Universums spricht, heißt das lediglich in Bezug auf den Zweiten Hauptsatz der Thermodynamik, nach dem sich Energie in einer Weise gleichverteilt hat, in der sie für die Erhaltung von Lebensvorgängen nicht mehr nutzbar ist, dass schließlich alle Energie in Wärme umgesetzt sein wird und es bei gleichförmiger Temperatur keine natürlichen Prozesse mehr geben kann

65 Erste Hinweise auf die Notwendigkeit einer solchen zusätzlichen bzw. „dunklen" Materie erfolgten bereits nach 1930 durch den Schweizer Astronomen Fritz Zwicky, für den sich diese Notwendigkeit aus seiner Erforschung der Bewegungen von Galaxien ergab. – Das Vorhandensein von „dunkler" Materie glaubt man inzwischen mit dem *Gravitationslinseneffekt* nachweisen zu können, durch den die Ablenkung des Lichts durch große Massen wie Sterne zu beobachten ist. Beobachtungen von Galaxien ergeben, dass die Werte der Licht-Ablenkung die Gesamtmasse der Licht aussendenden Sterne weit übertreffen, woraus man auf die Existenz nichtleuchtender „Materie" schließt. – Heute werden verschiedenste Versuche zur Erklärung von dunkler Materie und Energie unternommen, die aber noch keinen Durchbruch erzielt haben (siehe auch *Kap. VII*).

66 U. Schnabel: Auge, S. 41. – Zu jüngsten Entdeckungen hinsichtlich der Dunklen Materie und zu Mutmaßungen über eine – neben der Dunklen Energie – zusätzlich anzunehmende *„Dunkle Strahlung"* siehe *Kap. VII.*

67 Siehe dazu M. Rauner: Logenplatz.

68 Dieser Begriff wurde bereits 1867 durch Rudolf Clausius geprägt, dem Entdecker des Zweiten Hauptsatzes der Thermodynamik. Siehe dazu *Kap. VI,4.*

und alles kosmische Leben endet. Das kosmische System geht in einen statischen und damit „toten" Zustand über. Daraus folgt für den Physiker Hans-Ulrich Keller: „Da nun nichts mehr passiert und das Energieniveau dem Level 0 zustrebt, wird es unmöglich, noch einen Zeitablauf zu bestimmen. Die Zeit hört allmählich auf zu existieren. Das Universum strebt der zeitlosen Phase der Ewigkeit zu."[69] Im Blick auf die prozessuale und geschichtliche Dynamik des kosmologischen Standardmodells hält Dirk Evers fest: „Nach dem Urknallmodell hat die Welt einen ausgezeichneten Anfang, durch Expansion und Abkühlung nimmt sie eine eindeutig bestimmbare zeitliche Entwicklung, in deren Verlauf sich lokale Ungleichgewichte aufbauen. Und sie wird, sei es durch Kollaps, sei es durch unaufhörliche Ausdünnung, auf einen Endzustand zugehen, der dem Konzept des Wärmetodes zumindest ähnlich ist. Es ist dabei gerade der irreversible und unwiederholbare Verlauf des Kosmos hin zum thermodynamischen Ausgleich, der durch die auf ihn gerichteten Materie- und Energieflüsse lokal differenzierte Strukturen und damit auch Lebewesen wie den Menschen entstehen läßt."[70] Diese prozessuale Dynamik weist eine erstaunliche und bedenkenswerte *Feinabstimmung* der Naturkonstanten und der kosmischen Prozesse auf (engl. „fine tuning"), so dass die kosmische Entwicklung bei nur geringfügig anderen Werten und Entwicklungen völlig anders verlaufen wäre und kein Leben in der uns bekannten Form hervorgebracht hätte. Über dieses Phänomen werden viele weltanschauliche und theologische Auseinandersetzungen geführt (siehe Kap. XI,1.3).

Der *prozessuale* Charakter der kosmischen Dynamik wurde bereits durch die allgemeine Relativitätstheorie impliziert, auch wenn Einstein deren Dynamik zum Teil statisch interpretierte (siehe Kap. VI,2.2) – wie einige andere auch. Doch gegen diese Interpretation sprechen die Prinzipien der allgemeinen Relativitätstheorie selbst, denn das „Wesen des Existierenden als Prozeß geht aus der ihr eigenen Geometrodynamik hervor"[71]. So widerspricht Einsteins statische Interpretation der *Zeit* („Sein" statt „Werden"), die sich heute in Modellen eines „Block-Universums" (alle Zeit-Ereignisse gelten als gleich gegenwärtig) wiederfindet, letztlich der Lichtgeschwindigkeit als Geschwindigkeitsgrenze. Aufgrund dieser Grenze ist nämlich bei der Wechselwirkung zweier Ereignisse die Reihenfolge von Ursache und Wirkung unumkehrbar, woraus prinzipiell die *Ordnung des kausalen Nacheinanders* resultiert.[72] In Entsprechung dazu zeigen die kosmischen Entwicklungen mit ihren zeitlich gerichteten thermodynamischen Prozessen (siehe Kap. VI,4), dass sich komplexe Systeme oder Lebewesen „nur durch zeitlich strukturierte Prozesse und also

69 H.-U. Keller: Schicksal, S. 175. Zur detaillierten Darlegung der vermuteten zukünftigen kosmischen Entwicklung siehe ebd., S. 169 ff., und S. Hüttemeister: Aufbau, S. 17 ff. Zur *Thermodynamik* und ihren Implikationen siehe *Kap. VI,4*.

70 D. Evers: Raum, S. 342. – Siehe dazu auch *Kap. VI,4*.

71 E. Wölfel: Art. „Naturwissenschaft I u. II", S. 201.

72 Vgl. D. Evers: Rezeption, S. 136. J. Polkinghorne: Theologie, S. 68, weist diesbezüglich darauf hin, dass sich für einen Beobachter der Ereignisse „immer eine retrospektive Konstruktion" ergibt, weil ihm jedes Ereignis erst bewusst wird, wenn er davon ein Signal erhält. Doch dann ist dieses Ereignis „bereits unzweifelhaft vergangen".

sozusagen nur ‚unterwegs' [d. h. geschichtlich] aufbauen" können. „Wird dies ernst genommen, dann erscheint auch der so oft beschworene Graben zwischen Geistes- und Naturwissenschaften nicht mehr als gar so tief und trennend. Denn die Gegenstände, mit denen sich die Geisteswissenschaften beschäftigen, sind wesentlich geschichtlicher, einmaliger Natur."[73]

2.4 Weltanschauliche und religiöse Implikationen, Einsteins Religiosität

Schon an den zuletzt genannten Zusammenhängen wird ersichtlich, dass die Relativitätstheorie und ihre kosmologischen Implikationen das interdisziplinäre Gespräch neu beleben konnten, auch den *Dialog mit Philosophie und Theologie.* Dabei wurde die Rolle der Relativitätstheorie für das Verständnis der Naturwissenschaft auch unter den Physikern heftig diskutiert. Der Physiker und Philosoph *Hans Reichenbach* (1891–1953) stellte fest: „Selten ist die Diskussion einer physikalischen Theorie in so hohem Maße mit philosophischen Denkmitteln geführt worden wie im Falle der Relativitätstheorie Einsteins. Nicht nur Philosophen haben die Theorie zum Gegenstand ihrer Betrachtungen gemacht, sondern auch die Physiker selbst fanden sich gezwungen, ihren Darstellungen und Kritiken der Theorie *philosophische Begriffsbildungen* zugrunde zu legen." Denn „die Relativitätstheorie fordert zu einer erkenntnistheoretischen Grundlegung geradezu heraus"[74]. Der Physiker und Mathematiker *Max Born* (1882–1970) fand zu der vermittelnden Einschätzung, dass Einstein sowohl die klassische Physik zum Gipfel geführt habe als auch ein „neues Zeitalter der Physik"[75] eröffnet habe, wobei Letzteres überwiegend und zunehmend – nicht nur unter Physikern – zur Geltung kam. Allein die radikale Revision der Begriffe von Raum und Zeit und das dynamische Wirklichkeitsverständnis mit seinen prozessualen kosmologischen Implikationen zeigten „ein gewandeltes physikalisches Verständnis der Wirklichkeit [...], das für die physikalische Forschung bis in die Gegenwart hinein maßgebend ist"[76].

Zugleich stieß die Physik mit der dynamischen Charakteristik und den prozessualen kosmologischen Implikationen in Bereiche vor, die ihre Grenzen aufzeigten (z. B. Anfangssingularität) und philosophische oder theologische Fragestellungen

73 D. Evers: Rezeption, S. 136 f. Vgl. ders.: Raum, S. 298 ff., 347 ff. – Siehe ferner ebd., S. 106 ff., wo erörtert wird, dass vor dem gezeigten Hintergrund auch statische kosmologische Modelle wie die ab 1948 entwickelte *„Steady-State-Theorie"* (SST) in ihren Annahmen nicht haltbar sind. Diese Theorie ging von einem unveränderlichen und uniformen Kosmos aus, ohne Anfang und Ende, in Entsprechung zu den Vorstellungen eines geschlossenen und ewigen Universums in der klassischen Physik des 19. Jahrhunderts. Damit die nicht zu leugnende Expansion dabei nur als größerer Maßstab der wiederkehrenden Selbstähnlichkeit des Kosmos mit homogener Materieverteilung verstanden werden konnte, postulierte man eine ständige Neuschaffung von Materie in den frei werdenden Räumen. Die Theorie hält den empirischen Erkenntnissen jedoch nicht stand, was allein die als Zeugnis des Urknall-Szenarios geltende Hintergrundstrahlung zeigt.

74 H. Reichenbach: Axiomatik, S. V.

75 M. Born: Relativitätstheorie, S. 3.

76 A. Benk: Physik, S. 69. Vgl. insgesamt zur Einschätzung der Relativitätstheorie ebd., S. 65 ff.

berührten. Auch *Einstein* äußerte sich mehrfach zum *Verhältnis von Naturwissenschaft und Religion,* denn für ihn war echte und tiefe Naturwissenschaft insofern „im höchsten Sinne des Wortes religiös“[77], als sie auf der Ehrfurcht vor der Erhabenheit der Vernunft beruht, die in der Natur verkörpert ist und in ihrer letzten Tiefe ein Geheimnis bleibt.[78] So offenbare sich in den Psalmen „eine Art trunkener Freude und Verwunderung über die Schönheit und Erhabenheit dieser Welt, von welcher der Mensch eben noch eine schwache Ahnung erlangen kann. Es ist das Gefühl, aus welchem auch die wahre Forschung ihre geistige Kraft schöpft“[79]. Im „verzückten Staunen über […] eine so überlegene Vernunft“[80] besteht nach Einstein die Religiosität des wahren Naturforschers. Markus Mühling hat detailliert dargelegt, wie sich Einsteins religiös-weltanschauliche Annahmen und seine naturwissenschaftliche Theoriebildung gegenseitig bedingten.[81] Die religiöse Anschauung Einsteins, die mit seinen naturwissenschaftlichen Theorien korreliert, weist Spuren verschiedener religiöser und philosophischer Einflüsse auf, von der jüdisch-christlichen Tradition über Baruch de Spinoza, David Hume oder Arthur Schopenhauer bis hin zu naturwissenschaftlich-philosophischen Ansätzen seiner Zeit (z. B. Ernst Mach).[82] Einstein thematisiert diese Zusammenhänge – explizit oder implizit – immer wieder. „Es ist mit Händen zu greifen, dass er von Religion viel hält und seine naturwissenschaftliche Tätigkeit eng von religiösen Voraussetzungen und religiösen Implikationen begleitet sieht.“[83] Insgesamt geht Einstein davon aus, dass die Welt und ihre staunenswerte Gesetzmäßigkeit (Harmonie der Naturgesetze) der menschlichen Vernunft prinzipiell erschlossen ist, auch wenn die wunderbare Tiefe dieser Dimension ein bleibendes Geheimnis verkörpert. Die demütige Ehrfurcht vor dem Geheimnis und der Erhabenheit dieser Welt-Vernunft, die Einstein als „kosmische Religiosität“ bezeichnete, war für ihn die „höchste Religiosität“[84] und die „stärkste und edelste Triebfeder wissenschaftlicher Forschung“[85]. Im Blick auf das Wissen um die geheimnisvolle Tiefe dieser erhabenen Vernunft, von der der Mensch nur einen schwachen Abglanz erfassen kann, betonte Einstein: „[…] dies Wissen und Fühlen macht wahre Religiosität aus; in diesem Sinn und nur in diesem gehöre ich zu den tief religiösen Menschen“[86]. Entsprechend formulierte er im letzten Aufsatz zum Thema „Science and Religion“ seinen Gottesbegriff: „Diese tiefe, emotionelle Überzeugung von der Anwesenheit einer geistigen Intelligenz, die sich im

77 A. Einstein: Naturwissenschaft und Religion II, S. 78.

78 Siehe *Anm. 23, I. Kap.* Eine Auflistung von Abhandlungen und Beiträgen, in denen sich Einstein dem Verhältnis von Naturwissenschaft und Religion widmet, findet sich bei A. Benk: Physik, S. 227, Anm. 86.

79 A. Einstein: Weltanschauung, S. 147. – Zu Einsteins Weltanschauung insgesamt siehe ders.: Weltbild.

80 Ders.: Religiosität, S. 28.

81 Siehe M. Mühling: Einstein.

82 Zur vollständigen und detaillierten Erörterung der Einflüsse siehe ebd.

83 Ebd., S. 348.

84 Siehe A. Einstein: Religion, S. 68 ff.

85 Ebd., S. 70.

86 A. Einstein: Welt, S. 14.

unbegreiflichen Universum eröffnet, bildet meine Vorstellung von Gott."[87] Einen personalen Gottesbegriff sowie ein personales Gottesverhältnis lehnt Einstein ab, da es aufgrund der kausalen Gesetzmäßigkeit der Wirklichkeit keinen Gott geben könne, der in das Weltgeschehen eingreift, dessen Kausalität der Mensch ebenfalls ausgesetzt sei.[88] Deshalb sei die wahre kosmische Religiosität und Frömmigkeit „nur durch das Streben nach rationaler Erkenntnis"[89] zur erlangen, so dass die Religion ebenso auf die Naturwissenschaft angewiesen sei wie diese auf die Religion: „Die Wissenschaft kann indessen nur von denen aufgebaut werden, die durch und durch von dem Streben nach Wahrheit und Erkenntnis erfüllt sind. Die Quelle dieser Gesinnung entspringt aber wiederum auf religiösem Gebiet." Erst vor diesem Hintergrund ist der – in diesem Kontext formulierte – berühmte Satz Einsteins richtig zu verstehen: „Naturwissenschaft ohne Religion ist lahm, Religion ohne Naturwissenschaft ist blind."[90] Da naturwissenschaftliche Erkenntnis nach Einstein nur feststellen kann, „was ist, aber nicht, was sein soll"[91], gilt für ihn – besonders hinsichtlich der Ethik –: „Aber das allerletzte Ziel und das Verlangen nach seiner Verwirklichung muß aus anderen Regionen stammen."[92] Auch wenn deutlich wird, dass Einsteins religiöse Annahmen nicht dem Gottesbegriff christlicher Theologie entsprechen, treten anhand seines naturwissenschaftlichen Weltbilds für ihn relevante Aspekte des Zusammenhangs von Religion und Naturwissenschaft klar hervor.

Für die *Theologie* ergibt sich aus dem Paradigmenwechsel, der sich mit der dynamischen Sicht der Wirklichkeit und ihren prozessualen kosmologischen Implikationen gegenüber der statisch-geschlossenen Sicht eines ewigen Universums im 19. Jahrhundert vollzog, eine *größere inhaltliche Kompatibilität* mit dem naturwissenschaftlichen Weltbild. Das betrifft etwa den Anfang und das Ende von Welt und Kosmos sowie deren geschichtliche Entwicklung, was mit der biblischen Sicht inhaltlich kompatibel ist, anders als das naturwissenschaftliche Weltbild des 19. Jahrhunderts mit seiner statischen und ungeschichtlichen Auffassung eines ewigen Kosmos mit ewiger Materie. Allerdings gehen die biblischen Kategorien über solche rein inhaltlichen Aspekte hinaus, wie es in den vorhergehenden Kapiteln bereits mehrfach deutlich wurde und sich auch in den noch folgenden Kapiteln erweisen wird.

Die wachsende Komplementarität von naturwissenschaftlichen und theologischen Sichtweisen vollzog sich noch tiefgreifender durch einen weiteren naturwissenschaftlichen Paradigmenwechsel, der mit der Quantenphysik einherging und auch die Grenzen der Relativitätstheorie noch deutlicher werden ließ. Schon

87 Zitiert nach der Übersetzung bei W. Frühwald: Gott, S. 23.

88 Siehe A. Einstein: Religion, S. 69. – Zu weiteren Aspekten, die mit Einsteins Gottesbegriff verbunden sind, siehe M. Mühling: Einstein, S. 343 ff.

89 A. Einstein: Naturwissenschaft und Religion II, S. 78.

90 Ebd., S. 75. Siehe auch *Anm. 23, I. Kap.* – Zu den vielfältigen Aspekten von Einsteins Religiosität und zu seinen verschiedenen Äußerungen über das Wesen der Religion siehe auch die Erörterungen von M. Jammer: Einstein.

91 A. Einstein: Naturwissenschaft und Religion II, S. 74.

92 Ders.: Naturwissenschaft und Religion I, S. 72. – Vgl. insgesamt auch A. Benk: Physik, S. 227–232.

vorher waren ja einige *Begrenztheiten* der allgemeinen Relativitätstheorie bzw. des darauf beruhenden kosmologischen Standardmodells hervorgetreten, wie etwa die Anfangssingularität (Urknall), die in ihrer Nicht-Begreifbarkeit durch die Theorie ein grundsätzliches Problem darstellt, insofern als die Anfangsbedingungen für Berechnungen im Rahmen eines Modells eigentlich zentral sind.[93] Schwierigkeiten bereitet auch das sogenannte „Horizontproblem", nämlich die Frage, wie es zu einer grundsätzlich homogenen und isotropen Materieverteilung kommen konnte, wenn der Kosmos sofort nach dem Urknall so groß war, dass seine verschiedenen Gebiete aufgrund der begrenzten Ausbreitungsgeschwindigkeit der Signale (Lichtgeschwindigkeit) nicht kausal interagieren konnten, was die Voraussetzung für die Homogenität gewesen wäre.[94] Zugleich erscheinen sowohl die Expansionsgeschwindigkeit des Kosmos als auch die Strukturiertheit der Hintergrundstrahlung als zu gering, um die Strukturbildung von Galaxien und Galaxienhaufen zu erklären. Auch durch die spätere Annahme des Transports der Dichteschwankungen durch eine inflationäre (überlichtschnelle) Expansion direkt nach dem Urknall[95] gelang das letztlich nicht befriedigend. Heute wird unter anderem versucht, die kosmische Strukturbildung unter Rückgriff auf die Hypothese von der Dunklen Materie mit Hilfe von Computersimulationen nachzuvollziehen.[96]

Einstein selbst hatte zur Lösung noch ausstehender Probleme bis zu seinem Lebensende vergeblich versucht, als Vervollständigung der allgemeinen Relativitätstheorie eine allgemeine Feldtheorie zu entwickeln. Dabei kam er besonders mit der *Quantentheorie* in Konflikt, an deren Entstehung er zwar maßgeblich beteiligt war[97], die aber einer einheitlichen kontinuierlichen Feldtheorie und Einsteins Festhalten an der Kontinuums-Physik widersprach. Während es Einstein nicht gelang, Materieteilchen in seine Theorie eines kosmischen Feldes zu integrieren und somit Zustandsgleichungen für die Mikrophysik zu finden, wies die Quantentheorie auf diskontinuierliche Phänomene im atomaren Bereich hin, die durch Ereignissprünge (Quantensprünge) charakterisiert sind. Das stellte die Existenz eines kontinuierlichen Feldes ebenso in Frage wie die gesamte bisherige Kontinuums-Physik.[98] Dem durch die Ereignissprünge charakterisierten Indeterminismus, der exakte

93 Siehe dazu B. Kanitscheider: Kosmologie, S. 161 ff. – Zu den vielfältigen Versuchen, das Problem zu lösen oder durch andere kosmologische Modelle zu umgehen, siehe *Kap. VII,* und zu einem schon frühen Umgehungsversuch („Steady-State-Theory") siehe *Anm. 73, VI. Kap.*

94 Vgl. H.F. Goenner: Urknallbild, S. 33 ff., und D. Evers: Raum, S. 109 f.

95 Siehe *Anm. 51, VI. Kap.*

96 Vgl. J. Ehlers: Standardmodell, S. 300 ff.; H. F. Goenner: Entwicklung, S. 273; ders.: Urknallbild, S. 33 ff. – Zu weiteren gegenwärtigen physikalischen Entwicklungen in der Kosmologie siehe *Kap. VII.*

97 Besonders durch seine Arbeit zur Lichtquantenhypothese, die Einstein wie die Grundlegung der speziellen Relativitätstheorie im Jahr 1905 vorlegte, trug er zur Grundlegung der Quantentheorie bei (siehe *Kap. VI,3.1*). Seinen *Nobelpreis* erhielt Einstein für diese Arbeit „Über einen die Erzeugung und Verwandlung des Lichtes betreffenden heuristischen Gesichtspunkt" (siehe A. Einstein: Erzeugung) – und nicht für die Relativitätstheorie, die damals einigen Mitgliedern des Nobelpreiskomitees als noch zu ungesichert galt.

98 Vgl. D. Evers: Raum, S. 70 f., 174 f., und E. Wölfel: Art. „Naturwissenschaft I u. II", S. 201.

Prognostizierbarkeit durch Möglichkeiten und Wahrscheinlichkeiten ablöste sowie eine entsprechende Unschärfe der Naturerkenntnis implizierte, widersetzte sich Einstein bis zuletzt, indem er die Quantenmechanik für unvollständig hielt und die mit ihr verbundenen Aspekte der Unbestimmtheit der Natur lediglich als Folge noch mangelnder vollständiger Erkenntnis betrachtete. Doch es setzte sich in der Physik die Einsicht durch, es bei der Naturerkenntnis letztlich mit Möglichkeiten und Wahrscheinlichkeiten zu tun zu haben.[99] Was Einstein nicht schaffte, ist bis heute nicht gelungen, nämlich die beiden grundlegenden physikalischen Theorien, auf denen die Physik gegenwärtig vornehmlich beruht, zu vereinen: die allgemeine Relativitätstheorie als Gravitationstheorie und die Quantentheorie als Theorie der mikrophysikalischen Materieteilchen und ihrer Wechselwirkungen. Die Quantenphysik, die das Wirklichkeitsverständnis der klassischen Physik und der Naturwissenschaften insgesamt noch stärker in Frage stellte als die Relativitätstheorie und so neue Horizonte eröffnete, drang auch *noch* stärker als die Relativitätstheorie in Dimensionen vor, in denen sich der Dialog mit der Philosophie und der Theologie aufdrängte.

3. Die Quantenphysik (M. Planck, E. Schrödinger, W. Heisenberg u. a.): Offene, komplexe und unbestimmbare Abläufe der Wirklichkeit

3.1 Die Entstehung der quantenphysikalischen Revolution

Mit der Quantenphysik, die in Auseinandersetzung mit den Materieteilchen und ihren Wechselwirkungen entstand und die heute vielfach auch in ihrer kosmologischen Relevanz erörtert wird[100], vollzog sich ein Paradigmenwechsel, der für das Wirklichkeitsverständnis der Naturwissenschaften noch tiefgreifender war als der durch die Relativitätstheorie hervorgerufene Paradigmenwechsel – und der den Horizont philosophischer und theologischer Dimensionen noch weitreichender berührte. Denn grundsätzliche Annahmen der bisherigen Kontinuums-Physik und des entsprechenden Wirklichkeitsverständnisses wurden in Frage gestellt und durch neue Einsichten abgelöst. Das betraf Grundannahmen wie die *lineare Kausalität* naturgesetzlicher Abläufe und den damit verbundenen *Determinismus,* der zukünftige Verläufe eines Systems für gesetzlich festgelegt hielt und somit von der grundsätzlichen *Prognostizierbarkeit* naturgesetzlicher Prozesse ausging. Demgegenüber ließ die Quantenphysik erkennen, dass man es mit *diskontinuierlichen* und *sprunghaften* Ereignissen (Quantensprüngen) sowie *unerklärlichen Eigenschaften* der mikrophysikalischen Natur zu tun hat und deshalb grundsätzlich mit

99 Vgl. A. Benk: Physik, S. 206 ff. Zur Erläuterung der genannten Dimensionen der Quantentheorie und dieser Entwicklung siehe *Kap. VI,3,* wo auch weitere Phänomene der Quantentheorie erörtert werden, mit denen Einstein haderte, wie etwa die nicht-lokale und fernwirkende Verschränkung von Quantenobjekten.

100 Siehe *Kap. VI,2.3 u. 3.3; VII; XI,1.*

Möglichkeiten, Wahrscheinlichkeiten und *Unbestimmtheiten* konfrontiert ist, die nur partielle und selektive Einsichten in das Naturgeschehen erlauben. Das ging gegenüber einem *atomistisch geprägten Materialismus* mit der Erkenntnis einher, dass die Grundbausteine der Natur nicht in kleinsten Teilchen zu suchen sind, sondern in *nicht in allen Details greifbaren energetischen Ereignissen bzw. Ereignisabläufen* und *Beziehungsstrukturen.* Die vielfältigen Wechselwirkungen in der *komplexen Ganzheit* der Wirklichkeit stellten auch den bisherigen *Reduktionismus* in Frage, der das Verhalten der kleinsten Teile eines Systems als hinreichende Erklärungsgrundlage für das Gesamtsystem bzw. für Systeme auf höherer Ebene ansah. Auch das klassische *reversible Zeitverständnis* wurde durch einen *offenen und irreversiblen Zeitverlauf* abgelöst, was mit einem entsprechend offenen Naturverständnis korrelierte. Nicht zuletzt betrafen die Umwälzungen auch den *Realismus,* der naturwissenschaftliche Theorien als objektive Abbildung der Wirklichkeit betrachtete – unabhängig vom Beobachter und von den Messvorgängen. Es zeigte sich nämlich sowohl die Relevanz der *weltanschaulichen und experimentellen Eingebundenheit* der Naturwissenschaftler sowie der vorfindlichen *Erkenntnisgrenzen* als auch die Schwierigkeit, mit naturwissenschaftlichen Methoden eine objektive Abbildung der Wirklichkeit zu erzielen.

Insgesamt stand man – neben weiteren neuen Aspekten – vielfach physikalischen Prozessen gegenüber, die mit der herkömmlichen Physik nicht erklärbar waren. „Um die Quantentheorie zu begründen und weiterzuentwickeln, mußte man eine neue physikalische Sprache und Denkweise schaffen“[101], denn man stieß in eine Welt neuer Phänomene vor. Das zog zunächst verschiedene Interpretationsversuche der Quantenphänomene und ihrer naturwissenschaftlichen Einordnung nach sich, die noch erörtert werden. Für die heutige Physik und Naturwissenschaft gilt: „Was den Physikern noch zu Beginn des 20. Jahrhunderts erst undenkbar, dann revolutionär erscheint, ist längst Bestand des Standardwissens in den Naturwissenschaften geworden“[102], wobei aber die erkenntnistheoretischen und weltanschaulichen Konsequenzen nach wie vor oft ausgeblendet werden[103], trotz der grundsätzlichen und über die Mikrophysik hinausgehenden Bedeutung der Quantenphysik: „Für die moderne Physik ist die Quantentheorie die allgemeinste physikalische Theorie, deren mathematischer Formalismus heute unangefochten als Rahmenbedingung der Mikrophysik dient. Insofern die Quantenphysik […] das Verhalten der Elektronen, die die Atomhülle bilden, wiedergibt, beschreibt sie

101 V. Weisskopf: Jahrhundertentdeckung, S. 18. Der Atomphysiker Victor Weisskopf war Schüler von maßgeblich an der Quantentheorie beteiligten Physikern wie Max Born und Niels Bohr.

102 A. Benk: Physik, S. 172.

103 Siehe dazu H.-P. Dürr: Wissenschaft, S. 11 ff. – Entsprechend gibt der Physiker Helmut Gärtner im Blick auf die erfolgreichen Anwendungsmöglichkeiten der Quantentheorie zu bedenken: „Gleichwohl fällt es dem der klassischen Physik verhafteten Denken schwer, bei Anerkennung der praktischen Erfolge, mit dem Inhalt der quantenmechanischen Begriffe vertraut zu werden und ihre Bedeutung für unser Weltbild zu erkennen.“ (H. Gärtner: Realität, S. 69)

darüber hinaus zumindest grundsätzlich auch alle chemischen und physikalischen Eigenschaften der makrophysikalischen Objekte."[104]

Auch der mit der Quantenphysik einhergehende und in seiner gesamten Dimension zu erörternde Paradigmenwechsel bahnte sich bereits im *19. Jahrhundert* an. In Kapitel VI,1 wurde etwa schon deutlich, dass der zweite Hauptsatz der Thermodynamik aufgrund unumkehrbarer wärmezerstreuender Prozesse nicht dem Verständnis einer richtungslosen Zeit der klassischen Physik entsprach und dass Physiker wie Maxwell und Poincaré die vollständige Prognostizierbarkeit komplexer Systeme ausschlossen, wenn auch noch aus grundsätzlich deterministischer Perspektive. Maßgeblich für die Entstehung der Quantenphysik waren gegen Ende des 19. Jahrhunderts bzw. um die Jahrhundertwende ungelöste physikalische Probleme, welche zum einen die Theorie der *Wärmestrahlung* materieller Körper sowie den photoelektrischen Effekt betrafen und zum anderen die *Stabilität der Atome.* Mit der Lösung der Probleme verbanden sich die zwei grundlegenden Entwicklungslinien der Quantentheorie, so dass diese aus der Auseinandersetzung mit der mikrophysikalischen Struktur der Materie und der sie bestimmenden Kräfte hervorging.

Der Ursprung der Quantentheorie lag in der Überwindung des Problems, das sich mit der *Wärmestrahlung* stellte, weshalb zunächst diese Entwicklungslinie zur Sprache kommt. In der zweiten Hälfte des 19. Jahrhunderts galt die Wellentheorie des Lichts – und auch der Wärmestrahlung – als unumstößlich.[105] Doch hinsichtlich der Wärmestrahlung, die von materiellen Körpern ausgeht, gelang es Physikern wie Wilhelm Wien und John William Rayleigh mit den Mitteln der klassischen Physik letztlich nicht, nachvollziehbare und konsistente Gesetzmäßigkeiten für die Strahlungsfrequenzen zu finden, da unerklärliche Diskontinuitäten im Strahlungsspektrum auftraten.[106] Als *Max Planck* (1858–1947) am 14. Dezember 1900 auf einer Versammlung der Deutschen Physikalischen Gesellschaft in Berlin seine Lösung der Strahlungsprobleme erläuterte[107], kann das als die Geburtsstunde der Quantentheorie bezeichnet werden. Für Planck ergab sich angesichts der beobachteten Diskontinuitäten eine schlüssige Strahlungsformel, wenn man davon ausgeht, dass sich Strahlung bzw. Energieübertragung nicht kontinuierlich-linear vollzieht, sondern sprunghaft in kleinsten „Paketen" *(Quanten)* bzw. Energiequanten, wobei die von den Quantensprüngen verkörperten Zwischenstufen nicht erkennbar sind und somit diskret bleiben. Die Quantensprünge stellen für Planck die kleinste mögliche Wirkeinheit dar, welche als „Wirkungsquantum *h*" seinem Strahlungsgesetz zugrunde liegt. Das Wirkungsquantum wird zu einer *neuen fundamentalen Natur-*

---

104 A. Benk: Physik, S. 172.

105 So betonte etwa der Physiker Heinrich Hertz die unbezweifelbare Tatsache, dass Licht nichts anderes als eine kontinuierliche Wellenbewegung ist: „An diesen Dingen ist ein Zweifel nicht mehr möglich, eine Widerlegung dieser Anschauungen ist für den Physiker undenkbar. Die Wellentheorie des Lichtes ist, menschlich gesprochen, Gewißheit" (H. Hertz: Schwingungen, S. 98).

106 Siehe dazu D. Evers: Raum, S. 175 f.; A. Benk: Physik, S. 183; E. Wölfel: Art. „Naturwissenschaft I u. II", S. 201.

107 Siehe zu dem Vortrag M. Planck: Theorie.

konstante, aus welcher sich die bis dahin undenkbare „*Stufenförmigkeit*" des Naturgeschehens ergibt. Die gesamte klassische Kontinuums-Physik beruhte auf der Infinitesimalrechnung[108], die jede physikalische Größe in beliebig kleiner Weise linear zu verändern vermochte, weshalb feststand: „natura non facit saltus" (Die Natur macht keine Sprünge). Doch das Plancksche Wirkungsquantum stand dieser mathematischen und physikalischen Gewissheit kontinuierlicher Naturprozesse entgegen, indem es sprunghafte Naturabläufe in Form nicht weiter unterteilbarer Einheiten (Wirkungsquantum) zeigte – und damit diskontinuierliche und nichtlineare Abläufe.

Planck wurde zu dieser „Quanten"-Vorstellung genötigt, weil die beobachteten Ergebnisse der Wärmestrahlung nach einer entsprechenden Erklärung verlangten. Als letzte unterteilbare Struktur zeigten sich jetzt nicht mehr Teilchen, sondern diskrete bzw. nicht greifbare energetische Ereignisse. Dass damit die Ablösung der klassischen Kontinuums-Physik durch die Quantenphysik bzw. die „*größte Revolution in der Physik seit Newton*"[109] angebrochen war, ist Planck zunächst nicht bewusst gewesen. Denn er versuchte noch längere Zeit, die neue Naturkonstante im Kontext klassischer physikalischer Grundlagen zu verstehen – bevor er aufgrund weiterer empirischer Befunde einsah, dass die Physik durch seine Erkenntnis auf eine neue Grundlage gestellt wurde. So resümierte er später, die Erfahrung habe gezeigt, dass dem Wirkungsquantum ein „wirklicher physikalischer Gedanke" entspreche, was bedeute: Es „kündigte sich mit ihm etwas ganz Neues, bis dahin Unerhörtes an, das berufen schien, unser physikalisches Denken, welches seit der Begründung der Infinitesimalrechnung durch Leibniz und Newton sich auf der Annahme der Stetigkeit aller ursächlichen Zusammenhänge aufbaut, von Grund aus umzugestalten."[110]

Zu dieser Umgestaltung trug *Albert Einstein* 1905 bei, als er den bei der Wechselwirkung von Licht und Materie auftretenden „Photoeffekt" durch eine Lichtquantenhypothese deutete, nach der das bis dahin als stetige elektromagnetische Welle verstandene Licht aus einzelnen Lichtquanten (Photonen) besteht und so nicht nur die Energieübertragung als gequantelt zu gelten hat, sondern das Licht überhaupt.[111] Weil die elektromagnetische Welle „Licht" demnach zugleich ein Photonenstrom ist, hat das Licht eine „Doppelnatur": Es ist Welle und Teilchen zugleich. Dieser aus Sicht der klassischen Physik paradoxe und undenkbare „*Welle-Teilchen-Dualismus*" konnte vor allem in den sogenannten „*Doppelspalt-Experimenten*" nachgewiesen werden: Laserlicht oder andere Quantenobjekte werden von einer Strahlungsquelle (S) auf einen Schirm mit zwei Spalten (A und B) abgestrahlt und eine dahinterliegende Photoplatte (P) hält dann ihr Auftreffen hinter dem Schirm fest. Auf P ist ein Ensemble einzelner geschwärzter Punkte zu erkennen. Wird nur Spalte A geöffnet, ent-

108 Siehe dazu auch *Kap. VI,1,* und T. Görnitz: Naturwissenschaft, S. 156.

109 J. Polkinghorne: Theologie, S. 40 (Hervorhebung vom Vf.).

110 M. Planck: Entstehung, S. 131.

111 Siehe dazu Einsteins 1905 vorgelegte Arbeit „Über einen die Erzeugung und Verwandlung des Lichtes betreffenden heuristischen Gesichtspunkt" (A. Einstein: Erzeugung), für die er später den Nobelpreis erhielt (siehe auch *Anm. 97, VI. Kap.*).

steht hinter dieser Spalte eine entsprechende Häufung der Punkte auf P, was sich analog bei alleiniger Öffnung der Spalte B ereignet. Das Laserlicht verhält sich also wie abgestrahlte einzelne Teilchen bzw. Lichtquanten. Eine entsprechende Häufung hinter den Spalten A und B wäre auch bei der Öffnung beider Spalten zu erwarten. Doch überraschenderweise finden sich dann gerade an diesen Stellen oft wenige oder gar keine Punkte und eine Häufung vollzieht sich in der Mitte zwischen den Spalten. Dies ist für die Annahme der Abstrahlung von Teilchen unerklärlich, entspricht aber dem Interferenzmuster von Wellen, die sich je nach Überlagerung abschwächen oder verstärken. Das Laserlicht verhält sich also wie Teilchen *und* wie eine Welle, was den klassischen Vorstellungen völlig widerspricht, da Teilchen einzelne Partikel sind und eine Welle sich ausbreitet, so dass eine Entität eigentlich nicht beides zugleich sein kann. Zudem wird auch das Wellenmuster auf P in Teilchen abgebildet, wobei das wellenhafte Verteilungsmuster nicht dadurch erklärt werden kann, dass die Teilchen durch A oder B gegangen sind, sondern es drängt sich ein Bewegungsmuster auf, nach dem *ein* Teilchen durch A *und* B geht und sich dann selbst überlagert. „Nach klassischen Maßstäben ist ein solches Verhalten unmöglich [...]. Auf einmal steht man vor dem Mysterium, daß sich die Welt der Quantenmechanik nicht mehr mit Bildern aus unserer Alltagserfahrung darstellen läßt."[112]

Das „Doppelspalt-Experiment" zeigt zugleich, dass die derart begegnende komplexe Wirklichkeitsstruktur auch experimentell nicht eingrenzbar ist. Öffnet man nämlich nur eine Spalte, lässt sich zwar der Durchgangsort der Teilchen bestimmen, aber die Wirklichkeit des Wellencharakters entschwindet. Umgekehrt erlaubt die Öffnung beider Spalten die Erkenntnis des Wellenmusters, ohne jedoch Einsicht in den Durchgangsort zu erhalten.[113] So verwundert es nicht, dass die mit den Quantenprozessen gegebenen Herausforderungen anfangs – und teilweise bis heute – zu unterschiedlichen Interpretationen der Quantenphänomene führten, wie noch gezeigt wird. Doch zunächst bleibt darauf hinzuweisen, dass *Louis de Broglie* (1892–1987) den „Welle-Teilchen-Dualismus" 1924 vom Licht auch auf Materieteilchen wie Elektronen oder Neutronen – und so auf die gesamte Materie – ausgedehnt hat: „[...] sowohl für die Materie wie für die Strahlungen [...] ist es geboten, den Korpuskel- und Wellenbegriff gleichzeitig einzuführen"[114]. Hatte man früher angenommen, „Licht sei eine Welle und ein Elektron ein Teilchen, so können nun beide sowohl als Teilchen

---

112 J. Polkinghorne: Theologie, S. 42. Vgl. zum „Doppelspalt-Experiment" ebd., S. 40 ff.; A. Benk: Physik: S. 189 ff.; M. Aspelmeyer: Quantenphysik, S. 132 ff. – Der Quantenphysiker A. Weis und die Physikerin T.L. Dimitrova halten aufgrund ihrer *aktuellen „Doppelspalt-Experimente"* mit Photonen fest: „Bis zu seinem Nachweis bleibt das Photon delokalisiert, d.h. seine Wellenfunktion besteht aus zwei miteinander verknüpften Teilen, die sich gleichzeitig auf die Detektoren [bzw. Spalte] zubewegen." „Dass das Photon beide Wege gleichzeitig nimmt, ist keine abstrakte Hypothese, sondern eine physikalische Realität". „Jedes Photon kann somit auf zwei verschiedenen Wegen" auf die Photoplatte gelangen, weshalb *„ein Objekt gleichzeitig an zwei Orten sein kann"* (A. Weis/T.L. Dimitrova: Quantenphysik, S. 37 f. u. 40 – Hervorhebung vom Vf.).

113 Vgl. A. Benk: Physik, S. 196 f. – Auf das Problem der Eingrenzbarkeit verweist auch Heisenbergs „Unschärferelation" bzw. „Unbestimmbarkeitsrelation", die in *Kap. VI,3.2* zur Sprache kommt.

114 L. de Broglie: Wellennatur, S. 670.

wie auch als Welle in Erscheinung treten"[115]. Als de Broglie diese Vorstellung erfolgreich auf das von Niels Bohr entwickelte Atommodell übertrug, das Bohr erstmals mit dem Quantenprinzip verbunden hatte, wurde endgültig transparent, dass „das Quantenprinzip nach der Erklärung der Wärme- und Lichtstrahlung ein zweites Anwendungsgebiet gefunden" hatte, nämlich „den Aufbau der Materie im Kleinen"[116].

Damit ist die zweite Entwicklungslinie im Blick, die für die Entstehung der Quantentheorie relevant war und die aus dem nach der Jahrhundertwende aufgetretenen Problem der *Stabilität der Atome* hervorging. Gegen Ende des 19. Jahrhunderts diente die Bezugnahme auf das Wesen der Atome vornehmlich in der Chemie und dann auch in der Physik der Erforschung der chemischen und physikalischen Eigenschaften der Elemente. So wurde für die Einordnung der chemischen Elemente in das Periodensystem zunehmend die atomare Struktur bedeutsam, deren Vorhandensein besonders durch die Entdeckung der Radioaktivität (H.A. Becquerel 1896) hervortrat, da der radioaktive Zerfall die Umwandlung des ursprünglichen Atoms zeigt. Auch die durch Erhitzung der Elemente entstehenden jeweiligen Spektrallinien (Spektralanalyse) legten spezifische Strukturen der Atome nahe. Diese und andere Einsichten mündeten 1909 in das Atommodell von Ernest Rutherford (1871–1937), nach welchem negativ geladene Elektronen – einem Planetensystem entsprechend – einen positiven Atomkern umkreisen. Doch dieses Modell erwies sich als instabil, da die beschleunigten Elektronen Strahlungsenergie aussenden müssen und durch den Energieverlust irgendwann in den Atomkern stürzen würden. Außerdem setzte das Modell ein kontinuierliches Spektrum an Spektrallinien voraus – aber die Spektralanalysen hatten scharf voneinander abgegrenzte Linien ergeben. Eine vorläufige Lösung der Probleme lieferte 1913 *Niels Bohr* (1885–1962) durch die Anwendung des Quantenprinzips auf das Rutherfordsche Atommodell: Wenn Energie nicht kontinuierlich, sondern gequantelt abgegeben wird, sind nur bestimmte Umlaufbahnen möglich, zwischen denen die Elektronen springen können. Die Bahnen müssen dann nämlich ganzzahlig dem Wirkungsquantum h entsprechen, was die voneinander abgegrenzten Spektrallinien erklärt. Dem am Rutherfordschen Atommodell kritisierten hohen Energieverlust der bewegten Elektronen wird durch das Postulat begegnet, dass diese zwar bei Sprüngen zwischen Bahnen ein Lichtquant abgeben, aber – anders als in der klassischen Theorie – nicht auf den Bahnen strahlen. Die Spektrallinien des Wasserstoffatoms konnten auf diese Weise erklärt werden.[117]

Doch obwohl das Bohrsche Atommodell noch durch Arnold Sommerfeld und Wolfgang Pauli verfeinert wurde und so neue Einsichten in den Aufbau des Periodensystems der chemischen Elemente gewährte, blieb es defizitär, weil es die

115 H.-P. Dürr: Wissenschaft, S. 15.

116 D. Evers: Raum, S. 179.

117 Entsprechend resümiert N. Bohr: Atomtheorie, S. 694: „Diese Postulate, die sich einer Deutung mittels der klassischen Vorstellungen entziehen, scheinen eine geeignete Grundlage für die allgemeine Beschreibung der physikalischen und chemischen Eigenschaften der Elemente darzubieten."

Bahnen komplizierterer Atome nicht erklären konnte und sich auch die klassische Vorstellung von „Bahnen" um den Atomkern kaum noch halten ließ. An diesem Punkt erwies sich de Broglies Übertragung des „Welle-Teilchen-Dualismus" auf die Materie und seine entsprechende Spezifizierung des Bohrschen Atommodells als hilfreich: Es ist nicht mehr von Umlaufbahnen bewegter Teilchen auszugehen, sondern von stehenden und geschlossenen Elektronenwellen, so dass die Elektronen als unbewegtes stehendes wellenförmiges Phänomen keine Strahlung aussenden und so auch keine Energie verlieren. Zugleich werden die voneinander getrennten Spektrallinien durch solche stehenden Wellen noch plausibler. Insgesamt konnte durch das Quantenprinzip also die relative Stabilität der Atome erklärt werden, zumal es zur Änderung ihres Zustandes eines Quantensprungs bedurfte – im Unterschied zu den klassischen Vorstellungen kontinuierlicher Veränderungsmöglichkeiten.[118]

3.2 Der Ausbau der Quantentheorie und das neue Wirklichkeitsverständnis

Vor dem Hintergrund der gezeigten Entwicklungslinien entstanden zwei ausgearbeitete quantentheoretische Konzeptionen, die bis heute maßgeblich sind: Schrödingers Wellenmechanik und Heisenbergs Quantenmechanik. In Anknüpfung an de Broglies Vorstellung von „Materiewellen" entwickelte *Erwin Schrödinger* (1887–1961) 1926 seine „*Wellenmechanik*"[119], die als „Wellengleichung der Materie" die Verallgemeinerung des Materiewellen-Konzepts im Sinne einer umfassenden Feldtheorie vollzog. Dabei werden die bewegten Teilchen der klassischen Mechanik durch sich überlagernde Wellengruppen ersetzt. „Die gesamte materielle Realität wird so zum Wellenphänomen"[120]. Auf diese Weise näherte sich Schrödingers Ansatz – auch nach eigener Einschätzung[121] – wieder der Kontinuums-Physik, zumal Schrödinger seine Wellenfunktion als reale Erscheinung der Natur deutete. Das erwies sich aber als unhaltbar, was Schrödinger selbst einsah, so dass die von Max Born (1882–1970) vollzogene Deutung der Schrödinger-Gleichung deren bis heute geltendes Verständnis beinhaltet: Die Wellenfunktion liefert aufgrund der unvorhersehbaren Quantensprünge keine konkreten Aussagen über Ort und Impuls der Teilchen, sondern nur statistische Aussagen über die Wahrscheinlichkeit ihres Auftretens. Beispielsweise ist beim radioaktiven Zerfall nicht vorhersehbar, in welche Richtung ein einzelnes Elektron den Atomkern verlässt und wo es auf der „Kugeloberfläche" auftaucht. Eine analoge Unvorhersehbarkeit gilt für den Zeitpunkt des Verfalls eines Atoms: „Wir können nur die Wahrscheinlichkeit angeben, mit der es in einem gegebenen Zeitintervall zerfallen wird; es könnte in der nächsten Sekunde zerfallen oder erst in tausend Jahren."[122] Die Wellengleichung verkörpert in diesem

118 Vgl. zur dargelegten zweiten Entwicklungslinie D. Evers: Raum, S. 179 ff.; A. Benk: Physik, S. 185 f.
119 Siehe E. Schrödinger: Wellenmechanik.
120 E. Wölfel: Art. „Naturwissenschaft I u. II", S. 202.
121 Siehe dazu E. Schrödinger: Verhältnis, S. 735.
122 I.G. Barbour: Naturwissenschaft, S. 83.

Sinne ein komplexes Muster von Wahrscheinlichkeitswellen, das besagt, dass die einzelnen Teilchen Wahrscheinlichkeitsgesetzen folgen und die Wahrscheinlichkeiten selbst sich in kausalen Kontexten bewegen können, also einen Rahmen für die unbestimmten Einzelereignisse abgeben.[123]

Diese Deutung der Schrödinger-Gleichung berücksichtigte bereits Aspekte der „*Quantenmechanik*" von *Werner Heisenberg* (1901–1976), durch die der radikale Bruch der Quantenphysik mit der klassischen Physik erst deutlich hervortrat und auf die besonders Max Born und Pascual Jordan Einfluss hatten. Heisenberg legte 1925 die Grundlagen seiner „Quantenmechanik" vor[124], also ein Jahr vor Schrödingers Konzeption. Er wandte sich gegen die noch „halb-klassischen" Deutungen des Quantenprinzips (wie etwa auch beim Bohrschen Atommodell), welche sich weiterhin im raumzeitlichen Verständnis auf Begriffe wie „Ort" oder „Bahn" bezogen. Demgegenüber verlange das Quantenprinzip grundsätzlich neue Gesetzmäßigkeiten und Anschauungen, weil die mikrophysikalische Wirklichkeit nicht mehr präzise und nachvollziehbar in diesen Dimensionen zu greifen sei. Das lässt besonders Heisenbergs 1927 ausgearbeitete „*Unschärferelation*" erkennen. Sie besagt, dass es aufgrund des Quantenprinzips – entgegen der klassischen Vorstellung der kontinuierlichen Verbindung von Ort, Geschwindigkeit und Bahn eines Teilchens – nicht möglich ist, Ort (q) und Impuls (p) eines Teilchens gleichzeitig genau zu messen, was Heisenberg folgendermaßen gezeigt hat: Soll etwa der *Ort* eines Elektrons durch Beobachtung mit Licht bestimmt werden, entsteht eine Wechselwirkung mit dem Mess-Medium, welche die Übertragung mindestens eines Energiequants auslöst und so den *Impuls* des Elektrons unstetig verändert. Die Bestimmung des *Impulses* eines Elektrons bedarf wiederum der Beobachtung über eine bestimmte Zeitdauer, wodurch umgekehrt die Bestimmung des *Ortes* diffus bzw. unscharf wird. Deshalb beinhaltet die Heisenbergsche Unschärferelation die Einsicht: Je genauer der Ort bestimmt wird, desto ungenauer wird der Impuls – und umgekehrt.[125]

Weil die Natur von daher „'Genauigkeitsbarrieren' in sich" trägt, zeigt sich die „Bahn" eines Elektrons „aus der Natur der Sache heraus als unberechenbar. Die Unschärferelation ist also zugleich eine *Unbestimmbarkeitsrelation:* Das Teilchen ist hinsichtlich seines Verhaltens insoweit undeterminiert. Es besitzt einen Freiheitsgrad, der kausal nicht festgelegt ist."[126] Damit wird auch die raumzeitliche Vorstellung einer „Bahn" hinfällig. Einhergehend mit dem „Welle-Teilchen-Dualismus" ist es „unmöglich, damit anschauliche Vorstellungen zu verbinden. […] Die uns so anschaulich erscheinende Physik Newtons und Maxwells kann" das alles „nicht mehr erklären"[127]. Ein ehemaliger Mitarbeiter Heisenbergs, Hans-Peter Dürr (1929–2014), fasste es später folgendermaßen zusammen: „Da ist also etwas im Hintergrund,

123 Siehe M. Born: Quantenmechanik. Vgl. auch D. Evers: Raum, S. 184 ff.

124 Siehe W. Heisenberg: Umdeutung. Zu seinem Gesamtentwurf siehe ders.: Prinzipien.

125 Siehe ders.: Inhalt; vgl. D. Evers: Raum, S. 184.

126 E. Wölfel: Art. „Naturwissenschaft I u. II", S. 203.

127 A. Benk: Physik, S. 193.

was weder Teilchen noch Welle ist und in gewisser Weise beides zugleich, was wir nicht konstruieren, uns also auch durch geschicktes Zusammendenken dieser beiden Erscheinungsformen nicht veranschaulichen können."[128]

Nachdem Heisenberg die *Unbestimmtheit* zunächst als Störung des Systems durch Messungen gedeutet hatte, die unstetige Änderungen hervorrufen und somit unsere Erkenntnisgrenzen aufzeigen, verstand er die Unbestimmtheit später als *fundamentale Eigenschaft der Natur.*[129] Denn es sind Unbestimmbarkeiten erkennbar, die unabhängig von Messungen bestehen, wie etwa der nicht prognostizierbare Zeitpunkt des radioaktiven Zerfalls eines Atoms. So ist nach Heisenberg nicht davon auszugehen, dass Elektronen oder andere Quantenentitäten eine genaue Position und Geschwindigkeit besitzen (die lediglich unbekannt sei), sondern dass sie einfach die *Potenzialität* verschiedenster *Möglichkeiten* für diese Eigenschaften verkörpern. Im Akt der Beobachtung bzw. Messung werde dann *eine* der Möglichkeiten aktualisiert – und zwar im Horizont der Wahrscheinlichkeitsverteilung. Entsprechend erweist sich die Quantenmechanik als „Theorie über mögliche Messausgänge. Als solche kann sie natürlich nicht den Anspruch haben, das Zustandekommen des Messausgangs erklären zu wollen."[130] Angesichts der Voraussetzung, nur partielle Wirklichkeitsausschnitte (Teilchen oder Welle) und Wahrscheinlichkeiten erfassen zu können, kommt die von der Unschärferelation geprägte *Quantenmechanik Heisenbergs* mathematisch zu den gleichen Ergebnissen wie die *Wellenmechanik Schrödingers* in ihrer auf Wahrscheinlichkeiten zielenden Deutung, so dass sich beide Ansätze bis heute als *mathematisch äquivalent* erweisen – auch wenn einige Unterschiede in ihrem Wirklichkeitsverständnis bestehen. Heisenberg charakterisierte die Natur wie gezeigt als Bereich von Möglichkeiten, was nach Ian G. Barbour für ihn bedeutete: „Die Zukunft ist nicht einfach unbekannt; sie ist ‚unentschieden'. Mehr als eine Alternative ist offen, und es besteht eine gewisse Chance, dass unvorhersehbar Neues entsteht. Die Zeit beinhaltet eine geschichtliche Dimension und ist unwiederholbar"[131].

Da die in den Messergebnissen aktualisierten Möglichkeiten immer in Wechselwirkung mit dem Beobachtungsprozess stehen, erscheint auch das *Experiment* in einem völlig neuen Licht. Im Unterschied zur klassischen Physik, wo Beobachter und Messvorrichtungen keinen Einfluss auf die objektiven Naturprozesse bzw. Messergebnisse hatten, gilt jetzt: Mit dem Eingriff in die Natur zwingt das Experiment diese zur jeweiligen Neukonstellation ihrer Grundgrößen und kann so nur die gerade dadurch ausgelöste „Möglichkeit" beobachten, wobei das Experiment aufgrund der Unschärferelation ohnehin nur eine sehr partielle Einsicht in Teilbereiche der Wirklichkeit ermöglicht. Das „Doppelspalt-Experiment" hat gezeigt: Stellt man eine Frage zum Wellenverhalten, erhält man eine entsprechende Antwort, stellt man eine

128 H.-P. Dürr: Wissenschaft, S. 15.
129 Siehe W. Heisenberg: Physik.
130 M. Aspelmeyer: Quantenphysik, S. 139.
131 I.G. Barbour: Naturwissenschaft, S. 85.

Frage zum Teilchenverhalten, erfolgt auch hier die entsprechende Antwort, obwohl beide Dimensionen „nur vereint das Ganze der Wirklichkeit erkennen lassen"[132]. Experimentierendes Subjekt und beobachtetes Objekt stehen sich also nicht mehr wie bei Descartes und in der klassischen Physik gegenüber, sondern befinden sich in einem gegenseitigen Prozess, der für die Messergebnisse bestimmend ist. Darüber hinaus ist zu bedenken, dass auch Messapparate aus Quantenkonstituenten bestehen, die sich im Austausch mit der zu messenden Wirklichkeit befinden, was Mindeständerungen in der Größenordnung eines Wirkungsquantums voraussetzt.[133]

Die aus Heisenbergs Ansatz hervorgehenden Einsichten entsprechen der sogenannten „*Kopenhagener Deutung*" der Quantentheorie, die sich weitgehend durchgesetzt hat und *in Auseinandersetzung mit unterschiedlichen Deutungsversuchen* entstand. Eine solche Auseinandersetzung war nötig geworden, weil „die Physik auf Phänomene gestoßen ist, in deren Erhellung der geläufige Sinnhorizont der klassischen Physik nicht mehr festgehalten werden"[134] konnte. Deshalb musste „neu über das Verhältnis von Wirklichkeit und ihrer physikalischen Beschreibung nachgedacht werden"[135], was sich im Kontext des – hier nur anzudeutenden – gegenseitigen Einflusses von naturwissenschaftlichen und philosophischen Prämissen vollzog[136]. So haderte *Einstein* mit dem indeterminierten und „sprunghaften" Charakter der quantentheoretischen Prozesse und der mit ihnen verbundenen „Nicht-Lokalität" bzw. „Fernwirkung", die besagt, dass zwei Quantenentitäten, die einmal miteinander agiert haben, sich weiterhin *unmittelbar bzw. augenblicklich* gegenseitig beeinflussen können – egal, wie weit sie im Kosmos voneinander entfernt sind. Einstein versuchte, unter Verweis auf das metaphysische Prinzip der Kontinuität in der Philosophie von Leibniz[137] die Kontinuums-Physik aufrecht zu erhalten, nach der die unabhängige Existenz von realen Teilchen in verschiedenen Raumteilen („Lokalität") ebenso zu gelten habe wie die grundsätzliche Kontinuität von Naturprozessen und ihre Unabhängigkeit vom Beobachter. Entsprechend hielt Einstein die Quantentheorie für unvollständig und charakterisierte die Phänomene der Unbestimmtheit als Resultat noch bestehender Erkenntnisdefizite, was bereits am Ende von Abschnitt VI,2.4 hervortrat.[138]

Während eines Aufenthalts Heisenbergs am Institut von Niels Bohr in Kopenhagen (1926/27) entstand zur Klärung des mit der Quantentheorie verbundenen Wirklichkeitsverständnisses die „*Kopenhagener Deutung*". Sie beruht auf Heisenbergs 1927 vorgelegter „*Unschärferelation*" (bzw. dem Begriff der „Unbestimmt-

132 E. Wölfel: Art. „Naturwissenschaft I u. II", S. 203.

133 Vgl. hierzu D. Evers: Raum, S. 188, der dort auch auf entsprechende Erörterungen von Niels Bohr verweist.

134 J. Moltmann: Wissenschaft, S. 24.

135 D. Evers: Raum, S. 187 f.

136 Siehe dazu *Kap. VI,2.4 u. 3.3.*

137 Vgl. A. Benk: Physik, S. 180 f.

138 In gleicher Zielrichtung versuchte etwa David Bohm (1917–1992) später, das Problem durch die Einführung „verborgener Variablen" zu klären. Vgl. J. Polkinghorne: Theologie, S. 45 f.

heit“) – einschließlich der oben gezeigten Konsequenzen – sowie auf dem analogen „*Komplementaritäts-Prinzip*“ Bohrs. Unter „Komplementarität“ versteht Bohr im Sinne des „Doppelspalt-Experiments“, dass zwei verschiedene Beobachtungen eines Vorgangs, die sich nach der klassischen Physik gegenseitig ausschließen (Welle oder Teilchen) und deshalb nicht gleichzeitig anwendbar sind, komplementär – jeweils für sich – vollständig den Vorgang beschreiben, dass aber die volle Wirklichkeit des beobachteten Vorgangs erst in der – nicht greifbaren – gegenseitigen Ergänzung beider Aspekte besteht.[139] Das entspricht der von Heisenberg dargelegten letzten Unbestimmtheit der Naturprozesse, welche auf ungreifbaren quanten-energetischen Ereignissen beruhen. Zudem hatten immer stärkere Teilchenbeschleuniger verdeutlicht, dass mit dem Aufeinanderprallen von Elementarteilchen nicht notwendig stets kleinere Teilchen entstehen, sondern die Energie dabei neue Teilchen entstehen lässt, weshalb die Energie als fundamentale Größe hervortrat. Diese Charakteristik der Natur lässt zugleich die Korrelation mit Heisenbergs Affinität zu Platons Ideenlehre erkennen, nach der als letztes Fundament der Wirklichkeit kein materielles Prinzip (Demokrit: Atomismus) gilt, sondern ein ideell-ereignishaftes Prinzip.[140] *Insgesamt* versteht die „Kopenhagener Deutung“ mit den an Heisenbergs „Unschärferelation“ gezeigten Einsichten die Quantentheorie als vollständige Beschreibung der Wirklichkeit, die keiner kausalen Ergänzung bedarf und den Indeterminismus als fundamentale Eigenschaft der Wirklichkeit transparent werden lässt. In der von Möglichkeiten geprägten mikrophysikalischen Natur vollzieht sich beim Beobachtungs- bzw. Messakt ein Übergang vom Möglichen zum Faktischen, so dass Beobachter und beobachtetes Objekt nicht mehr wie in der klassischen Physik zu trennen sind. Die komplexen Wechselwirkungen in den Naturprozessen, die auch die Fernwirkung zwischen Quantenteilchen beinhalten, bilden ein Gesamtsystem (*Holismus:* Ganzheitslehre), das mehr als die Summe seiner Teile ist[141] und so einem *Reduktionismus* entgegensteht, der von den zugrundeliegenden Einzelphänomenen auf das Ganze schließt. Zugleich wird durch die unmittelbare und unbegrenzte *Fernwirkung* zwischen Quantenentitäten der „lokale Realismus“ einsteinscher Prägung überwunden, der von unabhängigen realen Teilchen in verschiedenen Räumen ausgeht. Mit den raumzeitlichen Dimensionen der Kontinuums-Physik sind die quantentheoretischen Phänomene nicht mehr zu veranschaulichen.

Die „Kopenhagener Deutung“ wehrt aber nicht nur einen auf der Kontinuums-Physik beruhenden physikalischen *Realismus* ab, sondern auch ein rein *subjektivistisches* Verständnis der Wechselwirkung zwischen Beobachtungsprozess und

139 Zu bis heute bestehenden unterschiedlichen Interpretationen des „Doppelspalt-Experiments“, die nach wie vor die aufgeworfenen Probleme nicht abschließend lösen können und üblicherweise der „Kopenhagener Deutung“ folgen, siehe A. Benk: Physik, S. 194 ff.

140 Siehe zur ausführlicheren Erörterung des Zusammenhangs zwischen Heisenbergs philosophischen und naturwissenschaftlichen Vorstellungen *Kap. VI,3.3.*

141 „Die Quantentheorie […] ist die erste mathematisch formalisierte physikalische Theorie, die einen nicht-trivialen Ganzheitsbegriff entwickelt hat, bei dem das Ganze mehr ist als die Summe seiner Teile.“ (D. Evers: Raum, S. 203, wo er sich auf H. Primas bezieht.)

Beobachtungsgegenstand, wie es später John von Neumann (1903–1957) vertreten hat. Dieser ging davon aus, dass der sich im Beobachtungsprozess vollziehende Übergang vom Möglichen zum Faktischen erst mit der Wahrnehmung durch das menschliche Bewusstsein zum Abschluss kommt. Dagegen wandten Heisenberg und Bohr ein, dass der Beobachter auch eine photographische Platte sein könne, zumal die physikalische Wirklichkeit in einem rein materiellen Universum die gleiche wäre. Entscheidend sei also der Messvorgang und nicht das menschliche Bewusstsein, von dem allerdings Struktur und Intention der Messung abhänge, was die subjektive Komponente bei der Beobachtung ausmache.[142]

In Opposition zur Ablehnung des Realismus der Kontinuums-Physik versuchten *E*instein und seine Mitarbeiter *P*odolsky und *R*osen *(EPR)* weiterhin, den „lokalen Realismus" zu bestätigen, und zwar durch das sogenannte „EPR-Gedankenexperiment". Es ging darum, darzulegen, dass die Messung an einem Objekt Rückschlüsse auf ein damit verbundenes Objekt ermöglicht, ohne dass das zweite Objekt dadurch beeinflusst wird: Nach dem Zusammenstoß und Auseinanderfliegen zweier Teilchen könne von der Messung des Impulses des einen Teilchens auf den Impuls des anderen Teilchens geschlossen werden. Damit sollte die kontinuierliche naturgesetzliche „Nahwirkung" innerhalb eines Raumbereichs unterstrichen werden, ebenso wie die lokale Eigenständigkeit der Objekte, die Ort und Impuls real verkörpern (statt nur eine Potenzialität von Möglichkeiten). Spätere empirische Experimente – besonders von *Alain Aspect* und seinen Mitarbeitern (1982) – zeigten allerdings, wie zwei einmal miteinander in Verbindung gestandene Quantenobjekte über alle Entfernungen hinweg ein grundlegende Einheit bleiben und so über alle Raumeinheiten hinaus *unmittelbar* (ohne Zeitverlust) miteinander agieren („Fernwirkung"), wobei die Messung an einem von beiden Objekten stets auch das andere Objekt beeinflusst. Diese Phänomene sind für die klassische Physik unerklärlich und belegen die „Nicht-Lokalität" der materiellen Wirklichkeit, die als komplexes Gesamtsystem von Wechselwirkungen erscheint (Holismus).[143] Auch hier bleibt zu bedenken, dass durch die Messung (Wechselwirkung von Objekt und Messgerät) im gegenseitigen Verhältnis der beiden Quantenobjekte immer die unstete Änderung von mindestens einem Wirkungsquantum erfolgt – und die Reduktion auf die Teilchen- *oder* Welleneigenschaft (Ort *oder* Impuls) besteht. „Spätestens seit den Experimenten von Aspect ist jedenfalls einer einfachen Rückkehr zu den Vorstellungen der klassischen Physik der Weg abgeschnitten. […] Eine *einfache* (lokale) Alternative zur Quantentheorie, wie sie Einstein fordert, muß heute ausgeschlossen werden."[144]

142 Vgl. dazu ebd., S. 191 ff.

143 Damit wurden entsprechende theoretische Vorarbeiten von John Bell in den sechziger Jahren endgültig bestätigt. – Die unmittelbare *Fernwirkung* widerspricht nicht der Relativitätstheorie und ihrer Übertragungsbegrenzung durch die Lichtgeschwindigkeit, da sie keine Informationsübertragung verkörpert, sondern die grundlegende Einheit zweier Quantenentitäten.

144 A. Benk: Physik, S. 209. Siehe zum EPR-Gedankenexperiment und den empirischen Experimenten Aspects ebd., S. 206–210; D. Evers: Raum, S. 196–204; H. Gärtner: Realität, S. 70 f.

Die von Aspect bestätigten Zusammenhänge beruhen auch auf Phänomenen, die seit der Entwicklung von *Quantenfeldtheorien* (ab 1928/1930 Paul A.M. Dirac u. a.) entdeckt wurden, welche die Quantentheorie verallgemeinerten, indem sie diese mit der speziellen Relativitätstheorie verbanden. Durch die Quantenfeldtheorien wurde die Materie vollends als Gesamtbild von Wechselwirkungen erkennbar. In diesem Kontext konnte die Elementarteilchenforschung aufzeigen, dass ein positives Elektron ein negatives hinterlässt (Paarerzeugung: Teilchen – Antiteilchen), wobei sich beide vernichten, wenn sie wieder aufeinandertreffen. Damit „war eine grundsätzliche Verdoppelung in der Struktur der Materie aufgezeigt. In diesem Rahmen muß [...] für Materie selbst eine ‚*Antimaterie*' angesetzt werden."[145] (Materie – Antimaterie, die sich beim Aufeinandertreffen ebenfalls vernichten.)[146] Das hat die Einsicht befördert, vom *Symmetriecharakter* der Materie auszugehen, durch den sich Quantenfelder als „Eichfelder" verstehen lassen, insofern als in den Symmetrien die Ordnung bzw. Information gespeichert ist, die als Strukturrahmen der indeterminierten Einzelprozesse dient.[147] So konnte man versuchen, „vom Symmetriecharakter der Materie her die Natur im ganzen zu verstehen"[148], denn Symmetrien prägen die Natur von der mikrophysikalischen Struktur über die Beschaffenheit von Pflanzen, Tieren oder Menschen (z. B. die Symmetrie des Gesichts) bis zum Kosmos. „Auch wo asymmetrische Vorgaben der Natur vorzuliegen scheinen, können diese verstanden werden als ‚Spontane Symmetriebrechungen', unbeschadet einer im Hintergrund [...] verborgen waltenden Symmetrie."[149]

Dieser Entwicklung entsprechend prägte Heisenberg die Formel „Am Anfang war die Symmetrie"[150], die sich gegen den atomistischen Materialismus mit seiner Suche nach einem kleinsten Teilchen als Urgrund der Materie richtete. Heisenbergs Formel verlor auch durch die Entdeckung immer neuer und kleinerer Teilchen – bis hin zur *Quark-Hypothese* – nicht ihre Berechtigung.[151] Mit den Quarks entdeckte man 1963 zwar die wohl grundlegendsten Teilchen, aus denen sich viele Elementarteilchen vornehmlich zusammensetzen. Doch die Quarks treten nur im Verbund auf und lassen sich nicht isolieren und so auch nicht in noch fundamentalere Teilchen spalten, so dass der Regress bzw. Rückgang zur atomistischen Ursache hier nach heutiger Erkenntnis endet. Quarks sind in ihrem jeweiligen Verbund untereinander von dynamischen Beziehungen und symmetrischen Eigenschaften geprägt, wodurch sie den Aufbau der Materie bestimmen. „Nicht die Unteilbarkeit der fundamenta-

145 E. Wölfel: Art. „Naturwissenschaft I u. II", S. 204.

146 Hiermit verband sich die *kosmologische Frage,* wie es nach dem Urknall zum physikalisch kaum erklärbaren Übergewicht von Materie kommen konnte, was erst die Entstehung des Kosmos ermöglichte. Dazu gibt es nur Mutmaßungen. Siehe zu dieser Problemstellung *Kap. VI,2.3; VII.*

147 Dabei sind die „Symmetrien über Erhaltungsgesetze bestimmt und durch statistische, indeterministische Wahrscheinlichkeitsangaben geregelt" (D. Evers: Raum, S. 213).

148 E. Wölfel: Art. „Naturwissenschaft I u. II", S. 204.

149 Ebd., S. 205.

150 W. Heisenberg: Teil, S. 185, 324 f.

151 Siehe dazu U. Kropač: Naturwissenschaft/Dialog, S. 268 ff.

len materiellen Partikel steht am Ende des Eindringens in immer feinere Strukturen der Materie, sondern ‚eine dynamische Eigenschaft der Basiselemente, welche dafür sorgt, daß der Regreß hier abbricht'." In der unzugänglichen Diskretheit der Dynamik ihres jeweiligen Verbundes bestimmen „die unterschiedlichen Eigenschaften der Quarks über Symmetrie- und Strukturbeziehungen den Aufbau der Teilchenwelt"[152].

Die mit den Quantenfeldtheorien einhergehenden Erkenntnisse ermöglichen laut Eberhard Wölfel besonders aufgrund der Wechselwirkungen „eine Neuformulierung der *Naturgesetze als Strukturgesetze der Symmetrie*"[153]. Das holistische Gesamtsystem der komplexen Wechselwirkungen bedenkt auf makrophysikalischer Ebene die *Chaostheorie,* welche als Theorie komplexer Zusammenhänge die in der Weltsicht der Newtonschen Mechanik geltende Vorstellung von determinierten, vorhersagbaren und kontrollierbaren Naturgesetzen auch im makrophysikalischen Bereich als unzulänglich unterstreicht. Es wird darauf hingewiesen, dass viele klassische Systeme in ihrem Gesamtverhalten auf kleinste Änderungen sensibel reagieren, was man gerne mit dem sogenannten *„Schmetterlingseffekt" veranschaulicht:* Der Flügelschlag eines Schmetterlings am anderen Ende der Welt kann im Zusammenhang mit der örtlichen Wetterentwicklung stehen. Sowohl kleinste Differenzen in den Anfangsbedingungen als auch geringste Einflüsse von außen können unkontrollierbare Veränderungen komplexer Systeme hervorrufen. Es besteht eine nicht-lineare Dynamik. Deshalb wird die Möglichkeit ausgeschlossen, komplexe Systeme und die in ihnen enthaltene „Information" gänzlich zu erfassen, zumal selbst bei größter Menge präzise gemessener Daten die Heisenbergsche Unschärferelation Grenzen setzt. Der Begriff „Chaostheorie" ist jedoch nicht ganz passend, da die Systeme zwar durch nicht prognostizierbare nicht-lineare und rückkoppelnde Momente geprägt sind, aber auch deterministische Phänomene aufweisen. So scheinen neben dem Energieaustausch zugleich kausale Prinzipien zu wirken, die sich aber auf das zukünftige Verhalten und nicht auf Energiezufuhr beziehen, was den Aspekt der im System enthaltenen komplexen „Information" hervortreten lässt. Der besonders von Polkinghorne aufgenommene Begriff „aktive Information", „der erklärt, wie es in chaotischen Systemen (ohne Energiezufuhr) zur Ausbildung bestimmter Verhaltensmuster kommt"[154], und der in David Bohms quantentheoretischem Ansatz für *energieunabhängige reine Information* steht, birgt eine weitreichende Affinität zur theologischen Dimension.[155] Die konkrete Zuordnung von Chaossystemen und

152 D. Evers: Raum, S. 209. – Diese Zusammenhänge zeigt die *Quantenchromodynamik* auf.

153 E. Wölfel: Art. „Naturwissenschaft I u. II", S. 205.

154 C. Link: Schöpfung, S. 171 f., der darauf hinweist, dass Polkinghorne auf diesen „aus der Chaostheorie stammenden Begriff" zurückgreift (ebd., S. 171). „Aktiv" charakterisiert die kausale Wirkung und „Information" die Formung eines Verhaltensmusters. Siehe dazu J. Polkinghorne: Theologie, S. 62. Insgesamt vgl. ebd., S. 59–61, und U. Kropač: Naturwissenschaft/Dialog, S. 120 f., 346 ff. – Es bleibt anzumerken, dass der Begriff „aktive Information" maßgeblich von dem Physiker David Bohm geprägt wurde, und zwar in quantentheoretischer Hinsicht. Siehe dazu die folgende Fußnote.

155 Zur Bedeutung der „aktiven Information" in Bohms quantentheoretischem Ansatz siehe *Kap. XI,1.2; XI,2.2.5* u. *Anm. 427, XI. Kap.* – Zu den theologischen Affinitäten siehe *Kap. VI,3.3; XI,1–2; XII,3.*

Quantenwelt verstärkt die Probleme im Blick auf die Prognostizierbarkeit. Zusätzlich kann die nicht aufzuhebende Offenheit des Systems unüberschaubare Auswirkungen hervorrufen, was die *konstitutive Erkenntnisgrenze* unterstreicht.

Insgesamt halten die Chaostheorie und die Quantentheorie die Unzulänglichkeit der klassischen Physik für die Erkenntnis der komplexen Wirklichkeit vor Augen, insbesondere für deren Berechenbarkeit. Die Quantenphysik lässt erkennen, dass die fundamentalen Grundlagen der Natur letztlich *nicht materieller Art* im klassischen Sinn sind und so den Aspekt einer grundsätzlichen *Unbestimmbarkeit* enthalten, wobei die Naturprozesse als Realisierung von unentschiedenen *Möglichkeiten* transparent werden. Deshalb zeigen sich die Gesetze der Natur *offener* und *weicher* als angenommen und naturwissenschaftliche Erkenntnisse erweisen sich als lediglich partielle *Annäherungen* an die Wirklichkeit. Das mit der Quantentheorie einhergehende neue naturwissenschaftliche Wirklichkeitsverständnis, das „eine gewisse Offenheit der Beschreibung der Welt [...] in der Quantenphysik"[156] zeigt, wird aber mitunter weder bezüglich der naturwissenschaftlichen Einordnung noch hinsichtlich darüber hinaus gehender weltanschaulicher Implikationen wahrgenommen. „Die physikalisch-naturgesetzlichen Sachverhalte fordern allerdings selbst zu [...] Deutung[en] heraus, die das im engeren Sinne Physikalische überschreiten. Denn [...] das ‚Offene' [...] ist nicht nur eine ‚Lücke' in unserer Erkenntnis. Es ist aufgrund der Unbestimmtheitsrelation das *wesenhaft Offene.* Will man sich zu ihm verhalten, muss man zur Philosophie [...] oder zur Theologie übergehen."[157] Der folgende Abschnitt soll unter anderem diesbezüglich erste – in den weiteren Kapiteln noch auszuführende – Hinweise geben.

3.3 Weltanschauliche, religiöse und kosmologische Implikationen

Nachdem in den beiden voraufgehenden Abschnitten bereits grundlegende Implikationen des neuen naturwissenschaftlichen Wirklichkeitsverständnisses für das naturwissenschaftliche Weltbild hervorgetreten sind, die nach weitergehender Deutung verlangen, soll jetzt noch kurz auf einige wahrzunehmende weltanschauliche und religiöse Implikationen der Quantenphysik hingewiesen werden – ebenso wie auf einige kosmologische Rückschlüsse.[158] In Bezug auf die naturwissenschaftlichen Paradigmenwechsel zu Beginn des 20. Jahrhunderts und das entsprechende Verständnis von „Wirklichkeit" betonte Heisenberg zu Recht, dass „in der Quantentheorie die stärksten Veränderungen hinsichtlich der Wirklichkeitsvorstellung stattgefunden haben"[159]. Denn der deterministisch-materialistische Realismus der klassischen Physik, mit dem man nicht selten die metaphysischen und religiösen

156 M. Aspelmeyer: Quantenphysik, S. 140.

157 W. Krötke: Erschaffen, S. 51.

158 Die konkrete Relevanz dieser – und weiterer – Implikationen kommt in *Kap. VI,6 u. VIII–XII* zur Sprache.

159 W. Heisenberg: Physik, S. 10 f.

Dimensionen in Frage stellte, wurde wie gezeigt durch ein von Möglichkeiten, Unbestimmtheiten und Wahrscheinlichkeiten geprägtes Verständnis der Grundlagen der Natur abgelöst. Aufgrund des damit verbundenen Indeterminismus galt die Natur nicht mehr als von Notwendigkeiten bestimmt, sondern sie erwies sich jetzt insgesamt als kontingent, als lediglich durch Möglichkeiten charakterisiert – und somit als offen. Wenn auch durch Wahrscheinlichkeitsgesetze erstaunliche quantitative Annäherungen zu erzielen sind, eröffnen sich dennoch Dimensionen, die mit der klassischen Physik nicht mehr zu veranschaulichen sind und sich in ihrer Ganzheit nicht greifen lassen. „Spätestens mit der Quantentheorie ist der selbstverständliche ‚naive' anschauliche Wirklichkeitsbezug physikalischer Theorien zerbrochen; [...] es gibt in der Physik ein ‚Realismusproblem'."[160] Vor diesem Hintergrund wurde der Vorstellung des deterministisch-materialistischen Realismus „allerdings auch ihre religionskritische Spitze genommen"[161], zumal nach Hans-Peter Dürr zu bedenken bleibt: „Die Quantenphysik machte wieder deutlich, daß unsere wissenschaftliche Erfahrung, unser Wissen über die Welt nicht der ‚eigentlichen' oder ‚letzten' Wirklichkeit, was immer man sich darunter vorstellen will, entspricht."[162]

Gleichzeitig erkannte man die Fragmentierung der Wirklichkeit, die Experimente als untrennbare Verbindung von Beobachtungsprozess und -ergebnis mit sich bringen, woraus nur partikulare und annähernde Einsichten in die Ganzheit der Wirklichkeit resultieren. Die mit der Quantenphysik verbundenen *Erkenntnisgrenzen* betreffen aufgrund der nicht prognostizierbaren Einzelereignisse („Möglichkeiten") auch die Qualifizierung der *Naturgesetze,* weil „der Determinismus der Fakten, wie er zwingend aus der klassischen Physik folgt, durch die Quantentheorie korrigiert wird, nämlich dass nur eine determinierte Entwicklung von Möglichkeiten, nicht aber der Fakten, mit den naturwissenschaftlichen Befunden vereinbar ist"[163]. Das heißt laut dem Physiker und Theologen Ulrich Beuttler für die Naturgesetze, dass die Vergangenheit den Raum des Faktischen bildet, die Gegenwart den des Wirklichen und die Zukunft den des Möglichen. Deshalb seien Naturgesetze nur für rückblickende Kausalerklärungen notwendig und hinreichend, während sie für zukünftige Prognosen zwar relativ notwendig, aber letztlich nicht hinreichend seien. „Naturgesetze sind Strukturen *in der Zeit.*"[164] Nach Beuttler spiegelt die Quantentheorie mit dem „Welle-Teilchen-Dualismus" die seit Aristoteles betonte Doppelstruktur der Zeit als messbare Strecke (Fließzeit) und gegenwärtige Unterscheidung von Vergangenheit und Zukunft (Innenzeit) wider: Ein Teilchen hat keine Innenzeit, es bewegt sich in

160 A. Benk: Physik, S. 217.

161 Ebd., S. 177. Vgl. ebd., S. 173ff., und siehe S. 97, wo Benk anmerkt, dass die Quantentheorie „bei den Physikern zu einem ausdrücklich bewußt werdenden ‚Realismusproblem' führt und sich insbesondere auch auf die Stellungnahmen von Physikern zu Fragen der Religion auswirkt".

162 H.-P. Dürr (Hg.): Physik, S. 13 (Vorwort).

163 T. Görnitz: Naturwissenschaft, S. 153.

164 U. Beuttler: Zeit, S. 190. Vgl. ebd., S. 189ff.

der Zeit (Fließzeit); eine Welle hingegen hat den Charakter der Innenzeit.[165] Der Biochemiker Friedrich Cramer verweist dabei auf die verzweigten Zeitstrukturen aller komplexen Systeme (wie an einem „Zeitbaum"): „Am Bifurkations- (d.h. Verzweigungs-)-Punkt [sic] hat der Prozeß die freie Wahl, in der einen oder anderen Richtung zu verlaufen. [...] Am Bifurkationspunkt ist die Zukunft offen."[166]

Dass dennoch immer wieder an deterministischen Vorstellungen mit ihrer Annahme klarer naturgesetzlicher Prognostizierbarkeit der Zukunft festgehalten wird, erklärt der Physiker Thomas Görnitz unter anderem mit der Angst vor Kontrollverlust bzw. dem Bestreben, die strukturelle Macht über die Natur zu behaupten.[167] Dürr hebt diesbezüglich hervor, es komme oft zu „einer unbewussten Verdrängung", weil man – im Sinne einer „Machterweiterung" – „die Wirklichkeit als objektive Realität [...] in den Griff bekommen" will. Es werde „intellektuell der Weg geebnet, die wesentlichen philosophischen Aussagen der Quantenphysik zu ignorieren, ohne dabei auf ihre praktischen Folgerungen verzichten zu müssen"[168]. Ein weiterer Aspekt, der die tiefere Auseinandersetzung mit den durch die Quantenphysik gegebenen erkenntnistheoretischen Herausforderungen behindern mag, liegt in der Unanschaulichkeit der quantentheoretischen Wirklichkeitsphänomene, die mit den Mitteln des Weltbildes der klassischen Physik nicht mehr zu erfassen sind. Schon Heisenberg verwies darauf, dass man sich hier auch in der Naturwissenschaft mit Gleichnissen und Bildern begnügen müsse.[169] Andererseits entsprechen die quantenphysikalischen Einsichten der von Möglichkeiten und komplexer Ganzheit geprägten Alltagserfahrung, so „dass die Quantentheorie keineswegs all unseren Alltagserfahrungen widerspricht"[170].

Aus der Komplexität der Wirklichkeit resultiert zugleich die Notwendigkeit „einer mehrstufigen Sicht der Realität"[171], die auch die „‚*dynamische Schichtenstruktur*' der Naturwissenschaften"[172] betrifft, wie etwa das Verhältnis von der Quantentheorie in der Mikrophysik zu klassisch-physikalischen Ansätzen, welche nach wie vor gute Annäherungen im Makrobereich bieten.[173] Dabei geht die Mehrstufigkeit allerdings über den naturwissenschaftlichen Horizont hinaus, worauf Heisenberg mit seiner „*Schichtentheorie der Wirklichkeit*" aufmerksam machte: Auf der untersten Schicht können kausale Zusammenhänge in Raum und Zeit objektiviert werden (klassisch-physikalische Ansätze), auf den nächsten Schichten wie der Quantenphysik oder

165 Vgl. ebd., S. 176ff.

166 F. Cramer: Ursprungsmythos, S. 83.

167 Vgl. T. Görnitz: Naturwissenschaft, S. 152f.

168 H.-P. Dürr: Wissenschaft, S. 13.

169 Siehe zu dieser grundsätzlichen Problematik Dürrs Ausführungen in: Wissenschaft (vollständiger Titel: Auch die Wissenschaft spricht nur in Gleichnissen).

170 T. Görnitz: Naturwissenschaft, S. 157.

171 I.G. Barbour: Naturwissenschaft, S. 106.

172 T. Görnitz: Naturwissenschaft, S. 167.

173 „Wie die Relativitätstheorie schafft [...] auch die Quantentheorie die Gesetze der klassischen Physik nicht einfach ab, sondern bestimmt aus einer umfassenderen Perspektive deren Gültigkeitsbereich." (A. Benk: Physik, S. 172)

den komplexen biologischen Abläufen ist solche Anschaulichkeit nicht mehr möglich und auf der obersten Schicht öffnet sich der Blick für „den letzten Grund der Wirklichkeit“[174] – und damit für das Religiöse. Die oberste Ebene lässt eine reine Beobachterhaltung nicht mehr zu, da der Mensch dort in seinen existenziellen Grundlagen betroffen ist. Es bedarf also für die gesamte Wirklichkeit verschiedener Erkenntniszugänge. Nur dann ist naturwissenschaftliche Erkenntnis nach Heisenberg angemessen in das Ganze der Wirklichkeit einzuordnen, als Teil „einer einzigen sinnvoll geordneten Welt“[175]. Einer der Mitbegründer der Quantenphysik, Wolfgang Pauli, betonte die *Komplementarität von Kausal- und Sinnbeschreibung*, die in Analogie zu den „zwei Augen“ der Quantentheorie zu verstehen sei, nämlich dem Orts- und dem Impulsauge. Nur aus beiden Perspektiven erfasse man die ganze Wirklichkeit.[176]

Die mit der Quantenphysik verbundene Einsicht, dass naturwissenschaftliche Methoden schon im eigenen Bereich zu prinzipiell eingeschränkten Ergebnissen gelangen und zu darüber hinausgehenden Dimensionen wie der Religion erst recht keine Aussagen machen können, führte bei vielen Naturwissenschaftlern zur Ablösung des objektiven klassischen Realismus durch den sogenannten *„Kritischen Realismus“*, der diese Erkenntnisgrenzen und den Bedarf vielfältiger Erkenntnismethoden berücksichtigt.[177] Damit wird den Implikationen der Quantenphysik Rechnung getragen, die in ihrer Offenheit sogar bis an die Grenzen transzendenter Wirklichkeitsbereiche gelangt. „Die von der modernen Physik der Wirklichkeit zugrunde gelegte Struktur erlaubt dementsprechend viel eher eine Korrelation zu einer ‚Sinnstruktur‘, als dies im Rahmen der klassischen Physik […] denkbar war.“[178] So eröffnete das neue naturwissenschaftliche Wirklichkeitsverständnis nach Heisenberg wieder Raum für die Religion und für ein besseres Verständnis ihrer Dimensionen. Am Beispiel Heisenbergs soll kurz der *Zusammenhang von quantenphysikalischem, philosophischem und religiösem Wirklichkeitsverständnis* erörtert werden, der in je eigener Weise für etliche Pioniere der Quantenphysik bestand und bis heute vielfach zu beobachten ist.

Bei *Heisenberg* ist die gegenseitige Beeinflussung seiner platonisch gefärbten Weltanschauung und der Quantentheorie zu erkennen, was sich auch in seinem Gottesbegriff widerspiegelt. Aufgrund der Quantentheorie setzte er sich zunächst vom Neukantianismus bzw. von Kants deterministischer Kausalität und der Trennung zwischen beobachtendem Subjekt und beobachtetem Objekt ab. Die Überwindung des atomistischen Materialismus (Zurückführung der Natur auf kleinste Teilchen) durch die Quantenphysik, die in energetischen Ereignissen (Quantensprüngen) und Symmetrie-Strukturen die grundlegenden Elemente der Natur sah, korre-

174 W. Heisenberg: Ordnung, S. 302.
175 Ebd., S. 221.
176 Zu diesen weltanschaulichen Konsequenzen der genannten Pioniere der Quantenphysik vgl. H. Kessler: Streit, S. 262 f.; zur „Schichtentheorie der Wirklichkeit“ vgl. auch A. Benk: Physik, S. 233 ff.
177 Zur differenzierten Auseinandersetzung mit dem „Kritischen Realismus“ siehe *Kap. IV,1 u. XII,2–3.*
178 A. Benk: Physik, S. 244.

lierte mit Heisenbergs Platonismus. Denn auch Platon hatte gegenüber Demokrits Atomismus die Grundlage der Natur in den „Ideen" verankert, wobei Symmetrien als das Ordnung stiftende Prinzip der Natur galten. Für Heisenberg verkörpern die Symmetrien eine sinngebende Kraft. „Solche Aussagen spielen in den Bereich des Religiösen hinüber."[179] Die Frage nach Gott bildete „den alles bestimmenden Mittelpunkt"[180] in Heisenbergs Weltanschauung: Gott hat dem Kosmos die „zentrale Ordnung" eingegeben, welche mit der platonischen „Idee des Guten" korrespondiert. Diese Ordnung kann von den Naturwissenschaften annähernd entdeckt werden und sie wird von den Religionen bedacht. Dabei stehen die Religionen grundsätzlich gleichwertig nebeneinander. Das Christentum erhält dennoch eine hervorgehobene Bedeutung, da die christliche Ethik der praktischen Umsetzung der „Ordnung" bzw. der „Idee des Guten" in besonderer Weise entspricht. Den Menschen ist diese Ordnung in der „Seele" eingestiftet.[181] Aber das Bewusstwerden der göttlichen Ordnung bedarf der „Verbindung mit einer anderen, höheren Welt" bzw. der unmittelbaren und überwältigenden Begegnung mit Gott: „Dieses Bewußtwerden der anderen, höheren Welt ist [...] etwas, das ganz unvermittelt, gewissermaßen von außen an uns herantritt, so daß wir gar nicht daran zweifeln können, daß eben eine andere Welt uns plötzlich gegenübersteht und uns fordert."[182] Aufgrund solcher Aussagen ist bei Heisenberg durchaus von einem personalen Gottesverhältnis zu sprechen. Für das Verhältnis von Religion und Naturwissenschaft mahnt Heisenberg die Beachtung der unterschiedlichen Zugänge und Sprachmodi an, in deren Ausblendung die Hauptursache für die Konflikte zwischen beiden Seiten bestehe. Angesichts der sich entwickelnden und nur an die Wirklichkeit annähernden naturwissenschaftlichen Erkenntnis einerseits und der religiösen Bezugnahme auf letzte Wahrheiten andererseits bleibe Folgendes zu bedenken: „Die Sprache der Wissenschaft ist wandelbar [...]. In der Wissenschaft gibt es nicht im gleichen Sinne wie in der Religion endgültige Formulierungen."[183] Die durch die Quantenphysik hervorgerufene *neue Öffnung für philosophische und religiöse Dimensionen* trug dazu bei, dass die Belebung des Dialogs von Theologie und Naturwissenschaft maßgeblich von Physikern ausging.

Zugleich ergaben sich aus der Quantentheorie Implikationen für die *Kosmologie.* Ein sehr spekulatives kosmologisches Modell erstellten einige wenige Physiker, die

179 U. Kropač: Naturwissenschaft/Aspekte, S. 179.

180 Ders.: Naturwissenschaft/Dialog, S. 287.

181 Vgl. W. Heisenberg: Teil, S. 251 ff.; vgl. insgesamt auch ders.: Wahrheit.

182 Ders.: Ordnung, S. 296.

183 Ebd., S. 229. – Siehe insgesamt zum Verhältnis von Quantentheorie, Philosophie und Religion bei Heisenberg U. Kropač: Naturwissenschaft/Dialog, S. 265–294; ders.: Naturwissenschaft/Aspekte, S. 177–180; A. Benk: Physik, S. 232–245. – Als weiteres von vielen möglichen Beispielen für dieses Verhältnis sei noch auf *Max Planck* hingewiesen, dessen quantenphysikalisches Verständnis unter dem Einfluss der Philosophie Kants stand, von der auch sein Gottesbegriff beeinflusst war. Deshalb lehnte Planck einen personalen Gottesbegriff ab. Für ihn verkörperte Gott das Absolute, auf dem die Weltordnung beruht. Religion verstand er allgemein als Bindung des Menschen an Gott. – Siehe zur detaillierten Darlegung der Zusammenhänge U. Kropač: Naturwissenschaft/Dialog, S. 243–264.

sich mit der unerklärbaren Realisierung von nur einer Möglichkeit im quantenphysikalischen Beobachtungsprozess nicht abfinden wollten. Sie behaupteten, dass sich in jedem Prozess alle Möglichkeiten realisieren, indem sich die Welt (das Universum) dann immer in verschiedene „Welten" aufspalte, in denen jeweils eine der Möglichkeiten existiere. Diese 1957 von Hugh Everett angestoßene „*Viele-Welten-Interpretation*", nach der also ständig neue verschiedene Universen entstehen, fand kaum Rückhalt, zumal sie sich einer empirischen Überprüfung entzieht.[184] Versuche hingegen, mit Hilfe der Quantentheorie Probleme des kosmologischen Standardmodells zu lösen, fanden breite Zustimmung und Eingang in das Standardmodell. Das betrifft besonders das sogenannte „*inflationäre Modell*" des Urknalls, das im Einzelnen verschiedene Ausformungen erhalten hat. Grundsätzlich geht es davon aus, es habe in dem unvorstellbaren Bruchteil der ersten Sekunde nach dem Urknall, nämlich in der „Zeit" von 10^{-35} bis 10^{-32} Sekunden, eine immens beschleunigte Ausdehnung (Inflation) des Universums stattgefunden, welche die Lösung der Probleme ermögliche, die das auf der allgemeinen Relativitätstheorie beruhende Standardmodell aufwirft. So werden problematische Phänomene wie die Flachheit des Universums und seine grundsätzliche Homogenität bei gleichzeitiger inhomogener Verteilung der Strukturen (z. B. Galaxienverteilung) durch Prozesse im Quantenvakuum erklärt, die das Inflationsgeschehen bedingen.[185] Die Inflation beruht demnach maßgeblich auf einem Phasenübergang von hoher Symmetrie der physikalischen Grundkräfte zu niedrigerer Symmetrie, wobei es zu einer überlichtschnellen Expansion des Universums bzw. des Raumes[186] gekommen sein soll. Dadurch seien etwa Vakuumfluktuationen und entsprechende Dichteschwankungen mit ausgedehnt worden, was die inhomogene Galaxienverteilung erkläre.[187]

Die *Quantenkosmologie* versucht heute, die gesamten kosmologischen Prozesse quantenmechanisch zu erörtern, wie etwa die *Quantengeometrie* mit ihrem Versuch, Phänomene der allgemeinen Relativitätstheorie (Gravitation) und der Quantenfeldtheorie gemeinsam zu beschreiben. Das bleibt jedoch problematisch, weil Quantentheorie und allgemeine Relativitätstheorie bisher nicht zu vereinen sind, denn die „Einbeziehung der Gravitation, also eine die allgemeine Relativitätstheorie aufnehmende Quantenfeldtheorie der Gravitation, steht bis heute aus"[188]. Insgesamt

184 Zur detaillierteren Erörterung siehe D. Evers: Raum, S. 204 ff.

185 Siehe zu den Problemkonstellationen *Kap. VI,2.3.*

186 Darin besteht kein Widerspruch zur Relativitätstheorie, die nur überlichtschnelle Bewegung im Raum ausschließt.

187 Vgl. *Anm. 51, VI. Kap.* – Zu Einzelheiten des Modells siehe D. Evers: Raum, S. 218 ff. – Das 1986 von Andrej Linde entworfene Modell der „*chaotischen Inflation*" geht davon aus, dass sich mit der Inflation ein *Multiversum* vollzieht, weil sich die Inflation im Großteil des Universums ständig ereignet und nur in Teilen erlischt, in denen dann – im Übergang zur mehr linearen Ausdehnung des Standardmodells – voneinander unabhängige Inseluniversen entstehen.

188 D. Evers: Raum, S. 212, Anm. 162. – Die physikalischen *Vereinigungstheorien* sind bisher mit ihrem Versuch gescheitert, die vier bekannten physikalischen Grundkräfte (elektromagnetische Kraft, schwache und starke Wechselwirkung, Gravitation) zu vereinen. Zwar konnte 1967 die elektromagnetische Kraft mit der schwachen Wechselwirkung zur elektroschwachen Kraft verbunden wer-

ist nach wie vor festzuhalten: „Die Erweiterungen des Standardmodells durch die inflationären Modelle und die Quantenkosmologie sind noch weit davon entfernt, alle Fragen zu beantworten, die im Standardmodell offenbleiben, ja sie werfen selbst neue, zum Teil grundsätzliche Fragen auf."[189] Hier wären neben den prinzipiellen theoretischen Problemen etwa die zu geringe Materiedichte für das Zusammenhalten der Galaxien und die unerklärlich große Expansionsgeschwindigkeit des Kosmos zu nennen, was die Annahmen von Dunkler Materie und Dunkler Energie hervorrief.[190]

Es wird deutlich, wie weitgehend sich die Quantenkosmologie in einem hypothetischen und spekulativen Bereich von Vermutungen bewegt. Allgemein kann jedoch darauf verwiesen werden, dass das quantenphysikalische Wirklichkeitsverständnis mit dem prozessualen Charakter kosmischer und biologischer Abläufe korreliert, in denen geordnete Strukturen aus kontingent-offenen Grundlagen auftauchen und sich zu komplexeren Strukturen entwickeln. Denn solche Prozesse, die heute als Grundlage kosmischer und biologischer Evolution gelten, dürfen für das Entstehen von neuen Formen weder zu statisch noch zu weich bzw. chaotisch sein und brauchen deshalb das Zusammenwirken von kontingenten Möglichkeiten und gesetzmäßigen Rahmenbedingungen (Zufall und Notwendigkeit), damit das Entstehen von Neuem ebenso ermöglicht wird wie verlässliche Strukturen. Dabei ist „Zufall" quantenphysikalisch in dem Sinne zu verstehen, dass nur ein Teil der Möglichkeiten verwirklicht wird, während „Notwendigkeit" die naturgesetzlichen Rahmenbedingungen bildet. Die quantenphysikalisch hervortretende Komplexität von Gesamtsystemen verweist zudem neben dem Einfluss unterer Ebenen auf die oberen Ebenen (aufwärtsgerichteter Einfluss: „Bottom-up", engl.) auch auf den Einfluss oberer Ebenen – mit den in ihnen gebildeten Rahmenbedingungen – auf die unteren Ebenen (abwärtsgerichteter Einfluss: „Top-down", engl.). In diesen Prozessen gewinnt neben der „Relationalität" auch der Aspekt der *„Information"* zunehmend an Bedeutung.[191] Der Teilchenphysiker und Theologe John Polkinghorne bezieht sich dabei auf den naturwissenschaftlichen Begriff der „aktiven Informa-

den, doch die „Großen Vereinigungstheorien" (GUT: „Grand Unified Theories") finden schon für die zusätzliche Einbeziehung der starken Wechselwirkung letztlich keine gesicherte Grundlage, was erst recht für die Gravitation gilt. – Zu diesen Zusammenhängen und zu neueren Versuchen, wie etwa der *Schleifenquantengravitation* oder der *Stringtheorie,* sowie zu damit zusammenhängenden weiteren *hochspekulativen kosmologischen Modellen* siehe *Kap. VII.*

189 Ebd., S. 225.

190 Siehe dazu *Kap. VI,2.3 u. VII.*

191 Eine außergewöhnliche Sicht vertritt der Physiker Thomas Görnitz, der davon ausgeht, dass Quantenbits als kleinstmögliche Einheiten von Information mit den in ihnen enthaltenen vielfältigen Möglichkeiten nicht nur Eigenschaften von Quantenobjekten sind, sondern auch einen eigenständigen Realitätsstatus besitzen. Es handele sich um eine primär bedeutungsfreie Quanteninformation, die sich eine Bedeutung einprägen kann und in der Anbindung an Quantenobjekte diese zum Träger bedeutungsvoller Information werden lässt. Als „Grundsubstanz der Welt" erzeuge die Quanteninformation Raum und Zeit. (Vgl. T. Görnitz: Naturwissenschaft, S. 157 ff., und *Anm. 427, XI. Kap.*) – Siehe dazu auch die entsprechende „Ur"-Theorie Carl Friedrich von Weizsäckers und deren kritische Einordnung *(Kap. IX,3).* – Zum Verständnis des *Zufalls* siehe *Kap. XI,1.1.3.*

tion“[192], um die theologischen Implikationen der quantenphysikalischen Dimension der Information zu benennen, die sich als „Äquivalent zur theologischen Rede vom [...] Wirken des Geistes [Gottes] in der Schöpfung erweisen“[193] könne. Ähnlich gibt Eberhard Wölfel hinsichtlich einer möglichen Bezugnahme auf Gott zu bedenken, dass „die dem Kosmos innewohnende ‚Kreativität‘ (als Information und Energie) [...] sich insoweit durchaus von ihm her denken“[194] lässt, worin sich die schöpferische Bedeutung Gottes allerdings längst nicht umfassend und in ihrer Charakteristik erschließt[195].

Die in der Quantenphysik und der Kosmologie hervortretenden Prozesse lassen den unumkehrbaren Zeitverlauf mit den entsprechenden Entwicklungen bereits erkennen, was sich vorher auch schon mit der Evolutionstheorie angedeutet hatte. Durch die Thermodynamik (Wärmelehre) und ihre Weiterentwicklung kamen die Gerichtetheit der Zeit und die grundsätzliche Geschichtlichkeit der Natur sowie die damit verbundene Entstehung eigenständiger komplexer und lebendiger Systeme nachhaltig zum Vorschein.

4. Die Thermodynamik (I. Prigogine u. a.): Geschichtlichkeit der Natur (Zeitverständnis) und selbstorganisierende Systeme

In der im 19. Jahrhundert entstandenen Thermodynamik bzw. Wärmelehre geht es um wärmeerzeugende und -verbrauchende Prozesse, die unumkehrbare und gerichtete zeitliche Abläufe transparent werden lassen. Die Weiterentwicklung der Thermodynamik im 20. Jahrhundert – besonders durch Ilya Prigogine – eröffnete im Kontext dieser irreversiblen zeitlich gerichteten Prozesse die Einsicht in die Entstehung strukturierter und komplexer Systeme und in deren sogenannte „Selbstorganisation“. Damit kam auch physikalisch die schon in der Evolutionstheorie, Quantenphysik und Kosmologie hervorgetretene und für die Geisteswissenschaften grundlegende Dimension der Geschichtlichkeit unwiderruflich zur Geltung, wobei sich zugleich der Charakter der Entstehung und Erhaltung komplexer lebendiger Systeme zu erkennen gab.

Anfang des 19. Jahrhunderts entwickelte sich aus der Frage, wie Wärme in mechanische Arbeit umzuwandeln ist (Dampfmaschinen), die *Thermodynamik* (griech.: *thermos*/warm, *dynamis*/Kraft). Verstand man Wärme anfangs noch als einen „Wärmestoff“, der wie gewichtsloses Wasser hin und her fließt, erkannte man später, dass es sich um Formen der Energie handelt. Aus den energetischen Prozessen

192 Siehe dazu *Anm. 154, VI. Kap.*

193 J. Polkinghorne: Theologie, S. 122. – Siehe dazu *Kap. XI,1.2 u. XII,3.*

194 E. Wölfel: Art. „Naturwissenschaft I u. II“, S. 206f. – Ian G. Barbour: Naturwissenschaft, S. 192, kommt zu dem Schluss: „Quantenereignisse haben notwendige, aber keine hinreichenden physikalischen Ursachen. Wenn sie nicht vollständig durch die Beziehungen bestimmt werden, die die Gesetze der Physik beschreiben, könnte ihre endgültige Determination von Gott stammen.“

195 Siehe dazu *Kap. XI.*

in geschlossenen Systemen resultierte zunächst der *Erste Hauptsatz der Thermodynamik,* der besagt, dass die Energie in einem geschlossenen System konstant bleibt. Zwar können Energieformen ineinander übergehen, aber die Energie kann weder vernichtet noch neu erzeugt werden. Durch diesen vornehmlich von Julius Robert Mayer und James Prescott Joul aufgestellten „Energieerhaltungssatz", den Hermann von Helmholtz zum „Prinzip von der Erhaltung der Energie" vertiefte, konnten „unter energetischem Gesichtspunkt [...] alle Zweige der physikalischen Wirklichkeit zusammengeschlossen"[196] werden. *Rudolf Clausius* (1822–1888) übertrug das Prinzip der Energieerhaltung auf die ganze Welt als dem größten abgeschlossenen System und formulierte den Ersten Hauptsatz der Thermodynamik 1865 zusammenfassend folgendermaßen: „*Die Energie der Welt ist constant.*"[197]

Zur grundlegenden Veränderung physikalischer und naturwissenschaftlicher Perspektiven sollte dann der von Clausius aufgestellte *Zweite Hauptsatz der Thermodynamik* führen, und zwar im Blick auf das Verständnis der *Zeit.* Er beinhaltet das Phänomen, dass in einem geschlossenen System immer eine Umwandlung zum thermodynamischen Gleichgewicht erfolgt *(Entropie),* einem Zustand relativer Unordnung bzw. energetischer Gleichverteilung im Raum, der besteht, wenn nicht durch Energiezufuhr Strukturen höherer Ordnung erzeugt werden. *Veranschaulichen* lässt sich die Umwandlung in den Unordnungsstatus des Gleichgewichts eines Systems folgendermaßen: Gibt man in ein *Wasserglas* einen Farbtropfen, hat dieser durch die Zufuhr von außen zunächst eine geordnet abgegrenzte Struktur, die aber mit der Zeit in die ungeordnete Vermischung bzw. Gleichverteilung mit dem gesamten Wasser übergeht. Da es nie zur umgekehrten Entwicklung kommen kann, nimmt in einem geschlossenen System die „Umwandlung in Unordnung" bzw. die Entropie immer bis zur Erreichung des thermodynamischen Gleichgewichts zu.[198] Entsprechend lautet der von Clausius formulierte Zweite Hauptsatz der Thermodynamik: „*Die Entropie der Welt strebt einem Maximum zu.*"[199] Das heißt aber im Unterschied zum Verständnis der umkehrbaren bzw. reversiblen Zeit in der klassischen Physik, dass die Naturprozesse durch eine eindeutige und irreversible Zeitrichtung ausgezeichnet sind. „Damit ist erstmals ein physikalisches Grundprinzip behauptet, das ein unumkehrbares zeitliches Gerichtetsein aller physikalischen Prozesse und damit ein objektives Unterscheidungsmerkmal von Vergangenheit und Gegenwart zu etablieren scheint."[200]

Unterstrichen wurde diese Einsicht durch die Wahrnehmung der *zerstreuenden (dissipativen)* Struktur von Wärmeprozessen, die zur unumkehrbaren Abnahme nutzbarer Energie führt. Wird *zum Beispiel* verbrennendes *Holz* zur Wärmeabgabe verwendet, ist es nie wieder in den Zustand unverbrauchter Energie rückführbar, da nur Asche übrigbleibt. „Die Irreversibilität einer Energiedissipation [bzw.

196 E. Wölfel: Art. „Naturwissenschaft I u. II", S. 195.

197 R. Clausius: Anwendung, S. 400.

198 Entropie wird deshalb vereinfacht auch als Maß für Unordnung verstanden.

199 R. Clausius: Anwendung, S. 400.

200 D. Evers: Raum, S. 310. – Zur detaillierten Darlegung der Entstehung des Ersten und Zweiten Hauptsatzes der Thermodynamik siehe ebd., S. 304–319.

-zerstreuung] bewirkt so die Einlinigkeit des Weltgeschehens und gibt dem Postulat einer (zukunfts-)gerichteten Zeit einen physikalischen Sinn"[201], was kosmologisch gesehen die Vorstellung vom „Wärmetod" des Kosmos stützt: „Indem die Energievorräte der Welt sich erschöpfen, führt der ‚Pfeil der Zeit' einem ‚Wärmetod' entgegen"[202]. Clausius hatte diese schon bei von Helmholtz zu findende Sicht erstmals mit dem Begriff „Wärmetod" zusammengefasst. Allerdings wirft die später entstandene Urknalltheorie Fragen hinsichtlich der wachsenden Unordnung bzw. Entropie im Gesamtkosmos auf, da am Anfang minimale Entropie geherrscht haben müsste, aber die Annahme einer heißen „Elementarteilchen-Suppe" nahe des Urknalls wohl eher auf maximale Unordnung hinweist. Damit stellt sich zugleich die gegenläufige Frage, wie es angesichts des Zweiten Hauptsatzes der Thermodynamik zunächst überhaupt zu Strukturbildungen im Universum kommen konnte.[203] Grundsätzlich bleibt aus heutiger Sicht nach Friedrich Cramer naturwissenschaftlich zu bedenken, dass keine konkreten Prognosen des kosmischen Verlaufs möglich sind, da sich die kosmische Zeit über unvorhersehbare Bifurkations- bzw. Verzweigungspunkte entfaltet: „Der Kosmos ist ein unvollendeter Prozeß, der seine eigene Zukunft nicht kennt."[204] Insgesamt war durch den Zweiten Hauptsatz der Thermodynamik und seine Implikationen zumindest schon damals der Vorstellung von einem ewigen gleichförmigen Kosmos, wie sie im 19. Jahrhundert auf dem Boden der klassischen Physik vorherrschte, die Grundlage entzogen. Auch Versuche, wie etwa der von Ludwig Boltzmann (1844–1906), den Zweiten Hauptsatz der Thermodynamik mit Gesetzen der klassischen Mechanik zu erklären, scheiterten schließlich daran, dass „der Determinismus der mechanischen Theorie mit der tatsächlichen Irreversibilität natürlicher Prozesse, wie sie sich im zweiten Hauptsatz der Thermodynamik spiegelt, inkompatibel ist"[205], und zwar aufgrund der Erfahrungswirklichkeit.

Vor dem gezeigten Hintergrund stellte man sich seit den 1930er Jahren die Frage, wie offene Systeme entstehen, die sich in ständigem Austausch mit der Umwelt befinden und oft fern vom thermodynamischen Gleichgewicht existieren – und wie sie in diesem Zustand verharren können. Besonders fern vom Gleichgewicht befindliche komplexere und lebende Systeme lassen entgegen der Entropiezunahme sogar immer wieder den Aufbau noch höherer Ordnungen erkennen. Diese Beobachtungen und Fragestellungen führten zu einer Thermodynamik der Nicht-Gleichgewichtssysteme, mit der insbesondere der russisch-belgische Physiko-

201 E. Wölfel: Art. „Naturwissenschaft I u. II", S. 195. – Siehe zu den ersten beiden Hauptsätzen der Thermodynamik und der Bedeutung des zweiten Hauptsatzes für die Infragestellung der klassischen Physik im 19. Jahrhundert auch *Kap. VI,1.* – Es gibt noch einen *Dritten Hauptsatz der Thermodynamik* von Walther Nernst (1905), nach dem der absolute Nullpunkt der Temperatur nur annähernd zu erreichen ist, wodurch eine prinzipielle Grenze aufgezeigt wird.

202 Ebd., S. 195 f. – Siehe dazu *Kap. VI,2.3.*

203 Vgl. H.F. Goenner: Entwicklung, S. 273 f.; H.J. Fahr: Alternativen, S. 93, und T. Dennebaum: Urknall, S. 158.

204 F. Cramer: Ursprungsmythos, S. 81. – Siehe dazu auch *Kap. VI,2.3.*

205 D. Evers: Raum, S. 318.

chemiker *Ilya Prigogine* (1917–2003) die Thermodynamik zu einer *umfassenden Theorie irreversibler Prozesse und selbstorganisierender komplexer bzw. lebender Systeme* ausbaute.[206] Bereits 1945 zeigte Prigogine unter Rückgriff auf den norwegischen Physikochemiker Lars Onsager folgende Zusammenhänge: Durch ständige Aufnahme von Energie aus der Umgebung und entsprechende Abgabe von Entropie an die Umwelt können offene Systeme in einem Nicht-Gleichgewichts-Zustand verharren, wobei sich die nach dem Zweiten Hauptsatz der Thermodynamik geltende Gesamtbilanz der Entropie aus dem Zusammenhang des Austauschs von innerer und äußerer Energiebilanz ergibt. Dieses Beharrungsvermögen trifft besonders auf Systeme zu, die sich nahe am thermodynamischen Gleichgewicht befinden. Hier wirken sich kleine Störungen des Energieflusses kaum aus, da das System mit gewisser Trägheit in dem von den äußeren Randbedingungen ermöglichten Nicht-Gleichgewichts-Zustand verharrt bzw. in linearer Ausrichtung stets in diesen zurückkehrt.[207] Anders kann es sich bei komplexen Systemen fern vom Gleichgewichtszustand verhalten. Hier vermögen schon kleinste Fluktuationen und Einflüsse nicht-lineare Rückkopplungen auszulösen, die Systeme anderer Ordnung entwickeln oder das gesamte System einer höheren Ordnung mit neuen Gesetzmäßigkeiten zuführen. Das spiegelt sich im Phänomen der *Emergenz* wider, dem überraschenden und nicht im Detail berechenbaren Auftauchen komplexerer Strukturen mit eigenen Gesetzmäßigkeiten, welche sich nicht reduktionistisch aus den zugrundeliegenden Einzelphänomenen erklären lassen. *Zum Beispiel* kann in den ungeordneten Turbulenzen eines Flusses plötzlich ein *Strudel* entstehen, der seine eigene Dynamik aufbaut und durch Energieabzug aus der Umgebung aufrechterhält. Deshalb spricht man von *sich selbst organisierenden Systemen,* die kontinuierliche Energiezufuhr aus der Umgebung zur internen Entwicklung des Systems nutzen. Weil dabei ständig Energie „verbraucht" bzw. zerstreut (dissipiert) wird, bezeichnet Prigogine solche Phänomene der „Selbstorganisation" mit ihrer Entwicklung und Aufrechterhaltung höherer Strukturen als „dissipative Strukturen". Diese kennzeichnen besonders lebende Systeme, an welchen deutlich hervortritt, wie bei der Entwicklung höherer Ordnung mit der Abnahme von Entropie (Unordnung) die Zunahme von *Information* in einem System einhergeht, was zugleich den Informationsaustausch mit der Umgebung betrifft. Solche Systeme und Strukturen werden auch von den globalen Bedingungen beeinflusst, in die sie eingebettet sind. Ferner sind sie von den Entscheidungs- bzw. Bifurkationspunkten geprägt, an denen in einer instabilen Phase des Systems unterschiedliche Strukturen neuer Ordnung entstehen können, wobei nur jeweils eine Möglichkeit realisiert wird. Entsprechend hat jedes komplexe und lebende System seine eigene *Geschichte.*[208]

---

206 Prigogine erhielt den Nobelpreis für seine Analysen von dynamischen Systemen fern vom thermodynamischen Gleichgewicht.

207 Vgl. I. Prigogine: Sein, besonders S. 100 ff.

208 Vgl. insgesamt ders.: Zeit, und ders.: Sein. Siehe ferner D. Evers: Raum, S. 319–335; F. Cramer: Ursprungsmythos. – Zur Bedeutung der Information siehe I.G. Barbour: Naturwissenschaft, S. 123 ff.; W. Achtner: Gott, S. 359 f., und siehe dazu auch *Kap. VI,3.3 u. XI,1.2 u. 2.*

So erhalten natürliche und lebendige Systeme laut Prigogine auch aus physikalischer Sicht eine *„historische Dimension“*[209], weil sie sowohl von den irreversiblen thermodynamischen und energiezerstreuenden Prozessen als auch von ihrer strukturellen Entwicklungsgeschichte geprägt sind. Der damit bestehende *thermodynamische Zeitpfeil* verweist also gegenüber der reversiblen (umkehrbaren) Zeit der klassischen Physik auf eine zeitlich gerichtete und geschichtliche Unterscheidung von Vergangenheit und Zukunft und lässt auch aus physikalischer Perspektive erkennen: „[…] das Lebendige hat eine *irreversible Dynamik*“[210]. Prigogine hebt hervor, dass die Physik dadurch nicht nur mit der lebensweltlichen Erfahrung von Vergangenheit, Gegenwart und Zukunft *(psychologischer Zeitpfeil)* kompatibel wird, sondern auch mit den Entwicklungsgedanken in der Biologie (Evolution) oder der Kosmologie (Expansion, *kosmologischer Zeitpfeil*). Das „Werden“ und die Entwicklung von Leben im Kontext gerichteter und irreversibler Zeitabläufe seien jetzt in ihrer Geschichtlichkeit auch physikalisch greifbar, was Berührungspunkte mit den *Geisteswissenschaften* zeige und den Dialog erfordere.[211]

Als Hintergrund der Zeitrichtung der jeweiligen Einzelsysteme gilt die gerichtete kosmische Dynamik, mit der alle Systeme letztlich verbunden sind. Denn die Expansion des Kosmos und die gegenwirkende Gravitation können „die Materie-Energie-Wechselwirkungen entkoppeln, so daß lokale Materiezusammenballungen mit intensiven nuklearen Reaktionen entstehen, die von leerem Raum umgeben sind, in den hinein sie Energie und Materie abgeben. Nur über diese Ausgleichsprozesse können sich lokal von ihrer Umgebung relativ abgeschlossene komplexe Systeme bis hin zu lebenden Strukturen bilden und halten.“[212] Es ist also auch die zeitlich gerichtete Entwicklung des Kosmos zum thermodynamischen Gleichgewicht („Wärmetod“), die durch ihre energetische Dynamik das „Werden“ bzw. die Entstehung von Leben ermöglicht und somit einen *„Zeitpfeil zunehmender Komplexität“* hervorruft: „Dieser gibt eine Entwicklungsrichtung an, die von dem nahezu strukturlosen frühen Universum zu unserer hochkomplex strukturierten Welt geführt hat.“[213] Die geschichtliche Entwicklung des Kosmos und die geschichtliche Entstehung des Lebens gehören auf diese Weise zusammen.

Dabei werden *grundsätzliche Gemeinsamkeiten thermodynamischer, chaotischer und quantenphysikalischer Prozesse* sichtbar. In Entsprechung zur „Chaostheorie“, nach der Systeme aufgrund ihrer Komplexität trotz determinierter Zusammenhänge durch kleinste Änderungen spontane und nicht-lineare Veränderungen erfahren können[214], sind auch die unvorhersehbaren thermodynamischen Systemsprünge zu

209 I. Prigogine: Sein, S. 221.

210 F. Cramer: Ursprungsmythos, S. 75.

211 Zu den naturwissenschaftlichen und philosophischen Implikationen der erweiterten Thermodynamik siehe I. Prigogine/I. Stengers: Paradox, und I. Prigogine/I. Stengers: Dialog. – Zu den verschiedenen Zeitpfeilen vgl. auch D. Evers: Raum, S. 346, und J. Polkinghorne: Theologie, S. 65 f.

212 D. Evers: Raum, S. 349.

213 J. Polkinghorne: Theologie, S. 66.

214 Siehe zur Chaostheorie *Kap. VI,3.2.*

höherer Ordnung laut Prigogine ein „Mittelding" zwischen Zufall bzw. Spontanität und regelgeleiteter Ordnung.[215] Die durch energetische Grenzsituationen eines Systems entstehenden Verzweigungspunkte zu höherer Ordnung mit ihren offen Möglichkeiten basieren nämlich auf der „Geschichte" des Systems mit seinen jeweiligen „Entscheidungen" bei den bisherigen Verzweigungen, so dass die eröffneten Möglichkeiten nicht völlig willkürlich erscheinen, sondern sich im Rahmen einer bereits eingeprägten Symmetrie bewegen. Das korreliert zugleich mit der Quantentheorie, die ebenfalls auf den Zusammenhang von regelgeleiteten Strukturen und offener Spontanität verweist, wobei sich auf der Basis der Faktizität der Vergangenheit die unterschiedlichen Möglichkeiten für die Zukunft eröffnen.[216] Entsprechend gilt gegenüber dem umkehrbaren *Zeitverständnis* der klassischen Physik, dass sich die Faktizität der Vergangenheit grundsätzlich von den Möglichkeiten der Zukunft unterscheidet und in der Gegenwart als „Ort des Wirklichen" der Umschlag des Möglichen ins Faktische erfolgt.[217] Das Verständnis der Zeit wird also sowohl vom messbaren Nacheinander der Zeitpunkte bzw. der Zeitstrecke (der sogenannten B-Reihe) als auch vom erfahrbaren Zeitfluss als Vergangenheit, Gegenwart und Zukunft (der sogenannten A-Reihe) geprägt. Während die B-Reihe als gegebenes faktisches Nacheinander die Grundlage des Möglichkeitsraums für das Zukünftige bildet, ermöglicht die A-Reihe die Gegenwartserfahrung des Übergangs von offener zukünftiger Möglichkeit in faktische Vergangenheit. Das Zusammenspiel beider Reihen bildet die Voraussetzung für die Verlässlichkeit von Wirklichkeitsstrukturen auf der einen Seite und für die Möglichkeit der Entstehung von Neuem auf der anderen Seite, und zwar im Kontext unumkehrbaren geschichtlichen Werdens.[218] Mit diesen Zusammenhängen korrespondiert das gezeigte naturgesetzliche Zusammenspiel von regelgeleiteter Ordnung und „Zufall" bzw. Spontanität, ebenfalls als Voraussetzung für die Gewährung verlässlicher Strukturen *und* neuer Möglichkeiten, was die Grundlage für die Entstehung und Erhaltung von Leben darstellt.[219]

Aufgrund der geschichtlichen Gerichtetheit der Zeit und der durch Möglichkeiten charakterisierten offenen Zukunft reichen diese Aspekte naturwissenschaftlichen Zeitverständnisses an die Grenze *religiöser Phänomene.* „Wenn die Zukunft aus einem Möglichkeitsfeld besteht, dann sind die zukünftigen Möglichkeiten ein ‚Feld des Unverfügbaren' […]. Die offenen Möglichkeiten der Zukunft kommen

215 Vgl. I. Prigogine/I. Stengers: Paradox, S. 120 ff.

216 Vgl. F. Cramer: Ursprungsmythos, S. 83 f.; I.G. Barbour: Naturwissenschaft, S. 122 f., und D. Evers: Raum, S. 350 ff., der hinsichtlich der Verbindung von mikro- und makrophysikalischer Ebene herausstellt: „Während quantenmechanische Gesetze auf der Ebene der elementaren mikroskopischen Ereignisse für indeterministische Übergänge von einem Zustand zum nächsten verantwortlich sind, sorgt das nicht-lineare Chaos dafür, daß solche Effekte auf die makroskopische Ebene durchschlagen können." (Ebd., S. 354)

217 Vgl. U. Beuttler: Zeit, S. 195.

218 Siehe zur detaillierten Erörterung dieses Zeitverständnisses ebd. S. 173–195; D. Evers: Raum, S. 319–360; M. Mühling: Zeitfaktoren, S. 298–311; W. Achtner: Gott, S. 348–366.

219 Siehe dazu *Kap. VI,3.3 u. XI.*

nicht aus der Zeit."[220] Damit weist das Zeitverständnis über sich hinaus und berührt die Dimension der *Transzendenz*. Zudem stellt sich mit der Gerichtetheit der Zeit und der Naturabläufe erneut die Frage nach dem Sinn und dem Ziel der irreversiblen Prozesse, also die *teleologische* Frage. Nicht zuletzt kommt auch das Verhältnis von Zeit und Ewigkeit in den Blick.[221] Die Prozesse der „Selbstorganisation" werden zuweilen mit der *creatio continua*, der fortgesetzten Schöpfung Gottes, verbunden, die sich etwa darin äußern könne, dass Gott die Schöpfung zu „aktiver Selbsttranszendenz" mit entsprechenden Entwicklungsmöglichkeiten befähigt habe.[222] Vielfach wird im Zusammenwirken von regelgeleiteter Ordnung und Spontanität eine Korrelation zu Gottes erhaltender Treue und seiner verborgen wirkenden Hervorbringung von Neuem gesehen.[223]

Die mit der weiterentwickelten Thermodynamik erzielten Einsichten weisen wie die Erkenntnisse der anderen Paradigmenwechsel zu Beginn des 20. Jahrhunderts über sich selbst hinaus und eröffnen dadurch neue Perspektiven für den Dialog mit Philosophie und Theologie. Das gilt auch für die zur gleichen Zeit stattgefundene Grundlagenkrise der Mathematik und die daraus resultierende tiefe Zäsur mit ihren weitreichenden Implikationen.

5. Die Mathematik (K. Gödel u. a.): Unvollständigkeit und Begrenztheit der Mathematik

Während die bisher gezeigten Umbrüche bzw. Paradigmenwechsel in den Naturwissenschaften zu Beginn des 20. Jahrhunderts zumindest grundsätzlich wahrgenommen – wenn auch nicht immer nachvollzogen – wurden, ist die *tiefe Zäsur in der Mathematik*, die sich im Gefolge der mathematischen Grundlagenkrise zu Beginn des 20. Jahrhunderts ereignete, kaum ins öffentliche Bewusstsein getreten. Das erweist sich als umso bedenklicher, als sich die Naturwissenschaften konstitutiv auf die Mathematik gründen.[224] Der Logiker und Mathematiker *Kurt Gödel* (1906–1978) bewirkte 1931 mit seinen beiden *Unvollständigkeitstheoremen* über die Begrenztheit der Mathematik[225] nicht nur eine Erschütterung der Mathematik, son-

220 U. Beuttler: Zeit, S. 196.

221 Siehe zu diesen Zusammenhängen *Kap. II,3; IV,1; XI.*

222 Vgl. U. Kropač: Naturwissenschaft/Dialog, S. 362 ff., der sich mit diesem Beispiel auf S.N. Bosshard bezieht. Vgl. auch I.G. Barbour: Naturwissenschaft, S. 187, der diesbezüglich auf die Unterscheidung von N. Gregersen zwischen *Struktur verleihenden Ursachen* (Begrenzung der Möglichkeiten) und *auslösenden Ursachen* (Einzelereignisse) verweist. Zu unterschiedlichen naturalistischen, philosophischen und theologischen Zugängen zum Phänomen der „Selbstorganisation" siehe W. Schoberth: Schöpfung.

223 Siehe insgesamt zu den theologischen Implikationen *Kap. XI.*

224 „Diese Vorgänge können schon deshalb nicht ausgeblendet werden, weil sich die Naturwissenschaften auf ein mathematisches Fundament beziehen. Die Frage nach der Tragfähigkeit dieser Fundamente betrifft somit auch naturwissenschaftliche Theorien" (U. Kropač: Naturwissenschaft/Dialog, S. 19).

225 Siehe K. Gödel: Sätze.

dern die Theoreme stellen insgesamt *„einen tiefen Einschnitt in der Mathematik, in der Philosophie der Mathematik, der Erkenntnistheorie, der Wissenschaftsgeschichte und der Geschichte des menschlichen Denkens überhaupt* dar“[226].

Bevor dieser Umbruch, seine Entstehung und seine Bedeutung inhaltlich erörtert werden, soll aufgrund der Relevanz des Einschnitts für die gesamte Naturwissenschaft kurz an die Entwicklung der mathematischen Fundierung der Naturwissenschaft erinnert werden. In der *Antike* hat nach Kants Auffassung bereits *Thales von Milet* (ca. 623–548 v. Chr.) das Denken revolutioniert, indem er erfahrungsbezogene Mathematik in demonstrative Beweisführung verwandelte.[227] Maßgeblich für die weitere Entwicklung wurde die von *Euklid* (3. Jahrhundert v. Chr.) entwickelte Geometrie, die dieser aus wenigen Axiomen ableitete bzw. deduzierte. Damit wurde Euklid zum Musterbeispiel für mathematische Beweisführung. Entsprechend hält der Mathematiker und Theologe Ulrich Kropač fest: „Seit der Antike kommt der Mathematik als Paradigma einer beweisenden, von der Erfahrung unabhängigen Wissenschaft eine weitreichende Bedeutung […] zu.“[228] Während jedoch Naturerscheinungen von der Antike bis zum Mittelalter in platonischer, aristotelischer und christlicher Prägung unter Berücksichtigung ihrer Material-, Form- und Zweckursachen durch begriffswissenschaftliche Argumentation qualitativ beschrieben wurden, fand zu *Beginn der Neuzeit* eine Reduktion auf das Experiment und die mathematische Formalisierung statt. Diesen methodischen Paradigmenwechsel vollzogen zunächst besonders *Johannes Kepler* und *Galileo Galilei.* Letzterer sah das Buch der Natur „geschrieben in der Sprache der Mathematik“[229]. Durch die mit dem Paradigmenwechsel verbundene Konzentration auf die Kausalanalyse ging die ganzheitliche Sicht auf die Natur mit ihren Material-, Form und Zweckursachen und dem entsprechenden teleologischen Charakter verloren. Die mathematische Axiomatik Euklids wurde zum Methodenideal des Rationalismus, was die universale Relevanz der Mathematik in *René Descartes'* Philosophie bezeugt. Mathematik fungiert hier als Anker und materiale Grundlage der Vernunfterkenntnis sowie als Basis der Naturwissenschaften, was Descartes durch seine rein geometrische Definition der gesamten Natur unterstreicht *(Mathesis universalis).* Mit seiner „analytischen Geometrie“ konnte er gesetzmäßige Veränderungen deterministisch und prognostizierbar abbilden. Vollends kommt die mathematische Durchdringung der Natur in *Isaac Newtons* Lehrbuch „Mathematische Prinzipien der Naturlehre“ zum Ausdruck, in dem die gesamte Mechanik axiomatisch fundiert wird und die Prägung der Welt durch mathematische Gesetze hervortritt.[230] Philosophisch vertieft und festgeschrieben wurde diese Entwicklung

226 U. Kropač: Naturwissenschaft/Dialog, S. 18 (Hervorhebung vom Vf.). Vgl. ebd., S. 19, 221, 229.

227 Vgl. I. Hacking: Einführung, S. 26.

228 U. Kropač: Naturwissenschaft/Dialog, S. 122.

229 G. Galilei: Le opere VI, S. 232: „scritto in lingua mathematica“.

230 Durch die von Newton – und Leibniz – entwickelte Infinitesimalrechnung konnte man auch beschleunigte Bewegungen erfassen, bei gleichzeitiger deterministischer Umkehrbarkeit der Zeit (reversibles Zeitverständnis). Das unterstreicht die geschlossene statische Sicht der Newtonschen Mechanik.

von *Immanuel Kant,* für den naturwissenschaftliche Erkenntnis auf den apriorischen mathematischen Vernunftprinzipien und den entsprechenden Experimenten beruht, so dass die in der Naturerkenntnis enthaltene Mathematik die Wissenschaftlichkeit der Naturforschung bzw. Naturwissenschaft ausmacht. Nach Kant geben die apriorischen und durch die reinen Formen mathematischer Konstruktion geprägten Anschauungsformen der Vernunft die Gesetzmäßigkeit der Gegenstandswelt vor. Die euklidische Geometrie galt Kant als die apriorische bzw. von Natur aus vorgegebene reine Anschauung des Raumes. Mit der Vorgabe der mathematischen Wirklichkeitskategorien und ihrer gesetzlich-deterministischen Formalisierung – einschließlich der Prognostizierbarkeit der Naturabläufe – ging zusehends die Unterwerfung und vermeintliche Beherrschbarkeit der Natur einher.[231]

Als Bernhard Riemann im *19. Jahrhundert* gekrümmte Flächen in mehrfacher Ausdehnung darzustellen versuchte, was später die Beschreibung der sphärischen Krümmung des Kosmos bzw. der vierdimensionalen Raumzeit in der allgemeinen Relativitätstheorie ermöglichte, war das mit der euklidischen Geometrie nicht mehr möglich. Es bedurfte einer *nicht-euklidischen Geometrie,* welche sich – entgegen der euklidischen Vorstellung einer realen Darstellung der Raumverhältnisse – als unanschaulich erwies, denn ein vierdimensionaler nicht-euklidischer Raum ist anschaulich nicht vorstellbar. Mit der Entwicklung der nicht-euklidischen Geometrie bahnte sich im 19. Jahrhundert die *Grundlagenkrise* der Mathematik zu Beginn des 20. Jahrhunderts an. Denn diese Geometrie widersprach der von Kant geprägten Grundauffassung, die euklidische Geometrie sei die apriorische – und damit einzige – reine Anschauung des Raumes. In der allgemeinen Relativitätstheorie galt die euklidische Geometrie dann nur noch als Grenzfall kosmologischer Strukturen (geradlinig und flach).[232] Durch die Erschütterung der von Kant betonten apriorischen Bedeutung bestimmter mathematischer Strukturen kamen die grundlegenden Unterschiede in der Auffassung vom *Wesen der Mathematik* zum Vorschein. Für eine von Platon über Descartes, Kant und Newton führende Linie „ist die Mathematik ein a priori bestehender Bestandteil des Universums, den es zu ‚entdecken' gilt"[233] bzw. als vorgegebene Kategorie der Vernunft wahrzunehmen gilt. Aufgrund neuer Zuordnungen von Logik und Mathematik im 19. Jahrhundert wurde demgegenüber die Vorstellung von Mathematik als einem Gedanken*konstrukt* forciert.[234] Hatte Kant der Logik nur analytische Urteile und der Mathematik hingegen

231 Zu Kant – und Descartes – siehe *Kap. V,3 u. II,2.* Zur detaillierten Erörterung der gezeigten geschichtlichen Zusammenhänge und der entsprechenden Konzeptionen insgesamt siehe *Kap. II,2; V,1–3; VI,1–3.*

232 Siehe zu diesen Entwicklungen *Kap. VI,2.2.*

233 B. Eylert: Gott/Welt, S. 71.

234 Vgl. ebd., S. 71 f., wo auch der Hinweis auf den ungarischen Physiker Eugene Wigner (1902–1995) erfolgt, der in Verbindung beider Positionen die Axiome der Mathematik für vorgegeben hält, aber davon ausgeht, dass die daraus abzuleitenden Sätze zu konstruieren sind. – Die Frage nach dem *Wesen der Mathematik* hat die Geschichte der Mathematik stets begleitet, in der es auch schon andere Krisen gab, die aber nicht von der Grundsätzlichkeit waren, wie die Krise zu Beginn des 20. Jahrhunderts mit ihren weitreichenden Implikationen. – Hinter der im 19. Jahrhundert neu

synthetisch-apriorische Urteile zugestanden und somit beide Dimensionen voneinander geschieden, entstand im 19. Jahrhundert eine enge Verbindung zwischen *Mathematik und Logik*. Das hatte mit einer weiteren grundlegenden Verunsicherung zu tun, die maßgeblich zur Grundlagenkrise der Mathematik beitrug, nämlich der Entdeckung von Widersprüchen bzw. Antinomien in der von Georg Cantor (1845–1918) initiierten Mengenlehre, die man für ein gesichertes Fundament der klassischen Mathematik hielt.[235] Weil das *Antinomienproblem* auch in logischer Begrifflichkeit zu formulieren war, betraf es Mathematik und Logik gleichermaßen, was den Grundlagenstreit verschärfte. Als Gottlob Frege (1848–1925) die Mathematik in der Logik verankerte, entdeckte Bertrand Russel (1872–1970) eine Antinomie in dieser Verankerung. Deshalb suchte man im Verbund bzw. Spannungsfeld von Mathematik und Logik nach Problemlösungen, wobei sich drei Richtungen mathematischer Grundlagendiskussion als maßgeblich erwiesen: der *Logizismus,* der die Mathematik auf die Logik zurückzuführen versuchte; die *intuitionistische bzw. konstruktivistische Mathematik* mit der Vorstellung von der Konstruierbarkeit der Mathematik und der *Formalismus,* der eine rein formalistische Mathematik anstrebte.[236]

Angesichts der in allen drei Richtungen auftretenden Schwierigkeit, letztgültige konsistente Begründungen der Mathematik zu erzielen, und angesichts des Scheiterns der realitätsbezogenen kantischen apriorischen Anschaulichkeit der Mathematik, versuchte *David Hilbert* (1862–1943) im Kontext des Logizismus auf rein formalistische Weise das zweitausend Jahre alte axiomatische Prinzip Euklids zu radikalisieren. So wollte er die Mathematik von allen inhaltlich-anschaulichen und metaphysisch-ontologischen Voraussetzungen befreien – als Voraussetzung einer *unumstößlichen und widerspruchsfreien Selbstbegründung der Mathematik.* Hilbert stellte seine rigorose Axiomatik, in der es um formale und logische Richtigkeit ging und nicht um faktische Wahrheit, erstmals 1899 in seinem Beitrag „Grundlagen der Geometrie"[237] vor. Die mathematischen Axiome und die an ihnen orientierte rein formale logische Deduktion enthielten für Hilbert in ihrer Systemimmanenz keine Implikationen für eine außerhalb ihrer selbst liegende Wirklichkeit. „Galten die Axiome seit der Antike bis herauf in die Neuzeit als allgemein einsichtige Grundsätze von unumstößlicher Wahrheit, werden sie in der kritischen Mathematik Hilberts zu im Prinzip beliebigen Hypothesen, deren Wahrheit irrelevant ist. […] Durch seine Axiomatik leitete Hilbert eine neue Denkweise in der Mathematik zu Beginn des 20. Jahrhunderts ein. Sein am Beispiel der Geometrie veranschaulichtes Konzept, die Mathematik vom Ballast traditioneller Prämissen und Probleme zu

aufgebrochenen Fragestellung verbirgt sich auch der alte „*Universalienstreit*" über die Frage, ob die mehreren Dingen gemeinsamen Allgemeinbegriffe wie Zahlen (Universalien) ontologisch bzw. realistisch zu verstehen sind – oder nominalistisch als vernunftgemäße Begriffsbildungen.

235 Die später vorgenommene Charakterisierung von Cantors Mengenlehre als „naive Mengenlehre" übersah, dass Cantor selbst die Antinomien beschrieben hatte. Es kam zu dieser Einschätzung, weil Cantor die Antinomien nicht veröffentlicht hat, sondern erst nachträglich in Briefen erläuterte.

236 Siehe zu diesen Zusammenhängen U. Kropač: Naturwissenschaft/Dialog, S. 123 f., 135 ff., 160 ff.

237 Siehe D. Hilbert: Grundlagen.

befreien, machte in allen mathematischen Disziplinen Schule."[238] Indem Wahrheit nur noch als inhaltslose logische Richtigkeit verstanden wurde, spielten Anschaulichkeit, ontologischer Charakter und Realitätsbezug der Mathematik keine Rolle mehr, was dem Neopositivismus und seiner Bekämpfung jeglicher metaphysischer Dimensionen entgegenkam. „In der Begründung der Mathematik *auf* der Mathematik, und zwar auf ihrem finiten Teil, sah Hilbert den Ausgangspunkt für eine umfassende Sicherung und Systematisierung des mathematischen, naturwissenschaftlichen und schließlich des menschlichen Wissens überhaupt."[239]

Nachdem Hilberts Versuch, die Mathematik widerspruchsfrei aus sich selbst zu begründen, von Wilhelm Ackermann und John von Neumann aufgegriffen worden war, um die Konsistenz des Entwurfs lückenlos zu belegen, zerstörte *Kurt Goedel* alle Hoffnungen auf die Umsetzung dieses Ansinnens. Seine beiden *Unvollständigkeitstheoreme über die Begrenztheit der Mathematik* lösten „bei ihrer Veröffentlichung im Jahre 1931 eine Erschütterung in der Mathematik aus [...], die bis heute noch verspürbar ist"[240], aber hinsichtlich ihrer weitreichenden Implikationen kaum wahrgenommen wird. Gödels Theoreme zeigten nicht nur die Unmöglichkeit der inneren Selbstbegründung der Mathematik, sondern offenbarten auch, dass „die seit mehr als zwei Jahrtausenden betriebene axiomatische Methode an Grenzen stößt, die unüberwindlich sind"[241]. Für die deduktive mathematische Axiomatik stand bis dahin fest, dass sich alle Aussagen mathematischer Systeme – wie der Arithmetik – durch mathematische Regeln aus den vorgegebenen Axiomen in ihrem Wahrheitsgehalt deduktiv beweisen lassen. Gödel konnte jedoch mit dem sogenannten *Ersten Unvollständigkeitstheorem* nachweisen, dass sich die deduktive Axiomatik etwa in der Arithmetik als „unvollständig" erweist, weil nicht alle wahren Aussagen der Arithmetik aus dem Axiomensystem abzuleiten sind – oder umgekehrt gesagt: Es lassen sich wahre Sätze formulieren, deren Wahrheitswert nicht aus den Axiomen ableitbar ist, so dass es auch unentscheidbare Sätze gibt, die sich weder beweisen noch widerlegen lassen. Damit fallen Wahrheit und Beweisbarkeit auseinander. Da diese folgenreiche „Unvollständigkeit" nicht nur einen zu behebenden Mangel darstellt, sondern konstitutiv ist, erschütterte das entsprechende „Unvollständigkeitstheorem" Goedels die über zweitausend Jahre bewährte mathematische Axiomatik – mit noch zu zeigenden gravierenden Implikationen. Goedel leitete aus seinem Unvollständigkeitstheorem ein damit verbundenes zweites Theorem über das Problem des Konsistenzbeweises mathematischer Systeme ab, weshalb man vom *Ersten und Zweiten Unvollständigkeitstheorem Gödels* spricht.

Mindestens ebenso fundamental und epochal wie die Erkenntnisse des ersten Theorems waren die Einsichten des *Zweiten Unvollständigkeitstheorems*. Es besagt

238 U. Kropač: Naturwissenschaft/Dialog, S. 134 f.

239 Ebd., S. 336. Vgl. insgesamt ebd., S. 132 ff. Zum Gesamtwerk Hilberts siehe D. Hilbert: Abhandlungen, Bd. 1–3.

240 U. Kropač: Naturwissenschaft/Dialog, S. 229. – Zur Veröffentlichung von 1931 siehe K. Gödel: Sätze.

241 U. Kropač: Naturwissenschaft/Dialog, S. 221.

entgegen Hilberts Zielsetzung, die Mathematik und die Widerspruchsfreiheit ihrer formalen Systeme aus sich selbst zu gründen, dass solche Konsistenzbeweise nicht möglich sind, weil die Widerspruchsfreiheit entsprechender mathematischer Systeme nicht innerhalb des Systems bzw. mit Mitteln des Systems zu beweisen ist. Ein solcher Beweis lässt sich nur mit Mitteln und Kriterien führen, die außerhalb des Systems liegen. Gleiches gilt dann aber auch für die Widerspruchsfreiheit des außerhalb liegenden Systems, das selbst wiederum einer äußeren Instanz bedarf, so dass ein fortschreitender Prozess zur jeweils nächsten Instanz entsteht, ein unendlicher Regress. Dieser kann nur dann abbrechen, wenn man auf jeweils neue *formale* Systeme mit ihren Beweisstrukturen verzichtet und unter Rückgriff auf *inhaltliche* Mittel einem System die Unbedenklichkeit in einem „*Akt der Anerkennung*“ zuspricht. Einer nicht zu leistenden und nicht zum Ziel führenden unendlichen Fortsetzung formaler Beweisketten ist also „nur zu wehren, wenn an irgendeiner Stelle des Regresses die Mittel einer Theorie als konsistent angenommen – *geglaubt* – werden“, also inhaltliche „*Überzeugungen* geltend gemacht werden“[242]. Daraus folgt sowohl der Bedarf an nicht-formalen inhaltlichen Begründungskriterien *von außen* als auch „die ‚nachweisliche Unmöglichkeit der Formalisierung‘“ des gesamten „inhaltlichen Denkens“[243]. Der mathematische Formalismus ist immer interpretationsbedürftig und kann verschieden interpretiert werden, was besonders bei der Quantentheorie deutlich hervortrat, etwa an der mathematischen Äquivalenz von Schrödingers Wellenmechanik und Heisenbergs Quantenmechanik bei gleichzeitig unterschiedlicher inhaltlicher Ausrichtung.[244] „Eine physikalische Theorie ist als ein *interpretierter mathematischer Formalismus* zu verstehen und besteht dementsprechend aus *mathematischem Formalismus* und dessen *Interpretation.*“[245] „In diesen verschiedenen Interpretationen äußert sich explizit oder implizit ein bestimmter erkenntnistheoretischer Standpunkt“[246], der einem Weltbild zugeordnet ist.

Mit ihren Einsichten bildeten die beiden Gödelschen Theoreme also nicht nur „eine bemerkenswerte Zäsur“ im Verständnis der Mathematik, sondern auch im Verständnis der Naturwissenschaften überhaupt sowie im Verständnis der Erkenntnistheorie. Das *Erste Unvollständigkeitstheorem* zeigt unwiderruflich die Begrenztheit der mathematischen Axiomatik, „die als *prinzipiell* nicht zu schließende Schere zwischen Wahrheit und Beweisbarkeit zu charakterisieren ist. Mit diesem Theorem scheiterte die Cartesisch-Leibnizsche Hoffnung auf die Ausarbeitung einer mathesis universalis, die die Struktur der Welt durch Zahlen und Formeln total zu erfassen sucht“[247]. Damit scheiterte nach Christian Thiel zugleich der „große Traum der abendländischen Wissenschaft von der deduktiven Beherrschbarkeit des Wissensbestandes der Menschheit“, weshalb die Gödelschen Theoreme seines Erachtens

242 Ebd., S. 357 f. Vgl. insgesamt ebd., S. 221–230, 351 f.
243 W. Stegmüller: Metaphysik, S. 304.
244 Siehe dazu *Kap. VI,3.2.*
245 A. Benk: Physik, S. 215.
246 Ebd., S. 247.
247 U. Kropač: Naturwissenschaft/Dialog, S. 229.

einen „bedeutenden Einschnitt in der Wissenschaftsgeschichte, ja der Geistesgeschichte überhaupt“[248] darstellen. Durch das *Zweite Unvollständigkeitstheorem* hat es sich als unmöglich erwiesen, „die Mathematik *innerhalb* der Mathematik bzw. eine Wissenschaft *innerhalb* dieser Wissenschaft sicher zu begründen. […] Der Anfangspunkt einer Wissenschaft liegt jenseits von ihr“[249], was für Wolfgang Stegmüller bedeutet, dass eine „Selbstgarantie“ menschlichen Denkens ausgeschlossen ist[250]. Aus den Gödelschen Theoremen folgt für den Physiker Thomas Görnitz: Wenn „selbst für den am meisten vertrauenswürdigen Bereich der Wissenschaften, für die Mathematik, ein vollständiger Beweis ihrer Wahrheit nicht geleistet werden kann, obwohl diese […] ‚reine‘ Strukturen untersucht,“ ist in den Naturwissenschaften „die ‚Beweiskraft‘ natürlich noch wesentlich geringer“[251].

Indem die Gödelschen Theoreme erkennen ließen, dass Mathematik und Naturwissenschaften grundsätzlich über sich selbst hinausweisen, konnten sie wie die durch die Relativitätstheorie, die Quantenphysik und die Thermodynamik hervorgerufenen Umbrüche erneut die *transzendente Dimension* jeglicher Wirklichkeitsstrukturen eröffnen, was nicht zuletzt auch den religiösen Bereich betrifft. Es hat sich gezeigt, dass „durch die Umbrüche in den Naturwissenschaften und in der Mathematik die Frage nach dem Wesen der Wirklichkeit und die Frage nach Gott eine neue Valenz gewonnen haben“[252]. Auch Letzteres wird an Gödel selbst ersichtlich, der einen ontologischen *Gottesbeweis* mit mathematisch-modallogischen Mitteln führte. Er versuchte, mit mathematischen und logischen Mitteln in Fortführung des klassischen ontologischen Gottesbeweises die Notwendigkeit der Existenz Gottes zu beweisen, wobei sein Motiv darin bestand, zu prüfen, ob der ontologische Gottesbeweis so zu führen ist, dass er „modernen logischen Maßstäben gerecht wird“[253]. Für Joachim Bromand ist es Gödel gelungen, zu zeigen, dass der Beweis „in Einklang mit den Mitteln der modernen Logik geführt werden kann (auch wenn noch einige inhaltliche bzw. theologische Fragen zu klären bleiben)“. Gödel habe eines der „gewagtesten metaphysischen Unternehmen überhaupt zu einer Stufe an Explizitheit und Präzision geführt, die […] ihresgleichen sucht“[254]. Seine abschließende Skizze des Gottesbeweises hat Gödel aber selbst nie veröffentlicht. Das erfolgte erst nach seinem Tod durch Jordan Howard Sobel. Einige Lücken in Gödels Skizze wurden 2013 von Christoph Benzmüller und Bruno Woltzenlogel Paleo geschlossen. In der damit erreichten Form ist der Gödelsche Beweis für den Mathematiker Bernd Eylert

---

248 C. Thiel: K. Gödel, S. 175. – Vgl. dazu auch U. Kropač: Naturwissenschaft/Dialog, S. 229, der sich ebenfalls auf Thiel bezieht.

249 U. Kropač: Naturwissenschaft/Dialog, S. 229 f.

250 Vgl. W. Stegmüller: Metaphysik, S. 307.

251 T. Görnitz: Naturwissenschaft, S. 151.

252 U. Kropač: Naturwissenschaft/Dialog, S. 242.

253 J. Bromand/G. Kreis (Hg.): Gottesbeweise, S. 393.

254 Ebd., S. 405.

„das Präziseste, was in Sachen ontologischer Gottesbeweis bisher gezeigt wurde“[255]. Bei alledem bleibt natürlich aus theologischer Sicht zu bedenken, welche Möglichkeit und Tragfähigkeit Gottesbeweise überhaupt haben (siehe Kap. IV,4).

Auf die beiden *Unvollständigkeits*theoreme Gödels folgten *weitere begrenzende Theoreme* wie die *Unentscheidbarkeits*theoreme von Alonso Church oder das *Undefinierbarkeits*theorem von Alfred Tarski.[256] Am *Zufalls*theorem von Gregory Chaitin, das auf Gödels Unvollständigkeitstheoremen beruht, tritt die *Relevanz von Gödels Einsichten etwa für die Evolutionsbiologie* hervor, worauf der Biosphysiker und Philosoph Bernd-Olaf Küppers aufmerksam machte: Auch hier werden die grundsätzlichen Erkenntnisgrenzen aufgezeigt, insofern als nach Chaitins Zufallstheorem einerseits die evolutionstheoretische Zufallshypothese grundsätzlich nicht beweisbar ist und andererseits ein teleologischer bzw. zielgerichteter Ansatz grundsätzlich nicht widerlegbar ist.[257]

Darüber hinaus lassen sich weitere Beispiele für die *religiöse bzw. theologische Anknüpfung an Gödels Theoreme* anführen. Hier wäre etwa der Theologe, Philosoph, Mathematiker und Logiker *Heinrich Scholz* (1884–1956) zu nennen.[258] Das Grundanliegen von Scholz bestand darin, die Wahrheit der Religion im Allgemeinen zu ergründen sowie Christentum und neuzeitliches Wahrheitsbewusstsein im Speziellen zu vermitteln. Weil er die Gesetze der Logik nicht als menschliches Konstrukt verstand, sondern als vom göttlichen Geist eingegebene „Grundgesetze der Dinge“[259], vermochte die mathematische Logik für ihn „zu einer Eintrittspforte für den Glauben an Gott zu werden“[260]. Deshalb waren Logik und Metaphysik für Scholz nicht zu trennen. So konnte er Metaphysik als „strenge Wissenschaft“[261] auf der Grundlage mathematisch-logischer Methodik verstehen, als *signifikante Metaphysik* (Metaphysik im engeren Sinn), die aber in Anlehnung an Gödels Zweites Unvollständigkeitstheorem nicht aus sich selbst zur letzten Wahrheit zu finden vermag, sondern dafür der *meditierenden Metaphysik* (Metaphysik im weiteren Sinn) bedarf, insofern als letztgültige Antworten nur im Modus des Glaubens bzw. des Bekenntnisses zu vollziehen sind. Denn das beweisbare Wissen könne immer nur

255 B. Eylert: Gott/Welt, S. 77. – Siehe zu Gödels Beweis und seiner Entstehung ebd., S. 74 ff.; ders.: Gott/Naturwissenschaftler, S. 41 ff., und J. Bromand/G. Kreis (Hg.): Gottesbeweise, S. 392 ff., 483 ff.

256 Siehe dazu U. Kropač: Naturwissenschaft/Dialog, S. 230–237.

257 Vgl. B.-O. Küppers: Ursprung, S. 139–162, und U. Kropač: Naturwissenschaft/Dialog, S. 352 ff., der nicht nur diese Zusammenhänge ausführlich erörtert, sondern auch auf *analoge Phänomene in der Physik und der Kosmologie* hinweist, wo im Blick auf Anfang und Dauer des Universums ebenfalls *unentscheidbare* Probleme auftreten. – Zum Verständnis von *„Zufall“* siehe *Kap. XI,1.3.*

258 Scholz bekleidete zu unterschiedlichen Zeiten Professuren für Evangelische Theologie, für Philosophie und seit 1943 die erste Professur in Deutschland (Münster) für mathematische Logik und Grundlagenforschung, von wo maßgebliche Impulse für die heutige Theoretische Informatik ausgingen. Außerdem studierte Scholz theoretische Physik.

259 H. Scholz: Mathesis universalis, S. 69, Anm. 13.

260 U. Kropač: Naturwissenschaft/Dialog, S. 322.

261 Siehe dazu das Buch von Scholz mit dem Titel „Metaphysik als strenge Wissenschaft“ (H. Scholz: Metaphysik).

das Vorletzte sein, da *letzte* Urteile des menschlichen Geistes in dem „eigentümlichen Sinne, der das Selbstgefühl des Wissens zur *Voraussetzung* hat, *Glaubensurteile*“[262] seien. Entsprechend gilt der göttliche Geist für Scholz als letzter Garant der Wahrheit, deren logische Überzeugungskraft durch den Abgleich mit der signifikanten Metaphysik hervortrete. Diese von Scholz entwickelte „differenzierte Metaphysikkonzeption erweist sich so als eine philosophische Transposition des Gödelschen Satzes über Konsistenzbeweise [Zweites Unvollständigkeitstheorem], der dem Sicherungsbedürfnis des diskursiven Denkens einen außerhalb seiner selbst liegenden Ort anweist, der Glaube oder Bekenntnis heißt“[263]. Vor diesem Hintergrund kann es für die Religion nach Scholz keine relativistische, sondern nur eine absolute Wahrheit geben.[264]

Bis heute inspiriert Gödels Ansatz zu mathematisch-logischen Gottesbeweisen, was der jüngst vorgelegte *mathematische Beweis der Unendlichkeit Gottes* des Mathematikers *Bernd Eylert* belegt. Eylert entwickelt Gödels Beweis der notwendigen Existenz Gottes mit Hilfe der mathematischen Dimensionstheorie weiter zu einem Beweis der Unendlichkeit Gottes. Dabei kommt er zu dem Ergebnis, „dass Gott unendlich dimensional sein muss, wenn er existiert“[265]. Auch Eylert gibt zu bedenken, dass Mathematik eine bedeutungslose Struktur verkörpert, die der Interpretation bedarf, weshalb auf dieser Basis kein genuiner Beweis Gottes und seines Wesens erfolgen könne, etwa seines trinitarischen Wesens.[266] Es gehe ihm mit dem „Beweis“ um die Darlegung folgender Einsicht: „Mathematisch-naturwissenschaftliche Überlegungen müssen nicht notwendigerweise atheistisch enden. Der rationale Theismus macht durchaus Sinn.“[267]

So zeigt sich bis heute, wie nicht nur die mit der Relativitätstheorie, der Quantenphysik und der Thermodynamik verbundenen Umbrüche eine neue Öffnung für den Dialog von Naturwissenschaft und Theologie bewirkten, sondern wie auch die tiefgreifende Zäsur im Verständnis der Mathematik mit ihren natur- und geisteswissenschaftlichen Implikationen hierzu beitrug.

---

262 Ders.: Religionsphilosophie, S. 319. Mit diesem bereits 1922 gegebenen Hinweis hatte Scholz analoge Einsichten von Gödels Zweitem Unvollständigkeitstheorem (1931) sogar schon vorher formuliert. Vgl. dazu auch U. Kropač: Naturwissenschaft/Dialog, S. 320 f.

263 U. Kropač: Naturwissenschaft/Dialog, S. 319.

264 Siehe insgesamt H. Scholz: Mathesis universalis; ders.: Metaphysik; ders.: Religionsphilosophie; U. Kropač: Naturwissenschaft/Dialog, S. 295–322; E. Stock: Konzeption.

265 B. Eylert: Gott/Welt, S. 80.

266 Hier nimmt Eylert Bezug auf M. Haudel: Gotteslehre.

267 B. Eylert: Gott/Welt, S. 81. – Siehe insgesamt zu seinem mathematischen Gottesbeweis und dessen Interpretation ebd., S. 74–81, und ders.: Gott/Naturwissenschaftler, S. 41–44.

6. Das neue naturwissenschaftliche Weltbild und die theologischen Implikationen

Gegenüber der klassischen Newtonschen Physik und dem damit besonders im 19. Jahrhundert einhergehenden naturwissenschaftlichen Weltbild resultierte aus den naturwissenschaftlichen und mathematischen Umbrüchen zu Beginn des 20. Jahrhunderts ein neues naturwissenschaftliches Wirklichkeitsverständnis mit entsprechenden weltbildlichen Implikationen, die auch die religiöse Dimension betreffen. Die *klassische Physik* verkörperte ein statisches und geschlossenes System, das mechanistisch durch lineare Gesetzmäßigkeiten determiniert ist (Kontinuums-Physik) und von der Idee einer umkehrbaren (reversiblen) Zeit geprägt wird. Dadurch galten die Naturabläufe als prognostizierbar und die Erkenntnis komplexer Systeme meinte man aus der Kenntnis der einzelnen Grundbestandteile grundsätzlich ableiten zu können (Reduktionismus). Man glaubte ferner, man könne Experimente immer so durchführen, dass die Beobachtung das beobachtete Objekt nicht beeinflusst. Entsprechend verstand man naturwissenschaftliche Erkenntnisse weitgehend als reale Abbildungen der Wirklichkeit und somit als Darstellung objektiver Wahrheiten, was zur Gefahr weltanschaulicher Ausweitungen und Verabsolutierungen beitrug[268]. Man ging von einer ungeschichtlichen Natur und einem ewigen in sich ruhenden Universum mit ewigen Naturgesetzen aus. Als prinzipielle Basis des Wirklichkeitsverständnisses diente weitgehend ein atomistisch fundierter Materialismus – mit oft atheistischer Stoßrichtung. In der *Mathematik* standen die Beweiskraft der deduktiven Axiomatik und die vollständige Erfassbarkeit sowie Beweisbarkeit aller denkbaren wahren Aussagen als exakte Grundlagen der Naturwissenschaften außer Frage.

Der erste große Umbruch dieses naturwissenschaftlichen Wirklichkeits- und Weltverständnisses erfolgte durch die *spezielle und allgemeine Relativitätstheorie* und ihre kosmologischen Implikationen. Das absolute Verständnis von Raum und Zeit in der Newtonschen Physik wandelte sich durch die spezielle Relativitätstheorie mit der vierdimensionalen Raumzeit in eine untrennbare Gesamtdynamik, die eine Relativierung der Gleichzeitigkeit beinhaltete. Diese vierdimensionalen Zusammenhänge waren nicht mehr anschaulich darstellbar und bedurften der unanschaulichen nicht-euklidischen Geometrie. Damit war auch die Deckungsgleichheit von naturwissenschaftlichen Modellen und anschaulicher Realität in Frage gestellt (Realismusproblem). Aus der allgemeinen Relativitätstheorie ergaben sich hinsichtlich der Kosmologie außerdem prozessuale Implikationen, die zum *kosmologischen Standardmodell* führten, welches von einem beginnenden, expandierenden und wohl auch endenden Universum ausgeht. Gegenüber der statisch-geschlossenen Vorstellung eines ewigen und ungeschichtlichen Universums weisen die neuen dynamischen und prozessualen Einsichten eine bedeutend *höhere Kompatibilität mit der theologischen bzw. biblischen Sicht* eines Anfangs und eines Endes der Welt bzw. des

268 Siehe dazu *Kap. V,5.1.*

Kosmos sowie von deren geschichtlicher Prägung auf.[269] Ferner trat die Begrenztheit der physikalischen Modelle hervor, insofern als diese an etliche Grenzen stießen. So lässt sich etwa die mit dem kosmologischen Standardmodell verbundene Singularität des Urknalls letztlich nicht mit der allgemeinen Relativitätstheorie und der Quantenmechanik greifen, was sich auch für andere Phänomene zeigte. Aufs Ganze gesehen resultierte aus diesen Entwicklungen eine *neue Offenheit für transzendente Dimensionen* – und damit auch für die religiöse Dimension.[270]

Das Wirklichkeitsverständnis der klassischen Physik und der Naturwissenschaften wurde noch tiefgreifender durch die *Quantenphysik* verändert, die auch noch deutlicher in Dimensionen vordrang, welche den Dialog mit Philosophie und Theologie nahelegten. Gegenüber der linearen und deterministischen Kausalität der Kontinuums-Physik führte die Quantentheorie zu der Erkenntnis, dass die mikrophysikalische Natur von diskontinuierlichen und sprunghaften Ereignissen (Quantensprüngen) bestimmt ist und unerklärliche Eigenschaften aufweist. So ist etwa der Realitätsstatus ungemessener Quantenobjekte grundsätzlich nicht feststellbar. Auch für gemessene Objekte gilt eine prinzipielle Unbestimmbarkeit ihrer Gesamteigenschaften, etwa hinsichtlich der Gleichzeitigkeit von Teilchen und Welle. Immer besteht eine Wechselwirkung zwischen Experiment und beobachtetem Gegenstand. Der Beobachter kann auch nicht mehr als unabhängiges Gegenüber verstanden werden, sondern ist auf vielfache Weise in die Wechselwirkung einbezogen.[271] Anders als im atomistisch geprägten Materialismus sind die Grundbausteine der Natur nicht allein in kleinsten Teilchen zu suchen, weil sie maßgeblich durch Strukturbeziehungen sowie ungreifbare und nicht prognostizierbare energetische Ereignisse bzw. Ereignissprünge charakterisiert sind. Deshalb sieht man sich insgesamt mit Möglichkeiten, Wahrscheinlichkeiten und Unbestimmtheiten konfrontiert, was lediglich partielle und selektive Einsichten in das Naturgeschehen ermöglicht und den anschaulichen Wirklichkeitsbezug des klassischen Realismus zerbricht. Die kontingenten Abläufe der Realisierung der Möglichkeiten an den jeweiligen Verzweigungspunkten weisen zudem auf einen irreversiblen Zeitablauf hin. Ferner lassen die erkennbaren Beziehungsstrukturen die Wirklichkeit als komplexe Ganzheit hervortreten (Holismus), welche mit dem bisherigen Reduktionismus (eindeutiger Rückschluss vom Einzelnen auf das Ganze) nicht mehr greifbar ist. Das wurde für die makrophysikalische Wirklichkeit durch die *Chaostheorie* bestätigt, nach der in hochsensiblen komplexen Systemen jedes kleinste Teil in Wechselwirkung mit dem Gesamtsystem stehen kann und – ebenso wie Einflüsse von außen – nicht-lineare unvorhersehbare Veränderungen auszulösen

269 So betont etwa W. Pannenberg: Frage, S. 199, es bestehe im Unterschied zum naturwissenschaftlichen Weltbild des 19. Jahrhunderts „eine ‚Konsonanz' zwischen dem Standardmodell der heutigen physikalischen Kosmologie und der Schöpfungslehre der Theologen".

270 Siehe insgesamt zu diesem Paradigmenwechsel und seinen Implikationen *Kap. VI,2.*

271 „Es treten Gedanken und Fragestellungen auf, die denen der Geisteswissenschaften verwandt erscheinen, denn hier ist das Bewußtsein der Perspektivität der Entwürfe und Methoden [...] geläufig." (J. Moltmann: Wissenschaft, S. 25)

vermag. So gelten mikro- und makrophysikalische Prozesse häufig nicht mehr als deterministische Notwendigkeiten, sondern als kontingent und wesenhaft *offen*. Dabei zeigt sich sowohl in der Quantenphysik als auch in der Chaostheorie ein Zusammenwirken von Regelhaftigkeit und Spontanität, in dessen Kontext die Ursachen der Ereignisse mit „Information" in Verbindung gebracht werden. Die genauen Hintergründe der vielfältigen Zusammenhänge, die im Spannungsfeld von gesetzmäßigen Rahmenbedingungen und spontanen Möglichkeiten die Voraussetzung für die kosmische und biologische Entstehung neuer geordneter Strukturen bilden, sind naturwissenschaftlich letztlich nicht greifbar.

Durch die neue Qualität des Wirklichkeitsverständnisses, mit dem die Quantenphysik vielfach an die Grenzen transzendenter Wirklichkeitsbereiche gelangte, und durch die damit einhergehenden grundsätzlichen Erkenntnisgrenzen kam der unumgängliche *Bedarf an unterschiedlichen Wirklichkeitszugängen* – neben dem naturwissenschaftlichen Zugang – zum Vorschein (Heisenberg: Schichtentheorie der Wirklichkeit). Der „Kritische Realismus" wurde diesen Einsichten gerecht, indem er sowohl die systemimmanenten Grenzen der Naturwissenschaften als auch ihre weltanschaulichen Grenzen ernst nahm.[272] Mit den gezeigten Umbrüchen entstand also eine *neue Offenheit für die philosophische und religiöse Dimension,* die bewirkte, dass der Dialog zwischen Theologie und Naturwissenschaft vornehmlich von den Quantenphysikern der ersten Generation neu belebt wurde, und die erkennen ließ, dass „die veränderte Sicht der Wirklichkeit die Stellungnahmen der Physiker zu Fragen der Religion nachhaltig beeinflußt"[273]. Umgekehrt eröffneten sich auch für die Theologie *neue Dialogmöglichkeiten.* Im Unterschied zum geschlossenen Determinismus der klassischen Physik bietet das kreative Zusammenspiel von Regelhaftigkeit und Spontanität sowie von nicht prognostizierbaren energetischen Ereignissen und „Information" mit dem entsprechenden prozessualen und kontingenten Wirklichkeitsverständnis eine gute Grundlage für die konsonante Zuordnung zum theologischen Weltverständnis. Denn das Wirken Gottes im geschichtlichen Verlauf der Welt kann so auch durchgehend von den naturwissenschaftlichen Bedingungen her als plausible Möglichkeit dargelegt werden, wobei sich in der Regelhaftigkeit Gottes Treue widerzuspiegeln vermag und in der Spontanität seine Hervorbringung von Neuem bzw. sein Zukunftshandeln.[274] Damit ist das Wirken Gottes in der Welt bzw. das Schöpfungsverständnis allerdings noch längst nicht in seinen eigentlichen Dimensionen erfasst, zumal Gott nicht als Teil des Naturprozesses zu verstehen ist.[275]

272 Zum „Kritischen Realismus" siehe *Kap. IV,1 u. XII,2–3.*

273 A. Benk: Physik, S. 219. – Zum entsprechenden Verhältnis bedeutender Naturwissenschaftler dieser Generation zur Religion siehe besonders *Kap. VI,2.4. u. 3.3,* und *Kap. VI,5.*

274 Siehe W. Pannenberg: Kontingenz; ders.: Systematische Theologie 2, S. 34 ff., und C. Schwöbel: Theologie, S. 217 f., wo auch die trinitätstheologischen Implikationen erörtert werden. – Zur detaillierten inhaltlichen bzw. materialen Erörterung des Verhältnisses von Schöpfungsverständnis und Naturwissenschaften siehe *Kap. XI.*

275 Siehe dazu *Kap. XI.* – Zu dem grundlegenden Paradigmenwechsel durch die Quantenphysik und seinen weitreichenden Implikationen siehe *Kap. VI,3.*

Mit der *Thermodynamik* und ihrer Weiterentwicklung traten die Geschichtlichkeit der Natur sowie die Bedingungen für die Entstehung und Erhaltung sogenannter selbstorganisierender Systeme – also auch lebendiger Systeme – dezidiert hervor. Die thermodynamischen Prozesse belegten gegenüber dem umkehrbaren bzw. reversiblen Zeitverständnis der klassischen Physik die Gerichtetheit der Zeit (thermodynamischer Zeitpfeil) und damit eine gerichtete Geschichtlichkeit der Natur, wodurch sich erneut die teleologische Frage nach der *Ziel*richtung stellte – und so auch nach dem Sinn. Zugleich wurde die unumkehrbare Abnahme nutzbarer Energie erkennbar, aus der eine unumkehrbare geschichtliche Entwicklung des Kosmos resultiert. Durch die Ausweitung der Thermodynamik auf offene Systeme fern vom thermodynamischen Gleichgewicht kam zum Vorschein, dass sich solche sogenannten selbstorganisierenden Systeme durch ständige Energieaufnahme und Abgabe von Entropie (Umwandlung in Unordnung) zu neuen Systemen höherer und anderer Ordnung entwickeln können und sich in solcher Komplexität auch zu erhalten vermögen. Bei der Entstehung anders gearteter höherer Strukturen, die sich nicht reduktionistisch aus den zugrundeliegenden Einzelphänomenen erklären lassen (Emergenz), wurden Gemeinsamkeiten zwischen thermodynamischen, chaotischen und quantenphysikalischen Prozessen sichtbar, da sich auch die thermodynamischen Prozesse im Spannungsfeld von regelgeleiteter Ordnung und Spontanität vollziehen. Die mit Zunahme von „Information" verbundenen irreversiblen dynamischen Prozesse haben aufgrund der an den Verzweigungspunkten eingeschlagenen jeweiligen Wege ihre individuelle Geschichte, was für jedes komplexe System gilt. Das entsprechende Zeitverständnis bezieht sich von der Gegenwart aus auf die faktische Vergangenheit und die von Möglichkeiten geprägte Zukunft, womit die Analogie zum „psychologischen Zeitpfeil" einhergeht und Berührungspunkte mit den *Geisteswissenschaften* bestehen. Aufgrund der Unverfügbarkeit der zukünftigen Möglichkeiten weist das Zeitverständnis über sich hinaus und berührt so die *transzendente Dimension* – und entsprechend die *religiösen Fragestellungen.* Nicht nur die mit dem thermodynamischen Zeitpfeil verbundene teleologische Frage nach Ziel und Sinn der Prozesse kommt hier ins Blickfeld, sondern auch das Verhältnis von Prozessen der „Selbstorganisation" zur fortgesetzten Schöpfung Gottes (creatio continua). Denn selbstorganisierende Systeme – wie einzelne Lebewesen – stellen Singularitäten dar, die sich aus Sicht des Naturwissenschaftlers Friedrich Cramer physikalisch kaum greifen lassen – ebenso wie der thermodynamische Zeitpfeil, der physikalisch letztlich ungeklärt sei.[276] Hinzu kommt, dass die Beschäftigung mit der Zeit die Auseinandersetzung mit der Ewigkeit nahelegt, in gleicher Weise wie die Vorstellungen von Raum und Teilräumen (z. B. in der allgemeinen Relativitätstheorie) mit der Unendlichkeit konfrontieren.

Die aus der Grundlagenkrise der *Mathematik* zu Beginn des 20. Jahrhunderts resultierende tiefgreifende Zäsur durch die beiden Unvollständigkeitstheoreme

276 Vgl. F. Cramer: Ursprungsmythos, S. 85 f. – Zu den mit der Thermodynamik verbundenen neuen Einsichten und ihren Implikationen siehe *Kap. VI,4.*

Gödels über die Begrenztheit der Mathematik offenbarte, dass selbst die Mathematik als exakte Grundlage der Naturwissenschaften über sich hinausweist. Es wurde transparent, wie die Mathematik den Zusammenhang von Wahrheit und Beweisbarkeit nicht durchgängig garantieren kann und für ihre eigene Widerspruchsfreiheit Kriterien von außen bedarf. Zum einen war damit die Vollständigkeit der Aussagen der über zweitausend Jahre bewährten mathematischen Axiomatik in Frage gestellt. Zum anderen zeigte sich, dass die formalen mathematischen Systeme zu ihrer Letztbegründung auf inhaltliche Mittel von außen angewiesen sind, auf deren Grundlage die Konsistenz des mathematischen Systems in einem Akt der Anerkennung angenommen bzw. „geglaubt" wird. Es müssen also inhaltliche Überzeugungen geltend gemacht werden, weil sich die Mathematik nach Gödel nicht gänzlich aus sich selbst begründen lässt. Das gilt dann analog für jede Wissenschaft, weshalb Gödels Einsichten und nachfolgende begrenzende Theoreme anderer Mathematiker grundsätzliche naturwissenschaftliche, erkenntnistheoretische und philosophische Konsequenzen hatten. Indem sich etwa physikalische Theorien als Interpretation des mathematischen Formalismus erweisen, hängen sie auch mit dem erkenntnistheoretischen Standpunkt eines Weltbilds zusammen. Weil mathematische und naturwissenschaftliche Systeme also über sich hinausweisen, sind sie *selbsttranszendent.* Dass so auch der umfassende transzendente Rahmen von Religion und Theologie in den Blick geraten kann, belegen die von Gödel und anderen Mathematikern unternommenen Versuche eines mathematisch-logischen Gottesbeweises.[277]

Die grundsätzliche Angewiesenheit der Naturwissenschaften auf Kriterien von außen gilt es besonders angesichts gegenwärtiger hochspekulativer naturwissenschaftlicher Ansätze wahrzunehmen.

Literatur

Barbour, Ian G.: Naturwissenschaft trifft Religion. Gegner, Fremde, Partner? Aus dem Englischen von Regine Kather, Göttingen 2010.

Benk, Andreas: Moderne Physik und Theologie. Voraussetzungen und Perspektiven eines Dialogs, Mainz 2000.

Dürr, Hans-Peter (Hg.): Physik und Transzendenz. Die großen Physiker unseres Jahrhunderts über ihre Begegnung mit dem Wunderbaren. Mit Beiträgen von David Bohm [u. a.], Bern/München/Wien ^{5}1991.

Dürr, Hans-Peter: Auch die Wissenschaft spricht nur in Gleichnissen. Die neue Beziehung zwischen Religion und Naturwissenschaften, hg. v. Marianne Oesterreicher, Freiburg (Br.) ^{7}2010.

Einstein, Albert: Über die spezielle und allgemeine Relativitätstheorie, Berlin/Heidelberg ^{24}2009.

Einstein, Albert: Mein Weltbild, hg. v. Carl Seelig, Frankfurt (M.)/Berlin 1991.

277 Zur weitreichenden Bedeutung der tiefen Zäsur im Verständnis der Mathematik siehe *Kap. VI,5.*

Evers, Dirk: Raum – Materie – Zeit. Schöpfungstheologie im Dialog mit naturwissenschaftlicher Kosmologie (= HUTh 41), Tübingen 2000.

Gräb, Wilhelm (Hg.): Urknall oder Schöpfung? Zum Dialog von Naturwissenschaft und Theologie, Gütersloh 1995.

Heisenberg, Werner: Ordnung der Wirklichkeit (1942), in: Ders.: Gesammelte Werke, hg. v. W. Blum, H.-P. Dürr u. H. Rechenberg, Abt. C: Allgemeinverständliche Schriften, Bd. I, München 1984, S. 217–306.

Heisenberg, Werner: Physik und Philosophie, in: Ders.: Gesammelte Werke, hg. v. W. Blum, H.-P. Dürr u. H. Rechenberg, Abt. C: Allgemeinverständliche Schriften, Bd. II, München 1984, S. 3–201.

Heisenberg, Werner: Naturwissenschaftliche und religiöse Wahrheit, in: Ders.: Gesammelte Werke, hg. v. W. Blum, H.-P. Dürr u. H. Rechenberg, Abt. C: Allgemeinverständliche Schriften, Bd. III, München 1985, S. 422–439.

Hübner, Jürgen/Stamatescu, Ion-Olimpiu/Weber, Dieter (Hg.): Theologie und Kosmologie. Geschichte und Erwartungen für das gegenwärtige Gespräch (= Religion und Aufklärung 11), Tübingen 2004.

Kropač, Ulrich: Naturwissenschaft und Theologie im Dialog. Umbrüche in der naturwissenschaftlichen und logisch-mathematischen Erkenntnis als Herausforderung zu einem Gespräch (= Studien zur systematischen Theologie und Ethik 13), Münster 1999.

Mühling, Markus: Einstein und die Religion. Das Wechselverhältnis zwischen religiös-weltanschaulichen Gehalten und naturwissenschaftlicher Theoriebildung Albert Einsteins in seiner Entwicklung (= Religion, Theologie und Naturwissenschaft/Religion, Theology, and Natural Science 23), Göttingen 2011.

Müller, Helmut A. (Hg.): Kosmologie. Fragen nach Evolution und Eschatologie der Welt (= Religion, Theologie und Naturwissenschaft/Religion, Theology, and Natural Science 2), Göttingen 2004.

Petzoldt, Matthias (Hg.): Theologie im Gespräch mit empirischen Wissenschaften (= Veröffentlichungen der Wissenschaftlichen Gesellschaft für Theologie 35), Leipzig 2012.

Planck, Max: Die Entstehung und bisherige Entwicklung der Quantentheorie. Nobel-Vortrag, gehalten vor der Königlich Schwedischen Akademie der Wissenschaften zu Stockholm am 2. Juni 1920, in: Ders.: Vorträge und Erinnerungen, Stuttgart 1949, S. 125–138.

Polkinghorne, John: Theologie und Naturwissenschaft. Eine Einführung. Aus dem Englischen von Gregor Etzelmüller, Gütersloh 2001.

Prigogine, Ilya: Vom Sein zum Werden. Zeit und Komplexität in den Naturwissenschaften, München/Zürich 1979.

Wölfel, Eberhard: Art. „Naturwissenschaft I u. II“, in: TRE 24, S. 189–221.

VII. Aktuelle hochspekulative mikro- und makrophysikalische Ansätze (z. B. Stringtheorie, Multiversumstheorien)

Die prinzipiellen Grenzen physikalischer Theorien und die zunehmende Unfassbarkeit der Dimensionen in der Mikro- bzw. Teilchenphysik sowie in der Makrophysik bzw. der Kosmologie unterstreichen die Erkenntnisgrenzen der Naturwissenschaft und verbinden sich mit hochspekulativen Ansätzen. Das betrifft sowohl Ansätze wie die Stringtheorie im atomaren Bereich als auch die verschiedenen Multiversumstheorien im kosmologischen Bereich, deren hochspekulativer Charakter angesichts der weltanschaulichen Implikationen nicht aus dem Blick geraten darf.

Es wurde bereits im VI. Kapitel bezüglich des gegenwärtigen naturwissenschaftlichen Wirklichkeitsverständnisses ersichtlich, dass es bis heute nicht gelungen ist, die beiden grundlegenden physikalischen Theorien zu verbinden, nämlich die Quantentheorie als mikrophysikalische Theorie der Materieteilchen und die allgemeine Relativitätstheorie als makrophysikalische Gravitationstheorie. Das zeigt auch das *Standardmodell der Teilchenphysik*. Es benennt die Teilchen, aus denen die Materie aufgebaut ist (Materieteilchen), sowie deren Wechselwirkungen, die sich über kleine Teilchen vollziehen (Kraftteilchen). Vereinfacht dargestellt gibt es zwölf Materieteilchen, die sich in sechs Quarks und sechs Leptonen unterteilen lassen.[1] 2012 gelang es im Kernforschungszentrum CERN bei Genf in dem Teilchenbeschleuniger „Large Hadron Collider" (LHC) wohl, das sogenannte „Higgs-Boson" bzw. Higgs-Teilchen nachzuweisen, welches weder Materie- noch Kraftteilchen ist und als Zeichen des im ganzen Universum verteilten Higgs-Feldes gilt, durch das alle anderen Teilchen erst ihre Masse erhalten.[2] Doch auch dieser Nachweis eines vermuteten Teils des Standardmodells lässt – neben neuen Problemen – viele offene Fragen unbeantwortet, so auch die Frage nach dem Verhältnis von Teilchen- und Gravitationstheorie bzw. Quantentheorie und allgemeiner Relativitätstheorie. Entsprechend betont der CERN-Physiker Klaus Desch, dass *Grundlegendes* an der Brücke zwischen Mikro- und Makrokosmos *nicht verstanden* werde, was den Physiker Frans Klinkhamer vermuten lässt, dass sich *die Natur*

1 Zur grundsätzlichen Bedeutung der Quarks für die dynamischen Relations- und Symmetriestrukturen, welche die Grundlagen der Natur bilden, siehe *Kap. VI,3.2.*

2 Benannt ist das Teilchen bzw. Feld nach dem Physiker Peter Higgs, der diesen Zusammenhang – neben François Englert – schon seit längerer Zeit theoretisch entwickelt hatte.

nicht in ein einheitliches Regelwerk pressen lässt. Er benennt gleichzeitig neue Probleme, die mit dem Higgs-Feld auftreten: So könne dessen Energie so groß sein, dass sie das Universum wohl schon kurz nach dem Urknall zerrissen hätte.[3] Auch dieses Beispiel bestätigt die Einschätzung von Rüdiger Vaas: „[...] fast jede neue Erkenntnis wirft mehr Fragen auf, als sie beantwortet", denn die „Wissenschaften sind mittlerweile an vielen Stellen auf prinzipielle und praktische Grenzen gestoßen – sowohl Grenzen der Berechenbarkeit und Vorhersagbarkeit als auch Grenzen der Erklärung"[4].

Der für das Standardmodell nicht greifbare Zusammenhang von Teilchen- und Gravitationstheorie zeigt sich daran, dass es als Wechselwirkungen, welche die Materie zusammenhalten, nur drei der vier *physikalischen Grundkräfte* beinhaltet, die elektromagnetische Wechselwirkung und die schwache Wechselwirkung (schwache Kernkraft) sowie die starke Wechselwirkung (starke Kernkraft). Für die Gravitation (Schwerkraft) konnte noch kein Wechselwirkungsteilchen nachgewiesen werden. Neben dieser fehlenden nahtlosen Verbindung mit einer gravitativen Wechselwirkung lassen sich mit dem Standardmodell weitere Phänomene nicht fassen, wie etwa die Wirkung der Dunklen Materie oder auch noch offene Fragen nach dem Zusammenhang oder der Vereinigung der drei im Modell erfassten Grundkräfte. Mit Letzterem beschäftigen sich sogenannte „*Große vereinheitlichte Theorien*" (GUT: „Grand Unified Theories"), für die aber noch einige Probleme ungelöst sind.[5] Gesucht wird dabei unter anderem nach einer Supersymmetrie, die zu jedem Teilchen des Standardmodells ein Partnerteilchen postuliert, was eventuell manche Probleme lösen könnte[6], bisher aber erfolglos blieb, da noch keines dieser Partnerteilchen nachgewiesen werden konnte. Bereits jetzt geht das Standardmodell davon aus, dass in „normalen" Symmetrien die Ursache der Wechselwirkungen liegt, durch welche ständig stattfindende „lokale Umeichungen" von Ladungen in der Natur aufgefangen werden, so dass die Natur durch „lokale Eichsymmetrien" eine enorme Flexibilität aufweist und die Teilchen bei Veränderungen zu jeder Zeit und an jedem Ort ein gleich bleibendes Erscheinungsbild bewahren können.

Aufgrund der weiterhin bestehenden Probleme des Standardmodells und der damit nicht zu beantwortenden Fragen existieren bereits seit Längerem Versuche, die mikrophysikalische Wirklichkeit durch andere Modelle zu erfassen, wie etwa durch die „*Stringtheorie*", von der man sich auch die Integration der Gravitationstheorie erhofft. Statt von den ausdehnungslosen bzw. nulldimensionalen punktförmigen Teilchen des Standardmodells geht man von eindimensionalen Fäden aus, die je nach Schwingung – wie die Töne aus der Schwingung der Saite einer Violine

3 Vgl. R. Gast: Fragen, S. 30.

4 R. Vaas: Universum, S. 416 u. 430.

5 Siehe auch *Anm. 188, VI. Kap.*, wo in diesem Kontext darauf hingewiesen wird, dass die elektromagnetische und die schwache Wechselwirkung 1967 zur *elektroschwachen Wechselwirkung* verbunden werden konnten.

6 Zum Beispiel wird spekuliert, solche Partnerteilchen könnten die Dunkle Materie sein. Mit den Partnerteilchen sind nicht die Anti-Teilchen gemeint, die ohnehin zu jedem Teilchen gehören.

(engl. *string* = Saite, Faden) – die unterschiedlichen Eigenschaften der Elementarteilchen und ihrer Kräfte verkörpern. Man hofft, durch diese multifunktionalen Strings die Vereinigung bisheriger disparater Theorien zu erlangen. Doch es handelt sich um eine rein *rechnerisch-spekulative Vision,* die eine Berechnung der Schwingung von Strings den klassischen fünf Stringtheorien entsprechend erst in einer zehndimensionalen Raumzeit ermöglicht (ein schwer vorstellbares Universum). Nach diesen Berechnungen wäre ein String im Vergleich zu einem Atom so klein wie ein Atom im Vergleich zum ganzen Sonnensystem, was sich der Vorstellungskraft entzieht und das Problem eines direkten empirischen Nachweises zeigt. Edward Witten vereinheitlichte 1995 die fünf bestehenden Stringtheorien in der „Membran-Theorie" *(„M-Theorie")* mit elfdimensionaler Raumzeit, die auch mehrdimensionale Objekte enthält, sogenannte „Branen" („Bran" bezieht sich auf Mem*bran,* also ein mehrdimensionales schwingfähiges Objekt).[7]

Damit entfaltete die Stringtheorie zugleich ihre *vielfältigen und spekulativen kosmologischen Implikationen.* So wird etwa über den Kosmos als einer dreidimensionalen Brane spekuliert, die mit anderen solcher Branen durch einen vierdimensionalen Hyperraum drifte und in Abständen von einigen Billionen Jahren immer wieder mit einer parallel angeordneten Brane kollidiere, wodurch stets ein neuer Urknall verursacht werde. Entsprechend beginne der kosmologische Zyklus für unser Universum in unendlicher Folge immer wieder neu (P. Steinhardt, N. Turok).[8] Hierzu gibt einer der führenden Stringtheoretiker Brian Greene zu bedenken: „Das Branwelt-Szenario und das zyklische Kosmologiemodell, zu dem es geführt hat, sind beide hochspekulativ."[9] Wie schon die von der Quantenphysik abgeleitete „Viele-Welten-Interpretation" von unendlich vielen Universen ausging, weil sich jeweils alle Möglichkeiten der im gesamten Kosmos stattfindenden Quantenprozesse in einem neuen Universum realisieren[10], resultiert auch aus der Stringtheorie eine *Multiversumstheorie* mit einer unermesslichen Zahl an Universen. Denn die mathematischen Gleichungen erlauben die unvorstellbare Zahl von 10^{500} (!) unterschiedlichen Universen.

Aufgrund der unfassbaren mikro- und makrophysikalischen Dimensionen der Stringtheorie kritisieren etliche Physiker, sie sei weder falsifizierbar noch beweis-

7 Vgl. B. Greene: Stoff, S. 423–434, der die ursprüngliche Anknüpfung des Kürzels M (Membran) nicht aufzeigt, sondern verschiedene mögliche Assoziationen (z. B. Master, Magisch) nennt. – Als „M-Theorie" ist die Stringtheorie mit der elfdimensionalen Supergravitation verbunden, worauf sich – bisher vergeblich – die Hoffnung auf die Zusammenführung von Quantentheorie und allgemeiner Relativitätstheorie gründet.

8 Vgl. ebd., S. 435–462. – Lisa Randall meint, die *Vereinheitlichung von Quantentheorie und allgemeiner Relativitätstheorie* dadurch erreichen zu können, dass sie zwei voneinander isolierte dreidimensionale Branen im vierdimensionalen Hyperraum postuliert. Auf der einen Brane sei die Schwerkraft lokalisiert und auf unserer Brane gebe es die übrigen drei physikalischen Grundkräfte, woraus sich erkläre, dass die Schwerkraft hier viel schwächer als die übrigen Naturkräfte ist. (Vgl. J. Weinhardt: Eschatologie, S. 155 f.)

9 B. Greene: Stoff, S. 462.

10 Siehe *Kap. VI,3.3.*

bar und deshalb nicht weiterführend. Der ehemalige Stringtheoretiker Lee Smolin hält die Theorie für gescheitert[11], während einer ihrer Mitbegründer, Leonard Susskind, die Auffassung vertritt, dass jedes von der Stringtheorie beschriebene Universum existiert. Durch eine ewige Ausdehnung des leeren Raumes mit ständig neu entstehender Materie komme es zu immer neuen Urknall-Szenarien, wobei so entstehende Universen auch Tochteruniversen entwickeln könnten. Susskind wendet sich mit dieser Multiversumstheorie explizit gegen die Vorstellung, die immens komplexe Feinabstimmung der Naturkonstanten unseres Kosmos zur Ermöglichung von Leben (engl. *„fine tuning"*)[12] sei statistisch derart unwahrscheinlich, dass die präzise und zielgerichtete Entwicklung zur Entstehung von Leben kein Zufall sein könne und deshalb auf die Wahrscheinlichkeit eines intelligenten Schöpfers verweise.[13] Entsprechend zeigt sich auch an Susskinds Ansatz: *Die vielen Multiversumstheorien versuchen wie die Vorstellungen eines ewigen Universums im 19. Jahrhundert, den Gedanken an einen Schöpfer zu umgehen.* Denn aus ihrer Perspektive lässt sich der extrem unwahrscheinliche Zufall eines fein abgestimmten und Leben hervorrufenden Universums ebenso dadurch erklären, dass bei einer Vielzahl von Universen die statistische Wahrscheinlichkeit für gerade dieses Universum besteht.[14] Doch auch dann bleibt noch Folgendes zu bedenken: „Selbst wenn wir den Universums-Begriff auf ein Ensemble von Welten ausdehnen, bleibt die Frage bestehen, warum gerade dieses und kein anderes Ensemble existiert; auch wenn wir das physikalische Grundgesetz alles Seienden in den Händen hätten, ließe sich die Frage nicht abweisen, warum es gerade diese und keine andere Gestalt besitzt."[15]

Angesichts der Probleme der Stringtheorie wenden sich – neben dem ehemaligen Stringtheoretiker Lee Smolin – etliche Physiker anderen Ansätzen wie der Theorie der *„Schleifenquantengravitation"* zu (engl.: *Loop-Theorie,* von loop = Schleife). Ihr wird ebenfalls die Vereinigung von Quantentheorie und allgemeiner Relativitätstheorie zugetraut, also der Charakter einer *„Weltformel"* (engl. „Theory of Everything"/TOE). Grundsätzlich ist bei der Suche nach einer konsistenten Weltformel nach Rüdiger Vaas zu beachten, dass auch sie letztlich „unter das Verdikt von Goedels Unentscheidbarkeits-Theorem fallen" würde: „[…] die Wissenschaft ist also ein

---

11 Siehe L. Smolin: Zukunft.

12 Zu den vielfältigen konkreten Phänomenen der Feinabstimmung siehe R. Vass: Universum, S. 382–390, und siehe *Kap. XI,1.3.*

13 Siehe L. Susskind: Cosmic Landscape. Vgl. insgesamt J. Weinhardt: Eschatologie, S. 151 f.

14 Dazu siehe J. Polkinghorne: Theologie, S. 53–57. – R. Vaas: Universum, S. 485, weist jedoch darauf hin, dass für unser Universum nach Berechnungen von Roger Penrose, dem ehemaligen Mitarbeiter von Stephen Hawking, nur eine *Wahrscheinlichkeit* von $1{:}10^{10\ \text{hoch}\ 123}$ bestehe, was *einer Zahl entspreche, die sehr viel mehr Nullen habe als Elementarteilchen im beobachtbaren Universum existieren.* Siehe zur Unwahrscheinlichkeit unseres Universums und zur Frage nach der Möglichkeit ihrer Bezifferung *Kap. XI,1.3.*

15 B. Kanitscheider: Kosmologie, S. 168. – Schon in der *Antike* findet sich die *Vorstellung von mehreren Universen,* z. B. bei Anaximander und Epikur (siehe H.F. Goenner: Entwicklung, S. 270).

unabschließbares Unternehmen"[16], zumal viele Naturwissenschaftler annehmen, eine solche Formel lasse sich nicht finden, weil etliche Bereiche der Natur aufgrund der Unbestimmbarkeitsrelation der Quantentheorie *prinzipiell unzugänglich* bleiben[17]. Auch die Theorie der „Schleifenquantengravitation" ist eine Multiversumstheorie. Sie unterscheidet sich von den anderen Theorien dadurch, dass Raum und Zeit selbst als gequantelt gelten und so aus kleinsten Einheiten bestehen (Schleifen bzw. loops), deren Dynamik die Raumzeit erst hervorbringt. Nach Smolins Auffassung nehmen die endlichen Raum- und Zeitelemente in einem Schwarzen Loch keine unendlichen Werte mehr an, weshalb die vom Schwarzen Loch aufgesaugte Materie bzw. Information in ein jenseitiges Tochter-Universum weitergeleitet werden könne. Das so entstehende neue Universum hätte also eine Vergangenheit vor dem Urknall gehabt, was entsprechend auch für unser Universum möglich sei. Smolin leitet daraus eine *kosmologische Evolutionstheorie* ab, nach der die Qualität der Tochter-Universen von der Beschaffenheit der Mutter-Universen abhängt (Anzahl Schwarzer Löcher). Dieser Prozess „natürlicher Auslese" habe unser statistisch unwahrscheinliches Universum hervorgebracht, als Bestandteil eines ewigen Multiversums.[18] Hinsichtlich dieses höchst spekulativen Ansatzes gibt Joachim Weinhardt den für solche Ansätze und Postulate grundsätzlich geltenden Hinweis, dass es sich hierbei letztlich um „ein natur*philosophisches* […] Konzept" handelt, dessen Prämissen „metaphysisch und nicht physikalisch sind"[19], zumal sich solche hochspekulativen Ansätze weder mikro- noch makrophysikalisch als beweisbar herausstellen.

Nicht weniger spekulativ ist die *vom kosmologischen Standardmodell*[20] *abgeleitete Multiversumstheorie,* die vermutet, im Urknall hätten sich Materieinseln gebildet, welche durch die enorm schnelle Ausdehnung der inflationären Phase direkt nach dem Urknall[21] voneinander separiert wurden, weil sie aufgrund der entstandenen

16 R. Vaas: Universum, S. 424 f. Vaas kommt auch im Rückgriff auf Chaitins Zufallstheorem (Zufall ist unbeweisbar), das sich aus Gödels Unvollständigkeitstheoremen ableitet (siehe *Kap. VI,5*), zu dem Schluss: „Die *Abgeschlossenheit naturwissenschaftlicher Theorien* ist somit *aus prinzipiellen Gründen nicht beweisbar!*" (Ebd., S. 432)

17 Siehe *Kap. VI,3.2.*

18 Siehe L. Smolin: Welt; ders.: Zukunft; J. Weinhardt: Eschatologie, S. 152–154, und R. Vaas: Universum, S. 476–481, der auf die *Erweiterung von Smolins Spekulation* durch *Edward R. Harrison* hinweist, dessen „Spekulationen noch abenteuerlicher" (ebd., S. 481) seien: Es wird eine kosmische Selektion hinsichtlich der Bewohnbarkeit von Planeten postuliert, die sogar gezielt von intelligenten Lebensformen (kosmischen Ingenieuren) erzeugt werde. Deshalb erkläre sich die Feinabstimmung unseres Universums durch die Vorgänger-Intelligenzen in unserem Mutter-Universum. Nach Vaas wird das eigentliche Problem auch dabei lediglich hinausgeschoben, weil ungeklärt bleiben muss, wie das erste lebensfreundliche Universum mit intelligenten Weltenschöpfern entstand (vgl. ebd., S. 481–483). – *Vaas,* der sich detailliert mit den Phänomenen der Feinabstimmung und den damit verbundenen Auslegungen des „Anthropischen Prinzips" auseinandersetzt, findet bei aller Differenzierung selbst schließlich nur zu einem naturalistisch-reduktionistischen Verständnis, das sich der eigentlichen Fragestellung nach der Bedeutung des Zusammenhangs von Feinabstimmung und menschlicher Existenz letztlich entzieht. Siehe zu diesem Themenkomplex *Kap. XI,1.3.*

19 J. Weinhardt: Eschatologie, S. 153.

20 Siehe zum kosmologischen Standardmodell *Kap. VI,2.3.*

21 Zur inflationären Expansion direkt nach dem Urknall siehe *Kap. VI,3.3* und *Anm. 51, VI. Kap.*

Entfernungen und der Grenze der Lichtgeschwindigkeit nicht mehr miteinander kommunizieren konnten und können. Auch für diese Theorie der Entstehung verschiedener Universen gilt mit den Worten von Ian G. Barbour: „Die Theorie isolierter Gebiete scheint prinzipiell nicht überprüfbar zu sein; Unterstützung findet sie im Augenblick eher durch philosophische Annahmen als durch naturwissenschaftliche Indizien."[22] Ebenso wenig sind Vorstellungen eines *oszillierenden Universums* überprüfbar, das sich ständig vom Urknall her ausdehnt und wieder zu einem Punkt zusammenzieht, um sich im nächsten Urknall erneut auszudehnen. Gleiches gilt für viele weitere Spekulationen[23], wie etwa die Erklärung der beschleunigten Ausdehnung unseres Universums durch ein anderes Universums, das an unserem „zieht", oder für die Umgehung der Anfangsbedingungen durch die „Theorie ohne Grenzen" von Stephen Hawking und Jim Hartle, nach der das Universum ein in sich kausal abgeschlossener Raum ohne Ränder sein soll, der keiner externen temporalen Erklärung bedarf. Das verbindet sich mit dem weltanschaulichen Deutungsanspruch, der Kosmos könne sich selbst erzeugen, weshalb die Existenz Gottes überflüssig sei.[24] Wie weit die Spekulationen gehen können, zeigt schließlich die Annahme des Physikers Freeman Dyson, *intelligentes Leben bzw. Bewusstsein sei im Kosmos potenziell unsterblich* und löse sich beim Zerfall des Universums vom Körperlichen, um etwa in einer Wolke von Elektronen, Positronen und Neutrinos weiter zu existieren. Diese Spekulation kommentiert der Physiker Hubert F. Goenner folgendermaßen: „Es gehört zu den weniger erfreulichen Seiten des gegenwärtigen Wissenschaftsbetriebs auf dem Gebiet der Kosmologie, dass solche Spekulationen mit Hilfe von mathematischen Kalkülen untersucht werden und dadurch einen wissenschaftlichen Anstrich erhalten."[25]

Nicht nur angesichts solcher – oft weltanschaulich verabsolutierten – Spekulationen über kaum greifbare Dimensionen, sondern auch schon angesichts der gegenwärtigen Grenzen des Wissens, die etwa mit der Annahme von Dunkler Materie und Dunkler Energie einhergehen[26], bedarf es der Besinnung auf *die Grenzen und*

---

22 I.G. Barbour: Naturwissenschaft, S. 58.

23 Zu weiteren Multiversums-Spekulationen siehe R. Vaas: Universum, S. 465 ff.

24 Vgl. dazu B. Kanitscheider: Kosmologie, S. 164 f., und siehe *Kap. X,3.*

25 H.F. Goenner: Urknallbild, S. 35, wo er Dysons Annahme skizziert. – R. Vaas: Universum, verweist auf den *inhaltlich ähnlichen Ansatz* der „abenteuerlichen szientistisch-technokratischen Eschatologie" (ebd. S. 393) *Frank J. Tiplers,* nach der intelligente Informationsverarbeitung im Universum entstehen musste und danach niemals aussterben wird: Sich selbst reproduzierende Roboter und universale Computer, die alle kosmischen Entwicklungen im Unterschied zu Menschen überstehen können, werden dem intelligenten Bewusstsein ihrer menschlichen Schöpfer im Universum ewige Existenz verleihen (vgl. ebd., S. 292 f., und zur gesamten Vorstellung Tiplers von der ewigen menschlichen Intelligenz siehe F.J. Tipler: Physik). Siehe auch *Kap. XI,1.3.*

26 So wird inzwischen auch über eine zusätzliche *„Dunkle Strahlung"* spekuliert, weil sich die gegenwärtige Expansion des Kosmos *noch* schneller vollzieht, als bisher beobachtet und berechnet. Außerdem hat die Entdeckung einer Galaxie ohne Dunkle Materie die *bisherigen Vorstellungen von Dunkler Materie in Frage gestellt,* weil man davon ausging, diese sei stets an normale Materie gekoppelt. Damit ist zugleich die Hoffnung in Frage gestellt, durch die Supersymmetrie eine Erklärung für die Dunkle Materie zu finden (siehe *Anm. 6, VII. Kap.*) – Zu dem Versuch, die scheinbar zunehmende

die Belastbarkeit naturwissenschaftlicher Modelle. Diese Besinnung ist als Voraussetzung für den Dialog von Naturwissenschaft und Theologie ebenso wichtig wie die Berücksichtigung der naturwissenschaftlichen Paradigmenwechsel zu Beginn des 20. Jahrhunderts mit ihrem neuen naturwissenschaftlichen Wirklichkeitsverständnis.

Literatur

Greene, Brian: Der Stoff, aus dem der Kosmos ist. Raum, Zeit und die Beschaffenheit der Wirklichkeit. Aus dem amerikanischen Englisch von Hainer Kober, München 2008.

Hübner, Jürgen/Stamatescu, Ion-Olimpiu/Weber, Dieter (Hg.): Theologie und Kosmologie. Geschichte und Erwartungen für das gegenwärtige Gespräch (= Religion und Aufklärung 11), Tübingen 2004.

Müller, Helmut A. (Hg.): Kosmologie. Fragen nach Evolution und Eschatologie der Welt (= Religion, Theologie und Naturwissenschaft/Religion, Theology, and Natural Science 2), Göttingen 2004.

Weinhardt, Joachim: Eschatologie und physikalische Kosmologie, in: Ders. (Hg.): Naturwissenschaften und Theologie. Methodische Ansätze und Grundlagenwissen zum interdisziplinären Dialog. Mit Beiträgen von Günter Altner [u. a.], Stuttgart 2010, S. 143–167.

Expansion des Universums *ohne die Annahme Dunkler Energie* zu erklären, durch den die *Erde bzw. die Milchstraße wieder in eine zentrale Position* des Universums gelangen, siehe *Kap. VI,2.3.* – Dass man nicht erst in den Kosmos blicken muss, um mit derart unfassbaren Dimensionen konfrontiert zu sein, wird die *Erörterung der unfassbaren Komplexität des menschlichen Gehirns* zeigen, mit der sich das nicht greifbare Phänomen des Bewusstseins verbindet (siehe *Kap. XI,2.2.3*).

VIII. Zum Wesen von Naturwissenschaft und Theologie: Grundlagen des Dialogs

Durch die naturwissenschaftlichen Umbrüche Anfang des 20. Jahrhunderts hat sich das naturwissenschaftliche Wirklichkeitsverständnis tiefgreifend verändert, was jedoch bis heute oft nicht angemessen wahrgenommen wird. Auch das Wesen theologischer Erkenntnismöglichkeiten und ihrer Relevanz für das Wirklichkeitsverständnis steht nicht immer deutlich vor Augen. Die angemessene Wahrnehmung des Wesens beider Erkenntnisbereiche bildet jedoch die Voraussetzung für einen gelingenden Dialog, der für beide Seiten ebenso bedeutsam ist wie für die existenzielle und ethische Orientierung der Menschen. Hinsichtlich des Wesens der *Naturwissenschaft* gilt es zu beachten, dass das frühere statisch-geschlossene und materialistische Verständnis von einem dynamischen Wirklichkeitsverständnis abgelöst wurde, welches von Möglichkeiten und Wahrscheinlichkeiten sowie von prozessualer Geschichtlichkeit und kreativ-offenen Prozessen ausgeht und die Grundstrukturen in letztlich ungreifbaren Ereignissen sieht, wobei sich Naturprozesse im Zusammenspiel von regelgeleiteter Ordnung und Spontanität vollziehen. Mit der Wahrnehmung der systemimmanenten und weltanschaulichen Erkenntnisgrenzen trat die weltanschauliche Eingebundenheit und Selbsttranszendenz der Naturwissenschaft hervor, zumal ihre Erkenntnisse an die Grenzen transzendenter Dimensionen stießen. So entstand eine neue Offenheit für die religiöse Dimension und die notwendigen pluralen Erkenntniszugänge zur Gesamtwirklichkeit. Für den dadurch sich aufdrängenden Dialog mit der Theologie erweist sich die *Philosophie* als begriffliche und hermeneutische Brücke. Soll die *Theologie* in ihrer ganzheitlichen Ausrichtung zur lebensweltlichen Einordnung und Sinndeutung naturwissenschaftlicher Einsichten beitragen, hat sie ihre wesensmäßige Verankerung in der Erfahrungswirklichkeit der Welt ernst zu nehmen, die ihr durch die drei Glaubensartikel (Schöpfung, Erlösung, Vollendung) und die heils*geschichtliche* Selbsterschließung Gottes vorgegeben ist. Weil Theologie demgemäß die Wirklichkeitsrelevanz des Glaubens zu erweisen hat, drängt sich auch für sie der Dialog auf.

Die auf die gemeinsame Lebens- und Erfahrungswirklichkeit Bezug nehmenden Erkenntniszugänge von Theologie und Naturwissenschaft sind zwar aufgrund unterschiedlicher Perspektiven zu *unter*scheiden, aber nicht zu *scheiden,* sondern differenziert aufeinander zu beziehen. Theologische Erkenntnis ist *tragfähig* und *wirklichkeitsrelevant,* wenn sie sich auf die erfahrbare Zuwendung bzw. *Selbst*erschließung Gottes in der *Wirklichkeit* der Welt gründet, während sie spekulativ werden kann, wenn sie Gott in rein natürlich-theologischem Rückschlussverfahren rekonstruiert oder allein in der aller Erfahrung vorausgehenden Konstitution des Bewusstseins verankert. Letzteres beinhaltet auch die Gefahr der Abschottung von der Wirklichkeitserfahrung empirischer Naturwissenschaften. Naturwissenschaftliche Erkenntnis wiederum erweist sich als hilfreich, wenn sie sich der begrenzten Dimension ihrer Ergebnisse bewusst bleibt, während sie durch Totaldeutungsansprüche spekulativ wird. Beide Erkenntniszugänge, die inzwischen eine vielfältige Kompatibilität aufweisen, können einander hilfreich sein. Einsichten der Naturwissenschaften bieten der Theologie die Chance, die Wirklichkeitsrelevanz des Glaubens stets neu zu explizieren. Die Theologie wiederum kann neben erkenntnistheoretischer und ethischer Orientierung zur ganzheitlichen und sinndeutenden Verortung naturwissenschaftlicher Erkenntnis beitragen. So ermöglichen Theologie und Naturwissenschaft durch den Dialog die Bewältigung der im Menschen verankerten existenziellen Aufgabe, alle lebensweltlichen Zusammenhänge als sinnvolles Ganzes zu verstehen.

Aufgrund der gezeigten naturwissenschaftlichen Paradigmenwechsel zu Beginn des 20. Jahrhunderts erschienen die naturwissenschaftlichen Methoden und das naturwissenschaftliche Wirklichkeitsverständnis in einem völlig neuen Licht, auch wenn das mit seinen weitreichenden Implikationen bis in die Gegenwart oft nicht genügend ernst genommen wird[1]. Für den *Dialog* zwischen Naturwissenschaft und Theologie, dessen Relevanz für beide Seiten sowie für den lebensweltlichen und gesellschaftlichen Kontext bereits aus den Kapiteln I–IV hervorgeht, bedarf es jedoch vertiefter Einsicht in das Wesen naturwissenschaftlicher Erkenntnismöglichkeiten und ihrer Einordnung in den lebensweltlichen Gesamtkontext. Gleiches gilt für die angemessene Wahrnehmung des Wesens theologischer Erkenntnis und ihrer Bedeutung für das gesamte Wirklichkeitsverständnis. Denn nur durch das angemessene Verständnis beider Erkenntniszugänge und ihrer Möglichkeiten erschließen sich die Grundlagen eines aussichtsreichen Dialogs. Da diese Aspekte bereits vielfach in den bisherigen Kapiteln hervortraten, kommen sie hier nur noch zusammenfassend und paradigmatisch im Blick auf das Wesen von Naturwissenschaft und Theologie zur Sprache.

Die naturwissenschaftlichen Umbrüche ließen erkennen, dass die Methodik der *Naturwissenschaft*, endliche Gegenstände auf messbare Größen zu reduzieren und in formalisierbaren Gesetzmäßigkeiten zu erfassen, nicht zu deterministisch-prognostizierbarer Wirklichkeitserkenntnis und ihrer objektiven Abbildung führt, sondern zu selektiven und partiellen Einblicken, die nicht unabhängig von den weltanschaulichen Vormeinungen der Naturwissenschaftler sind. Es wurden sowohl die systemimmanenten Erkenntnisgrenzen naturwissenschaftlicher Methoden transparent – bis hin zur prinzipiellen Unbestimmbarkeit von Naturphänomenen (Quantenphysik) – als auch die weltanschaulichen Grenzen naturwissenschaftlicher Methodik. Das materialistische naturwissenschaftliche Weltbild der klassischen Physik mit seinem statischen und geschlossenen Verständnis linearer Gesetz-

1 Zu Letzterem siehe besonders *Kap. I.*

mäßigkeiten und umkehrbarer (reversibler) Zeit ging im 19. Jahrhundert von einem ungeschichtlichen determinierten ewigen Universum mit ewigen Naturgesetzen aus, oft verbunden mit weltanschaulichen Totaldeutungsansprüchen und materialistisch-atheistischer Stoßrichtung.[2] Dieses naturwissenschaftliche Weltbild wurde durch ein dynamisches Wirklichkeitsverständnis abgelöst, das auf Möglichkeiten, Wahrscheinlichkeiten und nicht prognostizierbaren Ereignissen (Quantensprünge, Chaostheorie) sowie auf prozessualer Geschichtlichkeit beruht. Durch die Quantenphysik zeigten sich die Grundstrukturen der Natur weitgehend als nicht-materiell und wiesen den Charakter von unvorhersehbaren Ereignissprüngen (Quantensprüngen) und unerklärlichen Eigenschaften sowie von Beziehungen und kreativ-offenen Prozessen auf. Die vielfältigen neuen Erkenntnisse stießen sowohl im atomaren Mikrobereich als auch im kosmologischen Makrobereich in Dimensionen vor, in denen sich der Horizont des Transzendenten aufdrängte. Zudem ließen neue Erkenntnisse der Mathematik und der Logik erkennen, dass Mathematik und Naturwissenschaft über sich hinausweisen und auf Kriterien von außen angewiesen sind (Zweites Unvollständigkeitstheorem Gödels).[3] Weil der anschauliche Wirklichkeitsbezug des Realismus der klassischen Physik zunehmend brüchig wurde, wandten sich viele Naturwissenschaftler dem sogenannten „Kritischen Realismus“ zu. Er nimmt in verschiedenen Ausformungen die systemimmanenten und weltanschaulichen Grenzen der Naturwissenschaften ernst – ebenso wie deren weltanschauliche Eingebundenheit (z. B. philosophische Prämissen, wirtschaftliche und gesellschaftliche Interessen), die auch im Blick auf experimentelle Anordnungen und Ergebnisinterpretationen relevant ist. Daher bildet der „Kritische Realismus“ eine Brücke zur Philosophie und zur Theologie.[4]

2 Siehe dazu *Kap. V,5.1.*

3 Siehe dazu *Kap. VI,5.*

4 Siehe *Kap. IV,1 u. XII,2–3* – Zur grundsätzlich begrenzten Aussagekraft von *Experimenten* aufgrund der Heisenbergschen Unschärferelation und aufgrund des Quantenaustauschs von Apparatur und zu messendem Objekt siehe *Kap. VI,3.2,* wo auch deutlich wird, dass das Experiment die Natur zur jeweiligen Neukonstellation ihrer Grundgrößen zwingt und so nur die dadurch ausgelöste „Möglichkeit“ erfasst. – Als *systemimmanente Grenzen* traten auch die Probleme der Extrapolation und der Interpolation naturwissenschaftlicher Ergebnisse hervor. Das *Problem der Interpolation,* also der Vervollständigung von erlangten Messergebnissen, lässt sich *anschaulich* folgendermaßen beschreiben: Wenn eine Messung zu zehn – in bestimmten Abständen – hintereinander liegenden Punkten geführt hat, kann man die Punkte durch eine Gerade verbinden – als Ergebnis der Messung. Doch eine genauere Messung hätte vielleicht ergeben, dass sich exakt an den gemessenen Punkten eine zu beiden Seiten gleichmäßig ausschlagende Welle jeweils mit der vermeintlichen Geraden schneidet, so dass es sich um eine Welle und nicht um eine Gerade handelt. Das *Problem der Extrapolation,* also der Ausdehnung von Ergebnissen, wird *anschaulich,* wenn man bedenkt, dass sich eine im kleinen Maßstab gemessene Gerade, die man dann als Gerade ausdehnt, bei einer Messung im größeren Maßstab als Teil einer Kurve erweisen könnte. Es wird also ersichtlich, wie problematisch eine Verallgemeinerung naturwissenschaftlicher Ergebnisse sein kann. – Siehe dazu J. Polkinghorne: Theologie, S. 19 f., und D. Evers: Theologie, S. 397: „Die Frage nach der Rechtfertigung des Schlusses vom Besonderen auf das Allgemeine ist nach wie vor in einem grundsätzlichen Sinn ungelöst“. Das betrifft erst recht Übertragungen vom Physikalischen auf das Mentale bzw. vom Materiellen auf das Geistige. Siehe dazu z. B. W. Löffler: Naturalismus, S. 162 ff., und siehe *Kap. II; XI,2.1.3 u. 2.2.*

Vor diesem Hintergrund wuchs die Einsicht, dass die Naturwissenschaften nur einen bestimmten Teil der Wirklichkeit erfassen können – und das auch nur selektiv und partiell –, weshalb es pluraler Erkenntniszugänge zur Gesamtwirklichkeit bedarf, also auch historischer, kultureller, psychologischer, ethischer oder religiöser Art (W. Heisenberg: „Schichtentheorie der Wirklichkeit"[5]). Entsprechend haben die Naturwissenschaften darauf zu achten, dass der methodische Naturalismus, der eingrenzbarer empirischer Erkenntnis dient, ein regulatives Prinzip bleibt, und nicht – oft unbemerkt – zu einem konstitutiven bzw. ontologischen Prinzip mit weltanschaulichem Anspruch wird. Ferner erscheint es für manche Philosophen, Theologen und Naturwissenschaftler als sinnvoll, einen modifizierten Naturalismus zu berücksichtigen, der neben rein kausalen Prinzipien auch wieder zweck- und zielgebundene Aspekte bedenkt. Denn mit der Überwindung des klassischen Reduktionismus durch die Einsicht, dass sich das Verständnis von Gesamtsystemen nicht einfach auf die einzelnen Grundbestandteile reduzieren lässt, geht die Erkenntnis einher, dass sich der Zweck oft erst aus dem Ganzen erschließt. Das betrifft auch den komplexen Zusammenhang von physischer und geistiger Dimension. Allerdings sollte man den Naturbegriff naturwissenschaftlich nicht teleologisch überfrachten und sich auf den biologischen Begriff der „Teleonomie" beschränken, der prozesshafte Zweckmäßigkeit beschreibt.[6] Neben der teleonomischen Perspektive drängt sich die teleologische Frage nach der Zielrichtung durch den thermodynamischen Zeitpfeil auf, zumal die thermodynamischen Prozesse unter Zunahme von „Information" an Verzweigungspunkten jeweilige Wege einschlagen und so wie jedes komplexe System eine individuelle Geschichte haben.[7] Naturwissenschaftliche Erkenntnis sieht sich also letztlich nicht mit deterministischen Notwendigkeiten konfrontiert, sondern mit kontingenten und offenen Prozessen, die sowohl in der Thermodynamik als auch in der Quantenphysik das Zusammenspiel von regelgeleiteter Ordnung und Spontanität aufweisen und insgesamt an Grenzen gelangen, an denen auch transzendente Perspektiven ins Blickfeld geraten.[8] Deshalb ist auch darauf zu achten, dass der methodische Atheismus nicht in einen axiomatischen Atheismus umschlägt, wenn man sich die aus den naturwissenschaftlichen Einsichten resultierende neue Offenheit nicht gleich wieder für bestimmte Dimensionen verbauen will.[9] Wissenschaftstheoretiker und Philosophen wie Holm Tetens und Naturwissenschaftler wie Ian G. Barbour fragen sich sogar, ob auch der *methodische* Atheismus als Grund-

5 Siehe *Kap. VI,3.3.*

6 Siehe zu diesen Zusammenhängen *Kap. II,3 u. IV,1,* wo ferner deutlich wird, dass die Ich-Perspektive der ersten Person mit ihren Erfahrungen letztlich nicht naturalistisch bzw. naturwissenschaftlich erfassbar ist.

7 Siehe *Kap. VI,4.* – Zu der sich aufdrängenden teleologischen Perspektive, die sich auch mit dem Phänomen der *Feinabstimmung* der Naturkonstanten und der kosmischen Anfangs- und Randbedingungen als Voraussetzung für menschliches Leben verbindet, siehe *Kap. XI,1.3.*

8 So weist etwa das Zeitverständnis aufgrund der Unverfügbarkeit der zukünftigen Möglichkeiten über sich hinaus und berührt damit die transzendente Dimension.

9 Siehe *Kap. I,3.4.*

prinzip überhaupt noch sinnvoll ist, weil angesichts der aktuellen naturwissenschaftlichen Erkenntnisse und Fragen der Theismus als Erklärung plausibler sei als ein reduktionistischer Naturalismus bzw. methodischer Atheismus.[10] Nach Richard Swinburne machen die Weltphänomene Gottes Existenz bedeutend wahrscheinlicher als seine Nicht-Existenz.[11]

Doch es bleibt zu bedenken, dass naturwissenschaftliche Methoden nur an die Grenze der transzendenten Dimension – und damit lediglich zu einer „Ahnung" von Gott – gelangen können. Sie können seine Existenz weder belegen, wie es Frank J. Tipler durch physikalische Gesetzmäßigkeiten versucht, noch können sie seine Existenz widerlegen, wie es neu auflebende materialistisch-atheistische Ansätze behaupten (z.B. R. Dawkins, S. Hawking).[12] Zur Beantwortung der Gottes- und der Sinnfrage sind andere Erkenntniszugänge nötig, was die Bedeutung des Dialogs zwischen Naturwissenschaft und Theologie unterstreicht. Als Brücke des Dialogs erweist sich die *Philosophie.* Denn zum einen ist die naturwissenschaftliche Methodik einschließlich der Interpretation der Ergebnisse unweigerlich in philosophische Prämissen und lebensweltliches Vorwissen eingebunden. Erst recht kann sich die Darstellung der Relevanz naturwissenschaftlicher Befunde nur auf der Ebene philosophischer und lebensweltlicher Reflexion vollziehen. Zum anderen steht die Theologie in ständiger Auseinandersetzung mit philosophischen Weltbildern und der darin integrierten Naturerkenntnis, so dass sich die Philosophie als begriffliche und hermeneutische Vermittlungsebene anbietet.[13]

Der im philosophischen und lebensweltlichen Kontext zu vollziehende Dialog von Naturwissenschaft und Theologie kann den *Naturwissenschaften* zur erkenntnistheoretischen Vertiefung ihrer Möglichkeiten und Grenzen verhelfen, was angesichts weiter bestehender unterschiedlicher hermeneutischer Orientierungen oder zunehmend spekulativer Modelle förderlich erscheint und zudem vor unangemessenen weltanschaulichen Verabsolutierungen zu bewahren vermag. Zugleich ermöglicht dieser Dialog die ethische Orientierung der Naturwissenschaften und der mit ihnen verbundenen Technik, durch die gravierende Herausforderungen im Blick auf die Würde des Menschen und hinsichtlich des globalen Überlebens bestehen.[14] Schließlich bietet der Dialog die Chance der ganzheitlichen lebensweltlichen Einordnung und Sinndeutung naturwissenschaftlicher Einsichten.

10 Vgl. I.G. Barbour: Naturwissenschaft, S. 52, und H. Tetens: Gott, S. 53. Siehe dazu *Kap.II,3; IV,1 u. 4; XI,1.3.* Tetens zeigt zudem, wie das auch immer noch verbreitete Postulat vom exklusiven Wirklichkeitszugang der Naturwissenschaft das Postulat der selbsterlösenden technischen Weltperfektion nach sich zieht, dessen problematische Realisierung jedoch das erste Postulat in Frage stellt – und damit auch den methodischen Atheismus (vgl. ders.: Glaube, S. 281 ff., und siehe *Kap. I,2*).

11 Vgl. R. Swinburne: Hume, S. 317–333. Siehe auch *Kap. IV,4.*

12 Siehe *Kap. IV,1 u. X.*

13 Siehe *Kap. I,1; I,3.2–3; IV,1.* – Beispielsweise bieten sich Begriffe wie *Kontingenz* (Möglichkeit) und *Kreativität,* die in Theologie und Naturwissenschaft eine bedeutende Rolle spielen, als philosophische Brückenbegriffe an (vgl. H. Deuser: Theologie, S. 101 f.).

14 Siehe *Kap. XIII.*

Die *Theologie,* für die der Dialog ebenfalls hilfreich und weiterführend ist, kann dazu nur angemessen beitragen, wenn sie die Relevanz der Natur- und Wirklichkeitserkenntnis für den Glauben ernst nimmt. Das ist ihr zum einen durch die drei Artikel des Glaubensbekenntnisses aufgegeben, welche sich auf die mit dem Menschen verbundene Schöpfung, Erlösung und Vollendung von Welt und Kosmos beziehen. Zum anderen liegt dem Glauben das heils*geschichtliche* Handeln Gottes in der Erfahrungswirklichkeit der Welt zugrunde. Deshalb hat sich die Theologie mit Naturerkenntnis bzw. mit naturwissenschaftlicher Wirklichkeitserkenntnis – durchaus kritisch – auseinanderzusetzen, um sowohl die Übereinstimmung von Glaubens- und Wirklichkeitserfahrung als auch die lebensweltliche und sinnstiftende Einordnung naturwissenschaftlicher Erkenntnisse zu ermöglichen. Denn Gottes heilsgeschichtliches Handeln vollzieht sich unter den Strukturen menschlicher und kosmischer Wirklichkeit, auf die sich auch die naturwissenschaftlichen Beobachtungen richten. Zwar sind die Erkenntniszugänge der Theologie und der Naturwissenschaft zu *unter*scheiden, weil sie sich aus unterschiedlichen Perspektiven der einen Wirklichkeit nähern, aber sie sind nicht voneinander zu *scheiden,* insofern als sich die Erkenntnisbemühungen auf die gemeinsame Lebenswirklichkeit beziehen. Dabei haben sowohl Theologie als auch Naturwissenschaft auf verschiedene Weise mit Erfahrungswirklichkeit zu tun. Weil Gottes Offenbarung bzw. die heils*geschichtliche* Selbsterschließung des dreieinigen Gottes als Schöpfer, Erlöser und Vollender die gesamte Wirklichkeit umfasst und sich so „in, mit und unter der Wirklichkeit dieser Welt“[15] ereignet, „geschieht es in, mit und unter Erfahrung, dass Gott wahrgenommen wird“[16]. „Durch Offenbarung geht der für seine Schöpfung und den Menschen daseiende Schöpfer in den zeitlichen Prozeß der menschlichen Existenz mit ein“[17]. Die in die geschichtliche Glaubenserfahrung eingebundene unverfügbare persönliche Glaubenserfahrung, welche sich primär in der „Teilnehmerperspektive“ vollzieht, unterscheidet sich von der empirischen Erfahrung der Naturerschließung in den Naturwissenschaften insofern, als diese primär aus der „Beobachterperspektive“ erfolgt. Doch beide Perspektiven sind in der lebensweltlichen Erfahrung verbunden und deshalb differenziert aufeinander zu beziehen.[18] In diesem Zusammenhang erweist sich die religiöse Erfahrung als „eine existentielle Erfahrung mit aller Erfahrung, der alltäglichen Erfahrung ebenso wie der wissenschaftlich generierten“, wobei das Wort „Gott“ „den Grund für solche Erfahrung mit der Erfahrung bezeichnet, das Woher eines Daseins- und Weltverständnisses, in welchem der Glaubende sich und die Welt im Ganzen in der Relation zu einem göttlichen Gegenüber versteht“[19]. So reicht die *Glaubenserfahrung* auf der Grundlage des schöpferischen, erlösenden und vollendenden Handelns Gottes über die

15 D. Evers: Theologie, S. 380.
16 M. Mühling: Resonanzen, S. 149.
17 D. Evers: Raum, S. 380.
18 Vgl. J. Hübner: Kosmologie, S. 13, und U.H.J. Körtner: Gott, S. 119f. – Zur durchaus bestehenden Verflechtung von Beobachtung bzw. Experiment und Naturprozessen siehe *Kap. VI,3.2.*
19 U.H.J. Körtner: Gott, S. 122.

vorfindliche empirische Wirklichkeit hinaus, indem sie den Ursprung der Wirklichkeit, deren eigentliche Bestimmung und Vollendung erfasst – und damit den Sinn der Schöpfungswirklichkeit und des Lebens. Solche Glaubenserfahrung vollzieht sich also in Anknüpfung an die Wirklichkeitserfahrung und in deren Überbietung.[20]

Entsprechend kann die Theologie die *Ganzheit der Lebenswirklichkeit und deren Sinndeutung* transparent werden lassen, zumal ihr Gott als „die Alles bestimmende Wirklichkeit" (R. Bultmann) gilt und so „die von Gott bestimmte Wirklichkeit den umfassendsten […] Verstehensrahmen bildet"[21]. Es liegt in der Natur des Menschen, nach diesem Verstehensrahmen und einem umfassenden Sinn zu fragen, was im Kontext der lebensweltlichen Gesamterfahrung auch die naturwissenschaftlichen Einsichten betrifft: „Hier wiederum meta-physisch, mit der Verlängerung und Ergänzung naturwissenschaftlicher Fragestellungen und Methoden nach Prinzipien, die nicht primär Thema und Gegenstand der Naturwissenschaft sind, nach umfassendem Sinn, einem Schöpfungsplan, nach Zielursachen, nach Zweck und Wert des Universums zu fragen, entspricht offensichtlich dem Bedürfnis menschlicher Vernunft."[22] Denn es geht um die *eine* Wirklichkeit, auf die sich Theologie und Naturwissenschaft beziehen und in der sie lebensweltlich verbunden sind. „Das Ideal der Naturwissenschaft deckt sich mit dem der Theologie; beide suchen nach der Wahrheit."[23] Diesbezüglich bleibt zu bedenken, dass erst der christliche Schöpfungsglaube die Naturwissenschaft im eigentlichen Sinn ermöglichte, weil die Welt nicht mehr als göttlich galt und so der profanen Erforschung zugänglich wurde und weil die Welt als göttliche Ordnung hervortrat und so rational zu erfassen war.[24]

Vor dem gezeigten Hintergrund erweist sich die im 19. Jahrhundert nachhaltig vollzogene *Trennung* von Theologie und Naturwissenschaft in mehrfacher Hinsicht als unangemessen. Der angesichts ideologischer Totalitätsansprüche der Naturwissenschaften erfolgte Rückzug der Theologie auf ihre vermeintlichen schöpfungsrelevanten Kernthemen wie die sittlich-ethische Dimension (neukantianisch geprägte Ansätze) oder die Reflexion des Bewusstseins der Abhängigkeit des Menschen und der Natur von Gott (anknüpfend an F.D.E. Schleiermacher) wurde weder dem genuinen Zusammenhang von Theologie und Naturwissenschaft gerecht noch

20 Vgl. D. Evers: Theologie, S. 405 ff., und siehe *Kap. I,3.4 u. IV,2.* – Siehe insgesamt zur detaillierten Darlegung der gezeigten Zusammenhänge *Kap. I,3.1; I,3.4; IV,1–2.* Zum Verhältnis der Theologie zu den empirischen Wissenschaften siehe besonders *Kap. I,3.4.*

21 G. Fuchs/H. Kessler (Hg.): Gott, S. 188.

22 J. Hübner: Kosmologie, S. 40. – Im Blick auf die durch Gottes heilsgeschichtliches Handeln bedingte *Einheit der Geschichte* gibt W. Pannenberg: Kontingenz, S. 46 f., zu bedenken: „[…] auch für Geschichtsphilosophie und historische Methodik bleibt es bis heute eine offene Frage, ob die Einheit der Geschichte überhaupt anders als theologisch begründet werden kann. […] Ob der Gedanke der Einheit der Geschichte von diesen theologischen Wurzeln überhaupt ablösbar ist, kann bezweifelt werden." So erörtert Pannenberg die Frage, wie „die Gesamtwirklichkeit, mit Einschluß auch der Natur, in dem angedeuteten Sinne als Geschichte zu charakterisieren ist".

23 R.J. Russell/K. Wegter-McNelly: Verzahnung, S. 69.

24 Vgl. C. Schwöbel: Theologie, S. 207, und siehe *Kap.I,1.*

der gezeigten Verankerung der Theologie in der Gesamtwirklichkeit.[25] Daher ist diese oft bis heute noch bestehende Trennung zu überwinden – und zwar von beiden Seiten. Die Theologie sollte darauf achten, ihr Schöpfungs- und Wirklichkeitsverständnis nicht in rein *subjektivitätstheoretischer Verankerung* auf die Reflexion des Bewusstseins der Abhängigkeit von Gott zu reduzieren (wie heute etwa bei U. Barth)[26], weil die in die Wirklichkeit der Welt eingehende Zuwendung Gottes nur unter Berücksichtigung dieser Gesamtwirklichkeit konkret in ihrer Wirklichkeitsrelevanz zu vermitteln ist. Deshalb bedarf die Plausibilisierung der Relevanz und des Wahrheitsanspruchs des Glaubens im Kontext des zeitgenössischen Wirklichkeitsverständnisses des Dialogs mit den Naturwissenschaften. Wenn „der christliche Glaube beansprucht, eine universale Weltanschauung zu enthalten", „ist der Theologie die Aufgabe gestellt, aufzuweisen, dass es kein gewisses Wissen gibt, das nicht in die christlichen Grundannahmen zu integrieren wäre"[27]. „Für den Glauben und die Theologie gibt es nichts Reales außerhalb des schöpferischen Lebens Gottes und nichts Reales, was nicht Realisat seines heilszielstrebigen Wollens und Wirkens wäre", weshalb „der Glaube und die Theologie die Einheit der realen Welt und die Einheit der Wahrheit zur Sprache bringen können"[28]. Die alleinige Verankerung des Glaubens bzw. der Gotteserkenntnis in den allen Erfahrungen vorausgehenden Konstitutionsbedingungen des Bewusstseins kann den Glauben zum einen leicht von der Erfahrungswirklichkeit und von empirischen Wissenschaften wie den Naturwissenschaften abschotten, während sie ihn zum anderen der Gefahr aussetzt, im Bereich menschlicher Immanenz zu verbleiben und als deren Konstrukt zu erscheinen. Zwar ist die dem menschlichen Subjekt aufgegebene Selbstdeutung, die durchaus in der Unbedingtheits-Erfahrung des Bewusstseins unter Wahrnehmung der Wirklichkeitsrelevanz des Glaubens auch zu einer „Theologie der Natur" führen kann (H. Deuser)[29], ebenso als Zugang zur Dimension des Glaubens zu beachten wie die hermeneutische Funktion von Interpretation und Konstruktion. Aber da es sich bei diesen Aspekten des Glaubens lediglich um Aneignungskategorien handelt und nicht um Letztbegründungskategorien, ist tragfähige Gotteserkenntnis und -gewiss-

25 Siehe dazu auch besonders *Kap. V,5.2.*

26 Siehe *Kap. I,3.4 u. IV,2.*

27 J. Weinhardt: Eschatologie, S. 163.

28 E. Herms: Natur, S. 51 u. 70.

29 Siehe H. Deuser: Theologie, für den gilt: „Das humane Selbst-Verhältnis […] erlebt sich unwillkürlich eingebunden in Handlungs- und Entscheidungszusammenhänge" (ebd., S. 109), die sich im Kontext der Naturbedingungen vollziehen, welche sich wiederum in der Kosmologie bündeln. Da der Ursprung dieser Bedingungen nicht aus ihnen selbst erklärbar ist, fordern sie zur Annahme einer schöpferischen Grundkraft heraus, insofern als „diese Funktionsstelle […] ‚besetzt' werden muss". Eine in diesem Sinne als Schöpfungslehre verstandene *„Theologie der Natur"* zeige, „dass und warum Menschen ‚Religion haben'" (ebd., S. 106 f.). Das gelte auch für den Grund „kosmologischer Kreativität", der durchaus im Sinne der Trinität dreifach und personal zu denken sei (vgl. ebd., S. 109). Deuser kommt zu dem Schluss: „In jedem Vertrauen auf die Realität und Verlässlichkeit der Naturprozesse steckt mehr oder weniger explizit ein Schöpfungsglaube, dessen alltägliche wie wissenschaftliche Selbstverständlichkeit nur – unter neuen Bedingungen – wieder sichtbar gemacht werden muss." (Ebd., S. 96) Siehe auch *Kap. I,3.4.*

heit auf eine Grundlage von „außen“ angewiesen – bzw. das Gottesverhältnis auf das Verhalten Gottes zu den Menschen –, wenn der Glaube nicht „in der Sphäre menschlichen Unternehmens“[30] bleiben soll und wenn die Fraglichkeit bzw. Transzendenz von Mensch und Welt durch die Gottesrelation tragfähige Erkenntnisgewissheit erlangen soll[31]. So gewährt die heils*geschichtliche Selbst*erschließung des dreieinigen Gottes sowohl die Wahrnehmung der konkreten Relevanz der Erfahrungswirklichkeit als auch die konkrete Grundlage der Gotteserkenntnis.

Die umgekehrte Verkürzung dieses Zusammenhangs durch die *natürliche Theologie* ist ebenfalls zu überwinden. Denn die Rekonstruktion bzw. Ableitung Gottes aus den natürlichen Gegebenheiten wird weder der Selbsttranszendenz von Mensch und Welt gerecht, die lediglich zu einer „Ahnung“ von Gott gelangen kann, noch der selbstursächlichen und unverfügbaren Eigenwirklichkeit Gottes, der sich als personales Geheimnis selbst erschlossen hat. Entsprechend beinhaltet auch die Rekonstruktion Gottes aus den Naturgegebenheiten unweigerlich die Gefahr eines menschlichen Konstrukts. Werden die Begrenztheit menschlicher Erkenntnis und die Gottheit Gottes ernst genommen, ist tragfähige Gotteserkenntnis auf die Selbsterschließung Gottes angewiesen. Die angemessene Wahrnehmung der Relevanz der Natur als Voraussetzung für den Dialog mit den Naturwissenschaften könnte also durch eine *Theologie der Natur* erfolgen, welche die Natur im Licht der alles umfassenden Selbsterschließung Gottes (Schöpfer, Erlöser und Vollender) als theologisch relevante Lebenswirklichkeit ernst nimmt. Auf diese Weise vermag man der Gefahr einer natürlich-theologischen Identifizierung weltlicher und göttlicher Strukturen angemessen zu begegnen, indem im Horizont von Schöpfung, Erlösung und Vollendung hervortritt, dass der dreieinige Gott die Schöpfung ins Leben rief, um ihr an seiner vollkommenen Gemeinschaft der Liebe Anteil zu geben, die bis zur Selbsthingabe Gottes für die Menschen reicht und die Vollendung des Schöpfungsziels impliziert. Hierbei wird aus dem Wesen und Handeln des dreieinigen Gottes nicht nur die eigentliche Bestimmung der geschöpflichen Wirklichkeit erkennbar, sondern auch das Verhältnis von „*Gegenüber und Nähe*“ zwischen Gott und Schöpfung: Gott, der Raum und Zeit erschafft, eröffnet der Schöpfung damit eigene Entfaltungs- und Handlungsmöglichkeiten, was sich im Wesen des Menschen widerspiegelt, dem ein freies Gemeinschaftsverhältnis der Liebe mit Gott gewährt wird, das nur im Verhältnis von „Gegenüber und Nähe“ möglich ist, in welchem Gott seine Schöpfung weiter begleitet.[32]

Dadurch wird im Blick auf den Dialog mit den Naturwissenschaften ersichtlich, dass Gott einerseits in der Erfahrungswirklichkeit handelt, aber andererseits das Gegenüber der Schöpfung bleibt, so dass er nicht als Teil der Schöpfung oder ledig-

---

30 U.H.J. Körtner: Gott, S. 139. Vgl. I.U. Dalferth: Subjektivität, S. 31, und M. Petzoldt: Sinn, S. 137. Siehe insgesamt *Kap. I,3.4 u. IV,2.*

31 Siehe *Kap. III u. IV,2,* und siehe M. Haudel: Gotteslehre, Kap. II.

32 Zu diesen Zusammenhängen siehe insgesamt *Kap. I,3.1; I,3.4; II,2; IV,2; XI.* – Zum Erkenntniszugang der Theologie und zu angemessener Gotteserkenntnis siehe auch M. Haudel: Gotteslehre, besonders Kap. II.

lich als Lückenbüßer für noch nicht erklärbare naturwissenschaftliche Phänomene gelten darf. Deshalb sollte sich die Theologie auch nicht von den jeweiligen naturwissenschaftlichen Modellen bzw. Paradigmen abhängig machen, sondern sich unter bleibender Berufung auf die genuinen theologischen Erkenntnisgrundlagen in kritischer Prüfung dialogisch mit ihnen auseinandersetzen, etwa hinsichtlich methodischer Erkenntnisgrenzen oder weltanschaulicher Überdehnung. Umgekehrt ermöglichen neue naturwissenschaftliche Erkenntnisse der Theologie, ihren Glauben im Kontext des zeitgenössischen Wirklichkeitsverständnisses aktueller zu explizieren bzw. zu plausibilisieren. Im Unterschied zum naturwissenschaftlichen Weltbild des 19. Jahrhunderts besteht seit den naturwissenschaftlichen Paradigmenwechseln zu Beginn des 20. Jahrhunderts eine weitreichende hermeneutische und materiale *Kompatibilität* von Theologie und Naturwissenschaft. So entstand *hermeneutisch* eine neue weltanschauliche Offenheit der Naturwissenschaften, die sich etwa im „Kritischen Rationalismus bzw. Realismus" äußert, der die Begrenztheit und weltanschauliche Eingebundenheit naturwissenschaftlicher Methodik wahrnimmt und so für die Theologie einen anknüpfungsfähigen Wissenschaftsbegriff darstellt, in dessen Kontext auch das Verhältnis von Glaube und Vernunft bzw. von Wissen und Glaube differenzierter wahrzunehmen ist.[33] Weil die Naturwissenschaften selbst an die Grenze der Transzendenz gelangten, entstand auch eine neue Offenheit für die religiöse Dimension. Im Blick auf *materiale* Dimensionen gewachsener Kompatibilität bzw. Konvergenz sind etwa der Einzug der Geschichtlichkeit in die Naturwissenschaft zu nennen, das prozessuale Verständnis der Kosmologie mit Anfang und Ende des Kosmos oder die auf unvorhersehbaren Ereignissen beruhenden mikro- und makrophysikalischen Prozesse.[34]

Die Erkenntniszugänge der *Naturwissenschaften* lassen also erkennen, dass die Naturwissenschaften *spekulativ* werden, wenn sie ihre Ergebnisse verabsolutieren und einen ganzheitlichen weltanschaulichen Deutungsanspruch erheben, während sie weiterführende und angemessene Beiträge zum Wirklichkeitsverständnis hervorbringen, wenn sie sich der partiellen, selektiven und nur annähernden Dimension ihrer Ergebnisse bewusst bleiben. Hinsichtlich der Erkenntniszugänge der *Theologie* bleibt festzuhalten, dass die Theologie der Gefahr spekulativer Einsichten ausgesetzt ist, wenn sie ihr Gottes- und Glaubensverständnis in einem natürlich-theologischen Rückschlussverfahren rekonstruiert oder allein im Bewusstsein bzw. im menschlichen Subjekt verankert. Zu tragfähiger Gotteserkenntnis und -gewissheit gelangt sie, wenn sie sich der heilsgeschichtlichen Selbsterschließung Gottes im Kontext der Wirklichkeitserfahrung öffnet.[35]

---

33 Vgl. W. Härle: Dogmatik, S. 26–28. – Zum Verhältnis von Glaube und Vernunft sowie von Wissen und Glaube siehe *Kap. IV,3.*

34 Siehe zu den Aspekten der neuen Kompatibilität bzw. Konvergenz und zu damit verbundener Konsonanz insgesamt besonders Kap. *VI u. XI.*

35 Siehe auch M. Haudel: Gotteslehre, S. 217.

Die neue wesensmäßige Offenheit der *Naturwissenschaften,* die Einsicht der Naturwissenschaften in ihre Erkenntnisgrenzen und ihre Selbsttranszendenz, ihr Vordringen bis an die Grenzen des Transzendenten und ihr Bewusstsein der notwendigen Pluralität lebensweltlicher Erkenntniszugänge verlangen nach dem *Dialog zwischen Naturwissenschaft und Theologie.* Umgekehrt bedarf die *Theologie* des Dialogs, weil ihr die Verankerung in der Erfahrungswirklichkeit der Welt vorgegeben ist, nämlich durch die drei Glaubensartikel (Schöpfung, Erlösung und Vollendung) sowie durch die heils*geschichtliche* Selbsterschließung des dreieinigen Gottes. Auf dieser Grundlage kann sich der Dialog nicht nur *für beide Dialogpartner* als *weiterführend* erweisen, sondern auch als *gesellschaftlich und existenziell relevant.*

Es wurde bereits ersichtlich, dass die *Theologie* der Naturwissenschaft den Dienst einer lebensdienlichen und sinngebenden Verortung im Kontext der Gesamtwirklichkeit zu erweisen vermag, weil sie eine umfassendere Sicht auf die Welt mit ihrer vieldimensionalen Wirklichkeit hat, die aus der im Gottesbezug begründeten Orientierung an der „Ganzheit" des Daseins resultiert. „Der Glaube vermag darum der [Natur-]Wissenschaft einen Dienst zu leisten [...]. Er kann wissenschaftliche Erkenntnis mit den Lebensfragen von Menschen vermitteln. [...] Denn durch seine Beziehung auf den *Schöpfer von allem* ist er nicht bloß an Ausschnitten und Teilbereichen der Wirklichkeit orientiert. Er bezieht die Einzelerkenntnisse aufeinander und fragt, wie sie in ihrer Bedeutung für uns Menschen zusammenhängen. Die Theologie, die den Glauben an den Schöpfer in unserer heutigen Zeit denkend verantwortet, ist darum im Grunde ein idealer Gesprächspartner für die Naturwissenschaften!"[36] In dieser Orientierung an der Gesamtwirklichkeit ist die Theologie wesensmäßig auf den Dialog mit anderen Wissenschaften angelegt[37] und kann so die Naturwissenschaften etwa an die Reflexion ihrer methodischen und weltanschaulichen Grenzen erinnern und entsprechend vor ideologischen Totaldeutungsansprüchen bewahren. „Darin könnte sogar die Partnerschaft zwischen einer aufgeklärten, ideologisch nicht instrumentalisierbaren Wissenschaft und einer totalitären Sinndeutungen gegenüber misstrauischen Theologie in den öffentlichen gesellschaftlichen und kulturellen Diskursen um Forschung, Technik und Menschenbild bestehen. [...] Vor einem solchen Hintergrund, der die grundsätzliche Offenheit menschlicher Existenz und der ihr aufgegebenen Selbstdeutung festhielte, sollte es dann auch der Theologie möglich sein, die ihr aufgetragene Entfaltung der Begründung menschlichen Selbst-, Welt- und Gottesverständnisses in Gottes zuvorkommender Gegenwart in einer [...] relevanten Weise zu explizieren."[38] Von nicht geringerer gesamtgesellschaftlicher und existenzieller Relevanz ist die ethische Orientierung von Naturwissenschaft und Technik, zu der die Theologie ange-

36 W. Krötke: Erschaffen, S. 77.

37 Vgl. ebd., und J. Weinhardt: Hinführung, S. 13.

38 D. Evers: Verhältnis, S. 56. – Zur gesellschaftlichen Bedeutung des Dialogs im Kontext der *Postmoderne* siehe *Kap. I,3.3.*

sichts globaler Überlebensfragen und der zu bewahrenden Würde des Menschen (Biotechnologie) maßgeblich beitragen kann.[39]

Umgekehrt erweist sich auch die *Naturwissenschaft* als hilfreich für die Theologie. So bieten sich der Theologie durch fortschreitende naturwissenschaftliche Erkenntnisse und Sichtweisen jeweils „neue Möglichkeiten der Explikation des christlichen Glaubens [...], die neue Einsichten in die Relevanz des Glaubens gerade angesichts der Möglichkeiten und Grenzen des naturwissenschaftlichen Weltbilds eröffnen"[40]. Dadurch erhält die Theologie die Chance, immer wieder die existenziell wichtige Übereinstimmung von Glaubens- und Wirklichkeitserfahrung herzustellen und so innere Widersprüche zu verhindern. Ferner bewirken die unvorstellbaren Dimensionen der mikro- und makrophysikalischen Wirklichkeit oder der Komplexität des Menschen, dass „jede Wahrheit darüber, die die Naturwissenschaft offenbart, nur die Wertschätzung des göttlichen Handwerks erhöhen"[41] kann.

Auch die zum Dialog herausgegebene Orientierungshilfe der EKD kommt insgesamt zu dem Ergebnis: „Der interdisziplinäre Dialog über die Deutung der Wirklichkeit ist von nicht zu unterschätzender Bedeutung für die Weltorientierung des christlichen Glaubens – und für die Sinnorientierung der modernen Wissenschaften."[42] Auf den gezeigten Grundlagen können Theologie und Naturwissenschaft gemeinsam zur *Bewältigung der existenziellen Aufgabe* beitragen, vor die sich die Menschen gestellt sehen, nämlich alle lebensweltlichen Zusammenhänge als sinnvolles Ganzes zu verstehen.[43]

Literatur

Barbour, Ian G.: Naturwissenschaft trifft Religion. Gegner, Fremde, Partner? Aus dem Englischen von Regine Kather, Göttingen 2010.

Eckel, Rainer/Großhans, Hans-Peter: Gegner oder Geschwister? Glaube und Wissenschaft (=Theologie für die Gemeinde IV/1), Leipzig 2015.

Evers, Dirk: Theologie – Erfahrung – Wissenschaft, in: Petzoldt, Matthias (Hg.): Theologie im Gespräch mit empirischen Wissenschaften (=Veröffentlichungen der Wissenschaftlichen Gesellschaft für Theologie 35), Leipzig 2012, S. 377–407.

Gräb, Wilhelm (Hg.): Urknall oder Schöpfung? Zum Dialog von Naturwissenschaft und Theologie, Gütersloh 1995.

39 Zu den ethischen Herausforderungen siehe *Kap. XIII.* – J. Moltmann: Wissenschaft, S. 37ff., betont in diesem Zusammenhang, dass wissenschaftliche Interessen und der Umgang mit der Natur wieder in den Kontext menschlicher Lebens*weisheit* integriert werden sollten. – Zur Bedeutung des Dialogs für die Naturwissenschaften insgesamt siehe *Kap. I,3.2-3.*

40 D. Evers: Raum, S. 395.

41 R.J. Russell/K. Wegter-McNelly: Verzahnung, S. 70. – Zur Bedeutung des Dialogs für die Theologie insgesamt siehe *Kap. I,3.1 u. I,3.3.*

42 *Weltentstehung*, S. 17.

43 Zum Wesen von Theologie und Naturwissenschaft insgesamt siehe auch M. Haudel: Gotteslehre, Kap.X,1.2.5, und zum gesamten Dialog beider Erkenntniszugänge siehe ebd., Kap. X,1.2.

Haudel, Matthias: Gotteslehre. Die Bedeutung der Trinitätslehre für Theologie, Kirche und Welt (= UTB 4292), Göttingen ^{2}2018.
Polkinghorne, John: Theologie und Naturwissenschaft. Eine Einführung. Aus dem Englischen von Gregor Etzelmüller, Gütersloh 2001.
Tapp, Christian/Breitsameter, Christof (Hg.): Theologie und Naturwissenschaften, Berlin/Boston (MA) 2014.
Weinhardt, Joachim (Hg.): Naturwissenschaften und Theologie. Methodische Ansätze und Grundlagenwissen zum interdisziplinären Dialog. Mit Beiträgen von Günter Altner [u. a.], Stuttgart 2010.

IX. Beispiele für den Neubeginn des Dialogs

Im Gefolge der während des 19. Jahrhunderts vollzogenen Trennung von Theologie und Naturwissenschaft gab es auch angesichts der naturwissenschaftlichen Umbrüche zu Beginn des 20. Jahrhunderts zunächst nur einzelne Theologen, die den Dialog wieder aufnahmen. Im Bereich der evangelischen Theologie ist Karl Heim zu nennen und für die katholische Theologie Pierre Teilhard de Chardin. Erst seit Mitte des 20. Jahrhunderts fand der Dialog wieder mehr Anklang, wozu auch maßgeblich Naturwissenschaftler wie Carl Friedrich von Weizsäcker beitrugen.[1]

1. Karl Heim

Der vom Pietismus und von Kant geprägte evangelische Theologe *Karl Heim* (1874–1958), der in Halle, Münster und Tübingen lehrte, sah in dem dynamischen und offenen naturwissenschaftlichen Weltbild der Relativitäts- und Quantentheorie die von den Naturwissenschaften selbst herbeigeführte Chance einer erneuten Öffnung für die religiöse Dimension. Denn gegenüber dem geschlossenen naturwissenschaftlichen Weltbild des 19. Jahrhunderts mit seinen monokausal-deterministischen Verabsolutierungen tritt seines Erachtens wieder die Offenheit der Natur hervor – und damit letztlich auch ihre Transzendenz. Seitens der Theologie bestand für Heim aufgrund des Schöpfungsglaubens und der Inkarnation bzw. Menschwerdung Gottes ohnehin die grundsätzliche Aufgabe, Glauben und allgemeine Wirklichkeitserfahrung zu vereinen und den dadurch aufgetragenen Dialog mit den Einsichten der anderen Wissenschaften wieder aufzunehmen.[2] So war ihm die Überwindung der Selbstisolierung der Theologie und die Wiedergewinnung der religiösen Dimension in Philosophie, Anthropologie, Psychologie und besonders den Naturwissenschaften ein zentrales Anliegen. „Wir müssen jetzt ganz neue Wege suchen […], wenn nicht der ungeheure Riß zwischen der nur unter sich verkehrenden Theologie und der Welt der Mediziner und Naturwissenschaftler über kurz oder lang zu einer

---

1 Zur Gesamtsituation der Wiederbelebung des Dialogs – auch im angelsächsischen Bereich – siehe *Kap. I,3.3.*

2 Vgl. H. Schwarz (Hg.): Glaube, S. 5 (Vorwort).

Katastrophe führen soll. Eine Riesenarbeit ist zu tun, um den schon seit hundert Jahren verlorenen Anschluß wieder einzuholen, ehe es zu spät ist."[3]

Heim ging es um den Aufweis der transzendenten Dimension bzw. der *Denkbarkeit Gottes im Kontext des modernen naturwissenschaftlichen Wirklichkeitsverständnisses,* um so die vieldimensionale Einheit der Welt transparent werden zu lassen und allen die Einheit im Denken zu ermöglichen. Für die Glaubenden bringt das nach Heim beispielsweise „ein gutes wissenschaftliches Gewissen"[4] mit sich, also die Übereinstimmung von Glaubens- und Wirklichkeitsverständnis, welcher es für die Vergewisserung des Glaubens in der Welt bedarf. Dabei vollzog Heim keine natürlich-theologische Beweisapologetik, wie es ihm etwa Karl Barth vorwarf, sondern er versuchte unter Berücksichtigung der neuen naturwissenschaftlichen Einsichten gegenüber atheistischem Materialismus und Szientismus den rational unableitbaren Glauben erkenntnistheoretisch und naturphilosophisch „so zu begründen, dass der unbegründbare Glaube denkmöglich wird"[5], wie es Ulrich Beuttler betont. Denn die Glaubensgewissheit war für Heim von der Christusoffenbarung und der unmittelbaren Glaubenserfahrung abhängig, weshalb Glaube und Theologie grundsätzlich unabhängig von wechselnden naturwissenschaftlichen Einsichten bleiben, aber aufgrund des durch Schöpfung und Inkarnation gegebenen Weltbezugs mit dem jeweiligen Weltwissen zu vermitteln sind. Als von wandelbaren naturwissenschaftlichen Entwicklungen prinzipiell unabhängige Gesprächsbasis für die angemessene Zuordnung von „Glaube und Denken" im Verhältnis von Theologie und Naturwissenschaft diente Heim die Philosophie, auf deren allgemeinem Boden dann die konkrete Brücke zwischen naturwissenschaftlichen Einsichten und theologischen Perspektiven geschlagen werden kann.[6]

So entwickelte Heim in Bezugnahme auf die *Relativitätstheorie* eine *„Philosophie der Räume"*, die die Vielschichtigkeit der Wirklichkeit mit den Worten von Beuttler in einer Weise hervortreten ließ, „dass Transzendenz und Immanenz Gottes im Raum der Welt […] denkbar werden"[7]. Die von der nicht-euklidischen Geometrie geprägte Unanschaulichkeit der vierdimensionalen Raumzeit verweist nach Heim gegenüber unserer dreidimensionalen gegenständlichen Wirklichkeitswahrnehmung darauf, dass es auch noch andere – nichtgegenständliche – Raumdimensionen geben kann, welche die gegenständliche Wahrnehmung transzendieren. Zudem weise „schon unser eigenes Dasein" darauf hin, dass „der Raum der Gegenständlichkeit immer nur ein Teilaspekt der Welt ist"[8], was sich aus dem lebensweltlichen *Verhält-*

3 Diese Sätze eines Briefes Heims von 1906 finden sich bei H. Timm: Glaube, S. 25. Vgl. insgesamt H. Schwarz: Theologie, S. 753 ff.; Z. Kučera: Art. „Heim, Karl (1874–1958)", S. 774 ff., und K. Heim: Wandlung. – Zum biographischen Werdegang Heims siehe A. Köberle: Karl Heim.

4 K. Heim: Zeiten, S. 310.

5 U. Beuttler: Gottesgewissheit, S. 20.

6 Vgl. insgesamt ebd., S. 13 ff.; ders.: Weltbild, S. 434 ff.; H. Timm: Glaube, S. 109 ff.; H.G. Erdmannsdörfer: Beitrag, S. 25, 30, 41 ff.

7 U. Beuttler: Gottesgewissheit, S. 25.

8 K. Heim: Wandlung, S. 208.

nis von „Ich – Du – Es" erschließe. Entsprechend verbindet Heim die Aspekte dieses Verhältnisses mit seiner Raum- bzw. Dimensionenlehre. Demnach verkörpert das „Ich", das sich vom gegenständlichen „Es" ebenso unterscheidet wie vom „Du", den „nichtgegenständlichen Ermöglichungsgrund der ganzen Erfahrungswelt"[9]. Die sich in der nichtgegenständlichen Dimension vollziehende Sphäre von Subjekt und Personalität ist im „Ich" mit der gegenständlichen Welt in einer Weise verbunden, die besonders am *dynamischen Verständnis der Zeit* erkennbar wird, das Heim ebenfalls als grundlegend in seinen Entwurf einbezieht. So repräsentiert die Vergangenheit den Zustand des unveränderlich Gewordenen, des gegenständlichen „Es" bzw. des Seins, während die Gegenwart den Schnittpunkt von „Ich" und „Es" bildet, indem sie von „Möglichkeiten" (Quantentheorie) und geschichtlicher Offenheit (Thermodynamik) geprägt ist und so das Werden beinhaltet. Weil zudem die Grundbausteine der Natur gemäß der Quantenphysik nicht kleinste Teilchen sind, sondern energetische Ereignisse, vollzieht sich das Weltgeschehen nach Heim nicht materialistisch und monokausal-deterministisch, sondern es ist durch die Geschichte menschlicher Entscheidungen („Ich") charakterisiert. Dabei wird das Gegenüber von Subjekt und Objekt im „Ich" aufgehoben, dessen *Wille* durch die Entscheidungen in der Gegenwart den Übergang zum gewordenen „Es" (Vergangenheit) ebenso beeinflusst wie das Werden der Zukunft. Geschichte erscheint als „materialisierter Wille"[10], wodurch die vielschichtigen Dimensionen der Wirklichkeit und ihr Zusammenwirken hervortreten. Indem der Mensch als wollendes Wesen am Schnittpunkt zwischen Gewordenem und Werdendem steht, wird die Alternative zwischen Subjektivismus und Objektivismus überwunden und die Wirklichkeit zum dynamischen Akt. Die Beobachterperspektive des „Erkennens" des Gewordenen (Vergangenheit) und die Teilnehmerperspektive des „Erlebens" in der Gegenwart bilden im „Ich" eine dynamische Einheit, weshalb für Heim mit den Worten Beuttlers gilt: „Das nichtgegenständliche, erlebende Ich ist Bedingung der Möglichkeit von gegenständlicher Erkenntnis."[11] Gegenständliche und nichtgegenständliche Dimensionen stehen in einem differenzierten Zusammenhang, insofern als das gegenwärtige Werden zwar außerhalb der objektivierbaren Gegenständlichkeit des Gewordenen steht, zugleich aber im Werdeprozess in diese eingeht. Die Unumkehrbarkeit der Zeit und die Nichtaustauschbarkeit des „Ich" verbinden sich mit dem vorgegebenen perspektivischen Ort, der dem menschlichen „Ich" in der Vielfalt der Relativität raumzeitlicher Perspektiven zugewiesen ist.

Daraus stellt sich für Heim die Frage nach dem „Warum" und dem Sinn genau dieses zugewiesenen Ortes und nach dessen Setzung. Diese Frage nach dem menschlichen Schicksal und seiner Grundlegung verweise auf die absolute transzendente Dimension, „die selbst außerhalb des Unterschieds aller Räume und Systeme liegt"[12],

9 Ders.: Glaubensgewißheit, S. 272.

10 Z. Kučera: Art. „Heim, Karl (1874–1958)", S. 776.

11 U. Beuttler: Gottesgewissheit, S. 392.

12 K. Heim: Wandlung, S. 116.

weshalb der *transzendente Gott* die Setzungen zu vollziehen vermag. Im Glauben an diese sinnstiftende Setzung wird der Mensch der Willkür der unzähligen Möglichkeiten enthoben, die ihn ohne den Glauben im Nihilismus versinken ließen. Zugleich kann Gott als Wirkkraft in den nur polar-komplementär fassbaren Räumen deren vieldimensionale Wirklichkeit zur Einheit werden lassen, da sich der überpolare Gott im allpolaren Raum sowohl als transzendent als auch als immanent erweist.[13] Denn bei bleibender wesensmäßiger Transzendenz wirkt Gott durch seine räumliche und zeitliche Präsenz im Innersten der Welt – ersichtlich im universal relevanten Christusereignis. Unter diesen Voraussetzungen wird Gott in den nichtgegenständlichen Ich-Du-Beziehungen als das Ur-Du erfahrbar, dessen freier Wille die Weltprozesse grundsätzlich leitet – entgegen der Vorstellung eines monokausalen Determinismus. So müssen auch Wunder vor dem Hintergrund der modernen Physik nicht mehr als Durchbrechung der Naturgesetze verstanden werden, sondern können in den offenen Naturprozessen als Ausfluss des göttlichen Willens gelten.[14] Zugleich ermöglicht Gott als das überpolare Ur-Du dem Glaubenden angesichts der vieldimensionalen Polaritäten mit ihrer vielfältigen Relativität eine nicht-relative Gewissheit, das Ruhen im Willen Gottes. Hierfür bleibt die Gotteserkenntnis auf die Offenbarung angewiesen, weil Gott in seiner Transzendenz der überpolaren Dimension angehört. Bei seiner Darlegung Gottes als transzendenten Ur-Grund hätte Heim nach Beuttler Gott noch deutlicher als schöpferisch Handelnden bzw. „*als Kreativität in* den raumzeitlichen Strukturen“[15] aufzeigen können.

Insgesamt hat Heim in eindrucksvoller Vielfalt versucht, angesichts der modernen naturwissenschaftlichen Erkenntnisse die Transzendenz und die damit verbundene Denkbarkeit Gottes sowie die Denkbarkeit des unbegründbaren Glau-

13 Vgl. zur menschlichen Perspektivität und ihren Implikationen ebd., S. 112 ff., 175, 271. Siehe insgesamt U. Beuttler: Gottesgewissheit, besonders S. 388 ff.; H.G. Erdmannsdörfer: Beitrag, S. 23–44; Z. Kučera: Art. „Heim, Karl (1874–1958)“, S. 774 ff. – Der gelegentliche Vorwurf, Heims Begriff der *Überpolarität* Gottes impliziere einen fernen Gott mit nur schwer erkennbarem Weltbezug (z. B. D. Evers: Raum, S. 150 ff.), berücksichtigt nach U. Beuttler: Gottesgewissheit, S. 396 f., zu wenig, dass Gott für Heim bei wesensmäßig bleibender Transzendenz als „das innerste Innen der Welt“ gilt: „Gott ist […] in, mit und unter aller Schöpfung gedacht. […] ‚Welt‘ ist Wille, Werden, Selbst und Du nicht aus sich selbst […], sondern kraft der zeitlichen und räumlichen Präsenz Gottes.“

14 Entsprechend kritisiert Heim *Rudolf Bultmanns* Auffassung, *Wunder und naturwissenschaftliches Weltbild* würden sich widersprechen. Er wirft Bultmann vor, noch beim geschlossen-deterministischen naturwissenschaftlichen Weltbild des 19. Jahrhunderts zu verharren. Dieser Kritik Bultmanns schlossen sich Physiker wie Pascual Jordan an. Siehe H.G. Erdmannsdörfer: Beitrag, S. 28, 40–43; H. Krause: Karl Heim, S. 98 ff.

15 U. Beuttler: Gottesgewissheit, S. 396. – Vgl. insgesamt K. Heim: Wandlung, S. 168 ff.; U. Beuttler: Gottesgewissheit, S. 390 f.; H. Krause: Karl Heim, S. 87 ff.; H. Schwarz: Theologie, S. 755 ff. – Die Denkbarkeit der nur durch Gott zu erlangenden absoluten Glaubensgewissheit angesichts der im Kontext vielfältiger relativer raumzeitlicher Dimensionen bestehenden Perspektivität des „Ich“ war der Zielpunkt von Heims Bezugnahme auf die relativen Perspektiven der Relativitätstheorie, was zu bedenken wäre, wenn man Heim eine zu relativistische Interpretation der Relativitätstheorie vorwirft (wie etwa A. Benk: Physik, S. 131 ff.). Dass bedeutende Physiker Heim ein weitreichendes Verständnis der Relativitätstheorie zugestanden und seinen Dialogansatz als zukunftsweisend würdigten, zeigt etwa H.G. Erdmannsdörfer: Beitrag, S. 11 f., unter Verweis auf den Physiker Pascual Jordan.

bens zu erweisen, um in der Einheit des Denkens die Übereinstimmung von Glaubens- und Wirklichkeitserfahrung zu ermöglichen. Dabei hat er nicht – wie zuweilen vermutet – die Vereinnahmung und Missionierung der Naturwissenschaften beabsichtigt[16]. Vielmehr wandte er sich in konstruktiver Aufnahme naturwissenschaftlicher Fortschritte gegen die deterministisch-säkularistischen Verabsolutierungen des naturwissenschaftlichen Weltbilds des 19. Jahrhunderts und strebte so in positiver Anknüpfung an die naturwissenschaftlichen Paradigmenwechsel einen Dialog über die Wahrheit der Weltbilder an, der bis heute bedenkenswert bleibt.[17] „Heim hat in bis heute wegweisender Weise Glaube und Naturwissenschaft nicht nur formal in ein Verhältnis gesetzt, sondern den theologischen mit dem naturwissenschaftlichen Weltbegriff konstruktiv vermittelt."[18]

2. Pierre Teilhard de Chardin

Während Karl Heim als einer der ersten besonders den Paradigmenwechsel in der Physik und dessen Implikationen wahrnahm und mit einem konstruktiven Dialogansatz verband, versuchte der katholische Theologe und Paläontologe *Pierre Teilhard de Chardin* (1881–1955) unter konstitutiver Bezugnahme auf den modernen *Evolutionsgedanken* den Dialog neu aufzunehmen. Sein theologisch umstrittener Entwurf brachte ihn in Konflikt mit der katholischen Kirche, die ihn seiner akademischen Ämter enthob und ihn mit Veröffentlichungsverboten belegte, bevor er nach seinem Tod – einhergehend mit der vom Zweiten Vatikanischen Konzil (1962–1965) vollzogenen Öffnung – teilweise rehabilitiert wurde. Das betraf besonders den naturwissenschaftlichen Teil seines Werkes, nicht aber alle problematischen theologischen Teile, die bis heute umstritten sind.[19]

Teilhard ging es vor dem Hintergrund des ruinösen Zustands der Trennung von Theologie und Naturwissenschaft im Kontext des modernen Weltbilds der Evolution um die *Einheit von Gottes- und Weltwirklichkeit,* und zwar um die synthetische Einheit der gesamten Wirklichkeit in allen ihren Dimensionen. Hierbei verstand er die Weltwirklichkeit als prozesshafte Dynamik zu immer größerer Komplexität und Einheit.[20] Gegenüber starrer neuscholastischer Metaphysik und rein materialistischen naturwissenschaftlichen Ansätzen bemühte er sich mit den Worten von Thomas Broch auf phänomenologische Weise, „die Einheit aller dem Denken und

16 Solche Vorwürfe erhebt A. Benk: Physik, S. 143 ff.

17 Vgl. U. Beuttler: Gottesgewissheit, S. 387 f.

18 Ebd., S. 397.

19 Zur Biographie Teilhards, der Jesuit war und bei jahrelangen Ausgrabungen in China zum Mitentdecker des „Homo erectus pekinensis" wurde, sowie zur theologischen Entwicklung Teilhards siehe T. Broch: Denker; S.M. Daecke: Art. „Teilhard de Chardin, Pierre (1881–1955)". – Zur Entstehung des Konflikts zwischen Naturwissenschaft und Theologie hinsichtlich der Evolutionstheorie durch deren materialistische Vermittlung in Kontinentaleuropa siehe *Kap. V,4.*

20 Vgl. S.M. Daecke: Art. „Teilhard de Chardin, Pierre (1881–1955)", S. 29.

der Erfahrung zugänglichen Phänomen[e] der Welt“[21] zu erfassen. Diese Einheit erschloss sich ihm einerseits aus den *naturwissenschaftlich* erkennbaren Phänomenen, die durch eine „Hyper-Physik“ oder „Hyper-Biologie“ in ihrer Ganzheit zu fassen seien. Andererseits sah er in der *Mystik* als ganzheitlichem Erfahrungsakt die Grundlage für eine umfassende Synthese, die er dann *apologetisch* in der Offenbarung des „Christus-Universalis“ verankerte. Dabei korrelieren mystische und wissenschaftliche Ergriffenheit bzw. Glaube und Naturwissenschaft, weil „sie nur zusammen sich normal entwickeln können; einfach, weil dasselbe Leben beide beseelt“[22] und auch wissenschaftlicher Antrieb die Perspektive der Zukunft, des Sinns und des Ziels brauche. Die Einheit von Glaube und Naturwissenschaft ergab sich für Teilhard aus der zu erfassenden Einheit der Gesamtwirklichkeit, etwa aus der Einheit von Geist und Materie oder aus der Einheit des gesamten Entwicklungsprozesses des Universums in seinen anorganischen, organischen und geistigen Dimensionen – und schließlich aus der Einheit des Ineinanders von immanentem Weltprozess und transzendentem Gott.

So gibt Teilhard zu bedenken, dass die Hervorbringung des Menschen durch die Evolution Rückschlüsse auf deren bisherigen Verlauf impliziere. Denn die mit Geist und Bewusstsein hervorgebrachten Phänomene ließen darauf schließen, dass sie dem Evolutionsprozess in irgendeiner – und wenn auch noch so rudimentären – Form von Anfang an inhärent waren. Gegenüber dem Dualismus von Geist und Materie betont Teilhard die zwei Gesichter des einen kosmischen Stoffes, die materielle Außenseite (Form der Komplexität) und die geistige Innenseite (Einigungsvermögen), welche die Entwicklung zu höherer Komplexität und Einheit ermöglichen.[23] Nach Teilhard ist der alles umfassende kosmische Prozess durch verschiedene evolutive Abschnitte charakterisiert: Die *Kosmogenese,* die Teilhard auch als bleibender Oberbegriff dient, entwickelt sich aus einem einfachen Anfang, dem Punkt „Alpha“, und vollzieht sich zunächst in der das Leblose und Materielle umfassenden *Hylosphäre* (griech. *hyle:* Materie), die dann in die *Biogenese* übergeht, welche in der *Biosphäre* das Lebendige hervorbringt. Daraus entwickelt sich durch die *Noogenese* die *Noospähre* (griech. *nous:* Geist), die Sphäre des menschlichen Geistes, in der sich das Geistige als zentrierte Wirklichkeit im Menschen selbst bewusst wird. Und schließlich kulminiert der gesamte Prozess in der *Christogenese,* insofern als sich der *universale Christus* in Anlehnung an Apk 21,6 als das Alpha und das Omega, als der Anfang und das Ende bzw. Ziel aller Wirklichkeit erweist. Durch Inkarna-

21 T. Broch: Denker, S. 20.

22 P. Teilhard de Chardin: Mensch, S. 279. – Vgl. auch zu den weiteren Ausführungen dieses Hauptwerk Teilhards „Der Mensch im Kosmos“, das er zwischen 1938 und 1948 schrieb bzw. überarbeitete und das 1955 nach seinem Tod veröffentlicht wurde.

23 Für T. Broch: Denker, S. 21 f., hat Teilhard mit seinem Ansatz grundsätzlich schon die später entdeckte Bedeutung *genetischer Information* vorweggenommen, während W. Krötke: Erschaffen, S. 56, auf Teilhards Vorwegnahme des *Anthropischen Prinzips* verweist, das den notwendigen Zusammenhang von der Beschaffenheit des Kosmos und der Existenz des Menschen entfaltet. – Siehe dazu *Kap. XI,1.3.*

tion und Auferstehung wird Christus laut Teilhard zum „Punkt Omega", zum kosmischen Christus, in dem die gesamte Wirklichkeit konvergiert, denn „es ist alles durch ihn und zu ihm geschaffen" (Kol 1,16). Hier fallen das naturwissenschaftliche „Omega" bzw. Ziel des Entwicklungsprozesses und das „Omega" bzw. Ziel des Glaubens als Vollendung der Schöpfung zusammen, so dass auch Evolutionsprozess und Heilsgeschichte in dem *„Christus-Evolutor"* identisch werden. Die den kosmischen Prozess antreibende Einigungskraft bzw. -energie besteht für Teilhard in der *Liebe,* die sich wie der Geist in verschiedenen Graden mit allen Gestalten der Wirklichkeit verbindet.[24]

Wenn auch manche Naturwissenschaftler hervorheben, Teilhard habe bereits spätere Einsichten vorweggenommen, etwa in die kosmische Evolution, in das Wachstum von Komplexität, in die Bedeutung von „Information" und energetischen Ereignisabfolgen, in die Geschichtlichkeit der Naturprozesse mit ihrem Zusammenhang von Subjekt und Objekt oder in das Ineinander von biologischer und geistig-kultureller Evolution[25], und wenn Teilhard auch partielle Spuren im Zweiten Vatikanischen Konzil oder bei Theologen wie Karl Rahner hinterließ, war sein Ansatz von Anfang an umstritten, besonders hinsichtlich der theologischen Implikationen. So wurde ihm sowohl von Naturwissenschaftlern als auch von Theologen die *Vermischung* von phänomenaler Erfahrung und Glaubenserfahrung vorgeworfen. Teilhard hielt dem entgegen, dass seinem „Gedanken der Analogie [...], des Gemeinsamen bei je größerer Unterschiedlichkeit, nicht genügend Beachtung"[26] geschenkt würde, wie es Broch zusammenfasst. Doch dieser Gedanke ist etwa bei der Annahme einer *organischen* Vereinigung von Gott und Welt sowie bei der Identifizierung von Evolutionsprozess und Heilsgeschichte, die bei Teilhard auch als Vollendungsprozess der trinitarischen Selbstwerdung Gottes verstanden werden kann, schwerlich zu erkennen, weshalb der Theologe Hans Kessler kritisiert: „Die Vollendung der Welt ist nicht, wie Teilhard de Chardin meinte, als letzte Stufe eines kontinuierlichen Evolutionsprozesses zu denken: die Selektion geht ja zu Lasten der Schwachen, Kranken, Untüchtigen, deren Jesus sich gerade, ganz antiselektionistisch, angenommen hat. Es geht also um mehr und anderes, als in der Natur, in der kosmischen Entwicklung ‚drin' ist"[27], nämlich um das Heil Gottes für die Schöpfung, das er auch gegen den Widerstand der Menschen zum Ziel bringen möchte – und es geht dabei nicht um den Selbstvollendungsprozess Gottes. Entsprechend lässt sich auch *Liebe* nicht einfach als eine aus der kosmischen Wirklichkeit entsprungene kosmische Energie verstehen, die laut Teilhard zur „Amorisation" des kosmischen Prozesses führt. „Von der biologischen Evolution her lässt sich eine Amorisation des Universums nicht ableiten. Um von einer solchen Durch-

24 Vgl. insgesamt P. Teilhard de Chardin: Mensch; ders.: Bereich; ders.: Wissenschaft; ders.: Glaube.

25 Siehe dazu S.M. Daecke: Art. „Entwicklung", S. 711. T. Broch: Denker, S. 140, merkt an, dass Teilhards Betonung der Entwicklung zu wachsender Einheit heute etwa durch „die sich immer mehr verdichtende Globalisierung aller Lebensbereiche" Geltung erhalte.

26 T. Broch: Denker, S. 27.

27 H. Kessler: Schöpfung, S. 51.

setzungskraft der Liebe sprechen zu können, dazu bedarf es einer anderen Quelle."[28] Indem Gottes hingebungsvolle Liebe in kosmische Energetik verwandelt wird, geht die personale Dimension der Liebe verloren – auch auf anthropologischer Ebene. Gleiches gilt für die Dimensionen von *Sünde bzw. Bösem und Leid,* die in Teilhards Entwurf als notwendige Begleiterscheinung des Evolutionsprozesses gelten und damit ihre relevanten personalen und ethischen sowie heilsgeschichtlichen Bezüge verlieren (Verantwortung des Einzelnen, Schuld, Vergebung, Heilshandeln Gottes). Das korreliert mit Teilhards Konzentration auf die Einheit, in welcher der Einzelne zusehends aufgeht, wobei Teilhard schließlich von einem „personalen Universum" und einer „Theogenese" sprechen kann, was zugleich die Gefahr pantheistischer Tendenzen seines Ansatzes unterstreicht.

Abgesehen von solchen problematischen – und zuweilen nicht eindeutigen – theologischen Implikationen haben aber etliche konstruktive und weitreichende Einsichten Teilhards Bestand, so dass insgesamt festzuhalten bleibt: „Die heutige Bejahung der […] Evolutionslehre sowie die Bemühungen um Überwindung der Kluft zwischen Theologie und Naturwissenschaften sind ohne Zweifel auch dem Werk Teilhards zu verdanken."[29]

3. Carl Friedrich von Weizsäcker

Als Mitte des 20. Jahrhunderts der Dialog zwischen Theologie und Naturwissenschaft allgemeinere Verbreitung fand, hatten daran auch Naturwissenschaftler wie der Physiker – und Philosoph – *Carl Friedrich von Weizsäcker* (1912–2007) maßgeblichen Anteil. Wie Teilhard und Heim ging es von Weizsäcker um die *Einheit der verschiedenen Phänomene der Wirklichkeit bzw. der Wirklichkeitserfahrung.* Aufgrund der weitgehenden Entfremdung von Theologie und Naturwissenschaft sah er in der Darlegung des Zusammenhangs von religiöser und naturwissenschaftlicher Suche nach Wahrheit eine besondere Herausforderung, die sich ihm im Kontext von Physik, Philosophie, Theologie und Politik stellte. Die Verbindung von naturwissenschaftlich-physikalischer, philosophisch-vermittelnder, religiös-theologischer und ethisch-politischer Ebene ergab sich aus den entsprechenden biographischen Schwerpunkten von Weizsäckers. Als Physiker war er in der Kernphysik an der Erforschung der Kernspaltung (Voraussetzung für die Atombombe) beteiligt, im Kontakt mit Heisenberg und Bohr befasste er sich mit den philosophischen Implikationen der Quantentheorie und er entwickelte kosmologische Theorien. Später lehrte er auch viele Jahre Philosophie. Zudem verwies er zunehmend auf die Weltverantwortung, die religiöse Wurzeln hat und durch die naturwissenschaftlich-technischen Entwicklungen vor besonderen Herausforderungen steht. So engagierte er sich auf verschiedenste Weise für die politisch-ethische Umsetzung dieser Ver-

28 J. Hübner: Schöpfung, S. 397.
29 S.M. Daecke: Art. „Teilhard de Chardin, Pierre (1881–1955)", S. 31.

antwortung. Als evangelischer Christ verbanden sich für ihn die genannten Aspekte mit ihrer religiösen Verankerung, der umfassendsten Wahrnehmungsdimension. Aus der entsprechenden Einheit von Glaube und Denken erschloss sich ihm die Notwendigkeit der Vermittlung von religiösem und modernem naturwissenschaftlichen Wirklichkeitsverständnis.[30]

Den Ausgangspunkt für diese Vermittlung bildete für von Weizsäcker die *Quantentheorie*, die auch seines Erachtens im Unterschied zum mechanistisch-deterministischen naturwissenschaftlichen Weltbild des 19. Jahrhunderts ein dynamisches und offenes Wirklichkeitsverständnis eröffnete – und damit neue Perspektiven für den Dialog von Naturwissenschaft und Theologie. Aufgrund der Unbestimmbarkeitsrelation und des unauflöslichen Zusammenhangs von Subjekt und Objekt bei der Erfassung quantenphysikalischer Prozesse, die nur zur Generierung bestimmter Möglichkeiten und Wahrscheinlichkeiten führt, war für von Weizsäcker die Subjekt-Objekt-Spaltung der klassischen materialistischen Sicht überwunden: „[…] das Ereignis wird durch die Einheit des mentalen und des physischen Aktes erzeugt"[31]. Damit korrelierte für ihn die – auch von Teilhard vollzogene – Überwindung des Dualismus von Geist und Materie, zumal quantenphysikalisch die Grundstrukturen der Wirklichkeit nicht einfach materieller Art sind, sondern sich in energetischen Ereignissen vollziehen. „Im Rahmen der *Quantentheorie* wird der cartesische Dualismus von Bewußtsein und Materie überflüssig"[32]. Deshalb entspreche auch die zwischen Geisteswissenschaften bzw. Theologie (Feld der Existenz) und Naturwissenschaften (Feld der Natur) bestehende Spaltung nicht der Komplexität der Wirklichkeit.[33] Ferner sei die Quantenmechanik eine prinzipielle Theorie entscheidbarer Alternativen, unabhängig davon, ob es sich um materielle oder geistige Alternativen handelt.[34] Daraus leitete von Weizsäcker seine „Ur"-Theorie ab, nach der die kleinste mögliche Einheit im zweidimensionalen Zustandsraum nur zwei mögliche Werte besitzt: Ja oder Nein. Diese Ur-Alternativen als Grundelemente der Wirklichkeit („Ure") verkörpern „Information", die weder als Bewusstsein noch als Materie zu definieren ist, sondern aus der sich der Begriff der Materie erst herleitet und die sich auch auf seelische Vorgänge anwenden lässt.[35]

30 Zur biographischen Entwicklung von Weizsäckers mit ihren Implikationen für sein Denken siehe C.F. von Weizsäcker: Garten, S. 553–597; D. Hattrup: Carl Friedrich von Weizsäcker; D.-C. Kwon: Carl Friedrich von Weizsäcker; M. Drieschner: Carl Friedrich von Weizsäcker.

31 C.F. von Weizsäcker: Garten, S. 177. – Auf diese Feststellungen von Weizsäckers hat Karl Heim bei seiner weiteren Entfaltung des oben gezeigten konstitutiven Zusammenhangs von Subjekt und Objekt (siehe *Kap. IX,1*) Bezug genommen (vgl. K. Heim: Wandlung, und H. Krause: Karl Heim, S. 83).

32 C.F. von Weizsäcker: Bewußtseinswandel, S. 256. Zur Quantenphysik und ihren Implikationen siehe *Kap. VI,3*.

33 Vgl. ders.: Weltbild, S. 263.

34 Vgl. M. Drieschner: Carl Friedrich von Weizsäcker, S. 99 f.

35 Vgl. C.F. von Weizsäcker: Aufbau, S. 390 ff.; ders.: Zeit, S. 291 f., 353; D.-C. Kwon: Carl Friedrich von Weizsäcker, S. 132–138. – Diese kleinstmöglichen Einheiten von Information (Quantenbits) hat später der Physiker Thomas Görnitz: Naturwissenschaft, S. 169, als „Grundsubstanz der Welt" bezeichnet. Siehe dazu *Anm. 191, VI. Kap.*, und *Anm. 427, XI. Kap.*

Der katholische Theologe Hans-Dieter Mutschler (Schwerpunkt Naturphilosophie) kritisiert an dieser Grundlegung der Quantentheorie, dass sie in idealistischer und platonischer Prägung die Ideenlehre auf die „Information" der Quantentheorie übertrage und die „Ur"-Theorie so als „mystischen Urgrund allen Seins"[36] erscheinen lasse. Grundsätzlich liege das Problem in von Weizsäckers Interpretation der Quantentheorie als Ideenlehre, wodurch die Physik weltanschaulich bzw. metaphysisch überhöht werde. Das erkläre, warum von Weizsäcker die Quantentheorie als „Theorie der Ganzheit" verstehe und die Physik als *die* Grundlagenwissenschaft, aus der sich letztlich alles grundsätzlich ableiten lasse. Daraus resultiere eine zu direkte Ableitung philosophischer und religiöser Dimensionen aus der Physik. So ergebe sich aufgrund der Annahme, die Ideen seien im Seinsbestand der Natur enthalten, unmittelbar die Auflösung des Dualismus von Subjekt und Objekt bzw. von Geist und Materie. Indem die verschiedenen Dimensionen idealistisch zur Deckung gebracht würden, biete sich von Weizsäckers Methodik des „Kreisgangs" an, mit der er zirkulär die physikalischen, philosophischen, religiösen und politischen Aspekte abgleiche. Das führe aber zu einer Egalisierung der unterschiedlichen Wirklichkeitsbereiche, die etwa übersehe, dass es in der Physik um Formeln gehe und nicht um Formen (Inhalte) wie in Philosophie oder Theologie.[37] Mutschler weist zu Recht auf die Wahrnehmung solcher Brüche und die Gefahr einer direkten Ableitung philosophischer und religiöser Aspekte aus der Naturwissenschaft hin. Doch die Gefahr einer zu starken Identifizierung sollte nicht durch die Gefahr primärer Gegensätzlichkeit ersetzt werden, der schon die unweigerliche weltanschauliche Eingebundenheit naturwissenschaftlicher Theorien entgegensteht.[38] Während in diesem Zusammenhang durchaus daran zu erinnern ist, dass direkte Schlussfolgerungen auf die transzendente Dimension und die Existenz Gottes durch die Naturwissenschaften methodisch nicht möglich sind, darf aber ein *Verweischarakter* auf solche Dimensionen aufgrund des lebensweltlichen Kontextes naturwissenschaftlicher Erkenntnis gleichwohl wahrgenommen werden. Das entspricht auch der Auffassung von Weizsäckers, was im Folgenden noch deutlicher hervortritt.

Die durch von Weizsäcker angestrebte Überwindung des Dualismus von Geist und Materie sowie des monokausalen materialistischen Determinismus, der aufgrund der unvorhersehbaren Quantensprünge keinen Bestand mehr hatte, wurde nach von Weizsäcker nicht nur durch die Quantentheorie möglich, sondern auch durch das neue naturwissenschaftliche *Zeitverständnis* bzw. die neue Relevanz der *Geschichtlichkeit* für die Naturwissenschaften. Besonders die in der Quantenphysik

---

36 H.-D. Mutschler: Physik, S. 42. Vgl. ebd., S. 34 ff.

37 „Daß Weizsäcker hier keine Begründungslasten spürt, liegt daran, daß er nie geglaubt hat, daß die Physik auf bloße Phänomene beschränkt sei. Für ihn war sie von vornherein die Instanz, die das Reale als solches, und zwar als Idee, erkennt." (Ebd., S. 56). Vgl. insgesamt ebd., S. 29–102.

38 Wenn H.-D. Mutschler: Physik, S. 275, bei der Darstellung des Unterschieds von Physik und Religion hinsichtlich der Physik zu Recht von „einer durch die Theorie geprägten Lebensform" spricht, verweist der Begriff „Lebensform" aber zugleich auf den lebensweltlichen Kontext der Physik.

und der Thermodynamik erkannten irreversiblen Ereignisabfolgen ließen im Unterschied zum geschlossenen reversiblen Zeitverständnis der klassischen Physik die Geschichtlichkeit der Naturprozesse erkennen, wodurch sich die Komplementarität mit der lebensweltlichen Erfahrung von Vergangenheit, Gegenwart und Zukunft einstellte. Wie quantenphysikalisch in der Gegenwart eine der Möglichkeiten gewählt wird, die dadurch zur faktischen Vergangenheit generiert, und wie für die Zukunft die Offenheit weiterer Möglichkeiten besteht, so gilt auch für den Menschen: „Das *Jetzt* kann ich nicht verlassen. Das vergangene Jetzt kommt nie wieder, auf das zukünftige Jetzt kann ich nur warten. [...] Zum Jetzt gehört auch der qualitative Unterschied von Vergangenheit und Zukunft."[39] Entsprechend gründet die Einheit von Mensch und Natur bzw. von Subjekt und Objekt nach von Weizsäcker in der Einheit der Zeit, die sich als Grundbedingung der Möglichkeit von Erfahrung erweist und im Jetzt Freiheit gewährt. Besonders angesichts der offenen Zukunft vermittelt sie auch die Einheit der Vielfalt in der Natur mit der jenseits alles objektiv Existierenden göttlichen Einheit, die erst die Einheit der Geschichte (Sinn und Ziel) ermöglicht.[40] Deshalb müssen sich naturwissenschaftliche, philosophische und religiöse Zeitvorstellungen nicht widersprechen. Da die Zeit den Horizont der Zeit nicht überschreiten kann, führt sie nur an die Grenze des Transzendenten, die allein von der anderen Seite – von Gott her – zu überschreiten ist.[41] Insgesamt stößt die Quantenmechanik nach von Weizsäcker mehrfach an die Grenzen der Physik – und damit an die Grenze der Transzendenz. Einen weiteren Zugang der Physik zur religiösen Frage sieht er darin, dass sich in den „Gesetzen der Natur [...] eine ungeahnte Herrlichkeit"[42] enthüllt, die auf den Schöpfer *verweist,* was viele große Naturwissenschaftler in der Geschichte zum Ausdruck brachten.

Religion ist nach von Weizsäcker unter vier Aspekten zu betrachten: „Religion als Element einer *Kultur*" (Einfluss auf das soziale Leben), „Religion als Grund einer radikalen *Ethik*" (kulturkritisches Potenzial), „Religion als innere *Erfahrung*" (Mystik, Meditation) und „Religion als *Theologie*"[43] (Systematisierung der verschiedenen Elemente). Die Aspekte der inneren Erfahrung bzw. der Mystik und der radikalen Ethik hatten für von Weizsäcker die größte Bedeutung. Durch die *Mystik* werde ein anderer Blick auf die Wirklichkeit gewährt, der tiefer geht als die anderen Zugänge, wobei von Weizsäcker an alle Religionen denkt, nicht zuletzt aufgrund einer spirituellen meditativen Erfahrung in Indien. Entsprechend vertritt er ein pluralistisches

39 C.F. von Weizsäcker: Mensch, S. 25. – Zur Bedeutung der Quantenphysik und der Thermodynamik für das geschichtliche Verständnis der Naturprozesse siehe *Kap. VI,3–4.*

40 Vgl. D.-C. Kwon: Carl Friedrich von Weizsäcker, S. 131. Das *umkehrbare geschlossene Zeitverständnis* der klassischen Physik geht nach von Weizsäcker auch mit dem *Machtstreben* der Naturwissenschaft einher, über Vergangenheit, Gegenwart und Zukunft verfügen zu können (vgl. D. Hattrup: Carl Friedrich von Weizsäcker, S. 209).

41 Zur Erörterung dieses Zusammenhangs bei von Weizsäcker siehe D. Hattrup: Carl Friedrich von Weizsäcker, S. 240.

42 C.F. von Weizsäcker: Garten, S. 442.

43 Ebd., S. 472 (Hervorhebung vom Vf.).

Religionsverständnis, das die Religionen in der Vielzahl der Kulturen verankert, so dass sich genuine christlich-theologische Grundlagen auch relativieren, was kritisch anzumerken ist. Dennoch bildet der christliche Glaube an den Gott der Liebe und die – besonders in der Bergpredigt verankerte – ernsthafte Relevanz der Liebe für das Leben des Menschen für ihn die maßgebliche Grundlage, was er auch an der Geschichte abliest: „Niemand hat die geschichtliche Welt so radikal verändert wie die Christen"[44]. Dies bezieht von Weizsäcker vornehmlich auf die radikale *Ethik* der Nächstenliebe (Bergpredigt). Im Dialog von Theologie und Naturwissenschaft erfordere sie die Wahrnehmung der *Weltverantwortung* angesichts der vielfältigen und globalen Gefährdungen des Lebens. Voraussetzung für diese gemeinsame Aufgabe sei ein Bewusstseinswandel, der nicht nur die Überwindung des reduktionistischen Wirklichkeitsverständnisses von Naturwissenschaft und Technik beinhaltet, sondern auch die Integration der modernen naturwissenschaftlichen Erkenntnisse in die Theologie. „Eine Theologie, die das nicht mitdenkt, ist nicht auf dem Stand des heutigen Bewußtseins, also keine Theologie für heute."[45]

Angesichts der für Theologie und Naturwissenschaft bestehenden Herausforderungen war von Weizsäcker maßgeblich an der Initiierung der *„Göttinger Physiker-Theologen-Gespräche"* (1949–1961) beteiligt, welche als ein bedeutender „Ursprung des modernen Dialogs zwischen Naturwissenschaft und Theologie in Deutschland betrachtet werden"[46] können. Aus von Weizsäckers religiös verankerter Wahrnehmung der vielfältigen ethischen Herausforderungen, die sich mit dem naturwissenschaftlich-technischen Fortschritt verbinden, erklärt sich neben seinem Engagement für Physik, Philosophie und Theologie auch sein Eintreten für die *politische Umsetzung* der ethisch relevanten Einsichten. Vor dem Hintergrund der eigenen ambivalenten Rolle in der Kern- und Nuklearwaffenforschung und des globalen nuklearen Zerstörungspotenzials wandte er sich in der „Göttinger Erklärung" (1957) neben anderen mit Otto Hahn und Werner Heisenberg gegen die atomare Bewaffnung der Bundeswehr. Aufgrund der nuklearen Dimensionen wurde die Friedensfrage für von Weizsäcker zur globalen Überlebensfrage. Mit der ökologischen Krise in den 70er Jahren oder den gentechnologischen bzw. biotechnologischen Möglichkeiten traten weitere Herausforderungen hinzu. Ihnen stellte er sich sowohl als Leiter des „Max-Planck-Instituts zur Erforschung der Lebensbedingungen der wissenschaftlich-technischen Welt" (1970–1980) als auch später bei seinem einflussreichen Engagement für den weltweiten konziliaren Prozess für „Gerechtigkeit, Frieden und Bewahrung der Schöpfung".[47]

Indem er die physikalischen, philosophischen, religiösen und politischen Aspekte methodisch im „Kreisgang" immer wieder zueinander ins Verhältnis setzte, ver-

44 Ebd., S. 504.

45 Diese Aussage von Weizsäckers anlässlich eines Symposions ist zitiert nach D.-C. Kwon: Dialog, S. 210. Siehe auch C.F. von Weizsäcker: Bewußtseinswandel.

46 D.-C. Kwon: Carl Friedrich von Weizsäcker, S. 57.

47 Siehe zu diesen Aktivitäten D. Hattrup: Carl Friedrich von Weizsäcker, S. 17 u. 245–252.

suchte von Weizsäcker, der vieldimensionalen Wirklichkeit gerecht zu werden[48], auch wenn sich mit dieser Methodik die oben genannten Probleme verbinden können. Insgesamt hat von Weizsäcker so auf vielfältige Weise zur Neubelebung des Dialogs von Theologie und Naturwissenschaft beigetragen, und zwar sowohl in Bezug auf die Grundsatzfragen mit ihren konkreten Implikationen als auch hinsichtlich der Wahrnehmung der ethischen Verantwortung, die sich angesichts der wissenschaftlich-technischen Entwicklungen mit ihren weitreichenden Konsequenzen aufdrängt.

Neben den in diesem Kapitel aufgezeigten Beispielen des sich seither intensivierenden Dialogs sind inzwischen von Seiten einiger Naturwissenschaftler aber auch wieder Ansätze eines materialistischen Reduktionismus mit atheistischer Stoßrichtung zu beobachten, die ideologische naturwissenschaftliche Vorstellungen des 19. Jahrhunderts neu aufleben lassen.

Literatur

Beuttler, Ulrich: Gottesgewissheit in der relativen Welt. Karl Heims naturphilosophische und erkenntnistheoretische Reflexion des Glaubens (= Forum Systematik 27), Stuttgart 2006.

Broch, Thomas: Denker der Krise. Vermittler von Hoffnung. Pierre Teilhard de Chardin, Würzburg 2000.

Daecke, Sigurd Martin: Art. „Teilhard de Chardin, Pierre (1881–1955)“, in: TRE 33, S. 28–33.

Drieschner, Michael: Carl Friedrich von Weizsäcker, zur Einführung, und Dieter Mersch: Gespräch mit Carl Friedrich von Weizsäcker, Hamburg 1992.

Hattrup, Dieter: Carl Friedrich von Weizsäcker. Physiker und Philosoph, Darmstadt 2004.

Heim, Karl: Die Wandlung im naturwissenschaftlichen Weltbild. Die moderne Naturwissenschaft vor der Gottesfrage. Mit einer Einführung v. Horst W. Beck (= Karl Heim: Der evangelische Glaube und das Denken der Gegenwart, Bd. 5), Wuppertal [4]1975.

Heim, Karl: Ich gedenke der vorigen Zeiten. Erinnerungen aus acht Jahrzehnten, Hamburg [3]1960.

Köberle, Adolf: Karl Heim. Leben und Denken, Stuttgart 1979.

Kwon, Deuk-Chil: Carl Friedrich von Weizsäcker. Brückenbauer zwischen Theologie und Naturwissenschaft (= EHS.T 552), Frankfurt (M.) [u. a.] 1995.

Teilhard de Chardin, Pierre: Der Mensch im Kosmos, München [7]1964.

Teilhard de Chardin, Pierre: Wissenschaft und Christus (= ders.: Werke IX), Olten [u. a.] 1970.

Weizsäcker, Carl Friedrich von: Bewußtseinswandel, München/Wien 1988.

Weizsäcker, Carl Friedrich von: Der Garten des Menschlichen. Beiträge zur geschichtlichen Anthropologie, München/Wien 1977.

48 Vgl. D.-C. Kwon: Carl Friedrich von Weizsäcker, S. 69 u. 94 ff.

X. Materialistisch-atheistischer Reduktionismus und seine Verabsolutierung in neuem Gewand

Trotz der gezeigten naturwissenschaftlichen Paradigmenwechsel mit ihren erkenntnistheoretischen Einsichten in die Möglichkeiten und Grenzen der Naturwissenschaften gibt es nach wie vor Naturwissenschaftler, die wie im 19. Jahrhundert auf der Grundlage eines materialistisch-atheistischen Reduktionismus weltanschauliche Totalitätsansprüche erheben und meinen, die Nicht-Existenz Gottes aufweisen zu können – zum Teil verbunden mit aggressiver antireligiöser Agitation. Als einflussreichster Verfechter des sogenannten „Neuen Atheismus" gilt der Evolutionsbiologe Richard Dawkins, der die von ihm spezifizierte Evolutionstheorie zur einzigen Welterklärung stilisiert und Religion als krankhafte Erscheinung bekämpft. Einen szientistisch-naturalistischen Fundamentalismus mit atheistisch-religionskritischer Stoßrichtung vertritt auch der Evolutionsbiologe Ulrich Kutschera. Auf physikalischer und kosmologischer Ebene schließt der Physiker Stephen Hawking in naturalistischer Engführung und weltanschaulicher Überdehnung naturwissenschaftlicher Erkenntnis von den kosmischen Prozessen auf die Nicht-Existenz Gottes.

1. Richard Dawkins

Die besonders aus den physikalischen Paradigmenwechseln resultierenden Einsichten in die Erkenntnismöglichkeiten und -grenzen der Naturwissenschaften sowie die „wachsenden Erkenntnisse über die Komplexität des Lebens" brachten zunehmend „auch in der Biologie viele mechanistische Vorstellungen vom Leben ins Wanken"[1]. Dennoch spiegeln die Entwürfe einiger zeitgenössischer Evolutionsbiologen die spekulative und weltanschauliche Überdehnung der Evolutionstheorie zu einer umfassenden materialistischen Weltanschauung mit Totaldeutungsanspruch wider, wie es im 19. Jahrhundert besonders bei Ernst Haeckel hervortrat.[2] Indem manche Evolutionsbiologen heute die Evolutionstheorie zur umfassenden Kulturtheorie ausbauen, versuchen sie nach Dirk-Martin Grube zudem, „die Biologie als

1 U. Eibach: Schöpfung, S. 241. – Zur heutigen Evolutionsbiologie im Kontext der Weiterentwicklung der Evolutionstheorie siehe *Anm. 63, V. Kap,* und siehe *Kap. XI,2.1.*

2 Siehe *Kap. V,4.2.*

Leitwissenschaft neben (oder gar statt) der Physik zu etablieren"[3]. Bei den erneut aufkommenden materialistischen Entwürfen verbindet sich ihr weltanschaulicher Totaldeutungsanspruch wie bei Haeckel oft mit antireligiöser Agitation, wofür besonders der Entwurf des britischen Zoologen und Evolutionsbiologen *Richard Dawkins* (geb. 1941) steht, dem einflussreichsten Vertreter des naturalistisch und antireligiös geprägten *„Neuen Atheismus"*.[4]

Nachdem sich Dawkins zunächst mit seinem Werk „Das egoistische Gen"[5] (engl. 1976) durch evolutionsbiologische Thesen und fortschreitend durch populärwissenschaftliche Vermittlung seiner Erkenntnisse einen Namen gemacht hatte, radikalisierte sich sein von Anfang an erkennbares antireligiöses weltanschauliches Anliegen zusehends bis zum Höhepunkt in seinem bekanntesten Werk „Der Gotteswahn"[6] (2007, engl. 2006). Entsprechend fragte sich sein Oxforder Kollege, der Molekularbiologe und Theologe Alister McGrath: „Wie konnte aus einem so begabten und allgemein verständlichen Naturwissenschaftler [...] ein dermaßen aggressiver antireligiöser Propagandist werden, der offenkundig alles ablehnt, was seiner Sache nicht dienlich ist? Weshalb werden die Naturwissenschaften dermaßen missbraucht, um einen atheistischen Fundamentalismus zu untermauern?"[7] Die seine Schriften kennzeichnende antireligiöse Propaganda betreibt Dawkins auch als Mitglied verschiedenster humanistisch-atheistischer Organisationen, welche auf naturalistischer Basis das Zurückdrängen der Religion und eine umfassende Säkularisierung fordern. So unterstützte er maßgeblich die „Atheist Bus Campaign" der „British Humanist Association", die mit großen Schriftzügen auf Bussen – später auch in Deutschland – auf die Nicht-Existenz Gottes verwies und zu einem befreiten Genießen des Lebens aufrief.

Im Vorwort seines Buches „Der Gotteswahn" gibt Dawkins als dessen Ziel explizit *die Bekehrung zum Atheismus* aus: „Wenn dieses Buch die von mir beabsichtigte Wirkung hat, werden Leser, die es als religiöse Menschen zur Hand genommen haben, es als Atheisten wieder zuschlagen."[8] Das bezweifelt nicht nur McGrath, weil weder methodisch noch inhaltlich eine wirkliche Auseinandersetzung mit Religion oder christlichem Glauben stattfindet. Diese werden auf rein naturwissenschaftlicher Ebene abgehandelt und in willkürlicher Vermischung aller möglichen Religionen lediglich als skurriles und dem Spott ausgesetztes Zerrbild von Gott und

3 D.-M. Grube: Natur, S. 265.

4 Als Vorreiter des aus dem angelsächsischen Raum kommenden „Neuen Atheismus", der in naturalistischer und humanistischer Orientierung Religion als irrational und schädlich bekämpft, gelten neben Dawkins noch Daniel C. Dennett, Sam Harris und Christopher Hitchens, die aufgrund ihrer radikalen antireligiösen Agitation zusammen mit Dawkins auch als die *„vier apokalyptischen Reiter"* („The Four Horsemen") bezeichnet wurden – in Anlehnung an die Johannes-Apokalypse. Zur Darstellung der Ansätze von Dennett, Harris und Hitchens siehe K. Müller: Theismus, S. 37 ff.

5 Siehe R. Dawkins: Gen.

6 Siehe ders.: Gotteswahn.

7 A. McGrath/J.C. McGrath: Atheismus-Wahn, S. 13 (Hinweise auf McGrath schließen die Co-Autorin ein). Vgl. zu dieser Entwicklung in Dawkins' Werken auch D. Evers: Gotteswahn?, S. 59 f.

8 R. Dawkins: Gotteswahn, S. 18.

Glaube dargestellt, wobei der christliche Glaube bestenfalls mit fundamentalistischen Randerscheinungen wie dem Kreationismus identifiziert wird. Weil Dawkins nur naturwissenschaftliche Erkenntnis zulässt und Religion sowie Glaube als gegen Wissen und Vernunft gerichtete pathologische Krankheiten bzw. Wahnvorstellungen bewertet und mit „Feen-Glauben" gleichsetzt[9], lehnt er das Eingehen auf religiöse Argumente ab, so dass eine wirkliche Auseinandersetzung auch nicht stattfinden kann. Entsprechend vermutet McGrath, Dawkins schreibe angesichts der weltweiten Wiederbelebung von Religion vornehmlich zur Ermutigung verunsicherter Atheisten.[10] Doch durch die *Zuspitzung von gängigen Vorurteilen* über Religion – und Naturwissenschaft – kann Dawkins im Kontext entsprechend geprägter Auffassungen durchaus auch religiös oder naturwissenschaftlich orientierte Menschen ansprechen. Der Erfolg seiner Bücher zeigt, dass er den Zeitgeist vieler Menschen trifft, der ernst zu nehmen ist. Deshalb bedarf es der Auseinandersetzung mit Dawkins Entwurf, um die methodischen und inhaltlichen Fehlleistungen zu entlarven, auch wenn viele meinen, das lohne sich aufgrund der Polemik, der fehlenden erkenntnistheoretischen Reflexion, des ideologischen naturwissenschaftlichen Ansatzes und der philosophischen und theologischen Unkenntnis nicht.[11]

Indem Dawkins davon ausgeht, dass die „Gotteshypothese" bzw. „die Existenz Gottes eine wissenschaftliche Hypothese ist wie jede andere"[12], die sich wie andere längst verabschiedete naturwissenschaftliche Annahmen (Wärmestoff oder

9 Vgl. z.B. ebd., S. 17f., 28f., 77.

10 „‚Der Gotteswahn' scheint eher diejenigen Atheisten bestärken zu wollen, deren Glaube wankt. Eine faire [...] Auseinandersetzung mit Menschen, die an Gott glauben, oder anderen, die nach der Wahrheit suchen, findet [...] nicht statt. [...] Der ‚hohe Grad an Dogmatismus' und der ‚aggressive rhetorische Stil' dieses neuen säkularen Fundamentalismus sind auf die tiefe [...] Angst um die Zukunft des Atheismus zurückzuführen." (A. McGrath/J.C. McGrath: Atheismus-Wahn, S. 123f.) – So haben Dawkins' Schriften nach K. Müller: Theismus, S. 39, besonders in den USA Erfolg, „weil sie als befreiendes Sprachrohr der im amerikanischen Polit-Mainstream weitgehend ins Schweigen gebannten Gruppe der ‚Disbelievers' empfunden werden".

11 Vgl. R. Langthaler/K. Appel (Hg.): Dawkins' Gotteswahn, S. 8f. (Vorwort). – Zu den vielfältigen Reaktionen auf Dawkins aus Theologie, Philosophie und Naturwissenschaft siehe K. Peetz: Dawkins-Diskurs, wo diese ausführlich dargelegt werden. – „Dass hinter der Religionskritik im Namen der Wissenschaft ein umfassenderes Lebensgefühl steht, wird auch daran deutlich, dass in den letzten Jahren entsprechende Bewegungen entstanden sind, die dieser Auffassung mehr öffentliche Anerkennung verschaffen wollen." (D. Evers: Gotteswahn?, S. 74) – Wie notwendig die Auseinandersetzung mit dem „Neuen Atheismus" ist, zeigt etwa auch das Engagement des Philosophen *Michael Schmidt-Salomon,* dem Vorstandssprecher der *Giordano-Bruno-Stiftung,* die sich dem evolutionären Humanismus verpflichtet weiß und sich um die Durchsetzung eines atheistisch-naturalistischen Weltbildes bemüht und wie Dawkins die „Atheist Bus Campaign" unterstützte. So hat Schmidt-Salomon ein Bilderbuch verfasst, das – in respektloser Weise – bereits Kinder über den Gotteswahn aufklären soll. (Vgl. H. Kessler: Evolution, S. 32f.) Im Auftrag der Giordano-Bruno-Stiftung verfasste Schmidt-Salomon außerdem ein *„Manifest des evolutionären Humanismus"*, in dem er *Gott „kolossaler Verbrechen" beschuldigt,* wie sie noch nie ein auch „noch so verkommenes Subjekt unserer Spezies" begangen habe, und in dem er Religion als inkompatibel mit Demokratie und Menschenrechten darstellt (siehe M. Schmidt-Salomon: Manifest, S. 103).

12 R. Dawkins: Gotteswahn, S. 71f., vgl. S. 12.

Äther) auflösen lasse, reduziert er die gesamte Erkenntnis der Wirklichkeit auf die naturwissenschaftliche Methodik. Damit ignoriert er den schon von Aristoteles angemahnten und von den naturwissenschaftlichen Paradigmenwechseln in Erinnerung gerufenen Zusammenhang von Erkenntnismethode und Erkenntnisgegenstand, dessen Beachtung erst der vieldimensionalen Wirklichkeit gerecht wird (Heisenberg: „Schichtentheorie der Wirklichkeit").[13] Die für den Glauben konstitutiven Dimensionen transzendentaler Gewissheit und heilsgeschichtlicher Erfahrung der Selbsterschließung Gottes, die nicht mit empirischen naturwissenschaftlichen Methoden zu eruieren sind, hat Dawkins nicht im Blick.[14] Zwar räumt er ein, dass man die Nicht-Existenz Gottes – wie viele andere Dinge – nicht beweisen kann, aber wie bei anderen Phänomenen (z. B. Feen) die Wahrscheinlichkeit, dass er „mit ziemlicher Sicherheit nicht existiert", in einem Maße erweisen kann, welches „einem Beweis, dass Gott *nicht* existiert, sehr nahe"[15] kommt. Entsprechend lehnt Dawkins einen neutralen Agnostizismus ab, der weder die Existenz noch die Nicht-Existenz Gottes für belegbar hält, und sieht im Atheismus die einzig wissenschaftlich begründbare Weltanschauung.[16] Denn eine Hypothese sei zu verwerfen, wenn es eine bessere Erklärung gibt. Und die sieht Dawkins in der Evolutionstheorie als einziger Theorie, die die Weltwirklichkeit und das Geheimnis der menschlichen Existenz angemessen erklären könne und damit zugleich die Nicht-Existenz Gottes aufweise.

Diesen Zusammenhang kann Dawkins aber nur herstellen, indem er sich neben dem Design-Argument bestimmter Physikotheologen (17./18. Jahrhundert) am Gottesverständnis des Kreationismus und einiger Formen des „Intelligent Design" orientiert, das die Existenz Gottes maßgeblich aus naturwissenschaftlichen Erklärungslücken zu belegen versucht („Lückenbüßer-Gott").[17] Weil es solchen Ansätzen bei den Lücken besonders um die Erklärung von entstandener Komplexität geht, schließen sie von den Lücken auf Gott als *belegbare* intelligente „Ursache" des komplexen Universums und als Gestalter der komplexen Lebensphänomene zurück. Das verfehlt jedoch das christliche Gottes- und Schöpfungsverständnis insofern, als Gott nicht die belegbare „*Ursache*" der Ursachenkette der Weltwirklichkeit ist, sondern der transzendente „*Urgrund*" der gesamten Wirklichkeit, von der deshalb nicht einfach auf diesen Urgrund zurückgeschlossen werden kann, zumindest nicht

---

13 Vgl. R. Langthaler: Dawkins' „Gotteswahn", S. 58 f., 70. Zu Heisenbergs „Schichtentheorie der Wirklichkeit" und zur angemessenen naturwissenschaftlichen Hermeneutik siehe *Kap. IV,1 u. VI,3.3.*

14 Zur theologischen Hermeneutik siehe *Kap. IV,2.*

15 R. Dawkins: Gotteswahn, S. 155.

16 Vgl. ebd., S. 67–78. – Damit verunglimpft Dawkins die vielen Naturwissenschaftler, die die Kompatibilität von Naturwissenschaft und Glaube aufzeigen, indem er „behauptet, dass der Glauben an die Evolution eine atheistische Weltsicht voraussetzt – und so die Ansicht von 40 Prozent seiner Kollegen als sentimentalen Nonsens diskreditiert". In dieser Weise formuliert es der Genetiker F.S. Collins: Gott, S. 3 f., der das internationale Humangenomprojekt zur Entschlüsselung des menschlichen Erbguts leitete und in seinem Buch „Gott und die Gene" die Plausibilität einer theistischen Evolution im Blick auf den christlichen Glauben vertritt.

17 Siehe dazu neben R. Dawkins: Gotteswahn, ders.: Uhrmacher. – Zur Physikotheologie insgesamt siehe *Kap. V,3.*

im Sinne von Beweisbarkeit (das spricht nicht gegen in der Schöpfung enthaltene *Ver*weise auf Gott). Diese grundlegende Differenzierung erkennt Dawkins nicht, denn er kann nur auf der Ebene einer kausalen Ursachenkette argumentieren, weil er die Gottesfrage seiner ausschließlich naturwissenschaftlich orientierten Erkenntnismethode unterwirft. So gibt Dawkins der Theologie durchaus Anlass, sich intensiver mit unangemessenen – wenn auch randständigen – theologischen Phänomenen wie dem Kreationismus und bestimmten Design-Argumenten auseinanderzusetzen, weil diese Anknüpfungspunkte für Entgegnungen bieten, die dem christlichen Schöpfungsverständnis nicht entsprechen. Denn für Dawkins wirft die Kausalkette „sofort die umfassendere Frage auf, wer den Gestalter gestaltet hat"[18], verbunden mit der Annahme: Wenn Komplexität einen Gestalter braucht, dann muss dieser ja mindestens so komplex sein, wie das Gestaltete, und braucht somit auch wieder einen Gestalter: „Gott stellt eine unendliche Regression dar und kann uns nicht helfen, daraus zu entkommen."[19] Zudem sei die Existenz eines so hochkomplexen Wesens sehr unwahrscheinlich und die unerklärbare Komplexität in der Welt werde lediglich durch eine noch unerklärbarere Komplexität abgelöst. Demgegenüber biete die Evolutionstheorie eine einleuchtende Erklärung für die Entstehung komplexer Strukturen aus einfachen Grundlagen. Da die natürliche Selektion „die Illusion der gezielten Gestaltung"[20] zerstöre, funktioniere sie auch ohne Gott.

Die vorgebrachten Argumente geben nach Dawkins deutlich die Nicht-Existenz Gottes zu erkennen, wogegen jedoch *verschiedenste Einwände* bestehen. Hinsichtlich der unwahrscheinlichen Existenz eines derart komplexen Wesens merkt McGrath an: „[…] Unwahrscheinlichkeit bedeutet nicht auch gleichzeitig Nichtexistenz. *Unsere Existenz* ist vielleicht extrem unwahrscheinlich – *aber es gibt uns.*"[21] Im Blick auf die Frage nach dem unendlichen Regress gibt Dirk Evers zu bedenken, dass sie sich auch für die Evolution „von unten nach oben" (engl. *bottom-up*) stelle, etwa bezüglich der Herkunft der Naturgesetze oder des Existierenden überhaupt. Ferner könne diese aufsteigende Entwicklung nach Meinung vieler Naturwissenschaftler an mindestens zwei Übergängen grundsätzlich nicht nachvollzogen werden: beim Übergang von unbelebter Materie zu lebendigen Organismen und beim Übergang zur Dimension des Bewusstseins, weil Ebenen mit völlig neuen Eigenschaften entstehen. Man beschreibe dieses Phänomen zwar als „Emergenz", aber „wohl wissend, dass dieser Begriff eher eine gewisse Verlegenheit andeutet als eine formalisierbare Theorie". Vielmehr könne sich die Entstehung völlig neuer Wirklichkeitsebenen wohl kaum vollziehen, „wenn dies nicht auch im Grund der Wirklichkeit angelegt wäre und wenn es nicht so etwas wie ein ‚Woraufhin' der Entwicklung gäbe"[22]. Ferner

18 R. Dawkins: Gotteswahn, S. 222.

19 Ebd., S. 154.

20 Ebd., S. 163.

21 A. McGrath/J.C. McGrath: Atheismus-Wahn, S. 33.

22 D. Evers: Gotteswahn?, S. 63 f. – Damit ist die in der modernen Naturwissenschaft ausgeblendete *teleologische* Zielintention gemeint und nicht die später in die Biologie eingeführte *Teleonomie* bzw. Bionomie einer prozesshaften Zweckmäßigkeit (siehe dazu *Kap. IV,1*).

ignoriert Dawkins die Auffassung etlicher Naturwissenschaftler, dass sich mit jeder naturwissenschaftlichen Erkenntnis neue Fragen und Mysterien auftun, die durchaus an die Grenze der Transzendenz stoßen und so *Ver*weise auf Gott beinhalten können, wobei zum Teil auch die erstaunlichen Gesetze und Abstimmungen im Universum in Betracht gezogen werden.[23]

Grundsätzlich ist an Dawkins' Ansatz zu kritisieren, dass die „unkritische Verabsolutierung naturwissenschaftlicher Ansprüche die völlige Verkennung bzw. Ignorierung der methodischen Grenzen der Naturwissenschaften zur Folge hat"[24], was zu einem *szientistischen Zirkel bzw. Kurzschluss* führt, mit dem Dawkins den naturwissenschaftlichen Beweis der Nicht-Existenz Gottes vortäuscht: Nur was *natur*wissenschaftlich in der materiellen Natur nachweisbar sei, sei existent – weshalb es nicht verwundert, dass geistige Phänomene und Gott nicht ins Blickfeld kommen. Bei dieser atheistisch-naturalistischen Ausblendung alles Geistigen – auch des Göttlichen – handelt es sich aber um eine *metaphysisch-ideologische Prämisse* und nicht um das Ergebnis naturwissenschaftlicher Forschung. „Man setzt also voraus, was man behauptet, erst durch naturwissenschaftliche Forschung bewiesen zu haben."[25] Zugleich erliegt Dawkins dem Irrtum, dass die Erkenntnis eines Entstehungszusammenhangs etwas über das Wesen dieses Zusammenhangs aussagt.[26] Der reduktionistische Naturalismus widerspricht auch der Alltagserfahrung mit ihrer Ersten-Person-Perspektive und dem mit Intentionalität verbundenen Phänomen des Bewusstseins, also den Dimensionen, die für die Glaubenserfahrung relevant sind.[27] Besonders skurril erscheint es, wenn Dawkins vor dem gezeigten Hintergrund den Glaubenden *Denkfaulheit* vorwirft, weil sie sich nicht bemühen, die *natürlichen* Ursachen der Welt herauszufinden, und sich daher mit *Nichtverstehen* zufrieden geben, weshalb sie mit „vernünftigen" Argumenten nicht zu erreichen seien.[28]

Vernünftig ist für Dawkins nur die rein naturalistisch verstandene Evolutionstheorie, die auch einzig angemessen erkläre, warum es trotz allem Religion gibt und warum Religion als krankhafter quasi-genetischer Virus zu gelten habe. Diese Annahmen stützt Dawkins mit der Erweiterung der Evolutionstheorie durch seine Theorie vom „*egoistischen Gen*" und durch die darauf aufbauende „*Mem-Theorie*".[29] Gegenüber der Bezugnahme auf die Gruppenselektion besteht für Dawkins im Gen

---

23 Vgl. P. Clayton: Biology, S. 316; C. Link: Schöpfungsglaube, S. 133 ff. – Siehe dazu *Kap. XI,1.3.*

24 R. Langthaler: Dawkins' „Gotteswahn", S. 58.

25 U. Eibach: Schöpfung, S. 239.

26 Entsprechendes gilt für Dawkins' *Ethik,* die er aus dem Evolutionsprozess ableitet. Denn „Konzepte einer sogenannten evolutionären Ethik begehen grundsätzlich den naturalistischen Fehlschluss [...], von einem Sein auf ein Sollen zu schließen. Tatsächlich ist es aber unmöglich aus deskriptiven Naturgesetzen moralisch präskriptive Folgerungen zu ziehen." (U.H.J. Körtner: Evolution, S. 253) – Zur differenzierten Auseinandersetzung mit dem Argument des naturalistischen Fehlschlusses siehe *Kap. XIII,1.*

27 Vgl. T. Schärtl: Schöpfergott?, S. 127 ff.

28 Vgl. K. Appel: Ursprung, S. 162; R. Langthaler: Dawkins' „Gotteswahn", S. 62 f.; A. McGrath/J.C. McGrath: Atheismus-Wahn, S. 35.

29 Siehe R. Dawkins: Gen.

die grundlegende Einheit der natürlichen Selektion. Ziel und Sinn der Evolution sei das Überleben der Gene, die den Körper als „Überlebensmaschine" nutzen. Doch indem Dawkins fordert, der genetisch *determinierte* Mensch solle die Pläne des egoistischen Gens durchkreuzen, gerät er nach Hans Kessler in Aporien, weil das „ein gewisses Maß an Entscheidungsfreiheit und Wertmaßstäbe voraussetzt"[30]. Dem Postulat der egoistischen Gene steht mittlerweile in der Evolutionsbiologie die Wahrnehmung der Bedeutung von Kooperation entgegen[31] sowie die Auffassung, dass die Lebewesen als Gesamtgefüge Subjekte der Evolution sind und die Organismen sich zur Lebenserhaltung des Genoms bedienen und nicht umgekehrt[32].

Analog zu den Genen als Replikatoren der biologischen Evolution entwickelte Dawkins das Konzept der *Meme,* nach dem Meme als Ideen, Melodien oder Gedanken die Replikationseinheiten der kulturellen Evolution bilden. Ein Mem oder ganze Memkomplexe können seines Erachtens durch Nachahmung von Gehirn zu Gehirn springen bzw. tradiert werden und unterliegen dabei wie Gene der Selektion und Mutation. Dieses vielfach als „Phantasie" bezeichnete Konzept[33] wird heute auch deshalb weitgehend abgelehnt, weil Nachahmung in Kommunikationsprozessen die Ausnahme bildet und Erregungsmuster im Gehirn nicht nachgeahmt werden können. Dawkins hat das Konzept entworfen, um die Evolutionstheorie auf die gesamte Wirklichkeit ausdehnen zu können – also auch auf die Kultur und die Religion. In diesem Kontext erscheint *Religion* zunächst insofern als nützliches Phänomen, als sie dem menschlichen Bedürfnis entspricht, Absichten zu erkennen, was sich etwa in Form eines Orientierungsrahmens als Selektionsvorteil erweisen kann. Doch die Vorstellung von einer übernatürlichen Person bzw. von Gott sei auf die Überaktivität dieser Funktion zurückzuführen, wobei sich religiöse Vorstellungen zudem auf andere Gehirnmechanismen ausweiten können (z. B. auf die Funktion des Verliebens). So komme es zur Entstehung ganzer Mem-Komplexe, die sich wie Viren nicht nur im Gehirn als „Krankheitssymptom" ausbreiten, sondern auch in der Kultur, etwa durch die Infizierung mit dem religiösen Virus bei der Erziehung.[34]

Diesem wieder mit scheinbar naturwissenschaftlichem Anstrich versehenen Postulat der Religion als Virus-Krankheit, das aber nichts anderes als die biologische Ausmalung einer metaphysisch-ideologischen weltanschaulichen Prämisse darstellt, entspricht die *Qualifizierung des Glaubens als pathologische Wahnvorstellung bzw. Geisteskrankheit*[35] und die *respektlose Abqualifizierung Gottes und der Religionen.* So bezeichnet Dawkins den Gott des Alten Testaments als „die unangenehmste Gestalt

30 H. Kessler: Evolution, S. 28.

31 Siehe R. Axelrod: Evolution. Vgl. auch U.H.J. Körtner: Evolution, S. 254. – Siehe ferner *Kap. XI,2.1.*

32 Siehe R. Lewontin: Dreifachhelix. Vgl. auch H. Kessler: Evolution, S. 44. – Zur detaillierteren Erörterung der aktuellen Evolutionsbiologie siehe *Kap. XI,2.1.*

33 Siehe z. B. U. Kattmann: Wissenschaft, S. 324.

34 Siehe R. Dawkins: Gotteswahn, S. 225–290. Vgl. auch D. Evers: Gotteswahn?, S. 65 f.

35 Hinsichtlich des Buchtitels „Gotteswahn" charakterisiert Dawkins „Wahn" im Rückgriff auf einen Lexikonartikel als „dauerhafte falsche Vorstellung, die trotz starker entgegengesetzter Belege aufrechterhalten wird, insbesondere als Symptom einer psychiatrischen Erkrankung". Unter Bezug-

in der gesamten Literatur: Er ist […] ein kleinlicher, ungerechter, nachtragender Überwachungsfanatiker; ein rachsüchtiger, blutrünstiger ethnischer Säuberer; ein frauenfeindlicher, homophober, rassistischer, Kinder und Völker mordender, ekliger, größenwahnsinniger, sadomasochistischer, launisch-boshafter Tyrann."[36] Diese Charakterisierung des biblischen Gottes setzt sich in Dawkins' Beurteilung des Neuen Testaments fort, wenn er etwa den Sühnetod Jesu „als bösartig, sadomasochistisch und abstoßend"[37] qualifiziert und Gott schließlich als das „Monster aus der Bibel"[38] tituliert. Nicht nur solche Qualifizierungen Gottes zeigen, dass sich Dawkins nicht im Ansatz mit biblischer Exegese und dem biblischen Gottesbild auseinandergesetzt hat. So erkennt Dawkins weder Gottes Bewahrungsgeschichte zum Heil im Alten Testament, die schließlich der ganzen Menschheit gilt, noch den Sinn des neutestamentlichen Sühneverständnisses, wonach Gott selbst für die Sünden der Menschen sühnt und selbst die Konsequenzen ihrer tödlichen Selbstbehauptung trägt, um die Schöpfung daraus zu befreien.[39]

Ebenso *verkehrt Dawkins das biblische Verständnis der Nächstenliebe ins Gegenteil,* indem er postuliert, hier ginge es um eine Gruppenethik, die zur Abspaltung und zur Ausrottung anderer geführt habe, was für alle Religionen gelte und belege, dass Religion „zweifellos eine spaltende Kraft"[40] sei. Die für das christliche Verständnis der Nächstenliebe spezifische Bergpredigt und Jesu Gebot der Feindesliebe oder das Gleichnis vom barmherzigen Samariter (Nächstenliebe gegenüber allen Menschen) hat Dawkins entweder nicht zur Kenntnis genommen[41], was ein Licht auf sein Wissen über die pauschal abqualifizierten Religionen wirft, oder er hat diese konstitutiven Charakteristika bewusst ignoriert, was das Zurechtbiegen der Religionen in seine Schablonen zeigen würde. Gleiches gilt für seine unsachliche und pauschale Identifizierung von Religion und Gewalt, insofern als er Religion mit allen Gewaltphänomenen der Vergangenheit und Gegenwart in Verbindung bringt, von Kriegen im Namen der Religion bis zu Selbstmordattentätern und Ehrenmorden. Dabei suggeriert er, dass eine Welt ohne Religionen eine friedliche Welt würde, wobei er den Atheismus als friedfertig darlegt und ausblendet, dass dieser wesentlicher Bestandteil marxistischer Ideologien war, in deren Namen unzählige Menschen auf verschiedenste Weise umkamen.[42] Zwar gibt es unrühmliche Zusammenhänge zwischen Religionsausübung und Gewalt, die aufzuarbeiten sind, die sich aber vielfach auch als politische Instrumentalisierungen von Religion erweisen. So

---

nahme auf Robert M. Pirsig ergänzt er: „Leidet *ein* Mensch an einer Wahnvorstellung, so nennt man es Geisteskrankheit. Leiden *viele* Menschen an einer Wahnvorstellung, dann nennt man es Religion." (R. Dawkins: Gotteswahn, S. 17 f.)

36 R. Dawkins: Gotteswahn, S. 45.

37 Ebd., S. 350.

38 Ebd., S. 66.

39 Zum angemessenen Sühneverständnis siehe M. Haudel: Gotteslehre, Kap. X,2.2.2.

40 R. Dawkins: Gotteswahn, S. 359. Vgl. ebd., S. 352 ff.

41 Vgl. D. Evers: Gotteswahn?, S. 67; H. Pietschmann: Quantifizierungs-Wahn, S. 359 f.

42 Vgl. R. Dawkins: Gotteswahn, S. 12 u. 378 ff. Zu Dawkins' unkritischer Stilisierung der Rolle des Atheismus siehe U.H.J. Körtner: Evolution, S. 258 f.

enthalten das Alte und Neue Testament zahlreiche kritische Mahnungen hinsichtlich solcher Zusammenhänge und zielen auf Freiheit und Gnade – und verweisen wie andere Religionen konstitutiv auf das Tötungsverbot.[43]

Vor diesem Hintergrund attestiert der atheistische Philosoph Joachim Kahl Dawkins „eine bodenlose Unkenntnis in Sachen Religion und Religionskritik und [...] ein fatales Nichtverstehen ihrer geschichtlichen Entwicklungen und ihrer inhaltlichen Komplexität", wobei sich der Atheismus durch agitatorische Polemik und Verhöhnung „unter der Hand in *Anti*theismus" verwandle und „plumper Krawallatheismus"[44] werde. Dieselbe Unkenntnis und Verzerrung wird Dawkins vielfach auch im Blick auf die Philosophie vorgeworfen, was Rudolf Langthaler detailliert an Dawkins' Auseinandersetzungen mit den Gottesbeweisen darlegt. So ist etwa der ontologische Gottesbeweis von Anselm von Canterbury in der Kritik Dawkins' nicht mehr im Ansatz wiederzuerkennen, da er ihn in völliger Fehldeutung von Adressat und Inhalt als irrational-fideistische und kindische Auffassung eines verrückten Mönchs qualifiziert, die er deshalb nur in der Spielplatz-Sprache wiedergibt. Anselms Beweis ist aber genau das Gegenteil: Es geht darum, das im Glauben Bejahte rational nachvollziehbar zu machen, weil der Glaube laut Anslem nach der vernünftigen Einsicht fragt (lat. *fides quaerens intellectum*).[45]

Noch gravierender als die *religiöse und philosophische Unkenntnis* ist jedoch Dawkins' *fehlende erkenntnistheoretische Reflexion* und die entsprechende weltanschauliche Überdehnung der Evolutionstheorie mit ihrem Totalitätsanspruch. Dieser verbindet sich nämlich mit einem Mangel an kritischer Selbstreflexion, den der Physiker Herbert Pietschmann als „unverfroren" bezeichnet, wenn Dawkins auch noch behauptet: „Ich vertrete hier keine engstirnig-naturwissenschaftliche Denkweise."[46] Entgegen der von Dawkins umgekehrt dem Glauben unterstellten Engstirnigkeit ist es gerade die christliche Tradition, die sich „seit ihren Anfängen in der Gestalt von Theologie den Luxus der institutionalisierten kritischen Selbstreflexion"[47] leistet. Wenn Dawkins als populäres Mitglied der atheistischen Bewegung der „Brights" („helle Köpfe") Atheismus mit gesundem Geist, Intelligenz und Nachdenklichkeit in Verbindung bringt und Religion mit krankhaftem Wahn, mangelnder Bildung und Aberglauben sowie ideologischer Indoktrination, wovon er durch nicht-ideologische Bewusstseinserweiterung befreien will[48], merkt er nicht, dass er mit seinem naturalistischen Atheismus selbst eine indoktrinierende Ideologie mit missionarischem Impetus und totalitärem Anspruch vertritt, die von nachdenklicher Selbstreflexion weit entfernt ist.

Der *totalitäre Anspruch* äußert sich etwa in der Forderung, religiöse Erziehung als Straftat der Kindesmisshandlung zu werten, die schlimmer sei als sexueller

43 Vgl. D. Evers: Gotteswahn?, S. 71 f. – Zu den Grundlagen theologischer Erkenntnis sieh *Kap. IV,2.*
44 J. Kahl: Gotteswahn, S. 5 f.
45 Vgl. R. Langthaler: Dawkins' „Gotteswahn", S. 143 ff.
46 R. Dawkins: Gotteswahn, S. 219. Vgl. H. Pietschmann: Quantifizierungs-Wahn, S. 349.
47 M. Stowasser: Si tacuisses ..., S. 245.
48 Vgl. z. B. R. Dawkins: Gotteswahn, S. 11 ff. u. 318.

oder körperlicher Missbrauch.[49] Spätestens hier entlarvt sich Dawkins' Atheismus – entgegen der verheißenen aufgeklärten Befreiung – als totalitärer Atheismus, der sich fragen lassen muss, wie er es „mit dem grundlegenden Menschenrecht auf Gedanken-, Gewissens- und Religionsfreiheit hält"[50]. Der fundamentalistische Charakter tritt auch hinsichtlich des Verständnisses der Welt bzw. der Schöpfung hervor, indem Dawkins bei der – zwar berechtigten – Bekämpfung des kreationistischen Fundamentalismus, aber in Unkenntnis religiöser und theologischer Grundlagen, umgekehrt einen nicht weniger fundamentalistischen Naturalismus vertritt, und zwar in agitatorischer totalitärer Stoßrichtung. Ein differenziertes, aufgeklärtes und angemessenes Verständnis der Wirklichkeit, das Dawkins für sich und den „Neuen Atheismus" reklamiert, ist so nicht möglich, vielmehr kommt es zu den gezeigten gegenteiligen Ergebnissen.

2. Ulrich Kutschera

Als weiteres Beispiel für die *antireligiöse naturalistische Verabsolutierung der Evolutionstheorie* soll noch auf den deutschen Evolutionsbiologen und Physiologen *Ulrich Kutschera* (geb. 1955) hingewiesen werden. Kutschera war von 2004 bis 2016 Mitglied im Beirat der religionskritischen Giordano-Bruno-Stiftung[51] und ist langjähriger Vorsitzender des streng naturalistischen und religionskritischen Arbeitskreises Evolutionsbiologie, der seit 2015 mit der „Richard Dawkins Foundation for Reason and Science" zusammenarbeitet, für die sich Kutschera als wissenschaftlicher Berater engagiert. Kutschera bekämpft intensiv sowohl den Kreationismus mit seiner fundamentalistischen wörtlichen Übertragung der biblischen Schöpfungsberichte auf naturwissenschaftliches Wirklichkeitsverständnis als auch Versuche der Intelligent-Design-Bewegung, aus naturwissenschaftlichen Einsichten die Existenz Gottes zu beweisen. Diese auch von der wissenschaftlichen Theologie abgelehnten Ansätze, die weder dem Verständnis der biblischen Schöpfungsberichte noch der Nicht-Beweisbarkeit Gottes aus natürlichen Vorgängen entsprechen, überträgt Kutschera jedoch letztlich auf die gesamte Theologie und den christlichen Glauben: „Es ist offensichtlich, dass der biblische Schöpfungsglaube nur eine Form des Kreationismus darstellt"[52] und auch Theologie und Kirche nur „eine ‚weiche' Variante des Kreationismus"[53] vertreten. Dass sich hier nicht nur eine *gravierende Unkenntnis biblischer und theologischer Grundlagen* offenbart, sondern auch ein *eklatantes Unverständnis für das Wesen von Glaube, Theologie und Kirche,* zeigt die Begründung dieser Unterstellung. Kutschera kritisiert, dass die großen Kir-

49 Vgl. z. B. ebd., S. 440.
50 U.H.J. Körtner: Evolution, S. 258.
51 Zur Giordano-Bruno-Stiftung siehe *Anm. 11, X. Kap.*
52 U. Kutschera: Streitpunkt, S. 115.
53 Ders.: Evolutionsbiologie, S. 300. – Zur demgegenüber deutlichen Kritik der Theologie am Kreationismus siehe z. B. M. Beintker: Kontroversen.

chen zwar mit der Anerkennung der Evolution zu einer „theistischen“ Evolution gefunden haben, was aber „keineswegs eine Übernahme der nüchtern-rationalen Denkweise des Naturwissenschaftlers mit sich gebracht hat: Biblische Dogmen“[54], wie etwa „der Geist als materieloses Wesen“[55], oder das Postulat, dass es einen „von Gott initiierten und begleiteten Evolutionsprozess“[56] gibt, „spielen in der christlich-religiösen Glaubenswelt […] noch immer eine entscheidende Rolle.“[57] Dieser die Grundlagen von Theologie und Glaube missachtende Vorwurf, dass Gott und die Dimension des Geistes in der Theologie leider immer noch eine solche Rolle für das Wirklichkeitsverständnis spielen, ist nur vor dem Hintergrund zu verstehen, dass Kutschera die naturwissenschaftliche Methodik und speziell die Evolutionstheorie verabsolutiert und einen entsprechenden Totaldeutungsanspruch im Blick auf die Wirklichkeit erhebt[58]. Das führt schließlich zur alleinigen Akzeptanz des naturalistischen Atheismus und lässt die Religion als zu überwindende Fiktion erscheinen, wie sich zeigen wird.

Damit widerspricht sich Kutschera zunächst insofern selbst, als er vom Kreationismus einerseits zu Recht fordert, Glaube und Naturwissenschaft nicht zu vermischen, und dabei berechtigt auf den methodischen Naturalismus und Atheismus der Naturwissenschaften verweist. Doch er selbst kommt dieser Forderung nicht nach, indem er in *szientistischem Zirkelschluss* behauptet, es sei nur das existent, was naturwissenschaftlich – und damit naturalistisch – nachweisbar sei, was für Gott bedeute: „Dieses Geistwesen, von Ernst Haeckel treffend als ‚gasförmiges Wirbeltier‘ bezeichnet, konnte allerdings bis heute nicht nachgewiesen werden.“[59] Dass die Dimensionen der Existenz Gottes, des Glaubens, der existenziellen Orientierung oder der Sinngebung mit den naturalistischen – und deshalb „weltanschaulich-religiös indifferent[en]“[60] – naturwissenschaftlichen Methoden, auf die Kutschera so großen Wert legt, überhaupt nicht greifbar sind, kommt ihm ebenso wenig in den Sinn wie der Umstand, dass es sich bei der Verabsolutierung der atheistisch-naturalistischen Prämisse um eine weltanschauliche Vorgabe handelt. Vielmehr verwandelt er den methodischen Naturalismus und Atheismus unter der Hand in einen ontologischen Naturalismus und Atheismus und täuscht den naturwissenschaftlichen Beweis der Nicht-Existenz Gottes vor. „Wenn atheistische Naturalisten wie Dawkins oder Kutschera behaupten, *naturwissenschaftliche* Erkenntnis *zwinge* zur Annahme der Nicht-Existenz Gottes, dann begehen sie den strukturell glei-

54 U. Kutschera: Streitpunkt, S. 294.

55 Ebd., S. 104 f.

56 Ebd., S. 117.

57 Ebd., S. 294. Vgl. ders.: Evolutionsbiologie, S. 300.

58 So hat sich Kutschera beispielsweise in der Presse folgendermaßen geäußert: „Nichts in den Geisteswissenschaften macht Sinn außer im Licht der Evolution.“ Zitiert nach H. Kessler: Evolution, S. 189, Anm. 6. Es handelt sich um die Abwandlung des Satzes von T. Dobzhansky „Nichts in der Biologie macht Sinn außer im Licht der Evolution“.

59 U. Kutschera: Design-Fehler, S. 341 f.

60 H. Kessler: Evolution, S. 47.

chen wissenschaftstheoretischen Fehlschluss wie die Kreationisten [...], die sagen, *naturwissenschaftliche* Erkenntnis *zwinge* zur Annahme seiner Existenz. Beides ist falsch."[61] Entsprechend bleibt Kutschera bei seiner inhaltlichen Widerlegung der Existenz Gottes auf der Ebene der Design-Argumente und der kausalen Zusammenhänge, indem er aus Design-Fehlern wie etwa evolutionären Sackgassen auf die Nicht-Existenz eines intelligenten Planers schließt.[62]

Die moderne Evolutionstheorie (Erweiterte Synthetische Theorie) gilt für Kutschera nicht nur als „Über-Disziplin und Fundament der Biowissenschaften" sowie „als ‚vereinigende Klammer'" der „modernen *life sciences*"[63], sondern auch als *Grundlage der gesamten Wirklichkeitserkenntnis.* So legt er Theorien zum evolutiven Ursprung der Religionen mit dazugehörigen Entwicklungsstufen wie der Vergöttlichung von Naturgewalten dar und kommt zu dem Schluss: „Vermutlich liegt der Urgrund der Religionen auch im magisch-irrationalen Denken phantasiebegabter Menschen."[64] Denn der Mensch, der keine biologische Besonderheit darstelle, sei im Vergleich zu den genetisch nahezu identischen Schimpansen „durch eine Neigung zur Religiosität gekennzeichnet (naive Akzeptanz irrationaler Glaubensinhalte)"[65]. Doch mit der zunehmenden Einsicht in die evolutionsbiologischen Zusammenhänge werden diese naiven subjektiven Spekulationen nach Kutschera überwunden, so dass „manche moderne Menschen" wie die Biowissenschaftler als „rational-nüchterne Denker, die Fakten und Fiktionen auseinander halten können", „ihr Bedürfnis nach Welterklärung rational-logisch zufrieden stellen: Für sie reichen Naturgesetze und wissenschaftliche Fakten aus, um im Leben zurecht zu kommen."[66] Denn die Evolutionsforschung habe „im Verlauf der letzten Jahrzehnte zu der Erkenntnis geführt, dass es in der Natur weder eine übergeordnete Intelligenz, noch einen Plan gibt"[67]. Der atheistische Naturalismus gilt also nicht nur als Voraussetzung der Naturwissenschaften, sondern er wird auch als Konsequenz ihrer Erkenntnisse postuliert, was – wie oben gezeigt – *in doppelter Hinsicht eine Täuschung* ist: Erstens handelt es sich um eine weltanschauliche Prämisse und zweitens kann die naturwissenschaftliche Methodik die ihr nicht entsprechenden Phänomene nicht erfassen.

Angesichts dieser *unreflektierten Vermischung von naturwissenschaftlicher und weltanschaulicher Ebene,* die weder die Grenzen noch die weltanschauliche Eingebundenheit der Naturwissenschaft wahrnimmt, kommt nicht nur der Biologe Ulrich Kattmann zu dem Urteil: „Die wissenschaftsförmige Argumentation von

61 Ebd., S. 46 f.

62 Siehe U. Kutschera: Design-Fehler.

63 Ders.: Streitpunkt, S. 168 u. 53. – Zur Entwicklung von Darwins Evolutionstheorie bis zur „Erweiterten Synthetischen Theorie" siehe ders.: Evolutionsbiologie, Kap. 2 u. 3. – Zu alternativen Ansätzen wie der „Kritischen Evolutionstheorie" siehe W.F. Gutmann/K. Bonik: Kritische Evolutionstheorie, und den Hinweis bei U.H.J. Körtner: Schöpfung, S. 70. – Siehe auch *Anm. 63, V. Kap.*, und *Anm. 179, 180, 186 u. 188, XI. Kap.*

64 U. Kutschera: Streitpunkt, S. 97.

65 Ders.: Evolutionsbiologie, S. 345.

66 Ders.: Streitpunkt, S. 94 u. 173.

67 Ders.: Design-Fehler, S. 342.

Kutschera […] kann nicht über den pseudowissenschaftlichen Charakter dieser sogenannten Widerlegung [Gottes] hinwegtäuschen“[68]. Die Pseudowissenschaftlichkeit, die Kutschera den Kreationisten vorwirft, weil sie die Ebenen des Glaubens und der Naturwissenschaft vermischen und sich nicht genügend über biologische Zusammenhänge informieren, fällt also auf ihn zurück. Das betrifft nicht nur die Vermischung der beiden Ebenen, sondern auch die erkenntnistheoretische Einordnung sowohl der Naturwissenschaft als auch der Theologie sowie die *fatale Unkenntnis* über theologische und religiöse Inhalte und Zusammenhänge. Zunächst unterscheidet Kutschera nicht zwischen dem Glauben und der Theologie als der wissenschaftlichen Reflexion der Glaubensvollzüge und -inhalte.[69] So setzt er die Ergebnisse der Evolutionstheorie als *Tatsachen,* als *Realität* und *objektives Faktenwissen* immer ins Verhältnis zu *spekulativem subjektivem* Glauben, der keine Realität enthalte und sich *irrational* im Bereich des *Fiktiven* bewege. Theologie als reflektierte Darlegung des Wesens des Glaubens und seiner Inhalte, die auch das angemessene Verständnis der Schöpfungsberichte ermöglicht, ignoriert Kutschera[70] und erkennt die Theologie nicht als Wissenschaft an, da sie seiner naturalistischen Methodik nicht unterworfen ist. Im Unterschied zur Biologie als „Realwissenschaft“ und „ideologiefreiem“ Unternehmen wird Theologie als „Verbalwissenschaft“ abqualifiziert, in der es nur um Worte und gedankliche Konstrukte gehe. Deshalb sei der Versuch, „vorzugaukeln, Wissenschaft und Glaube wären gleichwertige Erkenntnisformen“, unsinnig: „Es wird hier ein frei erfundenes, unanschauliches, abstraktes Phantasiegebilde den realen, durch logische Verknüpfung von Fakten erschließbaren Sachverhalten […] als gleichwertig gegenübergestellt“[71]. Entsprechend belegen die

68 U. Kattmann: Wissenschaft, S. 327.

69 Auf die Bedeutung dieser Unterscheidung weist auch U.H.J. Körtner: Dogmatik, S. 316, hin, da die wissenschaftliche Erörterung auf der Ebene von Evolutionstheorie und Schöpfungs*theologie* anzusiedeln sei.

70 Wohl deshalb kann Kutschera eine brieflich erhaltene Meinungsäußerung als „besonders aufschlussreich“ anführen, nach der es nicht zu begreifen ist, dass die alten mythologischen biblischen Berichte über die Erschaffung der Welt durch einen personalen Gott immer noch als Grundlagen von Judentum und Christentum dienen (vgl. U. Kutschera: Streitpunkt, S. 294). Offensichtlich erschließen sich ihm der grundlegende Charakter der Schöpfungsberichte und deren Bedeutung ohne theologisches Wissen nicht. Kutscheras *eklatantes Unwissen* über Theologie und Kirche tritt etwa auch hervor, wenn er die orthodoxen und evangelischen Kirchen im Vergleich zum Urchristentum und zur alten römisch-katholischen Kirche als Sondergemeinschaften bzw. Sekten bezeichnet und sie zumindest durch die begriffliche Zuordnung mit anderen Sekten auf eine Stufe stellt. Auch im Blick auf die orthodoxen Kirchen spricht er von ‚Spaltprodukten‘ der ältesten Glaubensgemeinschaft und sieht nicht, dass es hier um die Spaltung der einen Kirche des ersten Jahrtausends in Ost- und Westkirche geht. (Vgl. ebd., S. 106 f.) – Kutschera entgeht es auch, dass gerade die Theologie von Anfang an die Grundlagen des christlichen Glaubens im jeweiligen religiösen, philosophischen und weltanschaulichen Kontext hinsichtlich der Tragfähigkeit der Gotteserkenntnis kritisch reflektiert hat, eine *kritische Selbstreflexion* der erkenntnistheoretischen Grundlagen, die in den Naturwissenschaften erst langsam Gestalt annahm und für Kutschera auch sinnvoll wäre.

71 U. Kutschera: Streitpunkt, S. 173 u. 210. Vgl. insgesamt ebd., S. 157, 297; ders.: Evolutionsbiologie, S. 339 ff.; ders.: Design-Fehler, S. 5 ff. u. 341 ff.; ders.: Darwin, S. 41; ders.: Tatsache. – Kutschera betont, dass die Evolutionstheorie etwa durch fossile Funde als objektive Tatsche dokumentiert sei, wobei

„aktuellen Fakten" der Evolutionsbiologie laut Kutschera „eindrucksvoll, dass mit dem Fortschreiten unseres biologischen Wissens der christlich-religiöse Glaube immer mehr in eine ‚Esoterik-Ecke' abgedrängt wird"[72].

Kutschera treibt das *Vorurteil,* dass es sich bei den Naturwissenschaften um „Faktenwissenschaften" handele und bei der Theologie bzw. den Geisteswissenschaften um „Spekulative Wissenschaften", auf die Spitze. Er qualifiziert naturwissenschaftliche Erkenntnisse in Form eines strengen naturwissenschaftlichen Realismus als objektive Tatsachen und Fakten und bezeichnet Evolutionsforschung als ideologiefreies Unternehmen, aus dem er dennoch einen weltanschaulichen Totaldeutungsanspruch ableitet. So blendet er sämtliche Einsichten der naturwissenschaftlichen Paradigmenwechsel aus, und zwar hinsichtlich der philosophisch-weltanschaulichen Eingebundenheit der Naturwissenschaften, der Infragestellung eines direkten Realismus, der philosophischen Prämissen und Grenzen der Naturwissenschaften mit ihren selektiven und partiellen Möglichkeiten sowie hinsichtlich der Komplexität der Wirklichkeit, die unterschiedlicher Erkenntniszugänge bedarf.[73] Was den Erkenntniszugang der Theologie und die entsprechenden Inhalte betrifft, hat er sich nicht im Ansatz ernsthaft darüber informiert, widmet aber in seinen biologischen Lehrbüchern ganze Kapitel der Auseinandersetzung mit Glauben, Theologie und Religion. Während er anderen vorwirft, sich uninformiert in einer „alles-besserwissen-Mentalität"[74] in fremde Fachgebiete einzumischen, maßt er sich gemäß des Vorworts eines seiner Bücher nicht weniger uninformiert an, „einen religionskritischen Aufklärungstext"[75] für Biologen, Theologen und alle Interessierten zu verfassen. Deshalb verwundert es nicht, dass es zu den gezeigten Ergebnissen kommt, die weder dem Wesen der Naturwissenschaften noch dem Wesen der Theologie entsprechen[76]. Von daher ist verständlich, dass nicht nur Theologen, sondern auch Naturwissenschaftler, die sich mit ihren erkenntnistheoretischen Grundlagen auseinandersetzen, über solche Ansätze verärgert sind.

---

er an anderer Stelle auch von Rekonstruktion spricht, sich aber des so bestehenden subjektiven Anteils wohl nicht bewusst ist – ebenso wenig wie der Tatsache, dass die biblischen Schriften auch Dokumente sind (vgl. ders.: Streitpunkt, S. 30, 167, 173). – Insgesamt bedingt Kutscheras Haltung die Ausblendung des gesamten Dialogs zwischen Theologie und Naturwissenschaft. – Ferner entgeht ihm, dass auch Naturwissenschaft nicht ohne „Glauben" im weitesten Sinne auskommt (siehe dazu *Kap. IV,3*).

72 Ders.: Design-Fehler, S. 6 f. – Wie für Dawkins gilt es auch für Kutschera, zu verhindern, dass Jugendliche durch biblische Dogmen bzw. phantastische Mythen indoktriniert werden (vgl. ebd., S. 341; ders.: Streitpunkt, S. 93 f.; ders.: Tatsache, S. 314).

73 Siehe zu diesen Zusammenhängen *Kap. VI.*

74 U. Kutschera: Design-Fehler, S. 344.

75 Ebd., S. 7. In dieser Haltung sieht H. Kessler: Evolution, S. 32, „eine bodenlose Desinformiertheit und eine durch nichts begründete Arroganz".

76 Zur naturwissenschaftlichen und theologischen Hermeneutik siehe *Kap. IV,1–2,* und zum Wesen von Naturwissenschaft und Theologie siehe *Kap. VIII.*

3. Stephen Hawking

Die atheistisch-materialistische weltanschauliche Verabsolutierung, die Dawkins und Kutschera hinsichtlich der Evolutionstheorie vollziehen, kommt bei dem britischen Astrophysiker *Stephen Hawking* (1942–2018) im Blick auf die *Physik bzw. die Kosmologie* zum Tragen. Durch populärwissenschaftliche physikalische Bücher über das Universum und seine Entstehung, die weltanschaulichen Deutungsanspruch erheben, erlangte Hawking weltweite Popularität.[77] Denn in einem weltanschaulichen Kontext, der nicht selten von einseitiger Wissenschaftsgläubigkeit geprägt ist, stoßen naturwissenschaftliche Totaldeutungsansprüche durchaus auf großes Interesse.[78] Das gilt besonders für die Kosmologie, bei der sich etwa bezüglich der Entstehung des Universums unweigerlich die Gottesfrage aufdrängt. Deshalb ist auch hier genau auf die *Gefahr der Vermischung von begrenzter naturwissenschaftlicher Erkenntnis und weltanschaulichem oder religiösem Deutungsanspruch* zu achten.

Bereits in seinem ersten großen Bestseller „Eine kurze Geschichte der Zeit" (1988), in dem Hawking physikalische und kosmologische Grundlagen sowie seine zum Teil bedeutenden Entwürfe (z. B. die „Hawking-Strahlung": die Strahlung Schwarzer Löcher) für die Allgemeinheit darlegte, zieht er aus einigen Entwürfen Rückschlüsse auf die Gottesfrage. So folgert er aus der mit Jim Hartle entwickelten „no-boundary-Hypothese", nach der das Universum keinen Anfangspunkt und keine Grenze bzw. keinen Rand hat, dass das Universum dann „völlig in sich selbst abgeschlossen" sei, mit entsprechenden Konsequenzen für die Gottesfrage: „[…] wenn es wirklich keine Grenze und keinen Rand hat, dann hätte es auch weder einen Anfang noch ein Ende: Es würde einfach *sein*. Wo wäre dann noch Raum für einen Schöpfer?"[79] Diese Frage offenbart auch bei Hawking einen unangemessenen Gottesbegriff, der Gott in die Kausalität von Raum und Zeit integriert und seine Transzendenz ignoriert, mit der er über Raum und Zeit steht. So gilt Gott als „Lückenbüßer-Gott", dessen Existenz angezweifelt wird, wenn keine Lücke mehr besteht.[80] Außerdem wird auch hier gegen jede erkenntnistheoretische Einsicht von naturwissenschaftlichen Hypothesen auf die Existenz Gottes geschlossen. Zudem ist die Hypothese eines singularitätenfreien Universums ohne Anfang und Rand, die auf mögliche Verbindungen von Quanten- und Relativitätstheorie spekuliert, physikalisch äußerst umstritten und Hawking selbst muss einräumen, dass es im Blick auf die Zeitkoordinaten ein Maximum und ein Minimum gibt, also einen Anfang und ein Ende. Ferner erscheinen Ganzheitsvorstellungen in solchen

---

77 Siehe zur Biographie Hawkings, der die meiste Zeit seines Lebens mit der ALS-Krankheit zu kämpfen hatte, S. Hawking: Meine kurze Geschichte.

78 Zur naturwissenschaftlichen Prägung gegenwärtiger Weltanschauungen insgesamt siehe *Kap. I,2.* – Das Interesse besteht allerdings auch an Büchern von Naturwissenschaftlern, die vom Glauben geprägt sind (siehe dazu J. Lennox: Stephen Hawking, S. 6 ff.).

79 S. Hawking: Geschichte/Zeit, S. 179.

80 Vgl. H. Kessler: Evolution, S. 106.

quantenkosmologischen Modellen angesichts der quantentheoretischen Aspekte von Subjektivität und Unschärfe als schwierig.[81] Dennoch sucht Hawking eine alles vereinigende Theorie, die seines Erachtens die Frage beantworten würde, „warum es uns und das Universum gibt. Wenn wir die Antwort auf diese Frage fänden, wäre das der endgültige Triumph der menschlichen Vernunft – denn dann würden wir Gottes Plan kennen."[82]

Während Hawking in diesem Buch noch vieles in Form von Fragen und möglichen Perspektiven formulierte, schien er den Plan in dem gemeinsam mit Leonard Mlodinow verfassten Buch „Der große Entwurf" (2010) schon besser zu kennen, denn hier gibt er vor, die existenziellen Grundfragen naturwissenschaftlich zu beantworten, wie etwa die Fragen: „Was ist das Wesen der Wirklichkeit? Woher kommt das alles? Braucht das Universum einen Schöpfer?"[83] Solche traditionell philosophischen Fragen seien jetzt durch die Naturwissenschaft zu beantworten, nachdem die Philosophie mit dieser nicht mehr Schritt halten konnte und tot sei.[84] Schon durch dieses weltanschaulich-philosophische – und nicht naturwissenschaftliche – Postulat tritt auch bei Hawking die *mangelnde erkenntnistheoretische Selbstreflexion* hervor, was sich in dem geschichtlichen Überblick über die philosophisch-religiöse und naturwissenschaftliche Entwicklung widerspiegelt, der keine differenzierte Kenntnis philosophischer und religiöser Zusammenhänge erkennen lässt. So sieht Hawking in der frühgeschichtlichen Unkenntnis der Naturgesetze den Grund für die Erfindung von Naturgöttern und Götzen sowie von Schöpfungsmythen, was sich mit antiken Philosophen und Naturforschern langsam geändert habe. Entsprechend sei der Gottesgedanke zunehmend durch naturwissenschaftliche Erkenntnis ersetzt worden, in einer das jeweilige Vorgängermodell ablösenden Aufwärtsentwicklung von der Mythologie über die Philosophie zur Naturwissenschaft. Dabei wirft Hawking „Gott mit den Göttern durcheinander und gelangt so zu einer grob vereinfachten Sicht Gottes als eines ‚Lückenbüßergottes', der durch wissenschaftlichen Fortschritt verdrängt werden kann. Dies jedoch ist ein Gottesbild, das keiner der großen monotheistischen Religionen entspricht."[85] Das gilt erst

81 Vgl. zu diesen Zusammenhängen D. Evers: Raum, S. 102 ff. – Das mit Hawkings Hypothese verbundene Postulat einer imaginären Zeit, welches die reale Zeit als Erfindung abqualifiziert, stellt nach T. Dennebaum: Urknall, S. 128, „den Sachverhalt auf den Kopf". – Siehe ferner P.S. Kang: Naturwissenschaft, S. 92, der auf Widersprüchlichkeiten hinsichtlich der Bedeutung der Singularität in dem Modell hinweist.

82 S. Hawking: Geschichte/Zeit, S. 218.

83 Ders./L. Mlodinow: Entwurf, S. 11. – Wenn bei der Erörterung dieses Werkes weiterhin auf Hawking verwiesen wird, ist auch der Mitverfasser impliziert.

84 Vgl. ebd.

85 J. Lennox: Stehpen Hawking, S. 19, vgl. S. 14 ff. – Siehe zu dem geschichtlichen Überblick S. Hawking/L. Mlodinow: Entwurf, S. 19 ff. – H.-H. Peitz: Kriterien, S. 395, zitiert Hawkings Freund Martin Rees, den Präsidenten der Royal Society: „‚Hawking hat sehr wenig Philosophie und noch weniger Theologie gelesen' und ‚ich glaube nicht, dass wir seiner Sicht dieser Dinge irgend ein [sic] Gewicht beimessen sollten'. – E. Kaeser: Physik, S. 37, resümiert: „Philosophie überwindet Mythologie, und Wissenschaft überwindet Philosophie. Das ist Hawkings schlicht gestricktes Fortschrittsmuster." – Auch im Blick auf den Glauben an *Wunder* geht Hawking davon aus, er sei in vorwissenschaftlichen

recht für die jüdisch-christliche Tradition, deren frühe Kritik an solchen Göttern und Götzen Hawking ausblendet, ebenso wie den Umstand, dass erst durch diese Tradition die eigentlichen Grundlagen für die profane und rationale Erforschung der Natur gelegt wurden.[86]

In der Annahme eines „Lückenbüßer-Gottes" entfaltet Hawking dann den *Erweis der Nicht-Existenz Gottes,* indem er meint, physikalisch-kosmologisch die letzte Lücke geschlossen zu haben. Denn er führt die Entstehung des Universums auf *spontane Selbsterzeugung aus dem Nichts* zurück, die durch das Gravitationsgesetz und eine Vakuumfluktuation möglich sei. Dabei geht es um die quantenphysikalische Vorstellung, dass sich Elementarteilchen im Rahmen der Quantengravitation spontan aus einem Vakuum erzeugen lassen, das mit Energiefluktuationen angefüllt ist, welche sich im Mittel zu null addieren lassen. „Da es ein Gesetz wie das der Gravitation gibt, kann und wird sich das Universum […] aus dem Nichts erzeugen. Spontane Erzeugung ist der Grund, warum etwas ist und nicht einfach nichts, warum es das Universum gibt, warum es uns gibt. Es ist nicht nötig, Gott als den ersten Beweger zu bemühen"[87]. Indem Hawking Gott als erste Ursache in der Ursachenkette versteht und nicht als transzendenten Grund der Wirklichkeit[88], ist für ihn mit der Selbsterzeugung des Universums auch die letzte Grundlage für die Existenz Gottes vermeintlich naturwissenschaftlich widerlegt, obwohl es sich bei der Annahme der Nicht-Existenz Gottes um eine weltanschauliche Prämisse handelt, die naturwissenschaftlich nicht greifbar ist. Hawking setzt also etwas voraus, von dem er behauptet, es naturwissenschaftlich erwiesen zu haben. Neben diesem *grundsätzlichen erkenntnistheoretischen Fehl- bzw. Zirkelschluss* fällt ein *erkenntnistheoretischer Widerspruch* auf, insofern als Hawking zunächst zugesteht, dass Naturgesetze nur auf die *Wie*-Fragen Antwort geben, nicht hingegen auf die *Warum*-Fragen, welche manche durch Gott beantwortet sehen würden – dann aber ankündigt: „Wir behaupten jedoch, dass es möglich ist, diese Fragen ausschließlich in den Grenzen der Naturwissenschaft und ohne Rekurs auf göttliche Wesen

Kulturen entstanden und mit der absoluten deterministischen Herrschaft der Naturgesetze nicht vereinbar. J. Lennox: Stehpen Hawking, S. 63 ff., zeigt die Unzulänglichkeit dieser Annahmen, indem er aufweist, wie sich der Glaube an Wunder und an das Wirken des Schöpfers in der Welt durchaus mit einem differenzierten Verständnis der Naturgesetze verträgt.

86 Siehe dazu *Kap. I,1 u. II,2.* – So hält der Mathematiker J. Lennox: Stephen Hawking, S. 55, fest, dass der Glaube an einen intelligenten Schöpfer-Gott „die Wissenschaft keineswegs behindert" hat, „im Gegenteil, er war der Motor, der sie antrieb". – Nicht zuletzt im Blick auf Hawkings Abqualifizierung des biblischen Zeugnisses kommentiert Lennox Hawkings Feststellung, der erste wissenschaftliche Hinweis auf einen Anfang des Universums stamme aus dem frühen 20. Jahrhundert, folgendermaßen: „Die Bibel freilich verkündet diese Tatsache schon seit Jahrtausenden. Man gebe also Ehre, wem Ehre gebührt." (Ebd., S. 33)

87 S. Hawking/L. Mlodinow: Entwurf, S. 177. – T. Dennebaum: Urknall, S. 132, gibt zu bedenken, dass eine stabile spontane Teilchen-Antiteilchen-Paarerzeugung in größerem Umfang nach derzeitiger Kenntnis schwer vorstellbar erscheint.

88 Entsprechend stellt sich für Hawking die Frage danach, wer Gott geschaffen hat (unendlicher Regress). Siehe S. Hawking/L. Mlodinow: Entwurf, S. 167.

zu beantworten."[89] Zudem enthält die Hypothese der Selbsterzeugung einige *logische Widersprüche.* Abgesehen davon, dass Naturgesetze nichts erzeugen, sondern beschreiben und deshalb die zu beschreibende Natur voraussetzen, könnten sie auch logisch nichts aus dem Nichts erzeugen, da sie ja selbst schon als existent vorausgesetzt werden und zugleich Natur voraussetzen. Der unendliche Regress, den Hawking in Bezug auf Gott – aufgrund der unangemessenen Integration Gottes in den Kausalzusammenhang – sieht (wer hat Gott erschaffen?), besteht allerdings genauso hinsichtlich der Naturgesetze (woher kommt die Gravitation?). Indem Hawking „der Gravitation gewissermaßen eine Schöpferrolle überträgt", erzählt er „einen Mythos in der Sprache der Physik. Daran wäre an sich nichts auszusetzen, verbände Hawking damit nicht den Anspruch, die Wissenschaft habe die Mythologie überwunden."[90]

Auch hinsichtlich der *Entstehung intelligenten Lebens* erweckt Hawking den Eindruck, dieses könne durch einfache Sets von Gesetzen selbst hervorgerufen werden. Er verweist auf John Conways „Spiel des Lebens", eine auf mathematischen Algorithmen beruhende Computersimulation von Lebensprozessen.[91] Während Naturgesetze – wie gesehen – ohnehin nichts erschaffen können, sind Algorithmen nicht einmal Naturgesetze. Sie müssen „zunächst von hochintelligenten Mathematikern im System konfiguriert werden. Sie sind weder aus dem Nichts noch durch Zufall erschaffen, sondern durch Intelligenz", und müssen mit Computern umgesetzt werden, was „mit erheblicher geistiger Aktivität und Einspeisung von Informationen" einhergeht. „Somit hat Hawking, obwohl er auf den Gedanken einer göttlichen Intelligenz hinter dem Universum allergisch reagiert, ein vorzügliches Argument für diesen Gedanken vorgebracht. Ungewollt gibt er dies sogar zu, indem er sagt, in Conways Welt seien wir die Schöpfer."[92] Und schließlich ist auch Hawkings Formulierung, das Universum erzeuge sich selbst aus dem Nichts, in sich widersprüchlich, denn nur etwas, was bereits existiert, kann etwas erzeugen; die Ursache kann nicht eine Wirkung erzielen, ohne vorher zu existieren. Demnach kann es hier nicht um eine Entstehung aus dem Nichts gehen. So vollzieht Hawking wieder einen *eklatan-*

89 Ebd., S. 168, vgl. S. 167. – Auch in „Eine kurze Geschichte der Zeit", S. 217, gab Hawking entgegen dieser Behauptung noch zu bedenken: „Die übliche Methode, nach der die Wissenschaft sich ein mathematisches Modell konstruiert, kann die Frage, warum es ein Universum geben muß, welches das Modell beschreibt, nicht beantworten", was natürlich auch die Gottesfrage betrifft. – Warum er jetzt dennoch den *Erweis* der Nicht-Existenz Gottes führt, könnte auch *Kalkül* sein, denn in einem BBC-Interview gab er zu: „Gott wäre nicht nötig gewesen in meinem Buch, aber es hätte nicht so viel öffentliche Aufmerksamkeit erregt, wenn ich nicht wieder auf ihn eingedroschen hätte."

90 E. Kaeser: Physik, S. 37, der zugleich anmerkt, Hawking bringe mit seinen theologischen Eskapaden das 1663 von der Royal Society formulierte naturwissenschaftliche Ethos in Verruf, wonach es um die Kenntnis der natürlichen Dinge geht und nicht um die Einmischung in Theologie, Metaphysik oder Moral. Deshalb sollten sich die Naturwissenschaften auch selbst mit solchen Ansätzen kritisch auseinandersetzen.

91 Vgl. S. Hawking/L. Mlodinow: Entwurf, S. 167 ff.

92 J. Lennox: Stehen Hawking, S. 54. Vgl. H.-D. Mutschler: Entwurf?, S. 65.

ten Zirkelschluss: Die Existenz des Universums wird vorausgesetzt, um seine Entstehung zu erklären.[93]

Im Unterschied zum theologischen Verständnis der Schöpfung aus dem „Nichts“ (lat. *creatio ex nihilo*), das Gott als den transzendenten Urgrund allen Seins qualifiziert, gilt für die physikalische Grundlage der Selbsterzeugung: „Dieses fluktuierende Ur-Quantenvakuum als ‚Nichts‘ zu bezeichnen, ist allerdings Etikettenschwindel. Immerhin ist es durch die verschiedenen Quantenfelder, die es enthält, zu beschreiben“[94]. Schon grundsätzlich bleibt zu berücksichtigen: „Die ‚creatio ex nihilo‘ kann erfahrungswissenschaftlich nicht eingeholt werden, weil Wissenschaft Realität immer schon voraussetzt.“[95] Hawking versucht die von ihm vorausgesetzte Notwendigkeit der Naturgesetze – wie etwa der Gravitation – durch die sogenannte „*M-Theorie*“ zu belegen, welche für ihn als „die allgemeinste supersymmetrische Gravitationstheorie [...] der *einzige* Kandidat für eine vollständige Theorie des Universums“ ist, und damit die „vereinheitlichte Theorie, die Einstein zu finden hoffte“, was für Hawking bedeutet: „Wenn die Theorie durch Beobachtung bestätigt wird, [...] haben wir den Großen Entwurf gefunden.“[96] Das sehen viele Physiker allerdings ganz anders, und zwar sowohl im Blick auf die Tragfähigkeit und Zusammensetzung der „M-Theorie“ als auch in Bezug auf die mit ihr verbundene Multiversumstheorie. Die „M-Theorie“, zu deren Urhebern Hawkings nicht gehört, ist eine aus verschiedenen Formen der Stringtheorie zusammengesetzte hochspekulative Theorie mit elfdimensionaler Raumzeit und supersymmetrischer Gravitation sowie einer entsprechenden Multiversumstheorie. Sie ist weder abgeschlossen noch falsifizierbar oder beweisbar.[97] Deshalb hält sie selbst Hawkings ehemaliger Mitarbeiter Roger Penrose nicht für eine genuine Theorie und bezeichnet sie als „kaum wissenschaftlich“.[98] In ihrem unabgeschlossenen und hochspekulativen Charakter kann die „M-Theorie“ nicht die von Hawking postulierte vereinheitlichte Theorie bzw. die „Weltformel“ (TOE: „Theory of Everything“) verkörpern, die viele Naturwissenschaftler ohnehin aufgrund der Komplexität der Wirklichkeit und der quantenphysikalischen Unbestimmtheit nicht für möglich halten, zumal auch eine solche Theorie – selbst wenn sie gefunden würde – letztlich mit dem Ersten Unvollständigkeitstheorem Gödels

93 Vgl. H.-H. Peitz: Kriterien, S. 392. – Vgl. insgesamt J. Lennox: Stehen Hawking, S. 20 ff. – Lennox verweist zur *Veranschaulichung der Problematik* auf das sogenannte kosmische „*Schnürsenkel-Prinzip*“, das als Analogie zur Selbsterzeugung des Universums auf das Bild eines Menschen zurückgreift, der sich an seinen eigenen Schnürsenkeln hochhebt, was logisch nicht nachvollziehbar ist. Hinsichtlich der Entstehung des Universums aus Naturgesetzen wählt Lennox das *Bild* der Entstehung eines *Düsentriebwerks,* das auch nicht einfach aus physikalischen Gesetzen entsteht, sondern einen Erfinder braucht. (Siehe ebd., S. 22 u. 25.)

94 D. Evers: Raum, S. 224.

95 H.-D. Mutschler: Entwurf?, S. 65. – Zur *creatio ex nihilo* siehe *Kap. XI,1.*

96 S. Hawking/L. Mlodinow: Entwurf, S. 177.

97 Siehe *Kap. VII.*

98 Vgl. J. Lennox: Stephen Hawking, S. 39 ff.

(Unentscheidbarkeit) konfrontiert wäre.[99] Als Gottesersatz, wie es Hawking vorschwebt, kann eine derartige Theorie – wie jede naturwissenschaftliche Theorie – schon grundsätzlich nicht dienen, da diese Dimension mit naturwissenschaftlichen Methoden nicht greifbar ist.

Dennoch versucht Hawking besonders mit der in der „M-Theorie" enthaltenen *Multiversumstheorie* – wie schon mit den Theorien des anfangs- und randlosen Universums und der Selbsterzeugung des Universums – Gott zu umgehen bzw. zu widerlegen. Für die Widerlegung Gottes als Ursprung des Universums war ihm das anfangs- und randlose Universum wichtig, weil er selbst davon ausging, dass die mit der Urknalltheorie des kosmologischen Standardmodells verbundene Einsicht in den Anfang des Kosmos die Erschaffung durch einen Schöpfer nahelege.[100] Die Multiversumstheorie benutzt Hawking, um die unglaubliche Feinabstimmung der Naturgesetze und der fundamentalphysikalischen Konstanten im Kosmos mit ihrer Ermöglichung menschlichen Lebens (Anthropisches Prinzip) unter Absehung von einem göttlichen Planer erklären zu können. Denn auch für Hawking steht die Feinabstimmung durchaus im Einklang mit der Vorstellung eines göttlichen Planers. Wie andere Vertreter von Multiversumstheorien argumentiert er deshalb, man müsse aus der Feinabstimmung nicht unbedingt auf den göttlichen Planer schließen, weil die enorme Zahl der Universen die statistische Wahrscheinlichkeit gerade unseres Universums und seiner Feinabstimmung ermögliche, „ohne einen gütigen Schöpfer bemühen zu müssen, der das Universum zu unserem Nutzen erschuf"[101]. Doch die Ursprungsfrage ist damit auch nicht gelöst, denn selbst bei einer Vielzahl von Universen würde sich die Frage stellen, warum gerade dieses Ensemble existiert und kein anderes.[102] Für Penrose ist die Mutliversumstheorie auch physikalisch eine Ausflucht, weil man keine gute Theorie habe. Der Quantenphysiker und Theologe John Polkinghorne sieht in diesen hochspekulativen Theorien kaum mehr Physik, sondern Metaphysik. Angesichts solcher Spekulationen sei der *Theismus* die weitaus *plausiblere Erklärung* der komplexen Wirklichkeit, was der Mathematiker John Lennox – wie etliche andere Naturwissenschaftler – unterstreicht.[103]

Lennox weist ferner darauf hin, dass es in solchen Entwürfen wie dem von Hawking, die den Konflikt zwischen Naturwissenschaft und Religion bzw. Theologie

99 Siehe *Kap. VII u. VI,5.* – I.G. Barbour: Naturwissenschaft, S. 71, hält es für „irreführend, eine vereinheitlichte Theorie in der Physik als ‚Theory of Everything', als eine Theorie von allem, zu bezeichnen, denn ihre Einheit würde nur um den Preis eines sehr hohen Abstraktionsgrades erreicht, der die ganze Vielfalt und Besonderheit der Ereignisse in der Welt und die Emergenz komplexerer Ebenen der Organisation aus einfacheren unberücksichtigt lassen würde".

100 Vgl. S. Hawking: Geschichte/Zeit, S. 179.

101 Ders./L. Mlodinow: Entwurf, S. 163. Vgl. ebd., S. 147–164. – Zur Feinabstimmung und dem damit verbundenen Anthropischen Prinzip siehe *Kap. XI,1.3.*

102 Zu den Multiversumstheorien und ihren Problemen siehe *Kap. VII.* – Zum demgegenüber verbreiteten kosmologischen Standardmodell siehe *Kap. VI,2.3.*

103 Vgl. J. Lennox: Stephen Hawking, S. 36 f., der etwa die Feinabstimmung, die rationale Verständlichkeit der Natur oder die Existenz moralischer Werte als Verweise auf Gott wertet (vgl. ebd., S. 58). – Siehe auch *Kap. XI,1.3.*

postulieren, weniger um eine seriöse Auseinandersetzung mit dem Verhältnis von Naturwissenschaft und Theologie geht, als vielmehr um die Auseinandersetzung zwischen Atheismus und Theismus[104], worauf auch die Ausblendung des Dialogs von Theologie und Naturwissenschaft hindeutet.[105] Diese Haltung ist gleichermaßen an den Entwürfen von Dawkins und Kutschera hervorgetreten, die auch auf der Grundlage des atheistisch-materialistischen Reduktionismus einen weltanschaulichen Totaldeutungsanspruch erheben, ohne sich adäquat mit Religion und Theologie – und dem Wesen von Naturwissenschaft – auseinanderzusetzen und ohne den Dialog zu berücksichtigen.[106]

Literatur

Dawkins, Richard: Der Gotteswahn. Aus dem Englischen von Sebastian Vogel, Berlin ⁸2007.

Evers, Dirk: Gotteswahn? Religionsbeschimpfung im Kleid der Wissenschaft, in: Badewien, Jan (Hg.): Religionsbeschimpfung. Freiheit der Kultur und Grenzen der Blasphemie (= EZW-Texte 203), Berlin 2009, S. 59–74.

Hawking, Stephen: Meine kurze Geschichte. Aus dem Englischen von Hainer Kober, Reinbeck bei Hamburg 2015.

Hawking, Stephen: Eine kurze Geschichte der Zeit. Die Suche nach der Urkraft des Universums. Mit einer Einleitung von Carl Sagan. Deutsch von Hainer Kober unter fachlicher Beratung von Dr. Bernd Schmidt, Reinbeck bei Hamburg 1988.

Hawking, Stephen/Mlodinow, Leonard: Der große Entwurf. Eine neue Erklärung des Universums. Deutsch von Hainer Kober, Reinbeck bei Hamburg 2010.

Kessler, Hans: Evolution und Schöpfung in neuer Sicht, Kevelaer 2009.

Kutschera, Ulrich: Streitpunkt Evolution. Darwinismus und Intelligentes Design (= Philosophie. Forschung und Wissenschaft 12), Münster 2004.

Langthaler, Rudolf/Appel, Kurt (Hg.): Dawkins' Gotteswahn. 15 kritische Antworten auf seine atheistische Mission, Wien/Köln/Weimar 2010.

Lennox, John: Stephen Hawking, das Universum und Gott, Witten 2011.

McGrath, Alister/McGrath, Joanna Collicutt: Der Atheismus-Wahn. Eine Antwort auf Richard Dawkins und den atheistischen Fundamentalismus, Asslar 2007.

104 Vgl. ebd., S. 6 ff., 55 ff.

105 Vgl. H.-D. Mutschler: Entwurf?, S. 65. – Zur detaillierten Auseinandersetzung mit Hawkings Entwurf siehe J. Lennox: Stephen Hawking.

106 Das zeigt sich auch schon an deren weitgehend verzerrter und abwertender Darstellung der Religiosität bedeutender Naturwissenschaftler der letzten Jahrhunderte. – Zum durchaus beachtenswerten religiösen Hintergrund bedeutender Naturwissenschaftler siehe die entsprechenden Hinweise in *Kap. V. u. VI.*

XI. Der dreieinige Gott als Schöpfer vor dem Hintergrund aktueller Naturwissenschaft

1. Der Kosmos im Licht von Theologie und Naturwissenschaft

Naturwissenschaftliche *Kosmologie* bietet in ihrem Blick auf das *Ganze des Universums* einen besonderen Schnittpunkt mit der theologischen *Schöpfungslehre,* die sich auf das *Ganze der Wirklichkeit* bezieht. Dabei bleiben jedoch die *unterschiedlichen Perspektiven und Erkenntnishorizonte* naturwissenschaftlicher und theologischer Wirklichkeitserkenntnis zu beachten. So richtet sich Schöpfungstheologie über naturgesetzliche Kausalzusammenhänge hinaus auf einen umfassenden Verstehensrahmen, der Herkunft und Ziel sowie Sinn und eigentliche Bestimmung von Mensch und Kosmos beinhaltet. Für den über sich selbst hinausgewiesenen und auf ganzheitliche Sinndeutung angelegten Menschen bedarf es der Besetzung elementarer „Funktionsstellen", aus denen sich Herkunft, Sinn und Ziel der Wirklichkeit erschließen. Während sich aktueller Naturwissenschaft zunehmend auch Grenzfragen stellen, ermöglicht die Orientierung an Gottes Selbsterschließung als Schöpfer, Begleiter bzw. Erlöser und Vollender die Besetzung aller elementaren „Funktionsstellen". Dabei wird das dem trinitarischen Wesen Gottes entsprechende Schöpfungshandeln erkennbar und es zeigt sich eine erstaunliche *Kompatibilität von Theologie und aktueller Naturwissenschaft.* Das betrifft nicht nur Anfang, prozessuale Entwicklung und Ende des Kosmos oder etwa das Verständnis von Raum und Zeit, sondern auch weitere makrophysikalische Phänomene und mikrophysikalische Wirklichkeitsstrukturen sowie chemische und biologische Entwicklungen.

In diesem Kontext tritt das Verhältnis von „Gegenüber und Nähe" zwischen Gott und Mensch sowie zwischen Gott und Welt hervor, welches in der Offenheit der Zukunft offene Strukturen von Gemeinschaft und Liebe ermöglicht. Der grundsätzliche Zusammenhang zwischen der Beschaffenheit des Kosmos und der Existenz des Menschen findet seinen Niederschlag im *Anthropischen Prinzip,* das sich besonders auf die erstaunliche *Feinabstimmung* kosmischer Rahmenbedingungen und physikalischer Naturkonstanten bezieht. Denn die oft unglaubliche Feinabstimmung bildet die Voraussetzung für die Existenz menschlichen Lebens. Auch wenn die damit verbundenen Phänomene unterschiedlich bewertet werden, bleiben sie erstaunlich und erklärungsbedürftig. Angesichts sehr spekulativer und nicht verifizierbarer naturalistischer Erklärungsversuche sowie angesichts der aktuellen naturwissenschaftlichen Einsichten halten auch etliche Naturwissenschaftler, Philosophen und Wissenschaftstheoretiker einen *Theismus* für *plausibler* als einen reduktionistischen

Naturalismus, zumal der Schöpfungsglaube einen der lebensweltlichen Gesamterfahrung entsprechenden sinnvollen Gesamtzusammenhang erschließt.

1.1 Naturwissenschaftliche und theologische Horizonte

Die Kosmologie, die Lehre vom Kosmos (griech.: *kosmos*/geordnetes Weltganzes, *logos*/Lehre), stellt mit ihren Fragen nach der Entstehung und Entwicklung des Kosmos einen besonderen Berührungspunkt von Naturwissenschaft und Theologie dar. Denn sowohl in der naturwissenschaftlichen Kosmologie als auch in der theologischen Schöpfungslehre geht es um das Ganze der Welt bzw. des Universums, wenn auch in unterschiedlicher Perspektive, Tiefe und Vollständigkeit des Erfassens der Phänomene. So verwundert es grundsätzlich nicht, dass die Kosmologie „in allen Kulturen eine religiöse Wurzel“[1] aufweist. „Seit den antiken Hochkulturen üben Schöpfungsmythen sowie theologische und philosophische Kosmologien die Funktion der Orientierung am Ganzen der Wirklichkeitserfahrung aus.“[2] Hinsichtlich der modernen naturwissenschaftlichen Kosmologie, die sich mit ihrer naturalistischen Methode von diesen Wurzeln getrennt hat, bestehen verschiedene Einordnungen ihres Erkenntnisspektrums. Für manche erfasst sie „allein die unbelebte Materie in Form von großen massiven Körpern wie Sternen“[3], während sie für andere „als Sammelbegriff sowohl die physikalischen Mikro- und Makroprozesse (von der Quanten- bis zur Allgemeinen Relativitätstheorie) als auch das Denkmodell der *Evolution* im weitesten Sinn, d. h. das Zusammenspiel von Kontingenz und Regelhaftigkeit in allen Natur- und Kulturprozessen“[4] umfasst. Entsprechend besteht im Verhältnis von Kosmologie und Schöpfungstheologie ein „Brennpunkt in der Frage nach dem Weltbild“[5], an dem sich der „Streit um die Deutungshoheit der Moderne“[6] entzünden kann, der aber auch die Kompatibilität und Konsonanz von naturwissenschaftlicher und theologischer Wirklichkeitserkenntnis zu erschließen vermag. Die Kosmologie, die im Laufe ihrer Geschichte verschiedene Paradigmenwechsel erfuhr, erweist sich heute – im Unterschied zum 19. Jahrhundert – im Einzelnen als erstaunlich kompatibel mit schöpfungstheologischen Einsichten.[7]

Bevor das konkret erörtert wird, bleibt noch einmal auf die *unterschiedlichen Perspektiven und Möglichkeiten naturwissenschaftlicher und theologischer Wirklichkeitserschließung* hinzuweisen, aus denen sich die jeweiligen Erkenntnishorizonte und ihre Zuordnungen ergeben.[8] Während naturwissenschaftliche Kosmologie

1 R. Eckel/H.-P. Großhans: Gegner, S. 66.
2 F. Gruber: Schöpfungslehre, S. 156.
3 H.F. Goenner: Urknallbild, S. 27.
4 H. Deuser: Theologie, S. 96.
5 F. Gruber: Schöpfungslehre, S. 162.
6 R. Anselm: Schöpfung, S. 248.
7 Zu den geschichtlichen Entwicklungen und ihren Ergebnissen siehe *Kap. V u. VI.*
8 Siehe dazu insgesamt *Kap. I,3; IV,1–2; VIII.*

naturgesetzlich ablaufende Prozesse und Kausalzusammenhänge der bestehenden Wirklichkeit zu erfassen vermag, beinhaltet *Schöpfungstheologie* mit ihrer Bezugnahme auf den Schöpfer einen umfassenden Verstehensrahmen. Der reicht von der Frage, warum der Kosmos und das Leben überhaupt existieren, über die Sinndeutung von Welt und Mensch bis zum Ziel der Geschichte von Mensch und Kosmos sowie zu deren eigentlicher Bestimmung. Das spiegelt sich in der biblisch bezeugten und im Glaubensbekenntnis zusammengefassten Selbsterschließung des dreieinigen Gottes als Schöpfer, Versöhner bzw. Erlöser und Vollender wider. Entsprechend hebt Wolfhart Pannenberg „die Bedeutung des Gottesgedankens für ein zusammenhängendes Verständnis der Natur“ hervor: „Der Zusammenhang zwischen Kontingenz des Geschehens und beharrlicher [naturgesetzlicher] Gestalt [...] läßt sich von der Kontingenz göttlichen Handelns im Sinne israelitisch-christlicher Gotteserfahrung her deuten, weil allein Gott in der kontingenten Folge alles Geschehens [Möglichkeiten statt Notwendigkeiten] einer und derselbe bleibt. [...] Die Herstellung solchen Zusammenhangs [...] durch immer erneuten Rückgriff vom Späteren auf Früheres trägt den Stempel einer persönlichen Macht, nicht den einer bloßen Gesetzesstruktur, und so – vielleicht nur so – wird die Einheit des Geschehens unter Wahrung seiner Kontingenz verständlich.“ Weil Gott „die kontingente Abfolge der Gestalten auf den Menschen hin geordnet hat“, wird nach Pannenberg nachvollziehbar, dass der Weltprozess erst „mit der Entstehung des Menschen und mit der Aneignung der Natur durch den Menschen [...] rückwirkend [...] seinen Zusammenhang“[9] erlangt. Dabei erweist sich der Mensch, der auf Sinndeutung und Ganzheit angelegt ist, als selbsttranszendent, was sich nach Hans Kessler vielfach in einem „meta-physischen Durst“ äußert, mit dem der Mensch neben der Erschließung der Zusammenhänge in der Welt „über alles, eben auch über diese Welt, die Natur, den Tod, hinausfragt“[10], um alle Lebensphänomene des über sich selbst hinausgewiesenen Menschen (Transzendenz) in einer sinnvollen Ganzheit zu erfassen. Das betrifft etwa über den Naturalismus hinausgehende Aspekte wie nicht ableitbare subjektiv-individuelle „Erste-Person-Erfahrungen“ (Qualia) oder das Phänomen existenzieller Verankerung sowie religiöse „Erfahrung von *Unbedingtheit*“[11] oder geschichtliche religiöse Erfahrungen. Denn die „Frage nach einem fundierenden Grund von Selbst und Welt“ gehört „offenbar zur Natur des Menschen als eines zugleich selbst- und welttranszendierenden Wesens“, wobei der „Transzendenzbezug [...] unbestimmt“ ist, „aber gerade in seiner Unbestimmtheit dazu bestimmt“ ist, „jener Bestimmung zugeführt zu werden, wie sie im religiösen Verhältnis vollzogen und ausdrücklich wird“[12].

9 W. Pannenberg: Kontingenz, S. 71 f.

10 H. Kessler: Evolution, S. 96. „Nur wenn es einen letzten Sinngrund der Welt gibt, einen umfassenden Sinnhorizont, nur und erst dann ist das Ganze der Welt und des Lebens sinnvoll [...] und damit prinzipiell bejahbar.“ (Ders.: Schöpfung, S. 38)

11 H. Deuser: Theologie, S. 106, vgl. ebd., S. 102 ff.

12 G. Wenz: Schöpfung, S. 332. – Siehe zum Phänomen der existenziellen Suche nach Ganzheit z. B. *Kap. I,3.3*, und zur Transzendenz des Menschen *Kap. III,2*. Insgesamt siehe *Kap. III. u. IV.*

An die Grenze transzendenter, nicht vom Menschen selbst ableitbarer und greifbarer Dimensionen stößt zunehmend auch die *Naturwissenschaft*, die auf von ihr nicht begründeten Voraussetzungen beruht und der sich etliche *Grenzfragen* stellen.[13] Diese betreffen auch die *Transzendenz* des über sich hinausweisenden Kosmos, und zwar sowohl hinsichtlich seiner Herkunft und Zukunft – einschließlich seiner unfassbaren Dimensionen – als auch hinsichtlich seiner Kontingenz (Möglichkeit statt Notwendigkeit)[14]. Das gilt zunächst für den Anfang des Kosmos, der sich im kosmologischen Standardmodell mit der Urknalltheorie verbindet. Denn als Anfangssingularität ist der – ohnehin lediglich als Annahme vorausgesetzte – Urknall physikalisch nicht greifbar.[15] Zudem lässt sich die Frage, warum überhaupt etwas existiert, naturwissenschaftlich schon grundsätzlich nicht beantworten. Doch es handelt sich hierbei um eine für das menschliche Streben nach ganzheitlicher Sinndeutung grundlegende „Funktionsstelle", die „‚besetzt' werden muss"[16]. Gleiches gilt für die sinnvolle Einheit kontingenter kosmischer und menschlicher Geschichte und für deren Ziel. Beides erschließt sich nicht von selbst aus naturalistischer Kontingenz sowie dem Wechselspiel von Zufall und Regelhaftigkeit und hinterlässt deshalb ebenfalls zu besetzende „Funktionsstellen". Während schon die naturwissenschaftliche Theoriebildung nach Hermann Deuser nicht ohne ein gewisses Grundvertrauen in diese Funktionsstellen auskommt, lässt sich schöpfungstheologisch zeigen, „dass die genannten Funktionsstellen des Gott- und Weltvertrauens weiterhin vorhanden sind und sachgemäß besetzt sein müssen, wenn nicht Hybris oder Verzweiflung die Oberhand gewinnen sollen"[17], etwa in Form der Verabsolutierung naturwissenschaftlicher Möglichkeiten oder resignativer Selbstdeutung des Menschen als vorübergehendes Zufallsprodukt am Rande eines sinnleeren Kosmos[18]. Durch das heilsgeschichtliche Handeln des dreieinigen Gottes als Schöpfer, Begleiter und Versöhner sowie Vollender sind die entscheidenden Funktionsstellen besetzt und bieten den Perspektivpunkt existenzieller Verankerung: „Der Perspektivpunkt, in dem diese Linien zusammenlaufen, ist das Feld der *Bedingungen*, von denen und durch die wir leben, die *Geschichte*, in die wir hineingestellt sind, und zuletzt deren *Ziel*, von dem her unser eigener Ort erst bestimmbar und qualifizierbar wird."[19] So hat die für menschliche Selbstdeutung elementare Besetzung der gezeigten „Funktionsstellen" weder mit einem sogenannten „Lückenbüßer-Gott" zu tun, der nur für naturwissenschaftlich unerklärbare Phänomene gebraucht wird, noch mit einem „Designer-Gott", der lediglich alles nach

13 Siehe zusammenfassend *Kap. VI,6*, und zu den methodischen Implikationen *Kap. IV,1.*

14 Siehe *Kap. III,1.*

15 Zum kosmologischen Standardmodell siehe *Kap. VI,2.3.*

16 H. Deuser: Theologie, S. 106 f.

17 Ebd., S. 96. – Zu „Glaubens"-Annahmen im weitesten Sinn als Grundprämissen, ohne die auch Naturwissenschaften nicht auskommen, siehe *Kap. IV,3.*

18 Zu letzterem Ergebnis kommen z. B. der Physiker S. Weinberg: Minuten, S. 212, und der Biochemiker J. Monod: Zufall. – Siehe *Kap. I,2.*

19 C. Link: Schöpfung, S. 262.

einem gesetzlichen Plan einrichtet, sondern sie ergibt sich aus der Orientierung an der – alle Wirklichkeit umfassenden – Selbsterschließung Gottes als Schöpfer, Erlöser und Vollender. Dadurch wird Gott in einem differenzierten Verhältnis von „Gegenüber und Nähe“ zu seiner Schöpfung erkennbar.[20]

1.2 Kompatibilität von trinitarischer Schöpfung und Naturwissenschaft

Die dargelegten Zusammenhänge zeigen sich bereits am *biblischen Verständnis* der Erschaffung der gesamten – auch kosmischen – Wirklichkeit durch Gott. Zunächst wird Gott in Gen 1,1 als der transzendente Urgrund der ganzen Wirklichkeit qualifiziert: „Am Anfang schuf Gott Himmel und Erde.“ Dabei ist das hebräische Verb „bará“ (erschaffen) – und das zugehörige Substantiv „boré“ (Schöpfer) – im Alten Testament nur auf Gott bezogen. Denn für menschliches Erschaffen werden andere Wörter gebraucht, so dass in Gen 1,1 und anderen auf Gottes Erschaffen bezogenen Stellen (Gen 1,27; Jes 45,18 u.ö.) „etwas ganz Einzigartiges“ ausgesagt wird, „das nur für Gott allein kennzeichnend ist, etwas völlig Analogieloses, etwas absolut Grundlegendes und Urgewaltiges“[21]. Im Unterschied zu den altorientalischen Schöpfungsmythen und der griechischen Kosmologie gilt Gott nicht auf irgendeine Weise als Teil des Kosmos, den er lediglich formt oder durchdringt, sondern er ist dessen transzendenter Urgrund und dessen Gegenüber, als das er sich aber seiner Schöpfung zuwendet und ihr so nahe ist. Entsprechend betont Gunther Wenz im Blick auf Gen 1,2, „die Erde sei nicht *vor*, sondern zu Beginn des ersten Schöpfungstages wüst und leer, ein chaotisches Tohuwabohu gewesen, das jenseits allen menschlichen Vorstellungs- und Begriffsvermögens liegt, ohne doch der gestaltenden Schöpfermacht Gottes entzogen zu sein“[22]. Dabei könne das chaotische Szenario als Analogie zur „schlechterdings indifferent[en]“[23] Situation direkt nach dem Urknall gesehen werden. Dass die Schöpfung allein aus Gottes Wort – und Willen – entspringt, lässt die Einleitung des jeweiligen schöpferischen Handelns Gottes in Gen 1 erkennen: „Und Gott sprach: Es werde [...]“ (Gen 1,3 – analog in den weiteren Versen). Damit erweist sich die geschöpfliche Wirklichkeit im Unterschied zur israelitischen Umwelt weder als ewig noch als sakral oder göttlich. Deshalb geht es im Alten Testament auch weder um die Entstehung von Göttern aus den weltlichen Urelementen noch um die Götterfunktionen von Gestirnen wie Sonne, Mond oder Venus, was sich in außerisraelitischen – wie etwa den babylonischen – Schöpfungsmythen findet. Das alttestamentliche Schöpfungsverständnis hat diese Vorstellungen entmythologisiert und den Kosmos entgöttlicht.[24]

Die alt- und neutestamentlichen Hinweise auf das gemeinsame schöpferische Handeln von Vater, Sohn und Heiligem Geist verweisen zudem auf *das vom Wesen*

20 Siehe z. B. *Kap. I,3.4; II,2; III; IV,2.*

21 H. Kessler: Schöpfung, S. 27.

22 G. Wenz: Schöpfung, S. 338 (Hervorhebung vom Vf.).

23 Ebd., S. 329.

24 Vgl. R. Eckel/H.-P. Großhans: Gegner, S. 68, und H. Kessler: Evolution, S. 50 ff.

des dreieinigen Gottes geprägte Schöpfungshandeln, aus dem sich die Nichtnotwendigkeit bzw. Kontingenz der Schöpfung letztlich ergibt. Der innertrinitarischen Gemeinschaft entsprechend vollzieht sich das schöpferische Handeln des Vaters in Verbindung mit dem Sohn und dem Heiligen Geist, denn durch den Sohn und in ihm und auf ihn hin sind alle Dinge geschaffen (Joh 1,3; Kol 1,16 f.), und der Geist wirkt im Blick auf den Menschen (Hi 33,4), den Kosmos (Gen 1,2) und das gesamte Spektrum des Lebens (Ps 104,30) ebenfalls als Schöpfermacht. Dieses dreieinige schöpferische Wirken resultiert aus der vollkommenen innertrinitarischen Gemeinschaft der Liebe, aufgrund derer der dreieinige Gott keiner Wirklichkeit außerhalb seiner selbst bedarf, so dass die Schöpfung – als innerer Grund der Weltentstehung – der *freie Entschluss* Gottes ist, anderen an seiner Liebe Anteil zu schenken.[25] Die Schöpfung „ist daher kontingent [nicht notwendig], Ergebnis und Ausdruck eines freien Aktes göttlichen Wollens und Handelns“[26]. Dem *voraussetzungslosen* Schöpfungshandeln Gottes entsprechend wurde später besonders gegenüber der griechischen Kosmologie betont, dass Gott die Welt nicht aus schon Seiendem erschuf, sondern ohne jegliche Voraussetzungen aus freiem Entschluss (II Makk 7,28: „dies alles hat Gott aus nichts gemacht“ – Röm 4,17: Gott „ruft das, was nicht ist, dass es sei“). Diese als *creatio ex nihilo* (Erschaffung aus dem Nichts) bezeichnete Einsicht bildet eine der Grundlagen christlicher Schöpfungstheologie.

Aus der so bestehenden bleibenden Angewiesenheit der – nicht aus sich selbst existierenden – Schöpfung auf Gottes Zuwendung, Begleitung und Erhaltung ergibt sich die *creatio continua* (fortdauernde Schöpfung). Mit ihr verbinden sich sowohl jeweils neue und unverfügbare Dimensionen des Daseins als auch kontinuierliche Strukturen. Letzteres gibt die Treue Gottes zu erkennen, wobei Gottes heilsgeschichtliches Handeln auch immer wieder neue Phänomene nach Art der „creatio ex nihilo“ aufweist. Das tritt besonders an seinem Erlösungshandeln in Jesus Chris-

25 Dabei entspricht das liebende anteilgebende Schöpfungshandeln dem Wesen der überströmenden innertrinitarischen Liebe, in der die trinitarischen Personen in gegenseitiger und liebender hingebender Durchdringung jeweils über sich hinausgehen. Vgl. U. Beuttler: Gott, S. 534 f., wo er sich auf I.U. Dalferth und E. Jüngel bezieht. – W. Härle: Dogmatik, S. 429 f., unterscheidet in Anlehnung an Karl Barth zwischen der Schöpfung als dem *inneren* Beweggrund Gottes (Absicht) und dem „*äußeren* Grund“ der Realisierung dieser Absicht, um sowohl den Unterschied als auch den Zusammenhang von Schöpfungslehre und naturwissenschaftlicher Welterfassung darzulegen. Barth hatte zwischen der Schöpfung als „äußerem Grund des Bundes“ (bzw. als Ermöglichung des Bundes) und dem Bund als „innerem Grund der Schöpfung“ unterschieden. Zur Relevanz dieser Unterscheidung siehe C. Link: Schöpfung, S. 264 f.

26 W. Pannenberg: Systematische Theologie 2, S. 15. – Gott ist also nicht das erste Glied in einer Ursachenkette, für das sich auch wieder die Frage nach dessen Ursache stellt (unendlicher Regress), sondern in ihm existiert die Ziel- und Zweckursache (causa finalis), die keiner Wirkursache (causa efficiens) außerhalb ihrer selbst bedarf. (Diesen Zusammenhang von Gottes ewiger Liebe mit der aristotelischen Ursachenlehre entfaltete W. Härle 2018 auf einer Tagung zum Ursprung des Universums in Stuttgart-Hohenheim.) – Zum christlichen Schöpfungsverständnis bzw. zum schöpferischen Handeln von Vater, Sohn und Heiligem Geist – in Entsprechung zu ihrem innertrinitarischen Wesen – und zur vollkommenen innertrinitarischen Liebe siehe *Kap. II,2; III,1 u. IV,2* sowie M. Haudel: Gotteslehre, Kap. VIII,1 u. X,1 (dort im Kontext der Naturwissenschaft), und die noch folgenden Ausführungen.

tus (Inkarnation und Auferstehung) oder an seinem eschatologischen Vollendungshandeln im Blick auf „einen neuen Himmel und eine neue Erde" (Apk 21,1) hervor, aber auch an anderen qualitativ weiterführenden und erneuernden Prozessen und Erfahrungen der Lebenswelt. Denn Gottes Handeln an der Schöpfung erschafft auch immer wieder Neues (Ps 104,14.30; Jes 45,7 f.; 48,6 f. u.ö.). „Die Schöpfung als Erhaltung bildet gewissermaßen die Klammer, die das daseinskonstituierende und das geschichtliche Wirken Gottes miteinander verbindet und zusammenhält."[27] Aus ihr wird ersichtlich, dass die Schöpfung nicht eine kurzweilige Idee Gottes war, der die Schöpfung im Sinne *deistischer* Gottesvorstellungen nach der Erschaffung sich selbst in ihrer Eigengesetzlichkeit überlässt, sondern dass die Schöpfung aus dem *Liebeswillen* Gottes resultiert, der dem Spezifikum der Liebe entsprechend auf *Dauer* sowie *Gemeinschaft* und *Interaktion* angelegt ist. So nimmt sich der liebende Gott nicht nur im Akt der Schöpfung in seiner Allmacht und Allgegenwart zurück und gewährt der Schöpfung *Raum* – einschließlich des *Freiheits*spielraums, in dem der Mensch als Gegenüber Gottes agieren kann –, sondern er bleibt mit seiner Liebe in diesem zum Leben und zur Entfaltung eröffneten Raum begleitend gegenwärtig. Deshalb ist die Selbstzurücknahme auch „Selbstentgrenzung und Selbstverströmung Gottes zugunsten von Anderem"[28], was sich in den verschiedenen Formen der Einwohnung Gottes in der Welt zeigt. Durch die Gewährung des Lebensraums gewährt Gott seiner Schöpfung zugleich *Zeit* und offene Zukunft, damit die Möglichkeit für freie Antwort und Gemeinschaft besteht. Entsprechend konnte Augustin darauf verweisen, dass Gott mit der Schöpfung auch die Zeit geschaffen hat. Der so bestehende konstitutive Zusammenhang zwischen Raum und Zeit erweist sich als kompatibel mit der vierdimensionalen Raumzeit der *Relativitätstheorie,* welche im Unterschied zur absoluten Zeit der klassischen Physik des 19. Jahrhunderts auch die untrennbare Dynamik von Raum und Zeit beinhaltet.[29]

Weil Zeit sowohl Begrenztheit und Endlichkeit impliziert als auch Möglichkeit und Dauer, ist sie einerseits von der *Ewigkeit* zu unterscheiden, bleibt aber andererseits mit ihr verbunden. Denn die von Gott gewährte Zeit wird von der Ewigkeit umspannt, insofern als sie ihren Ursprung in der Ewigkeit hat, von der Ewigkeit

27 W. Härle: Dogmatik, S. 292. – Zu den verschiedenen Aspekten des neuschaffenden Handelns Gottes siehe C. Link: Schöpfung, S. 272, der etwa auch „Heilung von schwerer Krankheit" nennt. – Die Entstehung qualitativ neuer Wirklichkeitsphänomene spiegelt sich im naturwissenschaftlichen Phänomen der *Emergenz* wider, dem unerklärlichen Auftauchen neuer Strukturen mit eigenen Gesetzen, die sich nicht einfach aus den zugrundeliegenden Einzelphänomenen ableiten lassen (siehe *Kap. VI,4*).

28 U. Beuttler: Gott, S. 535. Zur Selbst-Zurücknahme Gottes vgl. J. Werbick: Gott, S. 400 ff., wo er auch auf entsprechende Ausführungen von S. Kierkegaard hinweist. Dass es sich dabei nicht nur um eine Selbst-Begrenzung Gottes handelt, sondern zugleich um eine Selbst-Entgrenzung auf Andere hin, betont auch C. Link: Schöpfung, S. 316, unter Bezugnahme auf U. Beuttler. Prägnant zusammengefasst heißt das nach J. Moltmann: Wissenschaft, S. 140: „Gott nimmt sich zurück, um aus sich herauszugehen."

29 Siehe zum Zeitverständnis der klassischen Physik und zur vierdimensionalen Raumzeit der Relativitätstheorie *Kap. VI,1 u. 2.1–2.* – Zum Zeitverständnis insgesamt siehe auch *Kap. II,3 u. VI,4.*

begleitet wird und in diese einzumünden vermag.[30] Das lässt zum einen der Zeitpfeil der trinitarischen Heilsgeschichte erkennen (Schöpfung, Erlösung, Vollendung) und zum anderen das Verhältnis von heilsgeschichtlicher bzw. ökonomischer Trinität und immanenter Wesenstrinität, aus dem hervorgeht, wie die Schöpfung mit ihren Dimensionen von Raum und Zeit aus der Ewigkeit Gottes entsteht und von ihr bleibend umfangen wird. In der innertrinitarischen vollkommenen Gemeinschaft der Liebe, die sich durch die Gleichzeitigkeit von *zwischen*personaler und *inner*personaler Dimension Gottes vollzieht, durchdringen sich Vater, Sohn und Heiliger Geist vollkommen in zwischenpersonaler Liebe und bilden so zugleich eine innerpersonale Einheit (Dreieinigkeit). Dabei gewähren sie sich gegenseitig *Raum,* den sie ihrem Wesen entsprechend dann auch nach außen der Schöpfung gewähren, was bereits die Kirchenväter betonten. Ferner verkörpert das *zwischen*personale gegenseitige Durchdringen und das *inner*personale Eins-Sein des dreieinigen Gottes die *Gleichzeitigkeit von Vergangenheit, Gegenwart und Zukunft,* welche in der theologischen Tradition immer wieder als Definition von *Ewigkeit* herangezogen wurde. Entsprechend kann aus der Ewigkeit ihrem innertrinitarischen Wesen gemäß die Gewährung der von Vergangenheit, Gegenwart und Zukunft geprägten geschichtlichen Zeit erfolgen, die Gott mit seiner ewigen Liebe begleitet.[31] Deshalb ist der erste Glaubensartikel über die Schöpfung nicht vom zweiten und dritten Glaubensartikel über die Versöhnung und die Vollendung zu trennen, weil Gottes Schöpfung aus seiner Liebe hervorgeht, um der Schöpfung und vornehmlich dem Menschen die Gemeinschaft der Liebe zu eröffnen, der Gott trotz der Abwendung des Menschen treu bleibt (Versöhnung), mit dem Ziel, diese Gemeinschaft zu vollenden. „Die trinitarische Perspektive zeigt uns die Schöpfung im Horizont der *Geschichte* des zur Welt kommenden Gottes."[32] Dabei lässt das *eschatologische Ziel* die zeitliche Existenz als *Weg* mit einem *Sinn* transparent werden. Wie Gott der Schöpfung am Anfang in seiner Allgegenwart *Raum* gewährte und ihr in seiner ewigen Gleichzeitigkeit *Zeit* eröffnete, so „verschwinden die zeitlichen und räumlichen Dimensionen" im eschatologischen Ziel wieder „in der Gleichzeitigkeit und der Allgegenwart des Ewigen"[33]. Entsprechend partizipieren Mensch und Schöpfung dann am allgegenwärtigen „Raum" der ewig gleichzeitigen innertrinitarischen Gemeinschaft der Liebe, in der zudem auf der Grundlage des Heilswerks Christi die Fülle der Zeiten

30 Vgl. W. Härle: Dogmatik, S. 266 f.; C. Link: Schöpfung, S. 265 ff., und *Kap. II,3.*

31 Auch die Definition der Ewigkeit als *Erfüllung der Zeit,* als *vollkommenes und unbegrenztes Leben,* kommt in der vollkommenen und ursprunglosen innertrinitarischen Gemeinschaft zum Ausdruck. – Zum Verhältnis von Zeit und Ewigkeit vgl. M. Haudel: Gotteslehre, Kap. X,3.2. – Zum Zeit- und Ewigkeitsverständnis im Verhältnis von Theologie und Naturwissenschaft siehe auch im hier vorliegenden Band *Kap. II,3 u. VI,4.* – Die innertrinitarische „Liebesgeschichte" spiegelt sich nach M. Mühling: Liebesgeschichte, in der heilsgeschichtlich erfahrbaren Liebe Gottes wider.

32 C. Link: Schöpfung, S. 290. – Die fundamentale und weitgefächerte Bedeutung der trinitarischen Entfaltung der Schöpfungslehre erörtert auch R. Anselm: Schöpfung, S. 239–258. – Zur konkreten Gestalt des begleitenden und vollendenden Handelns des dreieinigen Gottes siehe *Kap. XI,2.1.2–3 u. XI,2.2.4.*

33 J. Moltmann: Wissenschaft, S. 127.

der Schöpfung zusammengefasst ist (Eph 1,10). „Die Ewigkeit ist Quell- und Zielort der Zeit“[34], so dass die eschatologische Vollendung die Aufhebung des Weges im Ziel bzw. die Aufhebung der Zeit in der *Ewigkeit* bedeutet. Dadurch wird auch die Anfechtung durch das naturwissenschaftliche Weltbild überwunden, nach welchem das kosmische Geschehen die Menschheitsgeschichte weit überragt. Denn diese Diskrepanz löst sich auf, „wenn bedacht wird, dass der ‚Tag‘ der Vollendung als Ziel der Zeit selbst alle Gleichzeitigkeit oder Ungleichzeitigkeit innerhalb der Zeit transzendiert“[35], weil er in die Ewigkeit führt.

Das mit der trinitarisch-heilsgeschichtlichen Gotteserfahrung verbundene lineare heilsgeschichtliche Zeitverständnis überwand das zyklische Zeitverständnis der alttestamentlichen Umwelt, welches mit den sich ständig wiederholenden (Natur-)Zyklen den Ewigkeitscharakter von Welt und Kosmos implizierte, der zudem durch die „creatio ex nihilo“ überwunden wurde. So trat mit der Kreatürlichkeit der Schöpfung das Verhältnis von *„Gegenüber und Nähe“* zwischen Gott und Schöpfung hervor, das durch das trinitarische Wesen und Handeln Gottes möglich war. Denn Gott konnte als Vater das Gegenüber von Mensch und Schöpfung bleiben, während er ihnen im Geist und im Sohn ganz nahe zu sein vermochte – bis hin zur Menschwerdung. Dieses Verhältnis ermöglichte eine *freie personale Gemeinschaft der Liebe* zwischen Gott und Mensch. Deshalb stellt die erhaltende Begleitung der Schöpfung durch Gott keine *deterministische* Bestimmung der Geschichte dar, denn das würde die Gewährung des personalen Freiraums des Menschen konterkarieren.

Dass Gottes heilsgeschichtliches Handeln jedoch nicht nur dem Menschen gilt, sondern dem ganzen Kosmos, zeigt die *kosmische Dimension* des Erlösungshandelns Jesu Christi und des Vollendungshandelns des Heiligen Geistes. So kommt das innertrinitarische Wort Gottes bzw. der Logos, der Sohn Gottes, in dem „alles geschaffen“ ist, „was im Himmel und auf Erden ist“ (Kol 1,16), nicht nur zur Versöhnung der Menschen mit Gott in die Welt, sondern auch zur Versöhnung des gesamten Kosmos, weil Gott „durch ihn alles mit sich versöhnte, es sei auf Erden oder im Himmel“ (Kol 1,20; vgl. z. B. Eph 1,10). Der Heilige Geist, der als Schöpfungsmacht schon an der Erschaffung des Kosmos beteiligt war (Gen 1,2), ermöglichte auch das – die gesamte Schöpfungswirklichkeit betreffende – Heilswerk Christi (z. B. Lk 1,35) und vergegenwärtigt und vollendet es (Joh 16,5 ff.).[36] Zwar wird zu Recht immer wieder betont, dass aus der Heilserfahrung der Menschen auch das diesen Erfahrungen

34 C. Link: Anfang, S. 171. Zur Einordnung von Eph 1,10 in diesen Zusammenhang vgl. ders.: Schöpfung, S. 367.

35 W. Joest/J. von Lüpke: Dogmatik II, S. 278. „In der einfachen Sprache des Glaubens gesagt: Der Gott, vor dem ‚tausend Jahre wie ein Tag‘ (Ps 90,4; 2 Petr 3,8) sind, wird wohl wissen, wie er am Ende vereinen wird, was jetzt nach der Zeit, die wir messen, in so weit auseinanderklaffenden Maßen auf dem Weg ist.“ (Ebd.) – Zum Verhältnis von Zeit und Ewigkeit im Kontext der Partizipation der Menschen an der ewigen Gemeinschaft des dreieinigen Gottes vgl. auch M. Mühling: Grundinformation, S. 99 f. – Siehe zu den *eschatologischen Dimensionen* auch *Kap. II,3; VI,4; XI,2.1.2–3; XI,2.2.4.* Zum Verständnis der eschatologischen Dimension insgesamt siehe M. Haudel: Gotteslehre, Kap. X, 2.2.3; X,2.3; X,3.2–3.

36 Zu den biblischen Grundlagen siehe z. B. M. Haudel: Gotteslehre, S. 46 ff. – Eine exemplarische Zusammenstellung der vielen – über Gen 1–3 hinausgehenden – alttestamentlichen Schöpfungstexte

entsprechende schöpferische Wirken Gottes festgehalten bzw. formuliert wurde, wobei jedoch zu bedenken bleibt: „Schöpfungserfahrung [...] ist die Möglichkeitsbedingung der Gotteserkenntnis und der Heilserfahrung."[37] Denn nach dem biblischen Zeugnis verweisen auch die Werke der Schöpfung in ihrer Ordnung, Größe und Schönheit auf den Schöpfer (z. B. Ps 19,2; Röm 1,20), was sich mit dem Dank für die wunderbaren Werke der Schöpfung und das eigene Leben verbindet (Ps. 139,13 f.). Entsprechend ist bereits die Natur als Gnade zu bezeichnen, „weil sie das Medium des Bundes des Schöpfers mit uns"[38] ist.

Nur in der angemessenen Zuordnung aller drei Glaubensartikel bzw. der Wahrnehmung der gesamten Selbsterschließung des dreieinigen Gottes kommt der Zusammenhang von Schöpfung, Erlösung und Vollendung zur Geltung. Denn dann wird *das dem innertrinitarischen Wesen gemäße Schöpfungs- und Heilshandeln Gottes* transparent. Wie der *Vater* innertrinitarisch die Quelle des ewigen Prozesses der Zeugung des Sohnes und der Hauchung des Geistes ist (in dem keine Vor- oder Unterordnung besteht), tritt er auch heilsgeschichtlich als Schöpfer in Erscheinung (Erster Artikel). Als innertrinitarisches Abbild des Vaters ist der *Sohn* maßgeblich an der Schöpfung beteiligt, weil nach seinem Bild, in ihm, durch ihn und auf ihn hin alles geschaffen wurde (Kol 1,15 f.), so dass er auch für die Menschwerdung prädestiniert war. Und weil der Sohn innertrinitarisch die antwortende liebende Hingabe an den Vater verkörpert, vollzieht er heilsgeschichtlich die versöhnende und erlösende Hingabe Gottes an die Menschen (Zweiter Artikel). Der *Heilige Geist* ist gemäß seines Wesens als Vollzieher und Vollender der innertrinitarischen Gemeinschaft heilsgeschichtlich maßgeblich für den Vollzug der Gemeinschaft zwischen Gott und Mensch bzw. Schöpfung sowie für die Vollendung dieser Gemeinschaft verantwortlich (Dritter Artikel).[39] Zur *Vollendung* findet die Gemeinschaft zwischen Gott und Mensch sowie der gesamten Schöpfung in einem neuen Himmel und einer neuen Erde (Jes 65,17; II Petr 3,13; Apk 21,1). Dort wird Gott in vollkommener Einwohnung „alles in allem" sein (I Kor 15,28) und *die Menschen bzw. die Schöpfung partizipieren an den Räumen ewiger Gleichzeitigkeit und liebender Durchdringung des dreieinigen Gottes* – und somit an Gottes ewiger Gemeinschaft der Liebe.[40]

Das biblische Verständnis vom Anfang und Ende der Welt bzw. des Kosmos und von der irreversiblen heilsgeschichtlichen Entwicklung erweist sich als *kompatibel* mit dem heutigen kosmologischen Standardmodell. Dieses geht mit der

---

bei den Propheten, in den Schöpfungspsalmen oder der Weisheitsliteratur findet sich bei H. Kessler: Evolution, S. 60.

37 F. Gruber: Schöpfungslehre, S. 167.

38 E. Herms: Natur, S. 70. – „Die eigentliche Grundform des Bekenntnisses zu Gott dem Schöpfer sind in der Bibel Lob und Dank gewesen." (M. Beintker: Kontroversen, S. 9)

39 Zur Entsprechung von innertrinitarischem Wesen und Schöpfungs- bzw. Heilshandeln Gottes siehe *Kap. II,2 u. IV,2* sowie M. Haudel: Gotteslehre, dort Kap. VIII,1.

40 Dazu siehe auch *Kap. II,2; XI,2.1.2–3; XI,2.2.4.* Zur detaillierten Erörterung der *eschatologischen Vollendung* von Mensch und Kosmos und der entsprechenden konkreten Perspektiven siehe M. Haudel: Gotteslehre, Kap. X,3.2–3.

Urknall-Theorie, der prozessualen Entwicklung des Kosmos und der Annahme seines „Wärmetods“ ebenfalls von einem Anfang und einem Ende des sich – wahrscheinlich weiter – ausdehnenden raumzeitlichen Kosmos aus, wobei sich unterschiedliche Spekulationen über eventuelle Existenzformen jenseits des Endes der existierenden Gestalt des Kosmos finden.[41] Eine solche Konsonanz war mit dem naturwissenschaftlichen Weltbild des 19. Jahrhunderts nicht gegeben, da es von einem ewigen und statisch-mechanistischen Kosmos ausging, verbunden mit dem Verständnis einer absoluten und umkehrbaren Zeit.[42] Die moderne Kosmologie gelangte also zu Einsichten, die wieder eine deutliche Kompatibilität mit der biblischen Sicht aufweisen.[43] Dabei korrespondiert der *heilsgeschichtliche Zeitpfeil* nicht nur mit der prozessualen Entwicklung des Kosmos (kosmischer Zeitpfeil), sondern auch mit dem irreversiblen bzw. geschichtlichen Charakter grundlegender thermodynamischer physikalischer Prozesse (thermodynamischer Zeitpfeil) sowie mit der Entwicklung der Evolution (evolutiver Zeitpfeil) und der lebensweltlichen Erfahrung von Vergangenheit, Gegenwart und Zukunft (psychologischer Zeitpfeil). Die in der *creatio continua* bestehende Offenheit der Zukunft mit ihren neuen Möglichkeiten spiegelt sich in der kontingenten quantenphysikalischen Realisierung von offenen Möglichkeiten wider, welche ebenfalls zu zeitlich fortschreitenden und irreversiblen Verzweigungspunkten der Wirklichkeit führt und mit den unverfügbaren offenen Möglichkeiten auch an transzendente Horizonte stößt.[44]

Das damit einhergehende *Zeit- und Naturverständnis* korreliert mit einem entsprechenden *Verständnis der Naturerkenntnis.* Denn die Verlässlichkeit von Wirklichkeitsstrukturen bildet sich im messbaren Nacheinander von Zeitpunkten in der faktisch gegebenen Vergangenheit ab (sogenannte B-Reihe), als Ausgangspunkt für die offenen neuen Möglichkeiten. Deren Umsetzung wiederum vollzieht sich im Rahmen des erfahrbaren Zeitflusses von Vergangenheit, Gegenwart und Zukunft (sogenannte A-Reihe), insofern als in der Gegenwart der Übergang von möglichem Zukünftigem in faktische Vergangenheit erfolgt.[45] Die in der Gegenwart erfolgende Setzung von Wirklichkeit ist als solche also nur nachträglich als Vergangenheit greifbar, so dass sich auch *Naturgesetze* lediglich im Blick auf die zu beobachtende Vergangenheit als *notwendige* Zusammenhänge erschließen. Wenn nämlich „die Naturgesetze selbst *Strukturen in der (offenen) Zeit* sind, dann sind sie selbst offen für zukünftige Zeit“, sie „konstituieren sich aus den Ereignissen in der Zeit als

41 Siehe zum kosmologischen Standardmodell *Kap. VI,2.3.,* und zu den Spekulationen über Existenzformen jenseits des Endes der Gestalt des Kosmos siehe auch *Kap. VII.*

42 Zum naturwissenschaftlichen Weltbild des 19. Jahrhunderts siehe *Kap. V,5.1.*

43 Diese Situation motivierte den Astrophysiker Robert Jastrow zu folgendem *bildlichen Vergleich:* Wissenschaftler, die mit der Macht der Vernunft das Gebirge der Unwissenheit besteigen bzw. bezwingen, werden auf der Bergspitze von Theologen begrüßt, die seit Jahrhunderten dort sitzen. (Vgl. I.G. Barbour: Wissenschaft, S. 278.)

44 Zu den mit den naturwissenschaftlichen Umbrüchen verbundenen neuen naturwissenschaftlichen Perspektiven siehe *Kap. VI.*

45 Zur näheren Erörterung des neuen naturwissenschaftlichen Zeitverständnisses und seiner Implikationen siehe *Kap. II,3 u. VI,4.*

deren Zusammenhang" und bilden die „Bedingung für die Kausal*erklärung* der Naturerfahrung. [...] Kausalität als zwingender Ursache-Wirkungs-Zusammenhang besteht nur zwischen schon geschehenen Ereignissen der Vergangenheit. Für zukünftiges Geschehen bestehen nur Möglichkeiten und Wahrscheinlichkeiten."[46] Deshalb hat die „Kausalstruktur der Naturgesetze" nach Ulrich Beuttler „ein Doppelgesicht wie die Zeit: Jedes Ereignis steht einerseits im geschlossenen Kausalzusammenhang, insofern jedes Weltereignis mit zurückliegenden Ereignissen kausal verknüpft ist, aber andererseits ist jedes Ereignis als Werde-Jetzt unvermittelt neu"[47]. Diesem Zeitverständnis entspricht das heilsgeschichtliche Handeln Gottes, „der als Erhalter Gegenwart und Zukunft an die Vergangenheit anschließt, als Versöhner in der Gegenwart selbst aufscheint und als Vollender von der Zukunft her in der Gegenwart wirksam wird", was die „zeitliche Einheit der Welt"[48] begründet. Gottes Handeln, mit dem er aus seiner Ewigkeit vertikal in die Gegenwart der Zeit hineinwirkt und mit dem er sein Heilswirken von der offenen Zukunft her in den offenen Möglichkeiten der Gegenwart vollzieht[49], ist naturwissenschaftlich nicht zu erfassen. Denn eine „creatio continua, die sich zeitlos in der Vertikalität der Gegenwart ereignet, kann [...] nie Gegenstand der sich auf die zeithafte Horizontalität einer ferneren und näheren Vergangenheit beziehenden Naturwissenschaft sein, und zwar genauso wenig wie die [...] creatio ex nihilo", die „*vor* aller auf Materialität angewiesenen Physik rangiert."[50]

Der gezeigten Charakteristik der Zeit entsprechen die mikrophysikalischen Erkenntnisse der Quantenphysik ebenso wie etwa die makrophysikalischen Erkenntnisse der Chaostheorie, aus denen jeweils hervorgeht, dass die *Natur* von Kausalität und Offenheit geprägt ist. Dieses naturgesetzliche Zusammenspiel von Ordnung und Spontanität, das sich hinter dem Begriffspaar „Zufall und Notwendigkeit"[51] verbirgt, gewährt verlässliche Strukturen *und* neue Möglichkeiten, als Voraussetzung für die Entstehung und Erhaltung von Leben. Dabei kann das Netz der physikalischen Kausalität für den Quantenphysiker und Theologen John Polkinghorne schon deshalb nicht zu eng geknüpft sein, weil es das kontingente bzw. freie Han-

46 U. Beuttler: Wirken, S. 100 f.

47 Ders.: Zeit, S. 189.

48 Ders.: Gott, S. 542.

49 Vgl. C. Link: Anfang, S. 165 ff. – In diesem Zusammenhang ist auch auf die antizipatorische Erfahrbarkeit von Ewigkeit hinzuweisen. Siehe dazu *Kap. II,3 u. XI,2.2.4.*

50 U. Lüke: Schöpfung/Nichts, S. 46 (Hervorhebung vom Vf.). Lüke *veranschaulicht* das – als solches nicht greifbare – vertikal erfolgende Handeln Gottes in der Gegenwart mit folgendem *Bild:* Ein glatt dahinfließender *Fluss* bildet im Oberlauf die unerkennbare Zukunft ab, während ein von oben in den Fluss hineinragender Ast das ruhige Fließen unterbricht und Wirbel- oder Wellenstrukturen erzeugt (Gegenwart), die aber erst danach im Unterlauf erkennbar sind (Vergangenheit). Dort können dann zwar Kausalitäten wie Überlagerungen einzelner Wellensysteme beobachtet werden, aber in „ihrem letzten Grund verdankte sich die kategoriale Kausalität [...] einem Ereignis der strengen Gegenwart, das heißt einem Ereignis aus dem Bereich der Nichtzuständigkeit der Naturwissenschaft, gewissermaßen also einer ‚transzendentalen Kausalität'" (ebd., S. 45), die in ihrer punktuellen vertikalen Einwirkung aus der horizontal orientierten Perspektive nicht greifbar ist.

51 Das angemessene Verständnis von „Zufall" wird in *Kap. XI,1.3* erörtert.

deln des Menschen ermöglicht – und das freie personale Handeln Gottes.[52] Gegenüber der atomistisch-materialistischen und deterministisch-prognostizierbaren geschlossenen Kausalität der Kontinuums-Physik des 19. Jahrhunderts haben die naturwissenschaftlichen Umbrüche erwiesen, dass die Grundbausteine der Natur nicht einfach in kleinsten Teilchen bestehen, sondern maßgeblich in Strukturbeziehungen sowie in nicht prognostizierbaren und letztlich ungreifbaren energetischen Ereignissprüngen (Quantensprünge). Deshalb sind die materiell-energetischen Naturprozesse im Kontext von Möglichkeiten, Wahrscheinlichkeiten und Unbestimmtheiten von offenen und irreversiblen geschichtlichen Entwicklungen geprägt, die sich mit der Zunahme von „Information" verbinden (Quantenphysik, Thermodynamik, Chaostheorie). Durch die unverfügbaren offenen Möglichkeiten der Zukunft wird die Dimension der Transzendenz berührt.[53] Aufgrund der offenen mikro- und makrophysikalischen Prozesse und ihrer kontingenten Ereignisabläufe sowie der in ihnen enthaltenen Information sieht Polkinghorne in dem in einigen quanten- und chaostheoretischen Ansätzen benutzten Begriff der *„aktiven Information"* (dieser erklärt, wie es ohne Energiezufuhr zu bestimmten Verhaltensmustern kommt) eine Äquivalenz zum Wirken des Geistes Gottes in der Schöpfung. Denn in seiner umfassenden Geist-Gegenwart könne Gott den Input reiner Information ohne physische Kraft und Energieaufwand vollziehen (er ist keine Ursache neben anderen physikalischen Ursachen), mit komplexen Konsequenzen, wie sie in der Chaostheorie hervortreten – und in Übereinstimmung mit David Bohms quantentheoretischer Auffassung von der energieunabhängigen reinen Information. Entsprechend sei es möglich, dass Gott im Sinne der *creatio continua* ständig den naturwissenschaftlichen Grundlagen gemäß zu wirken vermag, ohne nur als Lückenbüßer zu agieren.[54] Die Kompatibilität von *Wundern* mit den physikalischen Grundlagen verortet Polkinghorne im physikalischen Phänomen der „Phasenübergänge", die zu dramatischen Veränderungen und Diskontinuitäten führen.[55]

Vor dem Hintergrund des göttlichen Inputs *reiner Information* verweist der Physiker und Theologe Ian G. Barbour auf die mögliche analoge Informationsübertragung bei der jeweiligen Realisierung *einer* der vorhandenen Möglichkeiten in der Quantenwelt und kommt zu dem Schluss: „Wenn man Gott als denjenigen sieht, der die Unbestimmtheiten auf der Quantenebene determiniert, kann man an der herkömmlichen Sicht der göttlichen Allmacht festhalten, ohne gegen physikalische Gesetze zu verstoßen."[56] Darüber hinaus bedeutet das quantenphysikalisch unvorhersehbare Auftreten von Teilchen für den Physiker Paul C.W. Davies, dass

52 Vgl. J. Polkinghorne: Theologie, S. 115.

53 Siehe zu den veränderten naturwissenschaftlichen Einsichten *Kap. VI.*

54 Vgl. J. Polkinghorne: Theologie, S. 122. – Siehe auch *Kap. VI,3.2* u. *Anm. 154, VI. Kap.* Zu Bohms Ansatz und seiner Rezeption siehe *Kap. XI,2.2.5* u. *Anm. 427, XI. Kap.* – Bohm hat gezeigt, dass nicht die Intensität der Quantenwelle für die Informationsübertragung entscheidend ist, sondern nur ihre Form. Deshalb lässt sich Information ohne Energie übermitteln.

55 Vgl. ebd., S. 125f.

56 I.G. Barbour: Naturwissenschaft, S. 106; vgl. ebd., S. 188f.

„die Welt der Quantenphysik durchweg etwas aus nichts" erzeugt: „Die Quantentheorie [...] läßt sogar die Annahme zu, daß wir alles für nichts bekommen."[57] Hierin sieht der Theologe Wilfried Härle die Verbindung zur freien Gnade und Liebe des Schöpfers, die *voraussetzungslos* gewährt wird. Diese von Davies und Härle erstellten Analogien beziehen sich auf die nicht greifbaren Quanten*ereignisse* als „Substruktur [...] alles Existierenden", wobei die Frage bestehen bleibt, ob „Unvorhersagbarkeit" notwendig mit physikalischer „Ursachlosigkeit"[58] einhergeht, was Härle angesichts des Kausalitätsprinzips mit seinem vorhersehbaren Ursache-Wirkungs-Zusammenhang jedoch für möglich hält.

Das für die Naturprozesse konstitutive Zusammenspiel von *Ordnung und Spontanität* spiegelt sich in besonderer Weise im *Handeln des dreieinigen Gottes* wider, was etwa Christoph Schwöbel und Wolfhart Pannenberg herausgestellt haben. Für Schwöbel erweist sich die regelgeleitete Struktur bzw. *Ordnung* der Schöpfung als Ausdruck der *Treue Gottes* zu seiner Schöpfung, die durch die Inkarnation des *Sohnes Gottes* bzw. des ordnenden Logos in der geschichtlichen Welt greifbar werde. Mit der von Möglichkeiten geprägten Dimension der *Spontanität* gehe das eschatologische *Zukunftshandeln Gottes* einher, das sich im *Heiligen Geist* vollziehe, dem schöpferischen Lebensprinzip und der eschatologischen Erstlingsgabe: „Wird das Leben in der Welt im christlichen Glauben als durch Gottes Geist ermöglichtes und erhaltenes gesehen, und ist die Gegenwart dieses Geistes die Antizipation der Zukunft der Schöpfung, dann wird damit das gegenwärtige Leben nicht als in seinen strukturellen Regelmäßigkeiten erschöpft betrachtet, sondern als offen für die Zukunft Gottes."[59] Noch dezidierter legt Pannenberg die *Rollen des Geistes und des Sohnes* in Bezug auf die von *Spontanität bzw. Dynamik und Ordnung* geprägten Naturprozesse dar, die als Voraussetzung für die Entstehung von Neuem und für die Existenz dauerhafter Gestalten gelten: Aufgrund der innertrinitarischen Selbstunterscheidung des Sohnes vom Vater liegt im *Sohn* „der Ursprung von allem dem Vater gegenüber anderen, der Ursprung also auch der Selbständigkeit der Geschöpfe"[60]. Daher verkörpert der Sohn das generative Prinzip der Andersheit und *Selbständigkeit* der Geschöpfe sowie die *naturgesetzliche Ordnung,* die selbstorganisierende Systeme höherer Komplexität bzw. dauerhafte Gestalten ermöglicht. Der die innertrinitarische dynamische Gemeinschaft vollziehende *Geist* ist dieser Eigentümlichkeit entsprechend mit der spontanen *Dynamik* der Naturprozesse in Verbindung zu bringen. Das *Geist*-Wirken verträgt sich mit diesen Prozessen, weil die modernen Feldtheorien die Übertragung der Wirkungen nicht mehr mit einem materiellen Substrat verbinden, sondern eher mit Information. Deshalb „liegt es nahe, die Geistnatur Gottes im Sinne eines Kraftfeldes zu denken, das alle körperliche Realität transzendiert, aber auch durchdringt, und das unbeschadet seiner Transzendenz

57 P.C.W. Davies: Gott, S. 278.
58 W. Härle: Dogmatik, S. 427. Siehe ebd., S. 433.
59 C. Schwöbel: Theologie, S. 217 f.
60 W. Pannenberg: Systematische Theologie 2, S. 36.

in der Immanenz des materiellen Universums wirksam ist“[61]. Hierbei ermöglicht der *Geist* die dynamische *Gemeinschaft* der Menschen mit Gott, während sich mit dem *Sohn* die *Erhaltung* der Selbständigkeit geschöpflichen Daseins verbindet.[62]

Durch diese gezeigten Kompatibilitäten bzw. Konsonanzen können Schwöbel und Pannenberg das *schöpfungstheologisch* relevante Zusammenwirken von Sohn und Geist unmittelbar mit der *naturwissenschaftlichen* Interaktion von regelgeleiteten Strukturen (Ordnung) und dynamischer Offenheit (Spontanität) verbinden. Diesbezüglich betont Pannenberg die Dienstfunktion der Naturgesetze für das schöpferische Wirken des dreieinigen Gottes. Denn Gott wird hier nicht mit einem naturwissenschaftlichen Prinzip identifiziert, sondern es geht um sein Wirken im Kontext dieser Prinzipien, unter der Voraussetzung, dass sein Geist das All erfüllt (Weish 1,7 u. ö.). Es bleibt allerdings bei solchen Versuchen kompatibler Zuordnung schöpfungstheologischer und naturwissenschaftlicher Einsichten darauf zu achten, *theologische Prämissen* nicht durch evolutionstheoretische oder prozessphilosophische Prämissen zu überlagen, eine Gefahr, die bei Pannenberg besteht, wenn er erst in der Inkarnation den Abschluss der Schöpfung des Menschen sieht und das Kreuz auch als Einstehen Gottes für mit dem Schöpfungsprozess gegebene Defizite deutet.[63] Die in etlichen Dialog-Modellen als Vermittlungsebene dienende *Prozessphilosophie* (A.N. Whitehead) mit ihrer durchaus konstruktiven Aufnahme der prozessualen Dynamik im Verhältnis von Gott und Welt birgt zugleich die Gefahr, Gott zu sehr vom Weltprozess abhängig zu machen und so das angemessene Verhältnis von „Gegenüber und Nähe“ zwischen Gott und Schöpfung zu verwischen.[64]

Das oben bereits dargelegte Verhältnis von *„Gegenüber und Nähe“* des dreieinigen Gottes zur Schöpfung ist nicht nur für die angemessene Gemeinschaft von *Gott und Mensch* maßgeblich, sondern auch für die Beziehung Gottes zur *gesamten Schöpfung*. Dabei bleibt allerdings zunächst darauf hinzuweisen, dass die Beziehung zwischen Gott und Mensch eine konstitutive Rolle für Gottes Verhältnis zur übrigen Schöpfung spielt, insofern als die gesamte Schöpfung unter der selbstbehauptenden Abwendung des Menschen von Gott und ihren Folgen leidet. Deshalb wartet die ganze Schöpfung auf die Befreiung „von der Knechtschaft der Vergänglichkeit zu der herrlichen Freiheit der Kinder Gottes“ (Röm 8,21 – vgl. Röm 8,18–25), um mit der Vollendung der Erlösung und der Versöhnung in einem neuen Himmel und einer neuen Erde (Jes 65,17; II Petr 3,13; Apk 21,1) in unvergänglichem Frieden untereinander und mit Gott zu leben, was alle Kreaturen betrifft (Jes 11,6; 25,6–8; 43,20;

61 Ders.: Wirken, S. 151.

62 Zur weiteren Erörterung von Pannenbergs Ansatz siehe *Kap. XII,1.* – Zum trinitarischen Schöpfungsverständnis siehe auch besonders *Kap. II,2; IV,2; XI.*

63 Siehe dazu auch *Kap. XII,1.* – Vgl. insgesamt ferner W. Pannenberg: Systematische Theologie 2, S. 34–49, 79–201.

64 Das gilt auch für einige aus der Prozessphilosophie hervorgegangene explizit prozesstheologische Ansätze. Vgl. R. Eckel/H.-P. Großhans: Gegner, S. 114 f.; C. Link: Schöpfung, S. 121 f.; I.G. Barbour: Naturwissenschaft, S. 197 ff. – Zur Prozessphilosophie und -theologie insgesamt siehe H. Schwarz: Theologie, S. 450–469, der etwa zeigt, dass Gott die Welt nach Whitehead zur eigenen Verwirklichung und Vervollkommnung braucht. – Siehe zu den gesamten Ausführungen auch *Kap. XI,2.1.*

Apk 21–22).[65] In den Schöpfungsberichten (Gen 1–3) tritt die konstitutive gegenseitige Verbindung von Mensch und gesamter Natur deutlich hervor. Das betrifft zum einen den kosmischen und weltlichen Lebensraum sowie die naturgebundene Entstehung des Menschen (Gen 2,7) und zum anderen die ihm übertragene Herrschaft über die Tiere (einschließlich der damit gegebenen Verantwortung) sowie den Auftrag des Bebauens und Bewahrens (Gen 1,26.28; 2,15). „Zur Geschöpflichkeit des Lebens gehört seine *Beziehungsfähigkeit* und *-wirklichkeit.* Es sind Relationen, in denen sich Menschen, Tiere, sogar Pflanzen und die unbelebte Natur zueinander verhalten."[66] Diese untrennbaren Zusammenhänge spiegeln sich in den modernen Naturwissenschaften wider: „In Kosmologie und Evolutionsbiologie, in Molekularbiologie und Ökologie stoßen wir auf die wechselseitige Abhängigkeit aller Dinge. Wir sind ein Glied in einer sich entwickelnden Seinsgemeinschaft." Hierbei erweist sich der Mensch mit seinem Bewusstsein im Kosmos als die mit Abstand komplexeste und „am meisten fortgeschrittene Lebensform"[67], was seiner herausragenden Stellung in den Schöpfungsberichten entspricht (Gen 1,27: Ebenbild Gottes). Vor diesem Hintergrund erklärt sich schöpfungstheologisch sowohl die untrennbare Verbindung des Schicksals von Mensch und gesamter Schöpfung als auch die maßgebliche Rolle des Menschen in diesem unauflöslichen Zusammenhang. Für Luther dient dabei jede Kreatur dem Regelwerk der Liebe.[68] Entsprechend lässt sich nach Markus Mühling auch die naturwissenschaftlich betrachtete Regelhaftigkeit des Schöpfungsprozesses zunächst durchaus als Ordnung der Liebe verstehen. Er beschreibt die Naturprozesse als beabsichtigte dynamische Prozesse von Beziehungsfähigkeit und gegenseitigem Dasein, die aber nicht vollendet sind und ihrem Ziel nicht entsprechen, weil der Mensch die Regelhaftigkeit der Liebe zu Gott und den Mitgeschöpfen verletzt hat. Das führte zur partiellen Regellosigkeit und schlägt sich in der – Leiden und Tod einschließenden – „Nicht-Vollendetheit dieses Regelwerkes"[69] nieder. Doch die so vorfindliche Welt steht unter der bleibenden Verheißung Gottes: „Bei allen Brüchen und Gebrochenheiten der Natur- und Lebensprozesse verheißt Gottes Gegenwart, die heutige Wirklichkeit auf ungeahnte Möglichkeiten zu öffnen und einst als Ganzes zu vollenden."[70]

Neben dem auf alles ausstrahlenden bewussten Gemeinschaftsverhältnis von Mensch und Gott hat aber auch der *Kosmos* einschließlich der gesamten *nichtmenschlichen Natur* eine eigene bzw. spezifische Dimension des Verhältnisses von „Gegenüber und Nähe" zu Gott, die bereits in Gen 1 hervortritt. Denn die *Natur* ist selbst *kreativ* an den Entstehungs- und Lebensprozessen beteiligt: „Es lasse die Erde aufgehen Gras und Kraut [...]" (Gen 1,11). „Die Erde bringe hervor lebendi-

65 Siehe dazu *Kap. XI,2.1.2–3.* Siehe auch M. Haudel: Gotteslehre, Kap. X,3.2–3.
66 C. Link: Schöpfung, S. 231.
67 I.G. Barbour: Naturwissenschaft, S. 78. – Siehe zu diesen Aspekten *Kap. XI,2.1 u. 2.2.*
68 Vgl. WA 5,38.
69 M. Mühling: Grundinformation, S. 191. Vgl. ebd., S. 149 ff., 185 ff. – Siehe auch *Kap. XI,2.1.2.*
70 U. Beuttler: Gott, S. 542.

ges Getier […]" (Gen 1,24).[71] Diese Kreativität, die auch schon etliche Kirchenväter sahen, wird zugleich als Gottes Handeln bezeichnet: „Und Gott machte die Tiere […]" (Gen 1,25). „Anscheinend bildete es für die Verfasser dieses Berichts keine Alternative, dass Gott etwas tut durch sein schöpferisches Handeln und dass dasselbe Gebilde aus seiner Vermittlung durch andere Geschöpfe entsteht. […] Es kann sehr wohl etwas durch Vermittlung geschöpflicher Faktoren und doch unmittelbar durch Gottes Handeln entstehen. Das entspricht dem Zusammenwirken von Kontingenz und Gesetzlichkeit"[72]. Deshalb gilt nach Pannenberg auch für die *creatio continua:* „Die fortgesetzte schöpferische Tätigkeit Gottes ist mehr als bloße Erhaltung des im Anfang Geschaffenen. Jedes individuelle Leben verdankt sich unmittelbar der Schöpfungstat Gottes, nicht nur einer Erhaltung der Art."[73] Gegenüber vielen anderen – besonders östlichen – Religionen, die eine „all-eine Natur" (Kosmos) und einen entsprechend a-personalen Seinsgrund propagieren, gewährt das biblische Verhältnis von „Gegenüber und Nähe" Gottes die *persönliche Zuwendung des Schöpfers* zu seinen Geschöpfen, so dass „die – kosmisch anscheinend so belanglose – Existenz des *konkreten Einzelnen* bleibende Würde und Gültigkeit hat (vom Schöpfer gewünscht, bejaht, angenommen und gerettet wird). Die Beziehung der Liebe hat Ewigkeitsstruktur, sie ist der Sinn des Seins."[74] Die Würde des Menschen, der nach biblischem Verständnis das Ebenbild Gottes verkörpert, kam in bedeutenden außerisraelitischen Schöpfungsmythen nicht zur Geltung, in denen der Mensch etwa als Sklave der Götter geschaffen wurde. Dem biblischen Zeugnis entsprechend sind die „einzelnen Lebewesen und Menschen […] Gott wichtig" und „nicht nur eine vorübergehende Konkretion zufälliger naturaler Prozesse (wie in manchen östlichen Religionen oder im westlichen Materialismus/Naturalismus)"[75].

Aus den Erfahrungen mit dem Leben und Heil schaffenden Gott zeigen die Schöpfungsberichte Gott als den verlässlichen Urgrund von Kosmos, Welt und Leben, wobei sie zugleich die Ursachen der gegenwärtigen Lebensverhältnisse darlegen (Gen 2–3). In Gen 1 wird die Bezugnahme auf das damalige Wissen über den Kosmos und die Natur transparent, aber in erstaunlichen weiterführenden Modifizierungen, die auch Analogien zu den heutigen naturwissenschaftlichen Einsichten aufweisen, was etwa schon an der *creatio ex nihilo* (Anfang des Kosmos) deutlich wurde. Die damit verbundene Entgöttlichung der Welt lässt sich nicht nur – wie oben bereits erörtert – an dem linearen Geschichtsverständnis oder der Profanisierung der Gestirne erkennen, sondern zum Beispiel auch an der Durchnummerierung der Tage in Gen 1 (der erste Tag, der zweite Tag etc.), welche nicht mehr nach heidnischen Planetengöttern benannt sind. Vielmehr laufen sie auf den sabbatlichen Ruhetag

71 Vgl. auch Mk 4,28: „Denn von selbst bringt die Erde Frucht".

72 W. Pannenberg: Frage, S. 205. – Zu entsprechenden Aussagen der Kirchenväter siehe *Kap. II,2; V,4.1; XI,2.1.1.*

73 Ebd., S. 202.

74 H. Kessler: Evolution, S. 59.

75 Ders.: Schöpfung, S. 42.

zu, auf das Ziel der Schöpfung: die Gemeinschaft mit Gott.[76] Das Schöpfungswerk vollzieht sich im Ablauf der genannten Tage „in immer komplexer werdenden Vorgängen“[77], die zum Teil bis hin zur Reihenfolge der Entwicklungen *erstaunliche Kompatibilitäten* mit dem heutigen Verständnis des Evolutionsprozesses aufweisen. So hebt Michael Welker hervor, dass erst kosmologische, dann biologische und schließlich kulturelle sowie religiöse Entstehungsprozesse dargelegt werden, was mit heutigen wissenschaftlichen Perspektiven kompatibel sei, zumal mit dem biblischen Verständnis der Tage Gottes durchaus große Zeiträume verbunden werden könnten (Ps. 90,4).[78] Entsprechend hält die Orientierungshilfe der EKD zu Schöpfung und Naturwissenschaft fest: „In den großen Zeiteinheiten der ‚Tage Gottes‘ (vgl. Ps 90,4: ‚Tausend Jahre sind vor dir wie der Tag, der gestern vergangen ist, und wie eine Nachtwache‘) werden kosmische, biologische, anthropologische, kulturelle und religiöse Grundelemente der Schöpfung hervorgerufen und miteinander verbunden. Dabei wird den Geschöpfen betont an der göttlichen Kreativität Anteil gegeben. [...] Eine Entgegensetzung von Schöpfung und Evolution wäre also bereits dem wichtigsten Klassiker unter den biblischen Zeugnissen fremd.“[79] Auch das Phänomen der thermodynamisch begründeten selbstorganisierenden Systeme wird zuweilen als Zeichen dafür gedeutet, dass Gott die mit Kreativität ausgestatte Schöpfung zu „aktiver Selbsttranszendenz“ befähigt hat.[80] Mit den Worten von Dirk Evers steht Gott der Schöpfung insgesamt „so gegenüber, daß er durch seine Treue in Fortsetzung seiner ursprünglichen schöpferischen Selbstbegrenzung die Selbständigkeit der geschöpflichen Zusammenhänge erhält und durch seinen Geist auf den verschiedenen Ebenen der sich ausbildenden Gestalten an ihrer Ausbildung innerhalb der natürlichen Kontingenzen mitwirkt, ihnen ihre vielfältigen Möglichkeiten zukommen läßt und ihre Geschichte so mitbestimmt, daß sinnhaft orientierte, auf ihn hin ausgerichtete Wesen entstehen“[81].

1.3 Anthropisches Prinzip, Feinabstimmung, Plausibilität der Schöpfung

Der auch naturwissenschaftlich zu beobachtende Umstand, dass der kosmische Entwicklungsprozess faktisch die Entstehung des Menschen ermöglichte, kommt in seiner Bedeutung im sogenannten „*Anthropischen Prinzip*“ (von griech. *anthropos:* Mensch) zur Sprache, das den Zusammenhang von der Beschaffenheit des Kosmos und der Existenz des Menschen beinhaltet. Dieser unterschiedlich bewertete Zusammenhang bezieht sich besonders auf die in den letzten Jahrzehnten immer deutlicher gewordene erstaunliche *Feinabstimmung* (engl.: *fine tuning*) kosmischer

76 Vgl. G. Wenz: Schöpfung, S. 336 f.

77 Ebd., S. 338.

78 Vgl. M. Welker: Theology, S. 26.

79 *Weltentstehung*, S. 9.

80 Vgl. U. Kropač: Naturwissenschaft/Dialog, S. 365. Siehe dazu *Kap. VI,4* u. *XI,2.1.*

81 D. Evers: Raum, S. 278. – Siehe zum trinitarischen Schöpfungsverständnis auch besonders *Kap. II,2; IV,2*, und das gesamte *Kap. XI.*

Rahmenbedingungen und physikalischer Naturkonstanten, welche die Voraussetzung für die Entstehung komplexen Lebens bildet.

Der Begriff „Anthropisches Prinzip" (AP) wurde 1973 von dem Kosmologen Brandon Carter eingeführt, und zwar besonders unter Rückgriff auf Arbeiten des Astrophysikers Robert Dicke aus dem Jahr 1961, der zunächst grundsätzlich formuliert hatte: „Weil es in diesem Universum Beobachter gibt, muss das Universum Eigenschaften besitzen, die die Existenz von Beobachtern zulassen."[82] Diese Beschreibung der Faktizität des Zusammenhangs zwischen den kosmischen Bedingungen und der Existenz des Menschen qualifizierte Carter als „Schwaches Anthropisches Prinzip" (engl. „Weak Anthropic Principle" = WAP), das seither in vielen Variationen formuliert wurde und eigentlich trivial ist, weil es nur eine Selbstverständlichkeit ausdrückt. Dennoch dient das WAP vielen Naturwissenschaftlern als heuristisches[83] bzw. korrigierendes Prinzip, insofern als es naturgesetzliche und kosmologische Vorstellungen unterbindet, „die den Menschen als Beobachter des Universums ausschließen"[84]. Von diesem WAP unterschied Carter das „Starke Anthropische Prinzip" (engl. „Strong Anthropic Principle" = SAP), nach dem gilt: Das Universum „*muss* so beschaffen sein, dass es die Entstehung von Beobachtern darin in irgendeinem Stadium zulässt"[85]. Wird das „muss" nicht lediglich als logische Verträglichkeit der kosmischen Grundbedingungen mit der Existenz von Beobachtern verstanden (also mehr im Sinne des WAP), sondern in einem stärkeren Sinn teleologisch bzw. ziel- und zweckgerichtet, geht das SAP über die naturwissenschaftliche Erkenntnisebene hinaus. Denn es beinhaltet dann, dass die spezifischen kosmischen Bedingungen existieren, *um* menschliches Leben zu ermöglichen. Das teleologische Verständnis trifft aufgrund der nötigen Zusatzannahmen zum Erfassen des Zwecks bzw. Sinns in den Naturwissenschaften vielfach auf Ablehnung, findet sich aber auch dort in verschiedenen Variationen – ebenso wie in weiten Teilen der Philosophie und der Theologie, was im Einzelnen noch zu erörtern ist.[86]

Zunächst sei noch darauf hingewiesen, dass Carter im Anthropischen Prinzip die Überwindung des konsequenten „Kopernikanischen Prinzips" sah, nach dem es im Kosmos keine spezifisch ausgezeichneten Orte gibt, wodurch der Mensch zu einem sinn- und heimatlosen Wesen in den Weiten des Universums geworden sei. „Das AP stellt damit eine Gegenbewegung zur Kosmologie des 19. und 20. Jahrhunderts dar,

82 Zitiert nach P.C. Hägele: Kosmologie, S. 59. Vgl. insgesamt B. Suchan: Sinn, S. 81 f., und R. Vaas: Universum, S. 390 f.

83 Heuristik bezeichnet die Methode, die aus begrenzten Informationen wahrscheinliche Aussagen zu erschließen versucht.

84 U. Beuttler: Zweck, S. 35. Als Beispiel für die Korrekturfunktion führt B. Suchan: Sinn, S. 92 f., die Einführung einer zeitabhängigen Gravitationskonstante durch Paul A.M. Dirac an, die wieder zurückgenommen wurde, weil sie zu lebensfeindlichen Konsequenzen geführt hätte.

85 B. Carter: Large Number Coincidences, S. 294 (nach der Übersetzung von R. Vaas: Universum, S. 391 – Hervorhebung vom Vf.).

86 Zur Vielzahl der Variationen des Anthropischen Prinzips und ihrer Interpretationen – vor allem auch in den Naturwissenschaften – siehe R. Vaas: Universum. – Zu theologischen Deutungsansätzen siehe auch *Anm. 222, XI. Kap.*

welche die ‚kopernikanische Wende' als Entanthropozentrierung des Kosmos gedeutet und den Verlust des geometrisch-kosmischen Mittelpunktes als kosmischen Sinnverlust verstanden"[87] hat. Denn das AP gibt nach Carter zu erkennen, dass die spezifischen Bedingungen des lokalen Ortes der Menschen im Kosmos von den fein abgestimmten Grundbedingungen des Gesamtkosmos abhängen, dessen Feinabstimmung nach verbreiteter Interpretation des SAP zur Entstehung des Menschen dient, der damit „nun plötzlich doch wieder eine zentrale Stellung im Kosmos erhält"[88].

Auch das für das AP maßgebliche Phänomen der *Feinabstimmung* wird unterschiedlich bewertet und geltend gemacht. Es besagt aufgrund fortschreitender Kenntnis fundamentalphysikalischer und kosmologischer Zusammenhänge zunächst, „dass schon geringe Abweichungen in den Anfangsbedingungen des Universums und bereits kleine Variationen in den Werten von Naturkonstanten zur Folge gehabt hätten, dass sich im Universum überhaupt keine komplexen Systeme hätten entwickeln können"[89] – und damit auch kein menschliches Leben, dessen Entstehung somit der fein abgestimmten fundamentalphysikalischen und kosmischen Parameter bedurfte. Unter Betrachtung der „vielen möglichen Universen, die mit Einsteins Gleichungen verträglich sind"[90], und der vorgegebenen Naturkonstanten, die von anderen physikalischen Theorien unableitbar sind und in ihrer Kontingenz also auch ganz anders hätten ausfallen können (so schon A. Einstein)[91], stellte sich unser – komplexes Leben ermöglichende – Universum angesichts der unzähligen anderen Möglichkeiten zunehmend als „*höchst* unwahrscheinlich" dar, zumal „viele voneinander unabhängige unwahrscheinliche Eigenschaften gleichzeitig auftreten"[92] und in erstaunlicher Weise als „Ordnungsstrukturen des Universums ineinandergreifen"[93]. Das betrifft maßgeblich die Anfangs- und Randbedingungen des Kosmos und die physikalischen Naturkonstanten. „Von besonderer Bedeutung sind dabei die etwa 30 bis 40 fundamentalen Parameter der Teilchenphysik und Kosmologie"[94]. Die Festlegung der Naturkonstanten wie etwa der Expansionsgeschwindigkeit, der Lichtgeschwindigkeit oder der Gravitationskonstante fand wohl „in den ersten Nanosekunden [direkt] nach dem Urknall"[95] statt, wobei vieles

87 U. Beuttler: Zweck, S. 10. Vgl. R. Vaas: Universum, S. 396 f.; B. Suchan: Sinn, S. 77 ff.; A. Kreiner: Prinzip, S. 101 ff. – Zur kritischen Infragestellung des mit der kopernikanischen Wende in Verbindung gebrachten Sinnverlusts siehe *Anm. 30, V. Kap.*

88 P.C. Hägele: Kosmologie, S. 42. Vgl. D. Evers: Raum, S. 245.

89 B. Suchan: Sinn, S. 82. – „Die Fortschritte in der Teilchenphysik und Kosmologie [...] haben in den letzten Jahrzehnten zu der erstaunlichen Entdeckung geführt, dass die Tatsache unserer Existenz nicht nur auf lokalen, sondern auch auf ganz bestimmten globalen Bedingungen beruht: sehr spezifischen Werten von Naturkonstanten, den Eigenschaften von Elementarteilchen und Naturkräften etc." (R. Vaas: Universum, S. 382)

90 I.G. Barbour: Naturwissenschaft, S. 72.

91 Vgl. C. Weidemann: Zufall, S. 181, und M. Schleiff: Schöpfung, S. 263.

92 I.G. Barbour: Naturwissenschaft, S. 73.

93 T. Dennebaum: Urknall, S. 157.

94 R. Vaas: Universum, S. 388.

95 H. Kessler: Evolution, S. 170.

unerklärlich bleibt. So ist etwa nach dem Zweiten Hauptsatz der Thermodynamik „davon auszugehen, dass die Entstehung einer ungeordneten Welt sehr viel wahrscheinlicher wäre als die eines geordneten Universums. Mit anderen Worten: Die Ordnung des Kosmos ist aus naturwissenschaftlicher Sicht äußerst erstaunlich.“[96] Gleiches gilt für das unerklärliche leichte Übergewicht von Materie gegenüber Antimaterie, das eine vollständige Auslöschung der sich gegenseitig neutralisierenden Materie und Antimaterie verhinderte und damit erst die Existenz materieller Wirklichkeit ermöglichte.[97] Grundsätzlich besteht für das singuläre Urknall-Szenario nach Gunther Wenz die Aporie, dass es „einerseits schlechterdings indifferent und andererseits und zugleich potentiell differenzgenerierend sein“ soll: „Nicht nur physikalisches Denken stößt mit dieser Annahme an eine Grenze.“[98]

An einigen Beispielen soll nun die *erstaunliche Feinabstimmung* der Naturkonstanten und der kosmischen Anfangs- und Randbedingungen aufgezeigt werden, die nicht das Ergebnis der kosmischen Evolution sind, sondern tiefer begründete Voraussetzungen verkörpern.[99] Nach Berechnungen des Physikers Peter C. Hägele „sind beim Urknall die ‚Expansionskraft‘ und die Schwerkraft mit der unglaublichen Genauigkeit von etwa $1:10^{60}$ aufeinander abgestimmt“[100] gewesen. Der bereits genannte Astrophysiker Dicke kam zu dem Ergebnis, dass schon eine Abweichung der von vielen Naturkonstanten abhängigen *Expansionsgeschwindigkeit* um 0,001 Promille zur Folge gehabt hätte, dass im Universum kein Leben entstanden wäre. Wenn etwa die Schwerkraft bzw. *Gravitation* geringfügig größer und damit die Expansionsgeschwindigkeit entsprechend geringer gewesen wäre, hätte das nach Erkenntnis der heutigen Physik dazu geführt, dass sich der Kosmos wieder zusammengezogen hätte und kollabiert wäre, bevor er die nötige Ausdehnung und das entsprechende Alter für die Bildung von denjenigen Sternen erreichte, die durch Atomkernverschmelzungen die für das Leben nötigen schweren Elemente produzieren. Umgekehrt würde aus einer minimal geringeren Gravitation eine schnellere Ausdehnung resultieren, die größere Materieansammlungen und damit die Entstehung von Sternen und Galaxien unmöglich gemacht hätte. Auch *die drei Raumdimensionen und die eine Zeitdimension* sind ebenso wie die *weitgehende Flachheit des Universums,* für welche sich die kosmische Massedichte ganz nah einem

96 T. Dennebaum: Urknall, S. 158. – Zum Zweiten Hauptsatz der Thermodynamik, der das natürliche Streben nach Umwandlung zum thermodynamischen Gleichgewicht (ein Zustand relativer Unordnung) beschreibt, siehe *Kap. VI,4.*

97 „Die Gesetze der Physik sind in Hinblick auf Teilchen und Antiteilchen symmetrisch; warum also gab es zwischen ihnen eine winzige Asymmetrie?“ (I.G. Barbour: Naturwissenschaft, S. 73) – Siehe zum Verhältnis von Materie und Antimaterie sowie zur damit verbundenen Problematik *Kap. VI,2.3 u. 3.2.*

98 G. Wenz: Schöpfung, S. 329. – Zu weiteren *unerklärlichen Zusammenhängen im kosmologischen Standardmodell* siehe *Kap. VI,2.3.*

99 Vgl. P.C. Hägele: Kosmologie, S. 58. Eine der präzisesten und umfangreichsten Darstellungen der Phänomene der Feinabstimmung findet sich nach wie vor bei J.D. Barrow/F.J. Tipler: Anthropic Cosmological Principle.

100 P.C. Hägele: Kosmologie, S. 52.

kritischen Punkt befinden muss, für die *das Leben ermöglichende Ordnung im Kosmos* verantwortlich. So benötigt ein lebensfreundlicher Planet ausreichend Abstand zum Galaxie-Zentrum mit seinem schwarzen Loch und zu Sternenentstehungsgebieten mit ihren Sternenexplosionen sowie zur eigenen Sonne, die wiederum genau die richtige Größe haben muss. Die Erde ist zudem abhängig von Planeten wie dem Jupiter, der Asteroiden von ihr ablenkt, und vom Mond, der unter anderem die Stabilität ihrer Rotationsachse garantiert. Positionen, Rotationsgeschwindigkeiten und Umlaufbahnen müssen im Galaxien-, Sonnen- und Planetensystem *stabil und haarscharf aufeinander abgestimmt* sein, damit die Bedingungen für Leben bestehen. Hätte die Erde etwa keine tägliche Rotation, sondern eine jährliche wie die Venus (Erhitzung auf 500 °C), käme es zur Überhitzung auf der einen und zur Unterkühlung auf der anderen Seite, und hätte die Erde kein Magnetfeld, könnten Sonnenwinde und harte kosmische Strahlung nicht abgelenkt werden. Außerdem muss die Schwerkraft der Erde so austariert sein, dass die Atmosphäre und das Wasser erhalten bleiben. Schon diese wenigen Beispiele zeigen: „*Das Universum scheint wie auf des Messers Schneide ausbalanciert zu sein.*“[101]

Mindestens genauso erstaunlich ist die *Feinabstimmung im Blick auf die mikrophysikalischen und chemischen Zusammenhänge.*[102] Wäre etwa die für die Bindungen im Atomkern verantwortliche *starke Wechselwirkung* als eine der vier physikalischen Grundkräfte nur zwei Prozent stärker, hätten sich keine Protonen bilden können – und damit auch keine für das Leben notwendigen schwereren Atome, einschließlich der leichteren Wasserstoffatome. Ähnliche Auswirkungen hätte eine geringfügig schwächere Ausprägung der starken Wechselwirkung. Auch die *Massedifferenz von einem Neutron und einem Proton* darf nur ungefähr ein Tausendstel ihres Eigengewichts betragen, muss aber zugleich exakt die doppelte Masse eines Elektrons haben. Wäre ein Neutron nur 1/700stel schwerer, könnten keine lebensnotwendigen Elemente in den Sternen entstehen, wäre es geringfügig leichter, wäre fast nur Helium entstanden. Daneben hätten geringste Abweichungen im *Verhältnis von Elektronen- und Protonenmasse* die Entstehung von Sternen und damit von Leben verhindert.[103] Im Blick auf die nach heutigem Wissen für das Leben notwendige *Entstehung des Kohlenstoffs* spricht nicht nur der Physiker Gerd Weckwerth vom „‚Wunder‘ des Beryllium-8“[104]. Hierbei handelt es sich um die *unglaublich fein abgestimmte* Entstehung der schweren Elemente wie dem Kohlenstoff aus den direkt nach dem Urknall entstandenen leichten Elementen wie dem Helium. Wären die schweren Elemente schon kurz nach dem Urknall entstanden, hätte es keine oder nur kurzlebige Sterne gegeben, was durch die kurze Reichweite der

101 I.G. Barbour: Naturwissenschaft, S. 73 (Hervorhebung vom Vf.). Vgl. zu den angeführten Beispielen ebd.; R. Vaas: Universum, S. 383–389; P.C. Hägele: Kosmologie, S. 43–55; T. Dennebaum: Urknall, S. 159 f.; H. Kessler: Evolution, S. 170–173; C. Weidemann: Zufall, S. 182 f. – Siehe zu den mit dem kosmologischen Standardmodell gegebenen Zusammenhängen *Kap. VI,2.3.*

102 Zu den entsprechenden biologischen Zusammenhängen siehe *Kap. XI,2.1.*

103 Vgl. T. Dennebaum: Urknall, S. 159; C. Weidemann: Zufall, S. 183; R. Vaas: Universum, S. 384 ff.

104 G. Weckwerth: Prinzip, S. 57.

Kernkraft verhindert wurde. Erst unter den Druckbedingungen im Inneren der langlebigen Sterne bildete sich der Kohlenstoff auf erstaunliche Weise, um später bei Super-Nova-Explosionen als Basis für das Leben ins All geschleudert zu werden.[105] Die Entstehung von Kohlenstoff-12 wäre aus drei Helium-4-Kernen naheliegend, würde aber eine zu seltene und so nicht genügend ergiebige Reaktion darstellen. Deshalb entstand zunächst aus zwei Helium-4-Kernen ein angeregter Beryllium-8-Kern, der aufgrund seiner extremen Langlebigkeit die Reaktion mit einem weiteren Helium-4-Kern wahrscheinlicher werden ließ. Doch auch hier konnte ein angeregter Kohlenstoff-12-Kern nur entstehen, wenn die stattfindenden Reaktionen dessen eng festgelegtes Energieniveau trafen, was in extremer Passgenauigkeit möglich war. „Dieser merkwürdige Zufall kommt durch ein sehr kompliziertes Zusammenspiel der Kräfte der Starken Wechselwirkung in den Kohlenstoffkernen zustande […]. Fast noch merkwürdiger ist, dass der Kohlenstoff nicht nach demselben Schema sofort zu Sauerstoff-16 weiter reagiert und dann gar nicht mehr vorhanden wäre“[106]. Das liegt daran, dass das resonanzfähige Energieniveau des Sauerstoffs-16 genau um 1 % zu niedrig ist! „Einer wundersamen Anpassung der Werte von starker und elektromagnetischer Feinstrukturkonstante ist es zu verdanken, dass ein solcher Resonanzquerschnitt gerade bei Beryllium-8 und nicht bei den nachfolgenden stabilen Isotopen […] auftritt.“[107] *Der Astrophysiker Fred Hoyle, der diese Zusammenhänge maßgeblich entdeckte, bekannte später, nichts habe seinen Atheismus stärker erschüttert als diese Entdeckung.*[108] Auch diese für viele weitere Zusammenhänge paradigmatischen Beispiele lassen erkennen, dass die kosmische Evolution „von Anfang an *ein Drahtseilakt voll extremer Unwahrscheinlichkeiten*“ war, „ohne welche menschliches Leben nie möglich geworden wäre“[109].

Aufgrund der gezeigten sowie unzähliger weiterer Phänomene der Feinabstimmung erscheint unser Universum für viele als *extrem unwahrscheinlich*. Nach Roger Penrose besteht für die Existenz unseres Universums nur eine Wahrscheinlichkeit von $1:10^{10 \text{ hoch } 123}$ (eine Zahl mit viel mehr Nullen als Elementarteilchen im beobachtbaren Universum), während Lee Smolin die unvorstellbar geringe Wahrscheinlichkeit mit $1:10^{226}$ beziffert.[110] Wie sinnvoll es auch immer sein mag, die Wahrscheinlichkeit unseres Universums im Einzelnen zu beziffern, die Phänomene der Feinabstimmung bleiben jedenfalls erstaunlich, auch wenn sie unterschiedlich gedeutet werden. Entsprechend hält der Physiker Peter C. Hägele fest: „Die festgestellten Feinabstimmungen […] werden als erstaunlich betrachtet, unabhängig von der weltanschaulichen Position des einzelnen Wissenschaftlers. Ihre Deutung ist allerdings ganz unterschiedlich“[111]. Das gilt für Naturwissenschaft, Philosophie

105 Siehe dazu die mit dem kosmologischen Standardmodell verbundenen Entwicklungen in *Kap. VI,2.3.*
106 P.C. Hägele: Kosmologie, S. 57 f.
107 G. Weckwerth: Prinzip, S. 58. Vgl. insgesamt ebd., S. 57 f., und P.C. Hägele: Kosmologie, S. 55–58.
108 Vgl. P.C. Hägele: Kosmologie, S. 58.
109 H. Kessler: Evolution, S. 112 (Hervorhebung vom Vf.).
110 Vgl. T. Dennebaum: Urknall, S. 160, und siehe *Anm. 14, VII. Kap.*
111 P.C. Hägele: Kosmologie, S. 58.

und Theologie. Manche gehen davon aus, dass die Annahme der Unwahrscheinlichkeit des Universums erkenntnistheoretisch nichts austrägt, weil sie von der Bestimmung des Möglichen abhängt und bei genügend Alternativen „die Wahrscheinlichkeit einer bestimmten Konstellation beliebig gering wird“[112].

Für viele handelt es sich deshalb um zufällige Ereignisse, wobei zu bedenken bleibt, dass der *Zufall* noch keine Erklärung bietet und keine inhaltliche Wirkursache von Ereignissen ist: „[…] er markiert lediglich die Grenze der Berechenbarkeit und Vorhersagbarkeit durch Gesetze“, denn „nach Kant“ ist er „ein Grenzbegriff, der etwas verneint, ohne selbst eine positive Bestimmung zu haben“. Deshalb „darf zufälliges Geschehen im Rahmen der Methodik der Naturwissenschaften nicht *gewertet* werden. […] Wer ein Geschehen als *planlos* oder *absichtslos* wertet […] (‚blinder Zufall‘), verlässt den naturwissenschaftlichen Bereich und gibt eine Deutung. […] In anderen Zusammenhängen kann zufälliges Geschehen durchaus planvoll und sinnvoll sein.“[113]. Denn das Verständnis des Zufalls hängt von seinem Referenzrahmen ab, so dass der Zufall „prinzipiell deutungsbedürftig bzw. zumindest deutungsoffen“[114] ist. Auch in den Naturwissenschaften selbst kann ein biologisch als zufällig erscheinendes Phänomen durch ein notwendiges physikalisches Geschehen ausgelöst worden sein. Der Zufall lässt sich nicht in den Gegensatz von Kausalität und Finalität einordnen, weil etwas, „was relativ zum Kausalgesetz zufällig ist, […] in einem finalen Schema als sinnvoll beurteilt werden“ kann. „Das heißt: Der Zufall vermittelt zwischen kausalem und finalem oder zwischen horizontalem und vertikalem Denken.“[115] So hat Kant im Zusammenhang seiner Vermittlung von Natur und Freiheit die Gesetzlichkeit des Zufalls als Zweckmäßigkeit bezeichnet, weshalb er davon ausging, dass naturwissenschaftlich zufällig erscheinende Phänomene aus teleologischer Perspektive zweckmäßig sein können.[116] Also erweist sich die „Kontingenz (Zufälligkeit) unseres vorfindlichen Universums“ als „interpretationsoffen“[117]. Zudem belegt Gregory Chaitins Zufallstheorem, das sich aus Kurt Gödels mathematischen Unvollständigkeitstheoremen ableitet, dass Zufall unbeweisbar ist – auch im Blick auf die kosmische und biologische Evolution sowie die Feinabstimmung. Deshalb lässt sich eine evolutionstheoretische Zufallshypothese grundsätzlich nicht beweisen, während sich infolgedessen umgekehrt ein teleologischer

112 D. Evers: Raum, S. 248. – C. Weidemann: Zufall, S. 185 ff., setzt sich mit verschiedenen Auffassungen auseinander, die das Phänomen der Unwahrscheinlichkeit relativieren bzw. in Frage stellen und erörtert deren Problematik.

113 P.C. Hägele: Kosmologie, S. 67, der sich dabei auf H.-D. Mutschler beruft. Siehe zum differenzierten Verständnis des Zufalls H.-D. Mutschler: Physik, S. 244–250.

114 U. Lüke: Schöpfung/Evolution, S. 31.

115 H.-D. Mutschler: Physik, S. 247. Vgl. insgesamt ebd., S. 245 f.

116 Vgl. ebd., S. 247–249, und P.C. Hägele: Kosmologie, S. 68.

117 R. Eckel/H.-P. Großhans: Gegner, S. 83. – Die über sich hinausweisende Offenheit des Zufalls und seine Abhängigkeit von verschiedenen Referenzrahmen betrifft letztlich alle Arten von Zufall, sei es ein praktischer Zufall (Informationsmangel) oder ein prinzipieller Zufall (Quantenphysik). Siehe zu unterschiedlichen Einteilungen in verschiedene Arten von Zufall R. Vaas: Universum, S. 430 f., und H. Kessler: Evolution, S. 166 f.

Ansatz nicht widerlegen lässt.[118] „Vieles spricht also dafür, dass zumindest manche der Feinabstimmungen kontingent und somit [naturwissenschaftlich] letztlich unerklärbar sind.“[119]

Eine reduktiv kausal orientierte Zufallshypothese, die andere Referenzrahmen ausschließt, wird dem Menschen als Wesen der – die gesamte Lebenswelt betreffenden – *Sinndeutung* nicht gerecht, denn der „Wunsch nach Erklärung wird von der Annahme des Zufalls, der für die Feinabstimmung im Universum ‚verantwortlich‘ ist, nicht erfüllt“[120]. Deshalb bleiben die *erstaunlichen* kosmischen Zusammenhänge und Dimensionen *erklärungsbedürftig.* Etliche Naturwissenschaftler versuchen in Abwehr teleologischer oder theistischer Annahmen die spezifischen bzw. fein abgestimmten kosmischen und fundamentalphysikalischen Parameter unseres Universums durch die quantenphysikalisch begründete Viele-Welten-Theorie und andere Multiversumstheorien zu erklären. Sie argumentieren, dass sich aus der Vielzahl verschiedener Universen, in denen sich etwa die unterschiedlichsten quantenphysikalischen Möglichkeiten realisieren, die statistische Wahrscheinlichkeit der Existenz unseres spezifischen Universums ergebe.[121] Nach Alan Guth handelt es sich demnach bei unserem feinabgestimmten Universum um eine „Sache des Zufalls“ innerhalb vieler Universen.[122] Auf diese Weise wird die Ebene einer rein kausal-naturalistischen Zufallshypothese jedoch nicht verlassen. Aber die „naturwissenschaftliche Kosmologie bedarf der Gesamtinterpretation auf den Menschen hin, wenn sie nicht lebensweltlich irrelevant sein soll. Daher ist die Bedeutungs- und Zweckfrage des Kosmos unumgänglich. Der Mensch [...], als Sinnwelten aufbauendes Wesen, verlangt nach einer Kosmologie, die ihn selbst und die Bedeutung des Weltganzen für ihn mit integriert.“[123] Letzteres versuchen einige Naturwissenschaftler mit dem „Partizipatorischen Anthropischen Prinzip“ (PAP) oder mit dem „Finalen Anthropischen Prinzip“ (FAP). Das auf die Partizipation des Menschen am kosmischen Prozess zielende PAP geht von einem rein subjektivistischen Verständnis quantenmechanischer Messprozesse aus, wonach die quantenphysikalischen Zustände erst aufgrund der Wahrnehmung durch den Beobachter verwirklicht werden. Demnach bringen die Beobachter den kosmischen Prozess erst hervor (J. Wheeler), was nach Rüdiger Vaas die Umkehrung der Erklärungsrichtung bedeutet: „[...] die Feinabstimmungen wären nicht notwendige Bedingungen für die Existenz von Beobachtern, sondern diese wären eine notwendige Bedingung für die Existenz

118 Siehe *Kap. VI,5,* und U. Kropač: Naturwissenschaft/Dialog, S. 354 ff.; B.-O. Küppers: Ursprung, S. 139–162: „Die Zufallshypothese ist grundsätzlich unbeweisbar, der teleologische Ansatz ist grundsätzlich unwiderlegbar.“ (Ebd., S. 162)

119 R. Vaas: Universum, S. 432.

120 B. Suchan: Sinn, S. 89.

121 Siehe dazu *Kap. VII.* Siehe auch R. Vaas: Universum, S. 462 ff.; P.C. Hägele: Kosmologie, S. 62 ff.; A. Kreiner: Prinzip, S. 112 ff.

122 Vgl. I.G. Barbour: Naturwissenschaft, S. 59.

123 U. Beuttler: Zweck, S. 33 f.

der Feinabstimmungen"[124]. Eine solche Konzentration auf den notwendigen intelligenten Beobachter führt im FAP (J.D. Barrow/F.J. Tipler) zur finalen unauslöschlichen Existenz intelligenten Lebens, indem – sich selbst reproduzierende – Roboter für den Menschen als ihrem einstigen Schöpfer alle kosmischen Entwicklungen überstehen, die der Mensch nicht mehr überstehen kann, und schließlich ein universaler Computer im kosmischen Endstadium dem intelligenten Bewusstsein im Universum ewiges Leben verleiht.[125]

Solche Versuche der Sinndeutung sind ebenso spekulativ wie die verschiedenen Multiversumstheorien, die keine Möglichkeit der Verifikation bieten[126] und so als „methodisch äußerst fragwürdig und selbst metaphysikverdächtig"[127] erscheinen, wobei sie zudem nicht über die kausal-naturalistische Zufallshypothese hinausführen. Auch Versuche, die mit der Feinabstimmung verbundene Unwahrscheinlichkeit unseres Universums durch eine alle Naturgesetze verbindende „Theory of Everything" (TOE) zu erklären oder neben Kohlenstoff etwa Silizium als Bedingung komplexeren Lebens zu erwägen, sind gescheitert und würden selbst bei Gelingen nicht zu Antworten führen, sondern die Frageebene nur verschieben.[128] Demgegenüber erscheint auch etlichen Naturwissenschaftlern, Wissenschaftstheoretikern und Philosophen angesichts der gegenwärtigen naturwissenschaftlichen Erkenntnisse und erkenntnistheoretischen Horizonte ein *Theismus plausibler* als ein reduktionistischer und oft mit spekulativen Entwürfen verbundener Naturalismus. Dabei geht es nicht nur um das Phänomen der Feinabstimmung, sondern auch um die mit den naturwissenschaftlichen Umbrüchen verbundenen Einsichten hinsichtlich der kosmischen prozessualen Dynamik sowie der kontingenten und offenen Kreativität von Naturprozessen und ihrer Geschichtlichkeit. Auch die grundlegenden nicht-materiellen und nicht-linearen Ereignisse mit ihren letztlich nicht greif- und prognostizierbaren mikro- und makrophysikalischen Entwicklungen sind hierbei im Blick. (Siehe Kap. VI.) Damit einhergehend geraten zugleich die Horizonte der Transzendenz, an welche die moderne Naturwissenschaft gestoßen ist, ins Blickfeld. Gleiches gilt für die Grenzen der Naturwissenschaft und die vielen offenen Fragen, etwa nach dem Verhältnis von Materie und Geist bzw. Bewusstsein, das rein naturalistisch nicht angemessen greifbar ist. Vor diesem Hintergrund, der eine

124 R. Vaas: Universum, S. 434. Vgl. ebd., S. 434–439, und P.C. Hägele: Kosmologie, S. 60. Siehe auch *Kap. VI,3.2.*

125 Siehe J.D. Barrow/F.J. Tipler: Anthropic Cosmological Principle. Vgl. R. Vaas: Universum, S. 392 ff., und P.C. Hägele: Kosmologie, S. 60 f. – Zur Spekulation von F. Dyson, intelligentes Bewusstsein würde beim Zerfall des Universums in einer Wolke von Elektronen, Positronen und Neutrinos ewig weiterleben, siehe *Kap. VII.*

126 „Um die Existenz einer Vielzahl von Welten in dem beschriebenen Sinne zu ermöglichen, müssen diese sowohl kausal als auch raumzeitlich entkoppelt sein; d. h. es gibt keinen Informationsaustausch zwischen den Universen. Dieser Umstand zeigt auch zugleich die Problematik der Viel-Welten-Hypothese: Es gibt keine Möglichkeit, ihre Richtigkeit zu überprüfen." (B. Suchan: Sinn, S. 91)

127 P.C. Hägele: Kosmologie, S. 64, der ebd., S. 65, auf ein Interview mit dem Astrophysiker H. Lesch verweist, der in den Multiversumstheorien den verzweifelten Versuch sieht, den Schöpfer zu umgehen.

128 Siehe dazu *Kap. VII u. X,3,* und vgl. P.C. Hägele: Kosmologie, S. 61–66.

weitreichende Kompatibilität von gegenwärtigen naturwissenschaftlichen Erkenntnissen und theologischen Ansichten aufweist, hält etwa der Wissenschaftstheoretiker Holm Tetens die „theistische Kernthese" für eine „stärkere Möglichkeit [...] als die naturalistische Kernthese"[129]. Aufgrund von Phänomenen wie kosmologischer und biologischer Feinabstimmung, Transzendenz oder religiösem Bewusstsein ist nach dem Religionsphilosophen Richard Swinburne durch induktive Wahrnehmung naturwissenschaftlicher, religiöser und anderer lebensweltlicher Phänomene der Theismus mit Hilfe des Wahrscheinlichkeitsaufweises als reale und vernünftige Möglichkeit zu erkennen, die Gottes Existenz als wahrscheinlicher erweist als seine Nicht-Existenz.[130] Der Physiker, Wissenschaftsphilosoph und Theologe Ian G. Barbour kommt wie etliche andere Naturwissenschaftler zu dem Schluss, dass angesichts heutiger naturwissenschaftlicher Einsichten ein Theismus mindestens genauso plausibel – wenn nicht gar plausibler – sei „als andere Interpretationen der kosmischen Geschichte"[131].

Bezüglich der Ordnung des Universums und ihrer Verstehbarkeit durch den Menschen sieht der Quantenphysiker und Theologe John Polkinghorne im Theismus die Antwort mit dem größten Erklärungspotenzial: „Wenn die Welt die Schöpfung eines rationalen Gottes ist und wir sein Ebenbild sind, dann ist es nicht verwunderlich, daß im Universum eine Ordnung herrscht, die unserem Geist in ihrer Tiefe zugänglich ist."[132] Zudem wird der Aspekt des ehrfürchtigen menschlichen *Staunens* über die Schöpfung (z. B. Ps 8,4 f.; 19,2; 104) durch die wachsenden naturwissenschaftlichen Erkenntnisse nicht entmythologisiert, sondern vielmehr aufgrund der sich nahezu unfassbar ausdehnenden Dimensionen im atomaren und kosmologischen Bereich gesteigert. Angesichts erstaunlicher Phänomene wie der Feinabstimmung tritt dabei die differenzierte Eingebundenheit des Menschen in den Kosmos bzw. in die Natur hervor und bis dahin unverstandene Prozesse werden zugänglich.[133] Gegenüber Auffassungen, die im Theismus und dem Zufallsprinzip der Multiversumstheorien zwei grundsätzlich gleichwertige Alternativen sehen[134], zweifelt der Physiker Peter C. Hägele die hinreichende Plausibilität der Multiversumstheorien aufgrund ihrer spekulativen und nicht überprüfbaren Methodik an, während er im Theismus mit seiner teleologischen und finalen Orientierung eine angemessene und plausible Integration der Kausalität erkennt.[135]

Auch *von theologischer Seite* gibt es viele *Versuche, die rationale Nachvollziehbarkeit des Schöpfungsglaubens zu plausibilisieren.* So kann nach Matthias Schleiff das in der Neuzeit verlorengegangene Argument der teleologischen Orientierung der Naturwissenschaften durch die heutigen Einsichten in die kreative Ordnung

129 H. Tetens: Gott, S. 54.
130 Vgl. R. Swinburne: Existenz, und ders.: Hume, S. 317–333.
131 I.G. Barbour: Naturwissenschaft, S. 52. – Siehe zu diesen Ansätzen auch *Kap. II,3; IV,1 u. 4; VIII.*
132 J. Polkinghorne: Theologie, S. 101.
133 Vgl. B. Suchan: Sinn, S. 95 ff.
134 So etwa D. Evers: Raum, S. 248, und J. Weinhardt: Eschatologie, S. 149.
135 Vgl. P.C. Hägele: Kosmologie, S. 68 f.

und Geschichtlichkeit von Naturprozessen neue Geltung erlangen[136]. Das geschieht bereits ansatzweise und wird von etlichen Philosophen und Naturwissenschaftlern mit der Forderung nach einem modifizierten Naturalismus verbunden, der neben der Kausalität die sich aufdrängenden Zweck- und Zielursachen (Teleologie) berücksichtigt.[137] Nach Schleiff stößt die Naturwissenschaft mit der Reduktion auf das Kausalprinzip zunehmend an Grenzen, besonders hinsichtlich der Phänomene von Geist, Bewusstsein oder subjektiver Freiheit, wobei das Phänomen der Feinabstimmung den Zusammenhang der verschiedenen Aspekte neu hervortreten lasse und Fragen aufwerfe, die rein kausal nicht zu beantworten seien. Mit der weltanschaulichen Prämisse der Ausblendung der Teleologie verstelle sich die Naturwissenschaft den Blick auf viele Wirklichkeitsbereiche, denn die Teleologie gehöre zur Selbstdeutung des Menschen und zur lebensweltlichen Erfahrung. Vor dem Hintergrund aller naturwissenschaftlichen und lebensweltlichen Aspekte erweise die wissenschaftstheoretische Methode des „Schlusses auf die beste Erklärung" in der Abwägung der konkurrierenden Erklärungs-Hypothesen die „Schöpfungshypothese" als plausibelste Argumentation und Erklärung – auch für die Feinabstimmung.[138] In einer solchen Argumentation dient das teleologische Argument allerdings nur als *Hinweis* auf Gott, nicht als Gottes*beweis,* den Physiker wie Frank J. Tipler und Paul C.W. Davies auf physikalischer Ebene für möglich halten – unter Missachtung der Grenzen naturwissenschaftlicher Methodik.[139] Es kann also beim „Schluss auf die beste Erklärung" nur um *Ver*weise auf Gott gehen und nicht um notwendige Rückschlüsse im Sinne von *Be*weisen, wobei die Verweise nach Schleiff durchaus gute rationale Argumente nach sich ziehen. So lässt sich nach Hans Kessler erkennen: „Schöpfungsglaube, der die Existenz Gottes voraussetzt, kann das alles zwanglos deuten und in ein Gesamtbild der Wirklichkeit integrieren."

Entsprechend gilt für Kessler aufs Ganze gesehen: „Der Gottesglaube hat für seine Annahme eines schöpferischen Urgrundes, der *mehr* ist als die natürliche Welt im Ganzen, keine schlechten Argumente. Er wurzelt in Erfahrungen *und* – er kann sich im Leben als tragfähig bewähren. *Es ist vernünftig,* an Gott als Urgrund oder Schöpfer der Welt und des Menschen zu glauben." Doch neben der „Anschlussfähigkeit des Schöpfungsglaubens an die Erkenntnisse der Naturwissenschaften" muss „sein Überschuss […] sichtbar werden"[140], zumal der Schöpfungsglaube durch „weitere unabhängige Argumente"[141] wie heilsgeschichtliche Offenbarung oder Glaubenserfahrung begründet ist. „Der Reichtum Gottes, der schon in der Welt zur Sprache kommt, übersteigt das in physikalischer Perspektive Vorgegebene und nimmt es mit hinein in einen eigenen Erfahrungshorizont"[142], der alles in eine umfassende

136 Siehe M. Schleiff: Schöpfung, S. 2f.
137 Siehe *Kap. II,2–3 u. IV,1.*
138 Vgl. M. Schleiff: Schöpfung, S. 4f. u. 270ff.
139 Siehe F.J. Tipler: Physik, und P.C.W. Davies: Gott. Siehe auch *Kap. IV,4.*
140 H. Kessler: Evolution, S. 11, 115, 173.
141 A. Kreiner: Prinzip, S. 117.
142 E. Wölfel: Art. „Naturwissenschaft I u. II", S. 207.

Dimension integriert, welche die für die Sinndeutung konstitutive Einheit der Welt gewährt. Denn aufgrund der Selbsterschließung des dreieinigen Gottes sind Schöpfung, Erhaltung, Erlösung und Vollendung aufeinander bezogen, weil „das Verständnis des einen Gottes als Vater, Sohn und Geist die Einsicht erschließt, daß der Schöpfer der Versöhner der entfremdeten Geschöpfe ist, der auf diese Weise die Vollendung seiner Schöpfung bewirkt, und daß der Vollender und Versöhner kein anderer ist als der dreieinige Gott, der die Schöpfung *ex nihilo* ins Sein ruft, dessen Kreativität zu jeder Zeit die Bedingung ihrer Existenz und Verfassung ist und der sie zur Verherrlichung ihres Schöpfers herausfordert“[143].

Insgesamt eröffnet der auf der heilsgeschichtlichen Selbsterschließung des dreieinigen Gottes beruhende *Schöpfungsglaube* plausible, *sinn*volle und zielgerichtete Zusammenhänge, die der lebensweltlichen *Gesamt*erfahrung des Menschen – und aktuellen naturwissenschaftlichen Einsichten – mehr entsprechen als reduktionistische materialistische Ansätze.[144] Das gilt – ebenso wie die Kompatibilität naturwissenschaftlicher und theologischer Auffassungen – auch für das Verständnis der biologischen Entwicklungs- bzw. Evolutionsprozesse, die auf den physikalischen und chemischen Grundlagen des Kosmos beruhen.

2. Der Mensch im Licht von Theologie und Naturwissenschaft

2.1 Schöpfung und Evolution in aktueller Perspektive

Die naturwissenschaftlichen Umbrüche in der Physik brachten auch in der Biologie etliche hergebrachte Vorstellungen ins Wanken, forciert durch die zunehmende Einsicht in die Komplexität des Lebens. Entsprechend erfuhr auch die Evolutionstheorie vielfältige Weiterentwicklungen, besonders hinsichtlich komplexer Wechselwirkungen zwischen verschiedensten Ebenen, was für den Dialog mit der Theologie von Belang ist. Jenseits der Spannung zwischen defizitären theologischen (Kreationismus) und naturwissenschaftlichen Ansätzen (weltanschauliche Verabsolutierung der Evolutionstheorie) existiert von Anfang an ein fruchtbarer Dialog zwischen Evolutions- und Schöpfungsverständnis. Er beruht etwa auf dem auch *biblisch und kirchengeschichtlich vorhandenen Verständnis der kreativen Entwicklungsprozesse* in der Natur und auf dem Umstand, dass Gott dynamisch-heils*geschichtlich* in den Prozessen der Welt wirkt. Dabei erhält der *Mensch* in seiner – auch von der Biologie gesehenen – Komplexität und Eingebundenheit in die Natur und in die verschiedenen Wirklichkeitsebenen eine besondere Funktion, durch welche er die Naturprozesse letztlich transzendiert. Ferner wird die klassische evolutionsbiologische Darstellung des Überlebenskampfes zur Durchsetzung des Stärkeren (survival of the fittest) durch Strukturen symbiotischer Harmonie und Kooperation relativiert. Die etwa in der

143 C. Schwöbel: Theologie, S. 215.
144 Siehe auch *Kap. II,2*.

Epigenetik hervortretende Wechselwirkung zwischen Genen und Lebenskontext – mit der entsprechenden Wirkung der Teile auf das Ganze und des Ganzen auf die Teile – unterstreicht die grundsätzliche *Relationalität in den Naturprozessen,* die mit der Bedeutung der trinitarisch verankerten Relationalität für die Schöpfung korrespondiert (hier als Beziehungsgefüge der Liebe ersichtlich). Damit fällt zugleich ein anderes Licht auf die *Theodizee-Frage* nach der Gerechtigkeit Gottes angesichts des Leidens in Naturprozessen, weil diese zunehmend auch als dynamische *Prozesse von Symbiose, Beziehungsfähigkeit und gegenseitigem Dasein* erkennbar werden. Dass die Schöpfung nicht ihrer eigentlichen Bestimmung entspricht, hängt mit der Selbstbehauptung des in die Natur eingebundenen und zur personalen Gemeinschaft mit Gott bestimmten Menschen zusammen. Deshalb bedarf die Schöpfung der Erlösung und Vollendung, was sich aus dem heilsgeschichtlichen *Handeln des dreieinigen Gottes in der Offenheit der Naturprozesse* erschließt.

Eine zuweilen vollzogene *naturalistische Reduktion* des Menschen auf physikochemische Prozesse wird weder der leib-geistigen Doppelaspektigkeit des Menschen noch der kulturellen – und religiösen – Evolution oder der Alltagserfahrung gerecht. Sie beruht unter Ausblendung der Grenzen biologischer Methoden auf *Zirkel- und Fehlschlüssen,* welche die Notwendigkeit unterschiedlicher Erkenntniszugänge ignorieren. Demgegenüber lässt sich angesichts der im Menschen verankerten Transzendenz und der aktuellen naturwissenschaftlichen Erkenntnisse das schöpferische, erlösende und vollendende Handeln Gottes plausibilisieren, und zwar im Blick auf physikalische und evolutionsbiologische Dimensionen. Deshalb erscheint ein *theistischer Ansatz* – wie schon bei der Kosmologie – für einen Teil der Naturwissenschaftler und Philosophen als *plausibler* als ein reduktionistisch-materialistischer Naturalismus. Zudem vermag das heilsgeschichtliche Handeln Gottes alle Aspekte der Wirklichkeit aufzunehmen und die den existenziellen menschlichen Fragen entsprechenden Sinn- und Zielperspektiven zu bieten.

Nachdem in Kapitel XI,1 die Spezifika des christlichen Schöpfungsverständnisses im Licht aktueller Kosmologie zur Sprache kamen – auch schon hinsichtlich des Menschen – und nachdem im Rahmen der kosmologischen Evolution bereits die Grundlagen der biologischen Evolution mit ihren Perspektiven für den Dialog hervortraten, sind hier nur noch die spezifisch biologischen Phänomene in ihrer Relevanz für den Dialog zu erörtern, was in besonderer Weise den Menschen betrifft, einschließlich der kulturellen Evolution.[145]

2.1.1 Biblische und biologische Kompatibilität, Komplexität des Lebens

Die mit den physikalischen Paradigmenwechseln verbundenen Einsichten, wie etwa die Infragestellung „eines geschlossenen deterministischen Weltbildes“ durch die

145 Zu den Grundlagen der Evolutionstheorie und ihren Implikationen für den Dialog siehe auch *Kap. V,4.*

Quantenphysik, kommen zusehends auch „in biomolekularen Kontexten“[146] zum Tragen. So gibt der Physiker, Biologe und Wissenschaftstheoretiker Ernst Peter Fischer unter Rückgriff auf Niels Bohrs quantenphysikalisch qualifiziertes Atommodell zu bedenken: „Wer die zentrale Eigenschaft der Materie – die Stabilität der Atome – verstehen will, muss mehr als physikalische Kausalität aufwenden. Und wenn dies schon für die Atome gilt, dann wäre es sehr merkwürdig, wenn es sich mit dem Leben anders verhielte. Die Suche nach Kausalfaktoren allein – also nach Genen – wird kaum ausreichen, um die zentrale Eigenschaft alles Lebendigen zu verstehen, nämlich das Hervorbringen von Formen.“[147] Durch die *fortschreitende Erkenntnis der Komplexität des Lebens* geraten in der heutigen Biologie manche hergebrachte Vorstellungen ins Wanken. „Ist das, was wir mit dem Wort ‚Komplexität‘ beschreiben, also die beobachteten Abhängigkeiten und Rückwirkungen im System, noch voll quantifizierbar? […] Der Großteil der Biochemiker bezweifelt das strikt.“[148] Die Evolutionstheorie, die seit ihrer Entstehung etliche Weiterentwicklungen erfahren hat, ist heute vermehrt mit *komplexen Wechselwirkungen* konfrontiert, woraus verschiedene Interpretationen und Erweiterungen resultieren, mit interessanten Perspektiven für den Dialog von Theologie und Naturwissenschaft, was noch dargelegt wird.

Gleichzeitig gibt es weiterhin Bestrebungen, die Evolutionstheorie als Leitwissenschaft oder als umfassende Wirklichkeitserkenntnis bzw. *Weltanschauung* zu überhöhen, oft mit *antireligiöser Stoßrichtung*. Die damit verbundenen Auseinandersetzungen zwischen Theologie und Naturwissenschaft lassen auf naturwissenschaftlicher Seite weitgehend ein defizitäres Theologieverständnis erkennen, weil das Schöpfungsverständnis vielfach mit der theologisch nicht anerkannten Außenseiterposition des Kreationismus gleichgesetzt wird. Kreationistische Ansätze deuten in wissenschaftsskeptischer Orientierung biblische Aussagen durch undifferenzierte Auslegung direkt naturwissenschaftlich, was dazu führt, dass „Gott selbst auf einen Erklärungsfaktor auf der Ebene geschöpflicher Ursachen reduziert“[149] wird. So vollziehen sich die angesprochenen Auseinandersetzungen vornehmlich zwischen solchen kreationistischen Ansätzen und naturalistisch-reduktionistischen evolutionsbiologischen Entwürfen mit weltanschaulichem Atheismus, wobei beide Ansätze weder den theologischen noch den naturwissenschaftlichen Grundlagen und Kriterien gerecht werden.[150] Demgegenüber haben sich seit der Entstehung der Evolutionstheorie dort, wo ernsthafte und kritische Dialoge geführt wurden, immer wieder *Kompatibilitäten und Konsonanzen* von Evolutions- und

146 G. Altner: Schöpfungstheologie, S. 100.

147 E.P. Fischer: Fliegenei, S. 89. Zu Niels Bohrs Atommodell, der Quantenphysik und ihren Implikationen siehe *Kap. VI,3.*

148 U. Diewald: Betreuung, S. 411 (Gesprächsbeitrag von C. Kummer). Vgl. U. Eibach: Schöpfung, S. 241.

149 C. Schwöbel: Sein, S. 515.

150 Siehe zum fundamentalistisch geprägten Kreationismus auf der einen Seite und zur weltanschaulichen Überhöhung der Evolutionstheorie mit entsprechendem Totalitätsanspruch und defizitärem Religions- und Theologieverständnis auf der anderen Seite *Kap. IV,4; V,4; V,5.1; X,1–2.*

Schöpfungsverständnis herausgestellt, die angesichts aktueller Entwicklungen noch deutlicher hervortreten.

Schon Darwin hatte die *Vereinbarkeit von Theismus und Evolutionsverständnis* nicht bestritten, im Unterschied zu Ernst Haeckels materialistisch-atheistischer weltanschaulicher Vermittlung der Evolutionstheorie in Deutschland und Kontinentaleuropa. Entsprechend kam es besonders im angelsächsischen Bereich von Anfang an auch zu einem fruchtbaren Dialog zwischen Evolutionstheorie und Schöpfungstheologie, was im 19. Jahrhundert etwa die bereits in Kapitel V,4.3 erörterten Entwürfe von Aubrey Moore und John Richardson Illingworth zeigen.[151] Sie verweisen darauf, dass der prozessualen Entwicklung der Natur weder ein deistisches Gottesbild noch ein „Lückenbüßer-Gott" gerecht wird, sondern nur das trinitarisch begründete Verhältnis von „Gegenüber und Nähe" Gottes, das zugleich den sich ansonsten aufdrängenden Pantheismus verhindere. Denn in der Gleichzeitigkeit von Transzendenz und Immanenz könne der dreieinige Gott als bleibendes Gegenüber im Sohn und im Heiligen Geist dynamisch-heils*geschichtlich* in den Prozessen der Welt wirken.[152] Die unmittelbare Aufnahme des Dialogs mit dem Entwicklungsgedanken bot sich für die Theologie nicht nur aufgrund ihrer geschichtlichen Orientierung an, sondern auch aufgrund des Umstands, dass *kreative Entwicklungsprozesse* in der Natur schon vom *biblischen Zeugnis* oder von der *Schöpfungstheologie der Kirchenväter* her bekannt waren.

So kommt zum Beispiel in Gen 1,11 f. der *Zusammenhang zwischen Gottes Schöpfungshandeln und der Kreativität der Natur* zum Ausdruck: „Und Gott sprach: Es lasse die Erde aufgehen Gras und Kraut [...]. Und die Erde ließ aufgehen Gras und Kraut". Analoges findet sich in Gen 1,20 f. u. 24 f. bezüglich des Hervorgehens der Tiere aus dem Wasser und der Erde, so dass nach Wolfhart Pannenberg kein Widerspruch zwischen dem schöpferischen Handeln Gottes und der Vermittlung durch andere Geschöpfe besteht. Entsprechend sei das fortgesetzte schöpferische Handeln Gottes (creatio continua) nicht nur die Erhaltung des im Anfang Geschaffenen, sondern auch ein kreativer Prozess, in dem sich jedes individuelle Leben auch in den durch die Natur vermittelten Prozessen unmittelbar Gottes Schöpfungshandeln verdanke, was nach Hans Kessler die Würde des Einzelnen im Christentum unterstreicht – im Unterschied zu vielen anderen Religionen.[153] Vor diesem Hintergrund konnte beispielsweise der Kirchenvater *Gregor von Nyssa* von einer der Schöpfung innewohnenden Keimkraft des Lebens sprechen, aus deren Anfang das Einzelne und Wunderbares entstand (auch kosmologisch), während *Augustin* die Welt mit einem Samen verglich, in dem alles angelegt ist, mit dem entsprechenden Hinweis auf Gen 1, dass Wasser und Erde in ihrer Kausalität im Laufe der Zeit Lebewesen

151 Zu Darwins eigenem Verständnis und den darauf beruhenden Dialogmöglichkeiten und -ergebnissen sowie zur verfremdeten Vermittlung der Evolutionstheorie durch Haeckel siehe *Kap. V,4.*

152 Siehe *Kap. V,4.3.*

153 Vgl. W. Pannenberg: Frage, S. 202 u. 205; H. Kessler: Evolution, S. 59. Zur detaillierteren Darlegung dieser Zusammenhänge siehe *Kap. XI,1.2.*

hervorbringen. Nach *Nikolaus von Kues* hat der dreieinige Gott die Welt mit einer alles entfaltenden evolutiven Kreativität ausgestattet (lat. omnia evolvuntur).[154] Der geschöpflichen Welt und den Geschöpfen wird also an der schöpferischen Kreativität Gottes Anteil gegeben. „Die geschöpflichen Instanzen werden zu geschöpflicher Kreativität ermächtigt, ohne dass diese aus dem Rahmen der göttlichen Kreativität herausfällt."[155] Ferner spiegelt Gen 1 mit den Worten Michael Welkers oder der Orientierungshilfe der EKD die kosmischen, biologischen und kulturellen bzw. religiösen Entstehungsprozesse wider, bei denen es sich nach angemessenem exegetischem Verständnis durchaus um große Zeiträume handeln könne.[156] Auch wenn die biblischen Schöpfungsberichte keine naturwissenschaftliche Wirklichkeitsbeschreibung darstellen, bieten sie doch erstaunliche Anknüpfungspunkte für den Dialog, was sich schon in Kapitel XI,1.2 zeigte.[157]

Das gilt auch für die Eingebundenheit des *Menschen* in den Naturprozess sowie für seine Besonderheit in diesem Prozess. Nach den biblischen Schöpfungsberichten sind Mensch und Natur konstitutiv aufeinander bezogen: Einerseits ist die Entstehung des Menschen naturgebunden (Gen 2,7) – ebenso wie seine Existenz –, andererseits erhält der Mensch in der Natur eine besondere kreative Rolle, die sich in der übertragenen Herrschaft über die Tiere und dem Auftrag des Bebauens und Bewahrens zeigt (Gen 1,26.28; 2,15). Dabei steht nicht nur der Mensch in einem gegenseitigen Beziehungsverhältnis zur Natur, sondern auch die übrigen Bereiche der Natur (von den Tieren bis zur unbelebten Natur) bilden eine Beziehungswirklichkeit. Diese Beziehungswirklichkeiten spiegeln sich heute in den Zusammenhängen von kosmologischer und biologischer Evolution, von Molekularbiologie, Soziobiologie oder Ökologie wider, was noch zur Sprache kommt.[158] Dem biblischen Zeugnis gemäß steht die ganze Schöpfung über ihre relationale innerweltliche Konstitution hinaus in einem konstitutiven Verhältnis zu ihrem Schöpfer, welches im Menschen sogar die Möglichkeit personaler Gemeinschaft mit Gott aufweist. Indem der Mensch als *Ebenbild Gottes* gilt (lat. imago Dei, Gen 1,26f.) und nur der entsprechend sprachlich konstituierte Mensch von Gott angesprochen wird, ist er als „das *von Gott angerufene* Wesen [...] ursprünglich geöffnet für Gott und möglicher Gesprächspartner" sowie „Treuhänder (co-creator, co-operator) Gottes"[159]. Weil der dreieinige Gott in sich selbst das personale Geheimnis vollkommener Gemeinschaft

154 Siehe zur genaueren Erörterung der Aussagen der Kirchenväter und weiterer Theologen der frühen und mittelalterlichen Kirchengeschichte *Kap. II,2 u. V,4.1.* – Der Biologe und Genetiker Steve Jones ist sogar der Auffassung: „Das Alte Testament war das erste entwicklungsgeschichtliche Lehrbuch." (S. Jones: Bibel, S. 102)

155 C. Schwöbel: Sein, S. 502.

156 Siehe dazu *Kap. XI,1.2.*

157 So kommt etwa der ehemalige Direktor des Wiener Universitäts-Instituts für Theoretische Physik, Walter Thirring, zu dem Ergebnis: „Trotz allem ist es bemerkenswert, dass es viele Entsprechungen zwischen Aussagen der Genesis und dem heutigen naturwissenschaftlichen Weltbild gibt." (W. Thirring: Impressionen, S. 17)

158 Siehe insgesamt *Kap. XI,1.2.*

159 H. Kessler: Evolution, S. 63.

der Liebe ist (I Joh 4,8.16) und der Sohn als innertrinitarisches Abbild des Vaters das Wort Gottes (griech. *logos*) verkörpert (Joh 1,1.14), und weil nach dem Bild des Sohnes die Menschen geschaffen wurden (Kol 1,16 f.), erweist sich das Wesen der Menschen als personal und sprachlich konstituiert und zur Gemeinschaft der Liebe bestimmt. Und wie Gott innerpersonal als der eine Gott und zugleich zwischenpersonal als die Gemeinschaft dreier Personen existiert und wie er durch diese – nur in ihm existierende – Gleichzeitigkeit von inner- und zwischenpersonaler Dimension selbst die vollkommene Gemeinschaft der Liebe *ist*, so *hat* der Mensch *analogen* Anteil an beiden personalen Aspekten des göttlichen Lebens der Liebe: Als Individuum verkörpert der Mensch die innerpersonale Dimension und die zwischenpersonale Dimension erlebt er in der Gemeinschaft mit anderen Menschen oder mit Gott, so dass er an den Dimensionen der Liebe partizipiert, die Gott selbst ist.[160]

Zur Gemeinschaft und Liebe bedarf es der Selbstreflexivität und Freiheit, wozu der Mensch durch die Ausstattung mit *Geist und Bewusstsein* befähigt wird. Diese Ausstattung ermöglicht dem Menschen in evolutionsbiologischer Perspektive, die Natur und ihre Prozesse, in die er eingebunden ist, zu transzendieren, ihnen gegenüberzutreten und über sie hinauszugehen.[161] „Denn im Menschen hat die Evolution ein Stadium erreicht, in dem sie sich gewissermaßen selbst gegenüber tritt [sic]. Menschen sind so gesehen von der Evolution selbst nach einem Urteil über ihr Dasein im Prozess des biologischen Werdens gefragt." Alle Versuche, diese „Überschreitung" auf eine rein naturalistische „Stufe des Lebens zurückzukreuzen", werden der Evolutionstheorie nicht gerecht, denn es handelt sich um „eine Überschreitung, in welche die Evolution des Lebens selbst treibt"[162]. Deshalb geht die naturalistisch-reduktionistische Qualifizierung des Menschen als vorübergehendes Zufallsprodukt in den Weiten des Universums (J. Mond, S. Weinberg) an der Sache vorbei: „Während sonst alles in einem naturgesetzlich sinnvollen Zusammenhang gesehen wird, wird den einzigen im Universum auftretenden Erscheinungen, die diesen Sinn entdecken und artikulieren können – nämlich uns –, Sinnlosigkeit bescheinigt. […] Dergleichen befriedigt keinen denkenden Menschen, dem der Kosmos nun einmal die Fähigkeit zugespielt hat, so etwas wie ein Ziel und sich selbst als Ziel zu denken"[163], worauf laut Wolf Krötke auch das „Anthropische Prinzip" verweist.[164] Mit seinen *die Natur transzendierenden Fähigkeiten* kommt dem Menschen auch die schon angeklungene besondere Verantwortung zu, welche ihm etwa hinsichtlich der Tiere oder der Natur aufgegeben ist. Die außergewöhnliche und nicht greifbare Komplexität, die in der Evolution mit dem menschlichen Bewusstsein hervortritt,

160 Siehe zu den Dimensionen der Gottebenbildlichkeit *Kap. III u. IV,2.* Zur detaillierten Darlegung und weiteren Aspekten siehe M. Haudel: Gotteslehre, Kap. IX,2: Der Mensch als Ebenbild Gottes und der Sinn des Lebens. Siehe auch ders.: Ökumene, Anhang: Der dreieinige Gott als Lebenshorizont; ders.: Trinität, und ders.: Gemeinschaft.

161 Siehe *Kap. XI,1.1.*

162 W. Krötke: Erschaffen, S. 67.

163 Ebd., S. 55.

164 Siehe ebd. Zum *Anthropischen Prinzip* siehe *Kap. XI,1.3* und *Anm. 222, XI. Kap.*

spiegelt sich auch in den *komplexen Naturbeziehungen des Menschen* wider. Das wird später anhand gegenwärtiger evolutionsbiologischer Perspektiven noch ausführlich erörtert. In Kapitel XI,1.2 wurde auf biblischer Basis bereits gezeigt, welche zentrale Bedeutung das Verhältnis von Gott und Mensch für das gesamte Verhältnis von Gott und Kosmos bzw. Schöpfung hat, was die komplexen Naturbeziehungen des Menschen ebenfalls unterstreicht.

Die vielfältige Eingebundenheit des Menschen in die Natur und die vielschichtige Verflochtenheit der Naturprozesse sowie die besondere Komplexität des menschlichen Bewusstseins, das sich nicht auf natürliche Kausalzusammenhänge reduzieren lässt, kamen mit der *Weiterentwicklung der Evolutionstheorie* immer deutlicher zum Vorschein. Während Darwin zur Durchsetzung der Evolutionstheorie die Gemeinsamkeiten zwischen Menschenaffen und Menschen betont hatte, hob etwa schon Alfred R. Wallace, der gleichzeitig mit Darwin an der Evolutionstheorie arbeitete und diese mit anderen in mehrfacher Hinsicht korrigierte, die besondere Komplexität menschlichen Lebens hervor, die im Blick auf die Komplexität des menschlichen Gehirns und Bewusstseins nicht allein durch Selektion zu erklären sei.[165] Auch in der weiteren Entwicklung der Evolutionstheorie traten neben der – besonders genetisch zusehends detaillierter erkennbaren – Ähnlichkeit zwischen Menschen und Primaten zugleich immer differenzierter die Unterschiede und menschlichen Spezifika zutage, worauf noch eingegangen wird. Aufgrund der schöpfungstheologisch erkennbaren Eingebundenheit des Menschen in die Natur müssen die den Menschen betreffenden evolutionsbiologischen Prozesse von Seiten der Theologie nicht als Anfechtung oder Kränkung empfunden werden, während es sich umgekehrt von Seiten der Naturwissenschaft als unangemessen erweist, die Besonderheit des Menschen naturalistisch-reduktionistisch zu nivellieren. Denn so werden ganze Bereiche der Wirklichkeit wie Bewusstsein, Geist oder „Erste-Person-Perspektive" (Qualia: unableitbare subjektiv-individuelle Erfahrungen), die letztlich nicht naturalistisch reduzierbar sind, ausgeklammert oder nicht angemessen erfasst – ebenso wie die entsprechende Alltagserfahrung.[166]

Nachdem Darwins Theorie und ihre Weiterentwicklung bereits in Kapitel V,4.1 dargelegt wurden, sei hier noch auf folgende relevante Zusammenhänge hingewiesen: Ende des 19. Jahrhunderts hatten August Weismann und Alfred R. Wallace Darwins Theorie – teilweise korrigierend – zum *Neodarwinismus*[167] weiterentwickelt, indem sie etwa die Vererbung erworbener Eigenschaften zurückwiesen und die Bedeutung der Neuverteilung des Erbguts bei sexueller Fortpflanzung *(Rekombination)* für die Entstehung der Variationen in den Populationen hervorhoben. Das tiefere Verständnis für die Bildung von Variationen wurde erst durch die *Genetik* möglich, deren

165 Dazu siehe *Kap. V,4.1.*

166 Siehe *Kap. II,3; IV,1; XI,1,1* sowie noch folgende Ausführungen in diesem Abschnitt. Diese Problematik wird in *Kap. XI,2.2* noch deutlicher hervortreten.

167 Zur heute oft pauschalen und undifferenzierten Verwendung des Begriffs „Neodarwinismus" siehe *Anm. 63, V. Kap.*

Grundlagen der Augustinermönch Gregor Mendel mit seiner Vererbungslehre und Friedrich Miescher mit seiner Forschung zu den Nukleinsäuren als Träger genetischer Information schon im 19. Jahrhundert schufen. Es kam nicht nur zum Vorschein, wie sich die Neuverteilung des Erbguts durch sexuelle Fortpflanzung genetisch vollzieht *(Rekombination)*, sondern auch, dass daneben genetische *Mutationen* für die von Darwin beobachteten „zufälligen" Variationen verantwortlich sind. In den 1930er und 1940er Jahren wurden Evolutionstheorie und Genetik systematisch in der *„Synthetischen Evolutionstheorie"* (T. Dobzhansky, E. Mayr, J. Huxley u. a.) zusammengeführt, unter Berücksichtigung weiterer evolutionstheoretisch relevanter wissenschaftlicher Zweige (z. B. Paläontologie, Geologie, Populationsgenetik). Noch weitgehendere Fortschritte ermöglichte dann die *Molekularbiologie*, maßgeblich eingeleitet durch die grundlegende Entdeckung der *molekularen Struktur der DNA* und ihrer Bedeutung für die Gene bzw. für die genetische Information und deren komplexe Wirkungsweise (1953: J.D. Watson/F.H.C. Crick).[168]

Vereinfacht dargestellt wurde die *DNA* bzw. die Desoxyribonukleinsäure als Doppelhelix sichtbar, bei der sich zwei parallele Stränge von Makromolekülen schraubenartig und zugleich gegenläufig (antiparallel) umwinden. Dabei werden sie durch die unterschiedliche Zuordnung von vier Basen zusammengehalten, die sich auf spezifische Weise als Basenpaare miteinander verbinden und so die gegenseitige Bestimmung der Struktur beider Stränge bedingen. Entsprechend können sich die jeweiligen Stränge nach einer Aufspaltung wieder mit den Partnerbasen verbinden, so dass die Information der DNA durch Aufspaltung und Verdopplung auch bei der Zellteilung erhalten bleibt. Wie die DNA kopiert und auch an andere Generationen weitergegeben werden kann, kommt weiter unten noch kurz zur Sprache. Zunächst bleibt festzuhalten, dass die genetische Information durch Dreierkombinationen der vier Basen (Tripletts) bestimmt wird, die den Aufbau von Proteinen (Eiweißen) codieren, welche wiederum in ihrer hochkomplexen Struktur und Wirkungsweise grundlegend für die Strukturen der Zellen und ihren Stoffaufbau und -abbau sind. *Bildlich gesprochen* kann man die Zusammenhänge mit den Worten Ian G. Barbours folgendermaßen zusammenfassen: „In der DNA werden aus einem ‚Alphabet' von gerade einmal vier ‚Buchstaben' (den Basen), die zu ‚Worten' von drei Buchstaben verknüpft werden (Tripletts […]), ‚Sätze' gebildet (die bestimmte Proteine spezifizieren). Aus den zwanzig Grundworten können tausende von Sätzen mit unterschiedlicher Länge und Wortfolge entstehen, was tausenden möglicher Proteine entspricht. Lange Stränge der DNA, die aus denselben vier Basen in variierender [Dreier-]Folge aufgebaut sind, bilden die Gene aller Organismen, von den Mikroben bis zum Menschen."[169]

---

168 Siehe zu diesen Entwicklungen *Kap. V,4.1.*

169 I.G. Barbour: Naturwissenschaft, S. 108. Vgl. ebd.; G.L. Murphy: Kosmologie, S. 280 ff.; R. Eckel/H.-P. Großhans: Gegner, S. 55 ff. – Für den Transport der genetischen Information zum Aufbau der Proteine ist maßgeblich die Boten-RNA (Ribonukleinsäure) zuständig (mRNA: engl. *messenger RNA*). Siehe dazu auch G. Wenz: Schöpfung, S. 373 ff.

Um welche *Komplexität* es hier geht, wird transparent, wenn man bedenkt, dass im Zellkern einer Zelle höher organisierter Lebensformen die DNA-Doppelstränge in den Chromosomen noch einmal raumsparend spiralig verdichtet werden, wobei es sich bei den Chromosomen um bis zu zwei Meter lange DNA-Fäden handelt. Zellen von sich sexuell fortpflanzenden Organismen besitzen einen doppelten Chromosomensatz aus mütterlichen und väterlichen Erbanlagen. Jede Art weist eine charakteristische Chromosomenzahl auf. Menschliche Zellen haben 46 Chromosomen (in 23 Paaren angeordnet), deren DNA-Doppelstränge sich während der Zellteilung in einem hochkomplexen Prozess an den Basen aufspalten und identisch verdoppeln, weshalb der vollständige Chromosomensatz mit der identischen genetischen Information für jede Tochterzelle erhalten bleibt. Lediglich in Samen- und Eizellen (Keimzellen) findet vor der Befruchtung eine Halbierung von 46 Chromosomen auf 23 statt (einfacher Chromosomensatz), so dass der jeweils andere Teilsatz bei der sexuellen Fortpflanzung beigesteuert werden kann. Francis S. Collins, der ehemalige Leiter des internationalen Humangenomprojekts, das die Aufschlüsselung der menschlichen DNA-Sequenz von 3,1 Milliarden Basenpaaren vorantrieb, hält fest: „*Die Information in jeder Zelle des menschlichen Körpers ist so ungeheuer komplex, dass die Lektüre bei einer Geschwindigkeit von einem Zeichen pro Sekunde 31 Jahre benötigen würde – vorausgesetzt, man würde Tag und Nacht ohne Pause lesen.*“[170] Die euphorische Hoffnung, die sich mit der Entschlüsselung des menschlichen Genoms verband, dass mit der Kenntnis der Gene das Geheimnis des menschlichen Bauplans gelüftet sei, wich bald der Ernüchterung, weil sich zunehmend herausstellte, dass Gene nicht nur die Informationssteuerung betreiben, sondern auch von Informationen gesteuert werden.

Vor diesem Hintergrund lässt sich erahnen, warum es in den Organismen so *immens komplexe Wechselwirkungen und Informationsströme* gibt. Schon „der Zellstoffwechsel, d.h. die Wechselwirkung tausender verschiedener Makromoleküle in der Zelle miteinander, zeigt eine überaus komplexe Organisation“[171]. Solche Komplexität tritt etwa auch bei der Steuerung der ständigen millionenfachen Erzeugung und Beseitigung von Zellen im menschlichen Organismus hervor. Hier werden innerhalb weniger Minuten ungefähr 20 Millionen Zellen erzeugt, die zumeist wieder einen programmierten Zelltod erleiden, um Erneuerung und Verwandlung bzw. Lebensprozesse zu ermöglichen. Bei der Entwicklung eines Embryos „erlernen seine Zellen eine biologische Sprache. Solange sie noch sehr jung sind, ist jede einzelne in der Lage, sich jeden beliebigen Dialekt anzueignen“[172] und damit die unterschiedlichsten Organe zu entwickeln, eine Fähigkeit, welche die meisten solcher „Stammzellen“ wenig später verlieren. „Ein hochkomplexes Set genetischer

170 F.S. Collins: Gott, S. 1 (Hervorhebung vom Vf.). Siehe zur hochkomplexen Wirkweise der DNA-Sequenzen ebd., S. 88 ff. – Zum internationalen Humangenomprojekt und seinen Implikationen siehe auch T. Peters: Genetik, S. 144–167.

171 R. Eckel/H.-P. Großhans: Gegner, S. 57.

172 S. Jones: Bibel, S. 107. Vgl. ebd., S. 105 ff.

Steuerungsmechanismen mit Aktivatoren und Repressoren schaltet die Aktivität genetischer Systeme an und ab, so dass der richtige Zelltyp am richtigen Ort und zur richtigen Zeit im heranwachsenden Embryo und in den weiteren Funktionen des Organismus erzeugt wird. Durch chemische Feedback-Signale und Zeitverzögerungen wird die Information zurückgeleitet, um die genetischen Sequenzen zu steuern. Ein Gen enthält eine immense Zahl möglicher Entwicklungsszenarien, von denen nur wenige realisiert werden. [...] Statt eines Informationsflusses in nur eine Richtung müssen wir uns eine interaktive Konstruktion in einem spezifischen Kontext vorstellen. [...] Das Gedächtnis der DNA ermöglicht [...] Informationen", die „sich auf größere Einheiten erstrecken: auf Organismen, Populationen und Ökosysteme. *Die DNA ist Teil eines größeren kybernetischen oder in sich rückgekoppelten Systems* zum Sammeln, Speichern, Abrufen und Gebrauchen von Information."[173] Entsprechend besteht eine *strukturelle Wechselwirkung zwischen den verschiedenen Wirklichkeitsebenen:* „Das Ganze ist mehr als die Summe seiner Teile. [...] Dass und wie Teile Ganzheiten und Ganzheiten wiederum die Eigenschaften ihre [sic] Teile bestimmen, konstituiert die verschiedenen Ebenen der Wirklichkeit. So zeigen freie Atome andere Eigenschaften als solche, die in ein Molekül eingebunden sind; Moleküle (z. B. Proteine) entwickeln in einer Zelle erst ihre Funktionalität; eine einzige Zelle bringt durch Teilung einen Organismus hervor, und zugleich bestimmt ein Organismus durch seine Funktionalität die Differenzierung von Zellen u.s.f."[174]

2.1.2 Neue Einsichten in den Gesamtkontext, komplexe Eingebundenheit des Menschen, Theodizee-Frage

Aufgrund der zuletzt gezeigten Einsichten wurde gegenüber reduktionistischen Ansätzen, die alles Leben einlinig auf die Einbahnstraße genetischer Information zurückführen und nur die Entwicklung von den niedrigeren Stufen der Einzelphänomene zur komplexeren Ganzheit postulieren (engl. *bottom-up*), zunehmend transparent, dass ein gegenseitiger Einfluss von Genen und Organismen besteht und somit auch ein Informationsfluss von den komplexeren zu den einfacheren Ebenen (engl. *top-down*).[175] Deshalb betrachtet etwa die moderne Systembiologie „nicht alles ausschließlich von der ‚Genetik' aus, sondern nimmt durchaus größere ‚Systeme'

173 I.G. Barbour: Naturwissenschaft, S. 124f. (Hervorhebung vom Vf.). – Zu den ethischen Herausforderungen, die sich mit den heutigen Möglichkeiten des Eingriffs in die DNA ergeben (Genom-Editierung), und zur differenzierten Erläuterung der Stammzellen siehe *Kap. XIII,2.*

174 D. Evers: Rezeption, S. 140.

175 „Bottom-up causes and top-down constraints together influence the dynamics of any given biological system." (P. Clayton: New Atheism, S. 113) – „Die meisten für uns bedeutsamen Systeme sind komplex und werden durch multikausale Prozesse bestimmt. [...] Sowohl komplexe biotische, aber auch komplexe abiotische Systeme sind mit unseren vorrangig auf Linearität ausgerichteten Methoden schwer vollständig exakt zu analysieren, da ihre messbaren Größen selbst in nichtlineare Zustände wechseln können und zudem sowohl linearen als auch nichtlinearen Randbedingungen ausgesetzt sind." (J. Oehler: Evolution, S. 122)

in den Blick"[176], was noch verdeutlicht wird. Darüber hinaus erscheinen durch die Erkenntnisse der modernen Evolutionsbiologie weitere *überkommene evolutionstheoretische Vorstellungen in einem neuen Horizont.* Denn der „viel beschworene ‚Kampf ums Überleben' und die ‚Selektion der Untüchtigen' sind nur Einzelbestandteile eines in Wirklichkeit weitaus vielschichtigeren Evolutionsprozesses. In den letzten Jahrzehnten haben Genetiker und Biochemiker, Zell-, Mikro- und Molekularbiologen zusammen mit Geologen, Paläontologen und Geochemikern ein viel umfassenderes Bild gezeichnet." So entsteht das „wahrhaft Neue in der Evolution" nach der Evolutionsbiologin Lynn Margulis „auf andere Weise"[177], wobei sie auf die maßgebliche Rolle der *Symbiose* verweist, das Zusammenleben von Organismen unterschiedlicher Art oder deren Verschmelzung (Symbiogenese). Als eines von vielen Beispielen nennt sie die in den Zellen von Pflanzen und Tieren enthaltenen Mitochondrien, die für die Energieproduktion zuständig sind und als Teile der Zellen eine eigene DNA aufweisen. Zur symbiotischen Einheit dieses Urbakteriums mit den Zellen kam es dadurch, dass sich in entfernter Vergangenheit ein Einzeller auf Dauer mit diesem Urbakterium verband, das die Fähigkeit zur Verwertung gasförmigen Sauerstoffs hatte. Die schon auf dieser Ebene zu beobachtende „symbiotische Harmonie" lässt sich auch auf den komplexeren Ebenen beobachten, wie etwa bei der grünen Nacktschnecke, die Photosynthese betreiben kann und nicht durch Zufallsmutationen entstand, sondern dadurch, dass sie sich die Fähigkeit der mit der Nahrung aufgenommenen Algen zur Photosynthese selbst nutzbar machte. „Was wir ‚Kampf' oder ‚Konkurrenz' nennen, ist kein Gegensatz zu dem, was wir als ‚Harmonie' oder ‚Kooperation' bezeichnen. Phänomene, die mit Hilfe solcher falschen Gegensätze beschrieben werden, sind in Wirklichkeit in einen einzigen, fließenden Lebensprozess eingebunden, den man durch Untersuchung von Morphologie, Verhalten, ökologischen Wechselbeziehungen und Biochemie quantitativ erfassen kann."[178]

So wurde die „Synthetische Evolutionstheorie" ständig erweitert, was zur *„Erweiterten Synthetischen Theorie"* führte, welche als offener Prozess fortwährend durch neue Erkenntnisse modifiziert wird und die heutige *Evolutionsbiologie* verkörpert[179], mit jedoch unterschiedlicher Bewertung der verschiedenen Erkenntnisse. Neben der Molekularbiologie, der Symbiogenese, der Epigenetik (Änderungen der Genfunktionen, die nicht auf Mutation oder Rekombination beruhen) oder den Geowissenschaften spielen hier viele interdisziplinär relevante Wissenschaftszweige eine Rolle. Die Begründer des Begriffs der „Erweiterten Synthetischen Theorie" verwiesen auf etliche Defizite überkommener evolutionstheoretischer Vorstellungen, die sich durch die erweiterten Forschungsansätze herausstellten, was an den genannten

176 H.P. Weber/R. Langthaler (Hg.): Evolutionstheorie, S. 12 (Bezug nehmend auf P. Clayton). In diesem Band finden sich etliche Beiträge zum Dialog über die Evolution. Das gilt auch für die Bände von J. Klose/J. Oehler (Hg.): Gott, und U.H.J. Körtner/M. Popp (Hg.): Schöpfung.

177 L. Margulis/D. Sagan: Leben, S. 55.

178 Ebd., S. 57. Siehe insgesamt ebd., S. 52–62.

179 Vgl. U. Kutschera: Evolutionsbiologie, S. 101 f. – Siehe auch Anm. 63, *V. Kap.*

Beispielen schon deutlich wurde und sich anhand vieler weiterer Aspekte aufzeigen lässt.[180] Zum Beispiel führten die Erkenntnisse der *Epigenetik* zur Überwindung der Annahme, die Eigenschaften eines Organismus seien durch das vererbte Genmaterial unveränderbar festgelegt. Denn die Epigenetik erkannte in den Organsimen vielfältige Ausführungen von genetischer Information, die in den Genen selbst nicht derart codiert war. Damit verbundene Variationen beruhen auf Prozessen, welche die Aktivität und funktionelle Wirkung der Gene bestimmen, also ihre Aktivität an- oder ausschalten und durch unterschiedliche Verknüpfungen genetischer Einheiten variable Funktionen hervorrufen. Das trat ansatzweise schon an den oben gezeigten Charakteristika der embryonalen Entwicklung hervor. Insgesamt kam mehrfach zum Vorschein – etwa bei genetisch gleichen Zwillingspaaren –, wie psychische Erfahrungen, allgemeine Lebensumstände und Umwelteinflüsse durch epigenetische regulative Prozesse die Gen*funktionen* bei gleichbleibendem Genotyp (gleichbleibende DNA-Sequenz) ändern können und auf diese Weise zu Veränderungen im Phänotyp (gesamter Organismus: in diesem Fall der Mensch) führen. Derartige Veränderungen können sowohl rückgängig gemacht als auch konserviert bzw. vererbt werden.[181] So ließ die Epigenetik die *konstitutive Wechselwirkung* zwischen der genetischen Information und der Information des gesamten Lebenskontextes transparent werden, wodurch sich auch die individuelle Vielfalt erschließt und sich die oft propagierte linear-deterministische Bestimmung des Phänotyps durch den Genotyp als einseitiger Reduktionismus erweist. Denn nach epigenetischer Erkenntnis handelt es sich um ein komplexes rückgekoppeltes Gesamtsystem.

Solche Systeme, die Verzweigungspunkte enthalten und Emergenzstufen mit neuen Eigenschaften hervorbringen können, lassen mit ihren Steuerungssystemen durchaus eine *Gerichtetheit* der Prozesse erkennen, die auf ein *internes Organisationsprinzip* hinweist. Biologische Prozesse sind von Strukturen gerichteter Zweckmäßigkeit (Teleonomie) geprägt[182], welche auch die Phänomene der sogenannten Selbstorganisation mit ihrer Entstehung neuer komplexer Strukturen kennzeichnen. Bei der irreversiblen bzw. geschichtlichen Entstehung und Erhaltung selbstorganisierender Systeme – wie etwa Lebewesen – findet nicht nur ein ständiger thermodynamischer Austausch mit der Umgebung statt, sondern auch ein ständiger Informationsaustausch, so dass die Systeme von ihrem Kontext beeinflusst wer-

180 Für die Begründer des erweiterten Begriffs und diejenigen, die ihn übernommen haben, ist die begriffliche Erweiterung notwendig, weil die Erkenntnisfortschritte den herkömmlichen Ansatz auch weitreichend verändert haben, während von anderen Biologen die Auffassung vertreten wird, der alte Begriff könne die – zum Teil unterschiedlich bewerteten – Weiterentwicklungen integrieren.

181 Nach wie vor bergen die komplexen Prozesse und Zusammenhänge noch viele Geheimnisse, so dass sich bei den Biologen unterschiedliche Gewichtungen hinsichtlich ihrer Einordnung finden, etwa ob sich damit auch Lamarcks Vorstellung rehabilitieren lasse, dass in der Lebenszeit erworbene physiologische Veränderungen unmittelbar vererbbar sind.

182 Siehe J. Oehler: Evolution, S. 124. – Die zweckgerichtete *Teleonomie* auf naturwissenschaftlicher Ebene ist nicht zu verwechseln mit der zielgerichteten *Teleologie* auf philosophischer und theologischer Ebene, bei der es um Sinndeutung geht (siehe *Kap. IV,1*).

den – bis hin zur globalen Ebene. Der Prozess eines jeden Systems hat dabei seine eigene Geschichte und Kontextualität.[183] Doch zugleich ist die Evolution von konvergenten Entwicklungen und Mustern geprägt. Dies bedeutet für den Paläontologen Simon Conway Morris, dass gegenüber der von dem Paläontologen und Evolutionsbiologen Steven Jay Gould vertretenen reinen Ziellosigkeit und Zufälligkeit des Evolutionsprozesses darauf hinzuweisen bleibt: „Der Evolution sind enge Grenzen gesetzt. Deshalb verläuft sie entlang stark eingeschränkter Pfade."[184] Aus genetischer Perspektive bieten sogenannte „homöotische Gene" eine Grundlage für Regulationsmechanismen und gemeinsame Muster, weil sie durch ihren identischen Grundaufbau (Homöobox) etwa die konvergente Entwicklung von Körperteilen bei der Individualentwicklung ermöglichen.[185] Angesichts der Mutations-, Rekombinations- und Selektionsprozesse besteht also eine erstaunliche Konstanz, welche die Aufrechterhaltung spezifischer Arten gewährt. Das verweist auf das Vorhandensein nur bestimmter Änderungsmöglichkeiten und einen entsprechenden Rahmen innerer Evolutionsmechanismen.[186]

In diesem Rahmen können die *Organismen* nach Ansicht etlicher Biologen allerdings in ihrer inneren Dynamik *selbst aktiv* in den Evolutionsprozess eingreifen, indem sie etwa zielgerichtet ihre Umwelt bzw. eine neue ökologische *Nische* auswählen, in der ein anderes Set an Genen die Überlebensfähigkeit zu garantieren vermag. So ergeben sich die Variationen nicht wie im klassischen evolutionstheoretischen Verständnis einfach aufgrund natürlicher Selektion durch Anpassung der Organismen bzw. Phänotypen an die Umwelt (Adaption), sondern auch durch zielgerichtetes Verhalten der Organismen zur Veränderung der Umwelt. Dabei kommt es dann zu dem bereits oben aufgezeigten wechselseitigen Informationsaustausch, in dessen Rahmen die Veränderungen der Umwelt auf die Organismen und die Gene zurückwirken.[187] Wie schon der epigenetisch dargelegte gegenseitige Einfluss von Genen, Organismen und Lebenskontext zeigt auch der gegenseitige Einfluss speziell im Blick auf die Umwelt bzw. die ökologische Nische, dass neben der Wirkung der Teile auf das Ganze (Bottom-up) auch die Wirkung des Ganzen auf die Teile (Top-down) besteht.[188]

---

183 Zu den selbstorganisierenden Systemen siehe *Kap. VI,4*.

184 S.C. Morris: Gibt es Kolibris, S. 71.

185 Siehe E.P. Fischer: Fliegenei, S. 90 ff.

186 Solche inneren Vorgaben betont auch die „*Kritische Evolutionstheorie*" (Frankfurter Schule: W.F. Gutmann u.a.), die sich um die erkenntnistheoretische Reflexion evolutionsbiologischer Methoden und die Berücksichtigung der geisteswissenschaftlichen Grundlagen naturwissenschaftlicher Begriffsbildung bemüht. Siehe W.F. Gutmann/K. Bonik: Kritische Evolutionstheorie, und *Anm. 188, XI. Kap.*, sowie *Anm. 63, X. Kap.*

187 Vgl. I.G. Barbour: Naturwissenschaft, S. 109 f. u. 123 ff.

188 W.F. Gutmann: Konstruktion, S. 115, hebt gegenüber einem rein physikalistischen und genetischen Bottom-up-Verständnis die Bedeutung der spezifischen Organisation von lebenden Organismen hervor: „Molekulare Prozesse müssen sich dem konstruktiven Rahmen beugen. In top-down-Manier legt das organisatorische Gefüge den Rahmen und die Begrenzungen fest, in dem [sic] molekulare Abläufe und molekulare Elemente, auch Gene, bestehen und wirksam werden können. […] Das

Die entsprechende Erweiterung der Synthetischen Theorie durch die sogenannte „*Nischenkonstruktion*" vollzogen F. John Odling-Smee und andere Biologen auf der Grundlage von Arbeiten des Genetikers und Evolutionsbiologen Richard Lewontin, indem sie die gegenseitige Prägung von Genen, Organismen und Umwelt darlegten und so auch von „ökologischer Vererbung" sprechen konnten.[189] Gegenüber monokausalen reduktionistischen Ansätzen wie in der Soziobiologie, die sogar das soziale Verhalten auf die Gene reduzieren, wird betont, dass die Spezies aktiv die Umwelt als Evaluationsfaktor verändern, etwa durch den Dammbau der Biber oder die kulturellen Aktivitäten der Menschen. Beim wechselseitigen Zusammenspiel der verschiedenen Ebenen tritt auch die oben schon gezeigte Bedeutung der Kooperation hervor, besonders hinsichtlich der kulturellen und kooperativen Anlagen der Menschen. Das stellt die klassische – schon Darwin letztlich nicht entsprechende – Konzentration auf den Konkurrenzkampf und das Überleben der Stärkeren (survival of the fittest)[190] ebenso in Frage wie Dawkins' Theorie vom „egoistischen Gen"[191]. Nicht zuletzt durch das aktive Eingreifen der Spezies in den wechselseitigen Gesamtprozess kommt das Moment einer zweckmäßigen Gerichtetheit zum Vorschein, das aber nicht mit teleologischer Zielbestimmung zu verwechseln ist. Deshalb schlägt der Theologe Markus Mühling, der das Konzept der Nischenkonstruktion aufgreift und für den Dialog mit der Theologie fruchtbar macht, vor, statt von Gerichtetheit besser von formativer Kausalität zu sprechen, welche die Rahmenbedingungen der jeweiligen Wirkkausalitäten bildet bzw. formatiert. Die Gerichtetheit der Prozesse sei deutungsoffen, so dass sie auf philosophischer oder theologischer Ebene durchaus teleologisch erweitert werden könne – aber nicht auf naturwissenschaftlicher Ebene. Durch die konstitutiven Relationen zwischen Wirkkausalität und formativer Kausalität sowie durch die wechselseitigen Einflüsse trete im Unterschied zum klassischen Evolutionsverständnis hervor, „dass das gesamte System ein hohes Maß an internen Relationen besitzt, also an Relationen, die wechselseitig konstitutiv füreinander sind"[192]. Deshalb gehe es nicht im herkömmlichen Sinn um einlinige Anpassung (Adaption) an die Umwelt als einer externen Relation, sondern um grundlegende *Resonanzen* zwischen den rückgekoppelten Ebenen der Gene, der Organismen und der Umwelt.

Die *Kompatibilität mit dem theologischen Verständnis* besteht für Mühling unter anderem in diesem Phänomen der konstitutiven internen *Relationalität,* die als

---

Diktat der Gene läßt sich nicht mehr begründen; es ist die Organisation, die den Toleranzbereich der molekularen Prozesse und damit auch der Genkonstitution festlegt."

189 Siehe dazu M. Mühling: Resonanzen, S. 172 ff., und F.J. Odling-Smee/K.N. Laland/M.W. Feldman: Niche Construction.

190 Bereits Darwin „ging es nicht darum, die Verhaltensweisen der Konkurrenz und Rivalität als die das Evolutionsgeschehen hauptsächlich bestimmenden darzustellen" (J. Oehler: Evolution, S. 134). Der ehemalige Vizepräsident des Verbandes deutscher Biologen, Jochen Oehler, verweist auf die Bedeutung der *Kooperation* für alle Ebenen des Lebens: „Schon innerorganismisch wäre ohne kooperative und integrative Mechanismen ein vielzelliger Organismus nicht lebensfähig." (Ebd., S. 133)

191 Siehe dazu *Kap. X,1.*

192 M. Mühling: Resonanzen, S. 185. Vgl. insgesamt ebd., S. 175, 185 ff., 262 f.

geschöpfliche Analogie zur innertrinitarischen Relationalität Gottes gesehen werden könne. Weil die trinitarischen Personen im dreieinigen Gott in der Gleichzeitigkeit von Relationalität und Einheit „das göttliche Wesen der Liebe" leben, werde in Gott „die Unterscheidung zwischen Nischenkonstrukteur und Umwelt egalisiert: Gott ist seine eigene Umwelt" bzw. „Nische"[193]. Indem Gott so die ultimative Nische der von ihm geschaffenen Nischen verkörpere, ermögliche er die Resonanzen zwischen ihm und der Schöpfung sowie die Resonanzen innerhalb der geschaffenen Nischen. Dem Wesen Gottes entsprechend sollen diese Resonanzen von Liebe geprägt sein: „Menschen resonieren Gott, indem sie ihre eigenen Nischen erhalten und gestalten." Doch „können die personalen Geschöpfe sowohl ihre *geschaffene* Nische und [sic] sich selbst stören oder zerstören". Das geschehe, wenn sie die geschaffene Nische nicht empfangend konstruieren (Nischenrezeption), sondern sich als selbstbehauptende Nischenkonstrukteure betätigen. Im Christusereignis sorge Gott demgegenüber dafür, „dass die geschaffene Nische nicht von der göttlichen Nische separiert ist: [...] Da Gottes wesentliche Nische ein Beziehungsgefüge der Liebe ist, identifiziert sich Gott selbst mit den Nischen seiner Schöpfung", mit dem eschatologischen Ziel „der Aufhebung der geschaffenen Nischen in die göttliche Nische"[194]. Letzteres könne aber nur über die evolutive Nischenkonstruktion hinaus durch das transformierende Handeln Gottes erfolgen. Weil Liebe naturalistisch nicht wahrnehmbar sei, gehe es um das Aufdecken natürlicher Strukturen, die „kompatibel mit einer Art von Liebe" sind, was für die Nischenkonstruktion mit den Aspekten der Wechselseitigkeit und der Kooperation zutreffe, so „dass diese Art von interner Relationalität in christlicher Perspektive als [...] Hingabe verstanden werden muss und nicht als die Viktimisierung eines ‚Fressens und Gefressenwerdens'"[195]. Entsprechend sind Naturprozesse für Mühling beabsichtigte *dynamische Prozesse von Beziehungsfähigkeit und gegenseitigem Dasein,* deren Regelhaftigkeit der Liebe (so schon Luther: jede Kreatur dient dem Regelwerk der Liebe[196]) unvollendet ist, weil der Mensch sie verletzt hat, was Gott durch sein heilsgeschichtliches Handeln wie gezeigt überwindet.[197]

So lässt sich auch evolutionsbiologisch zunehmend differenziert die oben erörterte biblisch bezeugte komplexe Eingebundenheit des Menschen in die Natur mit der besonderen Bedeutung des Menschen für die Schöpfung darstellen. Das gilt vielfach ebenso, wenn man andere als die dargelegten evolutionsbiologischen Ansätze vertritt. Damit fällt zugleich ein anderes Licht auf den immer wieder geäußerten Zusammenhang zwischen den evolutionsbiologischen Naturprozessen und der *Theodizee-Frage.* Denn die oft als grausamer und leidvoller Überlebenskampf zur

193 Ebd., S. 256 f.

194 Ebd., S. 257 f.

195 Ebd., S. 238 f., wo ferner der Hinweis erfolgt, dass es für die Möglichkeit von Liebe einer Kombination von Spontanität und Regelmäßigkeit bedarf.

196 Vgl. WA 5,38. – Zum Verhältnis von geschöpflichen Synergien und trinitarischer Schöpfung siehe auch A. Ganoczy: Schöpfer.

197 Vgl. M. Mühling: Grundinformation, S. 149 ff., 185 ff. – Siehe auch *Kap. XI,1.2.*

Durchsetzung des Stärkeren (survival of the fittest) qualifizierten evolutiven Prozesse gelten vielfach als zentrale Herausforderung für den Glauben an einen liebenden und gerechten Gott bzw. als Argument für den Atheismus.[198] Entsprechend drängt sich die Frage nach der „Rechtfertigung Gottes“ (*Theodizee* – griech. *theos:* Gott, *dikaioun:* rechtfertigen) auf, die seit der Antike eine Antwort darauf sucht, warum es Übel und Leid in der Welt gibt, wenn ein allmächtiger und gütiger bzw. liebender Gott existiert.[199] Diese Frage, die sich heute für viele besonders hinsichtlich des Verständnisses des Evolutionsprozesses stellt, darf nicht verdrängt werden, denn es geht um die Plausibilisierung des Gottes- bzw. Schöpfungsglaubens angesichts des Leidens in der Welt.[200] Zunächst ist anzumerken, dass die dargelegten schöpfungstheologischen und neueren evolutionsbiologischen Einsichten in die Naturprozesse als dynamische Prozesse von Symbiose, Beziehungsfähigkeit und gegenseitigem Dasein die Herausforderungen an den Schöpfungsglauben gegenüber der überkommenen evolutionstheoretischen Reduktion auf einen Überlebens- und Machtkampf deutlich abmildern. Ferner protestiert das alt- und neutestamentliche Zeugnis gegen Übel, Leid und Ungerechtigkeit und nimmt diese Aspekte der faktischen Welt nicht einfach hin, so dass sie auch nicht lediglich als notwendige Begleiterscheinung des Evolutions- und Schöpfungsprozesses abgetan werden können. Vielmehr verweist das biblische Zeugnis auf die eigentliche Bestimmung der Schöpfung, die eng mit der schöpfungstheologisch und evolutionsbiologisch hervorgetretenen Eingebundenheit des Menschen in die Natur und seiner darin gegebenen Sonderstellung verbunden ist. Denn Gott rief die Schöpfung ins Leben, um sie an seiner Liebe partizipieren zu lassen, mit dem besonderen Zielpunkt der freien personalen Gemeinschaft der Liebe zwischen Gott und Mensch. Entsprechend konnte Markus Mühling wie bereits gezeigt anmerken, dass die in der Dynamik gegenseitigen Daseins angelegte *Regelhaftigkeit der Liebe,* die sich nach den neuesten Einsichten auch naturwissenschaftlich als solche verstehen lasse und der nach Luther jede Kreatur diene, unvollendet geblieben sei, weil der Mensch diese Regelhaftigkeit in Bezug auf Gott und die Mitgeschöpfe verletzt habe.[201] Das zeige sich auch an dem selbstbehauptenden Umgang mit den Relationen und Resonanzen zwischen Mensch, Gott und Mitschöpfung, was zur Zerstörung statt zur Erhaltung und Bewahrung der evolutionsbiologisch gegebenen Nischen führe (Nischenkonstruktion).[202] Die in ihrer ursprünglichen Bestimmung als „sehr gut“ qualifizierte Schöpfung (Gen 1,31) wird mit den Wor-

198 Vgl. F. Gruber: Schöpfungslehre, S. 168: „[…] spätestens seit dem 19. Jahrhundert ist das Schöpfungsleid der massivste Einwand gegen den Gottes- und Schöpfungsglauben und als ‚Fels des Atheismus‘ (Georg Büchner) bezeichnet worden.“

199 Siehe dazu M. Haudel: Gotteslehre, S. 237 f. – Der Begriff „Theodizee“ wurde allerdings erst von Gottfried Wilhelm Leibniz (1646–1716) in Anlehnung an Röm 3,4 f. und Ps 51,6 gebildet.

200 Vgl. K. von Stosch: Theodizee, S. 12 ff.; M. Haudel: Gotteslehre, S. 238, und H. Rommel: Mensch, S. 15: „*Ein Gottesglaube ohne plausible Versuche in der Theodizee kann nur misslingen.* Die Frage, warum an Gott glauben – trotz des unsäglichen Leides –, darf also nicht unbeantwortet bleiben.“

201 Siehe dazu M. Mühling: Grundinformation, S. 149 ff., und *Kap. XI, 1.2.*

202 Siehe ders.: Resonanzen, S. 185 ff., 256 ff., und die obigen Ausführungen.

ten von Konrad Schmid „dann durch Mensch und Tier gleicherweise pervertiert [...] (Gen 6,12 f.)"[203].

Mit dem zentralen Ziel der Schöpfung, den Menschen die freie Gemeinschaft der Liebe mit ihrem Schöpfer zu ermöglichen, verbindet sich die entsprechende Offenheit der Schöpfung und ermöglicht so unweigerlich auch die Abweichung von der ursprünglichen Bestimmung.[204] Doch Gott nimmt diese Abweichung nicht einfach hin, sondern bleibt seiner Schöpfung durch sein erlösendes heilsgeschichtliches Handeln treu, um die Schöpfung zur Vollendung ihrer eigentlichen Bestimmung zu begleiten. Erst im trinitarisch verankerten Zusammenhang von Schöpfung, Erlösung und Vollendung tritt hervor, wie Gott in Kreuz und Auferstehung Jesu Christi selbst das Leid der partiell von ihm entfremdeten Schöpfung auf sich nimmt, um Leid und Tod zu überwinden, indem er in Christus „alles mit sich versöhnte, es sei auf Erden oder im Himmel" (Kol 1,20). So hat er den Menschen und der gesamten Schöpfung das *eschatologische Ziel des umfassenden Friedens zwischen Gott, Menschen, Tieren und Natur* erneut eröffnet, in dem dann auch die bisherige Schöpfung aufgehoben sein wird (nach Lk 12,6 ist auch der tote Sperling bei Gott nicht vergessen). Auf dieses Ziel verweisen alt- und neutestamentliche Texte über „einen neuen Himmel und eine neue Erde", wo Tod und Leid in der Gemeinschaft mit Gott für immer überwunden sind und auch Friede zwischen den Tieren herrscht (Jes 11,6 ff.; 25,6–8; 65,17; Röm 8,18–23; Apk 21,1–4 u.ö.). Gott wird „die uns erschreckende Differenz zwischen Natur und Kreatur, die ‚Ursache' kreatürlichen Leidens, aufheben. Dann erst ist dem *Problem* der Theodizee der Boden entzogen und das Ziel seiner Vorsehung erreicht."[205] „Grund dieser eschatologischen Hoffnung ist die Selbstoffenbarung Gottes in Leiden und Sterben Jesu Christi. Im Blick auf die Auferstehung

203 K. Schmid: Welt, S. 333. – Die vormenschliche Evolution kann durchaus die von Mühling benannten Strukturen gegenseitigen Daseins gehabt haben, die sich dann mehr in Formen des Gegeneinanders wandelten.

204 „Die faktische Welt ist nicht in harmonischem Einklang mit dem Willen des Gottes, den wir als ihren Schöpfer glauben, sondern Schöpfung, in der zerstörende Macht wirksam ist, Schöpfung also, die auf ihre Erlösung wartet." (W. Joest/J. von Lüpke: Dogmatik I, S. 173) – Zum Verhältnis von Offenheit der Schöpfung, Naturgesetzen und Freiheit siehe J. Polkinghorne: Theologie, S. 108; K. von Stosch: Theodizee, S. 59 ff., und H. Tetens: Gott, S. 62 f.

205 C. Link: Schöpfung, S. 347. Zur Vollendung der Schöpfung siehe ebd., S. 350–372. „Was Juden und Christen der Welt im Namen ihres Bekenntnisses schuldig sind, ist der Verzicht auf die heute proklamierte Möglichkeit, sich die eigene Zukunft wissenschaftlich-technisch garantieren zu lassen. Nur so werden sie verhindern, dass sich das Vorletzte als Letztes, das Vergängliche als Unvergängliches aufspielt." (Ebd., S. 372) Siehe ferner ders.: Theodizee, S. 312 ff. – Gegen diese Gefahr sperren sich eigentlich schon die vielfach aufgezeigten naturwissenschaftlichen Einsichten in die Offenheit der Naturprozesse mit ihren letztlich nicht prognostizierbaren Möglichkeiten, was sich mit der Transzendenz des Menschen und seinen Fragen nach Sinn und Ziel verbindet – und damit die Dimension der Ewigkeit aufscheinen lässt. – Zur *Kompatibilität von heilsgeschichtlichem Handeln Gottes und naturwissenschaftlicher Erkenntnis* siehe *Kap. XI,1.2.* – Hinsichtlich der *eschatologischen Bestimmung* stellt sich für manche auch die Frage, inwieweit dasjenige *tierische Leben,* das nicht mit einer gewissen Art von Bewusstsein im weitesten Sinne ausgestattet ist, lediglich punktuell am Lebensprozess partizipiert.

wird dabei deutlich, dass Gott auch in den aussichtslosesten Situationen seinen heilenden Willen durchsetzen kann."[206]

In den aufgezeigten Zusammenhang von Schöpfung, Erlösung und Vollendung, der „eine leidempfindliche Rede vom Handeln Gottes"[207] ermöglicht, lässt sich auch die von Leibniz vollzogene Unterteilung in metaphysisches, physisches und moralisches Übel einordnen, auf die bis heute immer wieder zur Beantwortung der Theodizee-Frage zurückgegriffen wird. Das *metaphysische Übel* besteht nach Leibniz in der Unvollkommenheit der Welt, die aus dem Unterschied zwischen deren Geschöpflichkeit und der Vollkommenheit Gottes resultiert. Wollte Gott eine eigenständige Schöpfung hervorbringen und nicht eine Wiederholung seiner selbst, existiert für Leibniz in der unvollkommenen Schöpfung die bestmögliche Welt. An Leibniz anknüpfend bleibt zu erwähnen, dass nur die Erschaffung eines *neuen und eigenen Lebens* die eigene Würde von Welt und Mensch ermöglicht. Nur so vermag dieses Leben auch außergöttliches Ziel der Liebe Gottes zu werden – und damit Teil einer freien Gemeinschaft der Liebe. Dieses hohe Gut einer *Gemeinschaft der Liebe* rechtfertigt den Unterschied zur Vollkommenheit Gottes und ist zugleich nur unter der Voraussetzung menschlicher Freiheit zu erreichen. Daraus geht der Zusammenhang mit dem *moralischen Übel* hervor, weil die Gewährung der *Freiheit* des Einstimmens in die Gemeinschaft der Liebe die *Möglichkeit* der Ablehnung beinhaltet. Im Kontext der gewährten Freiheiten der Schöpfung und der Abweichung von ihrer eigentlichen Bestimmung eröffnet sich die Annährung an Plausibilitäten des *physischen Übels*, das nach Leibniz etwa in Naturkatastrophen begegnet und als warnendes Beispiel zur Besserung bzw. zur Verhinderung noch größerer Übel beizutragen vermag und so der Erlangung eines guten Gesamtziels dienen kann.[208] Hier ist anzumerken, dass bestimmte Ereignisse durchaus die „pädagogische" Ermöglichung eines Innehaltens der Menschen bei ihrer Selbstzerstörung gewähren. So erweist sich Leiden nicht selten als impulsgebend für existenzielle Reifung und Entwicklung, weshalb Menschen oft nach zunächst unverständlichen Leiderfahrungen lange Zeit später zu der Einsicht kommen, wofür sie gut gewesen sind. Das gilt aber nicht für alles Übel und Leid, weil viele konkrete Leiderfahrungen unverständlich bleiben. Hier kommt zum Tragen, dass Menschen weder ihr eigenes Leben noch das ihrer Mitmenschen überschauen können, geschweige denn den Weltverlauf, so dass *Luther* es für unmöglich hielt, die Gerechtigkeit des gesamten göttlichen Heilswirkens mit der menschlichen Vernunft zu ergreifen. Entsprechend verwies er auf das Evangelium von der erlösenden Gnade Gottes und auf die vollständige Erkenntnis der Gerechtigkeit und Güte Gottes im Eschaton, dem vollendeten Reich Gottes.[209]

206 K. von Stosch: Theodizee, S. 136.

207 Ebd., S. 16. Vgl. C. Schwöbel: Theologie, S. 214: „Ein Schöpfungsverständnis, das im Zusammenhang des Verständnisses von Versöhnung, Erlösung und Vollendung entwickelt wird, ist in der Lage, der Realität des Bösen in der Welt ohne Vertuschung Rechnung zu tragen."

208 Vgl. insgesamt G.W. Leibniz: Theodizee. – Zur *Willensfreiheit* des Menschen und der entsprechenden neurowissenschaftlichen Auseinandersetzung siehe *Kap. XI,2.2.*

209 Vgl. Luthers Schrift „De servo arbitrio", besonders WA 18;784 u. 785.

Im Kontext von Schöpfung, Erlösung und Vollendung lässt sich somit insgesamt die *grundsätzliche* Plausibilität der verschiedenen Übel für die Heilsgeschichte Gottes mit den Menschen aufzeigen, wobei allerdings etliche *konkrete* Erfahrungen von nicht verständlichem Übel das Vertrauen auf eine Antwort im Eschaton erfordern, in dem der Mensch auch hinsichtlich solcher Erfahrungen eine plausible und sinngebende Antwort erwarten darf.[210]

2.1.3 Besonderheit des Menschen, kulturelle Evolution, Handeln Gottes

Die in den bisherigen schöpfungstheologischen und evolutionsbiologischen Ausführungen hervorgetretene *Besonderheit des Menschen* und seiner entsprechend zentralen Stellung in der Natur erweist sich auch an weiteren – teils unerklärlichen – Phänomenen. Weil diese in den bisherigen Kapiteln zum Teil schon erörtert wurden, kommen sie hier in entsprechend unterschiedlicher Ausführlichkeit zur Sprache. Zunächst verkörpern „Bewusstsein und Geist [...] vollkommen neue Erscheinungen in der kosmischen Geschichte"[211], welche sich besonders in ihrer einmaligen personalen Dimension im Selbst-Bewusstsein des Menschen nicht auf vorhergehende Entwicklungsstufen reduzieren lassen. In der Biologie werden solche Entwicklungen zu höheren Ebenen, die völlig andere Eigenschaften als die zugrundeliegenden Ebenen aufweisen, als „Emergenz" bezeichnet. Nach Ulrich Eibach „suggeriert" der Begriff „ein naturwissenschaftliches Wissen, verschleiert aber im Grunde, dass er über das ‚Neue' in der Evolution, das ‚Woher', ‚Wie' und ‚Warum' des neu ‚Auftauchenden' wenig naturwissenschaftlich Gesichertes aussagt"[212]. Die lebensweltlich erfahrbare leib-geistige Doppelaspektigkeit des Menschen stellt seit jeher vor Herausforderungen, die sich etwa im klassischen Geist-Körper-Dualismus äußern oder in einem reduktionistischen Naturalismus, mit dem einige Naturwissenschaftler die geistige Ebene auf das Materielle zu reduzieren versuchen.[213] Moderne Medizin und Naturwissenschaft vertreten jedoch zunehmend „eine Sicht der Person als vielschichtiger, psychosomatischer Einheit", für die gilt: „[...] sie ist gleichzeitig ein biologischer Organismus und ein verantwortliches Selbst"[214]. Diese Sicht entspricht dem biblischen Verständnis des Menschen als einer leib-geistigen personalen Einheit.[215]

Das im Rahmen seiner Naturgebundenheit bestehende Spezifikum des Menschen kommt auch durch die *moderne Genetik* zum Vorschein, indem diese auf-

210 Vgl. zur eschatologischen Aufdeckung aller Zusammenhänge auch C. Link: Theodizee, S. 305 ff. – Zur Theodizee-Frage insgesamt siehe M. Haudel: Gotteslehre, Kap. X,2.2.4: Die Theodizee-Frage.

211 I.G. Barbour: Naturwissenschaft, S. 167.

212 U. Eibach: Schöpfung, S. 242.

213 Siehe zur Besonderheit der menschlichen Natur und den unterschiedlichen Zuordnungen z. B. auch *Kap. IV,1.* Zu materialistisch-reduktionistischen Ansätzen der Neurowissenschaften und zum Dialog von Theologie und Neurowissenschaften über das Verständnis von Gehirn, Geist, Bewusstsein, Seele oder Willensfreiheit siehe *Kap. XI,2.2.*

214 I.G. Barbour: Naturwissenschaft, S. 169.

215 Vgl. ebd., S. 148 ff. – Zum Verständnis von *Körper* und *Leib* siehe *Anm. 333, XI. Kap.*

deckt, dass sich die Summe der proteincodierenden Gene beim Menschen zwar einerseits gar nicht so sehr von anderen Organismen unterscheidet, aber andererseits der Gebrauch der Gene zu den markanten Unterschieden führt. Obwohl die DNA von Schimpansen und Menschen zu 96 Prozent identisch ist, treten spezifische Funktionen hervor, die etwa schwächere Kiefer und so die Ausdehnung des Schädels nach oben bzw. eine weitaus größere Gehirnmasse ermöglichen. Analoges findet sich im Blick auf die einmalige Entstehung der Sprache. Auffallend ist zudem, dass im Unterschied zu anderen – selbst zu den am nächsten verwandten – Spezies die menschliche DNA zu 99,9 Prozent identisch ist und die Menschen aufgrund dieser außerordentlich geringen genetischen Diversität „wirklich ein Teil *einer* Familie“[216] sind, mit den darauf eingegrenzten gemeinsamen Vorfahren. Dabei vollzog sich die menschliche Entwicklung im Vergleich zu den übrigen Evolutionszyklen als wohl „schnellste biologische Entwicklung in relativ kurzer Zeit“[217], einhergehend mit der „rasanten Hirnentwicklung“ und der entsprechenden „Entstehung höchstkomplexer informationsverarbeitender Strukturen [...], welche die große Flexibilität im menschlichen Verhalten ermöglichen und ihm damit einen artspezifischen Freiheitsgrad verleihen, der in der Form bisher in der biologischen Entwicklung nicht nachweisbar ist“. Auch die Sprache mit ihrer Möglichkeit komplexer und situationsunabhängiger Informationsvermittlung „führte zu einer einmaligen Entwicklungsstufe, welche die Grundlage auch für die menschliche Kulturgeschichte [...] darstellt“, alles Phänomene, die sich „in der ökologischen Überlegenheit des Menschen“[218] widerspiegeln und den Sprung auf eine qualitativ andere Ebene bedeuten. Das menschliche Gehirn, dessen Verknüpfungsmöglichkeiten nach Ian G. Barbour die Zahl der Atome im Universum übersteigen[219], ist das komplexeste Gebilde des gesamten Kosmos, womit aber noch nicht annähernd die unfassbare komplexe Dimension des Bewusstseins vor Augen steht. Im menschlichen (Selbst-)Bewusstsein und seiner Selbstreflexivität mit den entsprechenden Freiheitsgraden, die sich auch in den kulturellen Möglichkeiten der Loslösung „von den rein biologisch geprägten Evolutionsmechanismen“[220] zeigen, kann der Mensch der Natur gegenübertreten und sie *transzendieren.* Das beinhaltet auch das bereits biblisch hervorgetretene Moment der Verantwortung gegenüber der Natur. Die derart von

216 F.S. Collins: Gott, S. 102 (Hervorhebung vom Vf.); vgl. insgesamt ebd., S. 100–114.

217 K. Kowallik: Evolution, S. 156. – Der Ansatz des sogenannten *Punktualismus* (S.J. Gould u. a.) ging grundsätzlich davon aus, dass die Evolution immer wieder von kurzen Perioden schneller Veränderung geprägt gewesen sei. Vor allem im frühen Kambrium seien plötzlich viele der bekannten evolutionären Stämme entstanden. Vgl. I.G. Barbour: Naturwissenschaft, S. 108 f. u. 114.

218 J. Oehler: Evolution, S. 137. Vgl. I.G. Barbour: Naturwissenschaft, S. 135: „Bei *Menschen* hat das Selbst [...] das höchste Niveau erreicht. Sie verfolgen bewusst Absichten und berücksichtigen entfernte Ziele. Die symbolische Sprache, rationale Überlegung, schöpferische Imagination und soziale Interaktion gehen über alles hinaus, was bislang in der Evolutionsgeschichte möglich war.“

219 Vgl. I.G. Barbour: Naturwissenschaft, S. 77. Zur Komplexität des menschlichen Gehirns siehe *Kap. XI,2.2.3.*

220 M. Kuckenburg: Urknall, S. 168. – Zur Erörterung der Dimensionen von Gehirn, Bewusstsein und Freiheit siehe *Kap. XI,2.2.*

„*Leiblichkeit* und *Freiheit*" geprägte Personalität des Menschen ist also durch „Immanenz und Transzendenz gegenüber der Natur"[221] charakterisiert.

Deshalb tritt sich im Menschen, der die kosmische und biologische Evolution mit seiner Reflexionsfähigkeit erfassen kann, die Evolution selbst gegenüber; und durch die damit aufgegebene Sinn- und Zielfrage sowie die erfahrbare Selbsttranszendenz wird auch die Religion – wie oben schon gezeigt – zu einer von der Evolution selbst gestellten Frage, was Dirk Evers aus theologischer Perspektive folgendermaßen beschreibt: „Im Menschen ist die auf Gottes Geist bezogene eschatologische Offenheit der Schöpfung als bestimmendes und orientierendes Element in die Schöpfung selbst eingegangen und hat damit ein die manifeste Wirklichkeit der materiellen Gestalten überschreitendes Moment etabliert, insofern der Mensch sich selbst auf seinen Schöpfer hin verlassen, auf ihn bezogen verantwortlich handeln und sich als vergehendes geschöpfliches Wesen in eine unverlierbare Beziehung zu ihm versetzen lassen kann."[222]

Nicht nur gegenüber der religiösen Perspektive versuchen *reduktionistisch-materialistisch geprägte naturwissenschaftliche Ansätze* die geistige Dimension naturalistisch zu reduzieren. Hierbei unterliegen sie jedoch *Zirkel- bzw. Fehlschlüssen,* indem der *methodische* Naturalismus unter der Hand bewusst oder unbewusst zum *ontologischen* Naturalismus mutiert. So werden auf naturalistischer Basis Bewusstsein und Geist ausgeklammert, dann aber in entsprechend materialistischer Orientierung, die diese Phänomene gar nicht zu greifen vermag, Bewertungen über diese Phänomene vorgenommen, bis hin zu ihrer Bestreitung. Damit benutzt man nicht nur eine Methode zur Untersuchung geistiger Aspekte, die solche Aspekte nicht erfassen kann, sondern man gibt auch noch als naturwissenschaftliches Ergebnis dieser Methode aus, dass Geistiges materialistisch zu reduzieren sei, was aber lediglich eine weltanschauliche Prämisse darstellt.[223] Die Entstehung, Funktionsweise und Eigenart des Bewusstseins ist letztlich nicht greifbar – und schon gar nicht einfach naturalistisch zu erklären bzw. zu reduzieren, was bei genauerer Betrachtung

221 H.-G. Nissing: Recht, S. 14. Siehe dazu auch E. Wölfel: Art. „Naturwissenschaft I u. II", S. 207. H. Kessler: Evolution, S. 64, hält diesbezüglich fest: „Beide Aspekte, das Eingebundensein und die Sonderstellung des Menschen, gehören zusammen; wird einer von beiden ohne den anderen stark gemacht, verfällt der Mensch in Selbstnegierung oder in Größenwahn." – Zum Verhältnis von Mensch und Natur insgesamt und seinen unterschiedlichen Ausformungen siehe *Kap. II.,* und zum Wesen der Personalität des Menschen siehe *Kap. III,2.*

222 D. Evers: Raum, S. 279 f. Siehe auch W. Krötke: Erschaffen, S. 55–67. F. Gruber: Schöpfungslehre, S. 134, verweist auf *Karl Rahner,* für den die in der Natur bestehende Dynamik der Selbsttranszendenz in der menschlichen Spezies selbstreflexiv geworden ist. – In diesen die kosmische und biologische Evolution transzendierenden Dimensionen sieht W. Krötke: Erschaffen, S. 55 f., eine finale Deutungsmöglichkeit des *Anthropischen Prinzips.* Für C. Schwöbel: Theologie, S. 217, kann das Anthropische Prinzip aufgrund der Schöpfungsmittlerschaft Christi und der heilsgeschichtlich erfahrbaren Inkarnation aus der „theologischen Perspektive den Sinn eines indirekten Hinweises auf das ‚Christusgeheimnis der Schöpfung'" gewinnen. – Siehe zum Anthropischen Prinzip *Kap. XI,1.3.*

223 Siehe hierzu *Kap. IV,1 u. XI,2.2.*

auch für entsprechende neurowissenschaftliche Versuche gilt.[224] Das betrifft neben Dimensionen wie Geist und Seele auch die subjektive Erste-Person-Perspektive, die etwa die menschliche Selbstidentifizierung oder die sogenannten „Qualia" beinhaltet (subjektive Faktoren bewusster Erfahrung wie zum Beispiel Gefühle). Ferner eröffnet die Zweite-Person-Perspektive den naturwissenschaftlich nicht fassbaren Horizont des „Du" als Möglichkeit des Dialogs mit der transzendenten Dimension. Mit diesen beiden Perspektiven verbinden sich existenzielle Verankerung, Sinnfrage oder ethische Orientierung, welche das lebensweltliche und kulturelle Selbstverständnis des Menschen konstituieren. Deshalb widersprechen reduktionistisch-materialistische Ansätze, die alles auf – von den unteren Ebenen gesteuerte – physiko-chemische Prozesse reduzieren, der Alltagserfahrung und dem kulturellen Selbstverständnis und blenden ganze Bereiche der Wirklichkeit aus. Es bedarf der Einsicht, dass der Mensch nicht rein naturalistisch zu erklären ist und auch andere Erkenntnisperspektiven nötig sind, um dem Menschen in seiner physischen, psychologischen oder spirituellen Komplexität bzw. in seiner Personalität gerecht zu werden.[225]

Evolutionsbiologisch erweisen sich neben der rasanten Gehirnentwicklung beim Menschen oder der Entstehung des Bewusstseins viele weitere Phänomene als *unerklärlich,* wie etwa die Entstehung des Lebens, also die Entstehung von organischen aus anorganischen Organismen bzw. von belebter aus unbelebter Materie. „So wissen wir derzeit keineswegs, wie das Leben und wie eine Zelle entstanden sind."[226] Auch die Emergenz-Sprünge zu Organismen mit völlig neuen Eigenschaften liegen letztlich im Dunkeln. Insgesamt gibt der Paläontologe Morris zu bedenken, dass die Vielfalt und Ordnung des Lebens mit allen ihren Phänomenen evolutionsbiologisch in mancher Hinsicht nicht zureichend zu erklären sind.[227] Die Einsicht des besonders mit der Quantenphysik verbundenen Paradigmenwechsels, dass etliche Naturprozesse *prinzipiell nicht greifbar* sind, verweist auch auf die Grenzen der Evolutionsbiologie. Ulrich Eibach empfiehlt deshalb: „Diese und viele andere Einsichten legen es nahe, Evolutionstheorien, einschließlich der Selbstorganisationstheorien, nicht mit ‚Tatsachen' und Theorien über die Wirklichkeit nicht mit der Wirklichkeit selbst oder gar mit ‚*der* Wahrheit' gleichzusetzen."[228]

Dass die Komplexität des Lebens verschiedener Erkenntniszugänge bedarf, zeigt ferner die *kulturelle Evolution.* Auch sie ist nicht angemessen mit einem reduktionis-

224 Zu den weiterführenden Erkenntnissen und den Grenzen der Neurowissenschaften sowie zur Gefahr weltanschaulicher Verabsolutierungen siehe *Kap. XI,2.2.*

225 Siehe insgesamt zur detaillierten Erörterung der genannten Zusammenhänge *Kap. II,3; IV,1; XI,2.2.* – Zur in diesen Kontexten auftretenden Frage nach der *Seele* siehe I.G. Barbour: Naturwissenschaft, S. 148 ff.; M. Haudel: Gotteslehre, bes. S. 266 f., und siehe *Kap. XI,2.2.4.*

226 U. Eibach: Schöpfung, S. 242. „Lebewesen lassen sich durch eine Reihe von Eigenschaften von der unbelebten Materie abgrenzen, darunter z. B. die Ausbildung des Stoffwechsels, die Fähigkeit zu Wachstum und Entwicklung, die Reproduktion bzw. Fortpflanzung sowie die letztlich im Begriff des Lebens enthaltene Möglichkeit zu sterben." (R. Eckel/H.-P. Großhans: Gegner, S. 55)

227 Siehe S.C. Morris: Jenseits des Zufalls.

228 U. Eibach: Schöpfung, S. 242. – Zum mit der Quantenphysik verbundenen Paradigmenwechsel siehe *Kap. VI,3.*

tischen Materialismus zu erklären, durch den sie etwa in der Soziobiologie vielfach als maßgeblich genetisch konstituiert gilt (z. B. als Überlebensstrategie der „egoistischen Gene"). Solche Ansätze wurden jedoch inzwischen vielfach „zum Modell einer Gen-Kultur-Koevolution" erweitert, das die Wechselwirkungen mit dem Lebenskontext bzw. den anderen Ebenen wie Kunst, Technik oder Moral berücksichtigt, aber letztlich nicht weiterbringt, wenn diese Ebenen „am Ende doch von den Genen an einer kurzen Leine geführt"[229] werden. Zunächst ist wahrzunehmen, dass sich „die *kulturelle Evolution* in bezeichnender Weise von der biologischen" unterscheidet, denn „die *Übermittlung kultureller Information*" geschieht „durch Sprache, Tradition, Erziehung und soziale Institutionen. Veränderungen verlaufen schneller und bewusster, und sie verstärken sich mehr als bei der biologischen Evolution." Sie können sich „in nur einer Generation" vollziehen, viel flexibler und mit der Möglichkeit, dass „alte Ideen wieder auftauchen [...], so dass sie nicht, wie die Gene einer ausgestorbenen Art, auf Dauer verloren sind."[230] Die kulturelle Evolution setzte „verblüffend abrupt" ein, weil sie mit dem Menschen verbunden ist, der sich „nahezu synchron als biologisches und als Kulturwesen"[231] entwickelte, was dem biblisch bezeugten Kulturauftrag für den Menschen entspricht (Gen 1–3). Doch wenn die vielschichtigen kulturellen Dimensionen und Ebenen auf die kausale Wirkung der Gene *reduziert* werden, indem Ethik, Moral oder Religion rein funktional zum Überleben der Gene dienen und damit lediglich nützliche Fiktionen bzw. Illusionen darstellen, wird man den kulturellen Dimensionen ebenso wenig gerecht wie der Alltagserfahrung und dem kulturellen menschlichen Selbstverständnis – und zwar sowohl naturwissenschaftlich als auch erkenntnistheoretisch.[232]

Das lässt sich exemplarisch an der Bewertung des *Altruismus* (selbstloses Handeln) zeigen, der nach reduktionistischen *soziobiologischen Ansätzen* selbst beim Überschreiten der eigenen Gruppe und bei langfristiger Perspektive dem Kosten-Nutzen-Kalkül des Überlebens der „egoistischen Gene" dient. Doch nach Eberhard Schockenhoff unterliegen diese Ansätze einem *doppelten Fehlschluss*, indem sie zunächst anthropomorph moralische Kategorien auf genetische Prozesse übertragen („egoistische" Gene), um dann das negative Vorzeichen auf menschliche Handlungen zurückzuspiegeln – „ein klassischer Zirkelschluss aus Setzungen, Fehlübertragungen und Rückprojektionen"[233]. Die Inkonsistenzen dieser Ansätze werden dabei einerseits in der radikalen Vereinfachung des Zwecks auf die Vermehrung der Gene gesehen

229 E. Schockenhoff: Moralfähigkeit, S. 222. – Zur Berufung auf die vermeintlich konstitutive Bedeutung der sogenannten „egoistischen Gene" siehe *Kap. X,1.*

230 I.G. Barbour: Naturwissenschaft, S. 144 f., wo er auf den Philosophen Holmes Rolston Bezug nimmt und entsprechend resümiert: „Über Generationen hinweg wird die menschliche Information nicht nur durch die Gene und das elterliche Vorbild, sondern auch durch Sprache, Literatur, Kunst, Musik und andere kulturelle Formen weitergegeben." (Ebd., S. 125)

231 M. Kuckenburg: Urknall, S. 165 u. 173.

232 Beispiele für solche Ansätze, die auch in den bisherigen Kapiteln schon erörtert wurden, benennt I.G. Barbour: Naturwissenschaft, S. 141 ff. – Siehe zu solchen Ansätzen und ihrer Problematik besonders *Kap. X.*

233 E. Schockenhoff: Moralfähigkeit, S. 220.

und andererseits in dem unerklärlichen Aufwand, dafür hochkomplexe Systeme zu schaffen, wobei keineswegs „ausgemacht" sei, „ob Organismen und Lebewesen, die eine komplexere Ausstattung besitzen, nicht auch ein höherstufiges Verhaltensrepertoire ausbilden als es einfachen Genen zukommt, die sich nur selbst vermehren können"[234]. Auch Ansätze, die die Wechselwirkung mit dem Lebenskontext einbeziehen, halten vielfach daran fest, dass es „nur scheinbar uneigennütziges Handeln geben kann", weil sie sich nach wie vor auf die genetische Kausalität konzentrieren. Doch auf diese Weise ist zum Beispiel das biblische Liebesgebot, bei dem es gerade um selbstlose Liebe geht, ebenso wenig abzubilden wie andere „Phänomene der Moral […] oder das Handeln aus Wert- und Gewissensüberzeugungen"[235]. Das trifft genauso für reduktionistische Ansätze der *Verhaltensgenetik* zu, die unter Ausblendung der Alltagserfahrung oder der sozialen Einflüsse das menschliche Verhalten als genetisch determiniert bezeichnen und daher etwa die Schuldfrage im Blick auf kriminelles Verhalten ablehnen müssen.[236] Insgesamt erweist sich also eine reduktionistische evolutionsbiologische Erklärung von *Moral und Ethik* als unzureichend für das Erfassen dieser komplexen und mehrschichtigen Phänomene.

Gleiches gilt für evolutionsbiologische Erklärungen der *Religion*. Während einige reduktionistische Ansätze nur auf die – als aufgeklärt qualifizierte – Überwindung der Religion und ihre Ablösung durch naturwissenschaftliche Erklärungen zielen (siehe Kap. X), betonen andere Ansätze zunehmend die konstitutive evolutionäre Bedeutung der Religion für soziale Integration, psychische Stabilität oder Krisenbewältigung, wodurch „Religion ein wesentlicher und unverzichtbarer Teil der Evolution" wird. Aber dann „erscheint jeder ideologische Materialismus und Atheismus, ja, selbst ein gleichgültiger Agnostizismus, als ein vergebliches Aufbegehren gegen die Evolution". Wenn Religion dabei oft lediglich als nützliche funktionale Fiktion bezeichnet wird, handelt es sich „um einen metaphysischen Satz, zu dem es auch Alternativen gibt. Es besteht nämlich durchaus die Möglichkeit, dass die evolutiv gewordenen religiösen Strukturen einer transzendenten, jenseitigen und überzeitlichen Wirklichkeit entsprechen."[237] Ferner ist zu beachten, dass die evolutionstheoretisch wahrgenommenen allgemeinen religiösen Phänomene nur einen Vorlauf zur biblisch bezeugten Heilsgeschichte darstellen und deren Spezifikum nicht abbilden können. Denn die Heilsgeschichte geht über das evolutive Religionsverständnis hinaus und korrigiert dessen Logik, indem sie etwa allgemeine Mythen oder Riten kritisiert und mit dem Heilsereignis des Kreuzes oder der Konzentration auf Schwache und Benachteiligte dem Gesetz der natürlichen Selektion der Stärkeren entgegensteht.[238] Konvergenzen zeigen sich erst, wenn die oben beschriebenen

234 Ebd., S. 221; vgl. ebd., S. 220 f.

235 Ebd., S. 223 u. 225.

236 Siehe dazu I.G. Barbour: Naturwissenschaft, S. 145 ff. – Zu dieser Problematik und der damit verbundenen Frage nach der menschlichen Freiheit siehe *Kap. XI,2.2.*

237 R. Eckel/H.-P. Großhans: Gegner, S. 64 f. Vgl. insgesamt ebd., S. 61 ff., und U. Lüke: Schöpfung/Evolution, S. 33 ff.

238 Siehe dazu W. Achtner: Future, besonders S. 301 ff.

Dimensionen der Wechselseitigkeit und Kooperation (z.B. Epigenetik, Nischenkonstruktion) auch hinsichtlich der kulturellen Evolution ernst genommen werden. Dann kann der gegenseitige Einfluss der verschiedenen emergenten Ebenen von biologischer und kultureller Koevolution mit den jeweiligen Spezifika und kooperativen Aspekten zur Geltung kommen. Hierbei ist vor dem Hintergrund der bereits vielfach gezeigten Wechselseitigkeit von aufwärtsgerichteten (Bottom-up) und abwärtsgerichteten (Top-down) Einflüssen bzw. Kausalitäten der Einfluss der mentalen Ebene auf die materielle Ebene nicht auszuschließen. Damit lässt sich zugleich eine angemessenere Erfassung der Dimensionen von Moral und Ethik erzielen.[239]

Auf dieser Grundlage ist auch das *Handeln Gottes* in der Schöpfung im Kontext der Naturwissenschaften gut zu plausibilisieren, was schon mehrfach erfolgte – detailliert in Kapitel XI,1.2 – und hier nur noch im Blick auf die Evolution zugespitzt wird. So kann Gott als derjenige verstanden werden, der analog der Top-down-Einflüsse in der Welt von oben nach unten zu wirken vermag, ohne gegen die naturgesetzlichen Strukturen zu verstoßen.[240] Wie das Bewusstsein in einem inneren Zusammenhang mit den Prozessen der Natur steht, in denen es aber nicht aufgeht, ist Gott nach dem Biochemiker und Theologen Arthur Peacocke imstande, in der Welt zu wirken, ohne in ihr aufzugehen (Gleichzeitigkeit von Transzendenz und Immanenz).[241] Aufgrund der offenen Möglichkeiten der Zukunft und der offenen mikro- und makrophysikalischen Prozesse kann Gott aus Sicht des Quantenphysikers und Theologen John Polkinghorne gemäß der Quantentheorie durch seine Allgegenwart ohne Energieaufwand ständig und überall Information vermitteln, die komplexe Konsequenzen nach sich zieht. Denn nach dem Physiker, Wissenschaftsphilosophen und Theologen Ian G. Barbour vermag Gott so als Bestimmer der quantentheoretischen Unbestimmtheiten jeweils bestimmte Möglichkeiten und die damit verbundenen Prozesse auszulösen. Dies spiegelt sich auf der makrophysikalischen Ebene wider: „In der nicht-linearen Thermodynamik und der Chaostheorie kann eine winzige Veränderung am Anfang dramatische Änderungen in einem größeren System auslösen. Vergleichbare Effekte können bei evolutionären Mutationen und in genetischen und neuronalen Systemen auftreten. […] Da das Wirken Gottes naturwissenschaftlich unerkennbar bleibt, kann es wissenschaftlich weder bewiesen noch widerlegt werden“[242], aber es bleibt eine plausibilisierbare Option. „Wenn generell allem Naturgeschehen, ja sogar der künftigen Naturordnung Kontingenz und Nicht-Notwendigkeit eignet, kann Gott, so er will, in der Natur in Freiheit wirken, und zwar Kraft und mittels der offenen Zeit und der offenen Naturordnung im jetzt werdenden Natur- und Zeitgeschehen.

239 Vgl. P. Clayton: New Atheism, der auf den entsprechend integrativen Ansatz der Systembiologie verweist. – Siehe auch *Kap. IV,1.*

240 Vgl. I.G. Barbour: Naturwissenschaft, S. 128f., und siehe z.B. *Kap. XI,1.2 u. XI,2.2.5.*

241 Siehe A. Peacocke: Wirken, und vgl. F. Gruber: Schöpfungslehre, S. 153. – Zum Zusammenhang von Bewusstsein und Natur siehe auch *Kap. XI,2.2.*

242 I.G. Barbour: Naturwissenschaft, S. 192f. Siehe ferner J. Polkinghorne: Theologie. – Zur detaillierten Erörterung der entsprechenden naturwissenschaftlichen Grundlagen siehe *Kap. VI,3–4.* Siehe auch *Kap. XI,1.2.*

[…] Gott ist in diesem Naturverständnis der Kreator der offenen Möglichkeiten, der Aktualisierer der Potenzialitäten, der Bestimmer des Unbestimmten. […] Dabei handelt er nicht willkürlich, sondern teilnehmend“[243]. Gott lenkt nämlich nicht deterministisch die Geschicke der Welt, da er wie mehrfach gezeigt in seinem Verhältnis von „Gegenüber und Nähe“ in interaktiver Gemeinschaft mit der Schöpfung – und speziell mit dem Menschen – wirkt, wobei er Mensch und Schöpfung an seiner Kreativität partizipieren lässt.

Vor diesem Hintergrund werden auch die selbstorganisierenden Systeme mit Gottes Wirken in Verbindung gebracht. Durch sie gewähre Gott der Schöpfung „aktive Selbsttranszendenz“ mit entsprechenden Entwicklungsmöglichkeiten.[244] „Auf der *Ebene der Evolution* mag der Geist Gottes dann darin als wirkend gesehen werden, daß er die Selbstorganisation der Materie so ermöglicht, daß aus ganz einfachen Anfängen sich komplexe Systeme […] als individuelle Systeme fortgesetzter Selbstproduktion ausbilden können […], denen Intentionalität eignet.“[245] Allerdings kann es sich dabei nach dem biblischen Gottesverständnis nicht darum handeln, dass Gott der Materie Möglichkeiten zur selbstständigen Bildung der Welt gewährt, ohne dann jemals weiter in ihre Integrität einzugreifen, wie es der Physiker Paul C.W. Davies vermutet.[246] Demgegenüber vollzieht Gott laut Dirk Evers ständig „ein Herauslocken, ein Herausrufen, ein Provozieren der Geschöpfe hin zu lebendiger Eigenständigkeit“[247]. Das kann sich durch die gezeigte Vermittlung göttlicher Information ereignen, die für Barbour „die biblische Vorstellung vom göttlichen Wort oder *Logos*“ widerspiegelt, aber nicht auf die Ebene naturwissenschaftlicher Strukturen beschränkt bleibt. Denn Gottes Wort richtet sich auf der Ebene personaler Gemeinschaft zwischen Gott und Mensch auch direkt an die Menschen, weil es „ein Ziel von Gott war, liebende und verantwortliche Personen und nicht nur informationsverarbeitende Systeme zu erschaffen“[248]. Ein moderner *Deismus*, der wie bei Davies von einem fernen und tatenlosen Gott ausgeht, widerspricht dem christlichen Gottesverständnis und dem Wesen der Heils*geschichte* ebenso wie umgekehrt manche *prozesstheologische* Erklärungsversuche, die zwar den dynamischen und geschichtlichen Prozess – auch des Herauslockens – erfassen, aber Gott und Schöpfungsprozess zuweilen derart vermengen, dass Gott von der Welt abhängig erscheint und Böses und Leid (Theodizee-Frage) als notwendige Konsequenz des Evolutionsprozesses gelten.[249]

243 U. Beuttler: Wirken, S. 102. – Zur detaillierteren Erörterung dieser Zusammenhänge siehe *Kap. XI,1.2.*

244 Vgl. U. Kropač: Naturwissenschaft/Dialog, S. 362 ff. – Siehe dazu *Kap. VI,4.*

245 D. Evers: Raum, S. 279. – Diese Konvergenz ergibt sich aber nur, wenn das Phänomen der „Selbstorganisation“ nicht vorher mit einem umfassenden naturalistisch-reduktionistischen weltanschaulichen Anspruch aufgeladen wurde (vgl. W. Schoberth: Schöpfung).

246 Siehe P.C.W. Davies: Plan.

247 D. Evers: Rezeption, S. 141.

248 I.G. Barbour: Naturwissenschaft, S. 189.

249 Vgl. ebd., S. 186 f. u. 197 ff.; R. Eckel/H.-P. Großhans: Gegner, S. 60 f. u. 114 f.; W. Härle: Dogmatik, S. 292 f., und *Kap. XI,1.2.* – Zur *Theodizee-Frage,* warum es Böses und Leid gibt, wenn Gott allmächtig und barmherzig ist, siehe *Kap. XI,2.1.2.*

Dahingegen vermag der dreieinige Gott wie bereits gezeigt (Kap. XI,1.2) im Verhältnis von „Gegenüber und Nähe" zur Schöpfung etwa laut Wolfhart Pannenberg und Christoph Schwöbel in dem evolutiven Prozess von „Zufall und Notwendigkeit"[250] bzw. von „Spontanität und Regelhaftigkeit/Ordnung" *seinem trinitarischen Wesen gemäß* zu wirken. So wird der Sohn Gottes bzw. der ordnende Logos im Kontext des allgemein verborgenen Wirkens Gottes an der Schöpfung durch die Inkarnation in der geschichtlichen Welt greifbar. Weil nach seinem Bild alles geschaffen wurde (Joh 1,3; Kol 1,16 f.), verkörpert er die Selbständigkeit der Geschöpfe und die naturgesetzliche Regelhaftigkeit bzw. Ordnung, auf der dauerhafte Gestalten als selbstorganisierende Systeme beruhen, weshalb die regelgeleitete Struktur ein Zeichen der Treue Gottes ist. Der die innertrinitarische dynamische Gemeinschaft vollziehende Heilige Geist verwirklicht seinem Wesen entsprechend die Spontanität der offenen Zukunftsprozesse der Schöpfung und ist so Zeichen des eschatologischen Zukunftshandelns Gottes. Bei diesem Zusammenhang zwischen dem *christologischen und pneumatologischen Wirken Gottes* und dem *Zusammenspiel von „Regelhaftigkeit und Spontanität"*, das mit seiner Verlässlichkeit und den offenen Möglichkeiten die Voraussetzung für die freie Gemeinschaft zwischen Gott und Mensch und den Menschen untereinander bildet, geht es um das Wirken Gottes im – seinem Wesen gemäßen – Schöpfungskontext, nicht um die Identifizierung Gottes mit den Naturgesetzen.[251] Der bestehende Zusammenhang macht deutlich, dass die Schöpfung Spuren ihres dreieinigen Schöpfers aufweist (lat. *vestigia trinitatis*). Entsprechend hebt Polkinghorne im Blick auf die innertrinitarischen Relationen hervor, dass die moderne Naturwissenschaft insgesamt auch auf relationalen Konzepten beruht.[252] So kam oben bereits am Beispiel der Nischenkonstruktion, in der Gott als ultimativer Nischenkonstrukteur verstanden werden kann, die Analogie von interner Relationalität der Evolutionsprozesse und innertrinitarischer Relationalität zum Vorschein. Hier trat zugleich hervor, dass die faktisch vorfindliche Natur und der Mensch aufgrund des gestörten Verhältnisses zu ihrem Schöpfer erlösungsbedürftig sind und das eschatologische Erlösungs- und Vollendungshandeln Gottes über den Evolutionsprozess hinausgeht und diesen transzendiert.[253] „Für christliche Schöpfungstheologie ist insofern die Selbsterschließung Gottes durch Christus im Geist die Voraussetzung dafür, den Charakter des Handelns Gottes als in seinem Wesen begründete schöpferische, versöhnende und erlösende

250 Da der Begriff „Zufall" als Grenzbegriff (I. Kant) lediglich die Grenze der Vorhersagbarkeit bezeichnet, ohne wertende Bestimmung, ist er prinzipiell deutungsoffen und sein Verständnis vom jeweiligen Referenzrahmen abhängig. Deshalb kann er durchaus mit dem verborgenen Wirken Gottes identifiziert werden. Siehe dazu *Kap. XI,1.3.*

251 Siehe zu den Konzeptionen von Pannenberg und Schwöbel *Kap. XI,1.2,* und zu Pannenberg auch *Kap. XII,1.*

252 Vgl. J. Polkinghorne: Theologie, S. 153.

253 Deshalb ist die Schöpfung (erster Glaubensartikel) nur im Zusammenhang mit der Erlösung und der Vollendung (zweiter und dritter Glaubensartikel) angemessen zu verstehen. Vgl. z. B. M. Welker: Theology, S. 30 u. 60, und siehe u. a. *Kap. XI,1.2–3 u. XI,2.2.4.*

Liebe zu bestimmen." Dabei „ist Gottes Präsenz für seine Schöpfung nicht als das zeitlose Gegenüber einer zeitlichen Welt zu sehen, sondern wird als die Gegenwart der Kreativität Gottes, die gegen die Macht der Sünde Versöhnung wirkt und gegen den Widerstand des Bösen Vollendung bringt, *in* den raum-zeitlichen Strukturen einer kontingenten Welt ersichtlich als der Grund ihrer Existenz und die wirksame Verheißung ihrer Zukunft in der Ewigkeit Gottes"[254].

Entsprechend erscheint vor dem Hintergrund der aufgezeigten Kompatibilitäten theologischer und naturwissenschaftlicher Dimensionen die *Lehre von der Vorsehung* (lat. *providentia*) mit ihrer differenzierten Darlegung von Gottes erhaltendem, mitwirkendem und lenkendem Handeln als plausibel. Die von der altprotestantischen Orthodoxie vorgenommenen Differenzierungen verweisen auf der Grundlage der daseinskonstituierenden Erschaffung aus dem Nichts (lat. *creatio ex nihilo*) und der damit verbundenen fortdauernden Schöpfung (lat. *creatio continua*) im Blick auf Gottes heilsgeschichtliches Handeln *erstens* auf die entsprechende *Erhaltung* der Schöpfung (lat. *conservatio*), in der sich Gottes Treue zeigt.[255] Sie garantiert die Gewährung der Zeit sowie den Erhalt des Raumes und der geschöpflichen Strukturen als Grundlage der Existenz der Geschöpfe, was auch die damit verbundenen Naturgesetze betrifft. *Zweitens* wird unter dem Begriff der vorsehenden *Mitwirkung* (lat. *concursus* oder *cooperatio*) das Heilswirken Gottes im Zusammenspiel mit dem Wirken der Natur und der Menschen erörtert. Denn neben der Erschaffung und Erhaltung der Welt wirkt Gott unter Wahrung der menschlichen und geschöpflichen Freiheit bzw. Kreativität daran mit, die Menschen und die Welt zu ihrem Heil zu führen. In seinem schon mehrfach aufgezeigten trinitarisch fundierten Verhältnis von „Gegenüber und Nähe" zur Schöpfung überlässt Gott die Geschöpfe in seiner Treue weder in deistischer Weise sich selbst, noch geht er pantheistisch in der Schöpfung auf oder wirkt nur als „Lückenbüßer" in Ausnahmen naturgesetzlicher Strukturen. Vielmehr vollzieht sich seine heilsgeschichtliche Mitwirkung in den Strukturen der Welt, und zwar in teilnehmender, reagierender und eingreifender Weise – unter Berücksichtigung der „Eigenaktivität des Geschöpflichen"[256]. Das ist

254 C. Schwöbel: Theologie, S. 215 f.

255 W. Pannenberg: Systematische Theologie 2, S. 69, betont, dass Gottes Treue zur Schöpfung in der gegenseitigen innertrinitarischen Treue von Vater und Sohn verankert ist. Zur Vorsehungslehre im Kontext der Schöpfungslehre vgl. ebd., S. 50–76.

256 M. Welker: Schöpfung, S. 24. Vgl. ebd., S. 20 ff. – Das Missverständnis einer *deterministischen Vorherbestimmung* durch Gott oder einer *gleichwertigen Machtfülle* menschlichen und göttlichen Wirkens sollte durch die Unterscheidung zwischen göttlichem Wirken als *Erstursache* (lat. *causa prima*) und menschlichem bzw. geschöpflichem Wirken als *Zweitursache* (lat. *causa secunda*) abgewehrt werden. Während Gottes schöpferische Macht (Erstursache) der Schöpfung die Möglichkeit eigenständigen Wirkens (Zweitursache) gewähre, richte sich die Art des göttlichen Mitwirkens nach der Beschaffenheit der jeweiligen geschöpflichen Mitwirkung (z. B. unterschiedliche Dimensionen der Mitwirkung hinsichtlich der leblosen Natur und hinsichtlich des Menschen mit seinem Freiheits- und Handlungsspielraum). – J. Polkinghorne: Theologie, S. 118, sieht in der skizzierten Unterscheidung die mögliche Gefahr einer zu dualistischen Trennung mit entsprechend unkonkreten Wirkmechanismen und die mögliche Tendenz eines zu einlinigen – und damit doch deterministischen – Handlungsgefälles.

drittens mit Gottes vorsehendem Wirken der *Lenkung* (lat. *gubernatio*) bzw. seiner *Weltregierung* verbunden, der es bedarf, weil sich göttliches und menschliches Handeln aufgrund der menschlichen Selbstbehauptung gegenüber Gott (Gen 3) nicht immer entsprechen, aber Gottes Liebe auf das heilvolle Ziel der Schöpfung ausgerichtet bleibt. Die von Gottes Liebe geleitete – und deshalb die menschliche Freiheit respektierende – Lenkung wird durch vier Aspekte charakterisiert: zunächst durch die *Zulassung* (lat. *permissio*), die gegen Gottes Heilswillen gerichtete Ereignisse zulässt, weil sich Gottes Liebe in werbender Freiheit und nicht unter Zwang vollzieht. So versucht Gott im Falle des Widerstands der Menschen seine heilvollen Ziele auf andere Weise zu erreichen, etwa durch *Hinderung* (lat. *impeditio*) des Erfolgs von Handlungen, die sich gegen seine Ziele richten. Auf diese Weise unterscheidet sich die göttliche „Zulassung" von Beliebigkeit, und zwar unter dem Vorzeichen der Liebe, welche sich dadurch auszeichnet, dass sie sich am geliebten Gegenüber orientiert und so um dessentwillen Grenzen zieht bzw. zu dessen Schutz hindernd eingreift. Das beinhaltet auch die *Begrenzung* (lat. *determinatio*) menschlicher Handlungsfähigkeiten, um den Erfolg lebensfeindlicher Absichten aufzuhalten (z.B. Gen 11,1–9). Schließlich dient die göttliche *Leitung* (lat. *directio*) dazu, die Handlungen und ihre Folgen so zu leiten, dass sie den heilsamen Zwecken Gottes dienen. Alle aufgezeigten Arten des göttlichen Wirkens und Handelns haben letztlich das Ziel der *inneren* Überwindung des Bösen durch das Gute, der göttlichen Liebe entsprechend, die dem Menschen die freie personale Gemeinschaft mit Gott gewährt und auf die Vollendung der Schöpfung ausgerichtet bleibt. Damit ist der Zusammenhang des schöpferischen Wirkens Gottes (Erster Artikel) mit seinem erlösenden (Zweiter Artikel) und vollendenden Wirken (Dritter Artikel) gegeben.[257]

Angesichts der Ambivalenz der vorfindlichen Wirklichkeit und der menschlichen Erkenntnis bleibt der Mensch auf die Offenbarung bzw. die heilsgeschichtliche Selbsterschließung des dreieinigen Gottes angewiesen, wenn sich ihm die eigentliche Bestimmung der Natur und seiner selbst mit den entsprechenden – über die greifbare Wirklichkeit hinausgehenden – Perspektiven eröffnen soll.[258] Diesbezüglich öffnet sich der biblisch bezeugte *Horizont eines neuen Himmels und einer neuen Erde* (Jes 65,17; Apk 21,1 u.ö.) sowie *des ewigen Lebens und eines umfassenden Friedens* für die gesamte Schöpfung (Jes 11,6; Apk 21–22 u.ö.).[259] Der heilsgeschichtliche Zusammenhang von Schöpfung, Erlösung und Vollendung integriert die gesamte Wirklichkeit mit den offenen Fragen nach Herkunft, Sinn, Ziel oder Überwindung der Unzulänglichkeiten, wobei er zugleich der im Menschen angelegten Transzendenzerfahrung gerecht wird. Dem Wesen des Menschen, der nach Sinn und Ziel fragt und der grundsätzlich von der – auf Dauer angelegten – Dimension der

257 Zu den Differenzierungen der altprotestantischen Dogmatik vgl. H. Schmid: Dogmatik, S. 120ff. – Zur Vorsehungslehre insgesamt siehe M. Haudel: Gotteslehre, Kap.X,1.1: Gottes Wirken: Schöpfung und Weltregierung.

258 Siehe insgesamt *Kap. III; IV,2–4; XI,1.1–2,* und M. Haudel: Gotteslehre, Kap. II.

259 Zur *eschatologischen Dimension der Vollendung* siehe *Kap. II,3; VI,4; XI,1.2; XI,2.1.2; XI,2.2.4,* und M. Haudel: Gotteslehre, Kap. X,2.2.3; X,2.3; X,3.2–3.

Liebe umfangen ist, würde das endgültige Ende von Mensch und Kosmos bzw. der unwiderrufliche Tod entgegenstehen, weil so das derart vom Bewusstsein geprägte, von der Evolution hervorgebrachte und die vorfindliche Wirklichkeit übersteigende Wesen des Menschen konterkariert würde. „Wenn der Tod für die Person das Letzte wäre, dann wäre das Leben letzten Endes doch nur eitel, absurd und sinnlos. [...] Dann könnte man ja nicht einmal erklären, warum wir nach Sinn fragen, warum menschliches Leben aus sich heraus offenbar auf Sinn angelegt ist. Warum sind wir denn so gebaut (warum hat ‚die Evolution' ein Wesen mit so komplex verschaltetem Gehirn hervorgebracht), dass wir nach Sinn fragen"[260]? Der Mensch transzendiert Aspekte der vorfindlichen Wirklichkeit auch schon durch sein gegenwärtiges Handeln, indem er sich etwa in selbstloser Nächstenliebe von darüber hinausgehenden Motiven leiten lässt, die sich häufig aus der religiösen Dimension als einem existenziellen und transzendierenden Grundzug der Menschheit speisen.[261]

Durch die fortschreitenden evolutionsbiologischen Erkenntnisse mit ihrer Einsicht in die Bedeutung von Wechselseitigkeit und Kooperation, in die Relevanz des gesamten Lebenskontextes und in die komplexen offenen Prozesse bzw. in die offene Zukunft sowie in die durchaus an Transzendenz stoßenden naturwissenschaftlichen Grenzen, wird die Notwendigkeit unterschiedlicher Erkenntniszugänge für den Einblick in die komplexe Gesamtwirklichkeit zunehmend wahrgenommen. Vor diesem Hintergrund und angesichts weiter bestehender Probleme, die sich einer rein naturalistischen Erklärung entziehen, wie etwa die angemessene Zuordnung von Geistigem und Materiellem, halten auch etliche Naturwissenschaftler, Wissenschaftstheoretiker und Philosophen hinsichtlich des Evolutionsprozesses *einen theistischen Ansatz für plausibler als einen reduktionistisch-materialistischen Naturalismus,* was in Kapitel XI,1.3 auch schon im Blick auf die physikalische und kosmische Wirklichkeit zu erkennen war. So gibt es etwa für den Paläontologen Simon Conway Morris etliche empirische Hinweise und offene Fragen, die im Blick auf die Evolution die Annahme einer theistischen Grundlage nahelegen.[262] Für den ehemaligen Leiter des internationalen Humangenomprojekts, Francis S. Collins, lassen gegenwärtige naturwissenschaftliche Einsichten und die Komplexität der Natur und ihrer Prozesse – besonders im Blick auf den Menschen – den Theismus durchaus als plausibel erscheinen.[263] Der Wissenschaftstheoretiker und Philosoph Holm Tetens hält „mit Blick auf das Verhältnis des Geistigen zum Materiellen und angesichts der faktischen

260 H. Kessler: Evolution, S. 181.

261 „Und gerade im Gespräch mit Evolutions- und Selektionsdenken ist auch bedeutsam, dass der biblisch-christliche Glaube einen deutlich *anti-selektionistischen* Zug enthält: Gott liebt nicht nur das Starke oder biologisch Geeignete, er liebt auch das Geringe, das Mindere, das Schwache" (H. Kessler: Evolution, S. 137). Vgl. insgesamt ebd., S. 175–185, und E. Wölfel: Art. „Naturwissenschaft I u. II", S. 207. Insgesamt siehe *Kap. III, IV, XI,1–2.*

262 Siehe S.C. Morris: Jenseits des Zufalls, und vgl. U. Eibach: Schöpfung, wo weitere Beispiele der Problematisierung des reduktionistischen Materialismus erörtert werden.

263 Siehe F.S. Collins: Gott.

empirischen Resultate der Wissenschaften"[264] eine theistische Kernthese für plausibler als eine naturalistische. Unter Berücksichtigung des gesamten Lebensspektrums, von aktuellen naturwissenschaftlichen Einsichten über religiöses Bewusstsein bis zu weiteren lebensweltlichen Phänomenen, kommt der Religionsphilosoph Richard Swinburne mit der Methode des Wahrscheinlichkeitsaufweises auch bezüglich der Evolution zu dem Ergebnis, dass die Existenz Gottes gegenüber der Annahme seiner Nicht-Existenz eine wahrscheinlichere und vernünftigere Möglichkeit darstellt.[265] Die Kompatibilitäten und Konsonanzen zwischen Schöpfungsverständnis und naturwissenschaftlichem Weltverständnis führen für den Theologen und Physiker Ulrich Beuttler zu dem Schluss: „Das Gottesbild des christlichen Glaubens und das Naturbild heutiger Wissenschaft vermögen auf diese Weise zu korrespondieren, so dass man mit guten Gründen an den in der Welt wirkenden Gott glauben kann."[266] Dabei vermag das schöpferische, erlösende und vollendende heilsgeschichtliche *Handeln des dreieinigen Gottes* alle Aspekte der Wirklichkeit aufzunehmen und plausible Ziel- und Sinnperspektiven zu bieten, die der Alltagserfahrung bzw. der Gesamterfahrung der Menschen sowie vielen aktuellen naturwissenschaftlichen Einsichten gerechter werden als ein reduktionistisch-materialistischer Naturalismus. Ein solcher Reduktionismus, der alles auf die materielle Ebene bzw. auf physiko-chemische Prozesse zu reduzieren versucht, findet sich auch in den Neurowissenschaften, die sich auf der Grundlage der Erforschung des Gehirns mit Fragen nach Geist, Bewusstsein oder menschlichem Willen auseinandersetzen. Wenn die Neurowissenschaften die Eigenart ihrer Methodik und deren Grenzen ernst nehmen und keine materialistischen Verabsolutierungen vollziehen, die letztlich weltanschaulicher Natur sind, können sich durchaus Kompatibilitäten mit dem theologischen Verständnis von Mensch, Bewusstsein oder Willensfreiheit ergeben.

2.2 Theologie und Neurowissenschaften: Gehirn – Bewusstsein – Geist – Seele – Willensfreiheit

Etliche neurowissenschaftliche Konzeptionen erheben den Anspruch, die Dimensionen von Bewusstsein, Geist oder Seele rein naturalistisch als elektro-chemische Prozesse des Gehirns umfassend erklären zu können und den menschlichen Willen als determiniertes Resultat dieser Prozesse zu erweisen (keine Schuldfähigkeit) und so ein völlig *neues Menschen- und Gesellschaftsbild* zu generieren. Angesichts dieses „*Neuen Naturalismus*", der geistigen Phänomenen keine Realität zuspricht und das menschliche Selbst bzw. Ich sowie die Erfahrung von Willensfreiheit oder Religion als Konstrukte des Gehirns und als Illusion bezeichnet, ist die *Theologie in besonderer Weise zum Dialog herausgefordert.* Der Dialog ermöglicht das Aufdecken weltanschaulicher Verabsolutierungen naturwissenschaftlicher Methoden,

264 H. Tetens: Gott, S. 54.
265 Vgl. R. Swinburne: Existenz, und ders.: Hume, S. 317–333.
266 U. Beuttler: Wirken, S. 103.

die mit entsprechend unangemessenen Interpretationen von Experimenten verbunden sind. Zugleich werden unterschiedliche erkenntnistheoretische Zugänge und Begriffs-Einordnungen transparent, so dass ein gegenseitig bereichernder Dialog mit denjenigen neurowissenschaftlichen Konzeptionen möglich wird, die unter Wahrnehmung der Grenzen naturwissenschaftlicher Methoden auf weltanschauliche Verabsolutierungen verzichten. Die neurowissenschaftliche *Erforschung religiöser Phänomene* bringt religionskritische, neutrale und religionsfreundliche Konzeptionen hervor, wobei das oft defizitäre Verständnis religiöser Aspekte und deren entsprechende Ein- und Zuordnung die Notwendigkeit des Dialogs mit der Theologie unterstreichen.

Welche Grenzen den Neurowissenschaften schon an ihrem eigenen Erkenntnisgegenstand begegnen, zeigt die *immense Komplexität des Gehirns* als dem komplexesten System des Universums, das zudem als offenes und dynamisches System in ständiger Wechselwirkung mit dem gesamten Lebenskontext steht. Im Rahmen der – jeweils individuellen – menschlichen Personalität bzw. Identität (Selbst, Ich) besteht eine ständige Resonanz zwischen Gehirn, Organismus und Umwelt sowie eine entsprechend dynamisch-zirkuläre Kausalität gegenseitiger Beeinflussung. Die damit gegebene konstitutive Relationalität weist Analogien zur innertrinitarischen Relationalität und zu den Relationen zwischen Gott, Mensch und Schöpfung auf. Demgegenüber beruht die in einigen neurowissenschaftlichen Entwürfen vollzogene Isolierung und Verabsolutierung des Gehirns als autonomes und allein bestimmendes Organ auf naturalistischen Zirkel- und Fehlschlüssen. Diese werden der im personalen Gesamtkontext des Bewusstseins verankerten irreduziblen subjektiven Erfahrung ebenso wenig gerecht wie der prozessualen Wechselwirkung zwischen Gehirn, Körper und Lebenskontext, in der sich der Mensch im Zusammenspiel von Körper, Leib, Seele und Geist als leib-seelische Einheit erweist.

Die neurowissenschaftlich und philosophisch insgesamt erkennbare *Relationalität und Prozessualität* physischer und geistiger Phänomene ist kompatibel mit dem theologischen Verständnis der relationalen und prozessualen Schöpfungswirklichkeit. In ihr impliziert die Gemeinschaft zwischen Gott und Mensch personale Selbstreflexivität und Freiheit sowie das Zusammenspiel von göttlichem und menschlichem Geist, was erst ein angemessenes Verständnis der *Seele* eröffnet, zu welchem es auch neurowissenschaftliche Zugänge gibt. Zudem verdankt sich das heutige individuelle und relationale *Person- und Subjektverständnis* letztlich den trinitätstheologischen Überlegungen der frühen Christenheit. Ferner erscheint aufgrund der allgemein erkennbaren Selbsttranszendenz des Menschen und der entsprechenden Fragen nach Sinn und Ziel, welche den Neurowissenschaften den Dialog mit der Theologie nahelegen können, die Dimension des *ewigen Lebens* am Horizont. Durch sie findet die konstitutive Relationalität aus theologischer Perspektive in der ewigen Gemeinschaft mit Gott zum Ziel. Auch das neurowissenschaftlich und philosophisch viel diskutierte *Verständnis der Willensfreiheit* erschließt sich erst aus theologischer Perspektive in seiner ganzen Tiefe und im Kontext des gesamten Lebenshorizonts, wobei sich Kompatibilitäten mit neurowissenschaftlichen und philosophischen Ansätzen sowie mit der Alltagserfahrung eröffnen – und damit entsprechende gegenseitige Bereicherungen.

2.2.1 Ansprüche der Neurowissenschaften

Die Herausforderung für Theologie und Geisteswissenschaften durch die Neurowissenschaften besteht darin, dass etliche Neurowissenschaftler für sich in Anspruch nehmen, die bisher den geisteswissenschaftlichen Fachbereichen zugeordneten Phänomene wie Geist, Bewusstsein, Seele, Personalität, Subjektivität oder Willensfreiheit mit rein naturwissenschaftlich-naturalistischer Methodik erfassen und umfassend erklären zu können. Der damit einhergehende *„Neue Naturalismus"*, der sich in Teilen der Philosophie des Geistes (philosophy of mind) widerspiegelt, propagiert ein neues Menschenbild, nach welchem gegenüber dem christlich-abendländischen Menschenbild „seelische Vorgänge wie freier Wille, Ich-Bewusstsein, aber auch Religion durch nichts anderes hervorgebracht werden als durch die elektro-chemischen Operationen des Gehirns. Entsprechend sei das Inventar ‚metaphysischer' Begriffe des Geistig-Seelischen gründlich zu entrümpeln"[267]. Denn die genannten Phänomene gelten in dieser Orientierung zumeist als evolutionsbiologisch-funktionale Nebenprodukte und Konstrukte bzw. als Illusion. In Anlehnung an das kausal geschlossene deterministische Weltbild des 19. Jahrhunderts wird der Mensch als kausal determinierter Organismus charakterisiert, der durch das Gehirn auch die neuronalen – und damit mentalen – Vorgänge prägt (was jetzt vermeintlich empirisch nachvollziehbar sei). So werden Vorstellungen von Willensfreiheit bzw. die menschliche Selbsterfahrung von Handlungsfreiheit und moralisch-ethischer Verantwortlichkeit (mit entsprechender Schuldfähigkeit) in Frage gestellt – und damit zugleich die Strafgesetzgebung und fundamentale gesellschaftliche Grundlagen. Ferner verbindet sich mit den erhofften biotechnologischen Weiterentwicklungen der Neurowissenschaften für etliche das Ziel der Perfektionierung menschlicher Fähigkeiten und Eigenschaften (biomedizinisches Enhancement), was im Unterschied zur Heilung von Krankheiten die Optimierung oder gar vervollkommnende Selbstzüchtung des Menschen impliziert.[268]

Elf führende deutsche Neurowissenschaftler brachten im Jahr 2004 mit einem *„Manifest"* über „Gegenwart und Zukunft der Hirnforschung"[269] zum Ausdruck, welche Perspektiven sich für sie durch die Hirnforschung ergeben. Aufgrund der erreichten und anvisierten Fortschritte neuer bildgebender Verfahren zur Aufzeichnung physiologischer neuronaler Prozesse im Gehirn, die bewusste und unbewusste mentale Abläufe begleiten, gehen die Verfasser davon aus, dass alle mentalen Vorgänge von Geist und Bewusstsein als physiko-chemische Gehirnaktivitäten beschreibbar sind. Entsprechend glaubt man, demnächst menschliche Empfindungen neuronal objektivieren zu können. Das gewähre neue Möglichkeiten

267 D. Evers: Hirnforschung, Sp. 1107.

268 Zur problematischen Zielsetzung der neurotechnologischen Optimierung des Menschen siehe P. Böhlemann [u. a.] (Hg.): Der machbare Mensch? – Zur Frage von Schuld bzw. Nicht-Schuld und Gesetzgebung sowie zu den gesamtgesellschaftlichen Implikationen siehe U. Ebert: Willensfreiheit; D. Evers: Neurobiologie, S. 115 ff., und siehe *Kap. XI,2.2.5.*

269 Siehe: *Manifest.*

medizinischer und operativer Manipulation. Das Gehirn werde sich zusehends selbst erkennen, wodurch es unweigerlich zur Veränderung des herkömmlichen Menschenbildes komme. Deshalb rufen die Neurowissenschaftler zu einem intensiven Dialog mit den Geisteswissenschaften auf, „um gemeinsam ein neues Menschenbild zu entwerfen". Dabei wird eine gewisse Eigenständigkeit von Geist, Bewusstsein und subjektiver Empfindung allerdings nicht ganz geleugnet: „Aller Fortschritt wird aber nicht in einem Triumph des neuronalen Reduktionismus enden. Selbst wenn wir irgendwann einmal sämtliche neuronalen Vorgänge aufgeklärt haben sollten, [...] bleibt die Eigenständigkeit dieser ‚Innenperspektive' dennoch erhalten. [...] Die Hirnforschung wird klar unterscheiden müssen, was sie sagen kann und was außerhalb ihres Zuständigkeitsbereichs liegt"[270]. Wird diese Einsicht ernst genommen, vermag ein Dialog sowohl zur Wahrnehmung der unterschiedlichen Perspektiven und erkenntnistheoretischen Voraussetzungen beizutragen als auch zur notwendigen Begriffsklärung, da Begriffe wie Geist, Seele, Bewusstsein oder Willensfreiheit nicht nur zwischen den verschiedenen Disziplinen, sondern auch innerhalb der jeweiligen Disziplinen unterschiedlich verstanden und verwendet werden. Auf der Grundlage solcher Klärungen können gegenseitige Bereicherungen und Kompatibilitäten transparent werden. Außerdem lassen sich dann die mit dem „Neuen Naturalismus" verbundenen weltanschaulichen Verabsolutierungen naturwissenschaftlicher Methoden, die erst zum fragwürdigen Postulat der Notwendigkeit eines neuen Menschenbildes führen, ebenso aufdecken wie unangemessene Interpretationen von Experimenten, auf denen einige neurowissenschaftliche Konzeptionen beruhen.[271]

Die Neurowissenschaften selbst bilden bereits einen interdisziplinären Verbund von Neurobiologie, Neurophysiologie, Neuroanatomie, Neurophysik, Neurochemie, Neuropsychologie, Kognitionsforschung oder Radiologie und Informatik. Vor diesem Hintergrund und angesichts der immer wieder hervortretenden umfassenden weltanschaulichen Ansprüche sehen einige in den Neurowissenschaften eine neue „wissenschaftliche Leitdisziplin"[272]. Allerdings „scheint die anfängliche Euphorie doch einer gewissen Nüchternheit zu weichen"[273]. Denn „inzwischen ist deutlich geworden, dass Gefühle überhaupt und religiöse Erfahrungen oder gar Glaubensvorstellungen viel zu komplex sind und zum Beispiel auch von sprachlichen, kulturellen, körperlichen und je individuellen Prägungen abhängen, als dass man sie auf die Aktivität von Gehirnarealen reduzieren und sie einfach an- oder abschalten könnte"[274], was im Einzelnen noch gezeigt wird. An diesen grundsätzlichen Einsichten ändern auch die immer besser werdenden *Methoden und technischen Möglichkeiten* der Hirnforschung nichts, zumal sie nach wie vor mit vielen Problemen behaftet

270 Ebd., S. 37. Als Beispiel für die Aufnahme des Dialog-Angebots siehe z. B. C. Ammer/A. Lindemann (Hg.): Hirnforschung.

271 Zur Notwendigkeit und zur detaillierten Ausführung solcher Klärungsprozesse siehe M.R. Bennett/P.M.S. Hacker: Grundlagen.

272 K. Vogeley: Grundlagen, S. 27.

273 C. Ammer: Hirnforschung, S. 22.

274 D. Evers: Gott, S. 2.

sind.[275] Deshalb musste der Neurophysiologe Wolf Singer, einer der Mitunterzeichner des „Manifests" und Verfechter des neurophysiologischen Determinismus, in einem Streitgespräch zugestehen, „dass wir heute weniger wissen, wie das Gehirn funktioniert, als wir vor zwanzig, dreißig Jahren zu wissen glaubten"[276]. Dennoch hinterlassen er und andere Mitunterzeichner des „Manifests" wie der Neurowissenschaftler Gerhard Roth in ihren Veröffentlichungen den Eindruck, dass die Neurowissenschaften im Unterschied zum Dialogangebot des „Manifests" alleine unweigerlich zu einem *neuen naturalistisch-deterministischen Menschbild* führen.[277] So äußerte Roth in einem Interview – gemeinsam mit dem Philosophen Gerhard Vollmer – die Überzeugung: „Die Entthronung des Menschen als freies denkendes Wesen – das ist der Endpunkt, den wir erreichen. Nach Kopernikus, Darwin und Freud erleben wir hier den letzten großen Angriff auf unser traditionelles Bild vom Menschen."[278] Doch so wie mit Kopernikus die Rolle des Menschen im Kosmos nicht verloren ging und mit Darwin die biologische Bedeutung des Menschen nicht verschwand (siehe Kap. V) und der Mensch durch Freuds Triebsteuerung nicht zureichend charakterisiert wurde, so wird auch der neurowissenschaftliche Reduktionismus dem Wesen des Menschen nicht gerecht, weshalb dieser Angriff sein Ziel ebenfalls verfehlt. Abgesehen davon, dass derartige neurowissenschaftliche und davon geprägte philosophische Ansätze von einem *absoluten* Freiheitsbegriff ausgehen, der die natürlichen sowie die weiteren – noch zu zeigenden – Bedingtheiten des menschlichen Lebens nicht abbildet und entsprechend in weiten Teilen der Anthropologie, Philosophie und Theologie keinen Anhalt findet, gelangen solche Ansätze unter weltanschaulichen Prämissen zu Interpretationen der experimentellen Ergebnisse, die diese letztlich nicht hergeben.

---

275 Die grundlegende Methode der Messung der Blutzufuhr in den aktiven Gehirnregionen ermöglicht nur indirekte Informationen über die Aktivität von Nervenzellen. Mit den Methoden, die auf „Elektroenzephalogramme" und „Magnetenzephalogramme" zurückgreifen, werden besonders zeitliche Auflösungen angestrebt, die aber unter anderem aufgrund der zu geringen Komplexität der Algorithmen trotz modernster Computertechnologie nur groben Wahrscheinlichkeitscharakter erlangen. Auf räumliche Auflösungen zielen vornehmlich die „Positronen-Emissions-Tomografie" und die „funktionelle Magnetresonanztomografie" (fMRT), wobei die vorhandenen Algorithmen auch hier einen großen Interpretationsspielraum zulassen. Eine schwedische Forschergruppe hat unlängst bei Überprüfung der fMRT-Software deren Zuverlässigkeit grundsätzlich in Frage gestellt – und damit die Ergebnisse zehntausender Studien. Als Problem erweist sich nach C. Ammer: Hirnforschung, S. 15, auch, „dass die kleinste zu messende Einheit (Voxel) immer noch viele Tausende bis zu Millionen von Neuronen enthält und folglich bis zu Milliarden synaptischer Kontakte in sich einschließt. Das ‚Lesen einzelner Gedanken' ist unter den gegenwärtigen Bedingungen also reine Utopie." (Vgl. insgesamt ebd., S. 14 f.) Die durch den neuen Forschungszweig der Konnektomik (Connectomics) noch viel deutlicher hervortretenden *unüberschaubaren Verknüpfungsmöglichkeiten* im Gehirn sowie die entsprechend *immense Komplexität des Gehirns* kommen in *Kap. XI,2.2.3* zur Sprache.

276 Zitiert nach C. Ammer: Hirnforschung, S. 22. – Zum Ansatz Singers, der die subjektive Innenperspektive (Erste-Person-Perspektive) zwar nicht leugnet, sie aber letztlich zugunsten eines naturalistischen neurophysiologischen Determinismus auflöst, siehe B. Bruder: Freiheit, S. 42 ff., sowie die noch folgenden Ausführungen.

277 Vgl. die entsprechenden Hinweise bei C. Aus der Au: Mensch, S. 120.

278 G. Roth/G. Vollmer: Es geht ans Eingemachte, S. 74.

2.2.2 Experimente zu Willensfreiheit und Religion und ihre Probleme

Das zuletzt genannte Problem zeigt schon die Interpretation der wirkungsgeschichtlich einflussreichen *Experimente*, die der US-amerikanische Neurophysiologe *Benjamin Libet* (1916–2007) seit 1979 durchgeführt hat. Libet hatte neun Probanden gebeten, mehrmals zu einem beliebigen Zeitpunkt spontan einen Finger oder das Handgelenk der rechten Hand zu bewegen und sich den Zeitpunkt des bewussten „Drangs" zur Bewegung anhand einer oszilloskopischen Uhr (schnell rotierender Punkt vor einem Ziffernblatt) zu merken. Gleichzeitig wurde durch Elektroenzephalographie gemessen, wann sich im motorischen Cortex der Großhirnrinde (unbewusst) ein handlungseinleitendes Bereitschaftspotenzial bildet.[279] Dabei kam es zu dem – auch für Libet – überraschenden Ergebnis, dass sich das Bereitschaftspotenzial mindestens 550 ms vor der Handlungsausführung aufbaute, während die bewusste Handlungsabsicht erst etwa 200 ms vor der Handlung angezeigt wurde, so dass der scheinbar unbewusste Aufbau des Bereitschaftspotenzials der bewussten Handlungsabsicht ca. 350 ms vorausging. Deshalb wird der Willensprozess laut Libet unbewusst eingeleitet, was aber nach Matthias Petzoldt nicht unbedingt linear kausal verstanden werden muss, sondern auch einen interaktiven Prozess darstellen kann.[280] Libet selbst sieht ebenfalls keine durchgehende Kausalität von der unbewussten Einleitung des Willensprozesses bis zum bewussten Handeln, da das Bewusstsein in der bewussten Phase der 200 ms vor der Handlung die unbewusst eingeleitete Handlungsoption noch ablehnen könne (Veto-Funktion). „Die Rolle des bewußten freien Willens wäre also nicht, eine Willenshandlung einzuleiten, sondern vielmehr zu *kontrollieren*, ob die Handlung stattfindet."[281] „Damit votierte Libet für eine Art sekundärer Willensfreiheit"[282], wobei er der mentalen Dimension durchaus kausale Verursachung zugestand[283]. Doch die Mehrheit der Neurowissenschaftler und etliche Philosophen interpretieren „die Bewusstwerdung der Handlungsentscheidung als bloße Registrierung eines aus unbewussten Zusammenhängen stam-

279 Das *Bereitschaftspotenzial* wurde bereits in den 1960er Jahren von den deutschen Neurophysiologen Hans Helmut Kornhuber und Lüder Deecke entdeckt, worauf Libet hier zurückgreift (vgl. B. Bruder: Freiheit, S. 6 ff.). – Nach Roth sind die handlungsaktivierenden Areale der Großhirnrinde auf die Verbindung mit den *für das Bewusstsein unzugänglichen inneren Gehirnstrukturen* angewiesen, wie dem Limbischen System mit seiner Bedeutung für die emotionale Konditionierung. Die Verbindungen laufen demnach besonders über die Basalganglien, welche auch die Erfahrungen speichern. Siehe G. Roth: Willensfreiheit, S. 9 ff., und vgl. D. Evers: Neurobiologie, S. 111 f.

280 M. Petzoldt: Gehirn, S. 55, vermutet im Bereitschaftspotenzial ein „Abgleichen bestimmter Entscheidungen mit dem Limbischen System". Dieser Prozess benötige scheinbar ca. 350 ms zur Vorbereitung der bewussten Entscheidung.

281 B. Libet: Willen, S. 282. Vgl. insgesamt zum Experiment Libets und zu seinen Schlussfolgerungen B. Libet: Mind Time, besonders S. 159 ff.

282 R. Eckel/H.-P. Großhans: Gegner, S. 95.

283 Siehe B. Libet: Willen, S. 286: „Wir müssen jedoch anerkennen, dass die nahezu universale Erfahrung, dass wir aus freier, unabhängiger Entscheidung handeln können, eine Art prima-facie-Beleg darstellt, dass bewusste mentale Prozesse bestimmte Gehirnprozesse kausal steuern können."

menden und nicht mehr aufzuhaltenden Ereignisses“[284] kausaler neuronaler Abläufe, eine Interpretation, in der sich kausal-deterministische und naturalistische weltanschauliche Prämissen widerspiegeln.

Entsprechend werden aus den Versuchsergebnissen weitreichende anthropologische und gesellschaftliche Postulate abgeleitet, die aber durch die Ergebnisse nicht gedeckt sind, was sich noch zeigen wird. So folgert *Gerhard Roth* aus dem Experiment, dass die kausale Ursache des menschlichen Handelns nicht in der bewussten Willensentscheidung liegt, sondern in den unbewussten Weichenstellungen, welche das Gehirn selbst im Limbischen System (dieses konditioniert u. a. Emotionen) und in den Basalganglien (diese speichern z. B. Erfahrungen) vollzieht.[285] Das später entstehende Gefühl der freien Willensentscheidung sei nur eine „Begleitempfindung“[286], die das Gehirn als Konstrukt entwirft und dem „Ich“ zuschreibt, damit komplexe Handlungsplanungen möglich werden. Deshalb sei die lebensweltliche Erfahrung von Willensfreiheit bzw. die „subjektiv empfundene Freiheit des Wünschens, Planens und Wollens sowie des aktuellen Willensaktes [...] eine Illusion“, die lediglich nachträgliche „Pseudoerklärungen“[287] von Handlungen beinhalte. Nach Roth ist das autonome Gehirn, das die gesamte Wirklichkeit konstruiert, die handlungsbestimmende Instanz, nicht das „Ich“ bzw. das „Selbst“, zumal auch diese als Konstrukt des Gehirns gelten. Daraus folgt für das geläufige Verständnis von Verantwortung und Schuld: „Das bewusste, denkende und wollende Ich ist nicht im *moralischen* Sinne verantwortlich für dasjenige, was das Gehirn tut, auch wenn dieses Gehirn ‚perfiderweise‘ dem Ich die entsprechende Illusion verleiht.“[288] Daher sei das Strafrecht zu ändern, weil es nicht mehr um Schuld und Strafe gehen könne, sondern nur noch um die Erziehung der Täter oder den Schutz der Gesellschaft.[289] Vor dem gezeigten Hintergrund fordere die Hirnforschung also ein *komplett neues Menschenbild.*

Diese neue Sicht auf den Menschen zeigt nach Auffassung des Philosophen *Paul M. Churchland,* dass nur neuronale Prozesse Realität besitzen, die geistigen bzw. mentalen Phänomenen nicht zukomme (*eliminativer Materialismus,* der geistigen Phänomenen keine Realität zuspricht). Insofern demnach die realen neuronalen Vernetzungen im Gehirn menschliches Handeln vermeintlich determinieren, erweist sich der freie Wille auch für den Psychologen *Hans J. Markowitsch* als Illusion.[290] Der Psychologe *Wolfgang Prinz* betont, die Willensfreiheit scheitere schon grundsätzlich an der geschlossenen Kausalität der Wirklichkeit und an dem damit

284 D. Evers: Neurobiologie, S. 110.

285 Siehe *Anm. 279, XI. Kap.*

286 G. Roth: Gehirn, S. 309.

287 Ders.: Fühlen, S. 453.

288 Ders.: Sicht, S. 180.

289 Siehe ders.: Willensfreiheit. – Zur Kritik dieser Annahmen siehe *Kap. XI,2.2.5.*

290 Siehe H.J. Markowitsch: Willen, und P.M. Churchland: Seelenmaschine. – Nach Carver Mead kann das Gehirn durch eine elektronische Maschine ersetzt werden. Das rein funktionalistisch verstandene Gehirn wird deshalb auch oft mit Computer-Prozessen verglichen. (Vgl. P. Becker: Platz, S. 90, und J. Polkinghorne: Theologie, S. 82 ff.)

einhergehenden Determinismus. Allerdings bezeichnet Prinz die alltagspsychologischen Freiheitserfahrungen nicht explizit als selbsttäuschende Illusion, insofern als diese psychologisch wirksam die kollektive Regulierung des Handelns ermöglichen. Hierfür sei auch der soziale und kulturelle Kontext maßgeblich, weshalb menschliches Handeln nicht einfach durch Hirnforschung erklärt werden könne. Aber es bleibt auch für ihn dabei: „Wir tun nicht, was wir wollen, sondern wir wollen, was wir tun“[291]. Die von Prinz wahrgenommene Bedeutung des alltagspraktischen Freiheitsbewusstseins sieht auch der Neurophysiologe *Wolf Singer*, der die Erste-Person-Perspektive subjektiver Erfahrung als real anerkennt. Doch diese Phänomene entsprechen für ihn in ihrer Charakteristik nicht den Ergebnissen der objektiv beschreibenden Dritte-Person-Perspektive der Neurowissenschaften, so dass sie letztlich den naturalistisch-deterministischen Annahmen untergeordnet werden.[292] Für die Philosophen *Daniel C. Dennett* und *Thomas Metzinger* ist – in Entsprechung zu Roths Darstellung des „Selbst“ als Konstrukt des Gehirns – schließlich die gesamte personale Identität, das Bewusstsein des „Selbst“, illusionär, denn es handele sich dabei um ein virtuelles Modell bzw. um die vom Gehirn verursachte Selbstpräsentation jeweiliger gegenwärtiger Zustände des Organismus. Dadurch werde die Erste-Person-Perspektive hervorgebracht und der Organismus in der Welt verortet. So stellt das „Selbst“ keine reale Entität dar, sondern eine nützliche theoretische Konstruktion: „Das Selbst ist nach dieser Auffassung eine Fiktion des sich selbst repräsentierenden Organismus.“[293]

Bevor es zur kritischen Auseinandersetzung mit diesen und anderen Ansätzen kommt, um sowohl erkenntnistheoretische und inhaltliche Defizite als auch Anknüpfungspunkte für den Dialog aufzudecken, soll die *Aussagekraft der Libet-Experimente und ihrer Folgeexperimente* geprüft werden. Es wird immer wieder kritisiert, dass die Versuchsanordnung der Libet-Experimente nicht auf eine Willensentscheidung angelegt gewesen sei, da die Probanden lediglich dem vorher verabredeten „Drang“ eines Bewegungsimpulses nachgehen sollten, und zwar unter Bestimmung seines Zeitpunktes. Es ging also nicht darum, *ob* sie etwas tun oder *was* sie tun, sondern nur um den Vollzug einer Entscheidung, die bereits mit der Einwilligung in das Experiment erfolgte, weswegen es sich „nicht um das Treffen einer Entscheidung, sondern die Realisierung einer bereits getroffenen Entscheidung“[294] handelte. Von daher wäre zu „prüfen, ob nicht das dem konkreten Heben vorausgehende Bereitschaftspotential durch die Aufmerksamkeit aufgrund des grundsätzlichen Entschlusses (mit)ausgelöst wurde“[295]. Ferner bleibt mit Markus Mühling festzuhalten: „Aufgrund eines ‚Dranges‘ zu handeln, ist […] weit von dem entfernt, was wir im Alltag als eine freie oder willentliche Handlung bezeichnen würden.“[296] Denn mit

291 W. Prinz: Mensch, S. 22. Vgl. ders.: Kritik, und D. Evers: Neurobiologie, S. 107.
292 Siehe W. Singer: Menschenbild. Vgl. ders.: Selbsterfahrung, und B. Bruder: Freiheit, S. 42 ff.
293 J. Quitterer: Selbst, S. 83. Siehe D.C. Dennett: Philosophie, und T. Metzinger: Being No One.
294 B. Bruder: Freiheit, S. 14. Vgl. M. Pauen: Freiheit, S. 201 f., und A. Klein: Willensfreiheit, S. 230.
295 U. Beuttler: Wille, S. 65.
296 M. Mühling: Resonanzen, S. 47.

der Einwilligung in das Experiment ging es anschließend „eher um einen automatisierten Vorgang“[297]. Libet hat die Dimensionen von Überlegung und Planung sowie äußerer Einflüsse allerdings bewusst ausgeschlossen, um einen freien spontanen Willen rein innerpersonaler Natur zu garantieren. Dadurch könnte Freiheit nach Benedikt Bruder jedoch „mit Zufälligkeit oder Willkür gleichgesetzt werden, was philosophisch mit guten Gründen abgelehnt wird“[298]. Weil die Experimente zwar auf Aspekte gewisser natürlicher Bedingtheiten und auf die Affektivität bestimmter Handlungen hinweisen können, aber komplexe Willensentscheidungen mit ethischer Relevanz „überhaupt nicht abgedeckt“ werden, ist es für Wolfgang Achtner „unsinnig, aus diesen Experimenten und ihrer Interpretation Freiheit und Verantwortung des Menschen infrage zu stellen und abzulehnen“[299].

Hinzu kommen *methodische Probleme hinsichtlich der Erlangung exakter und tragfähiger Ergebnisse.* So ist die objektive Messung neuronaler Prozesse (Außenperspektive) mit der sprachlich kommunizierten subjektiven Innenperspektive der Probanden zu vermitteln, was – trotz der intersubjektiv anerkannten sprachlichen Zeichen – aufgrund der individuellen und irreduziblen Erlebnisperspektive eine gänzliche Verobjektivierung der Prozesse nicht zulässt. Denn die Innenperspektive ist nicht nur aufgrund des individuellen Erlebnischarakters (Qualia: subjektive Erfahrungen) irreduzibel, sondern auch aufgrund des individuellen Verständnisses von Bedeutungen. Eine eindeutige Korrelation der Messung neuronaler Prozesse und der Artikulation subjektiver Zustände ist deshalb nicht möglich.[300] Zudem wird die interpersonale Übertragbarkeit dadurch erschwert, dass „die auf einen identischen Reiz hin hervorgebrachten neuronalen Erregungsmuster nicht einmal bei eineiigen Zwillingen völlig übereinstimmen“[301]. Die *interindividuelle Varianz* entsteht auch durch die „ständig nötige Integration aktueller Umwelteinflüsse auf dem Hintergrund eigener Erfahrungen und der eigenen Lebensgeschichte“. Dies führt „immer wieder zur Änderung der Konfiguration eines Nervensystems“[302] und spiegelt sich in der Plastizität des Gehirns (durch die Einflüsse hervorgerufene Veränderungen von Gehirnstrukturen) wider. Als „offenes und dynamisches System“, das „durch nicht-lineare Rückkopplungen und Selbstreferentialität“[303] charakterisiert ist, „organisiert sich das Gehirn als Ganzes beständig neu anhand der Informationen, die es aus dem Körper und über den Körper aus der Umwelt erhält“[304]. Die Aussagekraft der Ergebnisse einzelner Gehirnareale und -module ist deshalb ebenso begrenzt wie die isolierte Betrachtung des Gehirns. Das wird auch gegenüber Theorien einer ganzheitlichen Selbstpräsentation des Gehirns noch deutlich werden. Weil sich einzelne

297 P. Becker: Platz, S. 127. Siehe auch M. Petzoldt: Gehirn, S. 56.
298 B. Bruder: Freiheit, S. 13. Vgl. B. Libet: Mind Time, S. 163.
299 W. Achtner: Willensfreiheit, S. 255.
300 Vgl. B. Bruder: Freiheit, S. 29–39; T. Fuchs: Gehirn, S. 53 ff.
301 U. Lüke: Gehirn, S. 61.
302 K. Vogeley: Grundlagen, S. 30.
303 D. Evers: Hirnforschung, Sp. 1110.
304 Ebd., Sp. 1108.

mentale Phänomene aus einer neuronalen Gesamtkonstellation ergeben, „dürfte es sich in den meisten Fällen als schwer, wenn nicht als unmöglich darstellen, alle notwendigen Ursachen [...] darzustellen. [...] Welche Aktivitäten das Gehirn wie verknüpft, ist [...] nach wie vor ein Rätsel."[305]

Ferner bleiben die mit den Grenzen der Methoden verbundenen räumlichen und zeitlichen Unschärfen in ihrer Relevanz für eindeutige Zuordnungen zu beachten. Diese Probleme betreffen die zeitliche Zuordnung neuronaler Prozesse ebenso wie die zeitlichen Angaben von Probanden.[306] Doch selbst mit „einer signifikanten, *synchronen Korrelierung*" wäre „noch kein Kausalverhältnis, erst recht kein deterministisches begründet", weil es sich dabei um Fragen der Interpretation handelt: „Auch ein umgekehrtes Verhältnis, also die *mentale Verursachung* hirnphysiologischer Vorgänge, oder aber eine Sichtweise nach dem Modell, dass beide Beschreibungen zwei Seiten einer Medaille beschreiben, könnte sich als sinnvoll herausstellen."[307] So kommt nicht nur Dirk Evers insgesamt zu dem Ergebnis: „Die Experimente von Libet können [...] die Beweislast dafür, dass unsere Begriffe der Willensfreiheit und des Willensentschlusses leer seien, nicht tragen."[308]

Die grundsätzlichen Probleme der Libet-Experimente vermochten auch die spezifizierenden *Folgeexperimente* nicht zu beheben. *Patrick Haggard* und *Martin Eimer* gingen in ihrem Experiment über die bei Libet eingeforderte Bestimmung eines Zeitpunktes hinaus, indem sie die Alternative boten, bei einem bestimmten Zeichen den Finger der rechten *oder* linken Hand zu bewegen. Dabei wurden das symmetrische bzw. allgemeine Bereitschaftspotenzial und das lateralisierte Bereitschaftspotenzial der für die jeweilige Hand zuständigen Hirnregion gemessen. Letzteres ging der Handlung oft ähnlich voraus wie bei Libet, doch bei einem Viertel der Probanden setzte es erst *nach* der bewussten Entscheidung ein. Das symmetrische Bereitschaftspotenzial wiederum zeigte sich oft schon vor dem handlungs*auffordernden* Zeichen. Das könnte bedeuten, dass die Entscheidung für eine der Alternativen schon vor der Aufforderung gefallen ist, oder ein Hinweis sein, dass es sich beim symmetrischen Bereitschaftspotenzial um „eine unspezifische Vorbereitung auf eine erwartete Bewegung"[309] handelt. Letzteres wurde durch Versuche von *Christoph*

305 B. Bruder: Freiheit, S. 40. Auf die komplexen Verknüpfungsmöglichkeiten des Gehirns wird in *Kap. XI,2.2.3* noch eingegangen, ebenso wie auf die Unmöglichkeit der Isolierung des Gehirns. – Zum Problem der Modularisierung bzw. der Konzentration auf einzelne Module des Gehirns, das dort auch noch zur Sprache kommt, siehe M. Mühling: Resonanzen, S. 40 ff. u. 64 ff.

306 Vgl. U. Lüke: Gehirn, S. 60 ff., und siehe *Anm. 275, XI. Kap.* Vgl. auch F. Rösler: Korrelate, S. 174 ff., der als einer der Mitunterzeichner des „Manifests" hinsichtlich der Libet-Experimente zu bedenken gibt, dass aufgrund der notwendigen zeitlichen Mittelung (Mittelwert) des Aufbaus des Bewusstseinspotenzials durch dessen langsamen Aufbau eine mögliche Gleichzeitigkeit mit der bewussten Entscheidung nicht erkennbar werde.

307 B. Bruder: Freiheit, S. 38. „Die Präsumtion eines *Notwendigkeit* implizierenden Kausalnexus [...], der alle menschlichen Möglichkeiten für illusorisch erklären würde, konnte experimentell (etwa im Libet-Experiment) nicht gezeigt werden." (Ebd., S. 122)

308 D. Evers: Hirnforschung, Sp. 1113.

309 M. Pauen: Freiheit, S. 204.

Herrmann und anderen grundsätzlich für das Bereitschaftspotenzial bestätigt. „Der Annahme einer Korrelation des BP [Bereitschaftspotenzials] mit der spezifischen Entscheidung, erst Recht [sic] der Zuschreibung einer determinierenden Rolle sollten damit gute Argumente entgegen gesetzt [sic] sein." Auch bei neueren Experimenten von *John Dylan Haynes* bringen nur gut die Hälfte der Versuche die erwarteten Ergebnisse hinsichtlich des vorlaufenden Bereitschaftspotenzials, „insbesondere aber bleibt auch hier das Verhältnis von unbewusster Vorbereitung und aktualer bewusster Kontrolle noch im Dunkeln. Dass eine Entscheidung eine lange unbewusst verlaufene Vorgeschichte hat, kann – wie auch Haynes selbst interpretiert – noch nicht als Erweis von Unfreiheit interpretiert werden."[310] Im Übrigen geht es auch in diesen Folgeexperimenten lediglich um intuitiv-spontane Entscheidungen, so dass die Kritikpunkte an den Libet-Experimenten auch hier gelten.

Viele der gezeigten grundsätzlichen Probleme bestehen auch bei der *neurowissenschaftlichen Erforschung religiöser Phänomene,* wobei sich dieser Forschungszweig zuweilen sogar als „*Neurotheologie*"[311] versteht, im Ergebnis mit positiven und negativen Einschätzungen der Religion. Der US-Amerikaner *Matthew Alper* fordert, den Theologen und Philosophen die Phänomene der Spiritualität und Religiosität aus der Hand zu nehmen und diese zu biologisieren, da solche Phänomene nicht aus dem Kontakt mit Göttlichem resultieren würden, sondern aus elektrochemischen Impulsen des Gehirns. Es handele sich um eine Notlüge der Natur, um dem Menschen die Angst vor dem Tod zu nehmen, die mit der Entstehung des bewussten Selbst aufgekommen sei.[312] Neben derart offensichtlichen und empirisch nicht gedeckten weltanschaulichen Vereinnahmungen gibt es verschiedene andere religionskritische, neutrale und religionsfreundliche experimentell orientierte Konzepte, die neuronale Korrelate für religiöse Erfahrungen suchen und interpretieren. Der kanadische Hirnforscher *Michael A. Persinger* hat in religionskritischer Absicht Versuche durchgeführt, welche Religion seines Erachtens als pathologisch verursachte Fiktion erweisen. Diese diene – wie bei Alper – dazu, die Angst vor dem Tod zu mindern. Mit einem Helm als Quelle magnetischer Strahlung stimulierte Persinger die Schläfen- bzw. Temporallappen von Probanden, weil diese Hirnregion mit Epilepsie in Verbindung zu bringen sei, welche zuweilen mit religiösen Erlebnissen einhergehe. Die Versuche führten etwa zum Gefühl der Anwesenheit eines weiteren Wesens im Raum, was allerdings der Erwartungshaltung des Versuchsaufbaus entsprach und dann religiös gedeutet wurde. Aus solchen Zusammenhängen schließt Persinger, dass sich Gotteserlebnisse als epilepsieähnliche Prozesse und damit als Hirngespinste erweisen, weswegen die meisten religiösen Führer wohl

310 B. Bruder: Freiheit, S. 19 f. Vgl. insgesamt ebd., S. 16 ff., und D. Evers: Neurobiologie, S. 110 f.

311 Der Begriff wurde wohl 1984 von James B. Ashbrook vom Garret-Evangelical Theological Seminary in Evanston eingeführt (siehe J.B. Ashbrook: Neurotheology).

312 Siehe M. Alper: „God" Part. Zur Darlegung von Alpers Ansatz vgl. H. Goller: Erleben, S. 248 f.

durch epileptische Abnormalitäten geprägt gewesen seien.[313] Bei einer doppelblind vollzogenen Wiederholung der Versuche durch den Schweden Pehr Granquist, bei der für eine zweite Kontrollgruppe die Stimulierung nicht durchgeführt wurde, zeigte sich, dass in beiden Gruppen religiös zu deutende Erfahrungen in gleicher Größenordnung vorkamen. Der postulierte Einfluss einer Stimulierung lässt sich also nicht belegen.[314] Auch der Neurologe *Vilayanur S. Ramachandran* konzentriert sich auf die mit dem Limbischen System interagierenden Schläfenlappen und die Rolle der Epilepsie für religiöse Erfahrung. So zeigt er an Versuchen mit zwei (!) Schläfenlappenepileptikern, wie sie auf religiöse Symbole und Begriffe vermeintlich stärker reagieren als Gesunde, und folgert daraus, dass es wohl Schaltkreise für religiöse Erfahrung im Gehirn bzw. ein genetisch festgelegtes „Gottesmodul“ geben könne. Im Unterschied zu Persinger bedeutet das für ihn aber nicht, dass es sich bei diesen Erfahrungen um eine Illusion handeln muss, weil eine damit verbundene Wirklichkeit neurowissenschaftlich nicht zu entscheiden sei. Es geht ihm etwa um die Frage, ob diese Schaltkreise evolutionsbiologisch speziell für die Religion bestimmt sind.[315] Die Aussagekraft der Untersuchungen Ramachandrans wird aber nicht nur durch die geringe Zahl von nur zwei Probanden in Frage gestellt, sondern auch durch die Feststellung des Direktors des Epilepsie-Zentrums der Universität Bonn, Christian Elger, dass man noch nie etwas von einer besonderen religiösen Neigung der Epilepsie-Patienten bemerkt habe.[316]

Eine religionsbestätigende Orientierung weisen die Experimente von *Andrew Newberg* und *Eugene D'Aquili* auf, die nach neurologischen Korrelaten für das Meditieren tibetisch-buddhistischer Mönche und das Beten von Franziskanernonnen suchten. Die Experimente zeigten im für die Raumorientierung verantwortlichen oberen Scheitellappenteil eine signifikante Reduzierung der Aktivität, wodurch die Wahrnehmung räumlicher und zeitlicher Begrenztheit stark eingeschränkt bzw. blockiert wird. Das ermöglicht nach D'Aquili und Newberg die Entgrenzung des Unterschieds zwischen Ich und Umwelt und das mystische Gefühl des „absoluten Einsseins“, dessen positive emotionale Wirkung sich durch die gleichzeitige Aktivierung der für Aufmerksamkeit und Lust zuständigen Hirnareale erkläre. Dass bei den betenden Nonnen besonders die Aktivität im Sprachzentrum zunahm, erschließt sich aus der sprachlichen Form des Gebets. Während die buddhistischen Mönche vom Aufgehen des Selbst in etwas Größerem sprachen, beschrieben die Franziskanernonnen „ein greifbares Gefühl der Nähe zu Gott und der Verschmelzung mit ihm“. Aufgrund der neuronalen Korrelate sind die mystischen

313 Siehe M.A. Persinger: Basis, der zudem meint, dass religiöse Aktivitätsmuster mit aggressiven Aktivitätsmustern korrelieren, was in den Religionen die Aggression gegenüber Andersglaubenden erkläre. Zum Ansatz Persingers vgl. auch H. Goller: Erleben, S. 254 ff., und P. Becker: Platz, S. 146 ff.

314 Vgl. U.H.J. Körtner: Gott, S. 124 f.

315 Siehe V.S. Ramachandran/S. Blakeslee: Frau. – Der Genetiker *Dean Hamer* sprach von einem „Gottes-Gen“, womit er aber das Zusammenspiel vieler Gene im Blick auf die religiöse Konditionierung meinte.

316 Vgl. H. Goller: Erleben, S. 253.

Einheitserfahrungen für die Forscher weder Wunschdenken noch emotionale Irrtümer, sondern „biologisch real und naturwissenschaftlich wahrnehmbar“[317]. „Wer spirituelle Erfahrung als ‚bloße‘ neurologische Aktivität abtun wollte, müßte [sic] auch all den Wahrnehmungen der materiellen Welt durch das eigene Gehirn misstrauen. Wenn wir aber unseren Wahrnehmungen der dinglichen Welt trauen, haben wir keinen triftigen Grund, spirituelle Erfahrung zu einer Fiktion zu erklären, die ‚nur‘ im Kopf existiert“[318]. Auch für den Hirnforscher James Austin ist Religion aufgrund von Gehirnveränderungen, die durch Meditation hervorgerufen wurden, keine Einbildung, sondern eine Realität, die Gehirn und Bewusstsein verändert.[319] Weil für D'Aquili und Newberg empirisch erwiesen ist, dass der Mensch die materielle Existenz zu transzendieren vermag und durch eine geistige universelle Realität mit allem Seienden vereint werden kann, lässt sich der Mensch ihres Erachtens von Natur aus als Mystiker bezeichnen. Weil diese Charakterisierung alle religiösen Erfahrungen integriere und die lehrhaften Unterschiede der Religionen relativiere, sei damit zugleich die Grundlage für deren Versöhnung gegeben.[320]

Doch diese Schlussfolgerungen zeugen bei *kritischer Betrachtung* von einem unangemessenen Verständnis des Phänomens der Religiosität und der Religionen. Denn es werden nicht nur zwei unterschiedliche Religionsverständnisse vermengt (nicht-theistischer Buddhismus und Christentum mit personalem Gottesverständnis), sondern es wird auch mit der Mystik ein bestimmter religiöser Aspekt, der in seinen verschiedenen Ausprägungsmöglichkeiten nicht einmal näher bestimmt ist, willkürlich isoliert und mit der Religion an sich identifiziert. „Für Newberg scheint das Inhaltliche der Religionen, dasjenige, woran geglaubt wird, im Grund keine Rolle zu spielen. Religion ist jedoch nicht mit dem außergewöhnlichen Gefühl geistiger Vereinigung mit etwas Umfassenderem als dem eigenen Selbst gleichzusetzen.“[321] Denn zunächst bleibt festzuhalten, dass Glaubenserfahrungen allgemein nicht außergewöhnliche Erfahrungen darstellen, sondern sie vollziehen sich im Kontext menschlicher Erfahrungsmöglichkeiten, für die hinsichtlich der Religion nicht nur individuelle Erfahrungsmuster von Bedeutung sind, sondern auch soziale und kulturelle Kontexte – so spielt im Christentum die geschichtliche Dimension eine wesentliche Rolle.[322] Entsprechend betont die Neurowissenschaftlerin *Nina P. Azari*, dass sich religiöses Erleben nur im Kontext solcher ganzheitlichen Deutungsrahmen erfassen lässt. Zudem sei die Reduzierung der Beobachtung auf eine Gehirnregion defizitär, weil sich Entsprechungen zu religiösen Aktivitäten in vielen komplex vernetzten Hirnregionen vollziehen. Hierbei spielen entgegen der einseitigen Konzentration auf religiöse Erfahrungen auch die für kognitive Verarbeitung zuständigen Areale eine zentrale Rolle (nachgewiesen beim Vorlesen von Psalmen). Ein Ort

317 A. Newberg/E. D'Aquili/V. Rause: Gott, S. 16f.
318 Ebd., S. 200f.
319 Vgl. P. Becker: Platz, S. 144.
320 Vgl. A. Newberg/E. D'Aquili/V. Rause: Gott, S. 18ff., 158ff., 227ff.
321 H. Goller: Erleben, S. 252.
322 Siehe *Kap. IV,2.*

Gottes im Gehirn, religiöse Inhalte und die Existenz Gottes lassen sich nach Azari aus neuronalen Korrelaten nicht erschließen.[323] Die neuronalen Korrelationen mit religiösem Erleben können jedoch zumindest die – auf dieser Ebene allerdings auch nicht zu beantwortende – Frage aufwerfen, ob es sich dabei um ein evolutionäres Phänomen handelt, das „deshalb biologisch entstand, weil ihm ein realer Erkenntnisgegenstand entspricht"[324]. „Wenn wir unsere ‚normalen' Erfahrungen deshalb als zuverlässig anerkennen, weil wir davon ausgehen, dass die Evolution unsere Sinnesorgane sinnvoll eingerichtet hat, dann können wir uns aus dem gleichen Grund auf religiöse Erfahrungen einlassen."[325]

Neben der etwa bei Newberg beobachteten begrifflichen Ungenauigkeit bzw. Unzulänglichkeit bei der Zuordnung religiöser Aspekte, welche die Notwendigkeit des Dialogs mit der Theologie unterstreicht, besteht auch im Verständnis der neuronalen Prozesse kein einheitliches Bild. So sieht Newberg in der Abschwächung neuronaler Aktivität im Scheitellappen die Ursache religiösen Erlebens, während Ramachandran und Persinger religiöses Erleben umgekehrt an der Intensivierung neuronaler Aktivität in diesem Areal festmachen. Auch über die neuronalen Wirkungen von Meditation und über andere Zuordnungen gibt es keinen weitreichenden Konsens, was „ein Zeichen dafür" ist, „wie sehr die Hirnforschung im Hinblick auf das Phänomen menschlicher Religiosität noch auf der Suche ist"[326]. Das verwundert bei der Komplexität des Gehirns nicht, welche die Grenzen der Möglichkeit ihres Erfassens transparent werden lässt.

2.2.3 Komplexität des Gehirns, kritische Analyse, theologische Implikationen

Die *immense Komplexität des Gehirns* lässt sich anhand der bis heute erkennbaren Strukturen nur erahnen. So enthält das menschliche Gehirn nach neueren Untersuchungen etwa 86 Milliarden Nervenzellen, die sogenannten Neuronen. Jede dieser Zellen ist durch Synapsen mit anderen Zellen verbunden, und zwar jede Zelle im Schnitt durch 1000 Synapsen, wobei es je nach Zelltyp sogar bis zu 200 000 Synapsen bzw. Verbindungen pro Zelle sein können. Insgesamt ist das menschliche Gehirn mit etwa 100 Billionen Synapsen ausgestattet, die durch komplexe chemische und elektrische Prozesse die Übertragung von Information ermöglichen. Der auf der Grundlage neuer Technologien vor eineinhalb Jahrzehnten entstandene Forschungszweig der Konnektomik (Connectomics) eröffnet detailliertere Einblicke in die Nervenzellnetzwerke des Gehirns. Demnach kommunizieren „rund zwei

323 Siehe N.P. Azari/M. Slors: Brain; N.P. Azari/D. Birnbacher: Role. Vgl. auch M. Petzoldt: Gehirn, S. 14f., 22, 32. Zum Problem der Konzentration auf einzelne Areale bzw. Module siehe auch *Kap. XI,2.2.3*, und M. Mühling: Resonanzen, S. 40ff. u. 64ff., der zugleich darauf hinweist, dass andere Experimente den Kern der Religion nicht in der Einheitserfahrung erkennen, sondern in Offenbarungen individueller Götter (vgl. ebd., S. 48).

324 D. Evers: Hirnforschung, Sp. 1120.

325 P. Becker: Platz, S. 148.

326 M. Petzoldt: Gehirn, S. 15. Vgl. ebd., S. 13, und U.H.J. Körtner: Gott, S. 126.

Drittel der synaptisch kontaktierten Nervenzellen in großer Distanz zueinander – [...] oft Zentimeter weit entfernt in der anderen Hirnhälfte". Entsprechend „bilden Nervenzellen Kabel aus, dünne Membranschläuche, die ohne Unterbrechung bis zum Ziel laufen, sich unterwegs stark verzweigen und dabei zahlreiche weitere Nervenzellen synaptisch kontaktieren. [...] Nur mit Hilfe dieser extrem dicht gepackten hochverzweigten Nervenzellkabel können Nervenzellen es schaffen, ihre große Schar von Kommunikationspartnern direkt zu erreichen. [...] In nur einem kubischen Millimeter Nervengewebe stecken rund zehn Kilometer Nervenzellkabel und eine Milliarde Synapsen"[327] sowie 100 000 Nervenzellen. *Die Gesamtlänge der Nervenbahnen im Gehirn beträgt nach heutigem Kenntnisstand 5,8 Millionen Kilometer, was 145 Erdumrundungen entspricht.* Aufgrund der mit diesen Dimensionen einhergehenden *unzähligen Verknüpfungsmöglichkeiten* im Gehirn kommt Ian G. Barbour zu dem Schluss: „[...] die Zahl der möglichen Verbindungen ist größer als die der Atome im Universum"[328]. Vor dem gezeigten Hintergrund gilt das menschliche Gehirn als „das komplexeste [...] System dieses Universums"[329]. Die hervortretenden Dimensionen der Komplexität des menschlichen Gehirns zeigen nicht nur für Hans Schwarz die Grenzen seiner Erforschung auf: „Deshalb ist eine genaue Beschreibung des Gehirns und ein vollständiges Verfolgen der Gehirnaktivitäten schlechthin unmöglich und wir können nicht genau voraussagen, wie sich das Gehirn in einem bestimmten Fall verhält."[330]

Hinzu kommt die *Entwicklung des menschlichen Gehirns* von den embryonalen Anfängen bis zum Erwachsenenalter, die die konstitutive Eingebundenheit in die gesamte körperliche Entwicklung und die Umwelt mit ihren Einflüssen erkennen lässt. Das schlägt sich nicht nur in den davon beeinflussten Veränderungen des Gehirns *(Plastizität)* nieder, sondern unterstreicht zugleich die bereits gezeigte *interindividuelle Varianz* eines jeden Gehirns, das sich als offenes System im Austausch mit Körper und Umwelt ständig neu organisiert.[331] Deshalb wird eine Isolierung des Gehirns als autonome Instanz, wie sie in vielen neurowissenschaftlichen Konzeptionen erfolgt (siehe Kap. XI,2.2.2), den Gesamtzusammenhängen nicht gerecht. Zunächst gilt das schon für die lebensweltlich erfahrbare leib-geistige Doppelaspektigkeit des Menschen, nach der sich der Mensch als psychosomatische Einheit erweist, die einem Geist-Körper-Dualismus ebenso entgegensteht wie einem weltanschaulich überhöhten reduktionistischen Naturalismus (eliminativer Materialis-

327 M. Helmstaedter: Konnektomik, S. 844. (Moritz Helmstaedter ist Direktor am Max-Planck-Institut für Hirnforschung in Frankfurt.)

328 I.G. Barbour: Naturwissenschaft, S. 162. Siehe auch ebd., S. 77.

329 P. Clayton: Neurowissenschaft, S. 180.

330 H. Schwarz: Streit, S. 196. Vgl. etwa auch D. Evers: Hirnforschung, Sp. 1110, für den sich diese Komplexität einer „Analyse im Detail" entzieht.

331 Siehe *Kap. XI,2.2.2.* Zur Entwicklung des Gehirns im Horizont der Lebensphasen und des Lebenskontextes siehe den Neurogenetiker P.G. Layer: Freiheiten, S. 147, der abschließend betont: „Das menschliche Gehirn bleibt zeitlebens [...] plastisch und damit lern- und erfahrungsfähig." Vgl. zur ständigen kontextabhängigen Neuorganisation des Gehirns auch D. Evers: Hirnforschung, Sp. 1108 u. 1110.

mus) mit einer Verabsolutierung des isolierten Gehirns.[332] „In der phänomenologischen Innenperspektive ist das Ich *in Bindung an den Leib* der geistige (bewusste und unbewusste) Vollzug einer Person als wollendes und handelndes Wesen, in der szientifischen Außenperspektive ist das Gehirn in Bindung an den Körper *des ganzen Menschen* das vollziehende Organ des Wollens und Handelns. Das Ich ist nicht ohne Gehirn, das Gehirn nicht ohne Ich tätig. [...] Die Entsprechung und Verbundenheit beider Perspektiven ist [...] allein in der *nichtgegenständlichen* Größe ‚Person' ‚da', welche die Koordination der beiden Perspektiven und die Korrelation von ‚Ich' und ‚Gehirn' gewährleistet."[333] Entgegen der von Dennett und Metzinger vollzogenen Charakterisierung des Ich bzw. Selbst als *fiktive* Selbstrepräsentation des Gehirns (siehe Kap. XI,2.2.2) lässt sich für den Neurowissenschaftler *Antonio R. Damasio* biologisch durchaus ein *reales* Selbst beobachten. Demnach ermöglicht das stabile invariante Organisationsprinzip des Organismus ein Kernselbst bzw. Kernbewusstsein, das auf dem sogenannten „Proto-Selbst" beruht. Dieses bildet im Kontext der grundlegenden Körperfunktionen die – von verschiedenen Grundemotionen begleiteten – Hintergrundempfindungen des Bewusstseins. So wird trotz der ständigen Veränderungen im Lebensprozess ein gleichbleibendes Subjekt bzw. personale Identität gewährleistet, die sich dann in der hoch entwickelten Form des „autobiografischen Selbst" niederschlägt, in dem das Bewusstsein als Geisteszustand Außen- und Selbstwahrnehmung komplex verbindet.[334] Diese Gedanken weiterführend geht der Psychiater und Philosoph *Thomas Fuchs* davon aus, dass das basale bzw. leibliche Selbst im dynamischen Austausch mit der Umwelt ein präreflexives Selbstbewusstsein verkörpert, aus dem das personale bzw. reflexive Selbst als intentionales und autobiografisches Selbstbewusstsein hervorgeht. Dabei bestehe eine ständige Resonanz zwischen Gehirn, Organismus und Umwelt, was noch genauer zur Sprache kommt.[335]

Wird das Gehirn jedoch isoliert betrachtet und wird das Ich bzw. das personale Selbstbewusstsein in naturalistischer Verabsolutierung als physiko-chemisch erzeugte fiktive Repräsentation des autonomen Gehirns verstanden, kommen *Zirkel- und Fehlschlüsse* zum Tragen. Diese hängen maßgeblich mit der Umwandlung des methodischen Naturalismus in einen ontologischen Naturalismus zusammen. Denn die methodisch-naturalistische Ausklammerung von Bewusstsein und Geist

332 Vgl. W. Löffler: Naturalismus, S. 160 ff.; I.G. Barbour: Naturwissenschaft, S. 169 ff.; P. Clayton: Neurowissenschaft, S. 180 f.

333 U. Beuttler: Wille, S. 69. – Hinsichtlich der Begriffe *Körper* und *Leib* bleibt zu bedenken: „Seit Husserl wird zwischen dem ‚Körper', den ich habe, und dem ‚Leib', der ich bin, unterschieden." (C. Aus der Au [Hg.]: Körper, S. 13 [Einleitung]) Beim Körper geht es also vornehmlich um die Außen- bzw. Beobachterperspektive (Dritte-Person-Perspektive) und beim Leib um die subjektive Innenperspektive (Erste-Person-Perspektive). „Der Leib muss daher verstanden werden als das Medium der Personalität" (M. Mühling: Resonanzen, S. 78), in dem beide Perspektiven integriert sind.

334 Siehe dazu A.R. Damasio: Ich fühle, also bin ich. Vgl. zur Analyse des Ansatzes J. Quitterer: Selbst, S. 87 ff.

335 Siehe T. Fuchs: Selbst, S. 888 ff., und ders.: Gehirn, S. 141 f. Vgl. M. Mühling: Resonanzen, S. 84 f., 88 f.

wird letztlich nicht ernst genommen, weil man diese Dimensionen dann doch mit der – dafür ungeeigneten – naturalistisch-empirischen Methode bewertet, indem man die Methode als einzig objektiven Wirklichkeitszugang postuliert. Das führt zumeist zur Bestreitung des realen Eigenwerts der so nicht fassbaren Dimensionen von Geist und Bewusstsein. Mit diesem verdeckten weltanschaulichen *Zirkelschluss* kommt es zur Qualifizierung des personalen Selbstbewusstseins „als subjektive Illusion bzw. als Konstrukt des Gehirns“[336] und zur Behauptung, das sei ein naturwissenschaftlich belegtes Ergebnis. Es handelt sich jedoch lediglich um Ableitungen von der weltanschaulichen Prämisse eines reduktiven ontologischen Naturalismus bzw. Materialismus, welcher nach Eberhard Schockenhoff die Tendenz zu einem „naiven metaphysischen Realismus“ offenbart, „der den ‚objektiven‘ Naturbeschreibungen der Wissenschaft ganz selbstverständlich einen höheren Realitätsgehalt als dem ‚nur‘ subjektiven Erleben […] zuspricht.“[337] Auf dieser Basis versuchen etliche Neurowissenschaftler wie gezeigt (siehe Kap. XI,2.2.2) auch die Perspektive subjektiver Erfahrung (Erste-Person-Perspektive) aus der Beobachterperspektive (Dritte-Person-Perspektive) als funktionale Repräsentation des Gehirns oder als Randerscheinung zu erklären, verkennen dabei aber, dass sich die Erste-Person-Perspektive nicht gänzlich verobjektivieren lässt, sondern im Gegenteil als irreduzible bzw. unableitbare Binnenperspektive auch die unhintergehbare Voraussetzung naturwissenschaftlicher Beobachtung und Theoriebildung bleibt.

Zunächst ist wahrzunehmen, dass die *subjektiven Erfahrungen der Erste-Person-Perspektive* wie Gefühle und Empfindungen (Qualia) zwar sprachlich kommuniziert werden können, aber auf einer Ebene, „auf der wir nur noch über Empfindungen *sprechen*, sie aber damit nicht mehr *empfinden*“[338]. Die jeweiligen direkten individuellen Empfindungen bzw. Gefühle (z. B. Glücks- oder Leidensgefühl) bleiben daher als sogenannte „Qualia“ irreduzibel, wobei laut dem Psychologen, Philosophen und Wissenschaftstheoretiker Volker Gadenne zu bedenken bleibt: „Qualia sind nicht nur im Zusammenhang mit Empfindungen anzutreffen, sondern sie sind zentraler Bestandteil der Emotionen und Motive, und diese gehören wiederum zum Kern des Selbstbildes von Personen. Und auch der kognitive Bereich ist nicht frei von Qualia.“[339] Trotz des Zusammenhangs „zwischen dem subjektiven Erleben und der dazugehörigen neuronalen Basis“ besteht also nach Auffassung vieler Wissenschaftler „ein epistemologischer [erkenntnistheoretischer] Unterschied […], der bisher jede Form von Reduktion unmöglich macht. Nach aktuellem Stand kann das Programm des Reduktionismus nicht eingelöst werden; die Psychologie kann nicht auf die Physik zurückgeführt werden, unsere persönlichen Empfindungen können nicht durch neuronale Konstellationen erklärt werden.“[340] Weil das „Subjektive

336 B. Bruder: Freiheit, S. 130.

337 E. Schockenhoff: Mensch, S. 47. – Siehe zu den naturalistischen Zirkelschlüssen auch *Kap. IV,1 u. XI,2.1.3.*

338 C. Aus der Au: Mensch, S. 126.

339 V. Gadenne: Personen, S. 191.

340 P. Becker: Platz, S. 105.

und Mentale […] die Bedingung der Möglichkeit unseres Daseins als erkennende und eigenverantwortliche Wesen“ ist, bildet es auch den „unhintergehbaren Ausgangspunkt“ für das „wissenschaftliche Erkennen und Beschreiben“, bei dem „der Mensch das eigene Subjektsein in objektivierender Betrachtung nicht vollständig einholen“[341] kann. Denn die „Frage nach der Identität des Menschen vor dem explizit vollzogenen Akt des Selbstbewusstseins ist die Frage nach dem leibhaftigen Ich, das sich jeder Objektivierung insofern entzieht, als es ihr auf rätselhafte Weise vorausliegt“[342], zumal „das Ich, das den Scheinwerferstrahl der eigenen Aufmerksamkeit lenkt, […] nicht in seinem eigenen Strahl erkannt werden“[343] kann. „Das Ich, welches erlebt, Leib ist und auch die sogenannte objektive Perspektive immer auch mit Emotionen versieht, ist die Perspektive, welche wir nicht ausblenden können, auch dann nicht, wenn wir als Beobachterinnen im Labor stehen und das Gehirn einer Versuchsperson betrachten.“[344] Wenn also die Neurowissenschaft das Bewusstsein als Ausgangspunkt ihres Erklärens wieder „wegerklärt“, endet sie „in einem Selbstwiderspruch, da sie ihre notwendigen Entstehungsbedingungen nicht mitreflektiert, sondern nachträglich wieder aufhebt“[345].

Mit den gezeigten Problemen verbindet sich häufig der *mereologische Fehlschluss,* bei dem psychologische und personale Eigenschaften und Fähigkeiten, die nur der menschlichen Person als Ganzer zukommen, auf das Gehirn übertragen werden, das aber nur einen Teil der Person verkörpert. Zuschreibungen, dass das Gehirn selbst vermute, folgere, entscheide, wahrnehme oder handele, stellen eine „Fehlattribution psychologischer Eigenschaften an das Gehirn“[346] dar und führen zur Personalisierung eines einzelnen Organs des Körpers. Auf diese Weise wird das Gehirn etwa für Gerhard Roth zur handlungsbestimmenden Instanz und zu *dem* maßgeblich *Realen,* das aus innerem Antrieb handelt und die Wirklichkeit konstruiert bzw. hervorbringt: „[…] so ist für Roth die einzig transzendentale und transzendente Realität die des ‚realen Gehirns‘, das, in Kantischer Terminologie, mit dem ‚Ding an sich‘ identifiziert ist“.[347] Weil dabei das die Wirklichkeit konstruierende Gehirn durch die phänomenalen Bestimmungen der von ihm konstruierten Wirklichkeit charakterisiert bleibt, handelt es sich nach Eilert Herms um die Projektion der phänomenalen Sphäre der Wirklichkeit in das „Jenseits“ des realen Gehirns, was ent-

341 E. Schockenhoff: Mensch, S. 49 f.

342 E. Dirscherl: Mensch, S. 102.

343 U. Lüke: Gehirn, S. 77.

344 C. Aus der Au: Mensch, S. 131 f. – Auch wenn subjektive Innen- und objektive Außenperspektive nicht aufeinander zu reduzieren sind, gehören sie nach U. Lüke: Gehirn, S. 69, untrennbar zusammen, weil von „der Ich- in die Es-Perspektive und vice versa […] transportiert und instrumentalisiert“ wird und beide Perspektiven für die Erkenntnis der Gesamtwirklichkeit nötig sind.

345 E. Schockenhoff: Mensch, S. 46. – Weitere *konkrete Selbstwidersprüche* kommen noch im Folgenden und bei der kritischen Betrachtung der Auseinandersetzung über die Willensfreiheit zur Sprache.

346 B. Bruder: Freiheit, S. 127. – „Die Mereologie ist die Logik der Teil-Ganzes-Relationen.“ (M.R. Bennett/P.M.S. Hacker: Grundlagen, S. 94) Zu den vielfältigen Aspekten des mereologischen Fehlschlusses und ihren Implikationen siehe ebd., S. 87–141.

347 M. Mühling: Resonanzen, S. 45. Vgl. ebd., S. 42 f. Siehe zu Roth *Kap. XI,2.2.2.*

sprechend mythisch-religiöse Züge aufweise. Neben der unangemessenen Projektion führe das zu dem Selbstwiderspruch, dass der konstituierende Grund „selbst als im Konstituierten begründet gedacht wird“[348].

Gegenüber solchen Verabsolutierungen und Isolierungen des Gehirns zeigt *Thomas Fuchs* in seinem Buch „Das Gehirn – ein Beziehungsorgan“[349] *die relationale und wechselseitige Einbindung des Gehirns in den gesamten menschlichen Organismus und in die gesamte Lebenswelt.* Seinen neurowissenschaftlichen und psychologischen Einsichten entsprechend lassen sich weder die einzelnen Gehirnareale bzw. Module von der Gesamtheit des Gehirns isolieren noch lässt sich das Gehirn vom menschlichen Organismus und seiner Umwelt isolieren. In dem verbreiteten *Modularismus,* der bestimmte geistige Phänomene und Aktivitäten aussondert und mit neuronalen Korrelaten bestimmter Gehirnareale bzw. -module identifiziert, erkennt Fuchs neben dem mereologischen Fehlschluss einen *lokalistischen Fehlschluss:* Denn einzelne emotionale oder kognitive Aspekte sind nicht von der gesamten Bewusstseinstätigkeit zu isolieren und lassen sich so auch nicht direkt den Korrelationen einzelner Gehirnmodule zuordnen, zumal diese Module in das komplexe Wirken des gesamten Gehirns eingebunden bleiben.[350] Der Modularismus ist mit dem gängigen *Repräsentationalismus* verbunden, nach dem die Umwelt und eigene Körperzustände als Sinneswahrnehmungen durch das Gehirn repräsentiert bzw. konstruiert werden, etwa durch bestimmte neuronale „Muster“, die in entsprechenden Modulen als Konstrukte erstellt werden. Auf diese Weise implizieren der Modularismus und der Repräsentationalismus zugleich den *Neurokonstruktivismus,* der in den Neurowissenschaften ebenfalls von weitreichender Bedeutung ist. Durch den Unterschied zwischen den vom Gehirn konstruierten Repräsentationen und den repräsentierten Dingen entsteht trotz gegenteiliger Beteuerung vieler Neurowissenschaftler eine *dualistische* Tendenz.[351] Zudem wirft der Modularismus das sogenannte *„Bindungsproblem“* auf, wonach sich keine Zentralinstanz im Gehirn finden lässt, welche die verschiedenen Repräsentationen zusammenführt, so dass trotz mancher Lösungsversuche neurowissenschaftlich ungeklärt bleibt, wie die Erfahrung des einheitlichen Bewusstseins bzw. Selbst entsteht.[352]

Gegen die gezeigten Prägungen etlicher neurowissenschaftlicher Konzeptionen, die einige weitere Probleme aufweisen, wendet sich Fuchs mit seiner Analyse der *konstitutiven Wechselwirkung zwischen Gehirn, Körper und Umwelt.* Demnach beruht Wahrnehmung weniger auf Repräsentationen, sondern auf leiblicher Kommunikation, die in verleiblichter Interaktion Erfahrendes und Erfahrenes durch interleib-

348 E. Herms: Gehirn, S. 158. Vgl. ebd., S. 151 ff.

349 Siehe T. Fuchs: Gehirn.

350 Vgl. ebd., S. 68 ff. Vgl. auch M. Mühling: Resonanzen, S. 64. – Zum Anspruch, sogar „Gottesmodule“ im Gehirn identifizieren zu können, siehe *Kap. XI,2.2.2.*

351 „Der neurokonstruktivistische Repräsentationalismus ist intrinsisch dualistisch.“ (M. Mühling: Resonanzen, S. 45) Vgl. insgesamt ebd., S. 38 ff., wo sich Mühling auf den Ansatz von Fuchs bezieht.

352 Vgl. D. Evers: Hirnforschung, Sp. 1109, der auf einige Versuche der Überwindung des Problems hinweist, die aber keine überzeugende Lösung gebracht haben.

liche Resonanz verbindet. Das zeige sich etwa an der Ausbildung der Fähigkeit des Kindes, die Subjektivität anderer zu verstehen oder sich in andere hineinzuversetzen. Denn diese Fähigkeit beruhe nicht primär auf der Annahme der „Theory of Mind“ der sozialen Kognitionspsychologie, nach der solches erst durch bestimmte mentale Fähigkeiten bzw. Repräsentationen möglich ist, sondern diese Fähigkeit werde bereits durch die non-verbale leibliche intersubjektive Resonanz von Mutter und Kind vermittelt. „Die Intentionalität der Anderen ist [...] verkörpert in den *Gesten ihres Leibes* im Kontext der gemeinsamen Situation“[353], wobei der Leib die körperliche und mentale Dimension als Voraussetzung der Personalität verbindet. Der Gesamtkontext jeglicher Wahrnehmung ist nach Fuchs immer von konstitutiver Bedeutung, weil Gehirn, menschlicher Organismus und Umwelt in den Wahrnehmungs- und Erfahrungsprozessen in einer wechselseitigen Resonanz verbunden sind, aufgrund derer eine *interne* Relationalität zwischen ihnen besteht. Diese weist im Unterschied zum Verhältnis des repräsentierenden Gehirns zu den externen Repräsentationsobjekten (*externe* Relationalität) keine dualistische Tendenz auf, sondern sie verkörpert *ein* Gesamtsystem. Denn gegenüber der naturwissenschaftlich verbreiteten Reduktion auf die aufwärtsgerichtete *Wirkkausalität* der Teile bei der Entstehung der Gesamtsysteme (Bottom-up) kommt nach Fuchs auch eine abwärtsgerichtete *Formalkausalität* zum Tragen (Top-down), da die Gesamtsysteme als Rahmenbedingungen die wirkursächlichen Möglichkeiten der unteren Ebenen beschränken und so umgekehrt in formativer Kausalität auch auf diese einwirken. Entsprechend entsteht eine *dynamische zirkuläre Kausalität,* die im gegenseitigen Einfluss von Gehirn, Organismus und Umwelt als *integrale Kausalität* sowohl mit naturalistischen als auch mit personalistischen Aspekten kompatibel ist – im Unterschied zu Emergenz-Konzeptionen, die rein naturalistisch argumentieren, aber letztlich keine durchgängig naturalistische Erklärung bieten können.[354] Durch die integrative Kausalität sind die naturalistischen und personalistischen bzw. mentalen Perspektiven gemäß Fuchs miteinander verbunden, ohne aufeinander reduziert werden zu können. Ferner vollziehe sich die zirkuläre Kausalität als dynamischer Prozess in vertikaler und horizontaler Dimension: In vertikaler Wechselseitigkeit zwischen Gehirn und Organismus reguliert das Gehirn die Abläufe des Organismus, wobei die *„fortwährende ‚Resonanz‘ von Gehirn und Organismus* [...] *die Voraussetzung für bewusstes Erleben*“[355] bildet. Zugleich vermittelt das Gehirn auf horizontaler Ebene zwischen Leib und Umwelt, indem es als Schnittstellen „offene Schleifen“ zur Verfügung stellt, die das jeweils neue situative Zusammenwirken von Organismus und Umwelt (einschließlich sozialer und kultureller Dimensionen) ermöglichen, so dass

353 T. Fuchs: Gehirn, S. 210. Vgl. ebd., S. 30 ff., 189 ff., und M. Mühling: Resonanzen, S. 56 ff. – Zum ganzheitlichen Verständnis des *Leibes* siehe *Anm. 333, XI. Kap.*

354 Deshalb vermögen Emergenz-Theorien nach Fuchs kaum den Charakter einer quasi-religiösen Funktion im Naturalismus abzustreifen. Vgl. insgesamt T. Fuchs: Gehirn, S. 120–150, 242 f., und M. Mühling: Resonanzen, S. 81–89. – Zur antiken Systematisierung der Formen der Kausalität durch Aristoteles siehe *Kap. II,2.*

355 T. Fuchs: Gehirn, S. 142. Vgl. insgesamt ebd., S. 121 ff.

Bewusstsein aus den Resonanzen des Gesamtsystems erwächst und nicht einfach im Gehirn zu lokalisieren ist.[356]

Weil Erfahrung und Wahrnehmung so auf den Resonanzen zwischen Gehirn, Leib und Umwelt beruhen, erweist sich das *Gehirn* nicht als Repräsentationsorgan, sondern als *Resonanzorgan.*[357] Das betont auch *Markus Mühling,* der den Ansatz von Fuchs vertiefend aufgenommen und für den *Dialog mit der Theologie* fruchtbar gemacht hat.[358] Demnach sieht Mühling wie schon bei seiner evolutionsbiologischen Nischenkonstruktion (siehe Kap. XI,2.1.2) in der internen Relationalität eine geschöpfliche Analogie zur konstitutiven internen Relationalität des dreieinigen Gottes. Ferner erkennt er auch im Verhältnis zwischen göttlicher Offenbarung und Glaubenserfahrung eine interne Relationalität, weil sich die heilsgeschichtliche Selbstpräsentation Gottes „in, mit und unter allen Formen der Erfahrung"[359] ereigne. Daher sei im Unterschied zu Formen der Korrespondenz oder Interpretation mit ihrer externen Relationalität zu bedenken: „*Wahrheit ist die Resonanz [...] zwischen kreatürlich-personalem (Erzähl)Handeln und göttlichem (Erzähl)Handeln und dessen ereignishaften Effekten.*" Denn Gottes Handeln geschehe „in, mit und unter dem leiblichen Handeln seiner Kreaturen"[360], deren Glaube sich wiederum leiblich in der Welt vollziehe. Weil sich Identität und Selbst des Menschen über Resonanzen in Relation zu Gott und Mitwelt prozessual bilden, besteht für *Dirk Evers* auch die Möglichkeit einer Kompatibilität mit neurowissenschaftlichen Entwürfen, die das Selbst als Repräsentation je aktueller neuronaler Aktivitätskonstellationen verstehen. Denn diese aktuellen Prozesse müssten dann nicht mehr unbedingt als vom Gehirn erzeugte virtuelle Modelle bzw. Illusionen verstanden werden, wie etwa bei Metzinger (siehe Kap. XI,2.2.2), sondern könnten durchaus Teil des gezeigten relationalen Gesamtprozesses sein.[361]

2.2.4 Geist – Leib – Seele, Personalität, ewiges Leben

Vor dem Hintergrund der gezeigten Prozessualität und Relationalität lässt sich auch das Verhältnis von *Geist, Leib und Seele* besser in den Blick nehmen und das Verständnis von *Personalität* noch grundlegender erfassen. Gegenüber der Vielfalt der Konzeptionen, die das Verhältnis von Körper und Geist bzw. von Leib und Seele

356 Vgl. ebd., S. 125 ff., 165 ff. Will man der gezeigten *dynamischen Offenheit* gerecht werden, ist es nach M. Mühling: Resonanzen, S. 77, wichtig, „mit der Möglichkeit kontingenter neuronaler Prozesse zu rechnen, anstatt dem kausal-deterministischen Credo zu verfallen", welches ohnehin durch kontingente und indeterministische neuronale Prozesse wie etwa die Ausschüttung von Neurotransmittern falsifiziert sei. – Ferner könne die nicht-lokale und fernwirkende *Verschränkung von Quantenobjekten* ein Beleg für *interne Relationalität* sein (vgl. ebd., S. 69). Siehe zum Phänomen der Verschränkung *Kap. VI,3.2.*

357 Vgl. T. Fuchs: Gehirn, S. 180 ff.

358 Siehe M. Mühling: Resonanzen, S. 38–163.

359 Ebd., S. 149. – Siehe dazu auch *Kap. VIII.*

360 Ebd., S. 159. Vgl. ebd., S. 156 f.

361 Vgl. D. Evers: Hirnforschung, Sp. 1117 f.

als dualistische Trennung beider Dimensionen auffassen oder als idealistische Verabsolutierung der geistigen Ebene oder umgekehrt als naturalistische Reduktion auf das Materielle, betont Wolfhart Pannenberg das biblische Verständnis der „leibseelische[n] Einheit des Menschen", das die moderne Anthropologie bestätige: „Seele und Leib gelten den maßgeblichen Richtungen moderner Anthropologie als konstitutive und zusammengehörige, nicht aufeinander reduzierbare Aspekte der Einheit menschlichen Lebens."[362] Allerdings fällt auf, dass das Bedeutungsspektrum der Phänomene Geist oder Seele in der zeitgenössischen interdisziplinären Diskussion wenig Geltung erhält, was etwa der deutschsprachige Zweig der „Philosophie des Geistes" zu erkennen gibt, wo das Thema „Geist" oft nur noch auf den Bereich des Bewusstseins reduziert wird.[363] Deshalb sehen evangelische Theologen wie Matthias Petzoldt und katholische Theologen wie Ulrick Lüke die Theologie herausgefordert, diese Phänomene und ihr Bedeutungsspektrum umfänglicher in den Dialog einzubringen – besonders in den Dialog mit den Neurowissenschaften.[364]

Neben Pannenberg kritisiert etwa Ulrich H.J. Körtner von theologischer Seite die Reduktion der *Dimension des Geistes* auf das Bewusstsein, weil Gottes Geist zwar durch Kommunikation „zum Menschen" komme, „in seinen Geist, sein Hirn und sein Herz", aber auch in der Natur und in geschichtlichen Ereignissen wirke, ohne jedoch mit diesen natürlichen Ebenen und „mit dem menschlichen Geist oder Bewusstsein identisch zu werden"[365]. Petzoldt zeigt, dass sich das Phänomen „Geist" schon auf natürlicher und anthropologischer Ebene nicht auf die subjektive Ebene des Bewusstseins reduzieren lässt („subjektiver Geist"), insofern als es durch die Kommunikation von Sinn zwischen den Subjekten („intersubjektiver Geist") zu einem kulturellen – das Phänomen der Religion einschließenden – Bedeutungsgewebe komme, das vom Subjekt als „objektiver Geist" wahrgenommen werden könne und auch umgekehrt auf dieses wirke. Es sei aber zu beachten, dass „die beschriebene Wirklichkeit des Geistes – bis hin zum religiösen Sinnverstehen – in den Bedingungen der Wirklichkeit unserer vorfindlichen Welt bleibt"[366]. Das vom menschlichen Geist zu unterscheidende Wirken des Geistes Gottes vollziehe sich auf dieser Ebene, weshalb aufgrund der neurowissenschaftlich gezeigten Veränderungen der Gehirnaktivitäten durch Religiosität davon auszugehen sei: „Die Einwirkungen des Geistes Gottes auf den menschlichen Geist [...] werden im menschlichen Geist allemal Spuren hinterlassen, die bis in das Gehirn als der physiologischen Basis des subjektiven Geistes ihren Niederschlag finden."[367] Indem Petzoldt den Geist Got-

362 W. Pannenberg: Systematische Theologie 2, S. 210f. – Zu den *vielfältigen Ausprägungen des Leib-Seele-Verhältnisses* im Kontext der bio- und neurowissenschaftlichen Fortschritte siehe G. Brüntrup: Philosophie.

363 Vgl. M. Petzoldt: Gehirn, S. 81, der auch die philosophiegeschichtliche Entwicklung der Entstehung solcher Defizite aufzeigt.

364 Vgl. ebd., S. 87f., und U. Lüke: Mensch, S. 128f. – Siehe auch G. Gasser/J. Quitterer (Hg.): Aktualität.

365 U.H.J. Körtner: Gott, S. 135, vgl. ebd., S. 136ff. Vgl. W. Pannenberg: Anthropologie, S. 507ff.

366 M. Petzoldt: Gehirn, S. 110. Vgl. ebd., S. 102–113.

367 Ebd., S. 138.

tes aber auf das *Wirken* Gottes einschränkt und die biblische Charakterisierung Gottes als Geist als metaphorische Übertragung einer geschöpflichen Dimension auf Gott bezeichnet, wird er den biblischen Qualifizierungen Gottes als Geist bzw. Heiliger Geist und der damit verbundenen Trinitätslehre mit der entsprechenden göttlichen Person des Heiligen Geistes letztlich nicht gerecht.[368] Hinsichtlich der Überwindung der Reduktion des Geistes auf das Bewusstsein gibt es auf philosophischer Seite unter anderem Ansätze wie den von Godehard Brüntrup, der es in rein natürlich-immanenter Argumentation für möglich hält, dass bereits in allen Bausteinen der Materie „protomentale Eigenschaften" bzw. Formen von Geist vorhanden sein könnten, aus denen dann höherstufige psychophysische Einheiten entstehen („emergenter Panpsychismus").[369]

Im Blick auf die *Personalität des Menschen* wird insgesamt immer wieder darauf verwiesen, dass die Alltagserfahrung die physische und mentale Prägung des Menschen vermittelt, wonach „Körper, Leib, Seele und Geist" als „Schlüsselbegriffe […] unbestritten zu unserem Alltagsverständnis des Menschseins gehören"[370] und das „Selbst" bzw. die „Seele" „nach der Alltagsauffassung das Eigentliche des Menschen, sein Wesen ist"[371]. Zumindest die Frage nach dem Verhältnis von *Körper und Geist* oder *Leib und Seele* resultiert für den Neurobiologen und Biophysiker Robert-Benjamin Illing aus „der nicht hintergehbaren Verschiedenheit unserer Wahrnehmungen in Außen- und Innenperspektive"[372]. Als Basis für den interdisziplinären Dialog schlägt der Philosoph Brüntrup in Anlehnung an die im Dialog verbreitete analytische Philosophie zur Beschreibung geistiger und psychischer Phänomene den Begriff des „Mentalen" vor, der weniger vorgeprägt sei als die Begriffe „Geist" oder „Seele". Der Theologe und Philosoph Josef Quitterer sieht im Begriff des „Selbst" eine gemeinsame Grundlage für die Annäherung an die lebensweltliche Vorstellung vom eigentlichen Wesen des Menschen, zumal dieser Begriff aufgrund seiner inhaltlichen Offenheit „den der Seele praktisch vollständig aus der philosophischen Diskussion verdrängt"[373] habe.

Gegenüber denjenigen neurowissenschaftlichen und philosophischen Annahmen, beim *Selbst* handele es sich lediglich um die fiktive Selbstrepräsentation des Gehirns bzw. um eine Illusion (siehe Kap. XI,2.2.2), betont der Neurowissenschaftler Antonio R. Damasio wie oben bereits gezeigt, dass sich biologisch ein *reales* Selbst aufzeigen lasse. Indem Damasio das Selbst als Organisationsprinzip des menschlichen Organismus darlegen kann, das die personale Identität ermöglicht, vermag er nach Quitte-

368 Vgl. ebd., S. 114–140. Zur *detaillierten Darlegung des biblisch-trinitätstheologischen Verständnisses des Heiligen Geistes* und den entsprechenden Implikationen für das Verständnis des Wesens Gottes und seiner Beziehung zu Mensch und Welt siehe *Kap. IV,2,* und M. Haudel: Gotteslehre, dort Kap. III, VIII, X,3. Siehe auch ders.: Selbsterschließung, und die noch folgenden Ausführungen.

369 Siehe G. Brüntrup: Philosophie, S. 171 ff.

370 C. Aus der Au (Hg.): Körper, S. 12 (Einleitung).

371 J. Quitterer: Selbst, S. 82.

372 R.-B. Illing: Gehirn, S. 137.

373 J. Quitterer: Selbst, S. 83. Vgl. G. Brüntrup: Philosophie, S. 15.

rer „die instrumentalistische Relativierung des Selbst“[374] zu entkräften. „Damasios realistische Bestimmung des Selbst als neurobiologische Repräsentation des dynamischen Gleichgewichts der verschiedenen Körperzustände zeigt eine Möglichkeit auf, wie auch angesichts der neuesten Erkenntnisse der Hirnforschung von einer realen und kausal wirksamen Seele (oder einem realen Selbst) gesprochen werden könnte, ohne gleich in einen Substanz-Dualismus zu verfallen.“ Vor diesem Hintergrund sieht Quitterer die Kompatibilität mit dem aristotelischen Verständnis der *Seele* als Lebensprinzip des Körpers, das „sowohl zur Erklärung biologisch-physikalischer als auch mentaler Phänomene“[375] dient. Hier besteht jedoch bei undifferenzierter Betrachtung des aristotelischen Ansatzes die Gefahr eines substanzhaften Seelenverständnisses, das in weiten Teilen der Theologie kritisch gesehen wird, weil es das relationale Verhältnis des Menschen zu seinem Schöpfer zugunsten einer autonomen Eigenschaft verdecken kann. Deshalb wird das Seelenvermögen des Menschen theologisch weitgehend relational verstanden.[376] So betonte etwa Luther gegenüber der aristotelischen Tradition der mittelalterlichen Kirche den relationalen Charakter der Seele, damit deutlich bleibt, dass die Seele ihre Lebenskraft nicht in sich selbst hat, sondern durch ihre Beziehung zu Gott.[377] Entsprechend gilt die Seele nicht als präexistent, sondern als von Gott erschaffen. Den so qualifizierten relationalen Charakter der Seele bringt der katholische Theologe Lüke in den Dialog ein. Dabei sieht er die naturwissenschaftliche Korrelation zur Erschaffung der Seele durch Gott im evolutionsbiologischen „Auftauchen eines Transzendenzbezugs oder einer Gottesrelation“. Diese Entwicklungsstufe könne paläoanthropologisch etwa mit der Entstehung von Bestattungsriten in Verbindung gebracht werden und weise bei einer vorfindlichen Gottes*relation* diesbezüglich kommunikativen Charakter auf, welcher der theologischen Sicht entspreche. „Der theologische Begriff einer Erschaffung der Seele, die zugleich als Aktion Gottes und als Reaktion des Menschen verstanden wird, läßt sich nach dem Modell von Wort und Antwort, die auch erst miteinander Kommunikation ergeben, zu einer Gott und Mensch beteiligenden Einheit zusammenfügen. […] Ichbewußtsein und Transzendenzbewußtsein des Menschen sind die Bedingung für die Ansprechbarkeit und das persönliche Sich-angesprochen-Fühlen des Menschen und für sein Antwortgeben-Können, sein Sich-ver*Anwort*lich-Fühlen.“[378] Lüke bezieht sich auch auf den Biologen und Theologen Caspar Söling, der im Kontext des neurobiologisch-

374 J. Quitterer: Selbst, S. 89. Vgl. A.R. Damasio: Ich fühle, also bin ich.

375 J. Quitterer: Selbst, S. 96 f.

376 Nach D. Perler: Naturalismus, S. 21 ff., versteht Aristoteles in seiner Unterscheidung von Materie und Form die Seele als die Form eines Menschen. Dabei dürfe aber nicht übersehen werden, „dass die Form zwar in der Materie präsent ist, selbst aber nichts Materielles ist“. Als strukturierendes Lebensprinzip gehöre die Seele nach Aristoteles „einer eigenen ‚Gattung des Seienden‘ an“ (ebd., S. 23), so dass das Seelenverständnis von Aristoteles weder einfach substanzhaft noch als Vorläufer des modernen Naturalismus verstanden werden könne.

377 Vgl. M. Haudel: Gotteslehre, S. 266 f.

378 U. Lüke: Mensch, S. 128 f.

theologischen Dialogs betont: „*Der Begriff der menschlichen Seele läßt sich als personale Gottesrelation umschreiben.*“[379]

In der im Dialog außerdem bedeutsamen phänomenologisch orientierten Philosophie, die den Ursprung der Erkenntnis in den unmittelbaren Erscheinungen bzw. Phänomenen verankert sieht, wird die „relationale Struktur menschlicher Geistigkeit“[380] ebenfalls zur Geltung gebracht, weil sich Bewusstsein nach Edmund Husserl immer als „Bewusstsein von“ vollzieht und somit stets *intentional* auf etwas ausgerichtet ist. Und in der heutigen theologischen Debatte besteht wie bereits angedeutet „ein weitgehender Konsens darüber, dass die Begriffe ‚Seele‘, ‚Leib‘ und ‚Person‘ mit dem Phänomen der Relationalität zu tun haben“[381]. Denn die konstitutive Bedeutung, die *Relationalität* nach biblischem Verständnis für das Wesen des Menschen hat, betrifft neben der Gottesrelation auch die innerpersonalen und zwischenmenschlichen Relationen sowie die Relationen zur gesamten Schöpfung. Das korreliert mit den oben gezeigten neurowissenschaftlichen Einsichten von Fuchs über die konstitutive Wechselwirkung zwischen Gehirn, Körper und Umwelt ebenso wie mit den in Kapitel XI,2.1 dargelegten evolutionsbiologischen Erkenntnissen. Biblisch gesehen ist der Mensch „Geschöpf und verdankt sich einer asymmetrischen, unumkehrbaren Beziehung zu Gott, der ihn und sein Leben gesetzt hat. Der Mensch hat als Geschöpf schon immer eine Beziehung zu Gott, zu seinem Leib, zum Anderen, zur Welt, zu sich selbst und er existiert in der Dualität von Mann und Frau. Der Mensch ist ein durch und durch relationales Wesen“[382]. In den Kapiteln IV,2 und XI,2.1 wurde bereits deutlich, wie der Mensch relational und prozessual in die gesamte Schöpfungswirklichkeit eingebunden ist und als Ebenbild Gottes am personalen und sprachlichen Wesen Gottes sowie an der innertrinitarischen Gemeinschaft der Liebe partizipiert – und welche Kompatibilitäten mit den naturwissenschaftlichen Erkenntnissen bestehen.[383]

Zur personalen Gemeinschaft des Menschen mit Gott und den Mitmenschen bedarf es einer *personalen Selbstreflexivität und Freiheit,* die Selbst-Bewusstsein, Selbsterschließung, Ansprechbarkeit und Antwortfähigkeit ermöglicht, als Voraussetzung einer Gemeinschaft der Liebe. Diese ist nämlich nur im Verhältnis von „*Gegenüber und Nähe*“ vollziehbar, bei dem die personale Identität der jeweiligen Beteiligten gewahrt bleibt, was im Blick auf das Verhältnis von Gott und Mensch durch das *Wesen des Heiligen Geistes* gewährleistet wird. Denn der Geist Gottes erscheint biblisch nicht nur als göttliche Gabe, sondern auch als Geber, als die göttliche Person des Heiligen Geistes. So kann er als Geistesgabe in den Menschen präsent sein und gleichzeitig das göttliche Gegenüber bleiben, wodurch die freie Gemeinschaft zwischen Gott und Mensch unter Wahrung der göttlichen und der

379 C. Söling: Gehirn-Seele-Problem, S. 246.
380 E. Dirscherl: Mensch, S. 99.
381 Ebd., S. 106.
382 Ebd., S. 110.
383 Siehe dazu auch M. Haudel: Gotteslehre, Kap. IX,2 u. X,1.

menschlich-kreatürlichen Personalität ermöglicht wird (II Kor 3,17: „[...] wo aber der Geist des Herrn ist, da ist Freiheit").[384] Entsprechend ist der schöpferische Geist Gottes (Gen 1,2), der allen Geschöpfen das – von ihm abhängig bleibende – Leben gibt (Ps 104,29 f.) und auch dem Menschen seinen Odem einhaucht (Gen 2,7), „zwar Prinzip des Lebens, aber er geht nicht auf im Phänomen des Lebens", wie Pannenberg betont: „Der Mensch ist Seele und Leib, aber nicht in gleicher Weise auch Geist. Der Geist ist die Quelle seines Lebens und wirkt im Menschen." „Durch den ihm eingeblasenen göttlichen Lebensodem wird der Mensch nach dem Schöpfungsbericht des Jahwisten eine ‚lebendige Seele' (Gen 2,7). [...] Die Seele *(nephesch)* ist nicht ein zusätzlicher Bestandteil im Menschen neben dem Leibe im Sinne des cartesianischen oder des platonischen Dualismus, sondern dieses leibliche Wesen selber als lebendiges. [...] Als das Leben ihres Leibes aber ist die Seele Wirkung des lebendigmachenden Geistes."[385]

Weil dem Menschen in seiner passiven Verfügtheit, in der er nicht über seine Herkunft verfügen kann, im zeitlich geprägten Lebensprozess zwischen Herkunft und Zukunft die Sinndeutung aufgegeben ist, geht es bei der Seele oder dem Selbst bzw. der personalen Identität des Menschen „um die Beziehung des Menschen zu seinem Ursprung und Ziel, zu sich selbst und zu anderen Personen"[386]. Damit findet sich der Mensch unweigerlich nicht nur in *vielfältigen Relationen* vor, sondern auch in einem *zeitlichen Prozess.* Als relationales und endliches Wesen weist der Mensch über sich hinaus (Transzendenz). „So ist der Mensch durch die Ausbildung eines zeitüberbrückenden Bewußtseins ausgezeichnet, das in den ihm gesetzten Grenzen die Unterschiede der Dinge und Zeiten in der Einheit und Kontinuität der eigenen Gegenwart aufhebt und so eine Ahnung der Ewigkeit vermittelt"[387]. Die Selbsttranszendenz des Menschen kann den Neurowissenschaften also den Dialog mit der Theologie nahelegen[388], zumal das heutige *Person- und Subjektverständnis* seinen eigentlichen Ursprung in den biblisch abgeleiteten trinitätstheologischen Überlegungen hat, die das – für die Weltchristenheit grundlegende – Bekenntnis des Zweiten Ökumenischen Konzils (Konstantinopel 381) prägten. Denn hier wurde aufgrund der Herausstellung der personalen *Eigentümlichkeiten* der jeweiligen trinitarischen Personen im Unterschied zur antiken Vorstellung von Person als „Maske" (eines Schauspielers) bzw. als Repräsentant des *Allgemeinen* nun auch mit dem anthropologischen Personenbegriff die eigentümliche (individuelle) Personalität

384 Siehe *Anm. 21, II. Kap.*, und M. Haudel: Gotteslehre, S. 58; ders.: Selbsterschließung, S. 478 f.

385 W. Pannenberg: Anthropologie, S. 508 f.

386 E. Dirscherl: Mensch, S. 118. Vgl. ebd., S. 101 ff. „Ek-sistenz ist jener Begriff, der ein Aus-sich-Heraus ebenso wie ein Vom-Anderen-her meinen kann." (Ebd., S. 106)

387 W. Pannenberg: Anthropologie, S. 510.

388 So gibt etwa E. Herms: Gehirn, S. 159, zu bedenken, dass sich die Erkenntnisprozesse in den kontingenten Bedingungen der Welt vollziehen und man deshalb auf einen nicht-kontingenten Grund der Welt verwiesen bleibt. So sei „der Rekurs auf ‚Gott' entschieden *besonnener* als der auf das ‚Gehirn'", wenn man „den die kontingente Phänomenalität gewährenden und tragenden, transphänomenalen Grund in seiner *transphänomenalen* Eigenart zu erfassen" suche.

und Subjektivität eines jeden Menschen verbunden (als verantwortliches Gegenüber Gottes). Dadurch war die menschliche Personalität analog zur göttlichen Personalität (Gottebenbildlichkeit) als Selbststand in Relation charakterisiert, was den lediglich allgemeinen Charakter des antiken Personenbegriffs überwand und mit den bereits gezeigten relationalen neurowissenschaftlichen Konzeptionen kompatibel ist.[389] Im – auch neurowissenschaftlich hervorgetretenen – relationalen und zeitlichen Prozess der Bildung des Bewusstseins und der personalen Identität gewährt Gott „dem Menschen Zeit und Raum für seine Entscheidung und Antwort“[390].

Trotz der selbstvergöttlichenden und selbstbehauptenden Abwendung der Menschen vom Geber des Lebens, die mit der konstitutiven Lebensrelation auch alle anderen damit verbundenen Relationen beeinträchtigt, eröffnet Gottes *Heilsgeschichte* den Menschen noch eine Zeit der Geduld, damit sie im Lebensprozess die eigentliche Bestimmung des Lebens erneut wahrnehmen können und sich aus ihrer Selbstverkrümmung befreien lassen.[391] Erst damit werden die Menschen ihrer – auch neurowissenschaftlich erkennbaren – *konstitutiven Relationalität* gerecht. Diese findet nach dem biblischen Zeugnis *in der ewigen Gemeinschaft mit Gott zum Ziel,* das nicht durch ein substanzielles Verständnis einer ewigen Seele erreicht wird, sondern aufgrund der durch die geschaffene Seele ermöglichten Relation zu Gott. Denn die Seele hat ihre Lebenskraft nicht aus sich selbst, sondern nur aus ihrer Beziehung zu Gott. Deshalb betrifft der Tod auch den ganzen Menschen, wobei die belebende Kraft des Geistes Gottes aufgrund der Gottesrelation durch den Tod tragen kann. Nach Christof Gestrich vermag die Seele den leiblichen Tod insofern zu überragen, als sie im Lebensprozess, der auf die Vollendung durch Gott zielt, auf dieses die endliche Existenz übersteigende Ziel ausgerichtet ist.[392] Da seelische und leibliche Existenz letztlich nicht zu trennen sind, verheißt das biblische Zeugnis folgerichtig die *leibliche* Auferstehung, welche die personale Identität der Auf-

389 Mit der Trinitätslehre verband sich eine *philosophische und religiöse Revolution.* Denn entgegen der aristotelischen Kategorienlehre, dass die göttliche Essenz nur die absolute Einheit sein kann, wurden die Relationalität und die jeweiligen personalen Eigentümlichkeiten der trinitarischen Personen den biblischen Vorgaben gemäß mit dem absoluten einen Gott identifiziert (Gott als vollkommene Gemeinschaft der Liebe). Analog dazu galt personale Eigentümlichkeit dann – wie oben gezeigt – auch für jeden Menschen (entgegen der nicht-individuellen antiken Vorstellung). Siehe dazu M. Haudel: Gotteslehre, S. 73–79; ders.: Selbsterschließung, S. 127 ff.; ders.: Gottesbegriff; ders.: Probleme, und A. Holderegger: Person, S. 87 ff., der diesbezüglich für den *Dialog* mit der Neurobiologie anmahnt: „*Wenn ursprünglich im Bedenken dessen, was göttliches Wesen ist, erst das aufscheinen konnte, was der Mensch als Person ist, dann gilt es, diesen belangvollen Entdeckungszusammenhang gerade als Theologe immer wieder ins Gespräch zu bringen.*“ (Ebd., S. 88, Hervorhebung vom Vf.)

390 E. Dirscherl: Mensch, S. 111.

391 Siehe dazu auch *Kap. XI,2.2.5.*

392 Vgl. C. Gestrich: Seele, S. 154 ff. Insgesamt siehe M. Haudel: Gotteslehre, S. 266 f. – Bei sogenannten *Nahtoderfahrungen,* dokumentierte Erfahrungen in unmittelbarer Todesnähe, kann es sich nach Auffassung von W. Thiede: Vorhang, S. 44, „um einen Schimmer durch den Vorhang, um eine Andeutung von überraschender Kontinuität im radikalen Umbruch“ handeln. C. Schulze: Phänomenologie, S. 363, gibt die Beobachtung wieder, dass Menschen mit solchen Erlebnissen „davon überzeugt“ sind, „dass etwas auf sie wartet“.

erweckten garantiert und damit auch deren Lebensbezüge einbezieht. „Wenn nun Personalität durch Sein-in-Beziehung gekennzeichnet ist […], dann bedeutet der Begriff der leiblichen Auferstehung, dass Gott eschatisch das Beziehungsgefüge der gestorbenen Person wieder aufleben lässt […]. Dazu gehört, dass die Person […] nicht nur mit Christus und den anderen beiden trinitarischen Personen in Beziehung steht, sondern auch mit Personen, die ihre Identität im Laufe ihrer Lebensgeschichte […] mitgestaltet haben“[393].

Angesichts der in Christi *Tod und Auferstehung* erneut eröffneten *eschatologischen Bestimmung des Menschen* gehen etwa Wilfried Härle und Wilfried Joest davon aus, dass aufgrund der Geschöpflichkeit und Endlichkeit des Menschen der natürliche Tod zwar als Begrenzung irdischen Lebens gilt, aber Gott den Menschen zur ewigen Gemeinschaft der Liebe mit sich bestimmt hat, so dass die Grenze des Todes den Übergang in die Anteilhabe an der Wirklichkeit Gottes beinhaltet. Erst durch die Sünde in ihrer Selbstverkrümmung werde der Tod zur endgültigen Beziehungslosigkeit, zum zweiten, vernichtenden Tod, von dem in Apk 2,11 die Rede ist.[394] Laut Wolfhart Pannenberg impliziert die Endlichkeit des Menschen jedoch nicht unbedingt die Endlichkeit menschlichen Lebens, da der Mensch auch bei der Teilnahme am *ewigen Leben* Gottes ein endliches Wesen bleibe, was in diesem Fall aber offensichtlich nicht die Sterblichkeit einschließe: „Die eschatologische Hoffnung der Christen kennt eine Endlichkeit geschöpflichen Daseins ohne Tod.“[395] Dieses erneut eröffnete eschatologische Ziel ist im Christusgeschehen verankert, das „Geschichte stiftet, indem es neue Zukunft eröffnet: Gegenwart ist von diesem Ereignis der Vergangenheit, das doch kein vergangenes Ereignis ist, für die Zukunft als Zeit der Hoffnung erschlossen.“[396] Dabei bleibt für Jürgen Moltmann im Blick auf die ganze Schöpfung zu beachten: „Der Ausdruck ‚Auferweckung der Toten‘ ist aber nur die anthropologische Seite der eschatologischen Hoffnung auf die kosmische ‚Vernichtung des Todes‘ (1 Kor 15,26.55) und eine neue Erde, auf der der Tod ‚nicht mehr sein wird‘ (Offb 21,4). Der Realismus der universalen Heilserwartung fordert eine universale Eschatologie, d.h. eine Eschatologie des Universums.“[397] Angesichts der *Spannung* zwischen dem unmittelbaren Sein bei Christus nach dem persönlichen Tod der Glaubenden (z.B. Phil 1,23) und der allgemeinen leiblichen Auferstehung in der kosmischen Vollendung am Jüngsten Tag bei der Wiederkunft Christi (z.B. I Kor 15; Joh 6,40) stellt sich die Frage nach dem *Zwischenzustand*, die Luther mit der Auffassung vom *Seelenschlaf* beantwortete, nach der die Seelen im Tod einschlafen und am Jüngsten Tag aufwachen. Dieser Schlaf sei nur als Augenblick zu betrachten, weil mit dem Tod die Dimension des Jenseits eintrete, in der unsere Zeitkategorien angesichts der Ewigkeit nicht mehr von Bedeutung sind. Aus

393 M. Mühling: Grundinformation, S. 259. Siehe auch M. Haudel: Gotteslehre, S. 268 f.
394 Vgl. W. Härle: Dogmatik, S. 500 f.; W. Joest/J. von Lüpke: Dogmatik II, S. 72 f.
395 W. Pannenberg: Systematische Theologie 2, S. 311.
396 J. Moltmann: Wissenschaft, S. 30.
397 Ebd., S. 123 f.

der Perspektive der Verstorbenen entsteht durch die Ewigkeit eine *Gleichzeitigkeit von geschichtlich noch verlaufender Zeit und ewigem Ziel,* was in der christlichen Tradition für viele – über die Vorstellung vom Seelenschlaf hinaus – die *prozessuale Dimension* jedoch nicht aufhebt. So gehen die Verstorbenen nach Moltmann im Zwischenzustand in der Herrlichkeit Christi mit Christus ihrer Herrlichkeit entgegen.[398] Bleibende Bedeutung behält dabei die *Personalität des Menschen mit ihrer vielfältigen relationalen Eingebundenheit* (auch hinsichtlich anderer noch Lebender und bereits Verstorbener) und mit ihrer *Kontinuität* von den geschichtlichen Lebensbezügen bis zur – neuschöpferischen – eschatologischen Dimension.[399]

2.2.5 Willensfreiheit, Dialogperspektiven

Insgesamt ist hinsichtlich der leib-seelischen Personalität des Menschen deutlich geworden, dass die relationalen und zeitlichen Strukturen, in welche das Bewusstsein eingebunden ist, einen Raum der Freiheit und Verantwortlichkeit für Identitätsbildung, Lebensdeutung, Handeln und Wahrnehmung von Gemeinschaft gewähren.[400] Damit stellt sich erneut die schon in Kapitel XI,2.2.1–2.2.2 erörterte Frage nach der *Willensfreiheit* des Menschen, die sich vor dem Hintergrund der aufgezeigten Relationen und Prozesse differenzierter und tiefergehender beantworten lässt. Wie für viele andere ist für den Biophysiker Alfred Gierer eine angemessene Beantwortung dieser mit dem Verständnis des Bewusstseins verbundenen Frage – wie bereits mehrfach deutlich geworden – auf rein neurowissenschaftlicher Ebene nicht möglich, da sich die Körper-Geist-Beziehung letztlich nicht entschlüsseln lasse.[401] Denn „Freiheit ist […] nicht als isolierbare Eigenschaft eines Organismus oder gar eines Organs desselben anzusehen. Sie ist auf das engste verknüpft mit der Lebensgeschichte, dem Charakter und dem Selbstverständnis einer bestimmten Person und kann nur als ein Geschehen beschrieben werden", weshalb „wir Handlungsfreiheit nicht einfach haben, sondern ausbilden"[402]. Wenn Personen im Rahmen ihrer durchaus bestehenden natürlichen Bedingtheiten zu selbstbestimmter Handlung fähig sein sollen, dann muss sich Freiheit sowohl vom unableitbaren Zufall als auch vom streng kausalen – etwa neuronalen – Determinismus unterscheiden, so dass personales Handeln nicht einfach auf unverfügbaren kausalen neuronalen Prozessen beruht, sondern maßgeblich von Gründen und Intentionen geleitet wird

398 „Die im Glauben sterben, sterben deshalb ‚in Christus' und sind ‚bei Christus' (Phil 1,27), aber sie sind noch nicht auferstanden. Sie existieren verborgen in der Zeit und im Raum Christi und gehen mit ihm ihrer Herrlichkeit entgegen (Kol 3,3)." (Ebd., S. 124)

399 Siehe zu diesen Zusammenhängen insgesamt M. Haudel: Gotteslehre, Kap. X, 2.2.3; X,2.3; X,3.2–3. – Zu den *eschatologischen Dimensionen* siehe ferner im hier vorliegenden Band die *Kap. II,3; VI,4; XI,1.2; XI,2.1.2–3.*

400 Vgl. E. Dirscherl: Mensch, S. 122 u. 124. – Nach C. Gestrich: Zug, S. 133, hat Luther die Freiheit auch an die Seele gebunden, da irdische Mächte nicht über die Seele verfügen können.

401 Vgl. A. Buß: Einführung, S. 10.

402 D. Evers: Neurobiologie, S. 120.

(auch hinsichtlich noch nicht existierender Ziele[403]). Ansonsten „löst sich nicht nur der Begriff eines komplexen Handlungsgefüges, sondern auch die ihm zugrunde liegende Vorstellung einer in ihrem Handeln präsenten Person und ihrer Lebensgeschichte auf“[404]. Gleichzeitig würde die wissenschaftliche Praxis selbst in einen inneren Widerspruch geraten, da sie sich in der Theoriebildung und im Diskurs mit den *Gründen* für ihre jeweiligen Theorien auseinanderzusetzen hat.[405] Das menschliche Subjekt ist zu intentionalem Handeln fähig, insofern als es sich selbst unterbrechen und gegenübertreten kann und so Gründe und Handlungen als Voraussetzung freier Beurteilungs- und Handlungsentscheidungen abzuwägen vermag, was „von der gegenwärtigen Hirnforschung durch ihre Einsicht in die Funktion der so genannten Rückkopplungsschleifen auf eindrucksvolle Weise bestätigt“[406] wird. Für Dirk Evers bleibt festzuhalten: „Nur solche Subjekte, die zu einer Selbstunterbrechung, Selbstinterpretation und zur Formulierung von Wertungen höherer Ordnung fähig sind, werden wir als verantwortliche und moralisch entscheidende Akteure ansehen.“[407] Diese den Menschen qualifizierenden Charakteristika zeigen nach Benedikt Bruder, „dass die Freiheit eines Menschen tatsächlich die Freiheit des Willens sein muss, desjenigen Willens nämlich, der noch einmal Distanz zu sich selbst aufnehmen und seine Ausrichtung hinterfragen kann. Die Freiheit des Willens ist die Freiheit der handelnden Person.“[408]

Dabei existieren aufgrund der natürlichen bzw. geschöpflichen Bedingtheit des Menschen (leib-seelische Einheit) *verschiedene Grade der Willensfreiheit,* denn als „Naturwesen ist der Mensch“ in graduell unterschiedlichen Formen „auf vielfältige Weise determiniert“[409]. So ist neben den – auch schöpfungstheologisch hervorgehobenen – Faktoren natürlicher Begrenztheit des Menschen, der „aus nicht selbst geschaffenen Bedingungen“[410] lebt, neurowissenschaftlich etwa der Einfluss unbewusster Affekte hervorgetreten (Kap. XI,2.2.2). Hierbei kommt jedoch

403 „Es handelt sich also in diesem Falle um eine Form von Kausalität, die nicht von einem Ereignis aus der Vergangenheit die Zukunft determiniert, sondern um eine Kausalität, die aus der Zukunft in die Gegenwart wirkt.“ (W. Achtner: Willensfreiheit, S. 252) Vgl. zu den Voraussetzungen selbstbestimmten Handelns D. Evers: Neurobiologie, S. 119 f.

404 E. Schockenhoff: Mensch, S. 45.

405 Vgl. ebd., S. 47. Auch nach D. Evers: Hirnforschung, Sp. 1115, ist ein totaler Determinismus naturwissenschaftlich in Frage zu stellen, „denn schon die bloße Tatsache intentionaler und interpretierender empirischer Forschung selbst spricht gegen ihn“. – *Ferner bleibt zu bedenken:* Wenn Wirklichkeitserkenntnis für Neurowissenschaftler wie Roth nichts anderes als das Resultat determinierter physiko-chemischer neuronaler Prozesse ist, ergibt sich unweigerlich die Frage, warum eine Vielzahl von Wissenschaftlern zu anderen Erkenntniseinsichten und Theorien kommt. Es müsste nämlich gelten, was U. Lüke: Gehirn, S. 64, anmerkt: „In letzter Konsequenz enthält die Behauptung einer neurophysiologischen Determination die Behauptung eines zur Annahme seiner Determination determinierten Deterministen.“

406 E. Schockenhoff: Mensch, S. 52.

407 D. Evers: Neurobiologie, S. 121.

408 B. Bruder: Freiheit, S. 267.

409 E. Schockenhoff: Mensch, S. 51.

410 B. Bruder: Freiheit, S. 123.

die „Interaktion zwischen den Affekten des limbischen Systems und [der bewussten] Ratio“ zum Vorschein: „Beeinflussungen sind nach beiden Richtungen möglich“[411]. Schon an diesem Beispiel wird die Wechselwirkung zwischen gewissen determinierten Rahmenbedingungen und indeterminierten Aspekten transparent. Zudem besteht der gezeigte Einfluss vielfältiger Kontexte auf die lebensgeschichtliche Willensbildung, so dass Willensfreiheit „vermittelte“ und „bedingte“ Freiheit ist: „Freiheit kann nicht in der völligen Loslösung von jeglicher Bedingtheit und äußeren Einflüssen bestehen, sondern in der rechten Verhältnisbestimmung oder der Art und Weise, wie sich Menschen zu diesen Bedingungen verhalten“[412]. Indem sich der Mensch nämlich „von sich selbst distanzieren und seinen Willen durch Gründe binden kann, ist er zugleich auf das Offene, auf das ihm über seine Bedingtheit hinaus zugängliche Mögliche gerichtet. [...] Wir bilden unseren Willen und treffen unsere Entscheidungen, um uns auf eine offene Zukunft hin zu orientieren und sie zu gestalten.“[413]

Angesichts der *bedingten und vermittelten Willensfreiheit* ist das von den Neurowissenschaften oft vorausgesetzte bzw. Philosophie oder Theologie unterstellte und dann bekämpfte Postulat einer absoluten Willensfreiheit ein unrealistisches Konstrukt. Von daher erweist sich die wissenschaftliche Erkenntnis neuronaler Bedingtheiten durchaus als kompatibel mit den philosophisch oder schöpfungstheologisch herausgestellten Bedingtheiten. Demgegenüber lässt sich das Postulat der absoluten Determination, das etliche Neurowissenschaftler ihrem Konstrukt einer absoluten Willensfreiheit entgegensetzen, weder empirisch belegen noch entspricht es der Alltagserfahrung. Vielmehr spiegelt sich nach Ulrich Lüke in den Formen bedingter Freiheit „das Wechselspiel quantenphysikalisch indeterminierter und physikalisch determiniert erscheinender Prozesse essentiell“[414] wider. Diese Kompatibilität von Freiheitsstrukturen und gewissen determinierenden Bedingungen wird von *kompatibilistischen* Konzeptionen vertreten, die je nach Gewichtung und Zuordnung der jeweiligen Aspekte ein breites Spektrum aufweisen. Nach Auffassung *inkompatibilistischer* Konzeptionen hingegen schließen sich Freiheit und Determination gegenseitig aus, was weitgehend auf der Gegenüberstellung von absoluter Willensfreiheit und totalem Determinismus beruht und zumeist entweder die Ablehnung von Freiheit oder die Bestreitung eines Determinismus nach sich zieht.[415] Der Vielfalt der Konzeptionen entspricht eine Vielfalt von naturwissenschaftlichen, philo-

411 W. Achtner: Willensfreiheit, S. 253.

412 B. Bruder: Freiheit, S. 139. Für W. Achtner: Willensfreiheit, S. 252, heißt das, „dass die Freiheitsgrade nicht feststehen, sondern sich innerhalb eines gewissen Rahmens bei einem Menschen verändern können“.

413 D. Evers: Hirnforschung, Sp. 1115, der sich hier auf Peter Bieri bezieht.

414 U. Lüke: Gehirn, S. 66, der aufgrund mangelnder Beweisbarkeit auf die Unredlichkeit des Postulats der völligen Determination neuronaler Prozesse hinweist. – Zur Kompatibilität von bedingter Freiheit und neurowissenschaftlich erkannten Bedingtheiten siehe z. B. auch D. Evers: Neurobiologie, S. 114 f.

415 Zu den verschiedenen kompatibilistischen und inkompatibilistischen Ansätzen und ihrer Analyse siehe B. Bruder: Freiheit, S. 138–267.

sophischen und theologischen Auffassungen über die Willensfreiheit in Geschichte und Gegenwart, eine Vielfalt, die hier nicht entfaltet werden kann, aber im Folgenden noch auf die grundlegenden Dimensionen und ihre Relevanz zugespitzt wird.[416]

In Aufnahme der angesprochenen verschiedenen Freiheitsgrade wird heute zuweilen eine Differenzierung in unterschiedliche Formen von Willensfreiheit vollzogen, etwa in Affektivität (Willensdrang), Handlungsfreiheit (selbsttätige Ursache einer zielgerichteten Handlung) oder Entscheidungsfreiheit (selbsttätige Abwägung von Alternativen).[417] Zudem sehen etliche Konzeptionen in dem neurowissenschaftlich, lebensweltlich, philosophisch und theologisch beobachteten Zusammenspiel von Freiheit und Bedingtheit eine *Korrelation* mit dem bereits genannten *Wechselspiel von indeterminierten quantenphysikalischen Strukturen und kausal determinierteren physikalischen Strukturen.* „Die Indetermination wird dabei auf neurophysiologischer Ebene in quantenmechanischen und chaotischen Abläufen erblickt", die „die Offenheit der Handlung garantieren"[418]. So versucht etwa der Physiker *Winfried Schmidt* anhand neurophysiologischer quantenmechanischer Prozesse zu plausibilisieren, „dass der Mensch in seinen Handlungen unbestimmt ist, trotz aller Naturkausalitäten, die seinen Handlungsspielraum einschränken"[419]. Hierfür lehnt sich Schmidt an das Modell der Physiker *John Eccles* und *Friedrich Beck* an, nach welchem die Informationsübertragung an den Synapsen, den Verbindungspunkten zwischen den Neuronen, nicht durch direkte elektrische Reizleitung erfolgt, sondern durch chemische Botenstoffe, indem sogenannte Vesikel Transmittermoleküle in den postsynaptischen Raum ausschütten (Exocytose). Auf dieser anerkannten Basis geht Beck dann davon aus, dass die Informationsübertragung durch quantenmechanische Elektronentransferprozesse erfolgt, die durch Unbestimmtheit und Wahrscheinlichkeit charakterisiert sind und trotz geringer Energie bestehende Energiebarrieren überwinden können. „In der Quantenmechanik kann ein Elektron die Barriere bildlich gesprochen durchtunneln [Tunneleffekt], ohne dabei die Energieerhaltung zu verletzen,"[420] wodurch mit den Worten des Physikers Thomas Görnitz „reale Vorgänge möglich sind, die durch den Satz von der Erhaltung der Energie streng verboten wären"[421]. Für Beck erscheint es aufgrund solcher quantenmechanischen Möglichkeiten von Informationsübertragung als schlüssig, dass die mit den Wahrscheinlichkeiten gegebene innere „Geneigtheit" der Prozesse „durch einen gezielten Informationstransfer überformt werden kann, ohne dass dabei die Verankerung in der naturgesetzlichen Vorgabe aufgehoben wird"[422]. Obwohl Becks Einsichten umstritten sind, sieht Schmidt „mit diesen Vorstellungen einen Weg vor-

416 Zur historischen und systematischen Darlegung dieser Vielfalt – mit theologischem Schwerpunkt – siehe W. Achtner: Willensfreiheit.

417 Vgl. ebd., S. 11 f., 252 f.

418 B. Bruder: Freiheit, S. 257.

419 W. Schmidt: Quantenphysik, S. 261 (im Original kursiv).

420 Ebd., S. 257.

421 T. Görnitz: Naturwissenschaft, S. 159.

422 P. Becker: Platz, S. 138, der diese Annahme Becks darlegt.

gezeichnet, der den Freiheitsgedanken hoffähig belässt, ohne in Konflikt mit der Hirnforschung zu geraten"[423].

In dem Zusammenhang geht es auch ganz grundsätzlich um die Frage, ob *mentale Information* in neuronalen Prozessen wirken kann, ohne das Gesetz der Energieerhaltung dahingehend zu verletzen, dass zusätzliche Energie in das Gesamtsystem eingebracht wird, denn das lässt das Gesetz nicht zu. Patrick Becker beschreibt das Problem folgendermaßen: „Damit Willensfreiheit sinnvoll vorliegen kann, muss ihr eine Form von mentaler Kausalität zu Grunde liegen. [...] Wenn vermieden werden soll, dass die mentale Kausalität den Energieerhaltungssatz verletzt, muss es sich bei ihr um eine Form reiner Informationsübertragung handeln. Mentale Verursachung meint Informationsaustausch ohne Energietransfer"[424]. Deshalb wird in etlichen Konzeptionen auf den Physiker *David Bohm* zurückgegriffen, der aufgezeigt hat, dass für die Informationsübertragung nicht die Intensität der Quantenwelle entscheidend ist, sondern lediglich ihre *Form*. Demnach überträgt das Quantenpotenzial *reine Information,* ohne Energie zu übermitteln und davon abhängig zu sein. Entsprechend bleibt der kausale Effekt der Information auch über große Entfernungen ungemindert bestehen. Bohm spricht von „aktiver Information", die nur durch ihre Form wirkt, was mit den Worten von Godehard Brüntrup folgende Konsequenz hat: „Es ist der Informationsgehalt, der hier als solcher und unabhängig von einer klassischen Kraft kausal wirksam wird." Weil ein „Fall mentaler Verursachung [...] nach allgemeiner Auffassung dann gegeben" ist, „wenn ein Informationsgehalt als solcher kausal wirksam wird", legt „Bohms Theorie [...] die Konsequenz nahe, dass es auf dem fundamentalsten Niveau des Physischen (der Quantenebene) eine Art mentaler Verursachung in genau diesem Sinne gibt", weshalb „das bohmsche Modell der Wirkungsweise des Quantenpotentials eine Art ‚Downward-Causation' [Top-down-Kausalität] beinhaltet"[425]. Für Patrick Becker, der sich ebenfalls auf Bohms Ansatz bezieht, folgt daraus, „dass die Quantenphysik offen ist für das Einwirken eines Geistprinzips"[426]. Das bedeute für den Dialog mit der Theologie: „Eine ontologisch höhere Ebene – Gott – könnte somit in die Welt hineinwirken, ohne etwa den Energieerhaltungssatz zu verletzen."[427]

423 W. Schmidt: Quantenphysik, S. 269. Vgl. insgesamt ebd., S. 255–271. Für P. Becker: Platz, S. 138, zeigt Becks Entwurf zumindest, „dass naturwissenschaftlich nicht nur vertretbar ist, dass auf Quantenebene ein Informationstransfer stattfindet, sondern auch, dass dieser auf der Makroebene des Gehirns wirksam sein kann". – Zur Quantenphysik siehe *Kap. VI,3.*

424 P. Becker: Platz, S. 132.

425 G. Brüntrup: Philosophie, S. 156 f., der sich in seiner Konzeption auch auf Bohms Ansatz stützt.

426 P. Becker: Platz, S. 137.

427 Ebd., S. 80. Zu Beckers Anlehnung an Bohms Entwurf siehe ebd., S. 76 ff., 135 ff. – Siehe zu Bohms Entwurf insgesamt D. Bohm/D.F. Peat: Weltbild. – Der mit der „aktiven Information" verbundene Ansatz Bohms, den etwa auch der Quantenphysiker und Theologe John Polkinghorne aufgenommen hat (siehe *Kap. VI,3.2–3 u. XII,3,* und J. Polkinghorne: Theologie, S. 62), wurde durch *Thomas Görnitz* zu einer *noch grundsätzlicheren – aber nicht unumstrittenen –Theorie* ausgebaut. Görnitz geht davon aus, dass die sogenannten Quantenbits (kleinstmögliche Einheiten von Information) nicht nur Eigenschaften von Quantenobjekten darstellen, sondern einen eigenständigen Realitätsstatus

Insgesamt enthalten solche Ansätze die Offenheit für die verschiedenen Einflüsse auf die lebensgeschichtliche Ausbildung der Formen von Willensfreiheit, da diese Einflüsse „geleitet von bestimmten Erziehungen und kulturellen Prägungen usw. […] Beispiele für mentale Verursachung" bieten, also „für Wirkungen des Geistigen auf Physisches"[428]. Zugleich korreliert die lebensgeschichtliche Ausbildung der Willensfreiheit mit der neurowissenschaftlichen Einsicht in die Plastizität des Gehirns, das ein „dynamisches offenes System"[429] darstellt. Es wurde bereits deutlich, inwiefern das Gehirn und die Frage nach der Willensfreiheit deshalb nur im Rahmen der ganzen Person und ihres Lebenskontextes angemessen zu verstehen sind. Entsprechend ist nach Wolfgang Achtner Willensfreiheit „am Personenbegriff als integrierender Mitte" zu orientieren: „Nicht der Wille handelt, sondern die ganze Person."[430] Ein relational und geschichtlich geprägter dynamischer Personenbegriff, dem auch die biblische Anthropologie entspreche, lasse erkennen: „In Bezug auf den Akteur ist […] die ganze Person mit ihrem abgestuften Kausalitätsbegriff und Freiheitsbegriff verantwortlich."[431]

Die aufgezeigten vielfältigen Aspekte vermittelter und bedingter Willensfreiheit, die sich auch in der Alltagserfahrung widerspiegeln, werden in ihrem Gesamtzusammenhang und ihrer ganzen Tiefe erst aus *theologischer Perspektive* transparent. Es trat bereits mehrfach hervor, dass mit dem christlich-abendländischen Menschenbild, welches eine personale Gemeinschaft der Liebe zwischen Gott und Mensch sowie zwischen den Menschen untereinander beinhaltet, unweigerlich die Dimensionen von Freiheit, Verantwortung und Schuld verbunden sind[432], allerdings im Rahmen der mit der Geschöpflichkeit einhergehenden Bedingtheiten des Menschen. Die damit gegebenen anthropologischen Eigenschaften spiegeln sich nicht nur in der lebensweltlichen Erfahrung wider, sondern weitgehend auch in philosophischen Ansätzen und in nicht deterministisch verabsolutierten neurowissenschaftlichen Erkenntnissen über lediglich graduell bedingende neuronale Faktoren. Hinsichtlich der gesamtgesellschaftlichen Relevanz bleibt mit den Worten des Strafrechtlers Udo Ebert festzuhalten: „Die Begriffe Willensfreiheit, Schuld und Verantwortung gehören zum neuzeitlichen europäischen, westlichen Menschenbild. Sie sind für das Selbstverständnis des Menschen, darüber hinaus für das Leben in Staat

---

haben, in dem sie als bedeutungsfreie Quanteninformation, die sich eine Bedeutung einprägen kann, „nichtlokal und überzeitlich" existieren. „Erst in einer Anbindung an Quantenobjekte […] wird eine Lokalisierung von Quanteninformation möglich." (T. Görnitz: Naturwissenschaft, S. 163 f.) „Damit wird dem Psychischen als Unbewusstes und Bewusstsein ein gleicher Grad von Realität eingeräumt wie seinem materiellen Träger, den elementaren Quantenteilchen im lebenden Gehirn". „Psychosomatische Phänomene verlieren damit ihre vermeintliche Unerklärbarkeit." (Ebd., S. 162 f.) – Siehe zum Entwurf von Görnitz auch *Anm. 191, VI. Kap.*

428 M. Petzoldt: Gehirn, S. 65.

429 W. Achtner: Willensfreiheit, S. 249.

430 Ebd., S. 250 f.

431 Ebd., S. 255. Vgl. ebd., S. 250–255. – Siehe auch H. Peters: Wille, und B.A. Weinhardt: Mind.

432 So wäre etwa die – auch auf das Handeln der Menschen reagierende – Heilsgeschichte Gottes mit den Menschen ohne diese Aspekte undenkbar.

und Gesellschaft, mithin auch für Politik, Recht und Ethik konstitutiv."[433] Doch die hiermit verbundenen Vorstellungen von Willens- und Handlungsfreiheit werden erst aus theologischer Perspektive in ihrem ganzen Ausmaß existenzieller Identitätsbildung greifbar. Dabei bestehen durchaus auch unterschiedliche theologische Gewichtungen, wie etwa bei der Zuordnung von freiem und gebundenem Willen. Das zeigt sich prägnant an den jeweiligen Einschätzungen von Luthers Schriften „Vom unfreien Willen" (De servo arbitrio) und „Von der Freiheit eines Christenmenschen" (Tractatus de libertate christiana). Bei differenzierter Betrachtung der theologischen Grundlagen, die besonders in diesen Schriften zum Tragen kommen, wird der gesamte Horizont menschlicher Willensfreiheit – und damit deren eigentliche Charakteristik – transparent, was hier nur knapp im Ergebnis aufgezeigt werden kann.[434]

Der Grad menschlicher Willens- und Handlungsfreiheit hängt nach dem biblischen Zeugnis mit der im Gottesverhältnis verankerten Grundorientierung des Menschen zusammen. Wenn Luther vom *unfreien Willen* und entsprechend eingeschränkter Handlungsfreiheit spricht, kann er sich auf biblische Aussagen wie Röm 7,15–23 oder Joh 8,34 berufen, die auf die Einschränkung dieser Freiheiten durch die Macht der Sünde verweisen. Denn durch die Abwendung von seinem Schöpfer verkehrt der Mensch seine Freiheit zur Gemeinschaft und Liebe in ihr Gegenteil, indem er sich in seiner Selbstbehauptung (Luther: in sich selbst verkrümmt) von der Sorge um sich selbst abhängig macht – und damit auch von entsprechenden Bedingungen der Welt. Alles, was der Mensch tut, muss er jetzt seiner Selbstbehauptung unterordnen, ob er will oder nicht, so dass er unweigerlich zu egoistischer Orientierung und zur „distanzlosen Bindung an das eigene, sündige Selbst"[435] gelangt, zu einer Selbstüberhöhung und Selbsttäuschung, durch die das Vertrauen auf die von Gott geschenkte Existenz verloren geht. Mit der aus der Selbstbehauptung resultierenden Angst um sich selbst wird die Freiheit zur Nächstenliebe unausweichlich eingeschränkt. „Die hier auftretende Macht ist also keine dem Menschen äußere, sondern eine sich aus dem irregeleiteten Selbstverständnis ergebende"[436]. In diesem Selbstverständnis besteht für den Menschen vor Gott keine Möglichkeit der selbstrechtfertigenden Heilserlangung. Das erweist sich in der die gesamte Person betreffenden Selbstverkrümmung als Unfreiheit, welche „aber nicht der Freiheit und Verantwortung vor der Welt" widerspricht, „die als solche auch wiederum Verantwortung vor Gott ist. Im Gegenteil: Weil von Sünde überhaupt nur deshalb zu reden ist, weil Menschen zu sich selbst in Distanz treten können und in einem Selbstverhältnis leben, setzt Sünde die Freiheit in der Beziehung zur

433 U. Ebert: Willensfreiheit, S. 149.

434 Zu den theologischen Entwicklungen und Tendenzen im Blick auf die Willensfreiheit und zu deren Relevanz für den Dialog mit den Neurowissenschaften siehe W. Achtner: Willensfreiheit, und zur Relevanz des differenzierten und tiefgehenden Ansatzes Luthers siehe B. Bruder: Freiheit, S. 268–465.

435 B. Bruder: Freiheit, S. 411.

436 Ebd., S. 417.

Welt und zu sich selbst voraus. Nur aufgrund dieser Voraussetzung kann auch die Verkehrung der Freiheit in ihr Gegenteil durch die Sünde identifiziert werden“[437] (etwa als distanzlose Bindung an das eigene Selbst). Entsprechend ist der Sünder nach Luther aus eigenem Verschulden wie er ist, weil mit den Worten von Benedikt Bruder gilt: „Der Mensch muss hier verantwortlich genannt werden, auch und gerade für das Sündersein. [...] In seinen Taten aktuiert der Mensch eigenverantwortlich das Sündersein [...]. Gerade dieses Sosein des Sünders ist auch seine eigene Verantwortung.“[438] Der unfreie Wille (servum arbitrium) ist nämlich „kein Zwang, denn er will ja willentlich“[439]. Durch die Zuschreibbarkeit der Sünde existiert ihr Unfreiheitscharakter zugleich mit ihrem Schuldcharakter, „damit aber mit einem Element, das Freiheit voraussetzt bzw. als ein Kennzeichen von Freiheit gilt“[440].

Auch wenn die Menschen in der von Selbstbehauptung geprägten Gottesferne das Heil nicht selbst – durch Selbstrechtfertigung oder Werkgerechtigkeit – erreichen können, eröffnet Gott durch seine Heilsgeschichte den durch Transzendenz charakterisierten Menschen die Möglichkeit der erneuten Öffnung für Gott. Dabei gibt er den Menschen, denen die Ahnung von Gott ins Herz geschrieben ist (Röm 1–2), unter anderem aus der Distanz die Chance, selbst zu merken, dass sie letztlich nicht aus sich selbst leben können. In der Öffnung für Gott können die Menschen das Heil durch Gottes Heilshandeln empfangen.[441] Aufgrund des glaubenden Vertrauens auf Gott werden die Menschen aus der selbstverkrümmten Angst um sich selbst zur *„Freiheit eines Christenmenschen“* befreit, weil sie sich jetzt von der Liebe Gottes getragen wissen und im Unterschied zur distanzlosen Bindung an sich selbst zu selbstloser Nächstenliebe befähigt werden, insofern als nun „eine *heilsame Distanz* zum krampfenden, stets auf sich selbst bezogenen Vollzug der eigenen Subjektivität möglich ist. Das Gottvertrauen eröffnet also offensichtlich eine solche Freiheit, die den Blick tatsächlich frei gibt, weil er nicht mehr gefangen ist von der existentiellen Sorge um sich selbst. In und mit diesem Vertrauen ändert und weitet sich der Horizont. Die Befreiung von dieser Sorge ist eben nur durch das Vertrauen auf eine tragende Macht möglich, welche die Fortdauer der eigenen Existenz auch in Zukunft (bzw. sogar in Ewigkeit) gewährleistet.“[442] Denn mit den Worten Polkinghornes sind wir „Wesen, deren Leben unvollendet bleibt, wenn wir

437 Ebd., S. 427, siehe ebd., S. 415: „Freiheit muss insofern vorausgesetzt werden, als das eigene Selbst hier als der Sünder erkannt wird, und nicht ein Anderer, der den Sünder in die Sünde gezwungen hätte.“

438 Ebd., S. 426.

439 U. Beuttler: Wille, S. 74.

440 B. Bruder: Freiheit, S. 413, der sich hier auf C. Axt-Piscalar: Krise, und deren Bezugnahme auf S. Kierkegaard beruft.

441 Vgl. insgesamt M. Haudel: Gotteslehre, S. 24 ff.

442 B. Bruder: Freiheit, S. 460 f. – In der *katholischen Theologie* zeigen sich immer wieder Tendenzen, natürliche Gotteserkenntnis und Willensfreiheit zu optimistisch zu sehen, insofern als die durch die menschliche Selbstverkrümmung bestehenden Ambivalenzen oft weniger zum Tragen kommen. Dadurch können die Bedingtheiten des Willens in den Hintergrund geraten, weshalb die neurowissenschaftliche Hervorhebung dieser Bedingtheiten zuweilen vorschnell als grundsätzliche In-

nicht mit unserem Schöpfer versöhnt werden, der der Grund unseres Seins ist"[443]. So wird der Mensch im Kontext seiner wesensgemäßen Freiheitsdimensionen durch den Glauben zur *eigentlichen schöpfungsgemäßen Freiheit* befreit, weshalb erst die Theologie den gesamten Horizont der Willensfreiheit in seiner ganzen Tiefe aufzuzeigen vermag.

Die theologisch aufgezeigte Orientierung des Willens lässt sich nicht hinreichend unter dem Aspekt einer inhaltlichen Änderung menschlicher Grundgestimmtheit oder Affektivität verstehen. Dieser besonders von subjektivitätstheoretischen theologischen Ansätzen betonte Aspekt des Glaubens als Bestimmtheit des Gefühls (in der Tradition Schleiermachers) bleibt nämlich ambivalent, wenn er nicht explizit im Kontext des relational-kommunikativen Verhältnisses zwischen Gott und Mensch erörtert wird, was etwa Benedikt Bruder betont: Weil auch der Glaubende weiter mit der Sünde konfrontiert ist und die affektive Bestimmtheit des Selbstgefühls immer wieder von Selbstsucht, Misstrauen oder Verzweiflung betroffen sein kann, erweist sich diese Bestimmtheit als ambivalentes und „relativ labiles Charakteristikum", dem „die scheinbare Eindeutigkeit der als Grundrichtung o. ä. qualifizierten Bestimmtheit des unmittelbar (!) gegebenen Selbstgefühls nicht mehr Rechnung tragen"[444] kann. Deshalb stellte Luther der Kontingenz der glaubenden Selbsterfahrung das Vertrauen auf die Verheißungen Gottes gegenüber. „Denn der Glaube ist – wie Luther deutlich macht – dauerhaft auf das Hören des Wortes Gottes angewiesen und stellt daher keine in sich stabile Existenz dar. Er vollzieht sich nur relational als vertrauende Bezugnahme auf das verbum externum [das ihm von außen zukommende Wort Gottes]."[445] Entsprechend darf die „*kommunikative Struktur* des Glaubens" nach Bruder „nicht zu Gunsten einer Logik der unmittelbaren Selbstidentität aufgegeben werden"[446]. Die Identitätsfindung des Selbst vollziehe sich nämlich in einem „*unabgeschlossenen Vermittlungsvorgang* von Ich und Selbst, aber auch von Ich und Umwelt bzw. anderen Menschen und – nicht zuletzt – Ich und Gott", wobei sich die auch in der Gottesbeziehung vollziehende Identitätsbildung wie gezeigt „nicht als zusätzliches Moment, sondern als Horizont" und „Korrektiv von Selbst- und Weltbeziehung"[447] erweise.

Für den Persönlichkeitsbildungsprozess, der mit dem Willensbildungsprozess korrespondiert, spielt auch das *Gewissen* eine konstitutive Rolle, das Schleiermacher zu Recht als spezifisches souveränes Selbstgefühl bezeichnete. Weil der Mensch einerseits ein Gewissen *hat*, das aber andererseits mit seiner Personalität *identisch* ist, gewährt auch das Gewissen die Dimension des Selbstverhältnisses. Dabei ver-

---

fragestellung des christlich-abendländischen Menschenbildes gesehen wird. (Vgl. M. Petzoldt: Gehirn, S. 84 f., 145.)

443 J. Polkinghorne: Theologie, S. 90.

444 B. Bruder: Freiheit, S. 405 f. – Zur Einordnung subjektivitätstheoretischer Ansätze im Dialog siehe *Kap. I,3.4*.

445 Ebd., S. 414.

446 Ebd., S. 406 f.

447 Ebd., S. 408.

körpert es laut Stephan Schaede sowohl eine „Instanz der Unfreiheit“, indem es an bestimmte Beurteilungsmaßstäbe bindet, als auch eine „Instanz der Freiheit“, insofern als es dem Menschen eine innere individuelle Orientierung ermöglicht. Aber auch der Gewissensbildungsprozess vollzieht sich als Persönlichkeitsbildungsprozess in Relation zur Umwelt, was Einfluss darauf hat, woran sich das Gewissen bindet. Das betrifft dann auch wieder das Verhältnis zu Gott.[448]

Vor dem Hintergrund der aufgezeigten Zusammenhänge kommt Wolfgang Achtner hinsichtlich der Willensfreiheit zu dem Schluss: „Gottesbeziehung und Personintegration und mithin die Zunahme der Freiheitsgrade im Sinne der Handlungs- und Entscheidungsoptionen sind also direkt aufeinander bezogen.“[449] Die in diesem Kontext hervorgetretene *Verantwortung* vor Gott, vor sich selbst, vor den Mitmenschen und der Welt mit ihrer impliziten Möglichkeit von Schuld entspricht der individuellen und gesellschaftlichen lebensweltlichen Erfahrung, die durch die Zuordnung von Schuld, Sühne und Versöhnung – auch im *Strafrecht* – den Handlungen und der Würde des Menschen gerecht wird. Das trifft für den etwa von Roth oder Singer vertretenen neurowissenschaftlichen Determinismus nicht zu, der die Schuldfähigkeit des Menschen leugnet und Straftäter zu „Zufalls-Opfern“ neuronaler Konstellationen macht, die physiologisch zu manipulieren oder zum Schutz der Gesellschaft wegzusperren seien. Einsicht in Schuld und Sinn wird auf diese Weise ebenso unmöglich wie die Begrenzung von Strafe auf jeweilige Schuld, wodurch erst Versöhnung und Neuanfang ermöglicht wird. Durch eine derartige Degradierung von Straftätern zu Objekten physiologischer Gegebenheiten gehen Humanität und die im Grundgesetz verbürgte Würde und Personalität des Menschen verloren.[450] Ein rein deterministisches Personenverständnis würde nach Udo Ebert zugleich das *gesamte Menschen- und Gesellschaftsbild* in Frage stellen: „Menschenwürde, Freiheitsrechte, Moral, Recht, politische Verantwortung, Demokratie“ und so „das abendländische Menschenbild und mit ihm das Fundament unserer modernen Gesellschaft und Kultur“[451]. Die mit Verantwortung, Handlungsentscheidungen oder menschlicher Intentionalität verbundene Sinnsuche würde ebenfalls obsolet.[452]

Angesichts der Herausforderungen durch die Neurowissenschaften, die wie gezeigt keineswegs auf solche weltanschaulichen Verabsolutierungen zu reduzieren sind, trat hervor, dass der theologische Freiheitsbegriff maßgebliche lebens-

448 Vgl. S. Schaede: Gewissensbildung, S. 42 ff., und W. Achtner: Willensfreiheit, S. 256.
449 W. Achtner: Willensfreiheit, S. 256.
450 Vgl. insgesamt U. Ebert: Willensfreiheit; D. Evers: Hirnforschung, Sp. 1114–1116, und ders.: Neurobiologie, S. 115–119, wo Evers zu bedenken gibt, dass die in der Rechtsprechung durchaus auch gesehene eingeschränkte Schuldfähigkeit, etwa im Affekt, bei Demenz oder in psychischen Zwangssituationen, durch Neurowissenschaftler wie Roth vom Ausnahmezustand zum Normalzustand erklärt wird.
451 U. Ebert: Willensfreiheit, S. 154. Vgl. D. Evers: Neurobiologie, S. 116.
452 Vgl. P. Becker: Platz, S. 130: „Es stellt sich die Frage, ob nicht allein die Tatsache, dass der Mensch nach Sinn sucht, einen empirischen Beleg gegen jede reduktionistische Deutung darstellt.“

weltliche und philosophische Einsichten ebenso zu integrieren vermag wie – nicht weltanschaulich verabsolutierte – neurowissenschaftliche Erkenntnisse, etwa die Wahrnehmung gewisser neuronaler Bedingtheiten. Zugleich konnte das theologische Freiheitsverständnis als Korrektiv der integrierbaren Dimensionen dienen, indem diese in einen weiteren Horizont gestellt wurden, der sie in ihrer eigentlichen Tiefe erkennbar werden lässt. Durch die aufgezeigte Kompatibilität etlicher neurowissenschaftlicher Beobachtungen mit philosophischen und theologischen Einsichten (z. B. Willensbildungsprozesse, relationale Eingebundenheit des Gehirns) besteht durchaus eine gegenseitig bereichernde *Dialogperspektive.* In ihr können etwa die neurowissenschaftlichen Hinweise auf gewisse Bedingtheiten daran erinnern, dass es absolute – von den Bedingungen der Welt isolierte – Willensfreiheit nicht geben kann, während Philosophie und Theologie aufzudecken vermögen, dass von einem solchen Freiheitsbegriff auch nur wenige ausgehen und dass es sich bei dem von etlichen Neurowissenschaftlern entgegengesetzten absoluten Determinismus um ein weltanschauliches Postulat handelt. Der theologische Freiheitsbegriff vermag im Dialog schließlich den Beitrag zu leisten, die tiefste Grundlage des Verhältnisses von bedingtem und freiem Willen im Kontext des gesamten Lebenshorizonts aufzuzeigen. So ist die Theologie wie schon hinsichtlich des Kosmos und der Evolution im Dialog in der Lage, die verschiedenen Erkenntnisse in einen die ganze Wirklichkeit umfassenden Sinnzusammenhang zu stellen, was an den theologischen Dialogkonzeptionen immer wieder deutlich wird.

Literatur

Achtner, Wolfgang: Willensfreiheit in Theologie und Neurowissenschaften. Ein historisch-systematischer Wegweiser, Darmstadt 2010.

Ammer, Christian/Lindemann, Andreas (Hg.): Hirnforschung und Menschenbild (= EuG NF 44), Leipzig 2012.

Aus der Au, Christina (Hg.): Körper – Leib – Seele – Geist. Schlüsselbegriffe einer aktuellen Debatte, Zürich 2008.

Barbour, Ian G.: Naturwissenschaft trifft Religion. Gegner, Fremde, Partner? Aus dem Englischen von Regine Kather, Göttingen 2010.

Becker, Patrick: Kein Platz für Gott? Theologie im Zeitalter der Naturwissenschaften, Regensburg 2009.

Beuttler, Ulrich: Gott und Raum – Theologie der Weltgegenwart Gottes (= FSÖTh 127), Göttingen 2010.

Bruder, Benedikt: Versprochene Freiheit. Der Freiheitsbegriff der theologischen Anthropologie in interdisziplinärem Kontext (= TBT 159), Berlin/Boston (MA) 2013.

Dennebaum, Tonke: Urknall, Evolution, Schöpfung. Glaube contra Wissenschaft?, Würzburg 2008.

Eckel, Rainer/Großhans, Hans-Peter: Gegner oder Geschwister? Glaube und Wissenschaft (= Theologie für die Gemeinde IV/1), Leipzig 2015.

Eibach, Ulrich: Schöpfung ohne Schöpfer oder Gott als „intelligenter Designer“? Zur theologischen Bedeutung des Streits um Darwins Evolutionstheorie, in: DtPfrBl 109 (2009), S. 239–243.

Evers, Dirk: Hirnforschung und Theologie, in: ThLZ 131 (2006), Sp. 1107–1122.

Evers, Dirk: Raum – Materie – Zeit. Schöpfungstheologie im Dialog mit naturwissenschaftlicher Kosmologie (= HUTh 41), Tübingen 2000.

Gräb-Schmidt, Elisabeth/Preul, Reiner (Hg.): Natur (= MJTh 27 = MThSt [NS] 122), Leipzig 2015.

Gruber, Franz: Schöpfungslehre, in: Marschler, Thomas/Schärtl, Thomas (Hg.): Dogmatik heute. Bestandsaufnahme und Perspektiven, Regensburg 2014, S. 131–172.

Hägele, Peter C.: Die moderne Kosmologie und die Feinabstimmung der Naturkonstanten auf Leben hin, in: Bröking-Bortfeldt, Martin/Rothgangel, Martin (Hg.): Glaube und Denken. Jahrbuch der Karl-Heim-Gesellschaft (18. Jgg. 2005), Frankfurt (M.) 2006, S. 41–75. [*In diesem Bd. weitere Aufsätze zur Feinabstimmung und zum Anthropischen Prinzip.*]

Haudel, Matthias: Gotteslehre. Die Bedeutung der Trinitätslehre für Theologie, Kirche und Welt (= UTB 4292), Göttingen [2]2018.

Hübner, Jürgen/Stamatescu, Ion-Olimpiu/Weber, Dieter (Hg.): Theologie und Kosmologie. Geschichte und Erwartungen für das gegenwärtige Gespräch (= Religion und Aufklärung 11), Tübingen 2004.

Kessler, Hans: Evolution und Schöpfung in neuer Sicht, Kevelaer 2009.

Klose, Joachim/Oehler, Jochen (Hg.): Gott oder Darwin? Vernünftiges Reden über Schöpfung und Evolution, Berlin/Heidelberg 2008.

Körtner, Ulrich H.J./Popp, Marianne (Hg.): Schöpfung und Evolution – zwischen Sein und Design. Neuer Streit um die Evolutionstheorie, Wien/Köln/Weimar 2007.

Krötke, Wolf: Erschaffen und erforscht. Mensch und Universum in Theologie und Naturwissenschaft, Berlin 2002.

Link, Christian: Schöpfung. Ein theologischer Entwurf im Gegenüber von Naturwissenschaft und Ökologie, Neukirchen-Vluyn 2012.

Moltmann, Jürgen: Wissenschaft und Weisheit. Zum Gespräch zwischen Naturwissenschaft und Theologie, Gütersloh 2002.

Mühling, Markus: Resonanzen: Neurobiologie, Evolution und Theologie. Evolutionäre Nischenkonstruktion, das ökologische Gehirn und narrativ-relationale Theologie (= Religion, Theologie und Naturwissenschaft/Religion, Theology, and Natural Science 30), Göttingen 2016.

Müller, Helmut A. (Hg.): Kosmologie. Fragen nach Evolution und Eschatologie der Welt (= Religion, Theologie und Naturwissenschaft/Religion, Theology, and Natural Science 2), Göttingen 2004.

Neuner, Peter (Hg.): Naturalisierung des Geistes – Sprachlosigkeit der Theologie? Die Mind-Brain-Debatte und das christliche Menschenbild (= QD 205), Freiburg (Br.) 2003.

Pannenberg, Wolfhart: Systematische Theologie, Bd. 2, Göttingen 1991.

Petzoldt, Matthias: Gehirn – Geist – Heiliger Geist. Muss der Glaube die Willensfreiheit verteidigen? (= Denkperlen 07), Hamburg 2008.

Polkinghorne, John: Theologie und Naturwissenschaft. Eine Einführung. Aus dem Englischen von Gregor Etzelmüller, Gütersloh 2001.

Schwöbel, Christoph: Sein oder Design – das ist hier die Frage. Christlicher Schöpfungsglaube im Spannungsfeld von Evolutionismus und Kreationismus, in: Buchheim, Thomas [u. a.] (Hg.): Gottesbeweise als Herausforderung für die moderne Vernunft (= Collegium Metaphysicum 4), Tübingen 2012, S. 463–520.

Schwöbel, Christoph: Theologie der Schöpfung im Dialog zwischen Naturwissenschaft und Dogmatik, in: Härle, Wilfried/Marquardt, Manfred/Nethöfel, Wolfgang (Hg.): Unsere Welt – Gottes Schöpfung (= MThSt 32), Marburg 1992, S. 199–221.

Weber, Hubert Philipp/Langthaler, Rudolf (Hg.): Evolutionstheorie und Schöpfungsglaube. Neue Perspektiven einer Debatte (= Wiener Forum für Theologie und Religion 1), Göttingen 2013.

Wenz, Gunther: Schöpfung. Protologische Fallstudien (= Studium Systematische Theologie 7), Göttingen 2013.

XII. Wegweisende Dialog-Konzeptionen

Neben den materialen Dialog-Perspektiven, die im hier vorliegenden Entwurf hinsichtlich der kosmologischen, evolutionstheoretischen und neurowissenschaftlichen Dimensionen eröffnet wurden (Kap. XI), soll noch auf drei wirkungsgeschichtlich bedeutende Dialog-Konzeptionen hingewiesen werden, die auch schon im vorliegenden Entwurf und den bisherigen Kapiteln teilweise zum Tragen kamen – wie viele andere Dialog-Konzeptionen, darunter auch aktuelle Konzeptionen wie die von Dirk Evers und Markus Mühling (zu Letzteren siehe die Literaturempfehlung am Ende des Kapitels).

1. Wolfhart Pannenberg

Einen wichtigen Beitrag zur *Vermittlung des Schöpfungshandelns des dreieinigen Gottes mit den naturwissenschaftlichen Erkenntnissen* liefert der Ansatz des evangelischen Theologen Wolfhart Pannenberg (1928–2014), für den sich das Bekenntnis zum Schöpfer – als der „Alles bestimmenden Wirklichkeit" (R. Bultmann) – an der „Gesamtheit der Erfahrung"[1] und deshalb auch an den geschichtlichen und naturwissenschaftlichen Wirklichkeitsbeschreibungen zu bewähren hat.[2] Denn „könnte das Bekenntnis zur Schöpfung der Welt durch Gott gar nicht auf die Welt unserer Erfahrung bezogen werden und im Medium unseres Erfahrungswissens von der Welt ausgedrückt werden, dann würde das Bekenntnis zur Schöpfung der Welt zu

1 W. Pannenberg: Kontingenz, S. 42.

2 Es geht Pannenberg dabei nicht zuletzt um die Wissenschaftlichkeit der Theologie, deren Wahrheit auch vor den empirischen naturwissenschaftlichen Disziplinen Bestand haben müsse. So lässt er sogar – zwar in differenzierter Weise – Poppers Prinzip der möglichen Falsifikation von Hypothesen für Glaubensaussagen gelten. Doch er zielt primär darauf, dass Dogmatik „ein Modell von Welt, Mensch und Geschichte als in Gott begründet entwirft, das, wenn es stichhaltig ist, die Wirklichkeit Gottes und die Wahrheit der christlichen Lehre ‚beweist', nämlich durch die Form der Darstellung als konsistent denkbar ausweist und so erhärtet" (ders.: Systematische Theologie 1, S. 70). Entsprechend handelt es sich laut der von A. Lebkücher: Theologie, vorgelegten Analyse von Pannenbergs Ansatz bei dessen „Konzept der Überprüfung theologischer Aussagen [faktisch] nicht um ein Falsifikations-, sondern um ein Verifikationsmodell", zumal sich die Bezugnahme auf Poppers Konzept schon deshalb als problematisch erweise, weil dieses „ausdrücklich nur für die empirischen Wissenschaften entworfen" worden sei und so die Gefahr bestehe, „dass Pannenberg die notwendige Unterscheidung zwischen empirischen und hermeneutischen Wissenschaften verwischt" (ebd., S. 199). – Siehe auch K.R. Popper: Logik.

einer Leerformel, die keinen Realitätsgehalt hätte."[3] So betont Pannenberg im Rahmen einer geschichtlich bzw. heilsgeschichtlich orientierten „Theologie der Natur, einer theologischen Deutung der natürlichen Wirklichkeit", dass Gott als die alles bestimmende Wirklichkeit Relevanz für „die Natur in ihrem Gesamtprozeß"[4] hat – und damit auch für alle anthropologischen und naturwissenschaftlichen Erfahrungsbereiche. Deshalb habe sich aber nicht nur der Glaubensinhalt an den erfahrungswissenschaftlichen Erkenntnissen zu bewähren, sondern auch umgekehrt werde die Wirklichkeit in ihrer Ganzheit und Einheit nur durch einen entsprechenden Gottesgedanken in umfassender Tiefe verstehbar.[5] Dabei gibt für Pannenberg bereits ein allgemein einsehbarer philosophisch-metaphysischer Gottesbegriff zu erkennen, dass Mensch, Natur und Geschichte Teil der von Gott geprägten Wirklichkeit sind.[6] Dieses vorläufige Gottesverständnis bedarf nach Pannenberg jedoch der expliziten Offenbarung bzw. heils*geschichtlichen* Selbsterschließung des dreieinigen Gottes, welche mit den allgemeinen religiösen Einsichten und der anthropologischen sowie naturwissenschaftlichen Erfahrungswirklichkeit zu vermitteln sei. Also müsse der dreieinige Gott als Schöpfer dieser Welt plausibel werden, ebenso wie sich die Strukturen der Welt als seine Schöpfung zu erweisen haben, wobei sich die Naturphilosophie als Brücke anbiete und sich die umfassende Wirklichkeitserkenntnis erst im Horizont des *trinitarischen Schöpfungshandelns* eröffne.[7]

Entsprechend erörtert Pannenberg in seiner Schöpfungslehre die *Konsonanz* von heutigem *naturwissenschaftlichem Weltverständnis* und *schöpferischem Handeln des dreieinigen Gottes.*[8] Er sieht diese Konsonanz wesentlich im Verhältnis von *Kontingenz und Naturgesetz* begründet. Denn aufgrund der neueren naturwissenschaftlichen Einsicht in die irreversible Ereigniskontingenz der offenen und von Möglichkeiten bestimmten Naturprozesse (u. a. Quantenphysik) bestehe im Unterschied zum statischen und deterministischen naturwissenschaftlichen Weltbild des 19. Jahrhunderts eine Konsonanz mit dem biblischen Verständnis der heilsgeschichtlichen kontingenten Ereignisabfolge im Verhältnis von Gott und Mensch.[9] Weil die gesamte

3 W. Pannenberg: Frage, S. 199.

4 Ders.: Kontingenz, S. 34.

5 Vgl. ebd., S. 42, 46 f., 72.

6 Pannenberg kehrt hiermit nicht zur natürlichen Theologie zurück, die Gott aus der Natur abzuleiten versucht, sondern er beabsichtigt, Gottes Schöpfungshandeln „auf die naturwissenschaftliche Weltbeschreibung zu beziehen" (ders.: Wirken, S. 139). Allerdings merkte Pannenberg bei einer Diskussion im Blick auf F.J. Tiplers physikalischen Gottesbeweis an: „Ich selbst verhalte mich solchen Auffassungen gegenüber offen. […] Für mich scheidet es als Möglichkeit nicht prinzipiell aus." (H.-P. Dürr [u. a.]: Gott, S. 30) – Zu Tiplers Gottesbeweis siehe z. B. *Kap. IV,4 u. XI,1.3.*

7 Die fundamentaltheologischen Überlegungen finden sich etwa in W. Pannenberg: Systematische Theologie 1, während die im Folgenden knapp dargelegten materialen Erörterungen des Schöpfungshandelns des dreieinigen Gottes im Horizont der gegenwärtigen naturwissenschaftlichen Erkenntnis in ders: Systematische Theologie 2, S. 15–201, ausführlich entfaltet sind.

8 *Konsonanz* bedeutet für Pannenberg nicht nur Widerspruchsfreiheit, sondern schließt auch Harmonie im Sinne einer positiven Beziehung ein (vgl. ders.: Theologie/Schöpfung, S. 149).

9 Vgl. Pannenbergs programmatische Schrift „Kontingenz und Naturgesetz" von 1970 (siehe ders.: Kontingenz).

außergöttliche Wirklichkeit kontingent sei, also möglich und nicht notwendig, hänge die Existenz und Einheit der Wirklichkeit vom freien Handeln Gottes ab, so dass die Einheit der Natur- und Geschichtsprozesse ohne den Gottesgedanken „nicht in gleicher Tiefe als Einheit verstehbar würde“[10]. Die in den kontingenten Prozessen zu beobachtenden Gleichförmigkeiten werden laut Pannenberg durch die Naturgesetze abgebildet, welche so innerhalb der kontingenten offenen Zukunft auf verlässliche Strukturen hinweisen, wie sie auch in den biblischen Schöpfungsberichten (etwa durch die Abfolge von Tag und Nacht) als Zeichen der Treue Gottes zum Ausdruck kommen. Sowohl die grundsätzliche Kontingenz der Welt als auch das in der modernen Naturwissenschaft beobachtete *Zusammenspiel von Spontanität bzw. Dynamik und Ordnung* spiegeln nach Pannenberg das Schöpfungshandeln des dreieinigen Gottes wider. Weil das bereits in Kapitel XI,1.2 hinsichtlich der Kosmologie und in Kapitel XI,2.1.3 hinsichtlich der Evolution erörtert wurde, soll es hier nur noch einmal knapp im Gesamtzusammenhang zur Sprache kommen.[11]

Zunächst erweist sich das vom sogenannten „Urknall“ ausgehende kosmologische Standardmodell mit der Entstehung von Raum und Zeit und der prozessualen Entwicklung – im Unterschied zur Vorstellung ewiger Materie im 19. Jahrhundert – für Pannenberg als *kompatibel* mit der freien Erschaffung der gesamten außergöttlichen Wirklichkeit durch Gott (Gen 1,1: „Am Anfang schuf Gott Himmel und Erde“), durch die Gott geschöpflicher Wirklichkeit Raum und Zeit gewährt und damit die Möglichkeit, an seiner innertrinitarischen Gemeinschaft der Liebe zu partizipieren. Indem der *dreieinige Gott* die vollkommene Gemeinschaft der Liebe verkörpert und deshalb keines anderen außerhalb seiner selbst bedarf, handelt es sich um eine *freie kontingente Gewährung der Schöpfung,* die aus Gottes Liebe resultiert. Denn die auf den Sohn gerichtete Liebe des *Vaters,* die im Sohn den „Ursprung von allem dem Vater gegenüber anderen“[12] sieht, gönnt in freier Liebe auch außergöttlicher Existenz das Dasein. Deren Urbild besteht wiederum in der freien liebenden Selbstunterscheidung des *Sohnes* vom Vater, was die freie Schöpfungsmittlerschaft des Sohnes begründet (Hebr 1,2; Joh 1,3), der dabei mit dem Vater in der Freiheit des *Geistes* (II Kor 3,17) geeint ist, so dass der Geist ebenfalls schöpferisch wirkt (Gen 1,2; 2,7). Während der Geist seiner innertrinitarischen Rolle gemäß (Vollzug der Gemeinschaft) die dynamische Gemeinschaft der Schöpfung mit Gott bewerkstelligt, ist die strukturelle Selbständigkeit der Geschöpfe in der Selbstunterscheidung des Sohnes vom Vater verankert (Sohn als Gegenüber des Vaters).[13]

Neben der in der freien Schöpfergüte des *Vaters* verankerten *Kontingenz* der gesamten Schöpfungswirklichkeit werden so die Wirkweisen von *Sohn* und *Heiligem Geist* im Zusammenspiel von *Ordnung* und *Spontanität* in den Naturprozessen

10 Ebd., S. 42. Vgl. ebd., S. 46 f. u. 72.

11 Pannenberg hat sich intensiv mit der Kosmologie und der Evolution auseinandergesetzt, während er sich mit den zuletzt immer stärker aufkommenden Neurowissenschaften nicht mehr ausführlich beschäftigte.

12 W. Pannenberg: Systematische Theologie 2, S. 36.

13 Vgl. ebd., S. 34–49.

transparent: Der *Sohn* (Logos), nach dessen Bild alles geschaffen wurde (Joh 1,3; Kol 1,16 f.), erweist sich – als Ursprung des dem Vater gegenüber anderen – als das generative Prinzip der Andersheit, Vielheit und *Selbständigkeit* der Geschöpfe und somit als *Prinzip regelmäßiger bzw. naturgesetzlicher Ordnung.* Diese ermöglicht durch eine gewisse Gleichförmigkeit von Abläufen die Entstehung dauerhafter Gestalten bzw. selbstorganisierender Systeme höherer Komplexität – bis hin zum gottebenbildlichen Menschen, der Zielgestalt der Schöpfung. Das wiederum korreliert mit dem Anthropischen Prinzip, nach dem die Bedingungen des Kosmos auf die Entstehung des Menschen hin angelegt sind, weshalb der Kosmos auch erst vom Menschen her bzw. durch ihn „als sinnvoller Geschehenszusammenhang erfaßbar wird“[14]. Das Wirken des *Heiligen Geistes,* der innertrinitarisch die dynamische Gemeinschaft vollzieht und als bewegender und schöpferischer Atem Gottes gilt, verbindet sich entsprechend mit der *spontanen Dynamik* der Naturprozesse und ihren dynamischen Kraftfeldern. Deshalb sieht Pannenberg in modernen „*Feldtheorien*“, deren Wirkungen nicht mehr mit einem materiellen Substrat, sondern eher mit „Information“ verbunden werden, Analogien zum Wirken des Heiligen Geistes: Wie der Geist in der Trinität die dynamische Verbindung und Bewegung verkörpert, so ermöglicht er die dynamische Relation von Raum und Zeit, die mit dem Kraftfeld in Beziehung steht. Zugleich ist er in seiner bewegenden Dynamik mit dem Begriff der „Information“ zu verbinden, so dass Pannenberg von den „Feldwirkungen des göttlichen Geistes“[15] sprechen kann. Von daher spiegelt sich für ihn das naturwissenschaftliche Zusammenspiel von gesetzlicher Gleichförmigkeit und dynamischer Kontingenz, das als Voraussetzung für die Evolution komplexerer Lebensformen gilt, im Zusammenspiel von Sohn (Ermöglichung struktureller Eigenständigkeit durch Ordnung) und Geist (dynamische Spontanität und offene Zukunftsprozesse) wider. Zugleich sieht er in diesem Zusammenspiel die Ermöglichung der freien Gemeinschaft zwischen Gott und Mensch sowie der Menschen untereinander, wobei Gott nicht mit den Naturgesetzen identifiziert wird, sondern diese seinem Wirken dienen.[16]

Der Rückgriff auf die Prozessphilosophie (A.N. Whitehead) und die Maßgeblichkeit naturwissenschaftlicher Erkenntnis für das Verständnis der Welt führen bei Pannenberg jedoch zur *Gefahr* einer evolutionstheoretisch-prozessualen Überlagerung der Heilsgeschichte.[17] So kommt der evolutionäre Prozess der schöp-

14 Ders.: Kontingenz, S. 71. Zur Bedeutung und zum Verständnis des Menschen siehe ders.: Anthropologie, und ders.: Mensch. – Zum Anthropischen Prinzip siehe *Kap. XI,1.3.*

15 Ders.: Systematische Theologie 2, S. 135. Vgl. insgesamt ebd., S. 79–138. Pannenberg versteht den göttlichen Geist nicht als identisch mit dem physikalischen Feld, vielmehr wirkt der Geist durch die Naturkräfte. – Zu den Chancen und Problemen der Aufnahme des *Feldbegriffs* durch Pannenberg siehe A. Lebkücher: Theologie, S. 200 ff., die sowohl auf philosophisch-theologische als auch auf physikalische Stärken und Schwächen hinweist.

16 „Die Naturgesetze haben also eine unentbehrliche Dienstfunktion in der trinitarischen Geschichte der Schöpfung.“ (W. Pannenberg: Systematische Theologie 2, S. 92) Vgl. insgesamt ebd., S. 34–201.

17 Nach A. Lebkücher: Theologie, zeigt sich bei Pannenberg aufgrund der von ihm vorausgesetzten nahezu alleinigen Zuständigkeit der Naturwissenschaft für die Welterkenntnis „die problematische Neigung, den Schöpfungsglauben an bestimmte naturwissenschaftliche Modelle bzw. Ergebnisse zu

ferischen Entwicklung für Pannenberg erst in der Inkarnation des Logos zum Ziel, weil erst da die Selbstunterscheidung des Sohnes vom Vater im Verhältnis von Gott und Mensch analoge Gestalt annehme. Bis zu diesem Zeitpunkt seien das Übel und das Böse auch mit den Bedingungen des Schöpfungsprozesses gegeben. So verbinde sich mit der evolutiven Verselbständigung der Geschöpfe gegeneinander auch ihre Verselbständigung gegenüber dem Schöpfer. Ferner sei der Preis für die Entstehung selbständiger Gestalten die Entropie, der zunehmende Abbau von Differenzierungen (Tod des Universums). Für diese mit dem Schöpfungsprozess gegebenen Defizite stehe Gott durch den Tod des Sohnes am Kreuz auch ein.[18] Entsprechend gerät Pannenberg in Spannung zum biblisch-heilsgeschichtlichen Zeugnis, nach dem der Mensch bereits mit der anfänglichen Schöpfung als Ebenbild Gottes zu gelten hat (Gen 1–3) und Gott sich am Kreuz für das sündige Handeln der Menschen hingibt, die sich in bewusster Selbstbehauptung von ihrem Schöpfer abgewandt haben.

Die *eschatologische Dimension* von Kreuz und Auferstehung sieht Pannenberg allerdings deutlich. Diesbezüglich betont er im Rahmen der Heils*geschichte* die historische Dimension der Auferstehung Jesu, die zugleich die punktuelle Vorwegnahme der allgemeinen Totenauferweckung bedeute. Eine eschatologische Ausrichtung auf die Zukunft, die „die Ursprungsdimension der Kontingenz jedes neuen Ereignisses" ist, wird für Pannenberg naturwissenschaftlich etwa „durch die quantenphysikalische Unbestimmtheit des künftigen Geschehens nahegelegt", während aus theologischer Sicht „die Zukunft Gottes der Ursprung alles [sic] Geschehens und Quelle seiner möglichen Vollendung"[19] bleibt. Wenn Pannenberg jedoch die – zwar schon im Christusereignis vorgebildete – Verifizierung und das Ziel göttlichen Schöpfungshandeln erst in der eschatologischen Vollendung verankert, ist die Verifizierung für gegenwärtige Erkenntnis letztlich nicht greifbar. Diese Charakterisierung der eschatologischen Vollendung als eigentliches Schöpfungsziel verleitet mit den Worten von Dirk Evers dazu, „die Existenz der Menschen und der gesamten Schöpfung nur als fragmentarische, vorbereitende Hinführung zum eigentlichen Schöpfungssinn zu verstehen", was dem biblischen Verständnis entgegensteht, dass „die leiblich-materielle Existenz der Geschöpfe in Raum und Zeit das in sich vollendete Schöpfungsziel darstellt"[20]. Auch hier bleibt also bei aller beachtenswerten Darlegung des Zusammenhangs von trinitarischem Schöpfungshandeln und naturwissenschaftlichen Strukturen darauf zu achten, dass evolutiv-prozessuale Dimensionen die biblisch-heilsgeschichtlichen Aspekte nicht überlagern.

---

binden" (ebd., S. 193). – Zu den mit der Prozessphilosophie verbundenen Gefahren siehe *Kap. XI,1.2 u. 2.1.*

18 Vgl. W. Pannenberg: Systematische Theologie 2, S. 139–201.

19 Ders.: Wirken, S. 152.

20 D. Evers: Raum, S. 371. Zum Problem der eschatologischen Verifizierung des göttlichen Schöpfungshandelns siehe ders.: Theologie, S. 400 f. – Siehe zu Pannenbergs Ansatz insgesamt auch M. Haudel: Gotteslehre, Kap. VII,1.5 u. X,1.2.6.

2. Ian G. Barbour

Eine beachtliche wirkungsgeschichtliche Bedeutung für den Dialog hat der Entwurf des amerikanischen Physikers, Theologen und Wissenschaftsphilosophen Ian G. Barbour (1923–2013) erlangt – besonders im angelsächsischen Raum. Seit den 1960er Jahren sind von Barbour Impulse für den Dialog ausgegangen, die vielfach rezipiert und modifiziert wurden. So entwickelte er bereits in seiner viel beachteten Schrift „Issues in Science and Religion"[21] (1966) die Grundlagen eines „*Kritischen Realismus*", der sowohl gegenüber dem klassischen Realismus (objektive Repräsentation der Welt) als auch gegenüber nominalistischen oder konstruktivistischen Ansätzen (Wirklichkeit als begriffliches bzw. gedankliches Konstrukt) das Zusammenspiel von geistigem Erfassen und vorgegebener Wirklichkeit hervorhebt. Barbour betont, angesichts des besonders in der Quantenphysik hervorgetretenen Zusammenhangs von Beobachter und beobachteter Wirklichkeit sei die theoriegeladene und weltanschauliche Eingebundenheit empirischer Ergebnisse zu berücksichtigen. Ferner zeige die quantenphysikalisch erkennbare Offenheit, Dynamik und Unbestimmtheit von Naturprozessen „die Grenzen menschlichen Wissens" auf: „Modelle und Theorien sind keine wörtlichen Beschreibungen, sie verweisen selektiv und inadäquat auf begrenzte Ausschnitte der Wirklichkeit."[22] Dabei spielen laut Barbour kontextuelle und historische Aspekte ebenso eine Rolle wie Metaphern und Analogien, worin Parallelen zu philosophischer und theologischer Erkenntnis sichtbar würden. Zugleich seien aber auch die erkenntnistheoretischen Unterschiede zwischen Natur- und Geisteswissenschaften zu beachten, wie etwa zwischen naturwissenschaftlicher Konzentration auf Gesetzmäßigkeiten und theologischer Bedeutung von Offenbarung oder existenzieller Betroffenheit.[23] Vor diesem Hintergrund ermögliche der „Kritische Realismus" die interdisziplinäre Suche „nach einer kohärenten Interpretation aller Erfahrung" – und damit „nach einem einheitlichen Weltbild"[24]. Aufgrund der Aspekte vorhandener Komplementarität zwischen Theologie und Naturwissenschaft und aufgrund der Notwendigkeit einer pluralen Sicht auf die Wirklichkeit bietet der „Kritische Realismus" für Barbour – und in der Folge für viele andere – eine Basis für den Dialog von Theologie, Philosophie und Naturwissenschaft, was in anderen Entwürfen mehrfach modifiziert, aber auch in Frage gestellt wurde.[25]

21 Siehe I.G. Barbour: Issues.

22 Ders.: Naturwissenschaft, S. 105. Vgl. zu den quantenphysikalischen Grundlagen und ihren Implikationen auch ders.: Wissenschaft, S. 235 ff. „Kritische Realisten betrachten Theorien als Teilrepräsentationen begrenzter Aspekte der Welt, wie sie mit uns in Wechselwirkung tritt." (Ebd., S. 238)

23 Vgl. ders.: Religion; ders.: Myths; ders.: Issues, und R.J. Russell/K. Wegter-McNelly: Verzahnung, S. 56 ff.

24 I.G. Barbour: Wissenschaft, S. 129.

25 Zum „Kritischen Realismus" siehe auch *Kap. IV,1,* und zur kritischen Auseinandersetzung mit diesem Ansatz – besonders aus nominalistischer und konstruktivistischer Perspektive – siehe *Anm. 29, IV. Kap.,* sowie R.J. Russell/K. Wegter-McNelly: Verzahnung, S. 64 f., die auch auf die vielfachen Modifizierungen hinweisen. – Modifizierend schlägt etwa A. Losch: Konflikte, S. 14, vor, von einem „*Konstruktiv*-Kritischen Realismus" zu sprechen, der gegenüber der naturwissenschaftlichen Prägung

Im Horizont des „Kritischen Realismus" hat Barbour seine bekannten *vier Typologien bzw. Modelle des Verhältnisses von Theologie und Naturwissenschaft* entworfen[26], auf die seither vielfach zurückgegriffen wurde: Konflikt, Unabhängigkeit, Dialog, Integration. Für das besonders im ausgehenden 19. Jahrhundert hervorgetretene Modell des *Konflikts* nennt Barbour paradigmatisch das Gegeneinander von einem reduktionistisch-atheistischen naturwissenschaftlichen Materialismus und einem kreationistischen theologischen Fundamentalismus. Gegenüber diesem negativen Verhältnis von Theologie und Naturwissenschaft bedeute das Modell der *Unabhängigkeit* zwar insofern einen Fortschritt, als es ein weitgehend friedliches Nebeneinander beider Erkenntniszugänge ermögliche, die dann durch getrennte Bereiche sowie unterschiedliche Methoden, Funktionen und Sprachen bzw. Sprachspiele gekennzeichnet seien, was aber zur Folge hätte: „Wenn Naturwissenschaft und Religion völlig unabhängig voneinander wären, dann würde mit einem Konflikt auch die Möglichkeit zu einem konstruktiven Dialog und gegenseitiger Bereicherung ausgeschlossen."[27] Ein solcher *Dialog* werde aber möglich, wenn man sich mit dem gemeinsamen Lebenskontext und den auch vorhandenen „Ähnlichkeiten in den Voraussetzungen, Methoden und Begriffen"[28] auseinandersetze, zumal die Naturwissenschaften an Grenzfragen gelangen, „die sie selbst nicht beantworten können"[29], und es Analogien bzw. Parallelen gebe, wie etwa bei der Kommunikation von Information in Naturwissenschaft und Theologie. Über ein solches Modell des Dialogs hinaus, das die Integrität der jeweiligen Disziplinen anerkennt, führt das von Barbour präferierte Modell der *Integration* „zu einer systematischeren und komplexeren Form der Partnerschaft"[30]. Diese könne auf natürlicher Theologie, auf einer Theologie der Natur oder auf einer „Systematischen Synthese" von Schöpfung und Evolution in einem metaphysischen System wie der Prozessphilosophie basieren[31]. Gegenüber natürlich-theologischen Versuchen des Aufweises der Existenz Gottes (z.B. Anthropisches Prinzip, Feinabstimmung) vertritt Barbour eine „Theologie der Natur", die bei der spezifisch religiösen Dimension einsetzt und so

des „Kritischen Realismus" die konstruktive Rolle der Geisteswissenschaften mehr berücksichtigen solle. – Für W. Härle: Dogmatik, S. 26ff., besteht zumindest grundsätzlich die Zustimmungsfähigkeit der Theologie zu naturwissenschaftlichen Konzeptionen, die sich am „Kritischen Realismus" orientieren, da dieser in seiner Selbstbegrenzung die Offenheit für andere Dimensionen impliziere.

26 Vgl. zur Bedeutung des „Kritischen Realismus" für Barbours Typisierung A. Losch: Konflikte, S. 74. – Barbour stellte die vier Modelle in der ersten Reihe seiner 1989–1991 gehaltenen „Gifford Lectures" in Schottland vor („Religion in an Age of Science" – siehe I.G. Barbour: Religion), deren Inhalt auch in den Teilen 2–4 seines Buches „Wissenschaft und Glaube" (2003 – engl. Original 1998) enthalten ist (siehe ders.: Wissenschaft). In seinem Werk „Naturwissenschaft trifft Religion" (2010 – engl. Original 2000) nimmt Barbour die Modelle als strukturierenden Rahmen für die inhaltlichen Dialogthemen auf (siehe ders.: Naturwissenschaft).

27 I.G. Barbour: Naturwissenschaft, S. 37. Vgl. insgesamt ebd., S. 24–37.

28 Ebd., S. 37.

29 Ebd., S. 38. Vgl. insgesamt ebd., S. 37–42.

30 Ebd., S. 17.

31 Siehe zur „Systematischen Synthese" ders.: Wissenschaft, S. 147ff., 347f., und siehe zu den Modellen insgesamt ebd., S. 113–150, 339–348, sowie ders.: Naturwissenschaft, S. 15–53.

„auf religiöser Erfahrung und geschichtlicher Offenbarung beruht“[32], aber zur Neuformulierung einiger Lehren im Licht der Naturwissenschaften fähig sein müsse. In Bezug auf Letzteres mahnen einige Kritiker zu Recht an, dass sich Barbour im Kontext des „Kritischen Realismus“ bisweilen zu sehr an naturwissenschaftlichen Prämissen orientiere.[33] Im Rahmen des Integrations-Modells und der Theologie der Natur kann nach Barbour „eine systematische Metaphysik wie die Prozessphilosophie bei der Suche nach einer kohärenten Sicht hilfreich sein. Doch weder Naturwissenschaft noch Religion sollten mit einem metaphysischen System gleichgesetzt werden.“ Denn eine „kohärente Sicht der Wirklichkeit muss den unterschiedlichen Typen von Erfahrung Raum geben“, weshalb Barbour selbst nur „einen vorsichtigen Gebrauch von den Ideen der Prozessphilosophie“[34] macht. Da das Prozessdenken „mit einem ökologischen und evolutionären Verständnis der Natur als dynamisches und offenes System“[35] einhergehe, korreliere dessen ökologische Perspektive mit der biblisch-ethischen Orientierung, auf welche Naturwissenschaft und Technik in der Verantwortung vor Mensch und Welt angewiesen seien. Entsprechend komme auch der *Ethik* Bedeutung für die Dialog- und Integrations-Modelle zu.[36]

Barbour war sich durchaus dessen bewusst, dass seine weit verbreitete Typologie idealtypisch ist und nur schematisch Schwerpunkte verschiedener Phasen des Verhältnisses von Theologie und Naturwissenschaft abbilden kann, zumal in jeder Phase alle Modell-Schwerpunkte interagierend präsent sein können. Ihm ging es um einen Überblick und die Möglichkeit der Positionierung. Im Anschluss an Barbour wurden etliche differenziertere Typologien entwickelt, die sich aber aufgrund geringerer Übersichtlichkeit nicht gleichermaßen durchsetzen konnten.[37] Es gibt auch grundsätzliche Kritik an solchen Typisierungen, etwa dahingehend, dass die vorausgesetzte Gegenüberstellung von Theologie und Naturwissenschaft in zwei Bereiche der ganzheitlichen Erfassung der einen Natur und Wirklichkeit nicht gerecht werde.[38] Umgekehrt besteht gerade gegenüber dem von Barbour präferierten Integrations-Modell zuweilen der Vorwurf zu starker „Missachtung der Eigenständigkeit der Disziplinen“[39]. Denn eine derartige Missachtung kann aus Sicht des Physikers und Theologen John Polkinghorne – dessen Entwurf im nächsten Abschnitt (Kap. XII,3) erörtert wird – die Dominanz naturwissenschaftlicher

32 Ders.: Naturwissenschaft, S. 46.

33 Vgl. A. Losch: Konflikte, S. 14.

34 I.G. Barbour: Naturwissenschaft, S. 53.

35 Ders.: Wissenschaft, S. 456 f.

36 Vgl. ebd., S. 137 ff., wo Barbour – neben den ökologischen und ethischen Anforderungen des Integrations-Modells – auf eine naturzentrierte Spiritualität im Rahmen des Dialog-Modells verweist. – In der zweiten Reihe seiner „Gifford Lectures“ mit dem Titel „Ethics in an Age of Technology“ hat sich Barbour der ethischen Dimension gewidmet (siehe ders.: Ethics).

37 Vgl. A. Losch: Konflikte, S. 81, und C. Berg: Theologie, S. 53, der Barbours Konzeption ausführlich untersucht hat. Zu den verschiedenen Typologien vgl. R.J. Russell/K. Wegter-McNelly: Verzahnung, S. 55 f., und R. Esterbauer: Methodenbewusstsein, S. 28. Siehe ferner den Anfang von *Kap. V.*

38 Siehe z. B. R. Esterbauer: Methodenbewusstsein.

39 A. Losch: Konflikte, S. 89.

Prämissen nach sich ziehen und so mit den Worten des Theologen Andreas Losch „beiderseitige Wechselwirkungen“[40] behindern.

Auch wenn solche – von Barbour zum Teil selbst gesehene – Gefahren zu beachten sind, bleibt festzuhalten, dass Barbour mit seiner Konzeption viele hilfreiche *materiale Dialogergebnisse* erlangt. Seinen genannten Präferenzen entsprechend entfaltet er auf der Basis des „Kritischen Realismus“, der Theologie der Natur und der Prozessphilosophie vor dem Hintergrund seiner Typologie den *integrativen* Zusammenhang von Theologie und Naturwissenschaft, und zwar hinsichtlich der Kosmologie, der biologischen Evolution und der Neurowissenschaften.[41] Aufgrund der Kontingenz des nicht notwendig bestehenden Kosmos, der von ebenso kontingenten Randbedingungen und Naturgesetzen sowie von unumkehrbaren kontingenten Ereignisverläufen geprägt ist – also nur von Möglichkeiten, die mit der quantenphysikalischen Dynamik und Offenheit korrelieren –, kann sich Wirklichkeitserkenntnis für Barbour „nicht nur auf allgemeine Gesetze stützen; sie muss eine historische Form annehmen“[42]. Das korrespondiere mit der prozessualen und geschichtlichen Perspektive von Prozessphilosophie und Theologie, was ebenso für die Evolutionsbiologie oder die Ökologie gelte. Hier führt Barbour auch die Nischenkonstruktion mit der Eigeninitiative der Organismen an und betont entsprechend die wechselseitige Eingebundenheit des als psychosomatische Einheit geltenden Menschen in den kosmologisch-biologischen Gesamtkontext (siehe Kap. XI,2.1.2). In diesem Kontext könnten das Anthropische Prinzip oder die Feinabstimmung zwar nicht als Gottes*beweise* gelten, aber als *Verweise* auf Gott. Angesichts der neuen naturwissenschaftlichen Einsichten sei ein Theismus ohnehin plausibler als ein Atheismus. Zudem könne Gott den quantenphysikalischen Erkenntnissen entsprechend in der Natur wirken, ohne gegen die Naturgesetze zu verstoßen, und zwar als Bestimmer der Quantenunbestimmtheiten, als Vermittler von Information oder als Initiator und Begleiter selbstorganisierender Systeme. Hierbei weist Barbour auf das damit vielfach einhergehende Wirken des *Geistes Gottes* hin. Die Übermittlung von Information verbindet er besonders mit dem *göttlichen Wort bzw. Logos*.[43]

Doch im Unterschied zu Pannenberg argumentiert Barbour nicht durchgehend trinitarisch. Er betont Gottes Wirken in Entsprechung zur *Prozessphilosophie*, die wiederum mit der dynamischen Offenheit der *Quantenphysik* korrespondiere. Im Rahmen der wechselseitigen Abhängigkeit aller Prozesse hebt Barbour neben der Transzendenz besonders die Immanenz Gottes in den prozessualen Strukturen von Ordnung und kreativer Offenheit hervor. Gott determiniere nicht allmächtig die Prozesse, sondern locke die Geschöpfe in seiner Liebe zur kreativen Selbstentfaltung. Doch damit verbindet sich eine teils undifferenzierte Beschränkung von

40 Ebd., S. 261. – Zu Polkinghornes Rezeption von Barbours Konzeption siehe ebd., S. 82–85.

41 In dem Buch „Naturwissenschaft trifft Religion“ entfaltet Barbour die materialen Inhalte jeweils im Horizont der vier Modelle (siehe I.G. Barbour: Naturwissenschaft).

42 I.G. Barbour: Naturwissenschaft, S. 71.

43 Vgl. ebd., S. 76, 199, und insgesamt ebd., S. 52, 68 ff., 106 ff., 122 ff., 138 ff., 186 ff. (Inhaltlich ausgeführt finden sich Barbours materiale Ansätze vielfach in den bisherigen Kapiteln.)

Gottes Allmacht und die ansatzweise Tendenz, dass fortwährende Schöpfung (creatio continua) und Erlösungshandeln in einem Prozess verschwimmen und etwa das Leiden zur notwendigen evolutionären Begleiterscheinung wird. Daraus entsteht wie bei Pannenberg die Gefahr der Überlagerung theologisch-heilsgeschichtlicher Grundlagen durch evolutionstheoretische und prozessphilosophische Prämissen, wobei Barbour allerdings selbst die Begrenztheit prozessphilosophischer Synthesen benennt.[44]

3. John Polkinghorne

Auf die bei Barbour – und Pannenberg – bestehende Gefahr der Überlagerung theologisch-heilsgeschichtlicher Grundlagen verweist auch der englische Teilchenphysiker und Theologe John Polkinghorne (geb. 1930), dessen Dialogkonzeption ebenfalls große Beachtung findet. Er entwickelt den „Kritischen Realismus" und Barbours vier Modelle des Verhältnisses von Theologie und Naturwissenschaft dahingehend weiter, dass er der Theologie im Dialog eine größere Eigenständigkeit einräumt.[45] So ersetzt er die letzten beiden Modelle Barbours (Dialog, Integration) durch „Konsonanz" und „Assimilation". Er geht – wie Pannenberg – von einer *Konsonanz* zwischen den Dialogpartnern aus, bei der beide Seiten „die ihnen gebührende Autonomie auf ihren anerkannten Gebieten" behalten, „aber dort, wo sich ihre Interessen überlagern, angemessen miteinander vermittelt werden können"[46].

Die *Notwendigkeit einer solchen Konsonanz* ergibt sich für Polkinghorne sowohl aus den unterschiedlichen Erfahrungszugängen zur vielschichtigen Wirklichkeit als auch aus der Personalität des Menschen, in der die Erkenntnisse unterschiedlicher Disziplinen und Erfahrungsebenen zusammenfließen, etwa die mehr unpersönliche und wiederholbare naturwissenschaftliche Erfahrung und die mehr persön-

---

44 Siehe dazu ebd., S. 51 u. 197 ff. Zu den mit der Prozessphilosophie verbundenen Gefahren siehe auch *Kap. XI,1.2 u. 2.1.*

45 Polkinghornes Wertschätzung der Theologie im Dialog lässt sich an seiner *Biographie* ablesen: Polkinghorne gab nach einem Vierteljahrhundert als theoretischer Physiker und angesehener Quantenphysiker seinen Lehrstuhl an der Universität Cambridge auf, um eine Ausbildung zum Priester der Anglikanischen Kirche zu absolvieren, in der er später bedeutende Ämter bekleidete. Denn er verstand Naturwissenschaft und Theologie als Formen der Wahrheitssuche in der vielschichtigen einen Wirklichkeit. Dabei erkannte er die Grenzen der über sich hinausweisenden Naturwissenschaft und kam zu der Überzeugung, dass erst die Theologie einen umfassenden – und den plausibelsten – Rahmen für das Verständnis der gesamten Wirklichkeit bietet, und zwar auch – und besonders – vor dem Hintergrund der von der Theologie wahrzunehmenden neueren naturwissenschaftlichen Erkenntnisse (vgl. J. Polkinghorne: Reality, S. IXff., 93 f., und ders.: Quantum Physics, S. Xf.). „Polkinghorne ist Missionar der Naturwissenschaften unter Theologen und Verteidiger des Glaubens unter Naturwissenschaftlern gleichermaßen." (A. Losch: Konflikte, S. 50) Entsprechend wurde Polkinghorne „einer der profiliertesten Vertreter des Gesprächs zwischen Theologie und Naturwissenschaft" (ebd., S. 40), was die Mitgliedschaft in bedeutenden wissenschaftlichen und ethischen Kommissionen mit sich brachte.

46 J. Polkinghorne: Theologie, S. 35. Vgl. insgesamt ebd., S. 34 f.

liche, werthafte und geschichtliche religiöse Erfahrung. Hierbei sind Naturwissenschaft und Theologie „Freunde und keine Feinde, hauptsächlich weil sie beide das großartige menschliche Streben nach wahrhafter Erkenntnis teilen“[47]. Wenn auch ihre unterschiedlichen Erkenntnisgegenstände verschiedene Erkenntnismethoden verlangen, besteht nach Polkinghorne dennoch eine erstaunliche Parallelität der Methoden. Denn beide Erkenntniszugänge gehen seines Erachtens von zu interpretierenden Erfahrungen aus und sind oft mit verhüllter Wirklichkeit konfrontiert. Das erlaube eine lediglich interpretierende Annäherung an die dahinter liegende Wirklichkeit, wie etwa beim Welle-Teilchen-Dualismus (Gleichzeitigkeit von Welle und Teilchen) und der christologischen Zwei-Naturen-Lehre (wahrer Gott und wahrer Mensch). Es gehe also gegenüber einem naiven objektiven Realismus um eine Annäherung an die Realität, die den sowohl in der naturwissenschaftlichen als auch in der theologischen Hermeneutik relevanten Zusammenhang von Beobachter und Beobachtungsgegenstand ernst nimmt. Während der Theologie der hermeneutische Zirkel von Glauben und Verstehen von Anfang an bewusst gewesen sei, habe die konstitutive Zirkularität von Experiment und Interpretation in der Naturwissenschaft besonders durch die Quantenphysik Beachtung gefunden. „Sowohl der Naturwissenschaftler als auch der Theologe arbeiten mit Glauben, mit einem realistischen Vertrauen in die rationale Verläßlichkeit der Deutungen unserer Erfahrungen“, so dass die Erkenntnis das Sein abzubilden vermag, weil „die Verständlichkeit ein verläßlicher Führer zur Ontologie ist“. Ein entsprechend „*Kritischer Realismus*“, mit dem „man sich auf dieselbe Realität in unterschiedlichen Sprachen und Modellen beziehen kann“[48], verlange eine wohlwollende gegenseitige Reverenz, deren Wechselwirkung auch der theologischen Perspektive ihre eigenständige Bedeutung einzuräumen habe.

Vor diesem Hintergrund lehnt Polkinghorne das von Barbour favorisierte Integrationsmodell ab, da die Gefahr bestehe, dass es als ein Modell der *Assimilation* wirke, wenn etwa die Vereinheitlichung beider Erkenntnisbereiche in der Prozessphilosophie wie bei Barbour tendenziell zur Assimilierung theologischer Spezifika führe, indem zum Beispiel Jesus als „letzte Entwicklungsstufe im Prozeß der sich immer höher entwickelnden menschlichen Möglichkeiten“[49] gelte (Inkarnation als evolutionärer Zielpunkt statt als heilsgeschichtliches Handeln). Gegenüber der Gefahr einer solchen evolutionstheoretischen und prozessphilosophischen

47 Ders.: Universum, S. 148. Vgl. insgesamt ebd., S. 152 f. Zur detaillierten Darlegung der in der menschlichen Personalität verankerten Zusammenhänge siehe die ausführliche Untersuchung des Konsonanz-Modells Polkinghornes von J.M. Steinke: John Polkinghorne, S. 16 ff. u. 119 f.

48 J. Polkinghorne: Gott, S. 109 u. 121. Siehe insgesamt ebd., S. 32–52, 101–121; ders.: Universum, S. 154 f.; ders.: Theologie, S. 27 ff., 136, 147. Vgl. A. Losch: Paradigma, S. 82 ff.; ders.: Konflikte, S. 54 f. – In Anlehnung an die Wissenschaftstheorie von Michael Polanyi verweist Polkinghorne auf die unhintergehbare personale Dimension, die auch für die Naturwissenschaften besteht, insofern als sie „*von Personen* betrieben werden“ (J. Polkinghorne: Theologie, S. 26). Zur Anlehnung an Polanyi siehe auch A. Losch: Konflikte, S. 84 u. 185 f., und J.M. Steinke: John Polkinghorne, S. 119.

49 J. Polkinghorne: Theologie, S. 149. Vgl. ebd., S. 158 ff.

Überlagerung der heilsgeschichtlich-theologischen Aspekte, die bei Barbour und Pannenberg zu beobachten war, stärkt Polkinghorne also die Relevanz der theologischen Spezifika, auch wenn er zuweilen selbst naturwissenschaftlichen Vorgaben die Beschränkung theologischer Vorstellungen zugesteht.[50] Als aus seiner Sicht aussichtsreiche gemeinsame metaphysische Basis entfaltet Polkinghorne zunächst eine *„neue natürliche Theologie"*, die im Unterschied zur klassischen natürlichen Theologie mit ihren Gottes*beweisen* nur *Verweise* auf Gott als Schöpfer zu geben vermag, und zwar aufgrund des Charakters neuer naturwissenschaftlicher Einsichten, die über sich hinausweisen. Das gelte auch für die überraschende Verständlichkeit des Universums durch den menschlichen Geist und die damit korrespondierende Schönheit und Effektivität der Mathematik sowie für das Anthropische Prinzip mit der deutungswürdigen erstaunlichen Feinabstimmung – alles Erkenntnisse, die für den Menschen evolutionsbiologisch nichts zum Überleben beitragen und für Polkinghorne gegenüber der Annahme eines blinden Zufalls einen Theismus als plausibler erscheinen lassen. Denn der Mensch könne als Ebenbild Gottes die Schöpfungsordnung eines rationalen Gottes gleichermaßen nachvollziehen wie einen damit verbundenen Plan. Dies ergebe sich, wenn „unsere geistigen Fähigkeiten und die Struktur der Naturgesetze einen gemeinsamen Ursprung in der Vernunft des Schöpfers haben, der der Grund der Existenz sowohl der menschlichen Natur, als auch der von uns bewohnten physischen Welt ist"[51]. Solche in der Natur auffindbaren *Verweise* (ohne Beweischarakter), die naturwissenschaftliches Denken in einen tieferen Kontext einordnen und kosmisches Verstehen als solches selbst verstehbar zu machen versuchen, bleiben aber aufgrund ambivalenter evolutionsbiologischer Entwicklungen laut Polkinghorne mehrdeutig.[52] Deshalb seien sie auf die Ergänzung durch eine *„Theologie der Natur"* angewiesen, die bei der geschichtlichen Selbstoffenbarung Gottes einsetzt, um von da aus „zu verstehen, warum die Dinge sich in der physikalischen Welt so entwickelt haben, wie sie es getan haben"[53].

Die entsprechende Bedeutung der spezifisch theologischen Inhalte bringt Polkinghorne dadurch zum Ausdruck, dass er eine *„trinitarische Theologie der Natur"* entfaltet, insofern als die Trinitätslehre nicht nur die Grundlage des christlichen Glaubens bildet, sondern auch die Basis für das Verständnis der Schöpfung des dreieinigen Gottes. In seinem Buch „Science and the Trinity" kritisiert Polkinghorne, dass der Dialog oft von einem zu allgemeinen Theismus ausgehe, wodurch die inhaltlichen Themen primär von der Naturwissenschaft gesetzt würden, eine Gefahr, die auch bei

50 Vgl. A. Losch: Konflikte, S. 83 ff.

51 Vgl. J. Polkinghorne: Universum, S. 147. Vgl. ebd., S. 143–149, und ders.: Theologie, S. 98–105. Zum Anthropischen Prinzip und zur Feinabstimmung siehe *Kap. XI, 1.3.*

52 Vgl. ders.: Universum, S. 149, und ders.: Theologie, S. 107. Vgl. auch C. Link: Schöpfung, S. 168 ff., der die Ableitung eines Plans oder Ziels aus mathematischen Gleichungen und physikalischen Strukturen kritisch betrachtet, ebenso wie H.-D. Mutschler: Physik, S. 255 ff., der die von Polkinghorne an anderer Stelle aufgeführten ästhetischen und ethischen Erfahrungen als Verweise auf Gott für aussichtsreicher hält. Siehe zu Letzterem J. Polkinghorne: Gott, Kap. 1.

53 J. Polkinghorne: Gott, S. 20.

ihm früher bestanden habe.[54] Zunächst eröffnet die trinitätstheologische Fundierung für ihn eine noch *tiefergehende Begründung der genannten natürlich-theologischen Verweise:* Gott der *Vater* ermöglicht die Verständlichkeit des Universums dadurch, dass er den Menschen zu seinem Ebenbild (lat. imago Dei) geschaffen hat. Der *Sohn* bzw. Logos, nach dem alles erschaffen wurde, verkörpert die rationale Ordnung des Universums, und der *Heilige Geist* gewährt als Geist der Wahrheit die Erkenntnis der Zusammenhänge.[55] Außerdem lässt die Trinitätslehre nach Polkinghorne noch weitergehendere *erkenntnistheoretische Parallelen* zwischen Theologie und Naturwissenschaft hervortreten. So würden die Einzelerfahrungen der heils*geschichtlichen* Selbsterschließung des dreieinigen Gottes (ökonomische Trinität) die aufwärtsgerichtete „Bottom-up"-Erkenntnis des – die gewöhnlichen Vorstellungen übersteigenden – Wesens Gottes ermöglichen (immanente Trinität: Einheit in Dreiheit), ohne Gottes Wesen von vornherein durch eine abwärtsgerichtete Gesamtspekulation („Top-down") festzulegen. Das entspreche den die bisherigen physikalischen Vorstellungen übersteigenden „Bottom-up"-Erkenntnissen in der Quantenphysik (z. B. Welle-Teilchen-Dualismus). Beide Erkenntnisse seien – dem „Kritischen Realismus" entsprechende – Annäherungen an die Realität, die sich in der Summe jeweils in der Quantentheorie und in der Trinitätslehre abbilde, wobei Letztere maßgeblich in Kreuz und Auferstehung Christi verankert sei, da beides nur trinitarisch verständlich werde.[56] Will man Polkinghornes Sprachgebrauch beibehalten, bleibt natürlich zu bedenken, dass es sich bei der heilsgeschichtlichen Selbsterschließung Gottes um Einsichten handelt, die von Gott „Top-down" gewährt werden, was Polkinghorne mit der Ergänzung der „neuen natürlichen Theologie" durch die „Theologie der Natur" (beruhend auf Offenbarung) auch zum Ausdruck bringt.

Die Trinitätslehre bietet für Polkinghorne ferner die Grundlage für die *inhaltlichen Konsonanzen* mit der Naturwissenschaft. Das betrifft grundsätzlich die *Relationalität* der Wirklichkeit, die sich aus der vom relationalen Wesen des dreieinigen Gottes geprägten Schöpfung ebenso erschließt wie aus den Einsichten der modernen Naturwissenschaft. Während schon die Kirchenväter die relationalen Spuren der Trinität (lat. vestigia trinitatis) in der Schöpfung aufzeigten, bemühen die „modernen Naturwissenschaften [...] ebenfalls relationale Konzepte zur Beschreibung der natürlichen Welt"[57]. Dies zeige die Relativitätstheorie ebenso wie die Chaostheorie oder die Quantenphysik (z. B. die nicht-lokale und fern-

54 Vgl. ders.: Science/Trinity, S. XIIff. Zum trinitarischen Ansatz siehe besonders auch ders.: Reality, Kap. 5; ders.: Quantum Physics, S. 99 ff.; ders./M. Welker: Gott, und ders.: Theologie, S. 151 ff. Der zuletzt genannte Band ist nach Polkinghornes eigener Aussage „eine Art Lehrbuch", das sein Dialog-Konzept enthält, wobei die trinitarische Theologie der Natur hier allerdings noch nicht in aller Ausführlichkeit zum Tragen kommt. – Zur Einordnung der Werke Polkinghornes und seiner damit verbundenen Entwicklung siehe A. Losch: Konflikte, S. 50 f. Die frühen Werke Polkinghornes werden detailliert erörtert bei A. Dinter: Glauben.

55 Vgl. J. Polkinghorne: Science/Trinity, S. 65.

56 Vgl. ebd., S. 99–117; ders.: Reality, S. 101–112. Dort weist Polkinghorne als weitere Grundlage auf die entsprechende lebendige liturgische und spirituelle Erfahrung im Leben der Kirche hin.

57 Ders.: Theologie, S. 153.

wirkende Verschränkung von Quantenobjekten[58]). Insgesamt habe sich die Struktur der Wirklichkeit als relational, holistisch und offen erwiesen, und zwar in einer verhüllten Weise, wie es aus der Heisenbergschen Unschärferelation und der daraus abgeleiteten prinzipiellen Unbestimmtheit ebenso hervorgehe wie aus den letztlich nicht prognostizierbaren Verläufen komplexer Systeme (Chaostheorie), wodurch sich die Angemessenheit eines „Kritischen Realismus" bestätige. In der dem trinitarischen Wesen möglichen Polarität von Ewigkeit und Zeitlichkeit begleitet Gott nach Polkinghorne den *zeitlichen Prozess der Schöpfung*, der aus naturwissenschaftlicher Sicht von Regelmäßigkeiten (Notwendigkeit) und historischer Kontingenz (Zufall) geprägt sei. Letzteres korrespondiere mit dem Handeln des dreieinigen Gottes: Die naturgesetzlichen Regelmäßigkeiten spiegeln Gottes Verlässlichkeit wider (allgemeine Vorsehung) und mit der kontingenten Offenheit verbindet sich Gottes spezielles Handeln (spezielle Vorsehung). Dabei verkörpert der *Vater* die Quelle geschöpflicher Wirklichkeit, während sein Wort bzw. der *Sohn* die tiefe Ordnung der Wirklichkeit repräsentiert (Regelmäßigkeit) und der *Heilige Geist* in der offenen Geschichte wirkt (kontingente Offenheit). Durch *das mit dem trinitarischen Handeln korrespondierende Zusammenspiel von Regelhaftigkeit und Spontanität* ist das kausale physikalische Netz nicht zu eng geknüpft, so dass es freies menschliches und göttliches Handeln ermöglicht.

Im Horizont der von Poklinghorne vorausgesetzten Komplementarität von einem geistigen und einem materialen Pol des Seins (Zwei-Aspekte-Monismus) handelt der Mensch in holistischer Weise als Ganzer, unter Einschluss des abwärtsgerichteten Einflusses des Mentalen auf die materielle Ebene („Top-down"). „Die Erkenntnis einer solchen, absteigenden Kausalität (top-down causality) beschreibt eine attraktive, mögliche Analogie zu der Art und Weise, wie Gott mit seiner Schöpfung interagiert." „Als leibliche Wesen handeln Menschen zugleich energetisch und informationell. Demgegenüber mag man erwarten, daß Gott als reiner Geist allein durch die Eingabe von Information handelt."[59] Aufgrund der intrinsischen Offenheit der holistischen chaotischen Systeme könnte Gott laut Polkinghorne im Sinne von Bohms Quantentheorie, nach der nicht die Intensität, sondern nur die Form der Quantenwelle relevant ist, reine Information – ohne Energie – übermitteln, was schon mehrfach erörtert wurde.[60] In diesen mit dem Begriff *„aktive Information"* verbundenen Einsichten sieht Polkinghorne die Möglichkeit, naturwissenschaftlich ein neues kausales Prinzip mit holistischem Charakter zu etablieren, was theologisch zugleich Folgendes garantiere: „Indem wir Gottes Handeln von energetischen Wirkungen unterscheiden, bleibt gesichert, daß Gott nicht einfach nur als eine unsichtbare Ursache unter anderen physikalischen Ursachen verstanden

58 Hier sieht Polkinghorne einen Hinweis auf die Einbindung des Menschen in einen größeren Gesamtzusammenhang und so etwa eine mögliche Analogie zum Verständnis der Gemeinschaft der Glaubenden als Leib Christi (vgl. ders.: Science/Trinity, S. 75).

59 Ders.: Gott, S. 61 u. 66. Vgl. ebd., S. 122. Vgl. insgesamt ders.: Science/Trinity, S. 73–87, und ders.: Theologie, S. 115 f.

60 Siehe besonders *Kap. XI,2.2.5.* Vgl. J. Polkinghorne: Gott, S. 65–70.

wird."[61] Gottes Handeln werde so im Rahmen der Naturgesetze plausibilisierbar, könne aber aufgrund der entsprechenden Ununterscheidbarkeit auf dieser Ebene nicht als solches bewiesen bzw. identifiziert werden. Das gelte gleichermaßen für *Wunder*, die mit physikalischen „Phasenübergängen" korrelieren könnten, welche dramatische Zustandsveränderungen hervorrufen.[62]

Obwohl auch bei Polkinghorne zuweilen die Gefahr der Überdeckung theologischer Perspektiven durch naturwissenschaftliche Prämissen besteht[63], zeigt seine Darlegung eines zu etablierenden kausalen Prinzips mit holistischem Charakter, wie er ebenfalls den Einfluss der Theologie auf die Naturwissenschaften zur Geltung bringt. Darüber hinaus sieht er in der trinitarisch verankerten Theologie mit ihrer umfassenden Perspektive die Darbietung der wesentlichen *Antworten auf die Sinnfrage*, die sich besonders *angesichts des Todes und der Vergänglichkeit des Kosmos* stelle. Denn die personale Integrität des Menschen sei auf Fortdauer angelegt, woraus eine im Menschen angelegte Hoffnung resultiere, die dann auch den Lebenskontext bzw. den Kosmos betreffe. Hier erweise sich die Theologie mit ihrer *eschatologischen Perspektive* weitreichender als die – nur die Vergänglichkeit erfassenden – Naturwissenschaften, insofern als sie trotz der Wahrnehmung der Vergänglichkeit die ewige Bestimmung des Menschen und des Kosmos aufzeigen könne. Diese sei in dem nur trinitarisch zu verstehenden heilsgeschichtlichen Ereignis der Auferstehung Jesu sowie in der Liebe und Treue des dreieinigen Gottes verankert. Auch wenn der Grund der Hoffnung von den Naturwissenschaften deshalb nicht zu erfassen sei, ließen sich aber durchaus Anknüpfungspunkte an naturwissenschaftliche Perspektiven darlegen. Vor dem Hintergrund neurowissenschaftlicher Überlegungen beschreibt Polkinghorne das Selbst als Informationsmuster des Körpers, was der aristotelisch geprägten Sicht der Seele als Form des Leibes entspreche. Mit dem Gedanken, dass Gott das seelische Informationsmuster mit unvergänglicher Materie der neuen Schöpfung versehe, welche die erlöste Materie der vergehenden Schöpfung sei, ließe sich eine Brücke von naturwissenschaftlichem und theologischem Denken herstellen. Insgesamt beruhe auch die eschatologische Perspektive und

---

61 Ders.: Theologie, S. 122. Vgl. ebd., S. 62. – In diesem Zusammenhang kritisiert Polkinghorne Pannenbergs Versuch, Gottes Geistwirken mit einer rein geistig-energetisch verstandenen Feldtheorie zu verbinden. Denn die Relativitätstheorie habe gezeigt, dass Masse und Energie ineinander übergehen können. Ferner sei das klassische Feld nur schwer als integrierte Einheit zu verstehen. – Polkinghornes Hinweis auf neue holistische kausale Prinzipien wurde allerdings zum Teil auch als spekulativ bezeichnet. Zudem wird seine Einschätzung des Grades der Indeterminiertheit chaotischer Systeme teilweise kritisch gesehen.

62 Vgl. ebd., S. 125 f.

63 Polkinghorne betont die kenotische Selbstbeschränkung Gottes bezüglich seiner Allmacht, Allgegenwart und Allwissenheit, die damit zusammenhänge, dass Gott seiner Schöpfung Freiheit und Raum gebe, sich selbst zu entwickeln. Eine zuweilen zu geringe theologische Differenzierung und zu starke evolutionstheoretische Einordnung dieser Zusammenhänge führen dazu, dass etwa das Übel als notwendiger Preis des mit „freier" Potenzialität ausgestatteten Evolutionsprozesses gilt und auch bei Polkinghorne heilsgeschichtliche Spezifika durch naturwissenschaftliche Prämissen überdeckt werden. Siehe z. B. ders.: Universum, S. 149 f.; ders.: Theologie, S. 124–130 u. 156.

ihre Glaubwürdigkeit auf dem heilsgeschichtlichen Handeln des dreieinigen Gottes bzw. auf der Trinitätstheologie.[64] Weil – wie gezeigt – auch das Universum und die gesamte Wirklichkeit erst trinitarisch in ganzer Tiefe zu verstehen seien, könne es keine fundamentalere Theorie als die *Trinitätslehre* geben. Als theologisches Gegenstück zu der von vielen Naturwissenschaftlern vergeblich gesuchten „großen vereinheitlichenden Theorie" sei die Trinitätslehre die – intellektuell tief befriedigende – *wahre und umfassende „Theory of Everything"*.[65] Während die Naturwissenschaft der Theologie dazu verhelfen könne, sich der natürlichen Wirklichkeit immer wieder neu zu öffnen und sie vom Glauben her zu explizieren, könne die Theologie bzw. die Trinitätslehre der Naturwissenschaft also einen umfassenden und vertiefenden Rahmen der Wirklichkeit bieten.[66]

Das gilt nach Polkinghorne auch für die *ethischen Herausforderungen*, die mit Naturwissenschaft und Technik einhergehen. So fordere der Glaube an die in Jesus Christus offenbare Liebe des dreieinigen Gottes dazu heraus, der in Gottes Liebe verankerten menschlichen Bestimmung im Handeln zu entsprechen. Auf dieser Grundlage und im Horizont der ästhetisch-ethischen Prägung menschlicher Personalität könne naturwissenschaftliches Wissen mit Weisheit verbunden werden, auch im Blick auf die Frage nach der lebensdienlichen technischen Umsetzung dieses Wissens. Hierzu bedürfe es eines gesamtgesellschaftlichen interdisziplinären Dialogs, in dem theologisch verankerte Einsichten wie der Schöpfungsglaube etwa im Sinne der „Ehrfurcht vor dem Leben" auf eine allgemein-ethische Ebene zu transferieren seien.[67]

Literatur

Barbour, Ian G.: Naturwissenschaft trifft Religion. Gegner, Fremde, Partner? Aus dem Englischen von Regine Kather, Göttingen 2010.

Barbour, Ian G.: Wissenschaft und Glaube. Historische und zeitgenössische Aspekte. Aus dem Amerikanischen von Sabine Floer und Susanne Starke-Perschke (= Religion, Theologie und Naturwissenschaft/Religion, Theology, and Natural Science 1), Göttingen 2003.

Dinter, Astrid: Vom Glauben eines Physikers. John Polkinghornes Beitrag zum Dialog zwischen Theologie und Naturwissenschaften, Mainz 1999.

Lebkücher, Anja: Theologie der Natur. Wolfhart Pannenbergs Beitrag zum Dialog zwischen Theologie und Naturwissenschaft, Neukirchen-Vluyn 2011.

64 Siehe insgesamt ders.: Science/Trinity, Kap. 6; ders.: Theologie, S. 87 ff., 113 f., 154 ff.; ders./M. Welker: Gott, S. 144–153. Vgl. A. Losch: Konflikte, S. 54, 58 ff., 84.

65 J. Polkinghorne: Science/Trinity, S. 61. Vgl. ebd., S. 87, 91, und ders.: Quantum Physics, S. 99, 109 f.

66 Vgl. z. B. ders.: Science/Creation, S. 97. – Zur *umfassenden Bedeutung der Trinitätslehre* siehe auch M. Haudel: Gotteslehre. Die Bedeutung der Trinitätslehre für Theologie, Kirche und Welt. – Siehe dazu *Anm. 145, I. Kap.*

67 Vgl. ders.: Theologie, S. 171–178, wo auch konkrete ethische Herausforderungen erörtert werden. Vgl. auch ders./M. Welker: Gott, S. 73–81, und vgl. A. Dinter: Glauben, Kap. 4.

Losch, Andreas: Jenseits der Konflikte. Eine konstruktiv-kritische Auseinandersetzung von Theologie und Naturwissenschaft (= FSÖTh 133), Göttingen 2011.

Pannenberg, Wolfhart: Die Frage nach Gott als Schöpfer der Welt und die neuere Kosmologie, in: Müller, Helmut A. (Hg.): Kosmologie. Fragen nach Evolution und Eschatologie der Welt (= Religion, Theologie und Naturwissenschaft/Religion, Theology, and Natural Science 2), Göttingen 2004, S. 197–208.

Pannenberg, Wolfhart: Kontingenz und Naturgesetz, in: Müller, A.M. Klaus/Pannenberg, Wolfhart: Erwägungen zu einer Theologie der Natur, Gütersloh 1970, S. 33–80.

Pannenberg, Wolfhart: Systematische Theologie, Bd. 1–3, Göttingen 1988/1991/1993 [*besonders Bd. 2*].

Pannenberg, Wolfhart: Das Wirken Gottes und die Dynamik des Naturgeschehens, in: Gräb, Wilhelm (Hg.): Urknall oder Schöpfung? Zum Dialog von Naturwissenschaft und Theologie, Gütersloh 1995, S. 139–152.

Polkinghorne, John: An Gott glauben im Zeitalter der Naturwissenschaften. Die Theologie eines Physikers. Aus dem Englischen von Gregor Etzelmüller, Gütersloh 2000.

Polkinghorne, John: Science and the Trinity. The Christian Encounter with Reality, New Haven (CT)/London 2004.

Polkinghorne, John: Theologie und Naturwissenschaft. Eine Einführung. Aus dem Englischen von Gregor Etzelmüller, Gütersloh 2001.

Polkinghorne, John/Welker, Michael: An den lebendigen Gott glauben. Ein Gespräch. Aus dem Englischen übersetzt von Gregor Etzelmüller und Michael Welker, Gütersloh 2005.

Steinke, Johannes Maria: John Polkinghorne. Konsonanz von Naturwissenschaft und Theologie (= Religion, Theologie und Naturwissenschaft/Religion, Theology, and Natural Science 4), Göttingen 2006.

Zwei Beispiele aktueller Dialogkonzeptionen:

Evers, Dirk: Raum – Materie – Zeit. Schöpfungstheologie im Dialog mit naturwissenschaftlicher Kosmologie (= HUTh 41), Tübingen 2000.

Mühling, Markus: Resonanzen: Neurobiologie, Evolution und Theologie. Evolutionäre Nischenkonstruktion, das ökologische Gehirn und narrativ-relationale Theologie (= Religion, Theologie und Naturwissenschaft/Religion, Theology, and Natural Science 30), Göttingen 2016.

XIII. Ethische Herausforderungen

Aufgrund der rasanten naturwissenschaftlichen und technologischen Entwicklungen, die in ungekannte Dimensionen vordringen, ergeben sich vielfältige neue ethische Herausforderungen. Sie betreffen alle Lebensbereiche und bedürfen auch des Dialogs von Naturwissenschaft und Theologie – und zwar im Kontext eines darüber hinausgehenden transdisziplinären und gesamtgesellschaftlichen Diskurses. Neben den ethischen Implikationen für globale Überlebensfragen (Biosicherheit, Nukleartechnologie, ökologische Krise oder Klimakrise) geht es um immense Entwicklungen in Bereichen wie der Bio- und Medizintechnologie oder der Künstlichen Intelligenz (KI), die mit Infragestellungen des bisherigen Menschen- und Weltbildes einhergehen. Angesichts solcher Herausforderungen sind zunächst grundsätzliche Erwägungen über ethische Kriterien im Kontext dieses Dialogs erforderlich, bevor auf ihrer Grundlage die konkreten Herausforderungen erörtert und Versuche zur Lösung der mit ihnen gegebenen Probleme dargelegt werden können. Dabei tritt die Bedeutung des Dialogs von Naturwissenschaft und Theologie auch aus ethischer Perspektive hervor.

Die *ethischen Herausforderungen* im Dialog von Naturwissenschaft und Theologie ergeben sich aus der anzustrebenden lebensdienlichen Orientierung naturwissenschaftlicher Erkenntnisse und der mit ihnen verbundenen technischen Möglichkeiten. Zu dieser Orientierung und einer entsprechend differenzierten Abschätzung von Chancen und Risiken sowie zur Umsetzung ethischer Einsichten bedarf es allerdings eines noch weiterreichenden Dialogs, der neben Philosophie, Politik oder Rechtsprechung auch den gesamtgesellschaftlichen Diskurs umfasst. Denn es stellen sich *vielfache neue Herausforderungen,* die mit den in alle Lebensbereiche und in ungeahnte Dimensionen vordringenden Fortschritten sowie „einer noch nie dagewesenen Durchdringung von Technik und Natur“[1] verbunden sind. Das betrifft nicht nur globale Überlebensfragen, die etwa mit der Nukleartechnologie (z. B. nukleare Abfälle, Massenvernichtungswaffen) oder der ökologischen Krise (z. B. Ressourcen-Ausbeutung, Klimakrise) einhergehen, sondern auch die rasante Entwicklung der Künstlichen Intelligenz (KI) oder der Bio- und Medizintechnologie. Letztere weckt zwar durch die Genomchirurgie viele therapeutische Hoffnungen, aber sie eröffnet auch weitergehende Möglichkeiten beim Klonen oder bei der Genom-Editierung (genome editing), welche durch Eingriffe in das Erbgut

1 E. Gräb-Schmidt: Faktizität, S. 9.

die Perfektionierung des Menschen (Enhancement) oder gar die Veränderung der Gattung Mensch in Aussicht stellt. Damit wird die grundsätzliche Frage nach dem Menschen- und Weltbild berührt, und so auch die Frage, „was den Menschen zum Menschen macht und inwieweit der Mensch auch zu seinem besten dem eigenen manipulativen Zugriff entzogen bleiben sollte“[2]. Die Auseinandersetzung mit dem Menschen- und Weltbild stellt sich auch insgesamt für die Synthetische Biologie. Als Zusammenschau biologischer, chemischer, ingenieurwissenschaftlicher oder informationstechnischer Forschungszweige produziert sie auf verschiedenen Ebenen des Lebens künstliche biologische Systeme, die in der Natur nicht vorkommen. Neben Problemen wie der Biosicherheit (etwa hinsichtlich der Freisetzung gefährlicher Organismen) verbindet sich damit besonders die Frage nach dem Naturverständnis und die tiefgehende Frage nach dem Lebensbegriff: „Die Vorstellung von der ‚Machbarkeit‘ des Lebens irritiert kulturell und sozial etablierte Deutungsmuster und […] markiert […] die Notwendigkeit vertiefter ethischer, rechtlicher und sozialwissenschaftlicher Reflexion.“[3]

Zudem verbindet sich mit allen Dimensionen des Fortschritts und der Konsequenzen seiner Umsetzung neben der Verantwortung für kommende Generationen und die Mitgeschöpfe (z. B. Tierethik) die hiermit auch zusammenhängende Frage nach der Verteilungsgerechtigkeit, also die Frage, wem die Fortschritte und ihre Folgen zugutekommen und wer gegebenenfalls darunter leidet. Diesbezüglich lassen sich Probleme der Umweltzerstörung und Ressourcen-Ausbeutung ebenso nennen wie die Strukturen der Agrarwirtschaft oder des Gesundheitswesens auf lokaler und globaler Ebene. Aufgrund der zum Teil sehr unterschiedlichen Herausforderungen durch die verschiedenen Forschungs- und Technikbereiche sind entsprechende Bereichsethiken (z. B. Wirtschaftsethik, Bio- und Medizinethik) sowie Ethikkommissionen auf nationaler und internationaler Ebene entstanden, um sich differenziert mit den jeweiligen Problemstellungen auseinandersetzen zu können, nicht zuletzt unter Berücksichtigung der Technikfolgenabschätzung.

2 D. Evers: Art. „Naturwissenschaften VI“, Sp. 154. U.H.J. Körtner: Mensch, S. 122 f., betont: „Mit den Converging Technologies, also der Verbindung von Nano-, Bio-, Informations- und Kognitionswissenschaften, erreicht die natürliche Künstlichkeit eine neue Entwicklungsstufe. […] Vor allen Einzelfragen materialer Ethik hat daher die Besinnung auf elementare Fragen des Menschen- und Weltbildes zu stehen“.

3 P. Dabrock [u. a.]: Leben, S. 14. Zur detaillierten Darlegung der Bedeutung der Synthetischen Biologie und der mit ihr verbundenen ethischen und gesellschaftlichen Herausforderungen siehe ders. [u. a.] (Hg.): Leben. Zunehmend wird die Verbindung der Biologie mit den unterschiedlichsten wissenschaftlichen Forschungsgebieten unter dem Begriff „Lebenswissenschaften“ (Life Sciences) zusammengefasst.

1. Grundsätzliche ethische Erwägungen im Kontext des Dialogs und seiner Herausforderungen

Bevor einige konkrete ethische Erörterungen aus den Bereichen der genannten Herausforderungen erfolgen (Kap. XIII,2), bedarf es zunächst der *Auseinandersetzung mit teilweise sehr unterschiedlichen ethischen Prämissen*. Das betrifft zum Beispiel die rein naturalistisch-materialistisch geprägte Auffassung etlicher Neurowissenschaftler, Handeln und Wille des Menschen seien neuronal völlig determiniert, weshalb sich die Schuldfrage nicht stelle, mit entsprechenden Konsequenzen in ethischer und strafrechtlicher Hinsicht. In Kapitel XI,2.2 wurde bereits ausführlich dargelegt, dass ein solcher streng kausaler *neurowissenschaftlicher Determinismus* weder naturwissenschaftlich-empirisch noch philosophisch oder lebensweltlich zu plausibilisieren ist. Hinsichtlich der theologischen Perspektive trat hervor, dass sie im Kontext des gesamten Lebenshorizonts die ganze Tiefe des Verhältnisses von gebundenem und freiem Willen sowie der damit einhergehenden Verantwortung des Menschen auszuloten vermag.

Eine weitere prinzipielle Problemstellung ist mit der Einschätzung einer *Evolutionären Ethik* verbunden. Hier findet sich beispielsweise die genetisch fundierte Sicht, dass die nur an ihrer Reproduktion interessierten „egoistischen" Gene das Verhalten der Menschen steuern bzw. determinieren, wodurch auch die Moral an diesem im Hintergrund ablaufenden Prozess partizipiere. Solche in unterschiedlichen konkreten ethischen Zuordnungen vertretenen Ansätze sind evolutionsbiologisch jedoch nicht haltbar, was in Kapitel X,1 und XI,2.1.2 bereits ausführlich erörtert wurde – auch hinsichtlich der philosophischen, theologischen und lebensweltlichen Perspektiven. Darüber hinaus gibt es Entwürfe, die der Evolutionären Ethik sogar materiale normative Bedeutung zumessen, insofern als diese zur Überprüfung konkreter Werte und Handlungsorientierungen herangezogen werden soll. Auch solche Entwürfe werden selbst von vielen Verfechtern einer Evolutionären Ethik als problematisch empfunden. Dahingegen haben etliche Ansätze einer Evolutionären Ethik lediglich das „Ziel, die für moralisches Handeln grundlegenden biologischen Randbedingungen zu markieren", wobei nicht bestritten wird, „dass sich auf der Ebene des Menschen, der immer zugleich auch ein Kulturwesen ist, spezifische Verhaltensweisen ausprägen können, die nicht direkt an biologische Verhaltensschemata anzumessen sind"[4]. Denn die kulturelle Entwicklung ist nicht auf die evolutionsbiologischen Prozesse zu reduzieren, wie es die Soziobiologie vielfach versucht. „Es bleibt einfach ein Überschuss, der durch die anvisierte Reduktion nicht eingefangen wird."[5] Wo es um konkrete ethische Entscheidungen geht, befindet sich eine reduktionistische Evolutionäre Ethik mit den Worten von Andreas Klein

4 A. Klein: Evolution, S. 159f. Zur detaillierten kritischen Einordnung der drei genannten Ansätze siehe ebd., S. 159ff.

5 Ebd., S. 182.

„eher auf aussichtslosem Terrain"[6]. Das ergibt sich nach Wolfgang Achtner schon aus logischen Gründen: „Eine evolutionäre Ethik kann immer nur nachlaufend feststellen, was in der Evolution als ethisches Verhalten entstanden ist. Insofern kann sie schon rein logisch gesehen nicht normativ sein. Eine ethische Norm macht nur dann einen Sinn, wenn sie dazu führt, ein Verhalten hervorzubringen, das tendenziell nur unzureichend oder gar nicht existiert. In diesem Sinne ist Ethik nicht Teil der Evolution, sondern in einem gewissen Sinne Motor oder Korrektiv der natürlichen Evolution. Wenn Nächstenliebe zwischen den Menschen bereits in vollem Umfang existierte, brauchte man sie nicht zu predigen."[7]

Ferner wird gegenüber einer Evolutionären Ethik immer wieder auf das Argument des „*naturalistischen Fehlschlusses*" verwiesen, das auf David Hume und George Edward Moore zurückgeht und beinhaltet, aus dem Sein könne kein Sollen abgeleitet werden, weil von der Beschreibung einer Faktizität nicht auf eine vorschreibende Geltung zu schließen sei bzw. von einer analytischen Deskription biologischer Prozesse auf eine synthetische Bewertung des moralisch Guten, welches sich immer als offene Frage erweise. Dieses Argument wird jedoch zusehends differenzierter betrachtet. Klein etwa merkt an, dass es zwar über die Faktizität hinaus einer eigenen Plausibilisierung moralischen Sollens bedürfe, doch treffe auch diese immer wieder auf vorgegebenes Faktisches wie lebensweltliche Bewertungszusammenhänge, wobei die verschiedenen Aspekte in der Personalität bzw. Intentionalität des Menschen zusammenkommen könnten. „Ohne die Differenz zwischen Sein und Sollen bzw. zwischen Faktizität und Geltung zu verwischen, so muss doch auch ihr enger Zusammenhang ins Blickfeld gerückt werden", „weil es stets um ein und denselben Menschen geht"[8]. So hält der Philosoph Christian Illies den oben gezeigten Ansatz einer moderaten Evolutionären Ethik, die lediglich die biologischen Randbedingungen zu markieren versucht, für sinnvoll, „weil moralische Forderungen stets Gestaltungsaufgaben für empirische Wesen in einer empirischen Wirklichkeit sind"[9]. Entsprechend lassen sich für den Naturwissenschaftler, Philosophen und Wissenschaftstheoretiker Gerhard Vollmer und den Philosophen Günther Patzig aus den natürlichen Fakten zwar nicht unmittelbar moralische Normen ableiten, aber sie sehen solche Fakten als Orientierungshilfe, um etwa aufgrund der Naturanlagen des Menschen zu erwägen, welche Verhaltenstendenzen besonders berücksichtigt werden sollten.[10] Die Berücksichtigung natürlicher Grundlagen als Randbedingungen

6 Ebd.

7 W. Achtner: Willensfreiheit, S. 256.

8 A. Klein: Evolution, S. 189. Der Philosoph Jörn Müller: Natur, S. 112 f., verweist darauf, dass auch Hume in seiner Ethik die Affektnatur des Menschen berücksichtigt habe, während Moore einen komplexen Zusammenhang zwischen der Wesensnatur der Dinge und ihrer Gutheit nicht gänzlich ausgeschlossen habe.

9 C. Illies: Ethik, S. 380.

10 Vgl. G. Vollmer: Wollen, S. 69 ff., und G. Patzig: Natur, S. 92 f. Der Theologe Christian Link: Schöpfung, S. 239, gibt darüber hinaus zu bedenken: „Die Trennung der theoretischen von der praktischen Vernunft (Kant), der Prinzipien der *Wissenschaft* von den Grundsätzen der *Ethik* und vollends der *Religion*, gehört zum Selbstverständnis der Forschung. […] Von der ‚*Natur* der Dinge' […] führt

darüber hinausgehender ethischer Begründungszusammenhänge erweist sich als theologisch kompatibel, da der Mensch als leibliches Wesen „bereits in biblischer Perspektive immer auch als irdisches, geschichtliches und materiell-biologisches Wesen ins Blickfeld rückt“[11]. Hierbei bleibt allerdings die Ambivalenz der Natur zu bedenken, worauf noch eingegangen wird.

Vor dem Hintergrund der gezeigten Zusammenhänge, in denen hervortritt, dass „die Aufgaben der Wirklichkeitsgestaltung an die grundlegenden Fragen des Wirklichkeitsverständnisses“ zurückgebunden werden, ist für Christoph Schwöbel „eine Verhältnisbestimmung von Naturwissenschaft und Religion und ihrer jeweiligen Bedeutung für die Klärung menschlicher Handlungsorientierungen gefordert“, wobei deutlich werde, „dass es auf diese ethischen Fragen nicht einfach naturwissenschaftliche oder religiöse Antworten gibt, sondern dass beide die Frage nach den Basisorientierungen des menschlichen Daseins in der Welt aufwerfen, die in ihrem Verhältnis zur Naturwissenschaft und zur Religion geklärt werden müssen“. Die christliche Theologie ermögliche als Reflexion der die gesamte Wirklichkeit betreffenden „Basisorientierung des christlichen Glaubens“[12] einen solchen *Dialog,* der nach Dirk Evers auch deshalb für die Naturwissenschaften bedeutsam ist, weil sie „den Platz und die Bedeutung des Menschen“ in den von ihnen untersuchten „Gesetzmäßigkeiten der Welt“ „unter der Eigendynamik ihrer Methode“[13] zusehends verdrängt oder einem ideologieverdächtigen weltanschaulichen Reduktionismus unterworfen haben. Von daher bedarf das miteinander verwobene naturwissenschaftliche und technische Wissen laut Jürgen Moltmann der Ergänzung durch Weisheit, die auf der Erfahrungsebene „sowohl Erfahrungen der Natur wie Transzendenzerfahrungen aufzunehmen und zu interpretieren“ vermag. Eine „Theologie der Natur“ könne beide Dimensionen besonders gut integrieren, während auch naturwissenschaftliche Beobachtungen über das Sammeln von Informationen hinaus dazu dienen könnten, „von der Weisheit zu lernen, die der Natur inhärent ist“[14]. Weil sich Theologie und Naturwissenschaften „elementarer als je zuvor in der Frage nach dem Ethos und der Verantwortbarkeit des technischen Machtgewinns, der

keine Brücke mehr zu einem sittlich verpflichtenden Sollen“, weil „man über der Konzentration auf die *Dinge* der Natur die Frage nach der *Natur* dieser Dinge gar nicht mehr gestellt hat“. Dabei verweist er auf die Einsicht des Philosophen Hans Jonas, dass mit dieser Entwicklung ein wertfreier Seinsbegriff entstanden sei. Dieser lasse auch nicht mehr deutlich werden, dass die bloße Existenz eines Säuglings die Pflicht impliziere, sich seiner Bedürftigkeit anzunehmen. Siehe auch H. Jonas: Prinzip. – Auf das Problem einer zu direkten bzw. statischen Bezugnahme auf die Natur der Dinge, etwa durch ein allgemeines Naturrecht, macht U.H.J. Körtner: Bioethik, S. 133, mit dem Hinweis aufmerksam, dass die Natur veränderbar sei.

11 A. Klein: Evolution, S. 194.

12 C. Schwöbel: Sein, S. 469 f.

13 D. Evers: Raum, S. 2, wobei er sich auch auf den Philosophen Hans Blumenberg beruft.

14 J. Moltmann: Wissenschaft, S. 37 u. 42. In der neuzeitlichen Emanzipation der Naturwissenschaften von moralphilosophischen und theologischen Kontexten sieht Moltmann ihre Emanzipation von der Weisheit, wobei er auf Celia Deane-Drummond: Creation, zurückgreift. Zur Ergänzung des Wissens durch Weisheit siehe auch C. Link: Schöpfung, S. 200, und J. Polkinghorne: Theologie, S. 171 ff.

aus wissenschaftlichen Erkenntnissen entsteht", begegnen, mahnt Moltmann den Dialog auf der Ebene lebensdienlicher Weisheit als dringlich an. Der Dialog habe auch schon hinsichtlich wissenschaftlicher Forschung anzusetzen und nicht erst bezüglich der technischen Umsetzung, da Forschung „nicht ‚wertfrei', sondern den Verwertungsinteressen der Gesellschaft unterworfen"[15] sei. Als Voraussetzung für die Ausbildung eines Ethos bzw. eines Ethos der Wissenschaft gilt auch für Ulrich H.J. Körtner die Einbettung des Wissens in den weiteren lebensweltlichen Horizont, der auch die religiöse Dimension des Menschseins nicht ausschließt. „Sich um Bildung, nicht etwa nur um Wissen zu bemühen, sollte zu den Tugenden aller Forschenden gehören."[16]

Der vielfach hervorgetretene Zusammenhang zwischen – auch naturwissenschaftlich erforschbaren – natürlichen Lebensgrundlagen und kulturellen, philosophischen sowie theologischen Dimensionen ist in seiner Zuordnung ebenfalls bedeutsam für die immer wieder aufkommende Auseinandersetzung über die *naturrechtliche ethische Orientierung*. Weil der Mensch als leibliches bzw. naturgebundenes Wesen existiert, zu dessen Charakteristik aber auch die kulturelle und technische Gestaltung sowie die Transzendierung seines Lebenshorizonts gehören, sind die natürlichen Bedingungen des Lebens und Handelns weder ganz auszublenden noch zu verabsolutieren.[17] Das ist bei der Einordnung naturrechtlicher Aspekte grundsätzlich zu berücksichtigen. Die Frage nach der Beschaffenheit und Geltung naturrechtlicher ethischer Orientierung führt seit jeher zu unterschiedlichen Bewertungen zwischen römisch-katholischer und protestantischer Tradition, die in der Reformation verankert sind. Allerdings existieren auch innerhalb der jeweiligen Traditionen bis heute verschiedenartige Beurteilungen und Ansätze, worauf später noch hingewiesen wird.

Mit dem schon in der Antike aufkommenden *Naturrecht,* welches das von Natur aus Rechte oder Gerechte in universaler, verbindlicher und allgemein erkennbarer Weise darzulegen versucht, verbinden sich in der Philosophie- und Theologiegeschichte verschiedene Ausformungen. Diese erreichten im Mittelalter mit *Thomas von Aquin* einen systematischen Höhepunkt, dessen nachhaltige Wirkungsgeschichte maßgeblich die reformatorische Auseinandersetzung prägte und bis heute reicht. Thomas qualifiziert das natürliche Gesetz (lat. lex naturalis) als Teilhabe der mit Vernunft begabten Geschöpfe am ewigen Gesetz der Weisheit Gottes (lat. lex aeterna), die den Schöpfungsprozess steuert und die Universalität des natürlichen Gesetzes garantiert. Dessen allgemeine Erkennbarkeit wird der menschlichen Vernunft durch das „natürliche Licht" (lat. lumen naturale) ermöglicht. Hierbei vermittelt die Vernunft zwischen ewigem Gesetz und dem Naturgemäßen in der konkreten Wirklichkeit, und zwar in Bezug auf die dem Menschen wesenseigenen Ziele,

15 J. Moltmann: Wissenschaft, S. 33 u. 39.

16 U.H.J. Körtner: Mensch, S. 133.

17 Zum Verhältnis von Natur, Mensch und Technik siehe *Kap. II,* und zur Transzendenz von Mensch und Natur siehe *Kap. III.*

auf die er durch seine Neigungen (lat. inclinationes naturales) hingeordnet ist, so dass sich das Naturrecht als ontologisch begründetes Vernunftrecht erweist.[18] „Man kann das die klassische *substanzontologische Denkweise* in der katholischen Naturrechtstradition nennen."[19] In der Spätscholastik gab es zwar auch anders nuancierte Ansätze, wie den von Duns Scotus, der mehr ein voluntaristisches Naturrecht vertrat, welches der geschichtlichen Willenserklärung Gottes bedurfte und den Willen höher bewertete als die natürlich verankerte Vernunft. Aber der thomistische Entwurf blieb prägend, weshalb er den Horizont der Auseinandersetzung über das Naturrecht in der Reformationszeit bildete.

So sah *Luther* zwar auch die Bedeutung der natürlich gegebenen Grundlagen, indem er im Rückgriff auf Paulus die grundsätzliche Erkennbarkeit des Schöpfers aus den Werken der Schöpfung (Röm 1,19 f.) ebenso wahrnahm wie den Umstand, dass das Gesetz Gottes allen Menschen durch das Gewissen ins Herz geschrieben ist (Röm. 2,14 f.), was sich etwa im Liebesgebot, der Goldenen Regel oder der zweiten Tafel des Dekalogs widerspiegelt.[20] Aber er erkannte die Ambivalenz dieser Grundlagen, da sie im Kontext der ihrer eigentlichen Bestimmung nicht entsprechenden Schöpfung und des sich selbstbehauptenden Menschen vorliegen, der die Erkenntnis in seiner Selbstbezogenheit verkehrt (Röm 1,18 ff.). Deshalb widerspricht Luther sowohl der ontologisch vorauszusetzenden Teilhabe am ewigen Gesetz Gottes (lex aeterna) als auch der allgemeinen Vernunfterkenntnis durch das „natürliche Licht" (lumen naturale). Vielmehr ordnet er die ambivalente naturrechtliche Dimension der weltlichen bzw. äußeren Gewalt zu, die für Frieden und Ordnung in der von menschlicher Selbstbehauptung geprägten Welt sorgen soll. „Indem dieses weltliche Naturrecht aber allein der Gestaltung und der Sicherung des äußeren politisch-sozialen Daseins dient und zu diesem Zweck ‚gebraucht' wird, entzieht ihm Luther jede geistliche, auf Seligkeit und Heil ‚vertrauende' Würde (WA 31/1,114)."[21]

Durch seine für den Protestantismus wirkungsgeschichtlich nachhaltige Unterscheidung von *Gesetz und Evangelium,* die auf seiner Rechtfertigungslehre beruht, konnte Luther eine differenzierte Zuordnung von weltlicher und geistlicher Dimension sowie von natürlicher Erkenntnis und Offenbarungserkenntnis gewährleisten. Dem liegt die neutestamentliche Bezeugung zugrunde, dass der Mensch nicht durch die selbstgerechte bzw. egoistisch verkehrende Vereinnahmung des Gesetzes als selbstbehauptendem Heilsweg gerecht wird, sondern durch den voraussetzungslosen gnädigen Zuspruch der Liebe Gottes gerechtfertigt wird. Damit darf er sich

18 „Höhepunkt des katholischen Naturrechtsdenkens ist der Traktat *De lege* in der *Prima secundae* der *Summa theologiae* des Thomas von Aquino (q. 90–108), der bis heute im Mittelpunkt moraltheologischer Kontroversen steht." (F. Ricken: Art. „Naturrecht I", S. 142 f.) Zu den obigen Ausführungen vgl. den hier angegebenen Ausschnitt aus der *Summa theologiae.*

19 I.U. Dalferth: Naturrecht, S. 10. Heute finden sich allerdings zum Beispiel auch römisch-katholische Versuche, „Thomas mit Hilfe des Autonomiegedankens zu verstehen" (C. Frey: Wege, 142, der etwa auf K.-W. Merks verweist).

20 Siehe WA 42,205 u. 29,564 ff.

21 F. Wagner: Art. „Naturrecht II", S. 156.

von Gottes Liebe getragen wissen, die ihn so von der selbstbehauptenden Sorge um sich selbst zur „Freiheit eines Christenmenschen" befreit, der Freiheit zur Nächstenliebe, welche die guten Werke von selbst nach sich zieht. Dieser Frohen Botschaft, dem Evangelium, ordnet Luther einen zweifachen Gebrauch des Gesetzes zu: Erstens den schon gezeigten *zivilen oder politischen Gebrauch* zur Erhaltung der äußeren Ordnung bzw. zur Eindämmung der Konsequenzen menschlicher Selbstbehauptung. Er enthält durchaus die genannte naturrechtliche Dimension, aber in ambivalentem Horizont auf die korrumpierte Schöpfung bezogen, die der Erlösung bedarf.[22] Entsprechend überführt der zweite Gebrauch des Gesetzes, der *theologische oder spirituelle Gebrauch,* den Menschen der Unfähigkeit, das Gesetz in seiner selbstbehauptenden Haltung zu erfüllen.[23] Da auch die Glaubenden in der noch nicht vollendeten Heilsgeschichte der Welt weiterhin Anfechtungen ausgesetzt sind und als Gerechtfertigte und Sünder zugleich leben (lat. simul iustus et peccator), bedürfen auch sie noch dieses überführenden Gebrauchs des Gesetzes sowie freundlicher Ermahnung durch Gebote. Letzteres wurde für Melanchthon und die Konkordienformel explizit zum dritten Gebrauch des Gesetzes, dem *didaktischen oder pädagogischen Gebrauch.*[24]

So hat Luther die dynamische Zuordnung von Gesetz und Evangelium im *heilsgeschichtlichen Handeln des dreieinigen Gottes* verankert, in dem die natürlichen Grundlagen der Schöpfung, ihre Korrumpierung sowie ihre Erlösungs- und Vollendungsbedürftigkeit zusammengebunden sind. Diesen Zusammenhängen entsprechend zeigt Luther mit seiner sogenannten *Zwei-Regimenten-Lehre* (wirkungsgeschichtlich bekannt als „Zwei-Reiche-Lehre"), wie Gott seinen einen Liebeswillen, den er in Gesetz und Evangelium auf zweierlei Weise verwirklicht, im weltlichen und im geistlichen Regiment vollzieht. Während das *weltliche Regiment* wie bereits gesehen für äußeren Frieden und weltliche Gerechtigkeit zu sorgen hat, formt das *geistliche Regiment* durch das göttliche Wort fromme Menschen, wobei die politische Ordnung als äußere Erhaltung der Welt dem eigentlichen Werk Gottes dient, der Berufung der Menschen in seine Gemeinschaft. Weil im weltlichen Reich sowohl der zivile als auch der überführende Gebrauch des Gesetzes begegnen, wird erst vom Evangelium bzw. von der Offenbarung her die Ambivalenz natürlicher Gesetzlichkeit bzw. natürlicher Bedingungen in der Welt erkennbar und so überprüfbar, ob weltliche Gewalt wirklich für äußeren Frieden und bewahrende Ordnung sorgt. Wie also beide Reiche und Regimente zu unterscheiden und zuzuordnen sind, so steht auch der Glaubende vor der Aufgabe, in seiner kirchlichen Existenz zugleich Verantwortung für die Strukturen *weltlicher* Ordnung zu übernehmen, da er in beiden Reichen lebend dem einen Willen Gottes dient. Für sich selbst bedarf er keiner weltlichen Gewalt, aber zum Schutz der anderen, die darauf angewiesen sind,

22 Vgl. WA 40 I;479,17; 480,25.

23 Vgl. WA 40 I;480,32; 528,6 ff.

24 Vgl. A. Peters: Gesetz, S. 38 ff. u. 338 f. Vgl. insgesamt M. Bünker/M. Friedrich (Hg.): Gesetz; M. Haudel: Gotteslehre, S. 246 ff., und ders.: Verhältnis, S. 231 ff.

hat er ihr zu dienen. Wo weltliche Gewalt jedoch nicht den Frieden und die äußere Ordnung fördert, hat er passiven Widerstand zu leisten.[25]

Auf diese Weise wird die Unterscheidung und Zuordnung beider Bereiche sowie eine differenzierte Einordnung natürlicher Grundlagen als Voraussetzung christlicher Weltverantwortung ermöglicht. Entsprechend lassen sich *Natur und Gnade* sowie *Vernunft und Glaube* differenziert aufeinander beziehen, insofern als die Gnade die Natur voraussetzt und der Glaube die Vernunft in Dienst nimmt. Damit keine einseitigen Zuordnungen entstehen, bedarf es der Wahrnehmung des *dynamischen Verhältnisses der drei Glaubensartikel* bzw. des schöpferischen, erlösenden und vollendenden Handelns des dreieinigen Gottes. Denn die Theologiegeschichte zeigt, dass etwa eine Konzentration auf den Ersten Artikel und das zivile Gesetz zu einer dualistischen Zwei-Reiche-Lehre führen konnte, mit der Gefahr weltlicher und natürlicher Eigengesetzlichkeit und fehlender kriteriologischer Überprüfung der Ambivalenz durch das Evangelium bzw. die Offenbarung. Dadurch erhielt das Evangelium kaum noch Einfluss auf das Gesetz und der Glaube kaum noch Maßgeblichkeit für die Vernunft. Umgekehrt beinhaltete die einseitige Konzentration auf den Zweiten Artikel die Gefahr, Evangelium und Gesetz und damit Glaube und Vernunft zu stark zu identifizieren, mit entsprechenden theokratischen und moralistischen Gefahren.[26]

Die dynamische Zuordnung der drei Glaubensartikel erlaubt weder eine Identifizierung noch eine dualistische Trennung von *Glaube und Vernunft.* Vielmehr besteht zwischen beiden im Blick auf die christliche Weltverantwortung ein Verhältnis von *Anknüpfung und Differenz.* Dieses ermöglicht bei differenzierter Zuordnung von *Gesetz und Evangelium,* das unter den natürlichen Bedingungen der Welt wirkende Gesetz ernst zu nehmen (Vernunft) und vom Kriterium des Evangeliums her auf seine rechte Anwendung zu überprüfen (Glaube). So werden die Glaubenden in die Lage versetzt, alle ethischen Problemstellungen unter dem Maßstab des Evangeliums zu betrachten und dabei zu bedenken, wie die so gewonnenen Einsichten in allgemeine ethische Vorstellungen zu transformieren sind, die unabhängig von der spezifisch christlichen Sicht auch für andere unter dem „natürlichen Gesetz" lebende Menschen plausibel bzw. vernünftig erscheinen. Auf diese Weise können die Glaubenden ihre *Weltverantwortung* wahrnehmen.[27] Entsprechend lässt sich christliche Ethik „als eine vom Geist der Liebe bestimmte Form der Verantwortungs-

25 Luther hat diese Zusammenhänge besonders in seiner Schrift „Von weltlicher Obrigkeit, wie weit man ihr Gehorsam schuldig sei" (1523) dargelegt.

26 Siehe dazu M. Haudel: Gotteslehre, S. 250 f., und ders.: Verhältnis, S. 238 ff.

27 Vgl. ders.: Gotteslehre, S. 251. Zu den Ausführungen über die differenzierten Zuordnungen Luthers insgesamt siehe ebd., S. 246 ff., und ders.: Verhältnis, S. 235 ff. – Der heilsgeschichtliche Zusammenhang von Schöpfung, Erlösung und Vollendung erlaubt zudem weder eine isolierte Schöpfungsethik noch eine isolierte Versöhnungsethik oder eine isolierte ethische Orientierung am eschatologischen Reich Gottes, sondern erfordert die Zusammenschau aller drei ethischen Aspekte der Wirklichkeit. Vgl. dazu auch C. Schwöbel: Trinitätslehre, S. 153. Siehe zur explizit trinitätstheologischen Verankerung der Ethik z. B. auch C. Frey: Wege, S. 351 ff.

ethik verstehen", die auch in der Wissenschafts- und Forschungsethik nach dem angemessenen „Bild vom Menschen als Objekt der Forschung" und „als Subjekt der Forschung"[28] fragt.

Neben dieser differenzierten hermeneutischen Zuordnung von Gesetz und Evangelium gibt es bis heute im römisch-katholischen – zum Teil auch im protestantischen – Spektrum etliche Versuche, das *Naturrecht* über Thomas von Aquin hinaus mit neuen Ansätzen fortzuschreiben. Zum Beispiel entfaltet Eberhard Schockenhoff in Anknüpfung an die heilsgeschichtliche Theologie des Zweiten Vatikanischen Konzils eine Naturrechtsethik, die er in der allgemeinen geschichtlichen Natur des – leiblich eingebundenen – Menschen verankert, wodurch er die partikulare christliche Tradition in die universale Perspektive integriert.[29] Seit dem Konzil wird auch ein auf der Subjektivitätsstruktur des Menschen gründendes Naturrecht vertreten, das auf die endliche Freiheit der Menschen und ihre Befähigung zur Autonomie abhebt (Thomas Pröpper u. a.).[30] Neben solchen römisch-katholischen Entwürfen, die das statische und substanzontologische thomistische Naturrecht hinter sich lassen, gibt es im protestantischen Bereich vereinzelte Versuche, berechtigte naturrechtliche Aspekte neu zur Geltung zu bringen. So entwickelt etwa Friedrich Lohmann ein „pragmatische[s] Verständnis der Natur des Menschen", das freiheitsorientierte und geschichtlich ausgerichtete Konzepte ebenso aufnimmt wie die allgemeinen Bedürfnisse menschlicher Praxis. Damit zielt er auf die „kriteriologische Orientierung der Ethik an der Unterscheidung zwischen einer der menschlichen Willkür entzogenen ‚Natur' und dem Menschengemachten als *necessitas pragmatica*"[31]. Wie einige andere evangelische und katholische Theologen empfiehlt er angesichts aktueller ethischer Herausforderungen, naturrechtliche Aspekte überkonfessionell ernster zu nehmen, da sie faktisch nicht nur etwa zu den universalen Menschenrechten beigetragen haben, sondern auch eine breite Basis für den Dialog bieten, in dem es um Konsens und Kompromisse geht.

Doch um die spezifisch christlichen ethischen Perspektiven zur Geltung zu bringen, ist der Rückgriff auf die *differenzierte hermeneutische Zuordnung von Gesetz und Evangelium* mit ihrer weitreichenden Möglichkeit der *Transformation* dieser Per-

28 U.H.J. Körtner: Evangelium, S. 189 f. – Daraus muss kein Gegensatz zwischen Gesinnungs- und Verantwortungsethik resultieren, was aus der Feststellung von D. Rössler: Moral, S. 193, hervorgeht: „In der evangelischen Ethik jedenfalls hat beides seinen Ort: die Ehrfurcht vor Grundsätzen und die Sorge fürs praktische Leben." – Für R. Anselm: Schöpfung, S. 286, sollte christliche Ethik dabei auch „Situationsethik sein, die die konkreten Herausforderungen für eine einzelne Person in der jeweiligen Situation im Blick hat".

29 Siehe dazu E. Schockenhoff: Grundlegung. Vgl. ferner F. Lohmann: Natur, S. 37, der auch noch andere Beispiele nennt. – Die *Transformation christlicher Einsichten* fordert auch nach E. Schockenhoff: Ethik, S. 366, „die Beibringung von Gründen, die prinzipiell allgemein zustimmungsfähig sind und auch von Nicht-Christen als bedeutsam und ernsthafter Erwähnung würdig angesehen werden müssen".

30 Vgl. I.U. Dalferth: Naturrecht, S. 11 f., bei dem ebenfalls weitere Beispiele zu finden sind.

31 F. Lohmann: Natur, S. 51 f. – Zur Reformulierung und Weiterentwicklung naturrechtlicher Ansätze siehe auch H.-G. Nissing (Hg.): Natur.

spektiven in allgemein plausibilisierbare ethische Einsichten sinnvoll. Hierbei darf nach Ulrich H.J. Körtner durchaus deutlich werden, wie die in der Rechtfertigungslehre verankerte Freiheit des Menschen auch von wissenschaftlich-technischen Selbsterlösungszwängen befreit.[32] Es sei nur auf einige Beispiele inhaltlicher Qualifizierungen von Ethik hingewiesen, die vor diesem Hintergrund vorgenommen werden. So spricht etwa Körtner nicht nur im Blick auf die biomedizinischen Vorstellungen der Optimierung des Menschen (Enhancement) von einem *„Ethos des Sein-Lassens“*: „So bestünde denn der Beitrag des Christentums zur anthropologischen und gesellschaftspolitischen Diskussion der Gegenwart darin, auf eine Möglichkeit der Kontingenzbewältigung hinzuweisen, die vom Zwang des selbstproduzierten bzw. von anderen verfügten Schicksals befreit. Es ist dies ein Ethos des Sein-Lassens und der Verschonung, das sich darauf gründet, dass sich der Mensch nicht selbst verdankt und in die Welt bringt.“[33] Martin Wendte spricht in diesem Zusammenhang unter Rückgriff auf Luther und die Trinitätslehre vom *„Gabecharakter der Wirklichkeit“*, der impliziere: „Die Dinge und Mitmenschen werden nicht als bloßer Bestand zur Vernutzung des Menschen gesehen, sondern als gute Gaben, die ihre eigene Würde“[34] haben. Für Christoph Schwöbel leitet sich aus der *„Ethik der Geschöpflichkeit“* die Solidarität alles Geschaffenen sowie die Orientierungsbedürftigkeit und Begrenzung menschlichen Handelns ab, und zwar „nicht als Restriktion, sondern als Bedingung der Möglichkeit seines Gelingens“[35]. Christian Link verweist in dieser Hinsicht auf eine *„Ethik der Selbstbegrenzung“* und eine *„Ethik des Unterlassens“*: „Wir können nicht länger davon ausgehen, als sei die Garantie der Zukunft in unsere Hände gelegt und lasse sich mit den Instrumenten unserer gegenwärtigen Wissenschaft und Politik erzwingen.“[36] Ein vom Zwang der Selbstbehauptung befreites Handeln ermöglicht ein verantwortliches Handeln, das sowohl Selbstüberschätzung als auch Resignation zu widerstehen vermag.

2. Konkrete Herausforderungen und Lösungsversuche

Vor dem Horizont der aufgezeigten ethischen Grundlagen soll noch kurz exemplarisch die Erörterung einiger der am Anfang genannten ethischen Herausforderungen und ihrer Bewältigung erfolgen. So bestehen im Blick auf die *Bio- und Medizintechnologie* vielfältige ethische Herausforderungen, die sich in den bio- und medizin-

32 Vgl. U.H.J. Körtner: Evangelium, S. 193f. Zu den grundsätzlichen Implikationen der im Glauben eröffneten Freiheit siehe auch H.-P. Großhans: Wahrheit. – Die *Transformation* in allgemein nachvollziehbare Begründungsmuster legt H. Bedford-Strohm: Öffentliche Theologie, dar. Diesbezüglich warnt U.H.J. Körtner: Bioethik, S. 132ff., aber auch vor der Gefahr einer unreflektierten Moralisierung menschlicher Natur.

33 U.H.J. Körtner: Mensch, S. 133.

34 M. Wendte: Raumzeitimplosion, S. 72.

35 C. Schwöbel: Theologie, S. 220.

36 C. Link: Schöpfung, S. 244. Vgl. ebd., S. 234ff., 240.

ethischen Debatten widerspiegeln. Das tritt besonders an den aktuellen Möglichkeiten hervor, die sich durch die *Genom-Editierung* (genome editing) ergeben, also die „zielgerichtete Veränderung des Erbguts von Organismen durch das Entfernen, Deaktivieren, Hinzufügen oder Austauschen einzelner Basenpaare oder kurzer Genabschnitte"[37]. Mit der Entdeckung des CRISPR/CAS9-Mechanismus und der darauf beruhenden sogenannten Genschere durch die Biochemikerinnen Jennifer Doudna und Emmanuelle Charpentier im Jahr 2012, die dafür 2020 den Nobelpreis erhielten, wurde die Genom-Editierung derart präziser, kostengünstiger, schneller und allgemeiner anwendbar, dass man von einer „biomolekularen Revolution" spricht. Das Verfahren beruht auf dem zelleigenen Reparaturmechanismus von Bakterien, deren „Genschere" zur Reparatur des Erbguts bzw. der DNA sich nachbauen und auf beliebige Ziele einstellen lässt, um bei Organismen – ob Pflanzen, Tieren oder Menschen – DNA-Abschnitte zu entfernen, auszutauschen oder zu ergänzen und das Erbgut entsprechend zu verändern. Damit verbinden sich sowohl therapeutische Hoffnungen als auch Befürchtungen. So erwartet man ganz neue Gentherapien gegen verschiedenste Krankheiten und Leiden, etwa gegen Krebs oder HIV/Aids, während man zugleich mit unkalkulierbaren und irreversiblen Risiken konfrontiert ist. Diese ergeben sich besonders beim Eingriff in die *Keimbahn,* um etwa die Erbanlage für eine Krankheit zu eliminieren. Denn dadurch verändert sich das Erbgut aller Nachkommen, was schwerwiegende ethische, soziale und rechtliche Fragen aufwirft, zumal die Versuchung der vermeintlichen Optimierung des Menschen (Enhancement) besteht. „Wollen wir, dass durch *genome editing* Kinder, Enkel und Urenkel keine natürlich entstandenen Individuen mit Stärken und Schwächen mehr wären?"[38] Angesichts der Gefahr, dass diese Entwicklung „gar eine grundlegende Veränderung der menschlichen Gattung nach sich ziehen"[39] könnte, warnte der damalige Vorsitzende des Deutschen Ethikrates, der Theologe Peter Dabrock, in einem Gastbeitrag der „Süddeutschen Zeitung" (30.8.2017) davor, die Evolution derart als „Evolutionsbeschleuniger" selbst in die Hand zu nehmen. Zum Beispiel streben Vertreter des „Transhumanismus" an, „das, was die Natur hervor-

37 K. Gehring: Schnitte, S. 9.

38 Ebd., S. 10, wo auch der Hinweis erfolgt, dass die Methode in den USA als sicherheitsrelevant eingestuft wurde. Es sei ja denkbar, Menschen besonders kampftauglich zu machen. Nicht nur angesichts solcher Visionen „befürchten Kritiker eine sublime Form der Eugenik [Lehre von der genetischen Verbesserung des Menschen], die durch die kulturelle Hintertür hereinkommen könnte" (T. Peters: Genetik, S. 156). – Umstritten ist auch die *Präimplantationsdiagnostik* (PID), die genetische Untersuchung eines nach künstlicher Befruchtung im Reagenzglas gezeugten Embryos, die im Blick auf schwerwiegende Krankheiten bzw. Behinderungen vor die Entscheidung stellt, ob der Embryo in die Gebärmutter übertragen wird. PID ist in Deutschland grundsätzlich verboten und nur erlaubt, wenn eine gravierende genetische Erkrankung oder eine Totgeburt drohen. Befürchtungen bestehen etwa bei Behindertenverbänden, dass eine mögliche Ausweitung des Verfahrens zur *genetischen Diskriminierung* sowie zur Stigmatisierung behinderter Menschen führen könne und der individuelle und soziale Druck wachsen könne, im Zweifel bestimmte Formen behinderten Lebens zu selektieren bzw. zu verhindern. – Zur Struktur, Wirkungsweise und Bedeutung der DNA siehe *Kap. XI,2.1.1.*

39 U.H.J. Körtner: Mensch, S. 122.

gebracht hat, [zu] übersteigen und so zu einer völlig neuen ‚post-menschlichen' Spezies [zu] gelangen"[40].

Unabhängig von solchen extremen Vorstellungen besteht heute verbreitet die Übereinstimmung, aufgrund der unkalkulierbaren Risiken und Folgen zunächst von *Keimbahn-Eingriffen* abzusehen sowie die Forschung auf therapeutische Zwecke auszurichten und nicht auf eine Selbstoptimierung des Menschen, der auch das theologische Schöpfungsverständnis entgegensteht. Vielfach wird ein Forschungsmoratorium gefordert, um den in diesen grundlegenden Fragen *nötigen gesamtgesellschaftlichen und politischen Diskurs* führen zu können, den man nicht der Wissenschaftsgemeinschaft allein überlassen dürfe, zumal auch die gesundheitlichen Folgen und Risiken solcher Eingriffe noch nicht annähernd abschätzbar seien. Dabrock fordert über einzelstaatliche Regelungen wie das Verbot von Keimbahninterventionen und Embryonenforschung durch das deutsche Embryonenschutzgesetz hinaus dringend Regelungen auf der Ebene der Vereinten Nationen. In diesem Zusammenhang wird auch nicht selten die Erwartung geäußert, dass die Kirchen durch ihre internationale und ökumenische Vernetzung „dieser Menschheitsthematik ein weltweites Forum und eine ethische Orientierung"[41] geben. Etliche internationale Dokumente und Gesetzesinitiativen beinhalten bereits das Verbot oder Regulierungen der Keimbahntherapie bzw. entsprechender Forschungen sowie das Verbot des reproduktiven Klonens von Menschen.[42] Weitgehend befürwortet wird hingegen die *somatische Gentherapie,* die Veränderungen des Genoms von Körperzellen eines geborenen Menschen zu therapeutischen Zwecken vollzieht und nur das jeweilige Individuum betrifft bzw. nicht vererbt werden kann.[43] Insgesamt bedarf es nach Dabrock der gesamtgesellschaftlichen Begleitung und politisch-rechtlichen Flankierung der Weiterentwicklung und Anwendung der Präzisions-Genom-Editierung, wofür sich auch die Wissenschaft zu öffnen habe, wenn es gelingen soll, „diese vielversprechende, aber auch mit immensen Risiken behaftete Biotechnologie mit dem nötigen Vertrauen und der gebotenen Skepsis zu begleiten"[44].

---

40 R. Cole-Turner: Religion, S. 281.

41 Genetic Editing, S. 7.

42 Eine Erörterung der rechtlichen Normierungen zu Keimbahninterventionen auf nationaler und internationaler Ebene findet sich in der ausführlichen und differenzierten Stellungnahme des Deutschen Ethikrats zu Eingriffen in die menschliche Keimbahn vom 9. Mai 2019 (siehe *Eingriffe,* S. 98 ff.). – Wie nötig solche globalen Vereinbarungen sind, zeigt die – zwar international geächtete und bestrafte – *Geburt der mutmaßlich ersten genmanipulierten Babys 2018 in China,* als nach eigenen Angaben der Forscher ein Zwillingspärchen mit einer genmanipulierten HIV-Resistenz geboren sein soll.

43 Entsprechend hat die Mehrheit der Mitgliedsstaaten des Europarates das 1997 zustande gekommene *„Übereinkommen über Menschenrechte und Biomedizin"* des Europarates unterzeichnet, das Eingriffe ins menschliche Genom lediglich zu präventiven, diagnostischen und therapeutischen Zwecken erlaubt, aber nur, wenn keine Veränderungen für Nachkommen herbeigeführt werden. (Vgl. J. Ried: Diskussion, S. 13.) Eine Analyse dieser Übereinkunft findet sich bei K. Hilpert: Menschenrechte, S. 250 ff., der ebenfalls die im gleichen Jahr entstandene *„Allgemeine Erklärung über das menschliche Genom und Menschenrechte"* der UNESCO analysiert und insgesamt „Menschenrechte im Handlungsfeld Biotechnik" erörtert (siehe ebd., S. 232–257).

44 P. Dabrock/M. Braun: Vertrauen, S. 17.

Ethische Herausforderungen bestehen durch die Genom-Editierung aber nicht nur hinsichtlich des Menschen, sondern auch im Blick auf Tiere und Pflanzen. So kritisiert nicht nur der Theologe Christian Link die völlige Verzweckung und Nutzbarmachung von *Tieren* durch ihre gentechnologische Veränderung zu reinen Lebensmittel-Produktions-Wesen, bei der etwa erhöhte Eier- oder Fleischproduktion „mit arthrotischen Verkrüppelungen bei Schweinen oder mit einem verminderten Seh- und Stehvermögen bei Hennen erkauft" wird. „Werden Tiere nur noch als Produktionsfaktoren gesehen und wie Maschinen zur Herstellung eines bestimmten Produktes konstruiert, dann wird ihnen der kreatürliche Status abgesprochen"[45], was auch für das Klonen von Tieren gelte. Zudem führe „der gezielte Einbau artfremder und synthetischer Gene" dazu, „dass diese Organismen ein Stück weit aus ihrer natürlichen Vernetzung (Anpassung) gerissen und destabilisiert werden", was auch „zu ökologischen Kippeffekten beitragen"[46] könne. Aus schöpfungstheologischer Perspektive ist eine solche völlige Verzweckung und die damit oft verbundene nicht artgerechte Haltung der Tiere auch für die Theologin Anne Käfer abzulehnen, weil „Mensch wie Tier Gottes uneingeschränkter wie unverfügbarer Liebe entstammen. Dass das Sein der Geschöpfe ursprünglich und schlechthin an die Liebe des Dreieinigen gebunden ist, das macht ihre Würde aus."[47]

Die gentechnische Veränderung von *Pflanzen* bietet einerseits große Chancen, wenn Pflanzen dadurch etwa gegen bestimmte Schädlinge resistent oder ertragreicher werden und sich so die Bekämpfung des Hungers in der Welt unterstützten lässt. Andererseits sind die Risiken zu beachten, die durch nicht vorhersehbare Konsequenzen für das Ökosystem entstehen können, was Fragen nach der Biosicherheit und den Folgen der Freisetzung veränderter Organismen aufwirft (Risikoeinschätzung). Außerdem verbindet sich mit der agrarwirtschaftlichen Dimension *die Problematik der Gerechtigkeit und der Macht,* wenn es darum geht, wer über die Techniken verfügt (Patente etc.) und wem die Fortschritte letztlich zugutekommen. Letzteres betrifft ebenso die pharmazeutische Industrie hinsichtlich der Fragestellung, für welche Gruppierungen Forschung betrieben wird und wer Zugang zu welchen Medikamenten erhält, wobei kommerzielle Interessen eine Rolle spielen und sich insgesamt die Frage nach der Gerechtigkeit der Gesundheitssysteme auf nationaler und internationaler Ebene stellt. So hat der Ökumenische Rat der Kirchen in Auseinandersetzung mit der Biotechnologie und anderen technologischen Entwicklungen im Blick auf die Sozial- und Machtstrukturen innerhalb von Staaten und im globalen Gefälle zwischen armen und reichen Ländern das Problem

45 C. Link: Schöpfung, S. 232 u. 233. Zwar haben Tiere für den Menschen in unterschiedlicher Weise einen Nutzen und zwar ist mit der Züchtung von Tieren schon immer auch eine genetische Veränderung verbunden, aber Link betont, dass in der aufgezeigten Praxis „eine *Grenze* überschritten wird, jenseits derer sich das Leben, aller Selbstentfaltung und Spontaneität beraubt, auf die Funktion eines Automaten reduziert" (ebd., S. 233).

46 Ebd., S. 230.

47 A. Käfer: Menschen, S. 103. C. Link: Schöpfung, S. 223 ff., entfaltet die in Gottes schöpferischer Liebe verankerte Würde der gesamten Natur.

erörtert, inwieweit die Marginalisierten und vom Diskurs ausgeschlossenen an den Fortschritten partizipieren. Ferner wird beleuchtet, in welchem Ausmaß diese Gruppierungen aufgrund der Konzentration von technischer Macht (Technologie- und Agrarkonzerne) sogar unter den Fortschritten leiden, weshalb für manche die „kritische Frage aus der Sicht des Glaubens an den wissenschaftlichen und technologischen Fortschritt lautet: Kommt der wissenschaftliche und technologische Fortschritt wirklich den davon betroffenen Menschen, den Marginalisierten und den Machtlosen in den Gesellschaften zugute – oder nur denen, die damit ihre politische, ökonomische und kulturelle Macht steigern?"[48] Das Spektrum der ethischen Herausforderungen ist also vielfältig, was auch die *ökologische Krise* zeigt. Die Ausbeutung natürlicher Ressourcen und Rohstoffe, die oft ebenso zu Lasten ärmerer Länder geht wie die Klimakrise mit ihren Folgen, impliziert – wie die Klimakrise – auch das Problem der *Generationengerechtigkeit,* also die Frage nach der Verantwortung für nachfolgende Generationen. Diese Frage stellt sich auch hinsichtlich der Dauerhaftigkeit nuklearer Abfälle und irreversibler genetischer Eingriffe in die Keimbahn.

Hier sei noch einmal daran erinnert, dass der ethische Diskurs nicht auf Risiko- und Technikfolgenabschätzung verengt werden darf, wie es etwa besonders im Blick auf die *Synthetische Biologie* mit ihrer Produktion künstlicher biologischer Systeme (auch mit neuen biologischen Eigenschaften) ersichtlich ist, insofern als dieser Forschungszweig darüber hinaus explizit der Klärung des Verständnisses von „Leben" sowie des Verhältnisses von Natur, Mensch und Technik bedarf.[49] Gleiches gilt – speziell im Blick auf das Menschenbild – für die rasante Entwicklung der *„Künstlichen Intelligenz"* (KI), von der man sich entlastende Hilfestellungen erhofft, die aber auch ethische Herausforderungen mit sich bringt. KI-gestützte Maschinen und Roboter sind einerseits in der Lage, für den Menschen viele Arbeiten zu erledigen, während andererseits Fragen nach der „Natur" solcher Konstrukte und der Transparenz ihrer Wirkungsweise aufkommen. Angesichts künstlicher neuronaler Netzwerke und maschinellen Lernens stellen sich manche die Frage, ob Roboter eines Tages quasi „Vernunft"-Entscheidungen fällen können und wie die Transparenz solcher Entscheidungen zu gewährleisten ist. Unabhängig von solchen Visionen fordern theologische Ethiker, schon bei der Programmierung KI-basierter Roboter oder Maschinen (z. B. Kampfdrohnen) ethische Standards zu beachten und Transparenz zu gewähren, da in jede Programmierung moralische Vorannahmen einfließen und hier bereits die Weichen gestellt werden. Entsprechend merkt Matthias Braun an, „dass die Potenziale der Entwicklung von Künstlicher Intelligenz nur dann verantwortlich gehoben werden können, wenn wir bereits während des Entwicklungsprozesses die den Technologien jeweils zugrundeliegenden Imaginatio-

---

48 R. Eckel/H.-P. Großhans: Gegner, 129. Dort werden auch entsprechende Ausschnitte aus den ÖRK-Verlautbarungen vorgestellt. – Zu den Bemühungen um die gemeinsame Wahrnehmung christlicher Weltverantwortung im multilateralen ökumenischen Dialog siehe auch M. Haudel: Ökumene; ders.: Hoffnung, und ders. [u. a.]: Umkehr.

49 Vgl. P. Dabrock [u. a.]: Leben, S. 16. – Zum Verhältnis von Natur, Mensch und Technik siehe *Kap. II.*

nen und Inszenierungen kritisch hinterfragen", und zwar in „Auseinandersetzung über die Kriterien oder eben Rituale, auf die die Maschinen hin trainiert werden"[50].

Dass sich neben den grundsätzlichen schöpfungstheologischen Implikationen theologischer Ethik bei konkreten Fragestellungen auch unterschiedliche Beurteilungen finden – auch innerhalb konfessioneller Traditionen –, tritt etwa an der *Stammzellenforschung* hervor, die mit der elementaren Frage nach dem Beginn des menschlichen Lebens verbunden ist. Mit dieser Forschung erhofft man sich, Krankheiten durch Zell-Ersatz-Therapien zu heilen, was jedoch auch die Gefahr negativer Mutationen beinhaltet. Stammzellen sind Ursprungszellen, die sich unbegrenzt vermehren und alle Zelltypen des Körpers bilden können (Pluripotenz), worauf die Hoffnung der Medizin beruht. Totipotent sind nur Zellen sehr früher Embryonen, denn aus ihnen kann sich ein eigenständiges Lebewesen entwickeln. Nachdem das deutsche Embryonenschutzgesetz von 1991 die – nicht zu ihrer Erhaltung dienende – Verwendung von Embryonen zur Gewinnung von Stammzellen verboten hatte, erlaubte das Stammzellengesetz von 2002 die Einfuhr und stark reglementierte Verwendung von pluripotenten – nicht totipotenten – Stammzellen, wenn diese im Ausland durch In-vitro-Fertilisation (Befruchtung im Reagenzglas) zur Herbeiführung einer Schwangerschaft gewonnen wurden, aber nicht verwendet werden konnten. Denn solche Stammzellen waren mehrere Jahre eingefroren und sind für eine Schwangerschaft nicht mehr brauchbar. Diese Aufweichung des Embryonenschutzgesetzes lehnten die evangelische und katholische Kirche übereinstimmend ab, nachdem sie bereits 1989 in einer gemeinsamen Erklärung[51], der sich die Mitglieds- und Gastkirchen der Arbeitsgemeinschaft Christlicher Kirchen anschlossen, betont hatten, dass mit der Verschmelzung von Ei- und Samenzelle und dem damit gegebenen diploiden Chromosomensatz die Potenzialität zur Entwicklung eines Menschen vorliege – und damit eine schutzbedürftige menschliche Individualität. Deren Schutz sei nicht von weiteren Vorgängen wie der Einnistung der befruchteten Eizelle in die Gebärmutterschleimhaut oder von der Entwicklung weiterer Eigenschaften abhängig.

Dieser strikten Haltung der Kirchen gegenüber haben einige evangelische Ethiker in einer Stellungnahme eine abwägendere Sicht zur Gewinnung *embryonaler Stammzellen* gefordert.[52] Sie gehen mehr von den äußeren Umständen der Entwicklungsmöglichkeiten und von einer gewissen Unbestimmtheit des Anfangs der für sie bedeutsamen Entwicklung der individuellen Lebensgeschichte aus, wobei sie diesen Anfang dann mit der Nidation (Einnistung der befruchteten Eizelle in die Gebärmutterschleimhaut) identifizieren. Deshalb könne die Forschung an überzähligen, nicht mehr zu implantierenden Embryonen gerechtfertigt werden, was einen Kompromiss darstelle. Insgesamt ergibt sich so aus der Sicht einiger Medi-

50 M. Braun: Selfie, S. 31. Siehe auch *Ende*, S. 5.

51 Zur Erklärung „Gott ist ein Freund des Lebens" siehe *Gott*, hier besonders Abschnitt IV,4.

52 Die Stellungnahme „Starre Fronten überwinden" findet sich bei R. Anselm/U.H.J. Körtner (Hg.): Streitfall, S. 197–208.

ziner und Theologen folgende Situation: „Hier steht [...] der therapeutische Nutzen, welcher zum jetzigen Zeitpunkt schwer einschätzbar ist, der Instrumentalisierung des Embryos gegenüber."[53] Es handelt sich also um eine Konfliktsituation, in der sich Abwägungen mit tiefergehenden kriteriologischen Unterschieden verbinden. Der Theologe Hartmut Kreß sieht sowohl in der Naturrechtsethik als auch in der Zwei-Reiche-Lehre eine Basis für angemessene Abwägungen im Blick auf die Erlangung allgemein erreichbarer rechtlicher Kodifizierungen[54]. Dabei darf allerdings nicht auf den innertheologischen Diskurs über tiefergehende ethische und hermeneutische Orientierungen und mögliche Konsequenzen für den Standunkt gegenüber den Kodifizierungen verzichtet werden. Entschärft wird der Konflikt über embryonale Stammzellen heute dadurch, dass auch aus *adulten Stammzellen* (von bereits geborenen Menschen) durch Rückentwicklung bzw. Reprogrammierung der Körperzellen pluripotente Stammzellen gewonnen werden können, bei denen aufgrund ihrer körpereigenen Herkunft sogar die Gefahr einer Abstoßung geringer ist, so dass sich nach Ansicht etlicher Naturwissenschaftler und Ethiker mit dem weiteren Ausbau dieser Technologie die ethisch bedenkliche Instrumentalisierung von Embryonen umgehen ließe.

Mit den Fragen nach dem Anfang menschlichen Lebens verbinden sich auch die Fragen nach dessen Ende. „Die Probleme des medizinisch assistierten Sterbens haben keine geringere Sprengkraft als diejenigen der Biomedizin."[55] Wie sich aus der embryonalen Potenzialität zur Entwicklung eines Menschen die schon am Anfang bestehende Würde des Menschen ergibt, so endet diese Würde auch nicht am Ende, wenn etwa Bewusstseinszustände oder Kommunikationsfähigkeiten scheinbar schwinden.[56] Diese Würde endet nicht einmal im Tod: „Auch Verstorbene werden als Personen geachtet und als Menschen beschrieben; dieser Sachverhalt bildet den Erfahrungsbezug der christlichen Vorstellung von der leiblichen, d. h. individuellen Auferstehung mit all ihren Konsequenzen für die Achtung der [...] Menschenwürde"[57]. Das impliziert zugleich, die Endlichkeit irdischen Lebens wahrzunehmen und nicht mit allen Mitteln der Medizintechnologie eine maximale Lebensver-

53 S. Thomas-Ecker/K.S. Zänker/D. Vieweger: Stammzellforschung, S. 109.

54 Vgl. H. Kreß: Immobilismus, S. 128. – Zum Dialog im Kontext verschiedener bioethischer Themenfelder siehe die Beiträge bei J. Platzer/E. Zissler (Hg.): Bioethik.

55 U.H.J. Körtner: Unverfügbarkeit, S. 134.

56 Dass die in den unterschiedlichen Phasen menschlichen Lebens noch fehlenden oder schon schwindenden Merkmale von Personalität nicht zum Kriterium der Würde des Menschen gemacht werden dürfen, zeigt die „Praktische Ethik" des Philosophen und Ethikers Peter Singer von 1979 (Übersetzung 1984), der aus dem Fehlen bewusster Lebensinteressen bzw. von Selbstbewusstsein und -kontrolle oder Kommunikationsfähigkeit den besonderen Schutz unantastbarer Personalität in Frage stellt, etwa im Blick auf Embryonen und Schwerstbehinderte oder an Alterssiechtum leidende Menschen. Aufgrund seines pathozentrischen Ansatzes, der grundsätzlich nicht zwischen Mensch und Tier unterscheidet, spricht er intelligenten und Empfindungen artikulierenden Tieren den gleichen oder zum Teil noch weitreichenderen Lebensschutz zu. Siehe P. Singer: Ethik, und vgl. U.H.J. Körtner: Unverfügbarkeit, S. 3. Zur ausführlichen Erörterung dieses Ansatzes siehe K. Hilpert: Menschenrechte, S. 217–231. Zum Problem der Sterbehilfe siehe ebd., S. 202–216.

57 R. Anselm: Schöpfung, S. 273.

längerung anzustreben und so das natürliche Sterben zu verhindern, oft verbunden mit einer unwürdigen Leidensverlängerung. Seit den 80er Jahren besteht das Recht, weitere medizinische Behandlungen am *Lebensende* zu verweigern (auch künstliche Ernährung), was etwa im Voraus durch eine Patientenverfügung festgehalten werden kann. Die angesichts schwerer Leiden darüber hinaus erhobene Forderung nach Beihilfe zum Suizid birgt hingegen erhebliche ethische Herausforderungen. Über Jahre haben die Kirchen in Deutschland die gesellschaftliche und politische Debatte zum *assistierten Suizid* begleitet, die 2015 mit der Verabschiedung des Paragraphen 217 des Strafgesetzbuchs in einem politischen Kompromiss endete, der die Geschäfte professioneller Sterbehelfer unterbinden sollte und die „geschäftsmäßige Förderung der Selbsttötung" unter Strafe stellte. Niemand sollte sich unter Druck gesetzt fühlen, seinem Leben ein Ende zu setzen. Nur Angehörige und „Nahestehende", die beim Suizid unterstützen, blieben straffrei. Die Kirchen wollten die Gesetzgebung mit der Verbesserung der palliativen und hospizlichen Versorgung flankieren, um den Suizid möglichst zu verhindern. Doch 2020 hat das Bundesverfassungsgericht nach verschiedenen Klagen (u. a. von professionellen Sterbehelfern) entschieden, das 2015 eingeführte Verbot der geschäftsmäßigen Sterbehilfe verstoße gegen das Grundgesetz. Es gebe ein Recht auf selbstbestimmtes Sterben, was die Freiheit einschließe, sich das Leben zu nehmen und dabei Angebote von Dritten in Anspruch zu nehmen.[58] Die Kirchen reagierten mit großer Enttäuschung auf das Urteil. In einer gemeinsamen Erklärung der Vorsitzenden der EKD und der Deutschen Bischofskonferenz wird das Urteil als „Einschnitt in unsere auf Bejahung und Förderung des Lebens ausgerichtete Kultur" bezeichnet und die Befürchtung ausgesprochen, dass organisierte Selbsttötungsangebote zu selbstverständlichen Optionen werden könnten und der Druck auf Alte und Kranke höher werde, davon Gebrauch zu machen. Deshalb solle die palliative und hospizliche Versorgung verstärkt und die seelsorgliche Begleitung noch mehr intensiviert werden, damit „organisierte Angebote der Selbsttötung in unserem Land nicht zur akzeptierten Normalität werden."[59] Diakonie-Präsident Ulrich Lilie erklärte, Beihilfe zum Suizid dürfe keine Alternative zu einer aufwendigen Sterbebegleitung sein. Kranke Menschen dürften nicht als Last für die Gesellschaft abgestempelt werden und sich aufgrund des finanziellen Drucks auf das Gesundheitssystem in einer älter werdenden Gesellschaft durch sozialen Zugzwang gedrängt fühlen, auf medizinische Maßnahmen zu verzichten.[60]

58 Verboten bleibt allerdings die aktive Sterbehilfe, also die Tötung auf Verlangen, etwa durch eine Spritze. Bei der assistierten Sterbehilfe bzw. der Beihilfe zum Suizid wird das tödliche Medikament nur zur Verfügung gestellt. Der Patient nimmt es selbst ein. Außerdem besteht kein Anspruch auf Sterbehilfe, weshalb das Urteil keinen Arzt verpflichtet, gegen seine Überzeugung Sterbehilfe zu leisten.

59 Zu der gemeinsamen Erklärung siehe die auf der Homepage der EKD archivierte Pressemitteilung vom 26.2.2020: „Gemeinsame Erklärung der Vorsitzenden der EKD und der Deutschen Bischofskonferenz zum Verbot der geschäftsmäßigen Förderung der Selbsttötung".

60 Siehe zu den vielfältigen theoretischen und praktischen Dimensionen der Medizinethik die Beiträge bei M. Fischer/K.S. Zänker (Hg.): Medizin- und Bioethik.

Am Beispiel der zuletzt erörterten Problemstellung ist noch einmal besonders hervorgetreten, dass *die ethischen Herausforderungen nicht allein auf medizintechnologischer und naturwissenschaftlicher Basis zu bewältigen sind*, sondern des transdisziplinären und gesamtgesellschaftlichen Dialogs bedürfen, in welchem es auch um sozialwissenschaftliche Perspektiven oder rechtliche Regelungen geht. Diesem Gesamtprozess vermögen Theologie und Kirche mit ihrer spezifischen Sicht auf die gesamte Wirklichkeit in besonderer Weise zu dienen. Zugleich können sie auch durch flankierende Maßnahmen – wie die seelsorgerliche und palliative Begleitung schwer Kranker[61] – zur lebensweltlichen Bewältigung entstehender Konflikte beitragen. So haben Theologie und Kirche ihre gesamtgesellschaftliche Verantwortung immer wieder neu wahrzunehmen, indem sie sich mit ihrer spezifischen Lebensorientierung in die Diskurse einbringen, was im Dialog von Theologie und Naturwissenschaft, der auch die bio- und medizinethischen Bereiche umfasst, die hinreichende Sachkenntnis der jeweiligen Disziplinen erfordert. Auch die ethische Perspektive verweist also in vielfältiger Hinsicht auf die bleibende Bedeutung des Dialogs von Theologie und Naturwissenschaft.

Literatur

Anselm, Reiner/Körtner, Ulrich H.J. (Hg.): Streitfall Biomedizin. Urteilsfindung in christlicher Verantwortung. Mit einer Einführung von Trutz Rendtorff, Göttingen 2003.

Böhlemann, Peter [u. a.] (Hg.): Der machbare Mensch? Moderne Hirnforschung, biomedizinisches Enhancement und christliches Menschenbild (= Villigst Profile. Schriftenreihe des Evangelischen Studienwerks e. V. Villigst 13), Berlin 2010.

Bünker, Michael/Friedrich, Martin (Hg.): Gesetz und Evangelium. Eine Studie, auch im Blick auf die Entscheidungsfindung in ethischen Fragen. Law and Gospel. A study, also with reference to decision-making in ethical questions (= Leuenberger Texte 10), Frankfurt (M.) 2007.

Dabrock, Peter [u. a.] (Hg.): Was ist Leben – im Zeitalter seiner technischen Machbarkeit? Beiträge zur Ethik der Synthetischen Biologie (= Lebenswissenschaften im Dialog 11), Freiburg (Br.) 2011.

Dalferth, Ingolf U.: Naturrecht in protestantischer Perspektive (= Würzburger Vorträge zur Rechtsphilosophie, Rechtstheorie und Rechtssoziologie 38), Baden-Baden 2008.

Fischer, Michael/Zänker, Kurt S. (Hg.): Medizin- und Bioethik (= Ethik transdisziplinär 1), Frankfurt (M.) 2006.

Gräb-Schmidt, Elisabeth (Hg.): Was heißt Natur? Philosophischer Ort und Begründungsfunktion des Naturbegriffs (= Veröffentlichungen der Wissenschaftlichen Gesellschaft für Theologie 43), Leipzig 2015.

61 Zur Bedeutung dieser Dimensionen für ein menschenwürdiges Sterben im Kontext der erörterten Zusammenhänge siehe U.H.J. Körtner: Unverfügbarkeit, S. 133–138. – Zu den verschiedenen medizinischen, ethischen und sozialen Aspekten im Grenzbereich des Sterbens siehe auch M. Fischer/K.S. Zänker (Hg.): Medizin- und Bioethik, Kap. 8.

Haudel, Matthias: Gotteslehre. Die Bedeutung der Trinitätslehre für Theologie, Kirche und Welt (= UTB 4292), Göttingen [2]2018.

Haudel, Matthias: Das Verhältnis von Gesetz und Evangelium als innerprotestantische und interkonfessionelle Herausforderung, in: KuD 53 (2007), S. 230–249.

Hilpert, Konrad: Menschenrechte und Theologie. Forschungsbeiträge zur ethischen Dimension der Menschenrechte (= SThE 85), Freiburg (CH) 2001.

Link, Christian: Schöpfung. Ein theologischer Entwurf im Gegenüber von Naturwissenschaft und Ökologie, Neukirchen-Vluyn 2012.

Platzer, Johann/Zissler, Elisabeth (Hg.): Bioethik und Religion. Theologische Ethik im öffentlichen Diskurs [Walter Schaupp zum 60. Geburtstag], Baden-Baden 2014.

Ausblick: Der Dialog von Theologie und Naturwissenschaft als bleibende Anforderung

Die *bleibende Notwendigkeit des Dialogs von Theologie und Naturwissenschaft* ist in vielfacher Hinsicht hervorgetreten, und zwar sowohl hinsichtlich der ethischen Herausforderungen (bis zu Fragen globalen Überlebens und des Menschenbildes) als auch hinsichtlich der Relevanz des Glaubens für die gesamte Wirklichkeit sowie in Bezug auf die ganzheitliche Einbindung bzw. Sinndeutung naturwissenschaftlicher Einsichten. Denn der Dialog ermöglicht die Wahrnehmung der sinnvollen Ganzheit aller lebensweltlichen Zusammenhänge, da er die verschiedenen Perspektiven von Theologie und Naturwissenschaft im Kontext menschlicher Gesamterfahrung aufeinander zu beziehen vermag. Dabei wird der tiefere Zusammenhang beider Erkenntnisbereiche transparent, insofern als diese sich jeweils aus ihrer Perspektive und mit ihren Methoden auf die *eine* Lebenswirklichkeit des Menschen richten.[1] Entsprechend sind Theologie und Naturwissenschaft gemeinsam in den lebensweltlichen Gesamtkontext eingebunden und letztlich aufeinander verwiesen, was daran ersichtlich wird, wie naheliegend und weiterführend der Dialog für beide ist, welchen Bedarf an Dialog sie haben, wie sie einander hilfreich sein können und welche Chancen der Dialog eröffnet – auch gesamtgesellschaftlich und im Blick auf existenzielle Fragen.

Für die *Theologie* ist der Dialog nicht nur naheliegend, sondern er ergibt sich wesensmäßig aus der umfassenden Perspektive der Theologie, die Gott als „die Alles bestimmende Wirklichkeit“ (R. Bultmann) und als Schöpfer, Erlöser und Vollender bekennt, wobei sie durch die heils*geschichtliche* Selbsterschließung des dreieinigen Gottes in der Erfahrungswirklichkeit der Welt verortet ist. „Alles Seiende ist Gegenstand der Theologie, und zwar unter dem Aspekt, was es mit Gott zu tun hat.“[2] Angesichts des stark naturwissenschaftlich geprägten modernen Welt- und Selbstverständnisses[3] bedarf die Vermittlung der Relevanz des Glaubens für die gesamte Wirklichkeit auch der Auseinandersetzung mit den naturwissenschaftlichen Erkenntnissen und ihrer weltanschaulichen Einordnung, damit Glaubens-

1 „Letztlich geht es ja um das gleiche Leben, das in der Religion verehrt wird, das der Glaube befreit, das die [Natur-]Wissenschaft zu erkennen versucht und das die Technik zu gestalten hilft.“ (J. Hübner: Wirklichkeit, S. 100)

2 J. Weinhardt: Hinführung, S. 13, der dort auch darauf hinweist, dass die Theologie zur Verantwortung des Wahrheitsanspruchs des Glaubens im Wahrheitsbewusstsein der jeweiligen Zeit „wesensmäßig auf den Dialog mit den anderen Wissenschaften angelegt“ ist.

3 Siehe dazu *Kap. I,2.*

und Wirklichkeitserfahrung nicht auseinandertreten. Diesem Anspruch der *konkreten* Vermittlung zwischen Welt- und Gotteserkenntnis werden Ansätze, die eine zu starke Trennung von Theologie und Naturwissenschaft vornehmen, zumeist kaum gerecht.[4] Umgekehrt sperren sich *naturwissenschaftliche Ansätze*, welche vom methodischen zum ontologischen Naturalismus übergehen und zu reduktionistischen weltanschaulichen Verabsolutierungen führen, gegen die in der modernen Naturwissenschaft wesensmäßig bestehende Offenheit für den Dialog.[5] Aufgrund der naturwissenschaftlichen Paradigmenwechsel zu Beginn des 20. Jahrhunderts entstand nämlich im Unterschied zum früheren statisch-geschlossenen und materialistisch-monistischen Verständnis eine neue Offenheit der naturwissenschaftlichen Perspektiven, die dynamisch von Möglichkeiten und Wahrscheinlichkeiten sowie von prozessualer Geschichtlichkeit und kreativ-offenen Prozessen geprägt sind und dabei durchaus an die Grenzen der transzendenten Dimension stoßen können. Zudem lassen sich Fragen nach Sinndeutung und Sinnzielen mit den mess- und formalisierbaren Wirklichkeitszugängen der über sich hinausweisenden Naturwissenschaft nicht beantworten. Vielmehr ist auch die naturwissenschaftliche Vorgehensweise von vornherein weltanschaulich-kulturell eingebunden. Angesichts ihrer methodischen und weltanschaulichen Grenzen, ihrer weltanschaulich-kulturellen Eingebundenheit und der Offenheit ihrer Perspektiven drängt sich also auch für die Naturwissenschaft der Dialog mit anderen Disziplinen der Wirklichkeitserkenntnis auf, nicht zuletzt mit der Theologie und ihrem auch die Transzendenz umfassenden Horizont.

Zunächst ermöglicht der Dialog sowohl der Naturwissenschaft als auch der Theologie die *Überwindung gegenseitiger Unkenntnis und weitreichender Vorurteile*, welche zum Teil durch die unsachgemäße und polarisierende Tradierung der Geschichte des Verhältnisses von Theologie und Naturwissenschaft bedingt sind und durch unangemessene Ansätze bestärkt werden. Dabei handelt es sich auf naturwissenschaftlicher Seite etwa um reduktionistische materialistische Verabsolutierungen mit ihrer Negierung aller geistigen Dimensionen und auf theologischer Seite etwa um den fundamentalistischen Kreationismus mit seiner direkten naturwissenschaftlichen Interpretation biblischer Aussagen.[6] Im Rahmen einer fundierten Auseinandersetzung mit den Methoden und Inhalten der jeweils anderen Disziplin und mit Hilfe des Dialogs über die jeweiligen angemessenen erkenntnistheoretischen Voraussetzungen lassen sich falsche Gegensätze überwinden und inhaltliche Kompatibilitäten, Konvergenzen oder Konsonanzen erkennen. Weil sich naturwissenschaftliche Orientierung und Interpretation unweigerlich im Medium philosophischer Reflexion vollziehen und sich Theologie im ständigen Prozess von

4 Hierzu siehe *Kap. I,3.4 u. VIII*, wo die Frage nach angemessenen theologischen Ansätzen, welche dieser Herausforderung konkret zu entsprechen vermögen, erörtert wird.

5 Zur Erörterung angemessener und unangemessener naturwissenschaftlicher Ansätze siehe *Kap. I,3.4, VIII u. X.*

6 Siehe zu den Vorurteilen und ihrer geschichtlichen Entstehung *Kap. I,1 u. V,* und zu unangemessenen Ansätzen *Kap. I,3.4, VIII u. X.*

Anknüpfung und Differenz mit der Philosophie befindet, bietet die *Philosophie* vielfach eine begriffliche Vermittlungsebene.

Vor diesem Hintergrund wird transparent, wie sich der Dialog sowohl für die Theologie als auch für die Naturwissenschaft als hilfreich und weiterführend erweist und welche Möglichkeiten sich Theologie und Naturwissenschaft gegenseitig eröffnen können. So eröffnet die *Naturwissenschaft* mit ihren Erkenntnissen und der Einsicht in ihre Grenzen der Theologie die Möglichkeit, die Relevanz des Glaubens für die fortschreitende naturwissenschaftliche Wirklichkeitserkenntnis – durchaus auch in kritischer Auseinandersetzung – immer wieder zu plausibilisieren und damit die existenziell bedeutsame Übereinstimmung von Glaubens- und Wirklichkeitserfahrung zu gewähren. Die *Theologie* wiederum, die aufgrund ihres Gottesbezugs an der „Ganzheit" der Wirklichkeit orientiert ist und eine umfassendere Sicht auf die Welt mit ihrer vieldimensionalen Wirklichkeit hat, ermöglicht die ganzheitliche und sinndeutende Einbindung der naturwissenschaftlichen Erkenntnisse und Einsichten. Zugleich vermag sie unangemessene Verabsolutierungen der naturwissenschaftlichen Teilansicht auf die Wirklichkeit (Totaldeutungsansprüche) aufzudecken, insofern als die vieldimensionale Wirklichkeit verschiedener Erkenntnisperspektiven bedarf. Das gilt auch für die ethische Orientierung und die lebensdienliche Verortung von Naturwissenschaft und Technik, die die Theologie in den Dialog einbringen kann. Hierbei erfordern die rasanten naturwissenschaftlichen und technischen Fortschritte mit ihren immer neuen und zum Teil gravierenden Herausforderungen im Blick auf das Menschenbild oder auf globale Überlebensfragen auch diesbezüglich eine ständige Fortschreibung der Bemühungen.[7]

Wenn die Kontextualität jeglichen naturwissenschaftlichen und technischen Wissens sowie der Wirklichkeitsbezug der Theologie ernst genommen werden, vermögen Theologie und Naturwissenschaft im Dialog *gemeinsam* auch noch weiteren existenziellen und gesellschaftlichen Herausforderungen zu begegnen.[8] Hier wäre etwa das mit dem postmodernen Partikularismus, Pluralismus und Relativismus gegebene Problem des zunehmenden Verlustes von „Sinn-Ganzheit" zu nennen, dem die verwirrende Vielfalt naturwissenschaftlicher Ergebnisse korrespondiert. Die Suche nach Konsonanz zwischen Schöpfungstheologie und naturwissenschaftlicher Welterkenntnis kann demgegenüber Perspektiven für das menschliche Verlangen nach ganzheitlicher Wirklichkeitserkenntnis und einem ganzheitlichen Sinn erschließen.[9] Ein solcher Dialogbedarf besteht gerade auch im Blick auf die Ausbildung an den Universitäten, wo der Dialog von Theologie und Naturwissenschaft kaum eine Rolle spielt, was sich besonders nachteilig auf Lehramtsstudierende

7 Siehe *Kap. XIII.*

8 „Wenn sich […] Natur- und Geisteswissenschaften gegeneinander ausspielen lassen, ist dies nicht allein zu ihrem beiderseitigen Schaden, sondern schadet der Gesellschaft insgesamt." (U.H.J. Körtner: Mensch, S. 130)

9 Zur Bedeutung des Dialogs im Kontext der Postmoderne siehe *Kap. I,3.3,* und vgl. D. Evers: Gegeneinander, S. 47 ff.

mit dem Fach Religion und einem naturwissenschaftlichen Fach auswirkt.[10] Doch darüber hinaus betrifft *die existenzielle Suche nach sinnvoller Ganzheit aller lebensweltlichen Zusammenhänge* letztlich jeden Menschen, wodurch der Dialog als bleibende Anforderung unterstrichen wird. Denn Theologie und Naturwissenschaft können im Dialog gemeinsam zur Beantwortung der existenziellen Frage nach ganzheitlichem Wirklichkeitsverständnis und nach Sinndeutung beitragen, indem sie alle lebensweltlichen Zusammenhänge als sinnvolles Ganzes erkennbar werden lassen.

10 Zum Dialogbedarf in der universitären Ausbildung insgesamt siehe *Kap. I,3.3.*

Literaturverzeichnis

Die *Abkürzungen* im Literaturverzeichnis entsprechen Schwertner, Siegfried M.: Theologische Realenzyklopädie. Abkürzungsverzeichnis. 2., überarbeitete und erweiterte Auflage, Berlin/New York (NY) 1994. *Kursiv* gedruckt sind die Verfasser bzw. Herausgeber und bei Sachtiteln die in den Fußnoten verwendeten Kurztitel, die sich in der Regel nach dem ersten Substantiv richten, welches auch für die alphabetische Einordnung maßgeblich ist. Wo bedeutende *Schriften von Kirchenvätern, mittelalterlichen Theologen, Reformatoren und Philosophen* in den Fußnoten oder im Text mit den gebräuchlichen Abkürzungen angegeben sind, werden sie hier nicht mehr aufgeführt.

Abbott, Lyman: The Theology of an Evolutionist, Boston (MA) 1897.

Achtner, Wolfgang: The Future of Religions at the Intersection between Evolution, Culture, and Christian Theology, in: Becker, Patrick/Diewald, Ursula (Hg.): Zukunftsperspektiven im theologisch-naturwissenschaftlichen Dialog (= Religion, Theologie und Naturwissenschaft/Religion, Theology, and Natural Science 22), Göttingen 2011, S. 289–305.

–: Gott als Schöpfer der Zeit und die Grenzen zeitlichen Sprechens von Gott, in: Petzoldt, Matthias (Hg.): Theologie im Gespräch mit empirischen Wissenschaften (= Veröffentlichungen der Wissenschaftlichen Gesellschaft für Theologie 35), Leipzig 2012, S. 315–373.

–: Willensfreiheit in Theologie und Neurowissenschaften. Ein historisch-systematischer Wegweiser, Darmstadt 2010.

Alper, Matthew: The "God" Part of the Brain: A Scientific Interpretation of Human Spirituality and God, New York (NY) [5]2001.

Altner, Günter: Schöpfungstheologie – unerlässlicher Störfaktor im Betrieb der Naturwissenschaften, aufgezeigt am Streit um die Evolutionstheorie, in: Weinhardt, Joachim (Hg.): Naturwissenschaften und Theologie. Methodische Ansätze und Grundlagenwissen zum interdisziplinären Dialog. Mit Beiträgen von Günter Altner [u. a.], Stuttgart 2010, S. 99–106.

Amlinger, Monika: Gottes Gemeinschaft als Urgrund der Schöpfung. Der Konziliare Prozess und die trinitarische Schöpfungslehre Jürgen Moltmanns und Gisbert Greshakes (= ESt NF 81), Regensburg 2019.

Ammer, Christian: Hirnforschung und Menschenbild – Annäherung an das Thema –, in: Ders./Lindemann, Andreas (Hg.): Hirnforschung und Menschenbild (= EuG NF 44), Leipzig 2012, S. 11–24.

–/ *Lindemann, Andreas* (Hg.): Hirnforschung und Menschenbild (= EuG NF 44), Leipzig 2012.

Anselm, Reiner: Schöpfung als Deutung der Lebenswirklichkeit, in: Schmid, Konrad (Hg.): Schöpfung (= Themen der Theologie 4), Tübingen 2012, S. 225–294.

–/ *Körtner, Ulrich H.J.* (Hg.): Streitfall Biomedizin. Urteilsfindung in christlicher Verantwortung. Mit einer Einführung von Trutz Rendtorff, Göttingen 2003.

Appel, Kurt: Ursprung und Defizite von Dawkins' Religionsbegriff oder: Warum Dawkins die Religion aus seinen Voraussetzungen heraus nicht verstehen kann, in: Langthaler, Rudolf/ Appel, Kurt (Hg.): Dawkins' Gotteswahn. 15 kritische Antworten auf seine atheistische Mission, Wien/Köln/Weimar 2010, S. 161–195.

Ashbrook, James B.: Neurotheology. The Working Brain and the Work of Theology, in: Zygon 19/1984, S. 331–350.

Aspelmeyer, Markus: Quantenphysik und die Offenheit naturwissenschaftlicher Beschreibung. Eine Einladung zum Dialog, in: Tapp, Christian/Breitsameter, Christof (Hg.): Theologie und Naturwissenschaften, Berlin/Boston (MA) 2014, S. 131–141.

Audretsch, Jürgen: Der Blick auf das Ganze: Überlegungen eines Physikers zur theologischen Dimension der physikalischen Kosmologie, in: Müller, Helmut A. (Hg.): Kosmologie. Fragen nach Evolution und Eschatologie der Welt (= Religion, Theologie und Naturwissenschaft/Religion, Theology, and Natural Science 2), Göttingen 2004, S. 176–196.

Aus der Au, Christina (Hg.): Körper – Leib – Seele – Geist. Schlüsselbegriffe einer aktuellen Debatte, Zürich 2008.

–: Ist der Mensch vollständig beschreibbar?, in: Dies. (Hg.): Körper – Leib – Seele – Geist. Schlüsselbegriffe einer aktuellen Debatte, Zürich 2008, S. 119–132.

Axelrod, Robert: Die Evolution der Kooperation, München 2009.

Axt-Piscalar, Christine: Krise der Freiheit. Überlegungen zur Sünde im Anschluss an Sören Kierkegaard, in: Hoping, Helmut (Hg.): Unheilvolles Erbe? Zur Theologie der Erbsünde (= QD 231), Freiburg (Br.) 2009, S. 142–160.

Azari, Nina P./Birnbacher, Dieter: The Role of Cognition and Feeling in Religious Experience, in: Zygon 39 (2004), S. 901–918.

Azari, Nina P./Slors, Marc: From Brain Imaging Religious Experience to Explaining Religion. A Critique, in: ARPs 29/1 (2007), S. 67–85.

Barbour, Ian G.: Ethics in an Age of Technology. The Gifford Lectures 1989–1991, Vol. 2, San Francisco (CA) 1993.

–: Issues in Science and Religion, Englewood Cliffs (NJ) 1966.

–: Myths, Models and Paradigms. A Comparative Study in Science and Religion, New York (NY) [u. a.] 1976.

–: Naturwissenschaft trifft Religion. Gegner, Fremde, Partner? Aus dem Englischen von Regine Kather, Göttingen 2010.

–: Religion in an Age of Science. The Gifford Lectures 1989–1991, Vol. 1, San Francisco (CA) 1990.

–: Wissenschaft und Glaube. Historische und zeitgenössische Aspekte. Aus dem Amerikanischen von Sabine Floer und Susanne Starke-Perschke (= Religion, Theologie und Naturwissenschaft/Religion, Theology, and Natural Science 1), Göttingen 2003.

Barrow, John D./Tipler, Frank J.: The Anthropic Cosmological Principle, Oxford/New York (NY) 1986.

Barth, Karl: Die Kirchliche Dogmatik, Bd. III/1: Die Lehre von der Schöpfung, Zollikon-Zürich [3]1957.

Barth, Roderich: Absolute Wahrheit und endliches Wahrheitsbewußtsein. Das Verhältnis von logischem und theologischem Wahrheitsbegriff – Thomas von Aquin, Kant, Fichte und Frege (= Religion in Philosophy and Theology 13), Tübingen 2004.

Barth, Ulrich: Abschied von der Kosmologie – Befreiung der Religion zu sich selbst, in: Gräb, Wilhelm (Hg.): Urknall oder Schöpfung? Zum Dialog von Naturwissenschaft und Theologie, Gütersloh 1995, S. 14–42.

–: Gehirn und Geist. Die Evolutionstheorie und der Begriff des Selbstbewußtseins, in: Gräb, Wilhelm (Hg.): Urknall oder Schöpfung? Zum Dialog von Naturwissenschaft und Theologie, Gütersloh 1995, S. 101–138.

Becker, Patrick: Kein Platz für Gott? Theologie im Zeitalter der Naturwissenschaften, Regensburg 2009.

Becker, Patrick/Diewald, Ursula: Die Herausforderung der Naturwissenschaften. Eine Problemanzeige zur Einleitung, in: Ders./Dies. (Hg.): Zukunftsperspektiven im theologisch-naturwissenschaftlichen Dialog (= Religion, Theologie und Naturwissenschaft/ Religion, Theology, and Natural Science 22), Göttingen 2011, S. 9–18.

Becker, Patrick/Diewald, Ursula (Hg.): Zukunftsperspektiven im theologisch-naturwissenschaftlichen Dialog (= Religion, Theologie und Naturwissenschaft/Religion, Theology, and Natural Science 22), Göttingen 2011.

Bedford-Strohm, Heinrich: Öffentliche Theologie in der Zivilgesellschaft, in: Gabriel, Ingeborg (Hg.): Politik und Theologie in Europa. Perspektiven ökumenischer Theologie, Ostfildern 2008, S. 340–366.

Beintker, Michael: Die Kontroversen um die Evolutionslehre im heutigen Christentum (= Nordrhein-Westfälische Akademie der Wissenschaften und der Künste. Geisteswissenschaften. Vorträge G 434), Paderborn 2011.

Benk, Andreas: Moderne Physik und Theologie. Voraussetzungen und Perspektiven eines Dialogs, Mainz 2000.

Bennett, Maxwell R./Hacker, Peter M.S.: Die philosophischen Grundlagen der Neurowissenschaften. Aus dem Englischen übersetzt von Axel Walter. Mit einem Vorwort von Annemarie Gethmann-Siefert, Darmstadt 2010.

Berg, Christian: Theologie im technologischen Zeitalter. Das Werk Ian Barbours als Beitrag zur Verhältnisbestimmung von Theologie zu Naturwissenschaft und Technik (= Forum Systematik 18), Stuttgart 2002.

Beuttler, Ulrich: Gott und Raum – Theologie der Weltgegenwart Gottes (= FSÖTh 127), Göttingen 2010.

–: Gottesgewissheit in der relativen Welt. Karl Heims naturphilosophische und erkenntnistheoretische Reflexion des Glaubens (= Forum Systematik 27), Stuttgart 2006.

–: Unterwegs zum Weltbild der Zukunft. Erinnerungen an das Werk Karl Heims, in: DtPfrBl 108 (2008), S. 434–436.

–: Freier Wille oder neuronale Determination? Theologische Überlegungen zum Willensbegriff der Gehirn-Geist-Debatte, in: ThBeitr 38 (2007), S. 63–76.

–: Gottes Wirken in der Zeit – Über die Vereinbarkeit von Naturgesetzlichkeit und freiem Wirken Gottes. Eine Gottesbildklärung angesichts des naturwissenschaftlichen Weltverständnisses, in: Souvignier, Georg [u. a.] (Hg.): Gottesbilder an der Grenze zwischen Naturwissenschaft und Theologie, Darmstadt 2009, S. 94–103.

–: Die allgegenwärtige Zeit. Strukturen und Verhältnisse von Zeit, Ewigkeit und Naturgesetzen, in: Petzoldt, Matthias (Hg.): Theologie im Gespräch mit empirischen Wissenschaften (= Veröffentlichungen der Wissenschaftlichen Gesellschaft für Theologie 35), Leipzig 2012, S. 170–197.

–: „Denn Zweck der Welt ist der Mensch“. Das Anthropische Prinzip und die abendländischchristliche Geschichte des Design-Arguments, in: Bröking-Bortfeldt, Martin/Rothgangel, Martin (Hg.): Glaube und Denken. Jahrbuch der Karl-Heim-Gesellschaft (18. Jgg. 2005), Frankfurt (M.) 2006, S. 9–39.

Blumenberg, Hans: Selbsterhaltung und Beharrung. Zur Konstitution der neuzeitlichen Rationalität, in: Ebeling, Hans (Hg.): Subjektivität und Selbsterhaltung. Beiträge zur Diagnose der Moderne, Frankfurt (M.) 1976, S. 144–207.

Böhlemann, Peter [u. a.] (Hg.): Der machbare Mensch? Moderne Hirnforschung, biomedizinisches Enhancement und christliches Menschenbild (= Villigst Profile. Schriftenreihe des Evangelischen Studienwerks e. V. Villigst 13), Berlin 2010.

Bohm, David/Peat, David F.: Das neue Weltbild. Naturwissenschaft, Ordnung und Kreativität, übers. v. Ulrich Möhring, München 1990.

Bohr, Niels: Atomtheorie und Mechanik, in: Sambursky, Shmuel: Der Weg der Physik. 2500 Jahre physikalischen Denkens. Texte von Anaximander bis Pauli, München 1978, S. 689–696.

Born, Max: Quantenmechanik der Stoßvorgänge [endgültige Mitteilung], in: Zeitschrift für Physik 38 (1926), S. 803–827.

–: Die Relativitätstheorie Einsteins, Berlin [u. a.] [4]1964.

Braun, Matthias: Ein Selfie für Alexa? Künstliche Intelligenz als Herausforderung für die theologische Ethik, in: Zeitzeichen 19 (2018), H. 7, S. 29–31.

Breuning, Wilhelm: Gotteslehre. Bearbeitet von Wolfgang Beinert, in: Beinert, Wolfgang (Hg.): Glaubenszugänge. Lehrbuch der Katholischen Dogmatik, Bd. 1, Paderborn [u. a.] 1995, S. 199–362.

Broch, Thomas: Denker der Krise. Vermittler von Hoffnung. Pierre Teilhard de Chardin, Würzburg 2000.

Broglie, Louis de: Die Wellennatur des Elektrons (1929), in: Sambursky, Shmuel: Der Weg der Physik. 2500 Jahre physikalischen Denkens. Texte von Anaximander bis Pauli, München 1978, S. 667–672.

Bromand, Joachim/Kreis, Guido: Was sind Gottesbeweise?, in: Ders./Ders. (Hg.): Gottesbeweise, von Anselm bis Gödel, Berlin 2011, S. 9–28.

Bromand, Joachim/Kreis, Guido (Hg.): Gottesbeweise, von Anselm bis Gödel, Berlin 2011.

Bruder, Benedikt: Versprochene Freiheit. Der Freiheitsbegriff der theologischen Anthropologie in interdisziplinärem Kontext (= TBT 159), Berlin/Boston (MA) 2013.

Brüntrup, Godehard: Philosophie des Geistes. Eine Einführung in das Leib-Seele-Problem (= Grundkurs Philosophie 22), Stuttgart 2018.

Buchheim, Thomas: Barrieren der Beweisbarkeit Gottes – und Schellings Umrundungsversuche, in: Ders. [u. a.] (Hg.): Gottesbeweise als Herausforderung für die moderne Vernunft (= Collegium Metaphysicum 4), Tübingen 2012, S. 121–147.

– [u. a.] (Hg.): Gottesbeweise als Herausforderung für die moderne Vernunft (= Collegium Metaphysicum 4), Tübingen 2012.

Büchner, Ludwig: Der Gottes-Begriff und dessen Bedeutung in der Gegenwart. Ein allgemeinverständlicher Vortrag, Leipzig 1874.

–: Kraft und Stoff. Empirisch-naturphilosophische Studien. In allgemein-verständlicher Darstellung, Frankfurt (M.) 1855.

Bultmann, Rudolf: Neues Testament und Mythologie. Das Problem der Entmythologisierung der neutestamentlichen Verkündigung (= BEvTh 96), Nachdr. der 1941 erschienenen Fassung, hg. von Eberhard Jüngel, München [2]1985.

Bünker, Michael/Friedrich, Martin (Hg.): Gesetz und Evangelium. Eine Studie, auch im Blick auf die Entscheidungsfindung in ethischen Fragen. Law and Gospel. A study, also with reference to decision-making in ethical questions (=Leuenberger Texte 10), Frankfurt (M.) 2007.

Buß, Alfred: Zur Einführung. Moderne Hirnforschung, biomedizinisches Enhancement und christliches Menschenbild, in: Böhlemann, Peter [u.a.] (Hg.): Der machbare Mensch? Moderne Hirnforschung, biomedizinisches Enhancement und christliches Menschenbild (=Villigst Profile. Schriftenreihe des Evangelischen Studienwerks e.V. Villigst 13), Berlin 2010, S. 9–14.

Carter, Brandon: Large Number Coincidences and the Anthropic Principle in Cosmology, in: Longair, Malcolm Sim (Hg.): Confrontation of Cosmological Theories with Observational Data (Proceedings of the Copernicus Symposium II 1973 [International Astronomical Union], Symposium No. 63), Dordrecht/Boston (MA) 1974, S. 291–298.

Churchland, Paul M.: Die Seelenmaschine. Eine philosophische Reise ins Gehirn, übers. v. Markus Numberger, Heidelberg/Berlin 2001.

Clarke, Samuel: Der Briefwechsel mit G. W. Leibniz von 1715/1716, übers. u. hg. v. Ed Dellian (=PhB 423), Hamburg 1990.

Clausius, Rudolf: Über verschiedene für die Anwendung bequeme Formen der Hauptgleichungen der mechanischen Wärmetheorie, in: Poggendorffs Annalen der Physik und Chemie 125 (1865), S. 353–400.

Clayton, John: Art. „Gottesbeweise III: Systematisch/Religionsphilosophisch", in: TRE 13, S. 740–784.

Clayton, Philip: Is It Really Biology *versus* Religion? Looking for Dawkins' Real Case against Religion, in: Langthaler, Rudolf/Appel, Kurt (Hg.): Dawkins' Gotteswahn. 15 kritische Antworten auf seine atheistische Mission, Wien/Köln/Weimar 2010, S. 293–316.

–: Neurowissenschaft, Mensch und Gott, in: Peters, Ted/Bennet, Gaymon/Kang, Phee Seng (Hg.): Brücken bauen: Naturwissenschaft und Religion. Mit Vorworten von Wolfhart Pannenberg und Robert John Russell. Aus dem Amerikanischen von Tina Bruns (=Religion, Theologie und Naturwissenschaft/Religion, Theology, and Natural Science 5), Göttingen 2006, S. 169–184.

–: Why the New Atheism is Bad Science: Culture and the Philosophy of Nature after Systems Biology, in: Weber, Hubert Philipp/Langthaler, Rudolf (Hg.): Evolutionstheorie und Schöpfungsglaube. Neue Perspektiven einer Debatte (=Wiener Forum für Theologie und Religion 1), Göttingen 2013, S. 101–117.

Cole-Turner, Ronald: Religion, Technology, and the „Future" of Evolution, in: Weber, Hubert Philipp/Langthaler, Rudolf (Hg.): Evolutionstheorie und Schöpfungsglaube. Neue Perspektiven einer Debatte (=Wiener Forum für Theologie und Religion 1), Göttingen 2013, S. 281–300.

Collins, Francis S.: Gott und die Gene. Ein Naturwissenschaftler begründet seinen Glauben. Aus dem Englischen übersetzt von Arne Feddersen, Gütersloh 2007.

Cramer, Friedrich: Ursprungsmythos, Zeit und Evolution, in: Gräb, Wilhelm (Hg.): Urknall oder Schöpfung? Zum Dialog von Naturwissenschaft und Theologie, Gütersloh 1995, S. 75–88.

Dabrock, Peter [u.a.]: Was ist Leben – im Zeitalter seiner technischen Machbarkeit? Ethische, kulturelle und wissenschaftstheoretische Herausforderungen der Synthetischen Biologie, in: Ders. [u.a.] (Hg.): Was ist Leben – im Zeitalter seiner technischen Machbarkeit? Beiträge zur Ethik der Synthetischen Biologie (= Lebenswissenschaften im Dialog 11), Freiburg (Br.) 2011, S. 11–24.

– [u. a.] (Hg.): Was ist Leben – im Zeitalter seiner technischen Machbarkeit? Beiträge zur Ethik der Synthetischen Biologie (= Lebenswissenschaften im Dialog 11), Freiburg (Br.) 2011.

–/ *Braun, Matthias:* Nötiges Vertrauen und gebotene Skepsis. Ethische Reflexionen zur CRISPR-Technologie, in: Forschung & Lehre 24 (2017), S. 14–17.

Daecke, Sigurd Martin: Art. „Entwicklung“, in: TRE 9, S. 705–716.

–: Art. „Teilhard de Chardin, Pierre (1881–1955)“, in: TRE 33, S. 28–33.

Dalferth, Ingolf U.: Inbegriff oder Index? Zur philosophischen Hermeneutik von ‚Gott‘, in: Gestrich, Christof (Hg.): Gott der Philosophen – Gott der Theologen. Zum Gesprächsstand nach der analytischen Wende (= BThZ.Beih. 1999), Berlin 1999, S. 89–132.

–: Naturrecht in protestantischer Perspektive (= Würzburger Vorträge zur Rechtsphilosophie, Rechtstheorie und Rechtssoziologie 38), Baden-Baden 2008.

–: Subjektivität und Glaube. Zur Problematik der theologischen Verwendung einer philosophischen Kategorie, in: NZSTh 36 (1994), S. 18–58.

Damasio, Antonio R.: Ich fühle, also bin ich. Die Entschlüsselung des Bewusstseins. Aus dem Englischen von Hainer Kober, Berlin [9]2011.

Darwin, Charles: Die Abstammung des Menschen, [aus dem Engl. übers. von J. Viktor Carus], [Nachdr. der] 2. Ausg. 1874, Wiesbaden 1986.

–: Die Entstehung der Arten durch natürliche Zuchtwahl oder die Erhaltung der begünstigten Rassen im Kampf ums Dasein, nach der Übers. v. J.V. Carus, bearb. v. Heinrich Schmidt, Stuttgart 1906.

Darwin, Francis (Hg.): Life and Letters of Charles Darwin, Bd. I u. II, New York (NY) 1887.

–/ *Seward, Albert C.* (Hg.): More Letters of Charles Darwin, Bd. I, New York (NY) 1903.

Davies, Paul C.W.: Gott und die moderne Physik. Mit einem Vorwort von Hoimar von Ditfurth „Naturwissenschaft als Fortsetzung der Metaphysik mit anderen Mitteln“, München 1986.

–: Der Plan Gottes. Die Rätsel unserer Existenz und die Wissenschaft, Frankfurt (M.) [2]1995.

Dawkins, Richard: Das egoistische Gen. Übersetzt von Karin de Sousa Ferreira, Berlin/Heidelberg/New York (NY) 1978.

–: Der Gotteswahn. Aus dem Englischen von Sebastian Vogel, Berlin [8]2007.

–: Der blinde Uhrmacher. Ein neues Plädoyer für den Darwinismus, München 1987.

Deane-Drummond, Celia: Creation through Wisdom. Theology and the New Biology, Edinburgh 2000.

Dennebaum, Tonke: Urknall, Evolution, Schöpfung. Glaube contra Wissenschaft?, Würzburg 2008.

Dennett, Daniel C.: Philosophie des menschlichen Bewusstseins, Hamburg 1994.

Denzinger, Heinrich/Hünermann, Peter (Hg.): Enchiridion symbolorum definitionum et declarationum de rebus fidei et morum/Kompendium der Glaubensbekenntnisse und kirchlichen Lehrentscheidungen, Freiburg (Br.) [u. a.] [37]1991.

Descartes, René: Discours de la méthode, französich – deutsch, übersetzt und hg.v. Lüder Gäbe, Register und Bibliographie v. George Heffernan, Hamburg [2]1997.

–: Meditationen über die Grundlagen der Philosophie, mit den sämtlichen Einwänden und Erwiderungen. Zum erstenmal vollständig übersetzt und hg.v. Artur Buchenau, unv. Nachdr. der ersten deutschen GA v. 1915, Hamburg 1972.

–: Die Prinzipien der Philosophie. Übersetzt und hg.v. Artur Buchenau, Hamburg [8]1992.

Deuser, Hermann: Theologie der Natur, in: Gräb-Schmidt, Elisabeth/Preul, Reiner (Hg.): Natur (=MJTh 27=MThSt [NS] 122), Leipzig 2015, S. 91–110.

Diewald, Ursula: „Wir brauchen eine ethische Betreuung." Ein Gespräch mit Christian Kummer und Harald Lesch über künftige Aufgaben für Naturwissenschaften und Theologie, in: Becker, Patrick/Diewald, Ursula (Hg.): Zukunftsperspektiven im theologisch-naturwissenschaftlichen Dialog (=Religion, Theologie und Naturwissenschaft/Religion, Theology, and Natural Science 22), Göttingen 2011, S. 409–424.

Dinter, Astrid: Vom Glauben eines Physikers. John Polkinghornes Beitrag zum Dialog zwischen Theologie und Naturwissenschaften, Mainz 1999.

Dirscherl, Erwin: Der Mensch und das Geschehen der Relationalität in der Zeit. Überlegungen zum Leib-Seele-Verhältnis aus der Sicht des biblischen Personverständnisses, in: Neuner, Peter (Hg.): Naturalisierung des Geistes – Sprachlosigkeit der Theologie? Die Mind-Brain-Debatte und das christliche Menschenbild (=QD 205), Freiburg (Br.) 2003, S. 99–128.

Draper, John William: Geschichte der Conflicte zwischen Religion und Wissenschaft, Leipzig 1875 [engl. Original: New York (NY) 1874].

Drieschner, Michael: Carl Friedrich von Weizsäcker, zur Einführung, und Dieter Mersch: Gespräch mit Carl Friedrich von Weizsäcker, Hamburg 1992.

Drossel, Barbara: Glaube und Denken, in: Souvignier, Georg [u. a.] (Hg.): Gottesbilder an der Grenze zwischen Naturwissenschaft und Theologie, Darmstadt 2009, S. 104–111.

Du Bois-Reymond, Emil: Ueber die Grenzen des Naturerkennens, in: Ders.: Vorträge über Philosophie und Gesellschaft, hg. v. Siegfried Wollgast, Berlin 1974, S. 54–77.

Dürr, Hans-Peter (Hg.): Physik und Transzendenz. Die großen Physiker unseres Jahrhunderts über ihre Begegnung mit dem Wunderbaren. Mit Beiträgen von David Bohm [u. a.], Bern/München/Wien [5]1991.

–: Auch die Wissenschaft spricht nur in Gleichnissen. Die neue Beziehung zwischen Religion und Naturwissenschaften, hg. v. Marianne Oesterreicher, Freiburg (Br.) [7]2010.

– [u. a.]: Gott, der Mensch und die Wissenschaft, Augsburg 1997.

Ebeling, Gerhard: Die Klage über das Erfahrungsdefizit in der Theologie als Frage nach ihrer Sache, in: Ders.: Wort und Glaube, Bd. III: Beiträge zur Fundamentaltheologie, Soteriologie und Ekklesiologie, Tübingen 1975, S. 3–28.

Ebert, Udo: Willensfreiheit, Schuld und Verantwortung im Lichte der Hirnforschung, in: Ammer, Christian/Lindemann, Andreas (Hg.): Hirnforschung und Menschenbild (=EuG NF 44), Leipzig 2012, S. 149–180.

Eckel, Rainer/Großhans, Hans-Peter: Gegner oder Geschwister? Glaube und Wissenschaft (=Theologie für die Gemeinde IV/1), Leipzig 2015.

Ehlers, Jürgen: Das Standardmodell des Universums, in: Hübner, Jürgen/Stamatescu, Ion-Olimpiu/Weber, Dieter (Hg.): Theologie und Kosmologie. Geschichte und Erwartungen für das gegenwärtige Gespräch (=Religion und Aufklärung 11), Tübingen 2004, S. 287–306.

Eibach, Ulrich: Schöpfung ohne Schöpfer oder Gott als „intelligenter Designer"? Zur theologischen Bedeutung des Streits um Darwins Evolutionstheorie, in: DtPfrBl 109 (2009), S. 239–243.

Eingriffe in die menschliche Keimbahn. Stellungnahme, hg. v. Deutschen Ethikrat, Berlin 2019.

Einstein, Albert: Kosmologische Betrachtungen zur allgemeinen Relativitätstheorie, in: Sitzungsberichte der Königlich Preussischen Akademie der Wissenschaften 1917 [Teil 1], S. 142–152.

–: Zur Elektrodynamik bewegter Körper, in: Annalen der Physik 17 (1905), S. 891–921. [Nachdr. in: Lorentz, Hendrik Antoon/Einstein, Albert/Minkowski, Hermann: Das Relativitätsprinzip. Eine Sammlung von Abhandlungen. Mit einem Vorwort von H. Weyl und Anmerkungen von A. Sommerfeld. Vorwort von O. Blumenthal, Stuttgart [8]1982, S. 26–50.]

–: Einiges über die Entstehung der Allgemeinen Relativitätstheorie, in: Ders.: Mein Weltbild, hg. v. Carl Seelig, Frankfurt (M.)/Berlin 1991, S. 222–229.

–: Über einen die Erzeugung und Verwandlung des Lichtes betreffenden heuristischen Gesichtspunkt, in: Annalen der Physik 17 (1905), S. 132–148.

–: Aus meinen späten Jahren, Stuttgart 1979.

–: Naturwissenschaft und Religion I (1939), in: Dürr, Hans-Peter (Hg.): Physik und Transzendenz. Die großen Physiker unseres Jahrhunderts über ihre Begegnung mit dem Wunderbaren. Mit Beiträgen von David Bohm [u. a.], Bern/München/Wien [5]1991, S. 71–74.

–: Naturwissenschaft und Religion II (1941), in: Dürr, Hans-Peter (Hg.): Physik und Transzendenz. Die großen Physiker unseres Jahrhunderts über ihre Begegnung mit dem Wunderbaren. Mit Beiträgen von David Bohm [u. a.], Bern/München/Wien [5]1991, S. 74–78.

–: Über die spezielle und allgemeine Relativitätstheorie, Berlin/Heidelberg [24]2009.

–: Über Relativitätstheorie. Eine Londoner Rede (1921), in: Ders.: Mein Weltbild, hg. v. Carl Seelig, Frankfurt (M.)/Berlin 1991, S. 217–221.

–: Was ist Relativitätstheorie? (1919), in: Ders.: Mein Weltbild, hg. v. Carl Seelig, Frankfurt (M.)/Berlin 1991, S. 209–217.

–: Religion und Wissenschaft, in: Dürr, Hans-Peter (Hg.): Physik und Transzendenz. Die großen Physiker unseres Jahrhunderts über ihre Begegnung mit dem Wunderbaren. Mit Beiträgen von David Bohm [u. a.], Bern/München/Wien [5]1991, S. 67–70.

–: Die Religiosität der Forschung, in: Ders.: Mein Weltbild, hg. v. Carl Seelig, Frankfurt (M.)/Berlin 1991, S. 28–29.

–: Wie ich die Welt sehe (1930/1931), in: Ders.: Mein Weltbild, hg. v. Carl Seelig, Frankfurt (M.)/Berlin 1991, S. 9–14.

–: Gibt es eine jüdische Weltanschauung?, in: Ders.: Mein Weltbild, hg. v. Carl Seelig, Frankfurt (M.)/Berlin 1991, S. 146–148.

–: Mein Weltbild, hg. v. Carl Seelig, Frankfurt (M.)/Berlin 1991.

Elert, Werner: Morphologie des Luthertums, Bd. 1: Theologie und Weltanschauung des Luthertums hauptsächlich im 16. und 17. Jahrhundert, München 1965.

Am *Ende* steht immer der Mensch. Interview mit Peter Dabrock, in: Unsere Kirche 2/2019, S. 5.

Enders, Markus: Ontologischer Gottesbegriff und ontologischer Gottesbeweis. Der Vernunft-Charakter des ontologischen Gottesbegriffs und dessen Entfaltung im ontologischen Gottesbeweis, in: Buchheim, Thomas [u. a.] (Hg.): Gottesbeweise als Herausforderung für die moderne Vernunft (= Collegium Metaphysicum 4), Tübingen 2012, S. 241–287.

Erdmannsdörfer, Hans Georg: Karl Heims Beitrag zur Auseinandersetzung zwischen Naturwissenschaft und Theologie, in: Schwarz, Hans (Hg.): Glaube und Denken. Jahrbuch der Karl-Heim-Gesellschaft. 9. Jahrgang 1996, Frankfurt (M.) 1996, S. 11–46.

Esterbauer, Reinhold: Methodenbewusstsein. Zu einer wichtigen Voraussetzung für den Dialog zwischen Theologie und Naturwissenschaften, in: Tapp, Christian/Breitsameter, Christof (Hg.): Theologie und Naturwissenschaften, Berlin/Boston (MA) 2014, S. 21–37.

Evers, Dirk: Art. „Naturwissenschaften VI: Naturwissenschaften und Ethik“, in: RGG[4] 6, Sp. 153–154.

–: Vom Gegeneinander zum Miteinander: Brücken und Gräben im Dialog zwischen Naturwissenschaft und Theologie in Deutschland, in: Peters, Ted/Bennet, Gaymon/Kang, Phee Seng (Hg.): Brücken bauen: Naturwissenschaft und Religion. Mit Vorworten von Wolfhart Pannenberg und Robert John Russell. Aus dem Amerikanischen von Tina Bruns (= Religion, Theologie und Naturwissenschaft/Religion, Theology, and Natural Science 5), Göttingen 2006, S. 31–51.

–: Gott in allem, was wir sind, in: Unsere Kirche 35/2017, S. 2.

–: Gotteswahn? Religionsbeschimpfung im Kleid der Wissenschaft, in: Badewien, Jan (Hg.): Religionsbeschimpfung. Freiheit der Kultur und Grenzen der Blasphemie (= EZW-Texte 203), Berlin 2009, S. 59–74.

–: Hirnforschung und Theologie, in: ThLZ 131 (2006), Sp. 1107–1122.

–: Neurobiologie und die Frage nach der Willensfreiheit, in: Weinhardt, Joachim (Hg.): Naturwissenschaften und Theologie. Methodische Ansätze und Grundlagenwissen zum interdisziplinären Dialog. Mit Beiträgen von Günter Altner [u. a.], Stuttgart 2010, S. 107–123.

–: Raum – Materie – Zeit. Schöpfungstheologie im Dialog mit naturwissenschaftlicher Kosmologie (= HUTh 41), Tübingen 2000.

–: Die Rezeption physikalischer Kategorien in der Theologie, in: Weinhardt, Joachim (Hg.): Naturwissenschaften und Theologie. Methodische Ansätze und Grundlagenwissen zum interdisziplinären Dialog. Mit Beiträgen von Günter Altner [u. a.], Stuttgart 2010, S. 125–141.

–: Theologie – Erfahrung – Wissenschaft, in: Petzoldt, Matthias (Hg.): Theologie im Gespräch mit empirischen Wissenschaften (= Veröffentlichungen der Wissenschaftlichen Gesellschaft für Theologie 35), Leipzig 2012, S. 377–407.

–: Das Verhältnis von physikalischer und theologischer Kosmologie als Thema des Dialogs zwischen Theologie und Naturwissenschaft, in: Hübner, Jürgen/Stamatescu, Ion-Olimpiu/Weber, Dieter (Hg.): Theologie und Kosmologie. Geschichte und Erwartungen für das gegenwärtige Gespräch (= Religion und Aufklärung 11), Tübingen 2004, S. 43–57.

–: Wirklichkeit – „Was der Fall ist" oder „Wie es euch gefällt"?, in: Weinhardt, Birgitta Annette/Weinhardt, Joachim (Hg.): Naturwissenschaften und Theologie II. Wirklichkeit: Phänomene, Konstruktionen, Transzendenzen. Mit Beiträgen von Ulf Dettmann [u. a.], Stuttgart 2014, S. 91–107.

Eylert, Bernhard: Gott denken – für einen Naturwissenschaftler denkbar?, in: Wissenschaftliche Beiträge TH Wildau 21 (2017), S. 37–44.

–: Ist Gott in einer sozio-ökonomischen Welt für einen Naturwissenschaftler denkbar?, in: NZSTh 60 (2018), S. 58–83.

Fahr, Hans Jörg: Alternativen zur Urknalltheorie: Die Welt als kosmischer Attraktor, in: Müller, Helmut A. (Hg.): Kosmologie. Fragen nach Evolution und Eschatologie der Welt (= Religion, Theologie und Naturwissenschaft/Religion, Theology, and Natural Science 2), Göttingen 2004, S. 70–104.

Fischer, Ernst Peter: Wieso wird aus einem Fliegenei immer eine Fliege und nie eine Maus?, in: Grolle, Johann (Hg.): Evolution. Wege des Lebens, hg. für das deutsche Hygiene-Museum Dresden, München 2008, S. 88–97.

Fischer, Michael/Zänker, Kurt S. (Hg.): Medizin- und Bioethik (= Ethik transdisziplinär 1), Frankfurt (M.) 2006.

Fölsing, Albrecht: Galileo Galilei – Prozeß ohne Ende. Eine Biographie, München [u. a.] 1983.

Frey, Christofer: Wege zu einer evangelischen Ethik. Eine Grundlegung, Gütersloh 2014.

Friedmann, Alexander: Über die Krümmung des Raumes, in: Zeitschrift für Physik 10 (1922), S. 377–386.

–: Über die Möglichkeit einer Welt mit konstanter negativer Krümmung, in: Zeitschrift für Physik 12 (1924), S. 326–332.

Frühwald, Wolfgang: „Und Gott sah, dass es gut war …" – Der Schöpfer und das Gesetz der Evolution, in: Klose, Joachim/Oehler, Jochen (Hg.): Gott oder Darwin? Vernünftiges Reden über Schöpfung und Evolution, Berlin/Heidelberg 2008, S. 13–25.

Fuchs, Gotthard/Kessler, Hans (Hg.): Gott, der Kosmos und die Freiheit. Biologie, Philosophie und Theologie im Gespräch. Mit Beiträgen von Jürgen Bereiter-Hahn [u. a.], Würzburg 1996.

Fuchs, Thomas: Das Gehirn – ein Beziehungsorgan. Eine phänomenologisch-ökologische Konzeption, Stuttgart [4]2013.

–: Selbst und Schizophrenie, in: DZPh 60 (2012), S. 887–901.

Gadenne, Volker: Personen, Qualia und das physikalistische Weltbild, in: Fürst, Martina/Gombocz, Wolfgang/Hiebaum, Christian (Hg.): Gehirne und Personen. Beiträge zum 8. Internationalen Kongress der Österreichischen Gesellschaft für Philosophie in Graz, Bd. 1, Heusenstamm/Frankfurt (M.) 2009, S. 179–192.

Galilei, Galileo: Le opere. Edizione nazionale, hg. v. Antonio Favaro, 20 Bände, Florenz 1890–1909. Neudruck 1929–1939, 1964–65, 1968.

Ganoczy, Alexandre: Der dreieinige Schöpfer. Trinitätstheologie und Synergie, Darmstadt 2001.

Gärtner, Helmut: Nicht-lokale Realität oder was ist Wirklichkeit? Fragen eines Physikers, in: Gräb, Wilhelm (Hg.): Urknall oder Schöpfung? Zum Dialog von Naturwissenschaft und Theologie, Gütersloh 1995, S. 63–74.

Gasser, Georg/Quitterer, Josef (Hg.): Die Aktualität des Seelenbegriffs. Interdisziplinäre Zugänge, Paderborn 2010.

–/–: Naturalismus und christliches Menschenbild, in: Becker, Patrick/Diewald, Ursula (Hg.): Zukunftsperspektiven im theologisch-naturwissenschaftlichen Dialog (= Religion, Theologie und Naturwissenschaft/Religion, Theology, and Natural Science 22), Göttingen 2011, S. 177–192.

Gast, Robert: Und alle Fragen offen. Wahrscheinlich haben Physiker das Higgs-Teilchen entdeckt. Es vervollständigt eine alte Theorie – und bringt gleichzeitig der Teilchenphysik viel Ungewissheit, in: Die Zeit, Nr. 29, 2012, S. 29–30.

Gehring, Kai: Schnitte in eine schöne neue Welt. Warum Eingriffe in die menschliche Keimbahn Tabu bleiben sollten, in: Zeitzeichen 18 (2017), H. 3, S. 8–10.

Genetic Editing. Seitenblick auf ein Thema von höchster Relevanz, in: DtPfrBl 118 (2018), S. 7.

Gestrich, Christof: Die Seele des Menschen und die Hoffnung der Christen. Evangelische Eschatologie vor der Erneuerung, Frankfurt (M.) 2009.

–: Innerer Zug zur Freiheit. Martin Luthers Sicht auf *Seele* und *ewiges Leben*, in: DtPfrBl 116 (2016), S. 132–136.

Gödel, Kurt: Über formal unentscheidbare Sätze der Principia Mathematica und verwandter Systeme I, [in: Monatshefte für Mathematik und Physik 38 (1931), S. 173–198], abgedruckt in: Berka, Karel (Hg.): Logik-Texte. Kommentierte Auswahl zur Geschichte der modernen Logik. Karel Berka, Lothar Kreiser. Unter Mitarbeit von Siegfried Gottwald und Werner Stelzner, Berlin [4]1986, S. 347–370.

Goden, Matthias: Exemplarische Erörterung des Verhältnisses von Sozialdarwinismus und Konkurrenz in historischer Perspektive, Münster 1992 [masch.].

Goenner, Hubert F.: Zur Entwicklung der Anschauungen vom physikalischen Kosmos, in: Hübner, Jürgen/Stamatescu, Ion-Olimpiu/Weber, Dieter (Hg.): Theologie und Kosmologie. Geschichte und Erwartungen für das gegenwärtige Gespräch (= Religion und Aufklärung 11), Tübingen 2004, S. 255–276.

–: Das Urknallbild des Kosmos: Beginnt die Zeit?, in: Müller, Helmut A. (Hg.): Kosmologie. Fragen nach Evolution und Eschatologie der Welt (= Religion, Theologie und Naturwissenschaft/Religion, Theology, and Natural Science 2), Göttingen 2004, S. 24–38.

Goller, Hans: Religiöses Erleben und Hirntätigkeit, in: Fürst, Martina/Gombocz, Wolfgang/Hiebaum, Christian (Hg.): Gehirne und Personen. Beiträge zum 8. Internationalen Kongress der Österreichischen Gesellschaft für Philosophie in Graz, Bd. 1, Heusenstamm/Frankfurt (M.) 2009, S. 247–258.

Gore, Charles (Hg.): Lux Mundi. A Series of Studies in the Religion of the Incarnation, London 1889.

Görnitz, Thomas: Naturwissenschaft über Zeit und Ewigkeit, in: Petzoldt, Matthias (Hg.): Theologie im Gespräch mit empirischen Wissenschaften (= Veröffentlichungen der Wissenschaftlichen Gesellschaft für Theologie 35), Leipzig 2012, S. 147–169.

Gott ist ein Freund des Lebens. Herausforderungen und Aufgaben beim Schutz des Lebens. Gemeinsame Erklärung des Rates der Evangelischen Kirche in Deutschland und der Deutschen Bischofskonferenz, Gütersloh 1989.

Gräb, Wilhelm (Hg.): Urknall oder Schöpfung? Zum Dialog von Naturwissenschaft und Theologie, Gütersloh 1995.

Gräb-Schmidt, Elisabeth: Zwischen Faktizität und Geltung. Einführung in die Fragestellung der Stellung des Naturbegriffs in rationalen Begründungsdiskursen, in: Dies. (Hg.): Was heißt Natur? Philosophischer Ort und Begründungsfunktion des Naturbegriffs (= Veröffentlichungen der Wissenschaftlichen Gesellschaft für Theologie 43), Leipzig 2015, S. 7–12.

–: Der Mensch – seine Natur als Freiheit. Zu den Bestimmungen des Verhältnisses von Natur und Freiheit in anthropologischer, kosmologischer und verantwortungsethischer Absicht, in: Dies./Preul, Reiner (Hg.): Natur (= MJTh 27 = MThSt [NS] 122), Leipzig 2015, S. 29–50.

– (Hg.): Was heißt Natur? Philosophischer Ort und Begründungsfunktion des Naturbegriffs (= Veröffentlichungen der Wissenschaftlichen Gesellschaft für Theologie 43), Leipzig 2015.

–/ *Preul, Reiner* (Hg.): Natur (= MJTh 27 = MThSt [NS] 122), Leipzig 2015.

Greene, Brian: Der Stoff, aus dem der Kosmos ist. Raum, Zeit und die Beschaffenheit der Wirklichkeit. Aus dem amerikanischen Englisch von Hainer Kober, München 2008.

Greshake, Gisbert: Der dreieine Gott. Eine trinitarische Theologie, Freiburg (Br.)/Basel/Wien 1997.

Großhans, Hans-Peter: Die Wahrheit wird euch frei machen. Zum Verhältnis von Religion, Wahrheit und Macht, in: ZThK 104 (2007), S. 336–356.

–: Wirklichkeit – ein Konstrukt? Konstruktive Reflexionen aus der Perspektive evangelischer Theologie, in: Klein, Andreas/Körtner, Ulrich H.J. (Hg.): Die Wirklichkeit als Interpretationskonstrukt? Herausforderungen konstruktivistischer Ansätze für die Theologie, Neukirchen-Vluyn 2011, S. 79–91.

Grube, Dirk-Martin: Natur und Wissenschaft. Die Wissenschaftsauffassung im (kognitiven und ethischen) Naturalismus, in der anglo-amerikanischen Wissenschaftstheorie und in der gegenwärtigen Diskussion um die Evolutionstheorie (Dawkins), in: Gräb-Schmidt, Elisabeth (Hg.): Was heißt Natur? Philosophischer Ort und Begründungsfunktion des

Naturbegriffs (= Veröffentlichungen der Wissenschaftlichen Gesellschaft für Theologie 43), Leipzig 2015, S. 241–275.

Gruber, Franz: Schöpfungslehre, in: Marschler, Thomas/Schärtl, Thomas (Hg.): Dogmatik heute. Bestandsaufnahme und Perspektiven, Regensburg 2014, S. 131–172.

Gutmann, Wolfgang Friedrich: Kohärente Konstruktion und partikulare molekulare Mechanismen, in: Fuchs, Gotthard/Kessler, Hans (Hg.): Gott, der Kosmos und die Freiheit. Biologie, Philosophie und Theologie im Gespräch. Mit Beiträgen von Jürgen Bereiter-Hahn [u. a.], Würzburg 1996, S. 95–132.

–/ *Bonik, Klaus:* Kritische Evolutionstheorie. Ein Beitrag zur Überwindung altdarwinistischer Dogmen, Hildesheim 1981.

Hacking, Ian: Einführung in die Philosophie der Naturwissenschaften. Aus dem Englischen übersetzt von Joachim Schulte, Stuttgart 1996.

Haeckel, Ernst: Der Monismus als Band zwischen Religion und Wissenschaft. Glaubensbekenntnis eines Naturforschers, Bonn [3]1893.

–: Natürliche Schöpfungs-Geschichte. Gemeinverständliche wissenschaftliche Vorträge über die Entwicklungslehre im Allgemeinen und diejenige von Darwin, Goethe, Lamarck im Besonderen, 2 Bde., Berlin [10]1902.

–: Die Welträthsel. Gemeinverständliche Studien über monistische Philosophie, Bonn [5]1900.

–: Freie Wissenschaft und freie Lehre. Eine Entgegnung auf Rudolf Virchow, Stuttgart 1878.

Hägele, Peter C.: Die moderne Kosmologie und die Feinabstimmung der Naturkonstanten auf Leben hin, in: Bröking-Bortfeldt, Martin/Rothgangel, Martin (Hg.): Glaube und Denken. Jahrbuch der Karl-Heim-Gesellschaft (18. Jgg. 2005), Frankfurt (M.) 2006, S. 41–75.

Halfwassen, Jens: Jenseits von Sein und Nichtsein. Wie kann man für Transzendenz argumentieren?, in: Buchheim, Thomas [u. a.] (Hg.): Gottesbeweise als Herausforderung für die moderne Vernunft (= Collegium Metaphysicum 4), Tübingen 2012, S. 85–98.

Härle, Wilfried: Dogmatik, Berlin/Boston [4]2012.

Harrison, Peter: „Wissenschaft" und „Religion": Das Konstruieren der Grenzen, in: Tapp, Christian/Breitsameter, Christof (Hg.): Theologie und Naturwissenschaften, Berlin/Boston (MA) 2014, S. 39–68.

Hattrup, Dieter: Carl Friedrich von Weizsäcker. Physiker und Philosoph, Darmstadt 2004.

Haudel, Matthias: Die Bibel und die Einheit der Kirchen. Eine Untersuchung der Studien von „Glauben und Kirchenverfassung" (= KiKonf 34), Göttingen [3]2012.

–: Die ewige Gemeinschaft der Liebe, in: Riewe, Wolfgang (Hg.): Was Christen glauben, Bd. 3, Bielefeld 2011, S. 69–74.

–: Glauben an Gott den Vater, den Sohn und den Heiligen Geist. Die Bedeutung des christlichen Glaubens im Kontext von Philosophie, Religion und Konfession, in: DtPfrBl 108 (2008), S. 250–256.

–: Der trinitarische Gottesbegriff im Kontext philosophischer und religiöser Gottesbilder, in: Schwöbel, Christoph (Hg.): Gott – Götter – Götzen. XIV. Europäischer Kongress für Theologie (11.–15. September 2011 in Zürich) (= Veröffentlichungen der Wissenschaftlichen Gesellschaft für Theologie 38), Leipzig 2013, S. 675–690.

–: Gottesbilder in der Spannung zwischen Wort und Bild, in: KuD 62 (2016), S. 271–282.

–: Gotteslehre. Die Bedeutung der Trinitätslehre für Theologie, Kirche und Welt (= UTB 4292), Göttingen [2]2018.

–: Von der gemeinsamen Hoffnung Zeugnis geben. Lebendige Ökumene in Nordrhein-

Westfalen, hg. für die Arbeitsgemeinschaft Christlicher Kirchen in Nordrhein-Westfalen von Michael Kappes, Kevelaer/Bielefeld 2010.
–: Ökumene mit Zukunft. Gemeinsamer Dialog aller Konfessionen: Der Weg der Arbeitsgemeinschaft Christlicher Kirchen in Nordrhein-Westfalen im Licht der Weltökumene (1945–2011). Anhang: Der dreieinige Gott als Lebenshorizont (= Schriften des Landeskirchlichen Archivs der Evangelischen Kirche von Westfalen 15), Bielefeld [2]2012.
–: Trinitätstheologische und ekklesiologische Probleme im Horizont hermeneutischer Prioritäten, in: NZSTh 55 (2013), S. 188–214.
–: Schrift, Tradition und Kirche. Ein unnötiger Stolperstein der Ökumene, in: Cath(M) 50 (1996), S. 23–33.
–: Die Selbsterschließung des dreieinigen Gottes. Grundlage eines ökumenischen Offenbarungs-, Gottes- und Kirchenverständnisses (= FSÖTh 110), doppelte Aufl., Göttingen 2006.
–: Trinität als Lebenshorizont. Glauben und Leben im Lichte des dreieinigen Gottes, in: Zeitzeichen 18 (2017), H. 6, S. 24–26.
–: Umkehr ökumenisch feiern. Theologische Grundlagen und Praxismodelle, Frankfurt (M.)/Paderborn 2011 (mit A. Kattan, D. Sattler u. a.).
–: Das Verhältnis von Gesetz und Evangelium als innerprotestantische und interkonfessionelle Herausforderung, in: KuD 53 (2007), S. 230–249.
Hawking, Stephen: Meine kurze Geschichte. Aus dem Englischen von Hainer Kober, Reinbeck bei Hamburg 2015.
–: Eine kurze Geschichte der Zeit. Die Suche nach der Urkraft des Universums. Mit einer Einleitung von Carl Sagan. Deutsch von Hainer Kober unter fachlicher Beratung von Dr. Bernd Schmidt, Reinbeck bei Hamburg 1988.
–/ *Mlodinow, Leonard:* Der große Entwurf. Eine neue Erklärung des Universums. Deutsch von Hainer Kober, Reinbeck bei Hamburg 2010.
Hegel, Georg Wilhelm Friedrich: Vorlesungen über die Philosophie der Religion II u. III, in: Georg Wilhelm Friedrich Hegel. Werke, Bd. 17, auf der Grundlage der Werke von 1832–1845 neu ed. Ausg. (= stw 617), Frankfurt (M.) [3]1996, S. 7–344.
Heim, Karl: Glaubensgewißheit. Eine Untersuchung über die Lebensfrage der Religion, Leipzig [3]1923.
–: Die Wandlung im naturwissenschaftlichen Weltbild. Die moderne Naturwissenschaft vor der Gottesfrage. Mit einer Einführung v. Horst W. Beck (= Karl Heim: Der evangelische Glaube und das Denken der Gegenwart, Bd. 5), Wuppertal [4]1975.
–: Die neue Welt Gottes, Berlin [3]1929.
–: Ich gedenke der vorigen Zeiten. Erinnerungen aus acht Jahrzehnten, Hamburg [3]1960.
Heisenberg, Werner: Über den anschaulichen Inhalt der quantentheoretischen Kinematik und Mechanik, in: Zeitschrift für Physik 43 (1927), S. 172–198.
–: Ordnung der Wirklichkeit (1942), in: Ders.: Gesammelte Werke, hg. v. W. Blum, H.-P. Dürr u. H. Rechenberg, Abt. C: Allgemeinverständliche Schriften, Bd. I, München 1984, S. 217–306.
–: Physik und Philosophie, in: Ders.: Gesammelte Werke, hg. v. W. Blum, H.-P. Dürr u. H. Rechenberg, Abt. C: Allgemeinverständliche Schriften, Bd. II, München 1984, S. 3–201.
–: Die physikalischen Prinzipien der Quantentheorie, unv. Nachdr., Mannheim/Wien/Zürich 1991.
–: Schritte über Grenzen. Gesammelte Reden und Aufsätze, München [2]1973.

–: Der Teil und das Ganze. Gespräche im Umkreis der Atomphysik (1969), in: Ders.: Gesammelte Werke, hg. v. W. Blum, H.-P. Dürr u. H. Rechenberg, Abt. C: Allgemeinverständliche Schriften, Bd. III, München 1985, S. 3–334.

–: Über quantentheoretische Umdeutung kinematischer und mechanischer Beziehungen, in: Zeitschrift für Physik 33 (1925), S. 879–893.

–: Naturwissenschaftliche und religiöse Wahrheit, in: Ders.: Gesammelte Werke, hg. v. W. Blum, H.-P. Dürr u. H. Rechenberg, Abt. C: Allgemeinverständliche Schriften, Bd. III, München 1985, S. 422–439.

Helmstaedter, Moritz: Was ist eigentlich Konnektomik? Kartierung der Nervenzellnetzwerke des Gehirns, in: Forschung & Lehre 22 (2015), S. 844–845.

Hermanni, Friedrich: Warum ist überhaupt etwas? Überlegungen zum kosmologischen und ontologischen Argument, in: Buchheim, Thomas [u. a.] (Hg.): Gottesbeweise als Herausforderung für die moderne Vernunft (= Collegium Metaphysicum 4), Tübingen 2012, S. 289–314.

Herms, Eilert: „Das Gehirn und seine Wirklichkeit". Hirnforschung als Theologie bei Gerhard Roth, in: Aus der Au, Christina (Hg.): Körper – Leib – Seele – Geist. Schlüsselbegriffe einer aktuellen Debatte, Zürich 2008, S. 147–160.

–: Natur *ist* Gnade. Vorschlag für eine kohärente Rede von „Natur" und „Gnade" in der christlichen Theologie, in: Gräb-Schmidt, Elisabeth/Preul, Reiner (Hg.): Natur (= MJTh 27 = MThSt [NS] 122), Leipzig 2015, S. 51–70.

Herrmann, Wilhelm: Die Religion im Verhältniß zum Welterkennen und zur Sittlichkeit. Eine Grundlegung der systematischen Theologie, Halle 1879.

Hertz, Heinrich: Über sehr schnelle elektrische Schwingungen. Vier Arbeiten (1887–1889), hg. v. Hans Wußing. Einleitung und Anmerkungen v. Gustav Hertz, Thun/Frankfurt (M.) ²1996.

Hess, Peter M.J.: Die zwei Bücher Gottes: Besondere Offenbarung und Naturwissenschaft im christlichen Westen, in: Peters, Ted/Bennet, Gaymon/Kang, Phee Seng (Hg.): Brücken bauen: Naturwissenschaft und Religion. Mit Vorworten von Wolfhart Pannenberg und Robert John Russell. Aus dem Amerikanischen von Tina Bruns (= Religion, Theologie und Naturwissenschaft/Religion, Theology, and Natural Science 5), Göttingen 2006, S. 187–207.

Hewlett, Martinez J.: Biologische Evolution in Naturwissenschaft und Theologie, in: Peters, Ted/Bennet, Gaymon/Kang, Phee Seng (Hg.): Brücken bauen: Naturwissenschaft und Religion. Mit Vorworten von Wolfhart Pannenberg und Robert John Russell. Aus dem Amerikanischen von Tina Bruns (= Religion, Theologie und Naturwissenschaft/Religion, Theology, and Natural Science 5), Göttingen 2006, S. 127–138.

Hilbert, David: Gesammelte Abhandlungen, Bd. 1–3, Bd. 1: Zahlentheorie, Bd. 2: Algebra, Invariantentheorie, Geometrie, Bd. 3: Analysis, Grundlagen der Mathematik, Physik, Verschiedenes, Lebensgeschichte, Berlin/Heidelberg/New York (NY) ²1970.

–: Grundlagen der Geometrie. Mit Supplementen von Paul Bernays, Stuttgart ¹³1987 [erstmals erschienen in: Festschrift zur Feier der Enthüllung des Gauß-Weber-Denkmals in Göttingen, hg. v. Fest-Comitee, Leipzig 1899, S. 1–92].

Hilpert, Konrad: Menschenrechte und Theologie. Forschungsbeiträge zur ethischen Dimension der Menschenrechte (= SThE 85), Freiburg (CH) 2001.

Holderegger, Adrian: Person in der Perspektive von Theologie und Ethik, in: Rager, Günter/Holderegger, Adrian (Hg.): Bewusstsein und Person. Neurobiologie, Philosophie und Theologie im Gespräch (= SThE 83), Freiburg (Schweiz) 2000, S. 86–105.

Hübner, Jürgen: Art. „Evolutionismus", in: TRE 10, S. 690–694.

–: Art. „Naturwissenschaft III: Ethisch", in: TRE 24, S. 221–225.

– (Hg.): Der Dialog zwischen Theologie und Naturwissenschaft. Ein bibliographischer Bericht (= FBESG 41), München 1987.

–: Kosmologie in Geschichte, Kunst und Theologie, in: Ders./Stamatescu, Ion-Olimpiu/Weber, Dieter (Hg.): Theologie und Kosmologie. Geschichte und Erwartungen für das gegenwärtige Gespräch (= Religion und Aufklärung 11), Tübingen 2004, S. 3–41.

–: Schöpfung und Evolution – „Leben" zwischen Biologie und Theologie, in: Klose, Joachim/Oehler, Jochen (Hg.): Gott oder Darwin? Vernünftiges Reden über Schöpfung und Evolution, Berlin/Heidelberg 2008, S. 387–400.

–: Die Wirklichkeit der Natur im Streit zwischen Religion und Wissenschaft, in: Gräb, Wilhelm (Hg.): Urknall oder Schöpfung? Zum Dialog von Naturwissenschaft und Theologie, Gütersloh 1995, S. 89–100.

–/ *Stamatescu, Ion-Olimpiu/Weber, Dieter* (Hg.): Theologie und Kosmologie. Geschichte und Erwartungen für das gegenwärtige Gespräch (= Religion und Aufklärung 11), Tübingen 2004.

Hüttemeister, Susanne: Der Aufbau des Kosmos: Seine Evolution und Eschatologie, in: Müller, Helmut A. (Hg.): Kosmologie. Fragen nach Evolution und Eschatologie der Welt (= Religion, Theologie und Naturwissenschaft/Religion, Theology, and Natural Science 2), Göttingen 2004, S. 5–23.

Hutter, Axel: Der kritische Sinn des Gottesbegriffs, in: Buchheim, Thomas [u. a.] (Hg.): Gottesbeweise als Herausforderung für die moderne Vernunft (= Collegium Metaphysicum 4), Tübingen 2012, S. 149–177.

Illies, Christian: Evolutionär erweiterte Ethik. Fünf Thesen zur Bedeutung der Evolutionswissenschaften für die Ethik, in: Weber, Hubert Philipp/Langthaler, Rudolf (Hg.): Evolutionstheorie und Schöpfungsglaube. Neue Perspektiven einer Debatte (= Wiener Forum für Theologie und Religion 1), Göttingen 2013, S. 361–382.

Illing, Robert-Benjamin: Gehirn und Transzendenz, in: Souvignier, Georg [u. a.] (Hg.): Gottesbilder an der Grenze zwischen Naturwissenschaft und Theologie, Darmstadt 2009, S. 125–143.

Iqbal, Muzzafar: Der Islam und die moderne Wissenschaft, in: Peters, Ted/Bennet, Gaymon/Kang, Phee Seng (Hg.): Brücken bauen: Naturwissenschaft und Religion. Mit Vorworten von Wolfhart Pannenberg und Robert John Russell. Aus dem Amerikanischen von Tina Bruns (= Religion, Theologie und Naturwissenschaft/Religion, Theology, and Natural Science 5), Göttingen 2006, S. 208–221.

Jammer, Max: Einstein und die Religion. Mit einem Vorwort von Jürgen Audretsch und einem Beitrag von Carl Friedrich von Weizsäcker, Konstanz 1995.

Joest, Wilfried/Lüpke, Johannes von: Dogmatik I: Die Wirklichkeit Gottes, Dogmatik II: Der Weg Gottes mit dem Menschen, Göttingen [5]2010.

Jonas, Hans: Das Prinzip Verantwortung. Versuch einer Ethik für die technologische Zivilisation, Frankfurt (M.) 1979.

Jones, Steve: Hatte die Bibel doch Recht?, in: Grolle, Johann (Hg.): Evolution. Wege des Lebens, hg. für das deutsche Hygiene-Museum Dresden, München 2008, S. 101–111.

Jüngel, Eberhard: Entsprechungen: Gott – Wahrheit – Mensch. Theologische Erörterungen (= BEvTh 88), München 1980.

–: Gott als Geheimnis der Welt. Zur Begründung der Theologie des Gekreuzigten im Streit zwischen Theismus und Atheismus, Tübingen [3]1978.

Kaeser, Eduard: Physik aus der Gottesperspektive. Stephen Hawking verkauft Wissenschaft als Religionsersatz. Das hat ihn weltberühmt gemacht. Seine Fachkollegen denken längst weiter, in: Die Zeit, Nr. 1, 2011, S. 37.

Käfer, Anne: Von Menschen und Tieren. Das Recht der tierischen Natur aus vernünftigem Grund, in: Gräb-Schmidt, Elisabeth (Hg.): Was heißt Natur? Philosophischer Ort und Begründungsfunktion des Naturbegriffs (= Veröffentlichungen der Wissenschaftlichen Gesellschaft für Theologie 43), Leipzig 2015, S. 97–117.

Kahl, Joachim: Weder Gotteswahn noch Atheismuswahn. Eine Kritik des „neuen Atheismus" aus der Sicht eines Vertreters des „alten Atheismus", in: Hempelmann, Reinhard (Hg.): Schöpfungsglaube zwischen Anti-Evolutionismus und neuem Atheismus (= EZW-Texte 204), Berlin 2009, S. 5–18.

Kang, Phee Seng: Naturwissenschaft und Glaube – ein Perspektivenwechsel, in: Peters, Ted/Bennet, Gaymon/Kang, Phee Seng (Hg.): Brücken bauen: Naturwissenschaft und Religion. Mit Vorworten von Wolfhart Pannenberg und Robert John Russell. Aus dem Amerikanischen von Tina Bruns (= Religion, Theologie und Naturwissenschaft/Religion, Theology, and Natural Science 5), Göttingen 2006, S. 90–99.

Kanitscheider, Bernulf: Kosmologie zwischen Mythos und Physik, in: Müller, Helmut A. (Hg.): Kosmologie. Fragen nach Evolution und Eschatologie der Welt (= Religion, Theologie und Naturwissenschaft/Religion, Theology, and Natural Science 2), Göttingen 2004, S. 153–168.

–/ *Wetz, Franz Josef* (Hg.): Hermeneutik und Naturalismus, unter Mitarbeit von Berthold Suchan, Tübingen 1998.

Kant, Immanuel: Metaphysische Anfangsgründe der Naturwissenschaft. Mit einer Einleitung hg. v. Konstantin Pollok (= PhB 508), Hamburg 1997.

–: Kritik der praktischen Vernunft, hg. v. Joachim Kopper, Stuttgart 2010.

–: Kritik der reinen Vernunft (1. Aufl. 1781), in: Kants Werke. Akademie-Textausgabe, Bd. IV (Unv. photomech. Abdr. des Textes der v. der Preußischen Akademie der Wissenschaften 1902 begonnen Ausg. v. Kants ges. Schr.), Berlin 1968, S. 1–252.

Kasper, Walter: Der Gott Jesu Christi (= Das Glaubensbekenntnis der Kirche 1), Mainz 1982.

Kattmann, Ulrich: Wenn Wissenschaft zu Religion wird. Gott als wissenschaftliche Hypothese, in: Langthaler, Rudolf/Appel, Kurt (Hg.): Dawkins' Gotteswahn. 15 kritische Antworten auf seine atheistische Mission, Wien/Köln/Weimar 2010, S. 323–339.

Keller, Hans-Ulrich: Das zukünftige Schicksal des Universums, in: Müller, Helmut A. (Hg.): Kosmologie. Fragen nach Evolution und Eschatologie der Welt (= Religion, Theologie und Naturwissenschaft/Religion, Theology, and Natural Science 2), Göttingen 2004, S. 169–175.

Kessler, Hans: Evolution und Schöpfung in neuer Sicht, Kevelaer 2009.

–: Kreative Schöpfung – Kreativität Gottes. Überlegungen zum Spannungsfeld von Schöpfung und Evolution, in: Klose, Joachim/Oehler, Jochen (Hg.): Gott oder Darwin? Vernünftiges Reden über Schöpfung und Evolution, Berlin/Heidelberg 2008, S. 27–57.

–: Im Streit um die Wirklichkeit. Mit Naturwissenschaft begründeter Atheismus und die Frage nach Gott, in: Tapp, Christian/Breitsameter, Christof (Hg.): Theologie und Naturwissenschaften, Berlin/Boston (MA) 2014, S. 255–293.

Klein, Andreas: Evolution und Ethik auf dem Laufsteg, in: Körtner, Ulrich H.J./Popp, Marianne (Hg.): Schöpfung und Evolution – zwischen Sein und Design. Neuer Streit um die Evolutionstheorie, Wien/Köln/Weimar 2007, S. 159–211.

–: Verabschieden wir uns von der Willensfreiheit? in: Becker, Patrick/Diewald, Ursula (Hg.): Zukunftsperspektiven im theologisch-naturwissenschaftlichen Dialog (= Religion, Theologie und Naturwissenschaft/Religion, Theology, and Natural Science 22), Göttingen 2011, S. 227–245.

–/ *Körtner, Ulrich H.J.* (Hg.): Die Wirklichkeit als Interpretationskonstrukt? Herausforderungen konstruktivistischer Ansätze für die Theologie, Neukirchen-Vluyn 2011.

Klose, Joachim/Oehler, Jochen (Hg.): Gott oder Darwin? Vernünftiges Reden über Schöpfung und Evolution, Berlin/Heidelberg 2008.

Köberle, Adolf: Karl Heim. Leben und Denken, Stuttgart 1979.

Körtner, Ulrich H.J.: Bioethik, Biopolitik und Religion. Anmerkungen aus evangelischer Sicht zum Stellenwert christlich-theologischer Ethik im gegenwärtigen bioethischen Diskurs, in: Platzer, Johann/Zissler, Elisabeth (Hg.): Bioethik und Religion. Theologische Ethik im öffentlichen Diskurs [Walter Schaupp zum 60. Geburtstag], Baden-Baden 2014, S. 129–142.

–: Dogmatik (= Lehrwerk Evangelische Theologie 5), Leipzig 2018.

–: Einleitung. Zur Gesprächslage zwischen Theologie und Konstruktivismus, in: Klein, Andreas/Körtner, Ulrich H.J. (Hg.): Die Wirklichkeit als Interpretationskonstrukt? Herausforderungen konstruktivistischer Ansätze für die Theologie, Neukirchen-Vluyn 2011, S. 1–11.

–: Das Evangelium der Freiheit. Potentiale der Reformation, Wien 2017.

–: Evolution, Ethik und Religion. Zur Auseinandersetzung mit Richard Dawkins, in: Langthaler, Rudolf/Appel, Kurt (Hg.): Dawkins' Gotteswahn. 15 kritische Antworten auf seine atheistische Mission, Wien/Köln/Weimar 2010, S. 247–270.

–: Gott und Gehirn – Neurophysiologische Herausforderungen für die Theologie, in: Ammer, Christian/Lindemann, Andreas (Hg.): Hirnforschung und Menschenbild (= EuG NF 44), Leipzig 2012, S. 115–148.

–: Der machbare Mensch? Ethische Bewertungen und implizite Menschenbilder aus theologischer Sicht, in: Böhlemann, Peter [u. a.] (Hg.): Der machbare Mensch? Moderne Hirnforschung, biomedizinisches Enhancement und christliches Menschenbild (= Villigst Profile. Schriftenreihe des Evangelischen Studienwerks e. V. Villigst 13), Berlin 2010, S. 115–133.

–: Schöpfung, Kosmologie und Evolution. Zum Stand der Diskussion zwischen Theologie und Naturwissenschaften, in: Ders./Popp, Marianne (Hg.): Schöpfung und Evolution – zwischen Sein und Design. Neuer Streit um die Evolutionstheorie, Wien/Köln/Weimar 2007, S. 65–87.

–: Unverfügbarkeit des Lebens? Grundfragen der Bioethik und der medizinischen Ethik, Neukirchen-Vluyn 2001.

–/ *Popp, Marianne* (Hg.): Schöpfung und Evolution – zwischen Sein und Design. Neuer Streit um die Evolutionstheorie, Wien/Köln/Weimar 2007.

Kowallik, Klaus: Evolution durch genomische Kombination, in: Klose, Joachim/Oehler, Jochen (Hg.): Gott oder Darwin? Vernünftiges Reden über Schöpfung und Evolution, Berlin/Heidelberg 2008, S. 141–157.

Krause, Helmut: Karl Heim: Vom kausal-mechanistischen zum dynamischen Weltbild, in: Schwarz, Hans (Hg.): Glaube und Denken. Jahrbuch der Karl-Heim-Gesellschaft. 9. Jahrgang 1996, Frankfurt (M.) 1996, S. 79–106.

Kreiner, Armin: Die Autorität der Wissenschaft und Probleme ihres Transfers, in: Becker, Patrick/Diewald, Ursula (Hg.): Zukunftsperspektiven im theologisch-naturwissenschaftlichen Dialog (= Religion, Theologie und Naturwissenschaft/Religion, Theology, and Natural Science 22), Göttingen 2011, S. 367–384.

–: Das anthropische Prinzip und seine theologische Relevanz, in: Bröking-Bortfeldt, Martin/Rothgangel, Martin (Hg.): Glaube und Denken. Jahrbuch der Karl-Heim-Gesellschaft (18. Jgg. 2005), Frankfurt (M.) 2006, S. 101–120.

Kreß, Hartmut: Ethischer Immobilismus oder rationale Abwägungen? Das Naturrecht angesichts der Probleme des Lebensbeginns, in: Anselm, Reiner/Körtner, Ulrich H.J. (Hg.): Streitfall Biomedizin. Urteilsfindung in christlicher Verantwortung. Mit einer Einführung von Trutz Rendtorff, Göttingen 2003, S. 111–134.

Krolzik, Udo: Art. „Physikotheologie", in: TRE 26, S. 590–596.

Kropač, Ulrich: Naturwissenschaft und Theologie – historische Aspekte und Perspektiven eines problematischen Verhältnisses, in: Schwarz, Hans (Hg.): Glaube und Denken. Jahrbuch der Karl-Heim-Gesellschaft (12. Jg. 1999), Frankfurt (M.) 1999, S. 155–187.

–: Naturwissenschaft und Theologie im Dialog. Umbrüche in der naturwissenschaftlichen und logisch-mathematischen Erkenntnis als Herausforderung zu einem Gespräch (= Studien zur systematischen Theologie und Ethik 13), Münster 1999.

Krötke, Wolf: Erschaffen und erforscht. Mensch und Universum in Theologie und Naturwissenschaft, Berlin 2002.

Kučera, Zedeňek: Art. „Heim, Karl (1874–1958)", in: TRE 14, S. 774–777.

Kuckenburg, Martin: Gab es einen Urknall der Kultur?, in: Grolle, Johann (Hg.): Evolution. Wege des Lebens, hg. für das deutsche Hygiene-Museum Dresden, München 2008, S. 165–173.

Kuhn, Thomas S.: Die Struktur wissenschaftlicher Revolutionen. Zweite revidierte und um das Postskriptum von 1969 ergänzte Auflage, Frankfurt (M.) [11]1991.

Küppers, Bernd-Olaf: Der Ursprung biologischer Information. Zur Naturphilosophie der Lebensentstehung, München/Zürich [2]1990.

Kutschera, Ulrich: Von Darwin zu Einstein: Der Evolutions- und Photonenglaube, in: Ders. (Hg.): Kreationismus in Deutschland. Fakten und Analysen. Mit Beiträgen von A. Beyer [u. a.] (= Science and Religion. Naturwissenschaft und Glaube 1), Berlin 2007, S. 13–44.

–: Design-Fehler in der Natur. Alfred Russel Wallace und die Gott-lose Evolution. Mit 114 Abbildungen (= Science and Religion. Naturwissenschaft und Glaube 12), Berlin 2013.

–: Evolutionsbiologie. Ursprung und Stammesentwicklung der Organismen. 4., vollständig überarbeitete und erweiterte Auflage. 226 Abbildungen. 17 Tabellen, Stuttgart 2015.

–: Streitpunkt Evolution. Darwinismus und Intelligentes Design (= Philosophie. Forschung und Wissenschaft 12), Münster 2004.

–: Tatsache Evolution. Was Darwin nicht wissen konnte. Mit 103 s/w-Abbildungen, München 2009.

Kwon, Deuk-Chil: Carl Friedrich von Weizsäcker. Brückenbauer zwischen Theologie und Naturwissenschaft (= EHS.T 552), Frankfurt (M.) [u. a.] 1995.

–: Dialog zwischen Theologie und Naturwissenschaft: Die religiöse Dimension im Denken Carl Friedrich von Weizsäckers, in: Schwarz, Hans (Hg.): Glaube und Denken. Jahrbuch der Karl-Heim-Gesellschaft (12. Jgg. 1999), Frankfurt (M.) 1999, S. 203–212.

Langanke, Martin: Was leistet der Natur-Begriff für die Begründung tierethischer Abwehrrechte? Zur Stellung von Zucht- und Wildformen im Tierversuchsrecht, in: Gräb-Schmidt, Elisabeth (Hg.): Was heißt Natur? Philosophischer Ort und Begründungsfunktion des Naturbegriffs (= Veröffentlichungen der Wissenschaftlichen Gesellschaft für Theologie 43), Leipzig 2015, S. 119–155.

Langthaler, Rudolf: Warum Dawkins' „Gotteswahn" die Gottesthematik und gleichermaßen den Anspruch der traditionellen Gottesbeweise in grundsätzlicher Hinsicht verfehlt, in: Ders./Appel, Kurt (Hg.): Dawkins' Gotteswahn. 15 kritische Antworten auf seine atheistische Mission, Wien/Köln/Weimar 2010, S. 57–159.

–/ *Appel, Kurt* (Hg.): Dawkins' Gotteswahn. 15 kritische Antworten auf seine atheistische Mission, Wien/Köln/Weimar 2010.

Layer, Paul Gottlob: Über Freiheiten des Menschen: Mit dem Gehirn zur Welt- und dann zur Gotterkenntnis, in: Souvignier, Georg [u. a.] (Hg.): Gottesbilder an der Grenze zwischen Naturwissenschaft und Theologie, Darmstadt 2009, S. 144–160.

Lebkücher, Anja: Theologie der Natur. Wolfhart Pannenbergs Beitrag zum Dialog zwischen Theologie und Naturwissenschaft, Neukirchen-Vluyn 2011.

Leibniz, Gottfried Wilhelm: Die Theodizee von der Güte Gottes, der Freiheit des Menschen und dem Ursprung des Bösen (1710), in: Ders.: Philosophische Schriften, Bd. II/1 u. 2, hg. und übersetzt v. Herbert Herring, Darmstadt 1985.

Lemaître, Georges: Expansion of the universe. A homogeneous universe of constant mass and increasing radius accounting for the radial velocity of extra-galactic nebulae, in: Monthly Notices of the Royal Astronomical Society, Bd. 91, März 1931, S. 483–490.

–: Un Univers homogene de masse constante et de rayon croissant rendant compte de la vitesse radiale des nebuleuses extra-galactiques, in: Annales de la Societe Scientifique de Bruxelles, Ausg. A 47, 1927, S. 49–59.

Lennox, John: Stephen Hawking, das Universum und Gott, Witten 2011.

Lesch, Harald: Im Universum gibt es Schöpfung (Interview), in: Unsere Kirche, Nr. 6, 2016, S. 11.

Lesch, Harald/Zaun, Harald: Die kürzeste Geschichte allen Lebens. Eine Reportage über 13,7 Milliarden Jahre Werden und Vergehen, München [2]2008.

Leslie, John: A Proof of God's Reality, in: Buchheim, Thomas [u. a.] (Hg.): Gottesbeweise als Herausforderung für die moderne Vernunft (= Collegium Metaphysicum 4), Tübingen 2012, S. 411–427.

Lewontin, Richard: Die Dreifachhelix. Gen, Organismus und Umwelt. Aus dem Amerikanischen übersetzt von Andrea Pillmann. Mit 13 Abbildungen, Berlin/Heidelberg/New York (NY) 2002.

Libet, Benjamin: Mind Time. Wie das Gehirn Bewusstsein produziert, Frankfurt (M.) 2005.

–: Haben wir einen freien Willen?, in: Geyer, Christian (Hg.): Hirnforschung und Willensfreiheit. Zur Deutung der neuesten Experimente, Frankfurt (M.) 2004, S. 268–289.

Linde, Gesche: Evolutionstheorie und Schöpfungsglaube. Doch kein „Abschied von der Kosmologie"?, in: Kleinert, Markus/Schulz, Heiko (Hg.): Natur, Religion, Wissenschaft. Beiträge zur Religionsphilosophie Hermann Deusers (= Religion in Philosophy and Theology 91), Tübingen 2017, S. 185–261.

Link, Christian: „Im Anfang ...". Aufgabe und Ansatz einer Schöpfungslehre heute, in: Gräb, Wilhelm (Hg.): Urknall oder Schöpfung? Zum Dialog von Naturwissenschaft und Theologie, Gütersloh 1995, S. 153–175.

–: Schöpfung. Ein theologischer Entwurf im Gegenüber von Naturwissenschaft und Ökologie, Neukirchen-Vluyn 2012.

–: Christlicher Schöpfungsglaube und naturwissenschaftliches Weltverständnis. Wie kann man dem Kreationismus argumentativ begegnen?, in: Hempelmann, Reinhard (Hg.): Schöpfungsglaube zwischen Anti-Evolutionismus und neuem Atheismus (= EZW-Texte 204), Berlin 2009, S. 121–137.

–: Theodizee. Eine theologische Herausforderung (= Theologische Bibliothek III), Göttingen 2016.

Löffler, Winfried: Brüchige Demarkationsformeln. Über „methodischen Naturalismus", „NOMA" und „POMA" als Deutungen des Verhältnisses von Religion und Wissenschaft, in: Tapp, Christian/Breitsameter, Christof (Hg.): Theologie und Naturwissenschaften, Berlin/Boston (MA) 2014, S. 95–120.

–: Naturalismus und Anti-Naturalismus. Eine philosophische Kriteriologie, in: Nissing, Hanns-Gregor (Hg.): Natur. Ein philosophischer Grundbegriff, Darmstadt 2010, S. 149–165.

Løgstrup, Knud E.: Schöpfung und Vernichtung. Religionsphilosophische Betrachtungen. Metaphysik IV, Tübingen 1990.

Lohmann, Friedrich: Die Natur der Natur. Welches Naturverständnis setzt die Naturrechtsethik voraus? in: Gräb-Schmidt, Elisabeth (Hg.): Was heißt Natur? Philosophischer Ort und Begründungsfunktion des Naturbegriffs (= Veröffentlichungen der Wissenschaftlichen Gesellschaft für Theologie 43), Leipzig 2015, S. 13–53.

Lønning, Inge: Art. „Gott VIII: Neuzeit/Systematisch-theologisch", in: TRE 13, S. 668–708.

Lorentz, Hendrik Antoon: Elektromagnetische Erscheinungen in einem System, das sich mit beliebiger, die des Lichtes nicht erreichender Geschwindigkeit bewegt (1904), wieder abgedruckt in: Ders./Einstein, Albert/Minkowski, Hermann: Das Relativitätsprinzip. Eine Sammlung von Abhandlungen. Mit einem Vorwort von H. Weyl und Anmerkungen von A. Sommerfeld. Vorwort von O. Blumenthal, Stuttgart [8]1982, S. 6–25.

Losch, Andreas: Jenseits der Konflikte. Eine konstruktiv-kritische Auseinandersetzung von Theologie und Naturwissenschaft (= FSÖTh 133), Göttingen 2011.

–: Das Paradigma des Kritischen Realismus, in: Tapp, Christian/Breitsameter, Christof (Hg.): Theologie und Naturwissenschaften, Berlin/Boston (MA) 2014, S. 69–94.

Lüke, Ulrich: Mehr Gehirn als Geist? Grenzen der naturalistischen Interpretation, in: Neuner, Peter (Hg.): Naturalisierung des Geistes – Sprachlosigkeit der Theologie? Die Mind-Brain-Debatte und das christliche Menschenbild (= QD 205), Freiburg (Br.) 2003, S. 57–77.

–: Mensch – Natur – Gott. Naturwissenschaftliche Beiträge und theologische Erträge (= Theologie. Forschung und Wissenschaft 1), Münster 2002.

–: Schöpfung und Evolution. Wider den naturalistischen Kreationismus und den metaphysischen Evolutionismus, in: Becker, Patrick/Diewald, Ursula (Hg.): Zukunftsperspektiven im theologisch-naturwissenschaftlichen Dialog (= Religion, Theologie und Naturwissenschaft/Religion, Theology, and Natural Science 22), Göttingen 2011, S. 21–36.

–: Schöpfung aus dem Nichts oder fortlaufende Schöpfung? Zum Verhältnis von creatio ex nihilo und creatio continua, in: Müller, Helmut A. (Hg.): Kosmologie. Fragen nach Evolution und Eschatologie der Welt (= Religion, Theologie und Naturwissenschaft/Religion, Theology, and Natural Science 2), Göttingen 2004, S. 39–52.

Mach, Ernst: Die Mechanik in ihrer Entwicklung, historisch-kritisch dargestellt, Leipzig [7]1912.

Das *Manifest.* Elf führende Neurowissenschaftler über Gegenwart und Zukunft der Hirnforschung, in: Gehirn & Geist 6/2004, S. 30–37.

Margulis, Lynn/Sagan, Dorion: Ist das Leben ein endloser Kampf ums Überleben?, in: Grolle, Johann (Hg.): Evolution. Wege des Lebens, hg. für das deutsche Hygiene-Museum Dresden, München 2008, S. 52–62.

Markowitsch, Hans J.: Warum wir keinen freien Willen haben. Der sogenannte freie Wille aus Sicht der Hirnforschung, in: PsR 55 (2004), S. 163–168.

McGrath, Alister/McGrath, Joanna Collicutt: Der Atheismus-Wahn. Eine Antwort auf Richard Dawkins und den atheistischen Fundamentalismus, Asslar 2007.

Menke, Karl-Heinz: Das heterogene Phänomen der Geist-Christologien, in: Augustin, George/Krämer, Klaus/Schulze, Markus (Hg.): Mein Herr und mein Gott. Christus bekennen und verkünden, Festschrift für Walter Kardinal Kasper zum 80. Geburtstag, Freiburg (Br.) 2013, S. 220–257.

Metzinger, Thomas: Being No One. The Self-Model Theory of Subjectivity, Cambridge (MA) 2004.

Minkowski, Hermann: Raum und Zeit. Vortrag gehalten auf der 80. Versammlung Deutscher Naturforscher und Ärzte zu Cöln am 21. September 1908, wieder abgedruckt in: Lorentz, Hendrik Antoon/Einstein, Albert/Minkowski, Hermann: Das Relativitätsprinzip. Eine Sammlung von Abhandlungen. Mit einem Vorwort von H. Weyl und Anmerkungen von A. Sommerfeld. Vorwort von O. Blumenthal, Stuttgart [8]1982, S. 54–71.

Mogk, Rainer: Eigenständigkeit durch Abschottung? Haupttendenzen evangelischer Theologie gegenüber naturwissenschaftlichen Erkenntnissen im 19. und frühen 20. Jahrhundert, in: Weinhardt, Joachim (Hg.): Naturwissenschaften und Theologie. Methodische Ansätze und Grundlagenwissen zum interdisziplinären Dialog. Mit Beiträgen von Günter Altner [u. a.], Stuttgart 2010, S. 37–52.

Moleschott, Jacob: Der Kreislauf des Lebens, Bd. 2, Gießen 1887.

Moltmann, Jürgen: Gott in der Schöpfung. Ökologische Schöpfungslehre, Gütersloh [4]1993.

–: Wissenschaft und Weisheit. Zum Gespräch zwischen Naturwissenschaft und Theologie, Gütersloh 2002.

Monod, Jacques: Zufall und Notwendigkeit. Philosophische Fragen der modernen Biologie, München 1971.

Morris, Simon Conway: Gibt es Kolibris auf Alpha Centauri?, in: Grolle, Johann (Hg.): Evolution. Wege des Lebens, hg. für das deutsche Hygiene-Museum Dresden, München 2008, S. 63–74.

–: Jenseits des Zufalls. Wir Menschen im einsamen Universum, Berlin 2008.

Moxter, Michael: Einleitung: ‚Natur', ‚Natürliches' und ‚Naturalismus' in theologischer Perspektive, in: Gräb-Schmidt, Elisabeth/Preul, Reiner (Hg.): Natur (= MJTh 27 = MThSt [NS] 122), Leipzig 2015, S. XI–XXVI.

Mühling, Markus: Einstein und die Religion. Das Wechselverhältnis zwischen religiös-weltanschaulichen Gehalten und naturwissenschaftlicher Theoriebildung Albert Einsteins in seiner Entwicklung (= Religion, Theologie und Naturwissenschaft/Religion, Theology, and Natural Science 23), Göttingen 2011.

–: Grundinformation Eschatologie. Systematische Theologie aus der Perspektive der Hoffnung, Göttingen 2007.

–: Liebesgeschichte Gott. Systematische Theologie im Konzept (= FSÖTh 141), Göttingen 2013.

–: Resonanzen: Neurobiologie, Evolution und Theologie. Evolutionäre Nischenkonstruktion, das ökologische Gehirn und narrativ-relationale Theologie (= Religion, Theologie und Naturwissenschaft/Religion, Theology, and Natural Science 30), Göttingen 2016.

–: Zeitfaktoren. Die Rolle von Zeitbegriffen in theologischen Systemkonstruktionen, in: Petzoldt, Matthias (Hg.): Theologie im Gespräch mit empirischen Wissenschaften (= Veröffentlichungen der Wissenschaftlichen Gesellschaft für Theologie 35), Leipzig 2012, S. 291–314.

Müller, Helmut A. (Hg.): Kosmologie. Fragen nach Evolution und Eschatologie der Welt (= Religion, Theologie und Naturwissenschaft/Religion, Theology, and Natural Science 2), Göttingen 2004.

Müller, Jörn: Ist die Natur ethisch irrelevant? Zur Genealogie des naturalistischen Fehlschlusses, in: Nissing, Hanns-Gregor (Hg.): Natur. Ein philosophischer Grundbegriff, Darmstadt 2010, S. 99–114.

Müller, Klaus: Theismus unter Dauerbeschuss. Gottesglaube im Visier gegenwärtiger Kulturkritik, in: Langthaler, Rudolf/Appel, Kurt (Hg.): Dawkins' Gotteswahn. 15 kritische Antworten auf seine atheistische Mission, Wien/Köln/Weimar 2010, S. 31–55.

Murphy, George L.: Kosmologie, Evolution und Biotechnologie, in: Peters, Ted/Bennet, Gaymon/Kang, Phee Seng (Hg.): Brücken bauen: Naturwissenschaft und Religion. Mit Vorworten von Wolfhart Pannenberg und Robert John Russell. Aus dem Amerikanischen von Tina Bruns (= Religion, Theologie und Naturwissenschaft/Religion, Theology, and Natural Science 5), Göttingen 2006, S. 269–286.

Murphy, Nancey: Theologie und Naturwissenschaft in der Postmoderne, in: Peters, Ted/Bennet, Gaymon/Kang, Phee Seng (Hg.): Brücken bauen: Naturwissenschaft und Religion. Mit Vorworten von Wolfhart Pannenberg und Robert John Russell. Aus dem Amerikanischen von Tina Bruns (= Religion, Theologie und Naturwissenschaft/Religion, Theology, and Natural Science 5), Göttingen 2006, S. 75–89.

Mutschler, Hans-Dieter: Ein großer Entwurf? Stephen Hawking will das Universum erklären, in: StZ 229 (2011), S. 64–66.

–: Kritik des Naturalismus, in: Becker, Patrick/Diewald, Ursula (Hg.): Zukunftsperspektiven im theologisch-naturwissenschaftlichen Dialog (= Religion, Theologie und Naturwissenschaft/Religion, Theology, and Natural Science 22), Göttingen 2011, S. 55–68.

–: Minimalbedingungen für einen Dialog Naturwissenschaft – Theologie, in: Müller, Tobias/Schmidt, Karsten/Schüler, Sebastian (Hg.): Religion im Dialog. Interdisziplinäre Perspektiven – Probleme – Lösungsansätze, Göttingen 2009, S. 249–264.

–: Ist die Natur naturalisierbar? in: Gräb-Schmidt, Elisabeth (Hg.): Was heißt Natur? Philosophischer Ort und Begründungsfunktion des Naturbegriffs (= Veröffentlichungen der Wissenschaftlichen Gesellschaft für Theologie 43), Leipzig 2015, S. 277–285.

–: Physik und Religion. Perspektiven und Grenzen eines Dialogs, Darmstadt 2005.

Nagel, Thomas: Geist und Kosmos. Warum die materialistische neodarwinistische Konzeption der Natur so gut wie sicher falsch ist, Berlin [5]2014.

Neuner, Peter (Hg.): Naturalisierung des Geistes – Sprachlosigkeit der Theologie? Die Mind-Brain-Debatte und das christliche Menschenbild (= QD 205), Freiburg (Br.) 2003.

Newberg, Andrew/D'Aquili, Eugene/Rause, Vince: Der gedachte Gott. Wie Glaube im Gehirn entsteht, München/Zürich 2003.

Newton, Isaac: Mathematische Prinzipien der Naturlehre. Mit Bemerkungen und Erläuterungen hg. v. J.P. Wolfers, Berlin 1872. [Nachdr. Darmstadt 1963.]

Nissing, Hanns-Gregor (Hg.): Natur. Ein philosophischer Grundbegriff, Darmstadt 2010.

–: Das Recht der Natur. Philosophische Beiträge zu einer theologischen Diskussion, in: Ders. (Hg.): Natur. Ein philosophischer Grundbegriff, Darmstadt 2010, S. 7–20.

Nobis, Heribert M.: Über den Wandel der Bewusstseinseinstellung der Gelehrten gegenüber der Natur vom frühen zum hohen Mittelalter, in: Hübner, Jürgen/Stamatescu, Ion-Olimpiu/Weber, Dieter (Hg.): Theologie und Kosmologie. Geschichte und Erwartungen für das gegenwärtige Gespräch (= Religion und Aufklärung 11), Tübingen 2004, S. 113–168.

Odling-Smee, F. John/Laland, Kevin N./Feldman, Marcus W.: Niche Construction. The Neglected Process in Evolution, Princeton (NJ)/Oxford 2003.

Oehler, Jochen: Zur Evolution der Evolutionstheorie, in: Klose, Joachim/Oehler, Jochen (Hg.): Gott oder Darwin? Vernünftiges Reden über Schöpfung und Evolution, Berlin/Heidelberg 2008, S. 119–140.

Pannenberg, Wolfhart: Anthropologie in theologischer Perspektive, Göttingen 1983.

–: Die Frage nach Gott als Schöpfer der Welt und die neuere Kosmologie, in: Müller, Helmut A. (Hg.): Kosmologie. Fragen nach Evolution und Eschatologie der Welt (= Religion, Theologie und Naturwissenschaft/Religion, Theology, and Natural Science 2), Göttingen 2004, S. 197–208.

–: Kontingenz und Naturgesetz, in: Müller, A.M. Klaus/Pannenberg, Wolfhart: Erwägungen zu einer Theologie der Natur, Gütersloh 1970, S. 33–80.

–: Was ist der Mensch? Die Anthropologie der Gegenwart im Lichte der Theologie, Göttingen [8]1995.

–: Systematische Theologie, Bd. 1–3, Göttingen 1988/1991/1993.

–: Theologie der Schöpfung und Naturwissenschaft, in: Dorschner, Johann/Heller, Michael/Pannenberg, Wolfhart: Mensch und Universum. Naturwissenschaft und Schöpfungsglaube im Dialog, Regensburg 1995, S. 146–162.

–: Das Wirken Gottes und die Dynamik des Naturgeschehens, in: Gräb, Wilhelm (Hg.): Urknall oder Schöpfung? Zum Dialog von Naturwissenschaft und Theologie, Gütersloh 1995, S. 139–152.

Patzig, Günther: Kann die Natur Quelle moralischer Normen sein?, in: Daecke, Sigurd Martin/Bresch, Carsten (Hg.): Gut und Böse in der Evolution. Naturwissenschaftler, Philosophen und Theologen im Disput. Mit Beiträgen von Carsten Bresch [u. a.], Stuttgart 1995, S. 85–98.

Pauen, Michael: Illusion Freiheit? Mögliche und unmögliche Konsequenzen der Hirnforschung, Frankfurt (M.) [2]2005.

Peacocke, Arthur: Gottes Wirken in der Welt. Theologie im Zeitalter der Naturwissenschaften. Aus dem Engl. von E. Dieckmann, Mainz 1998.

Peetz, Katharina: Der Dawkins-Diskurs in Theologie, Philosophie und Naturwissenschaften (= Religion, Theologie und Naturwissenschaft/Religion, Theology, and Natural Science 28), Göttingen 2013.

Peitz, Heinz-Hermann: Kriterien und Bedingungen für einen gelingenden Dialog, in: Becker, Patrick/Diewald, Ursula (Hg.): Zukunftsperspektiven im theologisch-naturwissenschaftlichen Dialog (= Religion, Theologie und Naturwissenschaft/Religion, Theology, and Natural Science 22), Göttingen 2011, S. 385–408.

Perler, Dominik: Alter und neuer Naturalismus. Eine historische Hinführung zur aktuellen Debatte über die Leib-Seele-Problematik, in: Neuner, Peter (Hg.): Naturalisierung des Geistes – Sprachlosigkeit der Theologie? Die Mind-Brain-Debatte und das christliche Menschenbild (= QD 205), Freiburg (Br.) 2003, S. 15–42.

Persinger, Michael A.: Neurophysiological Basis of God Beliefs, New York (NY) 1987.

Peters, Albrecht: Gesetz und Evangelium (= HST 2), Gütersloh 1981.

Peters, Hildegard: Freier Wille und Natur(alismus). Ein integrativer Ansatz zur Willensfreiheit im Kontext der Bewusstseinsfrage (= Religion, Theologie und Naturwissenschaft/Religion, Theology, and Natural Science 36), Göttingen 2022.

Peters, Ted: Genetik, Theologie und Ethik, in: Ders./Bennet, Gaymon/Kang, Phee Seng (Hg.): Brücken bauen: Naturwissenschaft und Religion. Mit Vorworten von Wolfhart Pannenberg und Robert John Russell. Aus dem Amerikanischen von Tina Bruns (= Religion, Theologie und Naturwissenschaft/Religion, Theology, and Natural Science 5), Göttingen 2006, S. 139–168.

–/ *Bennet, Gaymon/Kang, Phee Seng* (Hg.): Brücken bauen: Naturwissenschaft und Religion. Mit Vorworten von Wolfhart Pannenberg und Robert John Russell. Aus dem Amerikanischen von Tina Bruns (= Religion, Theologie und Naturwissenschaft/Religion, Theology, and Natural Science 5), Göttingen 2006.

Petzoldt, Matthias: Gehirn – Geist – Heiliger Geist. Muss der Glaube die Willensfreiheit verteidigen? (= Denkperlen 07), Hamburg 2008.

–: Christliches Menschenbild im Zeitalter der Naturwissenschaften, in: Becker, Patrick/Diewald, Ursula (Hg.): Zukunftsperspektiven im theologisch-naturwissenschaftlichen Dialog (= Religion, Theologie und Naturwissenschaft/Religion, Theology, and Natural Science 22), Göttingen 2011, S. 163–176.

–: Welchen Sinn hat es, von Gott zu reden? Fundamentaltheologische Überlegungen im Spannungsfeld zwischen Konstruktivismus und Neurobiologie, in: Klein, Andreas/Körtner, Ulrich H.J. (Hg.): Die Wirklichkeit als Interpretationskonstrukt? Herausforderungen konstruktivistischer Ansätze für die Theologie, Neukirchen-Vluyn 2011, S. 129–145.

– (Hg.): Theologie im Gespräch mit empirischen Wissenschaften (= Veröffentlichungen der Wissenschaftlichen Gesellschaft für Theologie 35), Leipzig 2012.

Picht, Georg: Der Begriff der Natur und seine Geschichte. Einführung Carl Friedrich von Weizsäcker, Stuttgart 1989.

Pietschmann, Herbert: Der Quantifizierungs-Wahn. Replik auf Dawkins' Buch „Der Gotteswahn", in: Langthaler, Rudolf/Appel, Kurt (Hg.): Dawkins' Gotteswahn. 15 kritische Antworten auf seine atheistische Mission, Wien/Köln/Weimar 2010, S. 341–366.

Plaass, Peter: Kants Theorie der Naturwissenschaft. Eine Untersuchung zur Vorrede von Kants „Metaphysischen Anfangsgründen der Naturwissenschaft", Göttingen 1965.

Planck, Max: Die Entstehung und bisherige Entwicklung der Quantentheorie. Nobel-Vortrag, gehalten vor der Königlich Schwedischen Akademie der Wissenschaften zu Stockholm am 2. Juni 1920, in: Ders.: Vorträge und Erinnerungen, Stuttgart 1949, S. 125–138.

–: Zur Theorie des Gesetzes der Energieverteilung im Normalspektrum, in: ter Haar, Dirk (Hg.): Quantentheorie. Einführung und Originaltexte, Braunschweig 1969, S. 107–117.

Platzer, Johann/Zissler, Elisabeth (Hg.): Bioethik und Religion. Theologische Ethik im öffentlichen Diskurs [Walter Schaupp zum 60. Geburtstag], Baden-Baden 2014.

Poincaré, Henri: Der Stand der theoretischen Physik an der Jahrhundertwende. Vortrag in St. Louis 1904, in: Physikalische Blätter 15 (1959), S. 145–149, 193–201.

Polkinghorne, John: An Gott glauben im Zeitalter der Naturwissenschaften. Die Theologie eines Physikers. Aus dem Englischen von Gregor Etzelmüller, Gütersloh 2000.

–: Quantum Physics and Theology. An Unexpected Kinship, New Haven (CT)/London 2007.

–: Exploring Reality. The Intertwining of Science and Religion, New Haven (CT)/London 2005.

–: Science and Creation: The Search for Understanding, Boston (MA) 1989.

–: Science and the Trinity. The Christian Encounter with Reality, New Haven (CT)/London 2004.

–: Theologie und Naturwissenschaft. Eine Einführung. Aus dem Englischen von Gregor Etzelmüller, Gütersloh 2001.

–: Ein verstehbares Universum, in: Tapp, Christian/Breitsameter, Christof (Hg.): Theologie und Naturwissenschaften, Berlin/Boston (MA) 2014, S. 143–155.

–/ *Welker, Michael:* An den lebendigen Gott glauben. Ein Gespräch. Aus dem Englischen übersetzt von Gregor Etzelmüller und Michael Welker, Gütersloh 2005.

Popper, Karl R.: Logik der Forschung (= Gesammelte Werke in deutscher Sprache 3), hg. v. Herbert Keuth, Tübingen [11]2005.

Prigogine, Ilya: Vom Sein zum Werden. Zeit und Komplexität in den Naturwissenschaften, München/Zürich 1979.

–: Zeit, Entropie und der Evolutionsbegriff in der Physik (1979), in: Zimmerli, Walther Ch./Sandbothe, Mike (Hg.): Klassiker der modernen Zeitphilosophie, Darmstadt 1993, S. 182–211.

–/ *Stengers, Isabelle:* Dialog mit der Natur. Neue Wege naturwissenschaftlichen Denkens, München/Zürich [7]1993.

–/ *Stengers, Isabelle:* Das Paradox der Zeit. Zeit, Chaos und Quanten, München/Zürich 1993.

Prinz, Wolfgang: Kritik des freien Willens: Bemerkungen über eine soziale Institution, in: PsR 55 (2004), S. 198–206.

–: Der Mensch ist nicht frei. Ein Gespräch, in: Geyer, Christian (Hg.): Hirnforschung und Willensfreiheit. Zur Deutung der neuesten Experimente, Frankfurt (M.) 2004, S. 20–26.

Quitterer, Josef: Ist unser Selbst Illusion oder neurobiologische Realität? Ein Beitrag zur Aktualität des Seelenbegriffs, in: Neuner, Peter (Hg.): Naturalisierung des Geistes – Sprachlosigkeit der Theologie? Die Mind-Brain-Debatte und das christliche Menschenbild (= QD 205), Freiburg (Br.) 2003, S. 79–97.

Ramachandran, Vilayanur S./Blakeslee, Sandra: Die blinde Frau, die sehen kann. Rätselhafte Phänomene unseres Bewusstseins, Reinbek bei Hamburg [3]2002.

Rauner, Max: Logenplatz im Weltall. Sind wir doch der Nabel des Universums? Einer neuen Theorie zufolge befindet sich unsere Heimatgalaxie, die Milchstraße, im Zentrum eines gigantischen Leerraums, in: Die Zeit, Nr. 52, 2009, S. 39–40.

Reichenbach, Hans: Axiomatik der relativistischen Raum-Zeit-Lehre (= Die Wissenschaft 72), Braunschweig 1965 [Nachdr. v. 1924].

Rensch, Bernhard: Art. „Darwin, Charles/Darwinismus", in: TRE 8, S. 359–376.

Ricken, Friedo: Art. „Naturrecht I: Altkirchliche, mittelalterliche und römisch-katholische Interpretationen", in: TRE 24, S. 132–153.

– (Hg.): Klassische Gottesbeweise in der Sicht der gegenwärtigen Logik und Wissenschaftstheorie. Mit Beiträgen von Wilhelm K. Essler [u. a.] (= MPhS, NF 4), Stuttgart [2]1998.

Ried, Jens: Offene Diskussion. Ein Forschungsmoratorium für das „genome editing" ist nicht sinnvoll, in: Zeitzeichen 18 (2017), H. 4, S. 12–15.

Riedl, Rupert: Die Strategie der Genesis. Naturgeschichte der realen Welt, München 1976.

Riemann, Bernhard: Ueber die Hypothesen, welche der Geometrie zu Grunde liegen [1854], in: Ders.: Gesammelte mathematische Werke, wissenschaftlicher Nachlass und Nachträge. Collected Papers, nach der Ausgabe v. Heinrich Weber u. Richard Dedekind neu hg. v. Raghavan Narasimhan, Leipzig 1990, S. 304–319.

Ritschl, Albrecht: Die christliche Lehre von der Rechtfertigung und Versöhnung, Bd. I–III, Bonn 1870–1883.

Ritter, Adolf Martin: Christliche Kosmologie in der Alten Kirche, in: Hübner, Jürgen/Stamatescu, Ion-Olimpiu/Weber, Dieter (Hg.): Theologie und Kosmologie. Geschichte und Erwartungen für das gegenwärtige Gespräch (= Religion und Aufklärung 11), Tübingen 2004, S. 99–112.

Rommel, Herbert: Mensch – Leid – Gott. Einführung in die Theodizee-Frage und ihre Didaktik, Paderborn 2011.

Rosenau, Hartmut: Art. „Natur", in: TRE 24, S. 98–107.

Rösler, Frank: Neuronale Korrelate der Handlungsausführung. Zur Validität der Experimente von Libet (1983), in: Köchy, Kristian/Stederoth, Dirk (Hg.): Willensfreiheit als interdisziplinäres Problem (= Lebenswissenschaften im Dialog 1), Freiburg (Br.) 2006, S. 165–190.

Rössler, Dietrich: Die Moral des Pluralismus. Anmerkungen zur evangelischen Ethik im Kontext der neuzeitlichen Gesellschaft, in: Anselm, Reiner/Körtner, Ulrich H.J. (Hg.): Streitfall Biomedizin. Urteilsfindung in christlicher Verantwortung. Mit einer Einführung von Trutz Rendtorff, Göttingen 2003, S. 179–193.

Roth, Gerhard: Fühlen, Denken, Handeln. Wie das Gehirn unser Verhalten steuert, Frankfurt (M.) 2003.

–: Das Gehirn und seine Wirklichkeit. Kognitive Neurobiologie und ihre philosophischen Konsequenzen, Frankfurt (M.) 1997.

–: Aus Sicht des Gehirns, Frankfurt (M.) 2003.

–: Willensfreiheit und Schuldfähigkeit aus der Sicht der Hirnforschung, in: Ders./Grün, Klaus-Jürgen (Hg.): Das Gehirn und seine Freiheit. Beiträge zur neurowissenschaftlichen Grundlegung der Philosophie, Göttingen [2]2006, S. 9–27.

–/ *Vollmer, Gerhard:* Es geht ans Eingemachte. Neue Erkenntnisse der Hirnforschung verändern unser Bild vom Menschen, Interview in: Spektrum der Wissenschaft 10/2000, S. 72–75.

Rothgangel, Martin: Naturwissenschaft und Theologie. Wissenschaftstheoretische Gesichtspunkte im Horizont religionspädagogischer Überlegungen (= ARPäd 15), Göttingen 1999.

Russell, Robert John/Wegter-McNelly, Kirk: Die Verzahnung von Naturwissenschaft und Theologie, in: Peters, Ted/Bennet, Gaymon/Kang, Phee Seng (Hg.): Brücken bauen: Naturwissenschaft und Religion. Mit Vorworten von Wolfhart Pannenberg und Robert John Russell. Aus dem Amerikanischen von Tina Bruns (= Religion, Theologie und Naturwissenschaft/Religion, Theology, and Natural Science 5), Göttingen 2006, S. 52–74.

Schaede, Stephan: Gewissensbildung und menschliche Identität. Welche Erklärungserwartungen die Theologie an die Neurowissenschaften stellt, in: in: Böhlemann, Peter [u. a.] (Hg.): Der machbare Mensch? Moderne Hirnforschung, biomedizinisches Enhancement und christliches Menschenbild (= Villigst Profile. Schriftenreihe des Evangelischen Studienwerks e. V. Villigst 13), Berlin 2010, S. 33–46.

Schärtl, Thomas: Arbeitsloser Schöpfergott? Über den Gottesbegriff in einem evolutionären Weltbild, in: Becker, Patrick/Diewald, Ursula (Hg.): Zukunftsperspektiven im theologisch-naturwissenschaftlichen Dialog (= Religion, Theologie und Naturwissenschaft/Religion, Theology, and Natural Science 22), Göttingen 2011, S. 123–137.

Schelling, Friedrich Wilhelm Joseph: Ideen zu einer Philosophie der Natur, Berliner Ausgabe, Berlin [2]2013.

Schleiermacher, Friedrich Daniel Ernst: Der christliche Glaube nach den Grundsätzen der evangelischen Kirche im Zusammenhange dargestellt, Zweite Auflage (1830/31), Bd. I u. II, hg. v. Rolf Schäfer, Berlin/New York (NY) 2008.

–: Über die Religion. Reden an die Gebildeten unter ihren Verächtern (1799), in: Kritische Gesamtausgabe, I. Abt./Bd. 2: Schriften aus der Berliner Zeit 1769–1799, hg. v. Günter Meckenstock, Berlin/New York (NY) 1984, S. 185–326.

Schleiff, Matthias: Schöpfung, Zufall oder viele Universen? Ein teleologisches Argument aus der Feinabstimmung der Naturkonstanten (= Collegium Metaphysicum 21), Tübingen 2019.

Schmid, Friedrich: Erwägungen zur kritischen Funktion des trinitarischen Bekenntnisses für die Grundlegung einer theologischen Hermeneutik, in: Honecker, Martin/Steiger, Lothar (Hg.): Auf dem Wege zu schriftgemässer Verkündigung. Hermann Diem zum 65. Geburtstag am 2. Februar 1965 (= BEvTh 39), München 1965, S. 57–76.

Schmid, Heinrich: Die Dogmatik der evangelisch-lutherischen Kirche, dargestellt und aus den Quellen belegt. Neu hg. u. durchgesehen v. Horst Georg Pöhlmann, Gütersloh [12]1998.

Schmid, Konrad: Die Welt als Schöpfung, in: Ders. (Hg.): Schöpfung (= Themen der Theologie 4), Tübingen 2012, S. 325–346.

Schmidt, Winfried: Rettet die Quantenphysik die Freiheit?, in: Becker, Patrick/Diewald, Ursula (Hg.): Zukunftsperspektiven im theologisch-naturwissenschaftlichen Dialog (= Religion, Theologie und Naturwissenschaft/Religion, Theology, and Natural Science 22), Göttingen 2011, S. 246–272.

Schmidt-Salomon, Michael: Manifest des evolutionären Humanismus. (Auszüge zu einzelnen Themen) – Michael Schmidt-Salomon im Auftrag der Giordano Bruno Stiftung, in: Hempelmann, Reinhard (Hg.): Dialog und Auseinandersetzung mit Atheisten und Humanisten (= EZW-Texte 216), Berlin 2011, S. 100–105.

Schnabel, Ulrich: Mehr, als das Auge sehen kann. Der Physiknobelpreis ehrt die Entdecker der „dunklen Energie" im Kosmos. Ihre Forschung zeigt: Über den größten Teil des Universums weiß die Wissenschaft so gut wie nichts, in: Die Zeit, Nr. 41, 2011, S. 41.

Schoberth, Wolfgang: Schöpfung und Selbstorganisation. Von falschen Alternativen und echten Konflikten, in: Schwarz, Hans (Hg.): Glaube und Denken. Jahrbuch der Karl-Heim-Gesellschaft (12. Jgg. 1999), Frankfurt (M.) 1999, S. 11–32.

Schockenhoff, Eberhard: Wie kann Ethik die Politik beraten? Erfahrungen eines Theologen im Deutschen Ethikrat, in: Platzer, Johann/Zissler, Elisabeth (Hg.): Bioethik und Religion. Theologische Ethik im öffentlichen Diskurs [Walter Schaupp zum 60. Geburtstag], Baden-Baden 2014, S. 347–368.

–: Grundlegung der Ethik. Ein theologischer Entwurf, Freiburg (Br.) [2]2014.

–: Wie frei ist der Mensch? Zum Dialog zwischen Hirnforschung und theologischer Ethik, in: Fürst, Martina/Gombocz, Wolfgang/Hiebaum, Christian (Hg.): Gehirne und Personen. Beiträge zum 8. Internationalen Kongress der Österreichischen Gesellschaft für Philosophie in Graz, Bd. 1, Heusenstamm/Frankfurt (M.) 2009, S. 41–53.

–: Die Moralfähigkeit des Menschen als Grund seiner Sonderstellung im Kosmos, in: Becker, Patrick/Diewald, Ursula (Hg.): Zukunftsperspektiven im theologisch-naturwissenschaftlichen Dialog (= Religion, Theologie und Naturwissenschaft/Religion, Theology, and Natural Science 22), Göttingen 2011, S. 206–226.

Scholz, Heinrich: Mathesis universalis. Abhandlungen zur Philosophie als strenger Wissenschaft, hg. v. Hans Hermes, Friedrich Kambartel u. Joachim Ritter, Basel/Stuttgart 1961.

–: Metaphysik als strenge Wissenschaft, Darmstadt 1965 [unv. Nachdr. der Aufl. Köln 1941].

–: Religionsphilosophie, Berlin/New York (NY) 1974 [Nachdr. der 2., neuverf. Ausg., Berlin 1922].

Schröder, Tilman Matthias: „Es ist die Wissenschaft für uns Religion geworden" – Triumph und Krise des naturwissenschaftlichen Weltbildes im 19. Jahrhundert, in: Weinhardt, Joachim (Hg.): Naturwissenschaften und Theologie. Methodische Ansätze und Grundlagenwissen zum interdisziplinären Dialog. Mit Beiträgen von Günter Altner [u. a.], Stuttgart 2010, S. 21–35.

Schrödinger, Erwin: Die Wellenmechanik, Stuttgart 1963.
–: Über das Verhältnis der Heisenberg-Born-Jordanschen Quantenmechanik zu der meinen, in: Annalen der Physik 79 (1926), S. 734–756.
Schulze, Christiane: Zur Phänomenologie und Bedeutung von Nahtoderfahrungen, in: Becker, Patrick/Diewald, Ursula (Hg.): Zukunftsperspektiven im theologisch-naturwissenschaftlichen Dialog (= Religion, Theologie und Naturwissenschaft/Religion, Theology, and Natural Science 22), Göttingen 2011, S. 346–364.
Schüßler, Werner: Art. „Transzendenz I: Philosophisch", in: TRE 33, S. 768–771.
Schütz, Christian: Gegenwärtige Tendenzen in der Gottes- und Trinitätslehre, in: MySal, ErgBd., Zürich/Einsiedeln/Köln 1981, S. 264–322.
Schwarz, Hans (Hg.): Glaube und Denken. Jahrbuch der Karl-Heim-Gesellschaft. 12. Jahrgang 1999, Frankfurt (M.) [u. a.] 1999.
–: 400 Jahre Streit um die Wahrheit – Theologie und Naturwissenschaft, Göttingen 2012.
–: Theologie im globalen Kontext: Die letzten zweihundert Jahre, Bad Liebenzell 2006.
Schwöbel, Christoph: Sein oder Design – das ist hier die Frage. Christlicher Schöpfungsglaube im Spannungsfeld von Evolutionismus und Kreationismus, in: Buchheim, Thomas [u. a.] (Hg.): Gottesbeweise als Herausforderung für die moderne Vernunft (= Collegium Metaphysicum 4), Tübingen 2012, S. 463–520.
–: Theologie der Schöpfung im Dialog zwischen Naturwissenschaft und Dogmatik, in: Härle, Wilfried/Marquardt, Manfred/Nethöfel, Wolfgang (Hg.): Unsere Welt – Gottes Schöpfung (= MThSt 32), Marburg 1992, S. 199–221.
–: Trinitätslehre als Rahmentheorie des christlichen Glaubens. Vier Thesen zur Bedeutung der Trinität in der christlichen Dogmatik, in: Härle, Wilfried/Preul, Reiner (Hg.): Marburger Jahrbuch Theologie, Bd. X: Trinität (= MThSt 49), Marburg 1998, S. 129–154.
Seidl, Horst: Evolution – Naturfinalität – Schöpfung. Zur Bedeutung der traditionellen Naturphilosophie für die modernen Naturwissenschaften, in: Nissing, Hanns-Gregor (Hg.): Natur. Ein philosophischer Grundbegriff, Darmstadt 2010, S. 166–180.
Seitz, Christian: Was leistet die Interdisziplinarität von Theologie und Naturwissenschaft? Positionen und Ergebnisse der aktuellen Diskussion (= EThSt 119), Würzburg 2021.
Singer, Peter: Praktische Ethik. Aus dem Englischen übersetzt v. Jean-Claude Wolf, Stuttgart 1984.
Singer, Wolf: Ein neues Menschenbild? Gespräche über Hirnforschung, Frankfurt (M.) 2003.
–: Selbsterfahrung und neurobiologische Fremdbeschreibung, in: Schmidinger, Heinrich/Sedmak, Clemens (Hg.): Der Mensch – ein freies Wesen? Autonomie – Personalität – Verantwortung (= Topologien des Menschlichen 2), Darmstadt 2005, S. 135–160.
Sloterdijk, Peter: Regeln für den Menschenpark. Ein Antwortschreiben zu Heideggers Brief über den Humanismus, Frankfurt (M.) 1999.
Smolin, Lee: Warum gibt es die Welt? Die Evolution des Kosmos, München 1999.
–: Die Zukunft der Physik. Probleme der Stringtheorie und wie es weitergeht. Aus dem Englischen von Hainer Kober, München 2009.
Söling, Caspar: Das Gehirn-Seele-Problem. Neurobiologie und theologische Anthropologie, Paderborn [u. a.] 1995.
Souvignier, Georg [u. a.] (Hg.): Gottesbilder an der Grenze zwischen Naturwissenschaft und Theologie, Darmstadt 2009.
Spaemann, Robert: Natur. Zur Geschichte eines philosophischen Grundbegriffs, in: Nissing, Hanns-Gregor (Hg.): Natur. Ein philosophischer Grundbegriff, Darmstadt 2010, S. 21–34.

Staniloae, Dumitru: Orthodoxe Dogmatik, Bd. I-III. Mit einem Geleitwort von Jürgen Moltmann. Aus dem Rumänischen übersetzt von Hermann Pitters (=ÖTh 12/15/16), Zürich [u. a.] 1985/1990/1995.

Stegmüller, Wolfgang: Metaphysik – Skepsis – Wissenschaft, Berlin/Heidelberg/New York (NY) [2]1969.

Steinke, Johannes Maria: John Polkinghorne. Konsonanz von Naturwissenschaft und Theologie (=Religion, Theologie und Naturwissenschaft/Religion, Theology, and Natural Science 4), Göttingen 2006.

Stock, Eberhard: Die Konzeption einer Metaphysik im Denken von Heinrich Scholz, Berlin/New York (NY) 1987.

Stoellger, Philipp: Interpretation zwischen Wirklichkeit und Konstruktion. Konstrukt*ionistische* Interpretationstheorie als Antwort auf konstruktivistische Übertreibungen, in: Klein, Andreas/Körtner, Ulrich H.J. (Hg.): Die Wirklichkeit als Interpretationskonstrukt? Herausforderungen konstruktivistischer Ansätze für die Theologie, Neukirchen-Vluyn 2011, S. 93–128.

Stosch, Klaus von: Theodizee (=Grundwissen Theologie), Paderborn [2]2018.

Stowasser, Martin: Si tacuisses … Richard Dawkins' „Der Gotteswahn" aus der Sicht eines Neutestamentlers, in: Langthaler, Rudolf/Appel, Kurt (Hg.): Dawkins' Gotteswahn. 15 kritische Antworten auf seine atheistische Mission, Wien/Köln/Weimar 2010, S. 233–245.

Suchan, Berthold: Kosmischer Sinn? Anthropische Argumente gegen die kosmologische Entfremdung des Menschen, in: Bröking-Bortfeldt, Martin/Rothgangel, Martin (Hg.): Glaube und Denken. Jahrbuch der Karl-Heim-Gesellschaft (18. Jgg. 2005), Frankfurt (M.) 2006, S. 77–99.

Susskind, Leonard: The Cosmic Landscape. String Theory and the Illusion of Intelligent Design, New York (NY) 2005.

Swinburne, Richard: Die Existenz Gottes, Stuttgart 1987.

–: Why Hume and Kant were mistaken in rejecting natural theology, in: Buchheim, Thomas [u. a.] (Hg.): Gottesbeweise als Herausforderung für die moderne Vernunft (=Collegium Metaphysicum 4), Tübingen 2012, S. 317–333.

Tapp, Christian/Breitsameter, Christof (Hg.): Theologie und Naturwissenschaften, Berlin/Boston (MA) 2014.

Teilhard de Chardin, Pierre: Der göttliche Bereich. Ein Entwurf des innern Lebens (=ders.: Werke II), Olten [u. a.] 1962.

–: Mein Glaube (=ders.: Werke X), Olten [u. a.] 1972.

–: Der Mensch im Kosmos, München [7]1964.

–: Wissenschaft und Christus (=ders.: Werke IX), Olten [u. a.] 1970.

Tetens, Holm: Der Glaube an die Wissenschaften und der methodische Atheismus – Zur religiösen Dialektik der wissenschaftlich-technischen Zivilisation, in: NZSTh 55 (2013), S. 271–283.

–: Gott denken. Ein Versuch über rationale Theologie, Stuttgart [3]2015.

Thiede, Werner: Hinter dem Vorhang. Warum die Theologie sich mehr mit der Nahtodforschung beschäftigen sollte, in: zeitzeichen 17 (2016), H. 11, S. 43–45.

Thiel, Christian: K. Gödel: Die Grenzen der Kalküle, in: Speck, Josef (Hg.): Grundprobleme der großen Philosophen. Philosophie der Neuzeit VI. Tarski. Reichenbach. Kraft. Gödel. Neurath, Göttingen 1992, S. 138–181.

Thirring, Walter: Kosmische Impressionen. Gottes Spuren in den Naturgesetzen, Wien [2]2005.

Thomas-Ecker, Sybill/Zänker, Kurt S./Vieweger, Dieter: Stammzellforschung: Ein Vergleich christlicher, jüdischer und islamischer Ansichten und deren Einflüsse auf die aktuelle Forschungssituation, in: Fischer, Michael/Zänker, Kurt S. (Hg.): Medizin- und Bioethik (= Ethik transdisziplinär 1), Frankfurt (M.) 2006, S. 105–116.

Timm, Hermann: Glaube und Naturwissenschaft in der Theologie Karl Heims. Mit einem Vorwort von Heinz Eduard Tödt (= FBESG 23), Witten/Berlin 1968.

Tipler, Frank J.: Die Physik der Unsterblichkeit. Moderne Kosmologie, Gott und die Auferstehung der Toten, München/Zürich 1994.

Vaas, Rüdiger: Ein Universum nach Maß? Kritische Überlegungen zum Anthropischen Prinzip in der Kosmologie, Naturphilosophie und Theologie, in: Hübner, Jürgen/Stamatescu, Ion-Olimpiu/Weber, Dieter (Hg.): Theologie und Kosmologie. Geschichte und Erwartungen für das gegenwärtige Gespräch (= Religion und Aufklärung 11), Tübingen 2004, S. 375–498.

Virchow, Rudolf: Ueber die Aufgaben der Naturwissenschaften in dem neuen nationalen Leben Deutschlands, in: Tageblatt der 44. Versammlung deutscher Naturforscher und Ärzte in Rostock vom 18.–24. September 1871, Rostock 1871, S. 73–81.

–: Ueber die nationale Entwicklung und Bedeutung der Naturwissenschaften, in: Amtlicher Bericht über die 40. Versammlung deutscher Naturforscher und Ärzte in Hannover im September 1865, Hannover 1866, S. 56–65.

Vogeley, Kai: Die neuralen Grundlagen menschlichen Selbstbewusstseins, in: Lüke, Ulrich/Meisinger, Hubert/Souvignier, Georg (Hg.): Der Mensch – nichts als Natur? Interdisziplinäre Annäherungen, Darmstadt 2007, S. 27–46.

Vogt, Carl: Köhlerglaube und Wissenschaft. Eine Streitschrift gegen Hofrat Wagner in Göttingen, Gießen [4]1856.

Vollenweider, Samuel: „Der Erstgeborene vor aller Schöpfung“ (Kol 1,15–20). Überlegungen zum Stellenwert der kosmischen Christologie für das Gespräch zwischen Schöpfungstheologie und moderner Kosmologie, in: Hübner, Jürgen/Stamatescu, Ion-Olimpiu/Weber, Dieter (Hg.): Theologie und Kosmologie. Geschichte und Erwartungen für das gegenwärtige Gespräch (= Religion und Aufklärung 11), Tübingen 2004, S. 61–80.

Vollmer, Gerhard: Wollen – Können – Dürfen. Aspekte einer Evolutionären Ethik, in: Daecke, Sigurd Martin/Bresch, Carsten (Hg.): Gut und Böse in der Evolution. Naturwissenschaftler, Philosophen und Theologen im Disput. Mit Beiträgen von Carsten Bresch [u. a.], Stuttgart 1995, S. 69–83.

Wagner, Falk: Art. „Naturrecht II: Neuzeitliche und evangelische Interpretationen seit der Reformation“, in: TRE 24, S. 153–185.

Weber, Hubert Philipp/Langthaler, Rudolf (Hg.): Evolutionstheorie und Schöpfungsglaube. Neue Perspektiven einer Debatte (= Wiener Forum für Theologie und Religion 1), Göttingen 2013.

Weckwerth, Gerd: Das anthropische Prinzip in der Entwicklung unseres Kosmos, in: Müller, Helmut A. (Hg.): Kosmologie. Fragen nach Evolution und Eschatologie der Welt (= Religion, Theologie und Naturwissenschaft/Religion, Theology, and Natural Science 2), Göttingen 2004, S. 53–69.

Weidemann, Christian: Zufall, Gott oder Multiversum? Die Feinabstimmung der Naturkonstanten und die Erklärungsbedürftigkeit des Lebens in der modernen Kosmologie, in: Nissing, Hanns-Gregor (Hg.): Natur. Ein philosophischer Grundbegriff, Darmstadt 2010, S. 181–196.

Weinberg, Steven: Die ersten drei Minuten. Der Ursprung des Universums, München/Zürich 1977.

Weinhardt, Birgitta Annette: Mind matters? Zur Relevanz mentaler Phänomene in einem monistischen Menschenbild: neurowissenschaftliche, philosophische und theologische Perspektiven (= Religion, Theologie und Naturwissenschaft/Religion, Theology, and Natural Science 35), Göttingen 2022.

–/ *Weinhardt, Joachim* (Hg.): Naturwissenschaften und Theologie II. Wirklichkeit: Phänomene, Konstruktionen, Transzendenzen. Mit Beiträgen von Ulf Dettmann [u. a.], Stuttgart 2014.

Weinhardt, Joachim: Eschatologie und physikalische Kosmologie, in: Ders. (Hg.): Naturwissenschaften und Theologie. Methodische Ansätze und Grundlagenwissen zum interdisziplinären Dialog. Mit Beiträgen von Günter Altner [u. a.], Stuttgart 2010, S. 143–167.

–: Elementare Hinführung zum naturwissenschaftlich-theologischen Dialog, in: Ders. (Hg.): Naturwissenschaften und Theologie. Methodische Ansätze und Grundlagenwissen zum interdisziplinären Dialog. Mit Beiträgen von Günter Altner [u. a.], Stuttgart 2010, S. 9–19.

– (Hg.): Naturwissenschaften und Theologie. Methodische Ansätze und Grundlagenwissen zum interdisziplinären Dialog. Mit Beiträgen von Günter Altner [u. a.], Stuttgart 2010.

–: Zwischen Subjektivitätstheorie und naturwissenschaftlichem Weltbild. Skizze einer zeitgemäßen Form von Vermittlungstheologie, in: Weinhardt, Birgitta Annette/Weinhardt, Joachim (Hg.): Naturwissenschaften und Theologie II. Wirklichkeit: Phänomene, Konstruktionen, Transzendenzen. Mit Beiträgen von Ulf Dettmann [u. a.], Stuttgart 2014, S. 109–136.

Weis, Antione/Dimitrova, Todorka L.: Quantenphysik – vom Subjektiven zum reinen Zufall, in: Hattrup, Dieter/ Weis, Antione/Dimitrova, Todorka L.: Physik und Theologie – gestern und heute, hg. v. Barbara Hallensleben (= Epiphania. Egregia 13), Münster 2017, S. 33–40.

Weisskopf, Viktor: Die Jahrhundertentdeckung: Quantentheorie, Frankfurt (M.) 1992.

Weizsäcker, Carl Friedrich von: Aufbau der Physik, München/Wien 1985.

–: Bewußtseinswandel, München/Wien 1988.

–: Der Garten des Menschlichen. Beiträge zur geschichtlichen Anthropologie, München/Wien 1977.

–: Der Mensch in seiner Geschichte, München/Wien 1991.

–: Die Tragweite der Wissenschaft, Bd. 1: Schöpfung und Weltentstehung. Die Geschichte zweier Begriffe, Stuttgart [5]1976.

–: Zum Weltbild der Physik, Stuttgart [13]1990.

–: Zeit und Wissen, München/Wien 1992.

Welker, Michael: Schöpfung und Wirklichkeit (= NBST 13), Neukirchen-Vluyn 1995.

–: The Theology and Science Dialogue. What can Theology Contribute. Expanded Version of the Taylor Lectures. Yale Divinity School 2009 (= Theologische Anstöße 3), Neukirchen-Vluyn 2012.

Weltentstehung, Evolutionstheorie und Schöpfungsglaube in der Schule. Eine Orientierungshilfe des Rates der Evangelischen Kirche in Deutschland (= EKD Texte 94), Hannover 2008.

Wendte, Martin: Raumzeitimplosion und Schöpfungsfülle. Soziologisches, Philosophisches und Theologisches zur gesellschaftlichen Gestaltung von Raum und Zeit in der Spätmoderne, in: Gräb-Schmidt, Elisabeth (Hg.): Was heißt Natur? Philosophischer Ort und Begründungsfunktion des Naturbegriffs (= Veröffentlichungen der Wissenschaftlichen Gesellschaft für Theologie 43), Leipzig 2015, S. 55–81.

Wenz, Gunther: Schöpfung. Protologische Fallstudien (= Studium Systematische Theologie 7), Göttingen 2013.

Werbick, Jürgen: Gott verbindlich. Eine theologische Gotteslehre, Freiburg (Br.)/Basel/Wien 2007.

White, Andrew Dickson: Geschichte der Fehde zwischen Wissenschaft und Theologie in der Christenheit, Bd. 1–2, Leipzig [16]1911 [engl. Original: New York (NY) 1896].

Wittgenstein, Ludwig: Tractatus logico-philosophicus. Logisch-philosophische Abhandlung, Frankfurt (M.) 1963.

Wölfel, Eberhard: Art. „Naturwissenschaft I: Wissenschaftsgeschichtlich, u. II: Systematisch-theologisch“, in: TRE 24, S. 189–221.

Zöckler, Otto: Geschichte der Beziehungen zwischen Theologie und Naturwissenschaft, mit besondrer Rücksicht auf Schöpfungsgeschichte. Zweite Abtheilung: Von Newton und Leibniz bis zur Gegenwart, Gütersloh 1879.

–: Gottes Zeugen im Reich der Natur: Biographien und Bekenntnisse grosser Naturforscher aus alter und neuer Zeit, Gütersloh [2]1906.

–: Theologia naturalis. Entwurf einer systematischen Naturtheologie vom offenbarungsgläubigen Standpunkte aus. Erster Bd.: Die Prolegomena und die specielle Theologie enthaltend, Frankfurt (M.) 1860.

–: Die Urgeschichte der Erde und des Menschen: Vorträge gehalten zu Hamburg im März 1868, Gütersloh 1868.

Zwierlein, Eduard: Objekt ohne Maß. Über Biotechnologie und menschliche Natur, in: Nissing, Hanns-Gregor (Hg.): Natur. Ein philosophischer Grundbegriff, Darmstadt 2010, S. 197–203.

Personenregister

Das Personenregister enthält alle erwähnten Personen und Autoren, mit Ausnahme der biblischen Namen und biblischen Schriftsteller sowie des Verfassers.

Sachregister

Das Sachregister ist nicht nur als statistisches Begriffsregister angelegt, sondern auch thematisch orientiert. Deshalb werden bei zentralen Stichworten relevante abgeleitete Formen zum Teil auch ohne explizite Nennung berücksichtigt.